A Mediação de Conflitos no Brasil

Memórias e Vivências

A Mediação de Conflitos no Brasil

Memórias e Vivências

Coordenação

Adolfo Braga Neto

Fernanda Rocha Lourenço Levy

CLA editora

São Paulo | 2023

Editor: Fabio Humberg
Revisão: Humberto Grenes e Cristina Bragato
Capa: Alejandro Uribe

Dados Internacionais de Catalogação na Publicação (CIP)
(Câmara Brasileira do Livro, SP, Brasil)

A Mediação de conflitos no Brasil : memórias e vivências / coordenação Adolfo Braga Neto, Fernanda Rocha Lourenço Levy. -- 1. ed. -- São Paulo : Editora CL-A Cultural, 2023.

Vários autores.
Bibliografia.
ISBN 978-65-87953-49-6

1. Administração de conflitos 2. Conflitos - Resolução (Direito) 3. Direito - Brasil - História I. Braga Neto, Adolfo. II. Levy, Fernanda Rocha Lourenço.

23-155569 CDU-347.918(81)

Índices para catálogo sistemático:
1. Brasil : Resolução de conflitos : Direito 347.918(81)

(Aline Graziele Benitez - Bibliotecária - CRB-1/3129)

Editora CL-A Cultural Ltda.
Tel.: (11) 3766-9015 | Whatsapp: (11) 96922-1083
editoracla@editoracla.com.br | www.editoracla.com.br
linkedin.com/company/editora-cl-a/ | instagram.com/editoracla

ÍNDICE

Mensagem dos Integrantes do Conselho Editorial 13

Apresentação 17

PARTE 1
PREPARO

Introdução 22

Mediação – do século passado ao momento atual, uma homenagem aos que me ajudaram em todos os passos de meu caminho 25
Adolfo Braga Neto

Meus primeiros passos no estudo da Mediação 32
Águida Arruda Barbosa

Primórdios da Mediação no Brasil 37
Angelo Volpi Neto

A luz que cintila ao fim do túnel 44
Corinna Schabbel

Como cheguei à Mediação: relato de uma trajetória 51
Eliana Riberti Nazareth

Mediação comunitária no Ceará 57
Francisco Edson de Sousa Landim

Trabalho inicial recompensado 60
Geminiano Jurema

Mediação: desafios e vivências no Direito das Famílias 63
Gildo Alves de Carvalho Filho

Mediação tem um grande serviço a oferecer 70
Juan Carlos Vezzulla

Mediação no Brasil: um recorte histórico 84
Lidercy Prestes Aldenucci

A Mediação de conflitos em múltiplas lentes –
um desafio que inspira e transforma 92
Lilia Maia de Morais Sales

Conflito e Mediação – um encontro perfeito 101
Maria de Nazareth Serpa

Pequeno histórico da minha trajetória em Mediação 109
Marilene de Almeida Marodin

O meu caminhar na Mediação 118
Mónica Haydée Galano

Historicizando a Mediação no Pará: trajetória e lutas 125
Nazaré Mendonça das Neves

A Mediação entrando em minha vida 132
Regina Maria Coelho Michelon

Mediador: o olhar sensível em busca da humanização e do diálogo 136
Ricardo Cesar Correa Pires Dornelles

Meu caminho na Mediação 142
Rosane Fagundes

Mediação no Brasil – uma história de sucesso 150
Tania Almeida

PARTE 2
PLANTIO

Introdução 158

A história do Projeto Cantareira de Mediação Interdisciplinar
e a Mediação na minha história 160
Airton Buzzo Alves

Minhas memórias com a Mediação 166
Alessandra Fachada Bonilha

A Mediação entre botões, memórias e sonhos 177
André Gomma de Azevedo

O ensino jurídico encontra a Mediação 180
Antonio Rodrigues de Freitas Júnior

Meu olhar pela história da Mediação no Brasil – visão e recordações ... 186
Carlos Eduardo de Vasconcelos

A capacidade de dialogar 195
Cássio Filgueiras

Meus caminhos em Mediação: uma retrospectiva 200
Celia Passos

Metamorfose 205
Célia Regina Zapparolli

Mediação Judicial e o pioneirismo de uma experiência em uma Vara de Infância e Juventude 217
Elizabeth Maria Pinto de Noronha, Daniel Issler e Adolfo Braga Neto

Meus caminhos em duas décadas de Mediação 222
Ernesto Rezende Neto

Caleidoscópio 228
Fernanda Rocha Lourenço Levy

Meu encontro com a Mediação 233
Frederico José Straube

O princípio e por princípio 241
Gabriela Ourivio Assmar

Lembranças pessoais sobre a Mediação de conflitos 247
Gilda Gronowicz

A Mediação Comunitária para uma justiça democrática e participativa 254
Gláucia Foley

O meu processo de descobrimento e mudança de *mindset*, através da Mediação de conflitos 260
Helena Gurfinkel Mandelbaum

Como encontrei e me reencontrei na Mediação 265
Henrique Gomm Neto

A Mediação em minha trajetória acadêmica e profissional 272
Humberto Dalla Bernardina de Pinho

Versão pessoal de uma história inacabada 278
Kaline Santos Ferreira

Da arbitragem para a Mediação empresarial: evoluindo com os métodos de resolução adequada de disputas no Brasil 282
Leandro Rigueira Rennó Lima

Falando de Mediação 287
Lia Justiniano dos Santos

Mediação de conflitos: instrumento de ressignificação da cultura 294
Malvina Muszkat

Uma breve contribuição à Mediação judicial brasileira 300
Marcelo Girade

A História da Mediação no Brasil e minha modesta colaboração desde 1995: caminho de dedicação e devoção 309
Maria Cristina Zucchi

Meu encontro com a Mediação 315
Nancy Andrighi

Um capítulo da introdução da Mediação na Justiça do Trabalho 320
Regina Maria Vasconcelos Dubugras

A Mediação continua a me inspirar 326
Roberto Portugal Bacellar

Mediação: um caminho sem volta 337
Samantha Pelajo

A minha história da Mediação no Brasil 342
Sandra Regina Garcia Olivan Bayer

Ressignificando: do contencioso ao consensual 347
Soraya Nunes

Uma mudança de percurso e o percurso da mudança: nova perspectiva de "justiça" 352
Valeria Ferioli Lagrasta

A delícia de resgatar minhas memórias sobre o nascimento da Mediação no Brasil 359
Verônica A. da Motta Cezar-Ferreira

PARTE 3
CULTIVO

Introdução 368

Como a Mediação transformou meu olhar para solução dos conflitos 371
Adenice Léo de Lima

Minha história com a Mediação 378
Agenor Lisot

Como a Mediação chegou, caminhou e se integrou na minha vida 382
Ana Luiza Isoldi

Como tudo começou... 388
Ana Maria Esteves Kaiuca

Uma antiga paixão 393
Andrea Maia

Meio sem querer 395
Bruno Takahashi

Mediação: o início de uma travessia 399
Carla Boin

Sob o signo do conflito 403
Carlos Alberto de Salles

Um caso, uma carta e a Mediação 408
Cesar Cury

A Mediação em minha vida... 413
Christiana Beyrodt Cardoso

Aprendizados e significados de uma trajetória 419
Claudia Frankel Grosman

Cultivando o diálogo 422
Daldice Maria Santana de Almeida

Relato sobre a Mediação: porta de entrada,
valores que mobilizam, vivências e desafios 429
Daniela Monteiro Gabbay

Mediação empresarial no Brasil: escrevendo a história 432
Diego Faleck

Breve histórico do início e desenvolvimento
da prática da Mediação de conflitos na universidade 439
Edith Salete Prando Nepomuceno

Trajetória na Mediação 442
Eduardo da Silva Vieira

Meu caminhar na Mediação 446
Fernanda Molinari

Mediação, academia e escuta 453
Fernanda Tartuce

Mediação: do encantamento à paixão 457
Flávio Crocce Caetano

Lembranças de Mediação 462
Genacéia da Silva Alberton

Direito como exercício de dizer o justo 465
Guilherme Assis de Almeida

Minha história com a Mediação 469
Herta Grossi

Minha participação na promoção da Mediação no Rio Grande do Sul 475
Izabel Cristina Peres Fagundes

A Mediação e seus aportes para um sistema de justiça
mais humano e cidadão 480
Juliana Loss

História da Mediação no Brasil:
compartilhando caminhos, desafios e sonhos 485
Juliana Polloni

A minha trajetória na Mediação 491
Marco Antônio Garcia Lopes Lorencini

Era uma vez um modelo humanizador de resolução de conflitos... 495
Maria Cecilia Carvalho Silva Tavares

Mediação: o desejo coletivo de construir a paz social 499
Maria do Perpétuo Socorro França Pinto

Minha história com a Mediação 500
Mariângela Franco Coelho

Como a Mediação pode mudar a vida profissional
e pessoal de um advogado público 503
Mauricio Morais Tonin

"Mais que um acordo:
a resolução de conflitos como uma possibilidade" 506
Nathalia Mazzonetto

Memórias: a descoberta do chamado à missão para Mediação 510
Renata Porto Adri

Sonho possível 516
Ronan Ramos Jr.

O sistema triangular de composição de conflitos do Tribunal de Justiça
de Pernambuco – Centrais de Conciliação, Mediação e Arbitragem 522
Ruy Trezena Patu Júnior

Um caminho para um sentimento de justiça: satisfação 528
Silvia de Souza Canela

Experiências na Mediação 535
Sônia Andreotti Carneiro Frúgoli

Os desafios da Mediação 538
Vanderlei Teresinha Tremeia Kubiak

A Mediação e a Justiça 545
Vanja Fontenele Pontes

Entrevista com o Prof. Kazuo Watanabe 553
Fernanda Levy e Adolfo Braga Neto

Mensagem dos Integrantes do Conselho Editorial

A história desta história antecedeu o primeiro cachimbo da paz. Veio da China, Nova Zelândia, Maoris, Tupinambás... Mas este livro é sobre nós, brasileiros, nos tempos atuais. Conosco estão reunidos protagonistas ousados e colaborativos, de algum modo pioneiros em ações por justiça e paz.

Esta obra reúne testemunhos vivos, autênticos, justos, inspiradores. Trata-se de uma fusão de horizontes, Brasil afora. Por trás de cada um dos textos, habita um contexto existencial. Em cada depoimento podemos avaliar quantos preconceitos foram sendo diluídos no fluir de múltiplas paragens.

Pois a história da mediação no Brasil tem sido uma metamorfose em ricas criações. Ao concluirmos a leitura desta obra, já não seremos os mesmos. E poderemos melhor compreender como foram exitosos os resultados.

Carlos Eduardo de Vasconcelos

Se uma história é feita de muitas histórias, como nos faz refletir Clarice Lispector, esta obra traz vida, emoção, missões, projetos idealizados, projetados e realizados. Transformações que aconteceram na vida de milhares de pessoas a partir da ação e intenção de mentes que acreditaram na capacidade de resolver conflitos de forma consensual, criativa e inclusiva. São histórias de pessoas que ajudaram a transformar o Sistema de Justiça Brasileiro, o ensino jurídico do Brasil e tantas outras searas do conhecimento.

E se a vida é um acaso milagroso, sendo o destino moldado por cada um, bem, essa turma tem trabalhado por anos, insistente e consistentemente, para moldar espaços mais justos, inovando, rompendo paradigmas, trazendo ideias disruptivas que ajudaram a construir destinos melhores para nosso país. E que alegria poder ser a ponte para que essas histórias sejam contadas, eternizadas e possam inspirar tantas histórias por vir.

Lilia Maia de Morais Sales

As narrativas desta publicação retratam marcos nas trajetórias vividas por colegas e nos falam do início da mediação em nosso país, como também dos momentos atuais. Lembremos que a história se conecta e que tudo se interliga em uma trama de conquistas que nos remetem a pensar que o hoje plantado se refletirá no amanhã.

Esta obra cria uma cadeia de memórias, registrando as histórias de colegas, contextualizando o movimento que ocorreu e que ocorre no empenho de todos os profissionais para a implantação e o reconhecimento da abordagem em Mediação.

Os autores, ao contar suas experiências, o fizeram a partir de relatos seletivos que moldaram as suas vidas, que os construíram. Os relatos falam de cada autor e do sentido que deram às suas ações!

Este referencial comum que partilhamos – a Mediação – fala de nós!

Marilene Marodin

O que é histórico precisa ser resgatado para que uma leitura evolutiva possa ser feita, reunindo cenários, cenas e atores na linha do tempo.

Rever os cenários nos dá a dimensão do quanto caminhamos na consolidação da Mediação como prática, em território nacional. Uma política pública estabelecida, capacitações teórico-práticas de qualidade e a dedicação às boas práticas.

Rever as cenas nos dá a dimensão de quanto nossas conversas harmonizaram diferenças, administrando tensões e buscando colaboração e convergência de ideias.

Rever os atores nos dá a dimensão de termos amigos em todo o território nacional, nos traz a saudade de quem não está mais conosco e nos faz cônscios de que temos herdeiros tão apaixonados quanto temos sido, para manter a Mediação e sua boa prática atualizadas. Belo percurso!

Tania Almeida

Apresentação

Registrar, reconhecer e compartilhar o percurso trilhado pela Mediação no Brasil foi o que nos motivou a desejar construir uma obra que reunisse pessoas, momentos, histórias, sentimentos e tudo o que gerou esse movimento intenso que continua iluminando os caminhos dessa prática no país. Em um primeiro momento, pensamos em construir um relato histórico cronologicamente linear, mas, à medida que fomos trabalhando na construção do desenho, relacionando os protagonistas dessa história e percebendo sua complexidade, passamos a rever o escopo do livro e o seu próprio formato.

O sonho era antigo e foi ganhando forma com a reunião em grupo de trabalho composto por Lia Justiniano, Tania Almeida, Carlos Eduardo de Vasconcelos, Lilia Sales, Marilene Marodin e nós dois, uma verdadeira força-tarefa em que cada um unia suas histórias às de outros, trazendo lembranças que foram tomando conta de nossas sextas-feiras, às 12h30, semanalmente, por mais de um ano, em pleno período de pandemia. Ao longo desse período, a querida Lia partiu para outro plano, deixando muitas saudades e exemplo de força e obstinação. Foram momentos inesquecíveis de muito aprendizado, colaboração e amizade.

A tarefa se mostrava desafiante: pensar no formato da obra, criar critérios, escolher a editora parceira, convidar as pessoas, esperar os depoimentos e ter o privilégio da leitura prévia.

Nesse sentido, fizemos um especial convite para que um grupo significativo de personalidades conectadas a essa história se juntasse a nós nesse primeiro passo, compartilhando suas memórias por meio de um breve relato, construído a partir de três provocações: Como a Mediação entrou na sua vida? Qual o valor que você percebeu na Mediação que te mobilizou? Quais os desafios enfrentados no percurso? Sugerimos também que contassem algum episódio pitoresco ou emocionante vivenciado em sua caminhada pela Mediação.

Nossos convites foram sendo aceitos e, um a um, os depoimentos foram chegando. A obra foi ganhando corpo e alma.

A reflexão sobre como os depoimentos se sucederiam uns aos outros foi intensa, na medida em que nossa intenção era a de envolver o leitor em uma verdadeira narrativa, em um passeio no tempo. Tempo de preparo, cultivo, plantio, a inspiração havia chegado.

E, novamente, os cuidados no estabelecimento de critérios para a inserção de cada autor em um determinado momento, e lá fomos nós: ficariam alocados em "preparo" os autores que no relato fizessem menção ao preparo do território e às primeiras semeaduras do início da Mediação no Brasil ou em determinada região; no "plantio", aqueles que no relato fizessem menção a terem encontrado a terra da Mediação já preparada e trabalharam na ampliação da semeadura; e no "cultivo" aqueles que no relato dão continuidade ao plantio, trabalham na sua expansão e no círculo virtuoso deixam arados novos terrenos para novas semeaduras.

Sabemos que seria impossível retratar a história da Mediação no Brasil em uma única obra, na medida em que essa história acontece em inúmeras e simultâneas dimensões.

Assim, a presente obra é um primeiro passo, pois nosso propósito é que seja aberta e continue a receber novas pessoas e histórias que fizeram e fazem parte desse movimento em todo o Brasil.

Trata-se de uma maneira de homenagear os eternos semeadores da Mediação e compartilhar com as novas gerações um pouco de suas jornadas inspiradoras.

Agradecemos profundamente a todos os autores por terem aceitado nosso convite com tanta gentileza e disponibilidade. Nossos leitores sentirão que os relatos são pulsantes e retratam caminhos que foram trilhados com muita persistência, seriedade e amor.

Recebam, com carinho, um livro repleto de vida.

Fernanda Rocha Lourenço Levy e Adolfo Braga Neto

Parte 1

Preparo

Introdução

Desprendimento, inovação e entusiasmo constituem algumas palavras que expressam os autores que integram esta primeira Parte, marcada pela preparação do terreno fértil em que a Mediação no país se encontra. Tais atributos são características de empreendedores, que conheceram a atividade e foram buscar suas respectivas capacitações. Ao perceberem que fazia sentido para sua vida profissional, passaram a fomentar a Mediação, bem como a capacitar outros profissionais, pois possuíam a consciência de que estavam construindo um novo paradigma para a resolução de conflitos no país.

Em termos temporais esse momento remonta ao final do século XX, em que as experiências em Mediação davam seus primeiros passos e se contava nos dedos o número de iniciativas existentes no país. A economia brasileira apontava para uma estabilidade econômica nunca vista, com implementação do Plano Real em 1994. Ao mesmo tempo em que se davam os primeiros passos para a abertura do mercado brasileiro, o comércio internacional, a globalização e o desenvolvimento tecnológico ganhavam expressivos avanços. Esse período coincide com a criação das agências reguladoras de inúmeros segmentos econômicos, reunindo o poder público e a iniciativa privada, passando o Estado a não mais ser controlador, e sim regulador do mercado.

Quanto ao cenário jurídico, o preâmbulo da Constituição chamada de Cidadã, de 1988, dava sinais permanentes da preocupação de juristas brasileiros com o princípio do Acesso à Justiça. Nesse sentido, a doutrina, de maneira tímida, indicava para o despertar de instrumentos agilizadores daquele acesso, sobretudo baseados na legislação, em especial a processual, que acabou por criar dentro do Judiciário um sistema que facilitaria o acesso do jurisdicionado a demandas de menor valor, os Juizados Especiais.

Ao mesmo tempo, o princípio da autonomia da vontade, relegado por muito tempo a segundo plano, passou a ser objeto de destaque de estudo, preservando e enaltecendo a cidadania, provocando o cidadão a protagonizar tudo que efetivamente fazia sentido a ele. O referido sistema enfatizava a possibilidade de conciliação dos demandantes, antes de a decisão a ser proferida pelo juiz togado especializado.

Ainda nesse mesmo cenário, a edição da Lei nº 9.307, de 1996, merece destaque, pois passa a ser no ordenamento jurídico nacional um instituto que quebra o monopólio do Judiciário em promover justiça, prevendo em seu texto inovador que o árbitro, pessoa de confiança das partes, possui a função de decidir acerca de controvérsias que envolvam direitos patrimoniais disponíveis submetidas à arbitragem. Dois anos depois, em 1998, nasce o primeiro texto legal que versava sobre o instituto da Mediação, oferecendo sua definição, seu enquadramento legal e outros dispositivos, muito embora já viesse sendo objeto de inclusão no mesmo ordenamento sem aqueles elementos por medidas provisórias para a área trabalhista, a título de complemento das medidas do Plano Real. Tratava-se do Projeto de Lei da deputada Zulaiê Cobra Ribeiro, cujo conteúdo refletia a simplicidade da atividade, reunindo apenas sete artigos que inauguravam a Mediação no ordenamento jurídico brasileiro

Todos os componentes inicialmente salientados são marcantes nos autores incluídos nesta seção. Promoveram a utilização da Mediação em três principais áreas, família, empresa e comunidade, muito embora tenham contribuído com experiências em outras áreas também, mas de uma maneira mais isolada. Importante ressaltar que tais experiências vinham sendo praticadas no contexto judicial e extrajudicial e, neste âmbito, tanto nas instituições prestadoras de serviços de Mediação e Arbitragem quanto fora delas, nos escritórios dos profissionais da Mediação.

Todos estes aspectos preparam então o terreno para que seja possível plantar sementes, a fim de fazer nascer plantas e árvores que possam oferecer frutos e resultados para as pessoas.

Neste contexto e com esta mentalidade é que foi criado o CONIMA – Conselho Nacional das Instituições de Mediação e Arbitragem, com o objetivo de disseminar a cultura dos métodos privados de prevenção e resolução de conflitos, preservando seus princípios, em um país carente da atividade e marcado pelo positivismo e processualismo estatal exacerbado. Vale ressaltar que o CONIMA gerou os instrumentos mínimos para o desenvolvimento ético de tais atividades, pois no seu nascedouro foram criados os códigos de ética para mediadores e para árbitros, bem como os regulamentos padrões de ambas as atividades para serem disseminados, replicados, adaptados ou mesmo servirem de inspiração e norteadores para pessoas e instituições ao longo dos tempos que se seguiram.

Fernanda Rocha Lourenço Levy e Adolfo Braga Neto

Mediação – do século passado ao momento atual, uma homenagem aos que me ajudaram em todos os passos de meu caminho

Adolfo Braga Neto[1]

Ao tratar da trajetória pessoal com relação à Mediação, de pronto vêm a mente os primeiros estudos na década de 90 do século passado, com as informações iniciais sobre o instituto, em um momento em que eram poucas as pessoas no país que o conheciam. Rememoro especificamente o ano de 1994, em várias conversas entre dois advogados, Dr. Ronald Caputo e eu. Ambos graduados pela Faculdade de Direito da USP e muito curiosos a respeito de inovações, não somente para o Direito, mas sobretudo para as novas tecnologias. Eu, mais jovem, ainda aprendiz na advocacia, e ele, advogado respeitado de grande experiência, conectado nas novidades no direito, diretor do Departamento Jurídico de uma grande e tradicional empresa do setor plástico, a Tubos e Conexões Tigre.

Durante as referidas conversas, a arbitragem era um tema recorrente e nelas nos deparávamos com informações sobre a Mediação. Naquele momento muito desconhecida para nós, o que nos levou a buscar mais informação, com o objetivo de localizar instituições e pessoas que pudessem oferecer mais dados para continuar nossa pesquisa sobre o instituto. A ligação entre ambos os institutos nos chamava muito a atenção e nossa leitura inicial equivocada era no sentido de que, para se fazer uso da arbitragem, era necessário antes passar por uma Mediação.

Participamos de eventos com conhecidos mediadores estrangeiros, que apresentavam suas experiências pessoais, bem como de cursos breves, tanto nos Estados Unidos, quanto na Argentina, já que inexistiam no Brasil. Na época assessorávamos a Associação Brasileira da Indústria do Plástico, por isso passamos a incentivar que o setor utilizasse ambos os institutos.

---

1. Advogado graduado pela USP, especialista nos Métodos Extrajudiciais de Resolução de Conflitos pela GV – Law e em Direitos Difusos e Coletivos pela ESP-MP/SP, mestre em Direito Civil pela PUC-SP, mediador, instrutor do CNJ, presidente do Conselho de Administração do IMAB, diretor de Relações Internacionais do CONIMA e diretor do ISCT – Institute for The Study of Conflict Transformation.

Tivemos experiências interessantes que levavam a acordos inesperados a partir de nossa forma de dialogar e sempre com a inclusão de um instrumento jurídico que já denominávamos de Contrato de Mediação, no qual o respeito à individualidade dos participantes, a confidencialidade, a liberdade de encerrar a qualquer tempo e a possibilidade de dialogar separadamente eram a base. Ao Dr. Ronald Caputo minha homenagem de respeito, admiração e gratidão pelos primeiros passos com a Mediação.

Nesse mesmo período, tivemos a grata satisfação de conhecer a profa. Selma Maria Ferreira Lemes, à época advogada do Departamento Jurídico da FIESP/CIESP – Federação e Centro da Indústrias do Estado de São Paulo. Quando estivemos com ela pela primeira vez, ela acabava de voltar ao Brasil, após concluir estágio junto à CCI em Paris, e estava à frente da criação da Câmara de Mediação e Arbitragem FIESP/CIESP, em que foi diretora por muitos anos. Importante notar que a referida Câmara foi criada em 1995 e já incluía os serviços de Mediação. Foi com a profa. Selma Lemes que foram realizadas inúmeras reuniões que resultaram em uma amizade que se consolida a cada ano. E não é por acaso que juntos organizamos um encontro anual sobre temas relativos à arbitragem e à Mediação. É o Seminário de Arbitragem e Mediação, que em 2022 completou sua XV edição, sempre com a intenção de oferecer aos seus participantes uma atualização teórica e prática de ambos os institutos. A ela, a homenagem e o agradecimento pela amizade, pelo carinho e por estimular o caminho por mim percorrido.

Ainda sobre a referida instituição, importante lembrar que em um determinado momento a Federação e o Centro das Indústrias do Estado de São Paulo possuíam diretorias distintas e, com isso, alguns departamentos foram separados pelas instituições. Nesse momento, na Federação das Indústrias foi criada a Câmara de Mediação e Conciliação da FIESP – CAMFIESP, dissociada da instituição acima citada que ficou sob os cuidados do Centro das Indústrias do Estado de São Paulo. A CAMFIESP esteve sob coordenação técnica da profa. Ada Pellegrini Grinover, que, mais consciente sobre o alcance da Mediação, nos chamou para desenvolver as capacitações em Mediação e conciliação para profissionais que iriam prestar seus serviços para a instituição. A referida instituição existiu de 2007 a 2010, quando voltou a fazer parte da Câmara de Mediação, Conciliação e Arbitragem da

FIESP/CIESP. À prof. Ada Pellegrini Grinover e ao prof. Kazuo Watanabe, que a acompanhou em suas experiências, meu agradecimento pelo entusiasmo pela Mediação e conciliação – agradecimento de um privilegiado que desfrutou da honra de tê-los como alunos durante um fim de semana com um treinamento de Mediação.

Voltando à profa. Selma Lemes, importante destacar que foi ela a me apresentar o Instituto de Mediação e Arbitragem do Brasil, entidade criada em 1994, com sede em Curitiba-PR, à época com o nome de Instituto de Mediação, voltada para disseminação dos métodos extrajudiciais de resolução de conflitos, em especial a Mediação, e a capacitação de profissionais na área. Em novembro de 1995, participei do seu curso teórico de 40 horas, sendo convidado a conhecer a prática com casos reais desenvolvidos junto à Defensoria Pública do Estado do Paraná, sob a supervisão do prof. Juan Carlos Vezzulla. Posteriormente, ele me convidou a desenvolver a atividades em São Paulo com um grupo local que havia participado de treinamento anterior na referida cidade. Na sequência, veio o convite para integrar a instituição, sendo no ano seguinte montada sua primeira filial, a de São Paulo. Naquele momento, a atividade principal da instituição era a capacitação de profissionais, envolvendo a teoria e a prática. Com a filial, nasceram muitas trocas e experiências, não somente em Mediação, mas também em arbitragem. Por isso, em 1996, seu Conselho de Administração deliberou mudar sua razão social, incluindo a arbitragem, já que muitos de seus integrantes também possuíam estudos e atividade na área. Nasceu assim o IMAB – Instituto de Mediação e Arbitragem do Brasil, entidade civil sem fins econômicos, criada para promover a pesquisa, a divulgação e o desenvolvimento técnico e científico dos métodos naquele momento chamados de alternativos de resolução de conflitos. Na sequência, foram desenvolvidas atividades nos Estados de Minas Gerais, Paraná, Mato Grosso e Mato Grosso Sul, e, no início do século, o IMAB centralizou suas atividades em São Paulo, de onde desenvolveu projetos de capacitação em Mediação e arbitragem em outros estados de maneira independente. Suas atividades, além de cursos, envolviam a prática da Mediação em serviços na Defensoria Pública do Paraná, no Tribunal de Justiça do Pará, em OABs estaduais como Santa Catarina e Minas Gerais e em cidades do interior de

São Paulo, como Campinas, Santo André, Santos. Sempre com a proposta de capacitação completa, incluindo 80 horas teóricas e 80 horas de práticas de casos reais supervisionados. Ao prof. Juan Carlos Vezzulla, meu respeito e agradecimento pelo convívio, apoio e amizade, extensivos a Angelo Volpi e sua esposa, Maria Augusta Volpi.

Nesse meu percurso, não posso deixar de mencionar a criação do CONIMA – Conselho Nacional das Instituições de Mediação e Arbitragem, em novembro de 1997, exatos 12 meses após a entrada em vigor da Lei nº 9.307/96, que mudou a história da arbitragem no Brasil. A instituição, na verdade foi fruto da sinergia entre os profissionais das duas áreas, capitaneados pelo prof. Petrônio Muniz, muito preocupados com a leitura que o país iria fazer com os novos instrumentos legais da arbitragem. Passaram a se reunir para elaboração dos Regulamentos Padrões de Mediação e de Arbitragem e o Código de Ética para Mediadores e para Árbitros. Deste trabalho, nasceu a ideia de uma instituição inovadora e norteadora da atividade e não fiscalizadora, que existe até hoje, sendo muito respeitada pelo seu desempenho e pelas pessoas que a integram. Dentre as várias inovações que desenvolveu, podemos citar o programa mínimo de capacitação em Arbitragem e Mediação. Tive o privilégio de ser o terceiro presidente e talvez o único a exercer três mandatos. Aos presidentes, minha homenagem ao darem continuidade aos princípios dos institutos e preservarem os padrões ideais de conduta pressupostos em ambas as atividades, a saber: Petrônio Raimundo Muniz, Maurício Gomm dos Santos, Cassio Ferreira Netto, Ana Lucia Pereira, Roberto Pasqualin, Fernanda Levy e Soraya Vieira Nunes. Com isso, homenageamos a todas as instituições e pessoas idôneas que compõem seu quadro associativo.

Exatos dez anos mais tarde, em 2007, a partir de conversas com Célia Zapparolli, Antonio Freitas e o prof. Kazuo Watanabe, reunimos mediadoras e mediadores, incentivados pela difusão da Mediação de maneira ética, para criar o FONAME – Fórum Nacional de Mediação, que possui como objetivo a troca de ideias e recursos para a promoção da Mediação. A entidade ampliou o programa mínimo de capacitação em Mediação, bem como o código de ética para mediadores extra e judiciais. Cabe notar que nesta instituição foi construída a política pública de tratamento adequado dos conflitos, nomeando a conciliação e a Mediação como instrumentos para perspectiva de acesso à Justiça: a conhecida Resolução CNJ nº 125/2010. Nosso agradecimento à instituição, que hoje se dedica a ajudar pessoas em conflito a desenvolver a Mediação de maneira virtual. Meus cumprimentos, por seus coordenadores: Celia Zapparolli, Ernesto Resende, Marco Lorencini, Helena Mandelbaum, Sandra Bayer, Cassio Filgueiras, Juliana Polloni e Carla Boin.

Em relação ao IMAB, cabe lembrar que há registros datados de 1995 da utilização da Mediação de conflitos junto à Assistência Judiciária do Estado do Paraná. Naquele órgão, mediadores desenvolviam suas atividades em regime de plantão nos casos remetidos pelos defensores públicos que identificavam a possibilidade de os envolvidos em conflitos entabularem soluções negociadas. Esta mesma iniciativa foi levada para assistências judiciárias em outros Estados, como ocorreu em 1996 no Departamento Jurídico XI de Agosto da Faculdade de Direito da USP, onde a prática da Mediação em conflitos individuais e coletivos de diversas comunidades é desenvolvida até hoje.

Quatro anos mais tarde, em 2000, mais um convênio foi firmado pelo IMAB, com o Escritório Modelo Dom Paulo Evaristo Arns da Faculdade de Direito da Pontifícia Universidade Católica de São Paulo, para a prestação de serviços de Mediação de conflitos individuais e coletivos. Da mesma forma, o trabalho do IMAB em colaboração com entidades privadas avançou e se diversificou, envolvendo, entre inúmeros outros, convênios com a Comunidade Evangélica Luterana de Curitiba, para a formação da Pastoral de Mediação; ou com a AVAIDS – Associação dos Voluntários de Apoio a Portadores do Vírus HIV ou a ABEM – Associação Brasileira de Esclerose Múltipla, também para a abertura dos serviços de Mediação para seus assistidos.

Não posso deixar de destacar que, em 2013, com apoio e estímulo da Dra. Tarcisa de Melo Silva Fernandes, juíza da 3ª Vara de Família do Fórum do Tatuapé, iniciamos os serviços de Mediação familiar para os casos por ela encaminhados. Serviço que passou a ser permanente, graças às respostas das famílias usuárias do serviço, além do apoio integral dado pela juíza. Aos supervisores do IMAB que continuam suas atividades até hoje, minha admiração e amizade: Mariangela Franco Coelho, Maria Cecília Carvalho Silva Tavares, Agenor Lisot e Joaquim Silva Tavares, assim como à referida juíza, a Teresa da Glória Sequeira de Godoy e a Rosemeire Aparecida Moço Villella. Com estas palavras, estendo a todos participantes de nossos cursos e estagiários em nossas práticas supervisionadas nosso respeito e gratidão, pois constituem sustentáculos de nossas atividades e nossas práticas.

Em 2007, fui convidado pela Secretaria da Justiça do Estado de São Paulo a ser o braço técnico de um projeto de reciclagem de mediadores que atuavam junto aos Centros Integrados da Cidadania na periferia da Grande São Paulo e de cidades como Guarulhos e Campinas. Muito trabalho foi desenvolvido para promover a perspectiva da efetiva Mediação comunitária, que muito me ensinou para outros projetos em que me envolvi posteriormente.

A iniciativa contava com o apoio do CEBEPEJ – Centro Brasileiro de Estudos sobre o Poder Judiciário. Posteriormente, em meados de 2012, a pedido de Dra. Maria Isabel Lopes da Cunha Soares, coordenadora dos CICs, nova reciclagem foi desenvolvida de forma ampliada, em conjunto com outras instituições, dentre elas o Instituto D'Accord e o Instituto Them. Minha homenagem às profas. Fernanda Levy, Gilda Gronowicz, Sandra Bayer, Valeria Perez e Violeta Daou.

Ainda em 2007, acompanhei a profa. Lidercy Prestes Aldenucci em atividades de capacitação em Mediação escolar para escolas privadas na cidade de São Paulo. Esses projetos não passaram da primeira fase, pois a sensibilização de diretores, professores e demais profissionais da escola em Mediação demonstrou o quanto preferiam manter a estrutura rígida da disciplina verticalizada. Essa experiência permitiu assessorar o Programa do Professor Mediador e Comunitário na rede escolar do Estado de São Paulo, que reúne um contingente de milhares de pessoas e mais de cinco mil unidades espalhadas pelo Estado. O programa estava no âmbito da política pública de segurança e proteção da comunidade escolar e existiu de 2009 a 2013. Neste mesmo período, fui convidado a desenvolver mais dois programas em redes municipais nas cidades de Itapeva e Sumaré, no interior paulista. Meus cumprimentos à profa. Lidercy, com quem compreendi como o convívio na escola pode ser diferente com o diálogo.

Em paralelo a estas atividades, sendo estendido a 2015, participei do desenvolvimento de parcerias entre a iniciativa privada e órgãos públicos para a utilização da Mediação para as comunidades, com a proposta de ampliação do acesso à justiça a todos os cidadãos. Nesse modelo de Mediação comunitária, mediadores da própria comunidade, do Estado ou da iniciativa privada ajudavam as pessoas a resolver seus próprios conflitos. Experiências bem-sucedidas nessa direção foram objeto de apoio e aperfeiçoamento pelo autor, com cursos, palestras e capacitações em Estados como Ceará, Pará e Minas Gerais (Programa de Mediação de Conflitos e do Projeto Mediar da Secretaria de Defesa da Cidadania do Estado de Minas Gerais). Agrego a estes Estados: Bahia, Rio de Janeiro, Rio Grande do Sul, Santa Catarina, Paraná e Tocantins (Programa de Justiça Comunitária da Secretaria da Reforma do Judiciário do Ministério da Justiça)

Em razão de minha vivência no contexto empresarial, passei a integrar listas de mediadores de diversas instituições brasileiras e estrangeiras. Com isso, fui indicado em mediações institucionais para as quais eram levados conflitos entre pessoas jurídicas. A partir de sugestões pessoais, muitas instituições adotaram parâmetros contratuais em seus instrumentos jurídicos, bem como regulamentos. E desde os primeiros passos dados com a Câmara de Mediação e Arbitragem do CIESP/FIESP, fui sendo chamado para auxiliar na implementação dos serviços de Mediação.

Em 2012, fui convidado pelo então presidente do Conselho de Arbitragem do CAM-CCBC, Dr. Frederico Straube, a ampliar as atividades de Mediação naquela instituição. Assim foram criados novos instrumentos para a atividade naquele centro, como o Termo de Mediação e o Regulamento, assim como se ampliou o quadro de mediadores com experiência na área empresarial. Com isso, a Mediação passou a responder por um espaço próprio na entidade, pois nas gestões seguintes, do Dr. Carlos Forbes, foi criado o Conselho de Mediação com o mesmo *status* que o da arbitragem. E nas gestões da Dra. Eleonora Coelho se mantém essa condição. A Frederico Straube, Carlos Forbes e Eleonora Coelho, meu agradecimento pela escuta e pelo apoio permanentes.

Outros projetos, programas e atividades de Mediação por mim empreendidos poderiam ser citados, assim como outras pessoas não citadas que, direta e indiretamente, colaboraram com a minha caminhada. Mas, para evitar ser uma mera listagem exaustiva, fundamental se faz reiterar que nunca deixei de praticar a Mediação, sendo o meu dia a dia que embasa o meu pensar e meu estímulo permanente, sobretudo apoiado por pessoas e iniciativas até o momento.

Como mencionado, atuei e atuo em quatro áreas: empresa, família, escola e comunidade. O entusiasmo com a atividade me faz desenvolvê-la de forma voluntária e onerosa, dependendo de onde atuo e das condições econômicas dos participantes. E, como um entusiasta, vivencio áreas até então desconhecidas, sempre com a postura de abertura para o aprendizado permanente. É com esta perspectiva que nos últimos anos tenho me entusiasmado com a elaboração de doutrina. Me sinto privilegiado, pois desde 2017 fui brindado com a elaboração, coordenação e organização de livros de Mediação, com o apoio incansável do prof. Guilherme Assis de Almeida e do editor Fabio Humberg. A ambos, meu efusivo agradecimento e minha amizade.

Meus primeiros passos no estudo da Mediação

Águida Arruda Barbosa[2]

Em setembro de 1989 participei do Congresso Mundial da Fédération Internationale des Femmes des Carrières Juridiques – FIFCJ, fundada em 1928 – realizado em Paris, integrando as comemorações dos 200 anos da Revolução Francesa, tendo como tema a evolução dos direitos da mulher durante os dois séculos pós-revolução.

No entanto, o assunto corrente entre os participantes, nas conversas in-

2. Doutora e mestre pela Faculdade de Direito da Universidade de São Paulo – USP. Advogada especializada em direito de família. Mediadora familiar. Professora. Autora da obra *Mediação Familiar Interdisciplinar* (Editora Atlas, 2015). Antigo membro da Fédération Internationale des Femmes des Carriéres Juridiques. Sócia fundadora do IBDFAM – Instituto Brasileiro de Direito de Família e ex-presidente da Comissão de Mediação do IBDFAM (2001 a 2012). Membro da Comissão de Direito de Família do IASP – Instituto dos Advogados de São Paulo. Membro do Conselho Científico da Revista Brasileira de Direito de Família e das Sucessões LEX – IASP.

formais, era a Mediação, sendo a primeira vez que ouvi falar sobre este tema.

Como não tive oportunidade de indagar do que se tratava, exatamente, deixei para me informar na volta ao Brasil. Porém, para a minha surpresa, no ambiente jurídico ninguém tinha conhecimento de Mediação, tanto é que um renomado professor de direito sugeriu que eu teria feito uma tradução equivocada, podendo ter ouvido "meditação".

Poucos meses depois daquele evento, recebi um convite da FIFCJ para participar de um simpósio, cujo tema era O desenvolvimento da Mediação na França, realizado em Israel, em maio de 1990.

Minha participação foi muito honrosa, pois se tratava de um grupo muito reduzido, com representantes de poucos países, tendo sido sediado pelo Ministério da Justiça, em Jerusalém. Era um momento político bastante delicado, em decorrência da dissolução do bloco soviético, e as relações com Israel eram tensas.

O objetivo daquele evento era o de compartilhar com a comunidade jurídica internacional o pioneirismo das experiências da implantação da Mediação na França, em pleno desenvolvimento, graças a um pequeno grupo de estudiosos franceses liderados pela advogada e conselheira conjugal Jacqueline Mourret (autora de *La médiation Familiale: Une culture de paix*. Ateliers de la Licorne, 1996).

Aproveitando o número reduzido de pessoas, a organizadora do simpósio, a advogada Sophie Stern – que aparece na última cena do filme *Lista de Schindler*, com vestido azul e chapéu branco, no túmulo do protetor dos judeus – pôde proporcionar uma viagem de três dias, para que os participantes pudessem conhecer Israel.

Esta viagem me proporcionou um convívio estreito com Mourret, que, percebendo meu encantamento com a Mediação, desdobrou-se para discorrer sobre aquela prática social tão inovadora, compartilhando suas ideias e ideais decorrentes do exercício da advocacia ao longo de quatro décadas.

Mantivemos um relacionamento ativo, durante muitos anos, mas o reencontro em 1996, em congresso da FIFCJ, realizado em Barcelona, Mourret comunicou-me que o mediador, filósofo e teólogo Jean-François Six acabava de lançar a obra *Dynamique de la Médiation* (traduzida no Brasil por Águida Arruda Barbosa, Eliana Riberti Nazareth e Giselle Groeninga), recomendando-me a leitura. Poucos dias depois, munida do endereço da livraria, em Paris, adquiri a obra e a li em uma sentada, sem perceber que anoiteceu, nem que amanheceu.

Devo um tributo eterno a Mourret e a Six, pois, a partir deles, conheci os fundamentos teóricos da Mediação, que me deram força para enfrentar a resistência da comunidade jurídica brasileira a este conhecimento que inaugurava a nova tendência mundial no trato dos conflitos.

No Brasil, embora eu estivesse muito entusiasmada com a possibilidade inovadora, precisei de muita perseverança para não desistir daquele sonho. Porém, três fatos foram decisivos para a construção dos três pilares que consolidaram, definitivamente, o desenvolvimento da Mediação.

O primeiro pilar ocorreu em 1995, com a criação do Instituto Brasileiro de Estudos Interdisciplinares de Direito de Família, que integrei como sócia fundadora, formado por juízes, advogados, promotores de justiça, psicólogos e assistentes-sociais.

Inicialmente eram poucos sócios e, como não havia sede, as reuniões eram realizadas na sala de jantar do então desembargador Antonio Cezar Peluso, com larga experiência em vara de família, em sua trajetória na primeira instância, o que o impulsionou à iniciativa de criar o IBEIDF.

O então desembargador Peluso logo sugeriu que alinhavássemos um projeto de lei da Mediação, muito impressionado com a leitura da obra de Jean-François Six. Juntos elaboramos o primeiro ensaio legislativo brasileiro, encaminhado à então deputada federal Zulaiê Cobra Ribeiro.

O IBEIDF começou a expandir, com a adesão de muitos sócios, já com uma sede, podendo realizar cursos, A Mediação era o carro-chefe. Convidamos o mediador francês Claude De Donker para ministrar o primeiro curso de Mediação, recomendado por Six, na reunião que tivemos em Paris, em 1997, para tratar do contrato de tradução do livro *Dinâmica da Mediação.*

De Donker era professor de Mediação no Centre de Formation à la Médiation de Paris, sob a coordenação de Six, nomeado para o encargo pelo

Ministro da Justiça da França, que deu todo o suporte necessário para promover a formação de mediadores.

A experiência do IBEIDF era exclusivamente paulistana, porém outros Estados pleiteavam a abertura de filial, afinal a ideia de formação de um grupo de estudos de direito de família, sob diferentes óticas profissionais, seduzia a todos os estudiosos.

O segundo pilar que marca o desenvolvimento da Mediação, no Brasil, é a fundação do IBDFAM - Instituto Brasileiro de Direito de Família, de âmbito nacional, que foi criado para ampliar o campo de atuação do IBEIDF, absorvendo a experiência paulistana, unificando o projeto, e, com a fusão, foi extinto o IBEIDF, em sua singularidade, para integrar a pluralidade.

Na qualidade de sócia fundadora do novo instituto nacional, tive maior espaço para a divulgação da Mediação pelos Estados, criando núcleos de estudos por todo o país, agregando experiências estrangeiras, advindas dos encontros com mediadores europeus e, a esta altura, interessava também agregar a experiência canadense.

No ano de 2000, o IBDFAM foi convidado a participar da 10ª Conferência Mundial da International Society of Family Law - ISFL, sediada em Brisbane, Austrália.

Inscrevemos um trabalho acerca da Mediação - "Mediação: Além de um método, uma ferramenta para a compreensão das demandas judiciais no Direito de Família - A Experiência Brasileira" - e, pela primeira vez, aquela comunidade estrangeira, essencialmente jurídica, deparou-se com a participação de uma advogada e duas psicanalistas para a exposição. Fomos persistentes, expondo que se tratava de um trabalho a três mãos e, respeitando as regras do evento, propusemos dividir os vinte minutos, reservados a cada palestrante, em três falas, sincronizadas, como se fosse um jogral.

Dado o sucesso da participação internacional, no III Congresso Nacional do IBDFAM, realizado em outubro de 2001, foi criada a Comissão de Mediação, nomeando-me presidente, o que me permitiu implantar um projeto nacional do ensino da Mediação, visando à formação responsável de mediadores, com a elaboração de um programa bastante consistente, com 140 horas de carga horária.

O terceiro pilar que garantiu o impulso da Mediação no Brasil, no mesmo ano de 2001, foi a inclusão da disciplina Mediação na grade do curso de Direito, como matéria obrigatória, e não optativa.

A primeira Faculdade e Direito a implantar a exigência do MEC foi a da Universidade São Caetano do Sul, no ABC paulista, e, sendo autárquica, abriu concurso para professor de Mediação, cabendo-me o primeiro lugar, pelo que fui a titular da cadeira até 2011.

A matéria foi colocada no último ano, estrategicamente, porque os alunos chegam com o conhecimento de todas as ferramentas para o litígio, e são chamados a repensar as práticas disponíveis para uma nova visão dos conflitos, principalmente nas relações continuadas.

Nas primeiras turmas, houve dificuldades inesperadas para a academia aceitar a nova cultura e os novos valores, mas a resistência está presente em toda inovação.

Diante das conquistas alcançadas pela construção dos três pilares que sustentaram a introdução da Mediação no Brasil, impunha-se a obtenção de titulação acadêmica, tendo em vista que já corria o prazo para que todo professor universitário satisfizesse este requisito.

Destarte, em 2003 alcancei o grau de mestre em Direito, defendendo a dissertação de mestrado *Mediação Familiar: Instrumento Transdisciplinar em Prol da Transformação dos Conflitos Decorrentes das Relações Jurídicas Controversas.*

Dando continuidade à linha de pesquisa, em 2007 defendi a tese de doutorado *Construção dos fundamentos teóricos e práticos do código de família.*

Ambos os títulos foram obtidos junto à Faculdade de Direito da Universidade de São Paulo – USP, abrindo portas para participar de bancas examinadoras de mestrado e doutorado, em muitos Estados, quando a linha de pesquisa contempla a Mediação, a transdisciplinaridade e a interdisciplinaridade.

Este percurso de 31 anos de dedicação ao estudo e à prática da Mediação me trouxe muitas realizações pessoais e profissionais.

Primórdios da Mediação no Brasil

Angelo Volpi Neto[3]

Transcorria o ano de 1990. Eu e minha esposa – grávida de nosso primeiro filho – fazíamos uma viagem pelo Nordeste do Brasil, e Fernando de Noronha estava no roteiro. Nesta ilha, há um paradisíaco local chamado Buraco da Raquel, formado por uma piscina natural de corais. Assim, estávamos lá mergulhando e contemplando a paradisíaca paisagem, quando se aproximou uma pessoa perguntando se – por acaso – não tínhamos uma pinça, pois havia colocado um protetor de ouvido para mergulho e não conseguia retirá-lo.

Munidos do nosso inseparável canivete suíço, socorremos o "gringo" e aí começamos a conversar. Como a empatia foi grande logo de cara, passamos a fazer refeições e passeios juntos, sendo que em uma destas ocasiões aquele "argentino" me contou que trabalhava com "Mediação de conflitos".

Confesso que nunca havia ouvido falar no tema e demorei a entender como funcionava. Coincidentemente, ele possuía uma casa aqui perto de Curitiba, em Balneário Camboriú, e assim iniciou-se uma amizade com Juan Carlos Vezzulla. A amizade perdura até hoje e, a partir desta, criamos o Instituto de Mediação do Brasil – atual IMAB.

Desde o início, tivemos a fortuna de receber apoio de algumas pessoas especiais que aceitaram pertencer ao conselho consultivo do IMAB. Entre as quais, destaco:

- Dr. Francisco da Cunha Pereira Filho: advogado, jornalista e empresário, na condição de diretor do grupo RPC – Rede Paranaense de Comunicação, maior conglomerado de mídia do Paraná, então com sete emissoras de TV, duas rádios e os dois mais importantes jornais do estado. Com este importante apoio conseguimos uma coluna semanal no jornal *Gazeta do Povo*, fato que trouxe enorme exposição à nossa causa.

3. Tabelião de notas em Curitiba, pós-graduado em Direito Imobiliário, Notarial e Registral, professor de pós-graduação, autor dos livros *Comércio Eletrônico, Direito e Segurança* (Ed. Juruá) e *A Vida em Bit's* (Ed. Aduaneiras). Mediador, presidente honorário do Instituto de Mediação e Arbitragem do Brasil. Ex-presidente do Colégio Notarial do Brasil, membro do Conselho Honorário da União Internacional do Notariado (Roma-Itália).

- Dr. João Regis Fassbender Teixeira: advogado trabalhista, professor, escritor com 41 livros publicados, reconhecido mundialmente como uma das maiores autoridades em Direito do Trabalho.
- Dr. Fernando Antonio Miranda: advogado, professor, escritor e jornalista, dirigiu o jornal *Diário do Paraná*, foi secretário estadual da Indústria e Comércio.

Recebemos também apoio e colaboração de várias outras pessoas, tais como Áureo Simões Júnior, advogado; Maria Augusta Gomes e Oliveira Volpi, advogada; Mauricio Gomm Santos, advogado; Sheila Figlarz, dentre outros.

Com estas pessoas de visão privilegiada e elevado prestígio em nossa sociedade, conseguimos alavancar rapidamente o IMAB com lugar de destaque na coluna semanal do jornal *Gazeta do Povo*, na época o mais importante do Paraná.

Eu recém havia prestado concurso para tabelionato e em 1987 havia assumido a titularidade do 7º Tabelionato de Curitiba. Com pouco mais de 30 anos, minha mente "fervilhava", sempre buscando inovações. Eram tempos em que a informática começava a ser usada em cartórios e eu sempre achando que a atividade do notário poderia ser expandida.

Ocorre que a atividade do notário é limitada expressamente ao que consta na lei (princípio da legalidade). E aquele tema "Mediação" não estava lá de forma expressa.

Os tabelionatos são fiscalizados pelo Poder Judiciário através das Corregedorias de Justiça, e os valores cobrados das partes são previstos expressamente em leis estaduais. Assim, mesmo interpretando ser possível fazer Mediação, pois nos "compete formalizar juridicamente a vontade das partes e intervir nos negócios a que elas queiram dar forma", não havia previsão expressa de cobrança de emolumentos pela prática de Mediação.

Além disso, havia um enorme preconceito pelos membros do Poder Judiciário e de uma boa parte dos advogados com esta "novidade". A incompreensão e o total desconhecimento do tema geravam desconfiança e medo.

Mas o tema "Mediação" já havia me contagiado e não tinha como me fazer desistir. Além disso, ele nos conduz às próprias origens da profissão notarial, que surgiu naturalmente em vários continentes como uma necessidade do homem.

A origem da profissão data de 600 anos a.C., quando os contratos eram redigidos pelos *scribae*, fosse pelo povo hebreu, pelas sociedades assíria e babilônica, passando pelos egípcios, gregos e romanos e asiáticos.

Sendo os únicos que sabiam escrever, esses profissionais passaram a documentar todos os negócios e eventos entre os povos. Notem que a designação "tabelião" vem de taboa, portanto, nem o papel havia sido criado ainda.

E assim a profissão foi evoluindo durante séculos. Em alguns países foram agregados à função estatal e à igreja católica, de onde surgiu o conceito de "fé pública." No geral, foram tornando-se profissionais especializados em redigir contratos, constatar fatos familiares e identificar e qualificar pessoas, passando a ter formação jurídica.

Atualmente, a profissão encontra-se fortemente disseminada, principalmente nos países de origem jurídica romana (*civil law*), sendo mais de noventa os que possuem prática semelhante à nossa, existindo também em alguns outros de culturas diversas, como, por exemplo, China, Indonésia e Japão.

Portanto, o notário sempre esteve situado como intermediário das relações comerciais e familiares, surgindo daí duas características fundamentais como mediadores: a neutralidade e imparcialidade. Em uma compra e venda de imóvel, por exemplo, o tabelião tem obrigação de equilibrar a relação entre as partes e redigir um contrato que promova a pacificação e a prevenção de litígios.

Assim, na prática, muitos notários acabam sendo conciliadores, pois comumente surgem conflitos dentro dos cartórios. Eu, como neto, filho e sobrinho de tabelião, assisti inúmeras vezes à assunção deste papel na família, tradição que acabei herdando.

Mas esta ficha nunca tinha caído até ter sido apresentado à Mediação e daí o meu imediato encantamento e paixão. Aquilo me parecia mágico, havia técnica e ciência para conciliar as pessoas. À medida que ia me aprofundando no tema, via que aquilo estava me transformando. Eram conceitos que modificavam minha maneira de lidar com as pessoas, mas não somente isto, modificam a própria maneira de agir e pensar.

Somente aí passei a entender como os conflitos afetam nossas vidas e como as pessoas estão despreparadas para lidar com as diferenças. Passei a ver com uma profundidade e transparência incríveis a maneira como a falta de um apoio profissional afetava a vida de meus clientes.

Neste momento, começaram a ser estruturados os conceitos de inteligência emocional e as coisas faziam cada vez mais sentido. A sensação era do descobrimento de algo que poderia – e pode – modificar a humanidade. Aquilo me remetia a uma nova "bomba atômica", que faria a todos parar e pensar como lidar com os conflitos dali em diante.

Mandei fazer pequenos *folders* e os deixei espalhados pelo balcão do cartório. Achava que a população iria aderir rapidamente, bem como meus colegas. Mas, na prática, não foi assim, e esta foi uma grande frustração que amarguei com a Mediação.

Mesmo assim, não desanimei.

Vezzulla é uma pessoa muito especial e apaixonada pela Mediação, sempre me incentivando. Além do que, foi tornando-se um verdadeiro mestre no tema, sendo atualmente considerado uma das maiores autoridades em Mediação no mundo. Suas aulas e palestras são encantadoras.

Conseguimos, então, em 1995, um importante e pioneiro convênio com a Defensoria Pública do Paraná e lá nós fomos aprendendo muito como mediar. Esporadicamente, começavam a aparecer alguns casos de clientes e a paixão pelo tema só aumentava.

Nossos cursos começavam a ser conhecidos em todo o país e atrair mais pessoas, inclusive com a participação de magistrados, entre os quais destaco pioneiramente o Dr. Roberto Portugal Bacellar, atual desembargador do TJ/PR e que, em 1998, como presidente do Juizado Especial, pôde trazer o tema de forma extremamente técnica ao Judiciário, tornando-se grande especialista no tema e referência nacional. Em 1996, começamos a trabalhar com as Varas de Família no Paraná de forma pioneira no país.

Entre os magistrados destaco também o Dr. Alexandre Morais da Rosa, de Santa Catarina, que trouxe uma enorme contribuição ao tema naquele Estado e ao país, tendo implementado pioneiramente a Mediação nas Casas da Cidadania, juntamente com Luiz Alberto Warat. Além disso, em 2002, pelas mãos do Dr. Alexandre, então titular da Vara de Adolescentes de Joinville-SC, firmou-se convênio com o IMAB.

O IMAB passou a ser referência como instituição de formação de mediadores, criando um padrão e doutrina. A formatação dos cursos, aliada à parte prática nas defensorias ou nos juizados especiais, bem como a criação de estágios supervisionados, deu grande repercussão, tendo sido replicados em vários Estados do país e inclusive em outros países.

No ano de 1995, assumi a presidência do Conselho Federal do Colégio Notarial do Brasil, eleição que ocorreu durante o XI Congresso Notarial Brasileiro, organizado por mim em Curitiba, e onde pela primeira vez foi tratado o tema Mediação entre os notários do Brasil.

Pudemos trabalhar como deveria se desenvolver a atuação dos notários como mediadores nas diferentes demandas que surgem nos tabelionatos. Até então, o conceito era que os notários trabalhavam somente sobre a chamada "jurisdição voluntária", ou seja, quando não há conflito entre as partes. Provocar essa mudança em uma profissão extremamente conservadora e tradicionalista foi um trabalho hercúleo, ou seja, convencê-los a trazer para seu *métier* as questões controversas de seus clientes.

Como presidente de nossa associação, pude ajudar a incluir a Mediação na pauta não somente do notariado brasileiro, mas do Mercosul, que recém havia sido criado.

O notariado argentino, sendo dos mais desenvolvidos do mundo, criou uma câmara de Mediação dentro da associação e mais adiante ajudou na criação de uma lei incluindo a obrigatoriedade de Mediação nas causas de família. Os uruguaios logo começaram a se envolver com o tema, e em seguida os paraguaios.

Em 1996, com a promulgação da Lei de Arbitragem no Brasil, passamos a incorporar o tema, inclusive alterando o nome do instituto para IMAB (Instituto de Mediação e Arbitragem do Brasil).

Nesse momento, preocupados com a disseminação da criação de câmaras e até de supostos "tribunais arbitrais", entre outras designações, surgiu a necessidade da criação de um órgão disciplinador e centralizador das ações destas instituições e da própria profissão de mediadores e árbitros.

Assim surgiu, sob a liderança de Petrônio Muniz, esta necessidade, que culminou com a criação do CONIMA (Conselho Nacional de Instituições de Mediação e Arbitragem), no qual assumi o cargo de vice-presidente.

Participei também ativamente da criação da Câmara Paranaense de Mediação e Arbitragem do Mercado Imobiliário e da ARBITAC (Câmara da Associação Comercial do Paraná), dentre outras.

Dentre os eventos, destaco:

Em 1995, a publicação do livro *Teoria e Prática da Mediação*, de Juan Carlos Vezzulla, no qual participei com o desenvolvimento da proposta de inclusão da Mediação nos tabelionatos brasileiros.

O Seminário sobre Meios de Resolução de Conflitos – Justiça, Mediação e Arbitragem, realizado em parceria com o Departamento Cultural da Associação dos Magistrados do Paraná, Escola Superior da Magistratura e Instituto de Mediação, em setembro de 1996.

O Seminário de Mediação no Tribunal de Justiça do Paraná, realizado em Curitiba, em junho de 1997.

O Fórum Arbitragem e a Mediação no Continente Americano, realizado no Superior Tribunal de Justiça em Brasília, em novembro de 1997.

A I Jornada Notarial do Mercosul que ocorreu no ano de 1995 em Ciudad del Este, Paraguai, onde assumimos a coordenação do tema Mediação e Arbitragem. No ano seguinte, pude organizar o II Congresso Notarial de Mercosul em Curitiba, quando incluímos na pauta uma simulação de Mediação – entre irmãos que discutiam uma herança – com um debate acalorado em seguida.

Em 1996 participei da Conferência de Mediação em Genebra, Suíça, organizada pelo Centro de Mediação e Arbitragem da Organização Mundial de Propriedade Intelectual (OMPI). Fiz uma pequena exposição da situação no Brasil no painel The use of Conciliation in Arbitration, coordenado por Tank Houzhi, vice-chairman da China International Economic and Trade Arbitration Commission (CIETAC).

Nesta época, engatinhavam as iniciativas de resolução de disputas sobre propriedade intelectual sob a Mediação e a arbitragem. Os conflitos sobre códigos-fonte de *softwares* deixavam todos atônitos diante da complexidade e ineditismo do tema. Do Brasil, compareceram, além de mim, como presidente do Instituto de Mediação, Maria Augusta Volpi e Guido Fernando Silva Soares, então *Minister Counsellor* da Missão Permanente do Brasil no escritório das Nações Unidas em Genebra, Grand Saconex.

Em 1998, foi firmado convênio com a Secretaria de Educação do Paraná para dar assessoramento, através dos profissionais associados e formados pelo IMAB, nas negociações desta Secretaria e na implementação da Mediação Escolar nas escolas do Estado, que foram ministrados por Vezzulla, Lidercy Aldenucci e Márcia Macionk. Foi um marco da inclusão do tema nas escolas do país.

Em 1998, a convite do empresário Roberto Demeterco, fundamos a Associação Projeto Não Violência, voltada à implementação da cultura da Mediação nas escolas públicas. O projeto, trazido de experiências de *peer mediation* na Suécia e nos EUA, obteve enorme sucesso.

Em 2003, conseguimos implementar a cadeira de Mediação e Arbitragem na Pós-Graduação em Direito da Propriedade Intelectual na Unicemp (atual Universidade Positivo de Curitiba), da qual fui professor titular.

Em junho de 1999, participei como debatedor no Seminário Internacional por uma Cultura da Paz, no painel das ONGs e as alternativas para o desenvolvimento e a Cultura da Paz. Promovido pela UNESCO e UFPR, o evento teve a participação de Adolfo Pérez Esquivel, prêmio Nobel da Paz em 1980.

Para encerrar esta pequena exposição, e a pedidos, relato a seguir algumas experiências e casos que vivi durante essa jornada.

Estava em um evento da Federação das Indústrias do Paraná (FIEP), há cerca de 10 anos, quando Henrique Gomm havia começado um movimento de inclusão de cláusulas de Mediação em contratos entre associados desta entidade e da Associação Comercial do Paraná.

Para isso, havia trazido um norte-americano que obteve sucesso em uma empreitada destas na Flórida. Ao final do evento, em conversa informal no cafezinho, o americano me perguntou: após tantos anos lidando com Mediação no Brasil, a que você atribui o fato de ainda não ter havido uma maior adesão ao tema no país? Falei, entre outras coisas, que a falta da cultura entre nós, profissionais do Direito, era uma das principais razões, e que em nossas escolas de Direito não havia sequer uma cadeira de negociação. Ele me olhou espantado e pediu para repetir, pois talvez houvesse um problema no meu inglês, o que fiz com maior clareza, a que ele – espantado – perguntou: mas o que vocês aprendem, então?

Atendi um casal em um divórcio, com três filhos menores, que, como a maioria dos casos, se mostrou bem complexo. Eram pessoas muito inteligentes, que haviam construído um importante patrimônio em comum. Em um primeiro momento, conseguimos um bom termo, mas em seguida surgiram novos conflitos com a guarda dos filhos. Assim, foram necessárias novas sessões e posteriormente outras. Enfim, um caso que foi se encompridando demasiadamente. Havia muito carinho entre ambos e a questão principal entre eles era que no fundo se amavam muito. Todo final de ano recebia uma lembrança de ambos e assim acabei me transformando em uma espécie de conselheiro. Ao final de um ano, recebi do homem uma caixa de vinhos de um valor bem considerável.

Achei estranho, fiz um cartão de Natal agradecendo e explicando que entendia não ser adequado receber um presente naquele valor para não prejudicar minha imparcialidade. Para minha surpresa, uma semana depois volta a caixa com os vinhos devolvidos com uma carta assinada por ambos. Nela, ele se penitenciava e diz que havia mandado o presente em um momento de empolgação, pois o casal estava vivendo novamente juntos, mas que deveria ter feito em nome de ambos, o que agora faziam. Mas, além disso, faziam um emocionante depoimento do quão importante foi terem aprendido a lidar com suas diferenças, aprenderem a conversar com respeito, e que isso afetou imensamente as suas vidas e de seus filhos. E que eu não devolvesse de novo os vinhos, pois era uma maneira que tinham de agradecer e reconhecer tudo que eu havia feito pela família deles...

O reconhecimento deles e de vários outros clientes é o que efetivamente posso considerar como um sucesso e a maior recompensa por tudo que investi e acreditei dentro da Mediação.

A luz que cintila ao fim do túnel

Corinna Schabbel[4]

Pequeno era o mundo ao meu redor; eu era pequena, mas grande já era minha alma viageira. A princípio, através dos livros, desbravei muitos lugares e situações, do olhar de autores que me eram recomendados pelo meu pai, professores e amigos do círculo de amizades da família. Aos treze anos comecei a querer a prática e, além do movimento escoteiro no qual cheguei ao cargo de líder de uma alcateia de lobinhos, também atuei em diferentes funções na escola, inclusive na biblioteca. Aprendi muito cedo o quanto era importante negociar com os pais, com as crianças e com os colegas e superiores.

Aos dezoito anos comecei a trabalhar em uma multinacional em uma função óbvia para quem aprendeu três idiomas desde pequena: secretária.

O tempo passou, minha curiosidade e inquietude intelectual foram abrindo portas e me levando a inúmeros lugares: vivi e trabalhei em diferentes países, viajei muito, formei minha família para, em 1992, virar a minha própria mesa. Já tinha lido o livro do Ricardo Semler um ou dois anos antes.

A virada me levou a escrever meu primeiro livro, uma viagem holística para me compreender melhor e, na sequência, voltar à faculdade. Entrei na faculdade no mesmo ano em que minha filha: ela em Medicina e eu em Psicologia.

Entre os anos de 1993 e 1997 fui estudante no sentido mais amplo da palavra: além do curso, participava de eventos no Brasil e exterior, frequentava cursos, seminários e lia muito. Tudo isso com o objetivo de escolher, com segurança, uma inserção profissional que fizesse sentido para mim. Viktor Frankl e Freud me abriram os olhos, mas foram a Teoria Sistêmica

4. Graduada em Psicologia Clínica pela Universidade Paulista, mestre e doutora pela Human And Organizational Development – Fielding University. É sócia-gerente da Colibri-Assessoria em Gestão de Relações e docente do núcleo de Pós-Graduação da Uni-Anhanguera/Goiânia; NEAPC Núcleo de Estudos e Atendimento em Psicoterapia Cognitiva de Porto Alegre; Curso de Especialização em Terapia Cognitiva da Faculdade de Medicina da UFMG. Consultora e mediadora em conflitos organizacionais, familiares, violência contra a criança e adolescentes.

e o Construtivismo que me cativaram. Passei por vários mestres. Oportunidades para participar de conversas em congressos não faltaram. Alguns muito especiais, como o Congresso Internacional de Espiritualidade nos Negócios em abril de 2002 em Nova York. Ouvir Dalai Lama pouco tempo após a queda das Torres Gêmeas, fazer um estágio em um hospital psiquiátrico em Nanjing na China ou ainda apresentar o programa de Mediação comunitária do Mackenzie em Berlim foram alguns momentos de difícil descrição.

Não posso deixar de lembrar de Carmem Carpinelli (juntas escrevemos um pequeno livro de contos terapêuticos em 1996) em cujo consultório comecei a atuar como terapeuta e também dei os primeiros passos como mediadora de conflitos familiares.

Em 1995, a Mediação de conflitos entrou na minha vida pelas portas de um seminário sobre Mediação de Divórcio ministrado por Florence Kaslow. Fui apresentada ao IBEIDF (Instituto Brasileiro de Estudos Interdisciplinares de Direito de Família) pela Ângela Oliveira (presidente do CLAMA - Centro Latino-Americano de Mediação e Arbitragem) e, em fevereiro de 1997, o grupo participou de um curso de Mediação Familiar ministrado por Pedro Herscovici. Considero este curso e as reuniões no consultório da Eliana Riberti Nazareth como a pedra fundamental de minha decisão: serei mediadora de conflitos.

Ângela Oliveira e eu nos reuníamos semanalmente para desenvolver o projeto e o plano de negócios do CLAMA. Sou muito grata à Ângela pelas portas que me abriu e a facilidade com que cada uma de nós assumiu um papel definido para que pudéssemos fazer o melhor para desenvolver um projeto consistente em Mediação de conflitos: optamos por atuar como mediadoras em parceria com instituições que haviam iniciado com a arbitragem e por um curso modular que oferecesse um conteúdo transdisciplinar para formar mediadores no lastro da Lei de Arbitragem (9.307/96). Porém, a prática da Mediação acabou sendo o diferencial de minha participação no CLAMA. Nessa época, conheci Fernando Oliveira Marques e formamos uma parceria excepcional durante alguns anos. A lembrança que me ficou como pontos altos são os cursos ministrados para os funcionários da Superintendência de Mediação Administrativa Setorial - SMA da ANEEL, dos cursos de Mediação e Arbitragem realizados no Instituto de Engenharia, além dos eventos na AMCHAM, onde também fui mediadora em dois casos internacionais.

Também foi nessa época que Ângela participou de um curso de Mediação na Califórnia com Sara Cobb e a convidou para vir ao Brasil. Sara veio pela primeira vez para ministrar um curso de Mediação Familiar com duração de dois dias e meio (não me lembro exatamente das datas), propondo-se a ministrar o curso em espanhol. A sala do Instituto de Engenharia estava repleta e, em algum momento no final do primeiro dia, Sara considerou que se pudesse continuar em inglês e ter uma tradução sequencial, o conteúdo seria mais rico. Ângela me perguntou se eu conhecia alguém e prontamente respondi: eu mesma. Como eu já havia feito tradução sequencial em eventos de Psicologia, me senti confortável e atuei no tempo restante como tradutora. Eu já havia optado em atuar como mediadora anteriormente, mas foi no trabalho com a Sara que compreendi a complexidade do que vem a ser a Mediação de divórcio, ou seja, renegociar as relações dos pais que se separam, cuidar do pesar, nas mudanças na família, e a necessidade de redefinir os papéis familiares. Como dizem os pré-vestibulandos, fiz um intensivão em teoria e técnicas de comunicação naquele final de semana. Ao final do evento, conversando com Sara para avaliar o resultado do final de semana, ela me perguntou se eu tinha interesse em aprofundar meus estudos teóricos e me preparar para o Ph.D. Seria no Fielding University em Santa Bárbara, Califórnia.

Em sua segunda visita ao Brasil, poucos meses depois, tive a oportunidade de conversar com Sara em particular por algumas horas. Uma conversa disruptiva.

Abracei a ideia do doutorado e me inscrevi no programa Desenvolvimento Humano e Organizacional. Tirei um sabático de um ano para poder me dedicar à pesquisa de campo para, em outubro de 1999, defender a tese que pavimentou minha estrada futura não somente como mediadora, mas também como consultora em gestão de crises e processos de mudanças organizacionais.

Como docente na Faculdade de Psicologia do Mackenzie, no curso de pós do IECAT na FEI, nos cursos de pós-graduação em métodos não adversariais de solução de conflitos na EPM-SP, ESA-SP e GO e por todos os cursos abertos que ministrei pelo Brasil, sempre dei destaque ao que aprendi e pratiquei no doutorado: as pessoas importam, a interpretação que dão às suas histórias importam e a atitude facilitadora do mediador importa muito para um processo de Mediação consistente.

Aos poucos, fui me afastando da Mediação de divórcio e, com isso, também me afastei do grupo que havia me auxiliado a conhecer a Mediação. Também optei por não atuar na Mediação judiciária. Há onze anos sou docente dos cursos de formação, de acordo com a Resolução nº 125 do CNJ, Dra. Cristina Zucchi sempre incentivando a produzir novos conteúdos para as aulas, principalmente com foco em humanização do processo, mas a Mediação judiciária não conseguiu me cativar. O resultado foram as duas edições do livro *Mediação na Prática*, método circular narrativo. Na segunda edição(2020), ampliei o escopo teórico de Sara Cobb e incluí a teoria da Autopoiese de Humberto Maturana, que já utilizo em minha prática como mediadora há alguns anos.

Em 2002, durante uma aula sobre Inquérito Apreciativo no Congresso de Terapia Familiar na Bahia, conheci Eliane Pelles Amorin, psicóloga e mediadora em Goiânia. Eu já havia estado em Goiânia ministrando um curso de Mediação na AGR – Agência Goiana de Regulação, um desdobramento do trabalho realizado na ANEEL, mas foi pelas oportunidades resultantes dos cursos de formação realizados com o apoio de Eliane que, somadas à transferência de uma empresa cliente para Goiânia, para lá mudei em 2009. Fiquei por lá quatro anos. Um cordão de prata me liga aos amigos que lá deixei e que continuam presentes em meu dia a dia desenvolvendo a Mediação de conflitos e cultivando bons papos ao som de boa música sertaneja.

Como consultora, só posso agradecer pelos projetos que tive oportunidade de gerenciar:

- Entre 2001 e 2002, um modelo de Mediação escolar de pares (livro publicado em 2002 durante um evento patrocinado pela Antakarana / Willis Harman House), bem utilizado em projetos de Mediação escolar em diferentes Estados do Brasil.
- Em 2003, com o apoio de Regina Miki, então secretária da Justiça e Ci-

dadania do município de Diadema, iniciamos um projeto para implantar a Mediação comunitária no município. Em 2004, com o lançamento da Cartilha de Mediação, inicia-se uma história de sucesso: a Mediação comunitária, que permanece ativa até hoje, como política pública em Diadema.

- Entre 2004 e 2005 supervisão dos alunos do Mackenzie estagiários da Câmara de Mediação da Secretaria de Justiça do Estado de SP, uma parceria entre as faculdades de Psicologia e Direito.
- No biênio 2007/2008, em parceria com a ACER – Associação de Apoio à Criança em Risco em Eldorado/Diadema, apoiada pelo governo britânico, desenvolvemos o projeto "Semear a Cultura de Paz nas Escolas pelos Recursos da Mediação de Pares", baseado na metodologia de Rudolf Steiner. A formação dos jovens mediadores e a preparação de professores como supervisores foram positivas. Porém, na implantação em escolas públicas, tivemos dificuldades com os jogos de poder institucionais. Enquanto projeto de formação, me senti muito gratificada, quando, anos depois, recebi um *feedback* de jovens agradecendo a formação em negociação e compreensão de conflitos.
- Também entre 2006/2008, em parceria com o RECAD, o projeto de Mediação comunitária em que agentes e influenciadores comunitários foram treinados para atuar como mediadores em pequenos conflitos de vizinhança, seguindo o mesmo conceito da Mediação de pares na escola. O mesmo projeto foi desenvolvido no Parque Edu Chaves e ambos apresentados em congressos no EUA e Alemanha.
- Em 2018 conheci Ana Cristina Freire e Luciana Loureiro e, juntas desenvolvemos um modelo de ODR (*Online Dispute Resolution*) que está sendo utilizado por 56 mediadores e aperfeiçoado de acordo com o momento social que vivemos: o afastamento social provocado pela pandemia.

A minha alma viageira me levou a muitos lugares para falar sobre, ensinar e praticar Mediação de conflitos. Muitas oportunidades, além das que descrevi, foram e são muito significativas para acreditar que, em algum momento, o Brasil abriria seus braços para a Mediação como método autocompositivo extrajudicial contando com o protagonismo dos mediandos. Enquanto as discussões pautadas em projetos de lei, criação de centros e câmaras de arbitragem, provimentos e resoluções diversas, a Mediação adentra a arena do Judiciário como uma ferramenta acessória para desafogá-lo e ampliando seu escopo em uma discussão que começou em 1996, quando é promulgada a Lei de Arbitragem, estendendo-se até 2015, quando é promulgada a Lei de Mediação. Confesso que, a partir de 2008, mais uma vez, me afastei do movimento pela Mediação, por ter estudado e criado um escopo teórico para a Mediação em outros segmentos da sociedade: nas escolas, comunidades e empresas. Acredito na Mediação de pares que conheci em Beacon, Estado de Nova York, diferente daquilo que no modelo, salvo raras exceções, vinha sendo praticado no Judiciário. Uma escolha pessoal que teve o seu preço, me levou à abertura da porta que eu mais desejava: mediadora independente.

A mudança de mentalidade para a solução dos litígios consiste em cultivar mais a via consensual, que considero mais do que uma alternativa, já que permite a escolha, ou seja, as muitas portas ou multiportas para resolver conflitos entre pessoas, empresas e instituições. Infelizmente, o fato de torná-la obrigatória retroalimenta a cultura vigente e dificulta a aculturação para modelos autocompositivos. Da Mediação de pares praticamente não se fala, nem nas escolas, nem nas empresas e nem na comunidade.

Meses após a declaração da pandemia do Covid-19 e passados 22 anos desde que dei os primeiros passos na prática da Mediação, houve um cintilar no final do túnel: a Recomendação nº 71/2020 do CNJ visando à desjudicialização de demandas no meio empresarial. Uma recomendação a esse respeito foi publicada pelo IFC – International Finance Corporation em 2013. Embora a Mediação tenha sido o foco, foi a Arbitragem, mais conhecida e confiável na comunidade internacional, que foi oferecida e praticada pelos escritórios de advocacia. A Mediação de conflitos permanece em segundo plano, sendo utilizada quando há exigência da parte, geralmente, sócios internacionais.

Foram 22 anos atuando na Mediação de conflitos em diferentes segmentos e oportunidades, sempre como profissional independente por acreditar na mudança cultural. Esta... não aconteceu. Porém, a migração da Mediação para o ambiente virtual nos aproxima um pouco mais da luz que cintila ao final do túnel.

Como cheguei à Mediação: relato de uma trajetória

Eliana Riberti Nazareth[5]

Desde que me formei em Psicologia Clínica pela PUC/SP em 1976 venho me interessando pelo atendimento de famílias. A princípio, pelas famílias dos pacientes internados nas instituições psiquiátricas nas quais trabalhei, logo passando para as famílias das crianças que atendia no meu consultório. O que me motivou a começar a pensar nesse tipo de atendimento foi perceber, no caso dos pacientes psiquiátricos, que eles saíam relativamente bem do hospital para logo retornarem com os mesmos sintomas que motivaram a internação inicial. Em se tratando de crianças, assim que os pequenos melhoravam, ou eram tirados de seus tratamentos, ou algum outro membro da família acabava por manifestar sofrimento psicológico. Em ambos os casos, tais desdobramentos se davam porque o equilíbrio familiar era ameaçado ou rompido, e pouco adiantava analisar esses pacientes unicamente de modo isolado.

Por estes anos a antipsiquiatria agitava os meios acadêmicos mundiais e, também entre nós, novas abordagens do distúrbio psiquiátrico começavam a surgir, conduzindo os profissionais à procura de compreensão e tratamentos diferentes dos tradicionais (os mais conhecidos e utilizados eram o medicamentoso e a psicoterapia individual). Uma nova psiquiatria se avizinhava, valendo-se mais e mais da psicologia e da psicanálise.

As experiências de então me levaram a me interessar por esse tipo de atendimento não só nas instituições em que trabalhava, mas no consultório, e me estimularam a estudar mais profundamente a dinâmica das rela-

5. Psicóloga. Psicanalista, membro efetivo da Sociedade Brasileira de Psicanálise de São Paulo. Mestre em Psicologia Clínica pela PUC/SP. Especialista em Psicologia Jurídica e Clínica pelo CRP06. Membro da International Neuropsychoanalysis Society. Assistente técnica em processos de Varas de Família e Cíveis. Autora do livro *Mediação – o conflito e a solução* (São Paulo: Arte Paubrasil, 2009).

ções familiares, estudo então ainda tímido e solitário. Foi quando organizamos – todos ex-colegas do curso de especialização em Psicanálise do Sedes Sapientiae em São Paulo –, um grupo de estudos sobre psicodinâmica das relações de família e de casal com a Dra. Mary Carpozzi. Mary era uma psicanalista argentina radicada no Brasil e uma das únicas a trabalhar psicanaliticamente, já de longa data, com casais e famílias. (Diferentemente dos analistas brasileiros, os argentinos praticam psicanálise vincular há muito tempo; têm longa tradição na área com inúmeros trabalhos e pesquisas publicados).

O grupo prosseguiu por vários anos estudando e discutindo os casos atendidos.

Em 1987 fomos todas ao I Congresso de Psicanálise de Família e de Casal em Buenos Aires. Evento importante com a participação de 2.500 congressistas.

Em 1989 fomos e, desta vez, com a companhia de colegas que não pertenciam ao grupo original, ao México para uma especialização em Terapia Familiar. Experiência interessante, nova para mim, talvez o meu primeiro contato próximo com a Terapia Familiar Sistêmica. *Début* suave, pois os coordenadores do curso, Ignácio Maldonado e Estela Troya, haviam sido psicanalistas na Argentina. Sua linguagem não era tão distante para mim. Sua compreensão das relações vinculares tampouco me era desconhecida. Havia muito que eu me ocupava, tanto na teoria quanto na prática, de entender e lidar com relações emocionais próximas, como gostava de chamá-las. Nesse curso, também tive oportunidade de ter aulas com Salvador Minuchin e Célia Falicov, entre outros. Um privilégio!

Nesse meio tempo, nossa querida mentora, Mary, veio a falecer. Morte repentina que, se por um lado fortaleceu o grupo, por outro o debilitou.

Enlutadas e acéfalas, prosseguimos os estudos e reuniões. Fomos a vários congressos de Terapia Familiar pelo mundo e convidamos o Instituto de Terapia Familiar do Rio de Janeiro a nos coordenar, aprofundando nossa formação em Terapia Familiar Sistêmica.

Desses estudos surgiu a ideia de constituirmos o nosso próprio Instituto. Estávamos às voltas com a escolha do nome. Sabemos pela psicanálise e pela semiologia como o nomear é importante. Todo um sistema consciente e inconsciente de significados está envolvido no ato de dar e escolher um nome. Dar nome às coisas não é uma questão muito simples e não é nada isenta. Fundamos o "Familiae", instituição conhecida atualmente em São Paulo. De início, propus essa terminação latina por analogia ao "Sedes Sapientiae". Na época, os fatores latentes dessa sugestão que fiz ao grupo e que foi por ele aceita não eram claros para mim. Só muito tempo depois e anos de divã, ficou claro para mim, com muita dor e saudade, que tal sugestão era uma representação do próprio grupo, visto que quase todas nós havíamos sido colegas de Sedes. Ademais, era como que uma compensação pela perda daquela pessoa tão querida e tão importante, a grã-mestra, mãe de nossa "família", Mary. Foi também no Sedes que a conhecemos. Foi um jeito de mantê-la viva no meu coração.

Prosseguimos por mais um tempo, até que alguns dos componentes do grupo se distanciaram desse "desenho" inicial, devido a rumos e objetivos diferentes.

O meu gosto e apego à psicanálise continuaram intensos, o que me levou, posteriormente, a prosseguir com a formação psicanalítica na Sociedade Brasileira de Psicanálise de São Paulo, porém sem nunca abandonar os estudos em terapia familiar, quer de linha psicanalítica, quer sistêmica. Essa flexibilidade, se é que posso chamá-la assim, estranhava meus colegas, tanto os analistas quanto os sistêmicos, pois não entendiam como era possível transitar entre as duas formas de compreensão.

Para mim, esses dois universos não colidiam, mas complementavam-se. Hoje, mais frequentemente, já se veem profissionais de uma e de outra corrente utilizando conceitos de uma e de outra teoria e intercambiando conhecimentos.

Fui me aprofundando no trabalho com casais e famílias, atendendo cada vez mais casais que, diferentemente do usual de então, não vinham para reestruturar uma relação, mas apresentavam uma nova demanda de entendimento, pois vinham para estruturar uma separação!

Na época, o que tínhamos de mais próximo era a "terapia para o divórcio". Paralelamente, e devido ao meu interesse por famílias e casais, fundei, junto com outros profissionais da Psicologia e com alguns do Direito, o Instituto Brasileiro de Estudos Interdisciplinares de Direito de Família.

Desde os anos 1980, eu participava de outros projetos que também são o germe do meu trabalho na Mediação, que se entrelaçam com os mencionados acima.

Como resumo dessa trajetória específica, reproduzo parte do que escrevi na apresentação do livro *Guarda e Guarda Compartilhada,* de autoria de Marcial Barreto Casabona (2006), e que ilustra a atividade desenvolvida por esse outro grupo na época:

> [...] nos anos 80 (nos encontrávamos) na clínica do psicanalista Roberto Azevedo a propósito de um grupo de reflexões e debates que reunia profissionais de diversas áreas, sobretudo da Psicanálise e do Direito. O nosso objetivo era trocar conhecimentos e ampliar nossa visão de mundo saindo das fortalezas construídas pelas nossas disciplinas, por meio de discussões de casos e seminários com profissionais brasileiros e estrangeiros.
>
> Na época, mais de 20 anos atrás (hoje seriam 37 anos!), estávamos descobrindo algo que só muito depois tornou-se conhecido e que, na falta de nomeação mais apropriada, passou a ser designado como interdisciplina, denominação hoje já superada em nossa comunidade científica. De qualquer maneira, estávamos entusiasmados com a possibilidade de discutir problemas e dificuldades humanas das mais diversas ordens sob diversos prismas.
>
> A experiência foi incentivadora de novos projetos e, talvez, como desdobramento desse grupo inicial, tenha surgido depois de outros tantos anos, já no início dos 1990, um outro grupo de estudos. No início informal, mas para atender à demanda de filiações, acabamos por convertê-lo no Instituto Brasileiro de Estudos Interdisciplinares de Direito de Família – IBEIDF –, entidade que congregava profissionais do Direito e de Saúde Mental, este com o fito específico de estudar as questões que chegavam ao Direito de Família.
>
> Tínhamos como parceiros de discussões, às vezes acaloradas, profissionais não somente da Psicologia e do Direito – estando aí a Magistratura e a Advocacia representadas e, curiosamente, pelo menos em

> seu início, não o Ministério Público! –, mas também da Medicina e do Serviço Social. Todos arrebatados pelos novos ventos, inéditos em nosso cenário brasileiro. Não havia nada similar ainda por aqui. Feito bandeirantes, fomos desbravando e abrindo picadas no emaranhado dos vários universos de significação de nossos léxicos específicos para construirmos como que um "pídgin" que nos permitisse compartilhar e metaforizar as novas práticas.
>
> E assim vimos caminhando, aprofundando pesquisas, elaborando novos paradigmas.
>
> Nesse mesmo Instituto, resolvi então criar uma Comissão de Estudos da Mediação, meio extrajudicial de solução de controvérsias que, via prevenção de litígios, tem como grande e último objetivo a cultura de paz pela composição das partes e pacificação dos conflitantes. Área de interface do aspecto jurídico e o psicológico das relações humanas sejam familiares, comerciais, societárias, entre nações etc., a Mediação tem se desenvolvido extraordinariamente nos últimos anos.
>
> E, mais uma vez, éramos os arautos das boas novas. [...]
>
> O IBEIDF foi extinto, porém seus resultados frutificaram e a parceria fortaleceu-se. O empenho por novos modelos de abordagem dos conflitos, como a Mediação, permaneceu, tendo o seu ápice com a participação na redação da Versão Consensuada do Projeto de Lei de Mediação apresentada em audiência pública em Brasília em outubro de 2003.
>
> E assim, prosseguimos na luta por projetos avançados e pioneiros visando sempre a um trato humanístico das mazelas e do sofrimento humanos. (p. 17-18).

Também por esses anos, conheci Lia Justiniano, advogada das mais sensíveis e empenhadas que, pela vertente do Direito, buscava uma maior compreensão e atendimento dos conflitos familiares. Na época, Lia era diretora cultural da AASP – Associação dos Advogados de São Paulo – e tive a oportunidade de participar de diversos eventos organizados por ela a respeito de separação e divórcio, modalidades de guarda, visitas, convivência, poder familiar etc.

Tenho, a partir daí, participado de outras instituições que aplicam e multiplicam o paradigma conciliatório da Mediação e, em 2002 fundamos, Lia e eu com a contribuição de outros profissionais da área da Saúde Mental e do Direito, o CEREMA – Centro de Referência em Mediação e Arbitragem, OSCIP voltada para a cultura da paz.

Desde então, venho trabalhando em duas vertentes de atuação: como psicanalista, o trabalho é principalmente voltado ao tratamento e cuidado do sofrimento psíquico nas expressões intrassubjetiva e intersubjetiva depois da instalação de crises; e como mediadora, posso colaborar com as pessoas antes e durante as crises para que possam prevenir litígios. Gosto de pensar que tenho, dessa maneira, a oportunidade de contribuir para que o potencial criativo e terapêutico dos conflitos seja aproveitado em benefício do desenvolvimento dos que sofrem.

Nas vicissitudes dessas atividades de atuação prática de atendimento e docência, treinando, capacitando e supervisionando mediadores, fomos convidadas a instalar os Escritórios de Mediação nos Centros de Integração e Cidadania Leste e Norte, projeto da Secretaria de Justiça e Defesa da Cidadania e SPArbitral. Formamos uma equipe de trabalho, composta pela advogada, mediadora e parceira de tantos outros projetos, a querida e hoje falecida, Lia Justiniano dos Santos, presidente do CEREMA, a psicóloga Ana Lucia Pereira Cardoso e as advogadas Carla Parente Gaspar e Sandra Helena Alves Lazzarini Carolla. Companheiras de fortuna e também de dificuldades.

A convite da Escola Paulista da Magistratura, onde eu já dava aula desde 2000 nos cursos de Psicologia e Psicanálise para juízes, organizados pelo então desembargador e ex-ministro do STF Min. Antonio Cézar Peluso, montamos vários cursos de capacitação de conciliadores e mediadores para atuar em todo o Estado de São Paulo. Um projeto ambicioso e frutífero, por meio do qual treinamos mais de 2.000 profissionais, sob a coordenação da Des. Maria Cristina Zucchi, do Tribunal de Justiça de São Paulo, defensora incansável dos métodos de conciliação de conflitos.

Desse modelo, surgiram muitos outros cursos e *workshops* patrocinados por Tribunais de Justiça em outros Estados do Brasil.

Muitos anos se passaram. O CEREMA foi extinto, mas é com muito orgulho que hoje acompanho o trabalho de vários ex-alunos em seus Institutos de Mediação, propagando aos quatro ventos o paradigma inspirador da Mediação.

Missão cumprida!

Mediação comunitária no Ceará

Francisco Edson de Sousa Landim[6]

Parangaba – (Tupi-guarani, significa beleza, formosura...). Inicio meu relato, apresentado o significado do nome do bairro que me levou à Mediação, inclusive bairro onde nasci.

No ano 2000, atuava na 17ª promotoria do juizado cível e criminal da Parangaba. Recebi o convite para participar das reuniões do CCDS – Conselho Comunitário de Defesa Social. Era bem organizado, com local e horário certo, havia a participação da comunidade, porém com algumas limitações. Vi ali a oportunidade de criar um conselho em que a comunidade pudesse estar mais envolvida e próxima ao Ministério Público e ao Judiciário, ajudando a resolver os problemas existentes no bairro e adjacências.

E, assim, no dia 10 de janeiro de 2000, foi idealizado o Conselho Comunitário de apoio ao Ministério Público e ao Judiciário, com a finalidade de formular políticas públicas e diretrizes específicas, voltadas a garantir o desenvolvimento da querida Parangaba.

O Conselho Comunitário da Parangaba tinha uma estrutura dividida em eixos temáticos: idoso, meio ambiente, criança e adolescente, segurança pública. As reuniões eram itinerantes, sempre nas instituições integrantes do conselho. Aconteciam normalmente na segunda terça-feira de cada mês, com horário e pauta previamente estabelecidas. Assim conhecíamos as necessidades de cada bairro. Com os encontros, então, percebemos que

6. Promotor de Justiça aposentado. Pós-graduado em Direito Ambiental pela Escola do Ministério Público do Estado do Ceará – ESMP.

podíamos fazer mais pela comunidade, e nos foi falado da existência da casa de Mediação do Pirambu.

A Mediação de conflitos era uma técnica nova para mim.

Fui com um grupo à casa de Mediação do Pirambu, vi um projeto lindo, em uma comunidade que sofria com violência, escassez de segurança pública, desemprego, saúde e educação, mas com pessoas com o desejo de mudar as suas realidades.

A justiça era distante para eles, e eles, com toda a garra, levaram a justiça até a comunidade, envolveram seus moradores, para fazer parte da solução dos conflitos, e isso foi o diferencial que me impressionou.

Saí dali com o coração inundado de esperança e o desejo de implantar esse projeto na Parangaba. O que me comoveu e impulsionou foi a disponibilidade de cada um que ouvia a ideia sobre a Mediação – os olhos brilhavam. Fomos conversando, buscando apoio dos moradores, dos participantes do conselho.

Conseguimos o espaço da Casa de Mediação da Parangaba, dentro do Colégio Estadual Eudoro Correia. Mais uma vez me surpreendi com a atitude das pessoas: um doou a madeira e telhas, outro o piso e a mão de obra. Eu não podia ficar de braços cruzados. Como membro do Ministério Público do Juizado Especial civil e criminal de Fortaleza, passei a propor que as penas fossem aplicadas em prol do bem comum do bairro. As penas alternativas eram substituídas por dias de trabalho, como, por exemplo: podar as árvores do local onde era a casa de Mediação, fazer a pintura das salas, doar uma porta.

A juíza, Dra. Maria das Almeida de Quental, integrou-se à ideia, colaborando em toda a implantação do projeto, com a homologação das penas alternativas aplicadas. Inauguramos no dia 23 de junho de 2000, em uma grande festa, a casa de Mediação comunitária da Parangaba.

A Parangaba é um bairro de população flutuante, ou seja, um bairro em que as pessoas vêm resolver suas demandas, como cartório, supermercado, banco etc., e voltam para suas casas em outros bairros menores. Uma das particularidades, e que faz dele um bairro bem visitado, são os dois terminais de ônibus e o metrô.

Tínhamos mediadores, a sede da casa de Mediação, mas nos faltavam pessoas para solucionar seus conflitos. Mais um desafio. Nos veio a ideia de entrar em contato com os delegados dos distritos policiais vizinhos, os escrivães da Polícia Civil, a Polícia Militar, no intuito de conhecer a Mediação comunitária e se envolver no projeto, enviando as demandas que pudessem assim ser resolvidas. Para nossa surpresa, deu certo.

A casa de Mediação pertencia à ouvidoria do Estado e uma liderança do bairro João XXIII me instigou a levar o projeto para o bairro. Logo vi que era necessária em outros locais e contatei a procuradora do Ministério Público na época. Ela abraçou a ideia e inauguramos o Núcleo de Mediação do João XXII, este sendo integrado ao Ministério Público do Ceará.

Passei 15 anos na coordenação dos núcleos de Mediação, 12 anos como trabalho voluntário. No final da minha gestão, deixei 11 núcleos instalados entre Fortaleza, região metropolitana e interior.

Um dos impactos que não posso deixar de observar foi como a Mediação abriu portas para estudantes universitários; transformou-se em objeto de pesquisa nas áreas de Psicologia, Direito, Serviço Social.

Estudantes e professores sempre me procuravam, curiosos, com vontade de participar com estágios e desenvolvimentos de projetos. Isso deu visibilidade aos núcleos. Despertava nos líderes de comunidade a vontade de me procurar, no intuito de ter um núcleo de Mediação em seu bairro.

Nas minhas reuniões, em sala de aula, sempre gostei de reunir as pessoas em círculos, porque a meu ver somos todos iguais, conseguimos ver um ao outro, ficamos próximos. Na Mediação, uma das regras é ter uma mesa redonda, e meus princípios enamoram-se com os princípios da Mediação. Acredito que isso fez com que me apaixonasse por essa maneira de se fazer justiça, de levar a justiça aos menos favorecidos, de educar e aproximar as pessoas.

Sou grato à Mediação, porque me levou aonde eu não imaginava chegar. Vivi experiências maravilhosas ao longo de minha carreira. Cada núcleo de Mediação que inaugurava era uma vitória. Ver pessoas envolvidas em ajudar outras me crescia humanamente. Presenciar conflitos familiares sendo resolvidos com diálogo, com uma conversa simples, entre moradores da mesma comunidade, me enchia de esperança, na certeza de que mediar é levar amor onde não tem.

Cada vez que vejo um conflito ser resolvido, através de uma conversa, da arte de ouvir o outro, me sinto útil.

Na minha vida, a Mediação e o Conselho da Parangaba caminharam de mãos dadas. Impactaram minha vida com pontos positivos e os de muita gente: sou feliz por fazer parte dessa família.

Trabalho inicial recompensado

Geminiano Jurema[7]

No final de 1996, Renata Fonseca, na época gerente do jurídica do Sebrae Alagoas, fez uma visita técnica ao Sebrae/PE, onde conheceu Petrônio Muniz, assessor jurídico daquele Sebrae e assessor do então senador da República Marco Maciel.

Petrônio Muniz, responsável pela coordenação do grupo de profissionais que elaborou o texto da Lei de Arbitragem, apresentado pelo senador Marco Maciel, contaminava a todos com seu entusiasmo, convencendo que se tratava de uma solução revolucionária no cenário jurídico do país.

Aprovada a Lei de Arbitragem, como consequência da instituição de um método extrajudicial de solução de controvérsias, nesta nova fase do Direito, surgiu de imediato a Mediação, que veio compor o leque de opções de resolução de conflitos sem a necessidade de as partes recorrerem ao Judiciário, que já era caro e moroso.

---

7. Graduado em Direito pela Faculdade de Direito do Recife (UFPE), com pós-graduação em Poupança e Empréstimo pela Northwestern University (EUA) e especialização em Direito Tributário pela Fundação Getúlio Vargas-RJ. Sócio de JLNAP - Jurema, Loureiro, Normande e Alves Pinto Advogados Associados. Foi vice-presidente da CACB para Assuntos de Mediação e Arbitragem, vice-presidente do CONIMA, membro da Coordenação do Projeto do BID (Banco Interamericano de Desenvolvimento)/CACB para implantação da Mediação e Arbitragem no Brasil, vice-presidente e membro do Conselho Deliberativo da CIAC - Comisión Interamericana de Arbitraje Comercial, representando o Brasil. Foi também presidente da Federação das Associações Comerciais de Alagoas e da Associação Comercial de Maceió. Exerceu ainda diversos cargos públicos, entre os quais os de secretário de Indústria e Comércio do Estado de Alagoas e presidente do Conselho Deliberativo do Sebrae Alagoas.

Em fevereiro de 1998, na condição de membro do Conselho Deliberativo Estadual do Sebrae/AL, juntamente com Renata Fonseca, fomos convidados por Petrônio Muniz para participar da primeira capacitação em arbitragem ministrada por ele, juntamente com Dr. Demócrito Reinaldo Filho e Dr. Maurício Gomm F. Santos. Ainda nesse ano, mais dois cursos foram ofertados pelo Centro de Mediação e Arbitragem de Pernambuco, com o apoio do Sebrae/PE: Estratégias para Solução de Litígios, com Suely Nunes Cordeiro, Sara Cobb e Corina Schabbel; e Mediação Avançada e Psicologia Aplicada, com Petrônio Muniz, Suely Cordeiro, Regina Michelon e Marta Echenique.

Em setembro de 1998, foi realizado pelo Instituto de Mediação e Arbitragem do Brasil, em Curitiba, o I Congresso Brasileiro de Mediação e Arbitragem, sob a responsabilidade de Angelo Volpi e Juan Carlos Vezzulla.

Nesse ínterim, ao longo do ano de 1998, convencidos de que a arbitragem e a Mediação poderiam ser a grande ferramenta de resolução de conflitos para as micro e pequenas empresas atendidas pelo Sebrae e pelo sistema de Associações Comerciais, resolvemos criar a CAMEAL – Câmara de Mediação e Arbitragem de Alagoas.

Com o intuito de permitir que a entidade pudesse nascer forte, resolvemos que deveriam compor o Conselho Deliberativo, e ser cofundadores, todas as federações de representação empresarial, a Universidade Federal de Alagoas, os Conselhos de Classe e o Sebrae Alagoas. Esta estratégia mostrou-se bastante acertada naquele momento, em que o principal objetivo era difundir na sociedade alagoana os métodos extrajudiciais de resolução de conflitos. Foi um ano de muito peregrinação de parceiro em parceiro para conquistar a todos para essa causa. Neste período também muitas palestras foram feitas para entidades de classe, mostrando a importância de inclusão da cláusula compromissória arbitral elegendo a CAMEAL nos contratos comerciais de seus associados, o que mais tarde gerou um grande fluxo de clientes para a câmara.

No final 1998, a CAMEAL, em parceria com o Sebrae Alagoas, realizou o primeiro de uma série de cursos, palestras e estágios de formação de árbitros e mediadores.

Em paralelo, no ano de 1999, o BID buscava um parceiro para capitanear no país projeto de Fortalecimento dos Métodos Extrajudiciais de Solução de Controvérsias, como forma de melhorar o ambiente de negócios no Brasil e dar maior segurança jurídica às relações comerciais multinacionais.

Dentre várias entidades que se propuseram a coordenar tal projeto, a escolhida foi CACB – Confederação das Associações Comerciais do Brasil, por duas características básicas: a) tratava-se de uma entidade que não possuía qualquer vínculo com o poder público federal, estadual ou municipal, subsistindo através da contribuição de seus associados ou por serviços prestados à comunidade em que estava inserida; b) a outra condição, no meu entender mais atrativa, é que possuía uma capilaridade no território nacional, compreendendo cerca de 2.000 associações, presentes em todos os Estados brasileiros, condição de que nenhuma outra entidade da sociedade civil se aproximava.

Incontinenti, o Sebrae Nacional se incorporou ao projeto, vindo a se constituir em um parceiro de fundamental importância.

Para assessorar a execução desse projeto, o BID indicou a colombiana Adriana Polania, que veio a ser o grande esteio, dado o seu conhecimento acadêmico e seu relacionamento internacional no ambiente dos métodos extrajudiciais, vez que também exercia a função de secretária-executiva da CIAC – Comisión Iberoamericana de Arbritraje Comercial, órgão vinculado à OEA, em cujo Conselho Deliberativo o Brasil passou a ter assento, através da CACB.

A partir de então, vários profissionais que já se dedicavam ou que pretendiam desenvolver atividades neste novo cenário se incorporaram ao projeto. Dentre outros, poderíamos citar Tania Almeida, Juan Carlos Vezzulla, Regina Michelon, Adolfo Braga Neto, Selma Lemes.

Em consequência desse conjunto de esforços, foi realizado no ano de 2000, em Itapema, no Estado de Santa Catarina, um curso com a participação de mais de 100 advogados, magistrados, empresários, contadores, professores universitários. Foram selecionados para integrar o time de facilitadores a especialista em Mediação social norte-americana Janet Murdock, os jovens professores, recém-chegados de cursos de pós-graduação no exterior João Bosco Lee e Clávio Valença Filho e a especialista em andragogia Maria Angela Soares Lopes. O objetivo da capacitação foi a formação de multiplicadores em Mediação e arbitragem.

Devido à grande receptividade, resolveu-se realizar outro curso semelhante, desta feita no Nordeste, mais especificamente em Maragogi/Alagoas. Nesses dois cursos, mais de 300 pessoas de todo o país foram capacitadas para levarem os MESC mais próximo dos pequenos negócios.

A despeito desses dois cursos de grande participação, o Projeto BID desenvolveu em todo o país eventos de orientação para a instalação e o funcionamento de Câmaras de Mediação e Arbitragem, além da articulação institucional junto às autoridades de cada Estado onde se pretendia dar funcionamento a uma Câmara.

Nessa caminhada, foi celebrado em 2004, o primeiro convênio formal entre a Associação Comercial de Maceió e o Sebrae/AL, com o objetivo de oferecer, através da CAMEAL, Mediação e arbitragem com redução de custos para as micro e pequenas empresas alagoanas.

Em 2006, através de uma articulação com o Sebrae Nacional, foi obtida a inclusão no Estatuto da Micro e Pequena Empresa do direito ao tratamento diferenciados para acessar a M&A.

Hoje, podemos afirmar, sem dúvida de errar, que o trabalho inicial foi recompensado.

Mediação: desafios e vivências no Direito das Famílias

Gildo Alves de Carvalho Filho[8]

Contextualizando o primeiro contato com a Mediação, houve uma história bem interessante que começou em 1997, ocasião em que o Tribunal

8. Juiz de Direito titular da 8ª Vara de Família e Coordenador do Nupemec/TJAM, Mestre em Mediação de Conflitos pela Latinoamericano Europeo em Mediación (Argentina/Suíça – Institut Universitaire Kurt Bosch/ IUKBU).

de Justiça do Amazonas convocou oito juízes que estavam no interior do Estado para uma força-tarefa visando suavizar a pressão na 3ª Vara de Família da Capital, na época a única destinada aos jurisdicionados economicamente carentes, que, naturalmente, estava sobrecarregada de processos. A vara tinha somente um magistrado, o Doutor João Bezerra, que depois se tornou desembargador, hoje falecido, minhas homenagens a esse grande magistrado e figura humana. Ele, sozinho, obviamente, não daria conta do acervo gigante que estava sob a sua responsabilidade. Eu fui um desses oito convocados.

Em razão dessa quantidade de juízes, a Vara, naturalmente, não tinha espaço físico para acomodá-los, simultaneamente; ficaram divididos em 2 turnos – manhã e tarde – e eu fui trabalhar no turno vespertino. A sala em que eu trabalhava era o arquivo da vara e o adorno das paredes eram os processos que ficavam nas prateleiras que iam do chão até o teto. Trabalhavam comigo na Vara as promotoras de Justiça Doutora Merita Azulay e Maria do Perpetuo Socorro Guedes Moura, hoje desembargadora, minha gratidão pelos ensinamentos e cooperação.

O que me chamou atenção é que, bem em frente a cadeira em que me sentava, havia uma prateleira que não tinha identificação do tipo de processo que ficava ali; mas a toda hora entrava um funcionário e colocava um processo naquela pilha. Observei que ninguém ia lá e tirava um processo; os funcionários só faziam colocar.

Um dia, depois de realizar as audiências e despachar os processos, fui verificar aquele fenômeno: tratava-se das ações de investigação de paternidade. Eu li alguns e identifiquei uma peculiaridade: todos que ali estavam encontravam-se sobrestados pela falta da realização da prova pericial, o bendito ou maldito exame de paternidade por DNA.

Naquela época, ninguém fazia o exame porque os autores das ações eram pessoas vulneráveis economicamente. Sendo a vara gratuita, as requerentes/mães não dispunham de numerário para tal, o Estado não assumia o pagamento desse custo e o suposto pai, o requerido na ação, nunca se dispunha a pagar, porque dizia que a ação era de responsabilidade da parte autora. A maioria dos requeridos não tinha dinheiro por serem, também, economicamente carentes.

Então, iniciei uma pesquisa em revistas especializadas sobre o exame de paternidade por DNA e encontrei um artigo sobre o Laboratório GENE de Minas Gerais, pioneiro na realização desses exames no Brasil. O exame chegou ao Brasil em 1984 e esse laboratório foi quem o trouxe. Em contato telefônico, atendeu-me a Doutora Danuza, por sorte, diretora administrativa. Contei-lhe a história e relatei essa angústia; isso a tocou, demonstrando a sua imensa capacidade de empatia, e ela falou com o proprietário do laboratório.

Na época, o exame custava doze mil reais, quantia essa considerada uma fortuna. Dias depois, ela me retornou informando que havia falado com o médico geneticista e proprietário, Doutor Sérgio Danilo Pena, a quem agradeço sua fineza e sensibilidade em nos oferecer um desconto, passando o exame a custar nove mil reais, podendo ser pago em dez parcelas; e, a cada dez exames realizados, nós receberíamos um gratuito. O exame continuava caro, porque, ainda que parcelado, este valor era superior ao salário-mínimo da época.

Logo, a dificuldade permanecia.

No entanto, começamos a realizar um filtro naqueles processos, para identificar em quais os supostos pais teriam condições financeiras de pagar, e alguns tinham. Iniciamos uma abordagem especial: selecionar e marcar uma audiência de tentativa de reconhecimento voluntário, na esperança de que eles comparecessem. Iríamos tentar sensibilizá-los a realizar essa prova técnica, às expensas deles, com a facilidade que o laboratório ofereceu. Os que tinham condições financeiras realizavam o exame e eu percebi que a comunicação muito formal com eles gerava uma certa dificuldade e distanciamento em estabelecer um diálogo efetivo, eficiente, suave e tranquilo para demonstrar a importância daquele momento; pois aquela situação não era tão somente uma expectativa da Justiça, mas de todos os envolvidos, pois repercutiria na vida futura deles.

Essa abordagem gerou um projeto no Tribunal de Justiça do Amazonas chamado "Meu Pai é Legal". Como tínhamos um exame gratuito a cada dez realizados, a partir daí, poderíamos montar um Banco de Exames e destinar a gratuidade às pessoas efetivamente carentes. Esse projeto foi formatado no Tribunal pelo Escritório da Qualidade e fomos reconhecidos, em 2003, na cidade de Florianópolis, pelo Prêmio Nacional de Qualidade no Poder Judiciário.

A partir da necessidade de facilitar a comunicação com o jurisdicionado, comecei a fazer pesquisas sobre uma nova forma de trabalhar no Poder Judiciário, na tentativa de mitigar aquela angústia surgida diante de tanta formalidade quando me deparava com essa situação de produção de prova pericial por uma iniciativa particular com pessoas carentes, já que o Estado não assumia esses custos. Nessa busca, encontrei, em uma revista, a propaganda de um Curso de Mediação Interdisciplinar com ênfase nas Questões de Família ministrado por duas professoras doutoras, pelas quais tenho profundo carinho, apreço, admiração e gratidão, professoras Águida Arruda Barbosa e Giselle Câmara Groeninga; e coordenado pela Doutora Fabíola Orlando. As três tornaram-se minhas amigas. No curso, fui apresentado à Mediação e, em contato com a sua linguagem e ferramentas, fui me desconstruindo da posição de magistrado tradicional, burocrata, conservador, e construindo uma nova forma de encarar a relação com as pessoas no âmbito do Poder Judiciário e, consequentemente, nas minhas relações familiares e sociais.

E o que me mobilizou ao conhecer a Mediação foi a percepção sobre o gigantismo do poder da linguagem e a força do diálogo quando realizado adequadamente: não é o que se fala, mas como se fala. Essa prática nos demonstrou que melhor do que ser imparcial é ser multiparcial, ora ao lado de um, ora ao lado de outro. O ponto chave da Mediação é a linguagem; é o falar, sobretudo o ouvir. Nós não encontramos a Mediação, é ela que nos escolhe: estamos falando de um processo contínuo de desconstrução e construção positiva. Uma das coisas mais difíceis é aprender a ouvir, porque as pessoas têm muito a falar. A Mediação entra na minha vida através dessa necessidade de transformar a minha relação como magistrado, como marido, como pai, como filho, como ser social, fazendo-me compreender os nossos vários papéis na sociedade, bem como sair daquele enfoque formal para uma abordagem mais humanizada e acolhedora.

A Mediação propicia um caminhar diferente, pois, verdadeiramente, inauguramos um modelo mais simplificado que se desenvolve através da fala, conseguindo romper barreiras até então consideradas intransponíveis, proporcionando um acesso facilitado ao Sistema de Justiça, sobretudo, aos mais necessitados. O grande valor da Mediação está na oportunidade de estabelecermos uma comunicação mais genuína com as pessoas. Comparo isso à técnica do índio: quando ele vai falar com as crianças, fica de joelhos ou de cócoras para estar na mesma altura. A Mediação, simbolicamente, para mim significou isso: o juiz desce do seu patamar, até então, inatingível, se despe da toga, senta-se no chão para conversar com o jurisdicionado e ali estabelece uma relação de igualdade, uma conexão que gera confiança.

A Mediação também trouxe para o velho e conhecido instituto da conciliação uma nova experiência, agregando valor, pois emprestou uma nova linguagem e ferramentas, tornando-a qualificada. Em razão desse conhecimento adquirido e dedicado, em 2004, iniciamos nossa caminhada institucional na Mediação e conciliação qualificada por intermédio do projeto denominado Núcleo de Conciliação das Varas de Família, na comarca de Manaus. Em 2008, inauguramos nosso segundo ambiente, o então Polo Avançado do Núcleo de Conciliação, uma cooperação técnica entre o TJAM e a Universidade Federal do Amazonas, ambos transformados em Centros Judiciários de Solução de Conflitos e Cidadania, hoje reconhecidos espaços de excelência na política pública de métodos consensuais.

Nosso grande desafio está em apresentar os métodos autocompositivos por intermédio de pessoal capacitado, ambiente, tempo e estrutura física adequados, de modo a não frustrar a expectativa das partes e advogados, sob pena de se perder uma oportunidade de ouro na consolidação dessa política e gerar uma aversão.

Os desafios enfrentados ao longo do caminho foram múltiplos. Encontrei muitas dificuldades. Mas elas serviram para nos fortalecer, porque era a grande oportunidade de aplicar o que a Mediação estava ensinando, ou seja, era aprender a ser resiliente, a compreender aquilo que as pessoas não entendiam e, ainda, ter que desenvolver habilidades para mostrar que, se elas testassem, perceberiam o valor agregado da prática e o quanto simplificaria todo o trabalho que vinham fazendo ao longo do tempo.

Esses desafios são gigantescos e persistem, pois algumas pessoas não querem compreender e outras têm medo dessa compreensão. Contudo, há os que acreditam, porque você demonstra quão genuíno e verdadeiro é o poder da Mediação, gerando efeitos extremamente benéficos para todo mundo, com empatia, sendo verdadeiro e oferecendo a possibilidade de que todos podem sair ganhando.

Quando você consegue demonstrar isso, as pessoas começam a acreditar e aceitam participar. Vivemos em uma eterna desconstrução, para depois reconstruir, e esse percurso vem demonstrando que vale a pena ter contato com a Mediação; insistir e não desistir. Assim, a Mediação teve essa capacidade de me transformar, porque é um processo construtivo contínuo, que se iniciou em 2004 e permanece presente com todos os valores que agregou à minha formação.

Em 2004, fiz o Curso de Mediação Interdisciplinar e veio a Emenda Constitucional nº 45; em 2005 surgiu o Conselho Nacional de Justiça (CNJ) e, em 2010, a Política Judiciária Nacional de Tratamento Adequado dos Conflitos de Interesses no âmbito do Poder Judiciário com a Resolução nº 125/2010. Ou seja, a Mediação que nós começamos a trabalhar lá atrás está se consolidando no âmbito do Poder Judiciário e, agora, tem o papel importantíssimo de interiorização e regionalização para se tornar universal, compreendendo a necessidade de expandir para a comunidade, para a sociedade. Acredito que o grande objetivo não é somente consolidar a Mediação e a conciliação qualificada no Sistema de Justiça; é que isso se alargue e atinja a população inteira. Nós só vamos conseguir transformar, verdadeiramente, essa relação entre o Poder Judiciário e o usuário do sistema quando todos compreenderem a eficiência da Mediação e quando o segundo perceber que esse modelo garantirá voz para trabalhar a melhoria dessa relação.

A dificuldade que persiste até hoje é demonstrar às pessoas um novo modelo que pode ser utilizado com simplicidade, gera protagonismo e dá oportunidade de gerenciar questões pessoais, sem ter que delegar a terceiros; quando delegamos, passamos a depender do tempo deles e, o pior, depender da maneira como eles vão compreender o problema alheio. A Mediação apresenta uma linguagem ternária que difere do modelo utilizado no Judiciário, que utiliza a linguagem binária, ou seja, um ou dois; é sim ou não. A Mediação oferece um terceiro caminho, que pode contemplar a necessidade de todos.

Durante essa caminhada de disseminação da Mediação, vivenciei muitas situações emocionantes e algumas bem engraçadas, pois já se vão dezesseis anos de muita dedicação acadêmica, profissional e emocional. Durante a aplicação da linguagem da Mediação no Poder Judiciário, vale destacar que, em 2019 conseguimos realizar um projeto de grande magnitude no Estado do Amazonas, denominado: Família, Justiça e Cidadania no Interior do Amazonas. Na ocasião, o presidente do Tribunal, desembargador Yedo Simões, conferiu total apoio, juntamente, com o desembargador Délcio Luís Santos, presidente do Sispemec (Sistema Permanente de Métodos Consensuais de Conflito no Tribunal de Justiça do Amazonas). Formamos uma equipe especializada, selecionamos dezessete comarcas, com o objetivo de trabalhar no acervo de processos de Família que estava represado. Durante quatro meses conseguimos desenvolver um trabalho de Mediação e conciliação qualificada, em audiências concentradas e alcançando mais de 50% na redução do acervo.

Durante a semana de audiências concentradas no município de Parintins, que fica a trezentos e cinquenta quilômetros de Manaus, em linha reta, tínhamos seiscentas audiências pautadas para serem realizadas em uma semana e um caso chamou a minha atenção: atendi uma senhora no balcão da 3ª Vara, cuja demanda era uma ação de reconhecimento de união estável pós-morte que tramitava há mais ou menos quatro anos. Ela contou que viveu por muitos anos com um senhor que era funcionário público estadual e com quem teve quatro filhas. Ele veio a falecer e, como ela não tinha a comprovação da união estável, não conseguiu se cadastrar como pensionista dele no órgão previdenciário estadual, mas as filhas receberam a pensão deixada pelo pai e esse dinheiro ajudou na manutenção da família e, melhor ainda, colaborou para a conclusão do ensino superior de três filhas, faltando a filha mais nova, tendo em vista que elas alcançaram a maioridade, cessando o pagamento da pensão. Após ouvir a história, perguntei àquela senhora se o companheiro dela tinha irmãos vivos, e ela disse que sim; perguntei se ela tinha o contato deles e se conseguiríamos falar com eles. Imediatamente, ela chamou uma das filhas, que começou a fazer as ligações para os tios. Pedi para falar com cada um deles; todos confirmaram que aquela senhora era sua cunhada e reconheciam a relação dela com aquele cidadão já falecido. Encerradas as ligações, chamei um servidor e pedi a ele para escrever toda a história contada e reduzir a termo; chamamos o Ministério Público e o Defensor Público e cada um deu seu parecer. Reconhecemos aquela união estável.

Aquela senhora ficou lá com as filhas esperando. Os trâmites demoraram muito mais de uma hora, pois ocorriam várias audiências simultaneamente. Lembro-me daquela senhora sentada na sala de audiências com as filhas quando entreguei a sentença e disse: está aqui, a senhora pode levar esse documento até o órgão da Previdência Estadual, cadastrar-se como pensionista e passar a receber integralmente. Ela ficou muito feliz e perguntou a mim: o que é que eu posso fazer pelo senhor? Eu disse: a senhora só precisa fazer uma coisa por mim. Reze por mim!

Aquela era a semana que antecedia as comemorações em homenagem à padroeira do município, Nossa Senhora do Carmo. Então, aquela senhora me disse: "Doutor, eu já rezo pelo senhor, há quatro anos... Quando eu dei entrada nesse processo... eu pedi a Nossa Senhora do Carmo que mandasse um juiz para resolver o meu problema... E ela mandou o senhor". Agora, emocionado, eu revivo aquele momento.

Mediação tem um grande serviço a oferecer

Juan Carlos Vezzulla[9]

Pré-história

Depois de várias visitas ao Brasil como turista, na década de 1980 consegui comprar uma casa na praia de Estaleirinho, Balneário Camboriú, Santa Catarina. Foi o meu primeiro passo para me radicar no Brasil.

Na mesma década, da mão da juíza argentina de segunda instância em

9. Mediador, psicólogo, mestre em Serviço Social, cofundador dos Institutos de Mediação e Arbitragem do Brasil e de Portugal. Formador internacional de mediadores e de formadores em Mediação. Consultor em Mediação da ONU e dos Ministérios da Justiça do Brasil, Portugal e Angola. Autor de livros e artigos sobre Mediação.

família, Doutora Zulema Wilde, conheci a Mediação, ponto de partida de uma enorme mudança na minha vida.

Em 1990, em Fernando de Noronha conhecemos Ângelo e Guta Volpi, quando surge o interesse comum em começar a divulgar a Mediação em Curitiba para perceber o interesse que podia concitar.

IMAB

Em 1994, fundamos o Instituto de Mediação (IM, primeiro nome do IMAB), Ângelo Volpi Neto como presidente, eu como coordenador científico e Áureo Simões, que logo se transforma no IMAB com a saída de Áureo para dirigir outra instituição e a entrada de Guta Volpi, que contribui muito com a sua capacidade organizativa e criativa e sua visão e sensibilidade feminina.

Em 1994, organizamos um seminário sobre Mediação com a participação de profissionais do Brasil que já atuavam em Mediação, a pioneira e importante mediadora e formadora de mediadores/as Regina Michelon de Porto Alegre e Gevaerd do Rio e da Argentina Zulema Wilde, Alejandro Ponieman, acompanhados por Ângelo Volpi Neto e eu. O seminário teve uma grande repercussão, pela apresentação da importância internacional da Mediação e seus enormes benefícios.

Em 1995, escrevi o meu pequeno contributo *Teoria e Prática da Mediação*, que foi publicado pelo IMAB, para poder contar com um material simples para os/as interessados/as em conhecer as bases de nosso trabalho e para os/as participantes dos cursos de formação em Mediação, que começávamos a ministrar. Com o Prólogo de Zulema Wilde e o Prefácio de Ângelo Volpi Neto desenvolvendo a sua proposta de poder incluir a Mediação como um dos serviços a ser oferecidos nos Tabelionatos, chegou à quinta edição e hoje ainda é citado em muitos escritos no Brasil, Portugal e Angola.

Esse primeiro escrito foi complementado em 2001 com *Mediação: Guia para Usuários e Profissionais*.

Formações iniciais

Em 1995, começamos a ministrar os primeiros cursos de formação em Mediação em Curitiba e, como recebíamos muitas inscrições de diversos pontos do país, resolvemos organizá-los de forma intensiva, com 8 horas de aula por dia e com uma semana de duração. Realizávamo-nos em um hotel onde as pessoas de outras cidades podiam se hospedar e facilitar assim a sua participação.

Estágios supervisionados

Para poder complementar com a prática os cursos teóricos com práticas simuladas, era necessário poder contar com estágios supervisionados, parte essencial da formação. Assim, em 1995 assinamos o primeiro convênio de cooperação com a Secretaria da Justiça do Estado do Paraná para oferecer serviços gratuitos de Mediação em que podíamos, sob minha coordenação e supervisão, realizar mediações aos usuários dos serviços da Defensoria.

Esse foi o primeiro de uma longa lista de serviços implementados.

Com o maravilhoso contributo de Lidercy Prestes Aldenucci, que redigiu sob minha coordenação as normas e diretrizes organizacionais dos estágios supervisionados que passaram a vingar no Brasil todo, implementados pelas Diretorias do IMAB e até em Portugal, implementados pelo IMAP, e em outros países onde atuamos.

Parceria com o Poder Judiciário

Em 1995, logo após a transformação dos Juizados de pequenas causas em juizados especiais cíveis e criminais, fizemos um convênio com o juiz Roberto Bacellar, que descreve assim a nossa parceria: "Começamos em seguida realizando sessões de Mediação, projeto experimental, todas as 4ªs feiras. Os outros dias eram para conciliações". Penso que foi essa a primeira ou uma das primeiras experiências de Mediação no âmbito judicial.

Em 1996, se complementa essa parceria com o Judiciário com os primeiros serviços de Mediação em área familiar junto a diversas Varas de Família de Curitiba.

Em 1997, Quando Roberto Bacellar estava na Coordenação do Sistema de Juizados Especiais, organizamos com ele, o juiz Athos Pereira Jorge Júnior e a promotora de Justiça Mônica Louise de Azevedo, um projeto para os Juizados Criminais de Mediação em área penal. Roberto Bacellar o descreve assim: "fazíamos Mediação penal (transação, suspensão do processo...

tudo sem pena, apenas medidas substitutivas ao processo). Isso ocorreu em mais de 90% dos casos, onde não havia penalização".

Essa experiência na área penal foi tão importante – até esse momento dizia-se que o limite da Mediação era o direito penal –, que foi apresentada em Buenos Aires, convidados pela juíza argentina Zulema Wilde em um Seminário organizado por ela na UCA (Universidade Católica Argentina) como um ponto de partida dessa especialização da Mediação nos outros países de América Latina.

Santa Catarina, por ser o Estado onde morei por mais de trinta anos, foi um território onde desenvolvemos muitas atividades de Mediação e parcerias com o TJSC e Varas de Família e Varas da Infância e da Juventude.

Com Luis Alberto Warat, de importantíssima atuação na UFSC na divulgação da Mediação, o juiz Alexandre Morais da Rosa e outros juízes e colegas, demos forma e implementamos as Casas da Cidadania a partir de 2000. O objetivo era implementar no Estado a justiça de proximidade e de dar à Mediação um papel preponderante nas pequenas cidades sem Fórum ou em bairros mais afastados do centro das grandes cidades. Parceria entre o TJSC que disponibilizava um juiz duma comarca próxima, o mobiliário e a capacitação em Mediação comunitária dos/das funcionários/as. As prefeituras de cada cidade cediam o espaço para o funcionamento e os funcionários e as funcionárias para atuar nas Casas.

Com a coordenação de Alcebir dal Pizzol, do TJSC, capacitamos muitos mediadores e mediadoras nos cursos organizados por regiões, concentrando participantes de diversas cidades do Estado.

As Casas da Cidadania ainda funcionam em Santa Catarina, mas não da maneira como foram idealizadas.

Além de cursos de formação em Mediação ministrados em diversas cidades do Estado, eu realizava mediações por solicitação de juízes, fundamentalmente das Varas de Família.

2001/2008: simultaneamente, enquanto eu estava cursando um mestrado na UFSC com a investigação e posterior elaboração da dissertação final sobre a Mediação com adolescentes autores de ato infracional, Alexandre Morais da Rosa assumia como juiz titular da Vara da Infância e da Juventude de Joinville. Essa coincidência nos levou a desenvolver juntos o projeto de formar um núcleo de Mediação exclusivo para atender os casos da Vara, o que hoje chamamos Mediação Restaurativa, com adolescentes, no Fórum onde já funcionava uma equipe de Mediação familiar.

O primeiro passo foi uma formação específica para vinte profissionais de diversas profissões e áreas de atuação, todas e todos ligados a atividades com adolescentes.

Conseguimos um espaço cedido pelo Fórum e, sob minha coordenação, começamos a atender todos os dias os casos indicados pelo juiz Alexandre Morais da Rosa.

A base formal foi um convênio assinado entre o IMAB, representado por mim, e Alexandre, pela Vara da Infância e Juventude.

Enquanto Alexandre continuou a cargo da Vara, atendemos muitos casos que foram nos levando a aprimorar gradativamente o atendimento que tinha começado seguindo o modelo inicialmente implementado em Barcelona na Justiça Juvenil Catalã.

Simultaneamente ao serviço de Mediação, começamos a realizar trabalhos nas escolas e nas comunidades, levando os princípios da Mediação e promovendo debates sobre a situação dos adolescentes com excelente resultado, o que nos permitiu chegar a atender, além dos casos judicializados, casos não judicializados, pedidos por pais, adolescentes, professores, assistentes sociais etc. O Fórum aberto à comunidade para poder atender seus conflitos pela Mediação.

Fruto desse trabalho integrado com as escolas e a comunidade, surge a ideia de incorporar nas mediações com os adolescentes, suas famílias e as vítimas e suas famílias um porta-voz da comunidade, que dialogava com eles e elas para promover a reflexão e escutar as necessidades dos adolescentes para poder atender a proteção integral tanto pela comunidade quanto pelo Estado.

Em 2005, foi publicado meu livro *Mediação de Conflitos com Adolescentes Autores de Ato Infracional*, em que se apresentam as bases teóricas desse trabalho. Esse livro foi publicado posteriormente em espanhol no México e na Espanha, assim como em Portugal.

Em 2014, o Instituto Innovare indicou o serviço de Mediação com adolescentes autores de ato infracional na Vara do juiz Alexandre Morais da Rosa, coordenado por mim, como prática para disseminação.

Diretorias do IMAB

Como consequência da rápida divulgação de nossos cursos pelo Brasil, foram surgindo a partir de 1995 pedidos de capacitações em outras cidades, primeiro São Paulo, depois a Associação Comercial de Minas, onde ministrei o primeiro curso de formação em Belo Horizonte.

A partir de 1996 e 1997, muitos dos profissionais que tinham participado de nossos cursos em Curitiba manifestaram seu interesse em organizar atividades nos seus respectivos Estados. Sob minha coordenação científica, uma série de diretorias foram se constituindo, organizando localmente atividades de formação teórico/prática e abrindo centros para a realização dos estágios. Assim foram surgindo as primeiras diretorias.

Em São Paulo, dirigido por Adolfo Braga Neto, organizamos os cursos e vários centros e núcleos de Mediação. Adolfo sem dúvidas desenvolverá muito bem esse capítulo do IMAB, pelo que deixo com ele a descrição do enorme trabalho realizado nesse Estado.

Em Mato Grosso, coordenado pela Dra. Glória Alice Ferreira Bertoli, titular de um tabelionato de Cuiabá, foram organizadas várias atividades de divulgação, formação e implementação da Mediação. Nesse Estado se realizou o primeiro convênio com o Sebrae local, dirigido na época por José Guilherme Barbosa Ribeiro, diretor-superintendente, para a realização de cursos e para implementar a Mediação como um dos serviços oferecidos pelo Sebrae a seus clientes. Também foi organizado um serviço de Mediação no Juizado Especial Civil de Cuiabá, onde se realizavam os estágios supervisionados.

Em Minas Gerais com Mónica Comelli Viana como grande propulsora, acompanhada por excelentes colegas de Belo Horizonte, organizamos cursos de formação e serviços de Mediação na Defensoria Pública de Belo Horizonte, onde se realizaram estudos muito transcendentes sobre a importância da pré-Mediação e a interação com serviços de psicologia e serviço social para dar apoio à realização das Mediações.

Os trabalhos realizados no Paraná, São Paulo, Minas Gerais e Mato Grosso nos permitiram questionar, refletir e evoluir na maneira de entender as bases teóricas e os procedimentos da Mediação a tal ponto que os primeiros cursos de 40 horas passaram gradativamente a se estender até as 80 horas de formação teórica e 100 horas de estágio supervisionados a partir de1996.

Em Santa Catarina, além dos trabalhos já descritos com o TJSC e as Varas de Família e a Vara da Infância e a Juventude de Joinville e, posteriormente, de Florianópolis, muitos cursos foram ministrados em diversas cidades e múltiplas palestras e seminários foram realizados nas diferentes seções da OAB-SC e em universidades.

Em 2018, recebi da Assembleia Legislativa do Estado de Santa Catarina uma plaqueta como homenagem pela "visão voltada a resolução de Conflitos através de Mediação e transmissão de seus grandes ensinamentos em obras publicadas".

No Paraná, quando o IMAB foi se estendendo a muitos Estados, foi necessário formar a primeira diretoria local.

A partir do magnífico trabalho realizado por Lidercy Prestes Aldenucci e outras e outros colegas de excelente atuação na Mediação, foram se organizando de maneira independente as atividades e Sheila Figlarz passa a ser a primeira diretora do IMAB no Paraná. De múltiplas formas, os serviços de Mediação organizados em parceria com sindicatos e instituições comerciais, industriais, religiosas foram se espalhando por todas as áreas profissionais e sociais. Um grande antecedente foi a Criação do Centro de Mediação, para atender as pessoas com conflitos referidos à construção e à administração de condomínios com o Sinduscon, que inaugura a organização dos serviços de Mediação para diversos setores das atividades produtivas.

A última diretoria organizada pelo IMAB foi em Mato Grosso do Sul coordenada por Wagner Leão e mediadores/as de Campo Grande.

Vários cursos foram realizados no Estado, e pela iniciativa de Wagner foi realizado em Bonito um seminário com a participação de Zulema Wilde, Regina Michelon e eu, entre outros para falarmos de Mediação, e António Vieira da Silva, coordenador do serviço de arbitragem da Associação Comercial de Lisboa, para trazer a experiência portuguesa em arbitragem.

Esse evento encorajou Wagner a tentar organizar o II Congresso Brasileiro em Campo Grande no ano 2000, mas infelizmente teve que ser suspenso por razões financeiras.

Vários encontros com as diretorias foram realizados em Curitiba, São Paulo e Estaleirinho (SC), para intercambiar experiências, dificuldades e programar as ações conjuntas que realizaríamos a partir de cada encontro. Era importante conhecer a situação da Mediação em cada região e intercambiar opiniões.

De 1994 até quase o ano 2000, foram muitas as mediações privadas atendidas pelo IMAB e por mim pessoalmente. A cultura da Mediação estava a ser espalhada na sociedade brasileira pelas empresas e pelas famílias.

Considero que o auge que a Mediação tinha alcançado desde 1995 não conseguiu continuar depois do ano 2000 pela enorme influência da arbitragem, que tinha sido adotada com grande entusiasmo a partir da nova lei de 1996 e que situou a Mediação como um momento anterior, reforçando a cultura da decisão heterocompositiva.

CONIMA

Em 1996, o IMAB, representado pelo nosso presidente Ângelo Volpi Neto, participa na constituição do CONIMA. A partir dessa criação, tanto Ângelo quanto Adolfo Braga Neto e eu começamos a participar dos encontros e eu pessoalmente a trabalhar nos aspectos científicos e técnicos da Mediação.

Junto com Regina Michelon, em 1999 participamos brevemente como membros do CCC (Comitê de Coordenação e Controle) do Convênio de Cooperação Técnica Não Reembolsável, para formar professores de Mediação e Arbitragem e mediadores e árbitros comerciais no Brasil celebrado entre o Banco Interamericano de Desenvolvimento – BID, a Confederação das Associações Comerciais do Brasil e o CONIMA.

Várias atividades surgiram, organizadas ou apoiadas pelo CONIMA nesses anos, mas o seu maior contributo na época foram o encontro e a cooperação entre colegas, que nos permitiram intercambiar experiências e apoiar-nos nos empreendimentos e realizações.

Dos múltiplos encontros de que participei em diversas capitais do Brasil para discutir os temas que nos preocupavam e para promover os intercâmbios de experiências, lembro logicamente do I Congresso Brasileiro, que apresentarei especialmente e de um encontro em Gramado (RS), organizado entre outros pela querida colega e amiga Regina Michelon, e a instituição dos contabilistas/economistas que marcou o interesse dessa classe também por incorporar a Mediação nas suas atividades.

1998 – I Congresso Brasileiro de Mediação e Arbitragem

Era o momento preciso para poder escutar em um encontro dos mais renomados profissionais da Mediação no Brasil, junto a importantes especialistas internacionais, falar-nos das suas experiências. Assim foi que organizamos em Curitiba, com a presidência de Ângelo Volpi Neto e minha coordenação científica, o primeiro congresso brasileiro sobre Mediação, um dos primeiros congressos na América do Sul, que nos permitiu realizar o intercâmbio de conhecimentos e experiências e incluiu encontros com os representantes das instituições integrantes do CONIMA para discutir e determinar as recomendações sobre a formação teórica e prática em Mediação. Assim, o CONIMA cumpria a sua função, apresentando as recomendações fundamentais em formação e em deontologia para ser seguidas pelas instituições do Brasil na formação e no exercício da Mediação.

Ainda que tenhamos muito para falar sobre o I Congresso Brasileiro de Mediação, remeto-me ao texto de Lidercy Prestes Aldenucci, no qual apresenta um excelente resumo. Com certeza o congresso será também tema de relatos de muitos e muitas colegas que participaram.

Mediação escolar

A partir da experiência realizada com Mediação organizacional em empresas e as experiências realizadas nos EUA e Canadá em escolas, entre 1999 e 2002 desenvolvemos uma proposta de Mediação escolar com Lidercy Aldenucci e Márcia Macionk, que se implementou em um convênio com a Secretaria de Educação do Paraná, durante os governos de Jaime Lerner.

Primeiro ministramos vários seminários de sensibilização e introdução para diretores/as e autoridades escolares do Estado na Universidade do Professor em Faxinal do Céu e posteriormente com formações mais aprofundadas para professores e professoras.

Posteriormente, cinco escolas foram escolhidas em Curitiba, dentre as que tinham solicitado incorporar a Mediação. Trabalhamos entre um e dois anos nelas implementando a Mediação escolar, até que o novo governador que acabava de ser eleito não autorizou continuar com o projeto financiado pelo Banco Mundial.

Transcendência em outros países

O trabalho realizado no Brasil teve repercussão em diversos países da América Latina e da Europa a partir de1995.

No Paraguai, formamos os primeiros mediadores que fundaram o IPAME à semelhança do IMAB e em outros países, Equador, Uruguai, Panamá, México, Chile, fui convidado a dar formações ou a participar de eventos.

Em 1998, participamos do II Congresso Notarial do Mercosul, no qual se trabalhou a implementação da Mediação nos tabelionatos, integrando as experiências de Argentina, Brasil, Uruguai e Paraguai.

Várias foram as participações em congressos e encontros de notários que abriram seus espaços à Mediação a partir do trabalho realizado por nosso presidente Ângelo Volpi Neto.

No ano 2000, fui convidado pelo Ministério da Justiça de Portugal para apresentar a experiência brasileira em Mediação.

Em 2001, recebemos em São Paulo a visita da delegação do governo português encabeçada pelo Secretário da Justiça, para estudar o sistema dos Juizados Especiais e a implementação da Mediação no Brasil. Muitos colegas de diversas partes do Brasil participaram expondo a suas experiências em Mediação.

A partir do 2001, junto com Lidercy Prestes Aldenucci, capacitamos os 60 primeiros/as mediadores/as para os Julgados de Paz. Em 2005, fundamos o IMAP a partir do IMAB.

Lei ou não lei

1997/8: depois de ministrar um curso organizado em Brasília pela Min. Fátima Nancy Andrighi, em que reservamos um tempo para discutir a possibilidade de redigir um projeto de lei sobre Mediação, também participei como orador de um encontro organizado pela ministra na USP, para discutir sobre a conveniência de contar com uma lei de Mediação. Participaram reconhecidos profissionais brasileiros e duas juízas argentinas da Fundação Libra. Alguns deles estavam a favor da existência de uma lei. Pessoalmente, manifestei a minha opinião de que um procedimento informal e voluntário como a Mediação não precisava de lei que a regulasse, e sim de um código deontológico e uma formação adequada dos profissionais que a exercessem e que isso correspondia ser estabelecido pelo CONIMA.

Mediação Comunitária

A partir do ano 2000 comecei a me aprofundar nos princípios sociais de convivência que sustentam a Mediação como procedimento, que resgatava as origens da Mediação antes de ser introduzida e adaptada no Ocidente. Chamei-o de a Mediação Além do Procedimento e promovi uma modalidade de abordagem emancipadora e responsável das comunidades para desenvolver a comunidade participativa.

Em 2007 a Dra. Lilia Sales organizou com a Unifor, em Fortaleza, um congresso de Mediação, no qual apresentei esses conceitos da Mediação ligada indissoluvelmente à comunidade ainda que se trabalhe com um procedimento com pessoas em relacionamentos privados.

Nesse congresso tivemos a oportunidade de intercambiar conceitos e experiências com a juíza Gláucia Falsarella Foley, criadora e coordenadora do Programa Justiça Comunitária em Brasília desde o ano 2000.

A partir desse encontro, começamos a trabalhar juntos, nos enriquecendo mutuamente e implementando o que ela chama da justiça para, com e pela comunidade. Vários cursos e atividades foram organizados em Brasília com o apoio do TJDFT, do EUROsociAL e de outras organizações internacionais.

Em 2007 o Ministério da Justiça me convocou para coordenar a formação em Mediação Comunitária no Brasil com o objetivo de preparar um programa de formação e o material didático correspondente.

Até 2011, capacitamos em Mediação comunitária profissionais de diversas profissões para formar as equipes interdisciplinares e agentes comunitários. Colaboramos na organização e implementação de Núcleos de Justiça Comunitária em parceria entre o Ministério da Justiça Nacional e parceiros locais, como prefeituras, universidades, ONGs etc., que se comprometiam a contratar profissionais do Direito, da Psicologia e dos Serviços Sociais, assim como a escolher agentes comunitários entre moradores da comunidade local interessados em fazer parte do programa. O Ministério da Justiça financiaria os honorários dos profissionais e uma ajuda de custos para os e as agentes durante um ano e a partir desse momento as instituições parceiras assumiriam os custos operativos.

Assim organizamos os Núcleos de Justiça Comunitária em Porto Alegre (Lomba do Pinheiro, Bom Jesus), em Passo Fundo, em Curitiba, em Fortaleza, em Recife, em Salvador e em outras cidades mais.

Apesar do excelente resultado alcançado, aos poucos as instituições parceiras foram deixando de contar com os fundos necessários e a maioria desses núcleos deixou de operar.

Em 2013, Ariane Gontijo organizou o Fórum Nacional de Mediação Comunitária em Belo Horizonte. Um importante encontro para apresentações de experiências e discussões entre mediadores comunitários.

Como conclusão do encontro, se decidiu organizar a rede de profissionais e de instituições que trabalhavam com Mediação comunitária. As palestras ditadas durante o encontro foram publicadas no livro: *Programa Mediação de Conflitos. Uma Experiência de Mediação Comunitária no Contexto das Políticas Públicas.*

Em 2014, a Secretaria de Reforma do Judiciário me encomendou organizar e ministrar um curso de formação de formadores em Mediação comunitária em Brasília, com a participação de maravilhosos e maravilhosas colegas como Adolfo Braga Neto, Ariane Gontijo, Daniel Catta Preta, Gláucia Foley, Jucileide Cronemberger, Patricia Palhano, Rafaela Duso e Silvia Vieira.

Em 2015, a Secretaria de Reforma do Judiciário com o apoio do EUROsociAL organizou, sob minha coordenação o Encontro para discutir o futuro da Mediação Comunitária com a participação dos e das colegas mencionados como participantes do Curso de Formação de Formadores e outros agentes comunitários e professores universitários convidados especialmente.

Em 2015 assumi a coordenação, elaboração e implementação do Curso EaD de Introdução à Mediação Comunitária organizado pela Enam da Secretaria de Reforma do Judiciário e pela Universidade de Brasília. Postularam uns 15.000 interessados e foram selecionados 5.000.

Em 2020, para comemorar os vinte anos do Programa Justiça Comunitária, foi organizado um seminário com a participação dos agentes comunitários que apresentaram as realizações do programa e a sua adaptação em 2020 para atender as limitações de maneira criativa e segura junto a profissionais internacionais de fecunda atuação com comunidades.

Breves comentários finais

Os grandes avanços para introduzir e consolidar a cultura do diálogo e da autocomposição no Brasil conseguidos a partir de 1990 tiveram seu primeiro obstáculo, como já exposto, pelo retrocesso produzido à heterocomposição promovido pela arbitragem, que a partir desse momento passou a considerar à Mediação como uma tentativa, uma instância anterior à sentença arbitral.

Isso fez diminuir drasticamente os pedidos de Mediação privada.

Em 2010, com a Resolução nº 125 do CNJ, começamos a entrever um ressurgimento da Mediação propulsada pelo Poder Judiciário, ao propor introduzir nos Fóruns um novo serviço para o qual, de forma que a sua implementação contasse com qualidade, podiam ser firmadas parcerias com instituições públicas e privadas.

Infelizmente, todo o trabalho realizado até 2010 pelas instituições privadas foi desaproveitado pelo Poder Judiciário, pois organizou, capacitou e implementou os serviços de Mediação procurando estabelecer um monopólio para outorgar a certificação de mediador judicial.

Esse esforço por monopolizar e excluir produziu e continua a produzir perturbações nos serviços de Mediação que, longe de estar organizados ao serviço dos usuários, foram direcionados a desafogar o trabalho dos juízes e das juízas com as consequências de desrespeitar os princípios da Mediação, transformando-a de um procedimento informal em parte de um processo judicial protocolizado e rígido para antepor a quantidade por sobre a qualidade nos serviços.

Afortunadamente, em muitas regiões, começou a aparecer a auto-organização dos mediadores. Em Nova Friburgo (RJ), por exemplo, foram coordenados por Rosimar Girão e Andréa Bulkool, organizando cursos para receber a capacitação necessária que lhes permitisse trabalhar adequadamente na Mediação judicial. A partir dessas procuras, ministrei muitos cursos em diversas cidades do Brasil. Ficava claro nessas formações como teria sido bem melhor que o Judiciário contasse com as instituições já existentes com renomada capacidade e experiência em formação.

Assim como em outros países do mundo, podiam ter contado com o apoio externo de instituições e profissionais para poder melhorar os serviços e incorporar à Mediação como uma opção, e não como parte de um julgamento.

Considero que, tanto desde a Mediação comunitária, escolar, em comunidades de pessoas em situação de encarceramento, como da Mediação restaurativa, familiar, comercial, múltiplas partes; seja na esfera judicial ou na privada; a Mediação tem um grande serviço para oferecer às brasileiras e aos brasileiros.

Dependerá dos esforços que realizemos para aprimorar nossa capacitação teórica e trabalhar com consciência clara a partir dos princípios que orientem nosso exercício da profissão para fazer a diferença e conseguir o reconhecimento de profissionais e da população em geral da conveniência de poder exercer a emancipação pela autogestão responsável de nossas vidas e de nossa convivência respeitosa, inclusiva e solidária. Assim o desejo.

Mediação no Brasil: um recorte histórico

Lidercy Prestes Aldenucci[10]

Em agosto de 1994, nasceu o IMAB, em Curitiba-Paraná sob o comando de Ângelo Volpi Neto, Maria Augusta Volpi (Guta) e Juan Carlos Vezzulla, pioneiro no Brasil na formação de mediadores. E a história da Mediação no Brasil se entrelaça e se confunde com a trajetória do IMAB - Instituto de Mediação e Arbitragem do Brasil.

Em setembro de 1994, um mês depois de o IMAB abrir as portas, embarquei em uma viagem, de um mês, à China, coordenando um grupo de empresários paranaenses em missão comercial. Para minha surpresa e de todos, a cláusula dos contratos mais discutida era a de resolução de possíveis conflitos. Os chineses falavam em Mediação e nós desconhecíamos totalmente o assunto. Assim, todos os contratos foram assinados com as cláusulas convencionais, porém fiquei muito curiosa com a tal Mediação tão comentada nas rodadas de negócios. De volta da viagem, tive outra surpresa quando vi em minhas correspondências o anúncio do I Seminário de Mediação em Curitiba. Como psicóloga de abordagem analítica, fiquei muito intrigada com aquela "sincronicidade" e resolvi procurar o organizador do evento e presidente do IMAB, Ângelo, sem conhecê-lo previamente. Nesse dia, fui apresentada ao professor Juan Carlos Vezzulla, um argentino bem brasileiro de grande conhecimento e entusiasmo pela Mediação.

Ao final do primeiro encontro com o professor titular do IMAB, e tendo bebido da fonte do conhecimento sobre Mediação, eu estava contaminada pela novidade e tive a clareza de que o Brasil já estava bem atrasado nessa matéria. Com muita expectativa, me inscrevi no primeiro curso de Introdução à Mediação e, já nas primeiras aulas, eu e toda a turma estávamos encantados com a Mediação e com as possibilidades de transformações sociais que vislumbrávamos.

10. Psicoterapeuta; mediadora, docente, pesquisadora e coordenadora de estágios em Mediação; mestre em Mídia e Conhecimento pela Universidade Federal de Santa Catarina; possui Especialização em Magistério Superior pela Universidade Tuiuti e em Psicoterapia Analítica pelo Instituto Icththys; graduada em Psicologia pela Universidade Estadual de Londrina; fez cursos de capacitação e Avançados de Mediação pelo Instituto de Mediação e Arbitragem do Brasil; é coautora de livros de Mediação.

O efeito fascinante que a Mediação causava nas pessoas, talvez, tenha sido seu maior empecilho, pois pareceu assustar aqueles que não conheciam mais profundamente os seus princípios. Alguns operadores do Direito tinham a percepção de que a Mediação estava vindo para retirar possibilidades e ameaçar o *status quo* de advogados e juízes. Alguns psicólogos também reagiram com estranheza e desconfiança. Resistências essas que tivemos que enfrentar ao longo da história da Mediação no Brasil. Foi um enfrentamento positivo, com fundamentos sólidos na ética, no conhecimento e no trabalho.

Particularmente, a Mediação, aos poucos, foi abrindo amplas possibilidades em minha mente, enriquecendo meus conhecimentos e criando oportunidades e melhores resultados na minha carreira e, melhor, despertou uma nova perspectiva nas minhas relações interpessoais, um novo modo de estar e ser no mundo com repercussão na família, comunidade e sociedade.

Ao longo da prática, desenvolvi uma convicção: a Mediação representa a evolução de uma moral convencional para uma ética universal e foi isso que realmente me encantou e me fez dedicar tempo, estudo, trabalho, além de ansiedade, insônia e, também, muita satisfação, para ver solidificado o instituto da Mediação.

Naqueles primeiros tempos de IMAB, desempenhei a função de diretora de eventos, organizando palestras, seminários, entrevistas, cursos e o I Congresso Brasileiro de Mediação e Arbitragem. Encontrei muitas pessoas com pensamentos afins, com bondade no coração e garra nas veias. Creio que, no íntimo, a meta compartilhada, pela maioria dos que iniciaram o movimento, era de ver mais paz no mundo. O esforço coletivo nos fez crescer rapidamente.

Como resultado da expansão do IMAB pelo Brasil, foram criadas representações regionais, e a do Paraná passou a ser dirigida por uma equipe liderada por Sheila Fliglarz. Foi um período de muito investimento pessoal. No entanto, as regionais tiveram curta duração, logo foram destituídas e concentradas em uma única sede em São Paulo, sob o comando de Adolfo Braga Neto, até os dias de hoje.

Em meados de 1998, reunimos um grupo de mediadores para formar uma cooperativa de serviços de Mediação e conciliação extrajudicial. O Centro de Resolução de Conflitos nasceu com o propósito de oportunizar a expansão de serviços aos mediadores já capacitados pelo IMAB. Porém, o parto foi prematuro. Não tínhamos uma sociedade informada sobre as vantagens do procedimento, nem profissionais convencidos a encaminhar seus clientes para a novidade. Sofremos uma derrota, mas não desistimos da luta.

Estava eu totalmente, comprometida em pesquisar, divulgar, realizar mediações e formar mediadores em colaboração com vários e talentosos companheiros que se dedicaram a transmitir conhecimento e experiência. O coordenador científico, Vezzulla, foi o maior parteiro de novas ideias que conheci nesse tempo. A Mediação, para ele, era vital. Às vezes incompreendido, outras, idealizado. Agradou e desagradou; conquistou a muitos e sofreu as deserções de alguns. Porém, a meu ver, sempre manteve seu foco no diálogo e na ética da Mediação e, tenho certeza de que sua conduta e seus valores pessoais foram essenciais para nos mantermos firmes na jornada de fazer a Mediação acontecer e terá sempre minha fiel admiração, por tudo que fez pela Mediação no Brasil.

Sobre a formação de mediadores e estágios supervisionados

No final de 1995, depois dos cursos de Introdução e do Avançado em Mediação, o coordenador científico do IMAB decidiu formar uma equipe interessada na prática da Mediação, para abrir um escritório-modelo em parceria com instituições públicas, no sentido de fortalecer e dar mais confiança e credibilidade ao procedimento que estava, naquele momento, nascendo em Curitiba e despertando algumas resistências. Iniciou-se uma articulação política, por um lado, e a criação de um projeto de formação de formadores e de estágios que contemplasse a prática real, por outro.

Disse Kant com muita propriedade que "a experiência sem teoria é cega, mas teoria sem experiência é um jogo intelectual", e com essa ideia em mente, deu-se início a uma jornada de busca de parceiros que pudessem receber profissionais, de diversas áreas do conhecimento, em processo de capacitação no campo da resolução de conflitos. A ideia da Mediação, a princípio, era muito bem recebida, mas incorporar a Mediação ao contexto jurídico formal foi uma árdua tarefa. Exigiu um esforço conjunto de servidores, mestres e alunos; de tempo, disposição e muito diálogo.

Nossas primeiras experiências de Mediação com casos reais foram na Defensoria Pública de Curitiba, no velho prédio histórico da Rua Marechal Floriano Peixoto. Os casos mais frequentes eram de família: separação, alimentos, guarda e visita. As sessões foram realizadas em uma sala do tipo auditório onde alguns estagiários ficavam na plateia e, em frente, havia, sobre um tablado, uma mesa retangular, composta por um mediador, um comediador e um observador, e os mediados. Henriette Cordeiro Guérios foi a primeira mediadora e eu, comediadora, depois invertemos, tudo sob a orientação do professor Vezzulla, o que era percebido como bastante inibidor, por nós iniciantes na prática da Mediação. Mas vencemos essa etapa e adaptamos melhor as condições físicas do trabalho.

Depois de encerrada a sessão, era hora da supervisão, momento em que a plateia, ainda ansiosa e despreparada, emitia muitas opiniões sobre o caso em vez de avaliar a condução, as técnicas utilizadas e os efeitos produzidos. Esses e outros problemas, fomos identificando nas primeiras experiências e, mais tarde, fomos reformulando e aprimorando o modelo de prática e supervisão para um melhor resultado para os mediados e maior aproveitamento dos mediadores. Concluímos que precisávamos de um ambiente físico mais acolhedor e o "convite" para a Mediação deveria ser informal, imparcial e assinado pelos mediadores, e não uma convocação da Defensoria. Refletindo sobre isso, instituímos a carta-convite para a parte demandada para uma pré-Mediação, garantindo o direito de vontade e adesão das partes, cumprindo, à risca, os mandamentos da Mediação. Os resultados das primeiras mediações foram animadores, o que garantiu a continuidade do projeto.

Alguns meses depois, em 1996, a Defensoria Pública mudou-se para um prédio moderno, no bairro do Ahú, e ganhamos um andar, com várias salas exclusivas para a Mediação com mais privacidade, para garantir o sigilo e um clima bem mais acolhedor. A assistente social da Defensoria fazia a triagem e nos encaminhava os casos para serem atendidos em pré-Mediação. Eu, Edson Januário das Neves e Rosemary Padilha fomos os primeiros "supervisores" de estágio. Trabalhávamos, com esquipes de mediadores, em turnos e dias diferentes, porém em constante diálogo para trocar experiências e discutir dificuldades.

Como coordenadora dos estágios, minha maior preocupação era de propor uma prática norteada pelos princípios éticos da Mediação, razão pela qual, em 1997, apresentei o *Manual de Estágio em Mediação* visando a uma prática reflexiva, sedimentada na teoria e que permitisse o aprimoramento constante e, ainda, a autorreflexão. O manual previa três fases distintas, em um processo de aproximação sucessiva que levava em torno de 100 horas:

- Fase 1 - Cumprir 20 horas de observação de sala e depois compondo a mesa, para desenvolver a capacidade de observação silenciosa.
- Fase 2 - Cumprir 2 processos completos de Comediação, para iniciar a prática de intervenção assessorada ou em parceria.
- Fase 3 - Cumprir 50 horas na função de mediador ou mediar 3 processos completos para ganhar prontidão e confiança.

O estagiário deveria participar das reuniões de supervisão, fazer as leituras recomendadas e executar relatórios nas três fases do estágio.

Esse modelo de estágio foi instituído como etapa obrigatória na formação de mediadores, levado aos quatro quantos do país e, ainda, discutido no I encontro de mediadores realizado durante o I Congresso de Mediação e Arbitragem, servindo de base para orientações do CONIMA.

Em paralelo ao curso avançado de Mediação, fomos nos aprimorando e abrindo novas frentes de prática. Fomos muito bem recebidos pelo então juiz Roberto Portugal Bacellar, nos Juizados de Pequenas Causas, hoje desembargador do TJPR. Tivemos a oportunidade de mediar casos em que a interrelação deveria ser preservada: problemas de vizinhança, dívidas em família, prestação de serviços, relações de consumo etc.

Entre 1999 e 2004, capacitamos muitos mediadores e novas frentes de estágio foram abertas: no Conselho da Condição Feminina do município de Curitiba e na Igreja Luterana. Em 2005, nas Varas de Família do Fórum de Londrina (PR).

Uma das questões mais difíceis que encontramos em nossa prática voluntária da Mediação, nos órgãos públicos de justiça, sempre foi a mudança dos ocupantes de cargos diretivos de tais instituições. Quando mudava a direção, nosso trabalho era automaticamente questionado e precisávamos nos credenciar, renovar convênio, mudar ou adaptar rotinas de trabalho ou, ainda pior, "bater em retirada", elaborar a frustração e sair em busca de novos espaços. A cada experiência de mudança também revíamos nossas práticas e crescemos em teoria e na prática de negociação.

Avançamos um pouco mais no modelo de prática, pensando na função do "supervisor" e, assim sendo, passamos a usar o conceito de "intervisão", mais adequado aos princípios fundamentais da Mediação e abrimos novos campos de estágio junto a instituições privadas, em núcleos de prática de faculdades de Direito e Psicologia. Hoje muitas Defensorias e Juizados Especiais pelo país adotam a Mediação como medida pré-processual de resolução de conflitos.

Os melhores resultados obtidos com a Mediação foram muito além de números de processos encerrados. Tenho certeza de que muitas pessoas tiveram suas necessidades e interesses reais atendidos e suas vidas reorientadas. Aliás, esse é o maior objetivo pessoal em mediar: fazer diferente, fazendo a diferença para as pessoas. Melhorar os resultados do sistema judicial é consequência, e não objetivo da Mediação, e esse tem sido o maior desafio ou conflito de interesses que tivemos, e ainda temos, que ultrapassar para construir em conjunto uma nova forma de enfrentamento dos conflitos.

Atravessei o país, com Juan Carlos e com Adolfo Braga Neto, excepcionais companheiros de jornada, nos primeiros anos de IMAB. Conhecemos muitas pessoas em diferentes cidades, que nos receberam e acolheram a Mediação de forma carinhosa e respeitosa. Eu me sentia portadora de uma "boa nova" pela reação calorosa das pessoas que sensibilizamos. Coletivamente produzimos muito conhecimento: artigos, livros, palestras, seminários, encontros, conferências, além de inúmeros cursos de introdução e capacitação em Mediação. Com satisfação vemos muitos dos mediadores que formamos iniciando um novo capítulo da história da Mediação no Brasil, no século XXI.

I Congresso Brasileiro de Mediação e Arbitragem

De 23 a 26 de setembro de 1998, em um ato de coragem e ousadia, e com histórias para contar, realizamos o I Congresso Brasileiro de Mediação e Arbitragem – Há uma nova ordem no Brasil: Paz, em Curitiba, com o intuito de consolidar e divulgar uma nova forma de se relacionar e de resolver conflitos interpessoais e promover o IMAB no cenário nacional, ganhar apoio e reconhecimento internacional, através dos ilustres conferencistas e palestrantes internacionais e nacionais convidados.

Com parcos recursos financeiros e muita boa vontade da equipe organizadora, conquistamos uns poucos patrocinadores e muitos apoiadores. Conferencistas de renome internacional, entre outros: Andrew Floyer Acland (GB), Sara Keeny (EUA), Nancy Orestkin (EUA), Michael Manning (EUA) Marines Suarez (ARG). Assim como expoentes brasileiros na área: Regina Michelon, Tania Almeida, Ronaldo Caputo, Maurício Gomm, entre outros, que aderiram sem cobrar honorários, apenas movidos pelo espírito cooperativo que representa a Mediação, e nos brindaram com conhecimento e experiência, renovando a nossa motivação pela Mediação. O Brasil também apresentou seus pioneiros e estudiosos da Mediação e da Arbitragem.

Na cerimônia de abertura, Angelo Volpi Neto, presidente do Congresso, e Juan Carlos Vezzulla, coordenador científico, discursaram na presença de autoridades do poder Executivo e Judiciário do Estado do Paraná, dirigentes de instituições de Mediação e Arbitragem no âmbito nacional e uma plateia de mais de 500 pessoas, muito atenta, de mediadores e simpatizantes, do Brasil, Argentina e Paraguai, que prestigiaram o evento. O último dia foi reservado para o diálogo e trocas de experiências e para a construção de consenso sobre os rumos da Mediação no país.

Como resultado desse primeiro Congresso, pudemos expandir nossos horizontes e dar os primeiros passos no sentido de ampliar as áreas de atuação da Mediação: escolar; organizacional; trabalhista; ambiental. Ganhamos confiança e credibilidade institucional. Mais uma vez, o IMAB esteve abrindo "picadas na mata virgem" para mostrar a importância da Mediação, para a sociedade pós-moderna, na solução de seus diversos conflitos.

Mediação escolar

Em novembro de 1999 foi realizado o Seminário de Introdução à Mediação Escolar, através da Secretaria de Estado da Educação do Paraná, na Universidade do Professor, localizada na cidade de Faxinal do Céu, sob a coordenação do Prof. Vezzulla, apoiado por Lidercy Aldenucci e Marcia Macionk. O seminário foi dirigido a 200 diretores e vice-diretores de escolas públicas, de ensino fundamental e médio, de todo o Estado, com o objetivo de levar um conhecimento básico a respeito da aplicação das técnicas de diálogo da Mediação nos conflitos escolares. Ao final, as escolas puderam fazer uma pré-inscrição para participar de um projeto piloto de capacitação em Mediação escolar. Como 90 escolas se inscreveram, tivemos que escolher apenas 5 para desenvolver um projeto piloto de capacitação em Mediação escolar, na cidade de Curitiba. Esse projeto, apresentei na primeira dissertação de mestrado sobre o tema Mediação no Brasil, em 2001, pela UFSC, sob o título *Contribuições da Mediação na Gestão de Conflitos em Organizações de Ensino*. Com certo orgulho, digo quc inaugurei a Mediação na Universidade.

A experiência em Mediação escolar foi um marco na história da Mediação no Brasil, também pelo fato de ter sido pioneira nessa área tão sensível de relações. Um projeto pensado para levar os conceitos e princípios da Mediação a toda a comunidade escolar, com o objetivo de construir uma cultura de resolução pacífica de conflitos, através de uma linguagem comum e uma forma de agir compartilhada, capaz de prevenir a escalada de conflitos e de violência. Esse modelo de Mediação escolar foi introduzido em muitas escolas públicas de cidades do Brasil e também foi exportado para Portugal e apresentado no V Congreso Mundial de Mediación, em Asunción - Paraguai, em 2009.

Mediação chega às universidades

A partir de 2015, com a chegada da Lei de Mediação (Lei nº 13.140 de junho de 2015), muitas universidades instituíram a disciplina Mediação nos cursos de Direito e as pós-graduações eclodiram em todo país. Algumas universidades abriram núcleos de prática de conciliação e Mediação, oferecendo possibilidades de capacitação de mediadores e acesso à Justiça aos menos favorecidos. Essa tem sido minha experiEncia de cooperação com a PUC - Campus Londrina, nos últimos anos (antes da pandemia).

Mediação judicial

Também em razão da Lei de Mediação, o Sistema de Justiça precisou criar mecanismos para atender a população nos Juizados Especiais, capacitando servidores para conciliar. Considero que ainda temos muito trabalho a ser feito para aprimorar o sistema público de Mediação. Muitos paradigmas e mesmo preconceitos precisam ser desconstruídos. Uma lei não resolve tudo e, ainda que essa estabeleça parâmetros para a formação e estágios para os novos mediadores e conciliadores judiciais, ela é incipiente, é preciso investir na capacitação prática. E creio imprescindível remunerar os profissionais para que alcancem reconhecimento público de sua função e para valorizar e incentivar as boas práticas consensuais.

Concluindo 26 anos de história

Mediação – tem sido uma jornada laboriosa, desafiadora, divertida e muito enriquecedora, graças às pessoas que encontramos: de culturas diferentes, inteligentes, sábias, desafiadoras, questionadoras e generosas, com um coração e a mente abertos para o outro. Que a ética da Mediação nos conduza e nos transforme em uma sociedade melhor, que produza o bem e beneficie o maior número de pessoas possível. Gratidão aos mestres e aprendizes dessa bela jornada.

A Mediação de conflitos em múltiplas lentes – um desafio que inspira e transforma

Lilia Maia de Morais Sales[11]

"Professora, demorei para chegar na aula porque estava mediando um conflito entre pai e filho. Eu estava literalmente no meio, pois eles estavam se ameaçando com facas. No final, conseguimos conversar e evitar o pior.

11. Advogada, pesquisadora do CNPq (Bolsista de Produtividade em Pesquisa), autora de vários livros e artigos na área de Mediação de Conflitos e coordenadora de vários projetos de pesquisa na área. Desenvolveu estudos de Pós-doutorado como *Visiting Scholar* junto à Universidade de Columbia – EUA e idealizou o primeiro Mestrado em Direito e Gestão de Conflitos no Brasil.

Desculpe-me pelo atraso." Foi com essa intensidade que comecei minha experiência com a Mediação de conflitos.

Em 1998, fui convidada por um colega de mestrado a conhecer um projeto da Ouvidoria Geral de Justiça do Estado do Ceará, liderado pela então ouvidora geral, Dra. Socorro França. Tratava-se de projeto para implementar a Mediação comunitária no Estado, como uma ação inovadora, tendo como foco o acesso à justiça em comunidades periféricas. Neste projeto, minha missão seria ministrar aulas para a comunidade com o intuito de formar mediadores comunitários.

Na época não conhecia o tema, mas assumi o desafio de aprender e dar o melhor de mim. Foram dias e dias de aprendizado, trocas de conhecimento e uma importante reformulação na minha compreensão sobre justiça, inclusão, gestão de conflitos, empoderamento humano e propósito de vida. Enquanto eu levava conceitos teóricos, eles me traziam empiria, vida real. Os conceitos foram ganhando novos sentidos. A Mediação comunitária tem esse poder. Essa junção nos fez muito bem e, logo em 1999, a primeira casa de Mediação comunitária foi criada, fazendo um bem ainda maior à comunidade. Depois disso, várias casas de Mediação comunitária foram criadas em diferentes bairros, novos mediadores comunitários foram capacitados e a prática de um mecanismo democrático, inclusivo e participativo foi sendo espalhada.

Essa experiência foi replicada pelo Ministério Público do Estado do Ceará, com a criação de Núcleos de Mediação Comunitária, e a ideia, implementada pelos promotores de justiça junto à comunidade. Essa experiência já ecoava no Brasil, e eu sentia uma alegria e uma honra imensa de ter participado desde o início.

Dizem que quando a Mediação toca o coração das pessoas, permanece lá, insistente. Pois bem, terminei o mestrado estudando sobre democratização do acesso à Justiça e segui para o doutorado no ano de 2000, elegendo o tema da Mediação Comunitária e sua relação com o fortalecimento da democracia como objeto de estudo para os anos seguintes. E, assim, a Mediação permaneceu em meu coração, em meus pensamentos e guiou muitas transformações em minha vida até hoje.

Em 2001, iniciei minhas atividades como professora na Universidade de Fortaleza e encontrei um espaço maravilhoso para disseminar o que estava aprendendo. Os estudos da Mediação eram muito recentes no Brasil, poucas eram as referências bibliográficas, tudo muito novo, para mim e para muitos com quem eu conversava. Mas, a partir da experiência que eu já havia vivenciado na Mediação comunitária, tinha a certeza de que seria o caminho certo a ser trilhado. Logo coloquei-me à disposição para trabalhar no recém-criado Escritório de Prática Jurídica da Universidade, no setor de conciliação, estimulando os estudos na área de Mediação.

Implementamos a Mediação no EPJ, iniciamos treinamentos para professores e, em 2003, lançamos uma obra coletiva intitulada *Estudos sobre Mediação e Arbitragem*, como fruto desses treinamentos e como forma de ajudar outras pessoas a conhecerem o tema, dada a escassa bibliografia na época.

Falando em escassa bibliografia, tenho um dado maravilhoso sobre isso. A Mediação de conflitos como mecanismo de construção de vínculos e afetos. Como eu estava escrevendo minha tese de doutorado, e na época ainda não existiam os recursos atuais de sítios de pesquisa na internet, ou mesmo de rede social, buscava conhecer pessoalmente os autores que estudavam Mediação (para alguns deles recorri às listas telefônicas). Foi desse esforço que tive a alegria de conhecer Adolfo Braga Neto e Juan Carlos Vezzulla. Lembro-me de quando ganhei do Adolfo os livros do Juan, os li no mesmo dia, tamanho meu entusiasmo. Entusiasmo que também senti em Adolfo quando me mostrou a experiência dos Núcleo de Prática Jurídica, em 11 de Agosto, da Universidade de São Paulo.

Era essa energia que sentíamos vinda de quem estudava Mediação. Tínhamos uma vontade legítima de ajudar e estimular outras pessoas a estudarem também, pois acreditávamos na Mediação de conflitos e precisávamos partilhar e multiplicar. Desses momentos surgiram uma amizade forte, apresentações em congressos nacionais e internacionais juntos, livros, aulas, grandes ideias e projetos que foram unindo tantas outras pessoas e se fortaleceram ao longo destes anos, sempre com a missão de disseminar a prática da Mediação de conflitos.

Em 2004, lancei o livro *Justiça e Mediação de Conflitos*, fruto da tese de doutorado. A partir de então, muitos projetos e ações foram sendo consolidados. Criamos, ainda em 2004, a disciplina de Mediação e Arbitragem no Estado Democrático de Direito no programa de Mestrado e Doutorado na Universidade de Fortaleza, o curso de especialização em Mediação de Conflitos, que está na sétima turma, dezenas de projetos de pesquisa, estimulando parcerias com agências de fomento à pesquisa nacionais ou internacionais, governo do Estado, Ministério da Justiça, Conselho Nacional de Justiça, com o foco em aprofundar e fortalecer o tema e implementar projetos concretos para que a Mediação ganhasse o espaço do Sistema de Justiça e na sociedade. Ano após ano.

Lembro-me em uma ocasião, não sei ao certo qual o evento, em 2003, os alunos da graduação planejaram uma palestra sobre Mediação de Conflitos e, de forma desconcertada, vieram dizer-me que não havia alunos interessados. Talvez um ou dois alunos estariam no auditório à espera da palestra. Imediatamente respondi: se tiver uma pessoa, irei. Vale a pena. Era assim que a gente fortalecia uma área do conhecimento. Esse episódio, para mim, fazia parte de uma trajetória de inovação, que exige persistência. Para os alunos, a minha reação deve ter sido um alívio.

Em 2005, lancei o livro *Mediare: um guia prático para mediadores*, que escrevi com intuito de ajudar a capacitar continuamente os mediadores comunitários e posteriormente, em 2007, o livro *Mediação de Conflitos: Família, escola e comunidade.* Esse último prefaciado pela ministra Nancy Andrighi (que na época aceitou prefaciar o livro, enviando-me uma carta escrita à mão, o que demonstrava uma gentileza ímpar e claramente uma mensagem de apoio ao trabalho de disseminar a Mediação no Brasil, mesmo sem me conhecer pessoalmente). Os lançamentos de livros normalmente seguiam um ritual protocolar, especialmente na área do Direito, por ser uma área mais tradicional. Os nossos lançamentos, no entanto, tinham que ser diferentes. Precisavam ser. Eram tantas pessoas envolvidas, peças teatrais para apresentação das obras, lançamentos acontecendo nas comunidades, que aquela sensação de apenas um ou duas pessoas em um auditório ia ficando para trás. Conseguimos auditórios lotados.

Ainda em 2007 realizamos em Fortaleza o I Congresso de Mediação e Arbitragem (mais de 200 pessoas de vários Estados brasileiros participaram do evento, tivemos, inclusive, pessoas vindas do exterior). Foi impressionante a força do trabalho coletivo. O ano de 2007 ainda era um ano em que o desconhecimento em relação ao tema era comum. Assim, precisávamos conectar muita gente. Era a Mediação de conflitos em movimento e movimentando corações. Trabalhar com a Mediação permitiu-me imergir na vivência de muitos valores importantes que guiavam para a consolidação de uma sociedade mais participativa, justa, solidária. Esse fato me impulsionou e a tantos.

Era um espiral virtuoso. A insistência e consistência de profissionais que se dedicavam à Mediação no Brasil definitivamente inspiraram e fortaleceram a convicção em trilhar esse caminho desafiador, ainda pouco conhecido, mas que já mostrava seu impacto positivo para nossa sociedade.

Depois de tantos anos, aulas na graduação (que passaram a ser ministradas por também por ex-alunos) e na pós-graduação, participação em congressos, palestras e aulas em instituições nacionais e internacionais, ex-alunos de graduação tornando-se professores e pesquisadores na área de Mediação, escrevendo suas dissertações e teses sobre a temática, publicando novos livros, observar colegas que rejeitavam o tema passando a abrir espaço para compreendê-lo melhor, e centenas de monografias escritas, percebo claramente a importância de dar os primeiros passos e insistir firme no propósito. Se fizermos com a intensidade necessária, o movimento cresce.

Em 2009, iniciei uma ideia que até hoje conecta muitas pessoas. A Mediação de conflitos como instrumento de inclusão, participação e cultura de paz, dando voz à juventude e transformando vidas. "Se eu não estivesse estudando Mediação de conflitos, teria jogado minha mochila na cabeça dela, mas, com todos esses ensinamentos, pensei: ela deve estar em um dia difícil, por isso está agindo assim", disse Otávio, 15 anos, depois de algumas aulas no projeto Mediação Escolar, que hoje chamamos de projeto Jovens Líderes.

Desde 2009, encontrei nos jovens a certeza de que acreditar na juventude é um caminho de paz. Estudava sobre educação em Direitos Humanos, Mediação escolar e educação em valores quando decidi que precisávamos colocar em prática aquele aprendizado. Criamos um projeto para jovens entre 14 e 18 anos de escolas públicas com intuito capacitá-los em Mediação de conflitos e cultura de paz. Com o tempo, as habilidades de Mediação foram aprofundadas e passamos a trabalhar também comunicação, liderança e valores humanos conectados aos Objetivos do Desenvolvimento Sustentável da Organização das Nações Unidas. Miramos nas estrelas.

O estudo e dedicação às habilidades de Mediação e liderança, além da criatividade e do foco no impacto que eles poderiam trazer para o mundo, foram moldando os jovens como pessoas mais inclusivas, participativas e pacíficas.

Jovens líderes que lutavam pelo coletivo e inspiravam outros jovens. Paulo Freire ecoava a cada momento, lembrando-nos da importância do protagonismo humano. "A educação não transforma o mundo. Educação muda pessoas. Pessoas transformam o mundo". Isso! Jovens que por tantos eram estigmatizados vivenciaram, por meio dos valores da Mediação, a possibilidade de transformar suas vidas e assim mudar o mundo. Estão ingressando na universidade, empreendendo, participando de eventos na Organização das Nações Unidas, conquistando premiações nacionais e internacionais, deixando claro o poder e impacto que a Mediação de conflitos pode ter na juventude. Escuto com frequência: "minha vida é antes e depois do projeto"; "hoje acredito em mim"; "hoje entendo o que é empatia, e isso mudou a forma como me relaciono com as pessoas"; "hoje sou eu quem ajuda minha família a resolver problemas"; "sei que posso ser quem eu quiser e posso ajudar a mudar o mundo".

No projeto Jovens Líderes, vivenciamos na prática, dia após dia, o empoderamento humano. Iniciamos em 2010, com 20 jovens, e até hoje mais de 250 jovens passaram pelo projeto e muitas vidas foram transformadas pela Mediação de conflitos.

Em seguida, veio o desafio de empoderar mulheres. "A senhora pensa que vai ensinar a gente como resolver nossos conflitos com esses exemplos dos livros? Nossos problemas são reais, de sobrevivência, de evitar crimes na nossa rua, a senhora entende?" Com essa fala inquietante, em forma de pergunta, iniciei minhas aulas de Mediação de conflitos para 300 mulheres no Grande Bom Jardim, um dos bairros mais violentos da cidade de Fortaleza. Estava coordenando um o projeto chamado Mulheres da Paz, vinculado ao Ministério da Justiça. O intuito do projeto era capacitar mulheres para que identificassem jovens em conflito com a lei para inseri-los em cursos profissionalizantes ou em cursos de arte.

Acredito que minha maior contribuição foi desenhá-lo, a partir das lentes da Mediação de conflitos. A Mediação de conflitos como vertente do empoderamento humano, aqui fortalecendo a igualdade de gênero. Todas as técnicas da negociação e da Mediação de conflitos foram discutidas, pois acreditávamos que estimular as mulheres à fala, à argumentação, à cooperação, à empatia, a encontrar pontos convergentes nas discussões, a ouvir ativamente, a gerir emoções e aprender a fazer as melhores perguntas, dentre outras técnicas, poderia projetá-las como protagonistas nas suas vidas. E assim aconteceu. Várias mulheres passaram a sonhar com uma faculdade, a trabalhar, a empreender, a ter um melhor relacionamento familiar e comunitário, a agir para parar de sofrer violência doméstica, a criar redes de proteção e prevenção à violência, dentre vários outros impactos positivos.

O projeto finalizou 2 anos depois, em um auditório onde elas entoavam, em um coro forte e emocionante, uma música de um compositor da vizinhança: "Quero vida para a vida que eu vivo, somos mulheres da paz". Com as palavras de Simone de Beauvoir em minha mente, inspirando-nos para "que nada nos defina, que nada nos sujeite e que a liberdade seja a nossa própria substância, já que viver é ser livre", ali tive a certeza de que a Mediação de conflitos serviu como ferramenta para libertá-las.

E o movimento continuava. Ideias e projetos inquietavam a minha mente. Surgiu então a possibilidade de desenvolver a Mediação de conflitos em delegacias. A ideia sobre Mediação na área da segurança pública foi um desafio lançado a mim pelo então secretário de Segurança Pública, Dr. Roberto Monteiro. No primeiro momento, pareceu-me estranha, mas, como eu ainda não tinha estudado sobre o tema, não quis rejeitá-la. Em pesquisa desenvolvida, estimulada pelo questionamento do secretário, encontrei dados interessantes: entre 50% e 70% dos casos que chegavam às delegacias do Estado do Ceará eram relacionados a conflitos de família e vizinhança, e as delegacias, em regra, eram apontadas como local procurado com maior frequência para resolução desses conflitos.

Criar espaços de Mediação de conflitos em delegacias pareceu-me, então, um projeto interessante. Fiquei feliz em aceitar o desafio. Propus um modelo de implementação da Mediação de conflitos nas delegacias e busquei referência na experiência de Minas Gerais. Mobilizamos o Ministério da Justiça para um treinamento dos policiais, a Fundação de Pesquisa do Ceará – FUNCAP para apoio aos pesquisadores, e tantas outras pessoas que passaram a acreditar na ideia. Trabalhamos com um núcleo de Mediação na delegacia 30 DP, no bairro de São Cristóvão, na periferia de Fortaleza.

Aos poucos, falas como "as primeiras pessoas a me receber bem foram vocês"; "se este serviço tivesse chegado aqui antes, muita coisa, até morte, teria sido evitada"; "antigamente a gente via a delegacia somente para prender as pessoas, agora pode vê-la ajudando a resolver os conflitos"; "a Mediação de conflitos tem sido uma alternativa muito inovadora para a delegacia, tem ajudado a imprimir um novo rosto para a polícia civil, o de uma polícia cidadã". E assim a Mediação de conflitos foi ajudando a construir uma cultura de paz.

A experiência internacional junto à Universidade de Columbia, como *Visiting Scholar*, para meus estudos de pós-doutorado, ajudou-me a conhecer uma consolidada experiência da Mediação judicial e extrajudicial nos Estados Unidos. As aulas na Universidade de Harvard, em vários cursos de curta duração, no mesmo período, colocaram em evidência a relação forte entre a Mediação e a liderança.

Em 2012, montamos o primeiro curso de Mediação de conflitos da Universidade de Columbia no Brasil, o que depois foi replicado algumas vezes, e movimentamos colegas de muitos Estados brasileiros. A intenção era partilhar o que havia de mais interessante no sistema estadunidense e permitir que, de alguma forma, ajudasse a fortalecer os estudos e a prática da Mediação no Brasil.

Assim, a experiência nas Universidades de Columbia e de Harvard, norteada por princípios claros de liderança e empoderamento humano, guiou-me, em 2015, junto com uma equipe fantástica de pesquisadores, como o professor Gustavo Raposo, à criação do primeiro Mestrado no Brasil em Direito e Gestão de Conflitos no Brasil com o foco em desenvolver pessoas que, pelas lentes da gestão consensual de conflitos, criassem ideias, projetos ou ações que impactam positivamente o Sistema de Justiça e a Sociedade.

A experiência internacional é compartilhada por meio de um módulo que acontece na Universidade de Columbia com a professora Alexandra Carter, hoje uma parceira para a vida.

Diante de tantos ensinamentos que a Mediação já havia apresentado em minha vida e que já havia me permitido testemunhar nas vidas de tantas outras pessoas, um mestrado na área não poderia versar apenas em estudar e aprofundar a temática, mas deveria requerer ação, mudança e transformação. Comecei a imaginar: uma comunidade de pessoas que observa um problema ou desafio real, aprofunda o conhecimento e direciona esse conhecimento para inovar e impactar positivamente a sociedade. E assim aconteceu! Mais de 150 profissionais do Sistema de Justiça, vindos de diversos Estados brasileiros, estão idealizando, projetando e implementando projetos para trazer impacto positivo por meio de inovações. Consolidamos o mestrado como um *hub* de inovação em gestão de conflitos. Se for para sonhar, que seja para sonhar grande.

Atualmente, estou estudando como a arte estimula a flexibilidade cognitiva, possibilitando o desenvolvimento das habilidades necessárias aos gestores de conflitos, especialmente quanto à sua capacidade de reformular, encontrar pontos convergentes e ajudar a encontrar soluções criativas para os problemas. E por aí vai...

É comum as pessoas me perguntarem: e aí, Lília, o que você está pesquisando atualmente? Respondo: Mediação de conflitos. O que, normalmente, traz uma inquietação: Ainda? Depois de todo esse tempo? E continuo: sabe, agora encontrei uma nova vertente para esse estudo. E daí de forma entusiasmada vou desenhando novos olhares, ampliando horizontes, conectando a Mediação com a liderança, com a arte, com a criatividade, com a inovação, com as habilidades do século XXI, com a reformulação do ensino jurídico, *lawtechs*, neurociência, *nudges*, flexibilidade cognitiva e tantas outras áreas do conhecimento, sempre a partir das lentes da Mediação e gestão consensual de conflitos.

Tem como não continuar motivada, inquieta e estudando para encontrar nuances incríveis para esse caminho inovador e humano?

Conflito e Mediação – um encontro perfeito

Maria de Nazareth Serpa[12]

Para aqueles que vivenciaram conscientemente o conflito, é difícil falar sobre Mediação sem usar a primeira pessoa. Para mim é tão visceral que quase me identifico com sua história, mas escrita de uma fonte singular jorrada de longe das estantes de biblioteca.

Mas sei, de fonte segura, que uma ideia como essa não pertence a ninguém. Surge no universo como uma nuvem giratória e circular que chove mediante a frieza do clamor de olhos atentos e ansiosos, dirigidos por mentes carentes e cheias de indagações. Daí faz brotar e dar frutos como resposta, envoltos em textos de palavras diversas, de acordo com o chão e tratamento que recebeu.

Mediação entra na vida de muitos quando o eterno conflito da existência passa a buscar soluções para as mazelas da personalidade diante do seu eterno dilema entre aceitar, desistir ou lutar pelo que acha justo ou injusto na sua necessidade de reequilibrar *status*, repor desfalques ou amenizar emoções.

No labirinto da justiça humana nada se encaixa com precisão, tudo corre aos tropeções por uma trilha onde não se conta com bússola ou manual de instruções. Todas as tentativas feitas pela humanidade para conduzir seu destino jamais satisfizeram a gregos e troianos. Alguém sempre haverá de "engolir o sapo" com o selo de vencido, culpado ou inocente, tudo com justificativas simplificadas em nome da moral, do direito ou da lei.

A trajetória da justiça entre os homens não vaga como o fruto da videira que tem seu tempo para nascer, crescer e servir, porque é da natureza humana criar ou tomar sem muito cuidado com o pranto ou o riso do seu igual, pelo simples fato de que desconhece a causa desigual. E de definições cada um tem o seu tesouro e seu baú.

12. *International Scholar* da Faculdade de Direito da University of Miami e professora aposentada da Pós-Graduação da Faculdade de Direito da PUC-MG. Mestre e doutora em Direito Civil e Processual Civil e autora dos primeiros livros na língua portuguesa sobre ADR e Mediação. Professora honorária da Faculdade de Direito da Academia Financeira e Jurídica de Moscou (MFUA) – Rússia e professora adjunta da Florida International University, Miami.

O papel da Mediação veio sem qualquer personagem definido no palco e na peça daqueles que, em um passe de misericórdia divina, trocaram a deixa do ponto final por um rosário de reticências e interrogações. E se? vai que... quem sabe?

Como a Mediação entrou na minha vida através de episódios emocionantes

Meu primeiro encargo com Mediação, por força da premência de resultado, foi Automediação. Quem na vida não questionou sua própria razão quando teve de decidir por uma ação diante de um conflito intrapessoal? Quem não se posicionou no meio de sua própria balança colocando e tirando pesos ou alternando medidas?

O autoconhecimento e a consciência são elementos determinantes daquele que busca justiça, para si ou para outrem. Faz parte do arsenal de ponderação de todos que já compreenderam o que muitos filósofos, a exemplo de Pitágoras, em todos os tempos perguntaram e responderam: "Conheça-te a si mesmo, e revelarás o Universo e encontrarás Deus". Tudo está no processo de buscar. Como saber?

O que se sabe, e sabe-se bem, quando se fala de justiça, é que não faltarão ao injustiçado motivos ou razões para se autoconvencer ou para convencer. Com isso, quem melhor poderá falar do assunto senão o que sofreu por falta de justiça? No meio do conflito, injustiçado é o adjetivo disputado. Não importa que tenha sido dado a quem o que parece ser de quem.

Vivi como muitos, na pele e no peito, o conflito do "filho do meio" que perde abruptamente seu lugar para o irmão caçula. Aqueles, mesmo crianças, sabem que junto com o trono vão-se as regalias, as desculpas e o perdão, tudo sem terceira opção. A categoria "mais velho" não raro é o critério de escolha e o veredito de culpado, junto com a causa perdida, a sentença sem recurso e o desfecho de qualquer disputa. Quanta perplexidade! Quantos planos de redenção! Quantas faces de perdedor, ignoradas, desajeitadamente subestimadas sob a batuta da autoridade! Injusta lei, injusto juiz! Lamúrias que ninguém escutou. Só o perdedor ouve seu próprio grito silente na linguagem do calar. E, assim, somente ele aprende a fazer a leitura do rosto e do gesto, em si e alhures. Entretanto, como em toda causa, ante a ausência de ouvidos para escutar e entender motivos, existe um galhardão, a lupa que revela o machucado antes que vire cristalizada sublimação.

Com cicatrizes ou não, o tempo passa e cura feridas. Foi assim na minha primeira Mediação capenga, com um lado só, sem mediador. No tempo tudo pareceu unilateral. Entretanto, deixou um olhar atento para o fato de que na dualidade horizontal a tendência é a oposição, mas fica o entendido que na mesma direção só o sentido pode afastar um indivíduo do outro. O que leva à pergunta: o que fazer então para mudar o sentido das coisas? Ou a direção, ou os dois?

Na família, já no fim da primeira infância, a vida me colocou diante da segunda Mediação, já então tripartida e interpessoal. Meus pais cruzaram literalmente o sul e o norte brasileiros, por forças indefinidas, para simplificar a ignorância da causa. Destarte todas as diferenças culturais, espelhadas na intenção e na forma, protagonizaram um enredo lírico coalhado de certos e errados, de porquês e porissos, de culpas, enfim. O casal, encantado pelas leis de Cupido, ligou-se pelos códigos de seu Deus e dos homens, em um passe relâmpago de 45 dias após o primeiro encontro. Viveram respeitando todos os laços de um tecido familiar por 50 anos. Moravam juntos, dormiam juntos, comiam juntos, falavam e criticavam-se ao mesmo tempo e, algumas vezes, gritavam ao mesmo tempo. Mas não se ouviam, não se olhavam, gravitavam disciplinadamente em torno de deveres e obrigações. Revelavam sentimentos comuns em qualquer ser humano, mas só reconhecidos por aqueles que acataram a oportunidade da consciência. Raiva, tristeza, ciúme, inveja e outros que, ignorados, agem como muros na caminhada da vida e provocam a polarização. Foram refeições descartadas, sonos interrompidos, férias transformadas em labuta e fins de semana em trabalho sem fim. Sou testemunha da realidade e legitimidade de tantas queixas, em nome da presença ou ausência da razão e tantas cobranças explicadas pelo famigerado “merecimento”.

Experiência doída, lição aprendida, e agora?

O valor da Mediação que me mobilizou

No afã de manter a única coisa que eu conhecia e valorizava, os momentos de união e alegria na família, descobri minha primeira técnica de

Mediação, a do papagaio. Em um movimento, também técnico, de *go-between* ou leva e traz, comecei a repetir para cada um exatamente o que cada um dizia sem ouvir o outro. *Eureka*! A ação provocou incontáveis hiatos na guerra inútil daquele casal. Pelo menos isso! Mas transformação? Bem, aí já é outra estória.

Alguns desafios no percurso

A família amadureceu, os filhos deixaram o ninho. Mas, mais que regularmente, eu já na Escola de Direito, 2.300 quilômetros longe do lar, voltava e continuava no trabalho de amenização da distância psicológica que existia entre meus pais. Por mais que intrigasse, eu observava, não discutiam separação. E por menos que desejasse, eu me interrogava, por que não se desquitam? E eles finalmente, depois de 45 anos de vida conjugal, separaram-se. Com isso, meu trabalho como um *go-between*, por dois anos, ficou bem mais complexo, eram duas cidades a percorrer e já não existia o recurso do papagaio.

Concluí das cenas, das idas e das vindas, que existiam instintos, sentimentos e pensamentos, e estes nem sempre andavam juntos. O alinhamento dependia, por analogia e de acordo com as aulas de catecismo do colégio de freira onde estudei por dois anos, de descer ao inferno, subir ao céu. Ou seja, calar o coração, onde afinal todos têm voz, ir ao inferno dos desejos, e finalmente subir à cabeça, do entendimento. Ficou faltando o "está sentado à direita do Deus Pai".

Eu experimentava essa conclusão. Sabia o que sentiam, presenciava a agonia dos egos na sua ânsia de se preservar, tateando o caminho da compreensão. E o resultado não tardou a vir. Depois de dois anos de separação, retornaram à vida em comum. Meu pai começou a cobrir minha mãe com a manta do aconchego com a qual nos cobria à noite para dormir e minha mãe parou de pedir de novo o que não queria, deixou de reclamar.

O epílogo veio três anos depois, com a morte de meu pai. Em pouco tempo, sua parceira de matrimônio chorou e voltou a reclamar, desta feita motivada pela saudade da lua de mel que nos últimos anos vivera e que com ele morreu. Esta foi minha segunda e mais longa estória de conflito entre pessoas, indubitavelmente resolvida com Mediação, agora, sim, como mediadora.

A formação e formalização em ADR

Minha sentada nos bancos da Escola de Direito da UFMG em Belo Horizonte, cidade que meus pais escolheram para minha formação, já por dois anos chegara ao seu fim. A carreira advocatícia abria-se como um "mato de alguém sem cachorro", literalmente desencantada, estofada com toneladas de estrutura em um mundo sem disciplina e sem educação, onde leis existiam para serem dribladas e as verdades se escondiam atrás de conveniências, palavras bonitas e poses planejadas. Era um mundo de arrazoados onde o papel falava mais do que a voz, onde a letra falava mais que a verdade e onde tudo tinha de ter o cabeçalho do "Vossa Excelência", em letras capitais. E era muito, mas muito papel!

Inevitavelmente acatei, e não posso dizer que fracassei. Afinal, estuda-se um curso universitário, em tese, para desempenhar as funções de servir e subsistir.

Meu modesto escritório contentava-se em receber pedidos de desquite, de alimentos, alguma execução e com sorte algum inventário. Mas a palavra culpa vasculhada em cada disputa me provocava arrepios e a vontade de levar as coisas ao finalmente o mais rapidamente possível. A prática me incentivou a privilegiar as ações homologatórias, por pura audácia, com pouco papel, poucas palavras e sem levantar muita contradição. Isso que eu denominava atalho judicial. Significava menos honorários e bem mais satisfação. Juiz mesmo era só para o carimbo e o sorriso.

E, nesse contexto, meu caso emblema foi uma consulta sobre anulação de casamento que chegou ao escritório como uma lanterna de pisca-pisca. Meu parecer indicava um desquite amigável com as justificativas de: mais rapidez, menos custo financeiro, e sem mútuas exposições ou constrangimentos perante terceiros. Não fui convincente. Neguei-me a ajuizar a ação de nulidade e eles buscaram outro advogado. E por muito tempo perambularam por corredores forenses até capitularem pelo famigerado desquite amigável. O divórcio só seria implantado no Brasil dez anos depois. E esta foi minha primeira Mediação profissional, por volta de 1978.

Com a experiência advocatícia de minimização e resolução do conflito, resolvi ampliar os horizontes. Para tanto, iniciei meu curso de mestrado em

Direito Civil e Direito Processual Civil, ainda na UFMG em 1981. Essa iniciativa tirou-me do campo da vida e abriu-me as portas da pesquisa acadêmica bibliográfica. Foi um *début* de satisfação, tanto pelo genuíno estudo de qualquer matéria como pela oportunidade de angariar mais para transmitir.

O mestrado levou-me à aprovação em prova didática e títulos e ao último patamar da carreira de magistério na PUC-MG, onde lidei com a verdadeira gênese do conhecimento jurídico, não só por pesquisas próprias, como na função de orientadora de trabalhos de estudantes, designados à publicação. Admito, contudo, que somente pude identificar-me com um pequeno percentual de alunos, aqueles que, no dizer de um professor na Faculdade de Direito, faziam parte dos 10% da bandinha, que se afinavam com o estudo propriamente dito e a pesquisa acadêmica.

Em 1991, conduzida pelo entusiasmo do primeiro contato com a teoria da Mediação, ocorrido em um congresso internacional de Direito de Família em San Juan de Porto Rico, descobri a ponte de ligação da prática que eu, há muitos anos, desenvolvia sem qualquer denominação, com um trabalho científico. Era imperativo que tais benefícios no mundo resolutivo de conflitos se formalizassem e pudessem chegar a todos os que queriam e poderiam propiciar um novo ambiente para resolver conflitos.

A descoberta do termo "Mediação", aliada às minhas práticas, levoume a publicar, em 1993, o primeiro artigo sobre o assunto, no *Caderno de Estudos Jurídicos* da Faculdade de Direito da PUC-MG, com o título, "Mediação, Uma Solução Judiciosa Para Conflitos". O tema deu origem não só à minha tese de doutoramento no Brasil, como à consolidação dos meus dois primeiros livros (*Teoria e Prática da Mediação de Conflitos* e *Mediação de Família*, ambos de 1999) em uma obra com o mesmo título publicada pela Editora DelRey em 2018. "Judiciosa", sim, porque para mim já era inconteste que a Mediação tinha o condão de prover a verdadeira justiça.

Por coerência e convicção, e por contrariar a política universitária de graduação da PUC-MG, depois de 10 anos de magistério fui alijada das minhas turmas de alunos na Faculdade Mineira de Direito. Eu lecionava, por cumprimento de dever, Introdução ao Direito Civil, Direito de Propriedade e Direito de Família e tinha prazerosamente a função de dirigir uma revista jurídica intitulada *Caderno de Estudos Jurídicos* e administrar o Núcleo de

Pesquisa, ambos entusiasmadamente por mim fundados. O conflito e seu desfecho foram reputados pelo próprio diretor da Escola de Direito da época, como grandemente injustos. Mas só sei que a estrada torta, por justiça ou injustiça, levou-me a lugares certos com pessoas certas. Foi a via que desviou o curso de minha história pessoal, acadêmica e profissional. Reconheci então o exemplo para um apregoado da filosofia chinesa, crise pode ser uma grande oportunidade. Fora do meu país, recebi o reconhecimento por um trabalho que não tivera valor no Brasil.

Com orgulho, em 1994 tive um projeto de doutoramento a ser executado nos Estados Unidos aprovado pela CAPES, sem qualquer recomendação, o que me propiciou associar o resultado de meu laboratorial advocatício à teoria já bem desenvolvida de ADR nos Estados Unidos, onde permaneci de 1995 a 1997. Especialmente, dentre outras atividades, estive cursando o LLM da Universidade de Miami sob a supervisão do prof. Keith Rosenn, a autoridade maior sobre lei e jurisprudência brasileira, e professores/negociadores/mediadores como Richard L. Williamson, Jr. e Janice Fleischer, além de participar do programa de ADR da Universidade de Harvard com os renomados professores/negociadores/mediadores Roger Fisher, Bruce Patton e William Ury. Reputo a experiência como um presente de verdadeira pesquisa científica.

O título de *International Scholar*, ratificado e apregoado como honra ao mérito pela Honor Society, na Universidade de Miami, propiciou-me divulgar e ministrar ADR com o selo norte-americano, em universidades nos Estados Unidos, no Brasil, na Rússia e Argentina. Também coletei material para defender uma tese de doutoramento na Faculdade de Direito da UFMG que redundou, segundo uma colega contemporânea e competente profissional da Mediação, na primeira publicação sobre a matéria na língua portuguesa. Confesso que tomei por verdade e nunca conferi a informação.

No ano 2000, por pura força da titulação, voltei à vida da Universidade Católica como autora do programa de pós-graduação da disciplina Técnicas Alternativas de Resolução de Conflitos e professora do *Workshop* de minha autoria com o mesmo título, que ministrei por dois anos antes de me aposentar no Brasil. Fazia na época, a cada semestre, um *commute* de Miami – Belo Horizonte, onde continuava a atuar com Mediação.

Reputo a introdução deste pequeno relato como o verdadeiro impulso científico que me levou ao estudo do conflito, à observação do fato na sua gênese, sua definição, composição, classificação etc. sob o frenesi da experiência pessoal, para buscar meios de resolução. Afinal, é para o bem das pessoas que, por princípio e em tese, a ciência existe. A demonstração de um enunciado começa com o fato e a indagação.

Sou desmesuradamente grata pelos benefícios que a ação mediativa me proporcionou, perto e longe dos olhos. É emocionante presenciar a movimentação sonhada e apregoada do passado, fazer parte, com sucesso, da realidade da Mediação nacional e internacional no presente. Fotografar a presença destemida de jovens profissionais que, abraçando desafios, ultrapassaram barreiras, começam a colher os frutos de um pomar cada dia maior, mais diversificado e mais produtivo. Ainda há muito o que esperar, mas, nas palavras de um baluarte da Mediação no Brasil atual, o mapa está desenhado. Mas a construção das estradas não para para rezar. A oração é o dia a dia de muitos que fazem do labor da resolução de conflitos de forma pacífica a seara de seus próprios princípios. Princípios estes que encerram muito menos dever de ofício e muito mais de missão. Sou otimista ao vislumbrar o futuro da Mediação em vigorosas mãos de uma nova geração de mediadores dispostos a conhecer e se autoconhecer. Alguns deles honraram-me com sua confiança no papel de orientadora, treinadora e consultora. Foram estudantes e mediadores brasileiros, europeus, indianos, singapurianos e norte-americanos com os quais tive a alegria de conviver e aprender. De todo o enredo desta estória, esta foi a parte que mais me gratificou e recompensou.

Posso ainda dizer, por força de verdade, que este pequeno relato é o resumo de uma trajetória de 70 anos encerrada em um patrimônio de fatos, coalhado de nuances e percalços, todos eles com a presença do dilema humano na busca de tratamento construtivo para seus conflitos com ou sem o teto da Mediação. Como mencionado, ninguém entende melhor de justiça do que o injustiçado. O lado certo cotado, ou o errado abominado, é e sempre será o xis da questão que muda de lugar como uma pluma ao sabor do vento.

Na toada mineira que por destino assimilei, chamo os fatos de causos para contar. Foram incontáveis os momentos singulares e dramáticos com protagonistas que este relato não tem espaço para registrar... Isto foi apenas o que subiu à tona em um domingo de outono na Flórida, em tempo de pandemia. É muito pouco e talvez sem importância, a não ser revelar a trajetória comum e ondular do conflito humano que, invariavelmente, surge e se vai na vida de todos para dar o que rir e o que chorar.

Pequeno histórico da minha trajetória em Mediação

Marilene de Almeida Marodin[13]

Gostaria de iniciar este relato destacando um momento especial de minha vida, pois acredito que ali tudo começou, isto é, quando minha identidade de mediadora foi despertada.

Como nasci no ano de 1943, este recorte iniciou há mais de 70 anos, quando eu tinha entre 5 e 8 anos. Na ocasião eu vivia em Vacaria, uma pequena cidade do interior do Rio Grande do Sul, e meus pais trabalhavam, sendo minha mãe professora e meu pai advogado. Quando eles estavam ausentes, eu ficava na casa de meu avô materno, que era viúvo há muitos anos. Desde que minha avó faleceu, meu avô passava praticamente em casa todo o tempo e, como era costume em cidade pequena, ele permanecia longos períodos sentado em uma área, na frente da casa, voltado para a calçada. E eu me sentava no chão, ao lado dele, brincando com minhas bonecas.

E ali naquele contexto fui testemunha de fatos, que na época não entendia, mas que ficaram gravados na minha memória. Frequentemente, apareciam homens do campo que chegavam com umas caras enraivecidas um com o outro e começavam a relatar histórias para meu avô, sobre porcos, galinhas, vacas, cercas. Não sei explicar nem reproduzir os diálogos, mas

13. Psicóloga especialista em psicologia clínica e em psicoterapia; terapeuta de indivíduos, casais e famílias; mediadora extrajudicial; facilitadora de diálogos; profissional da saúde mental colaborativa; docente e supervisora de cursos de Mediação de conflitos; autora de livros e de artigos sobre Mediação; Diretora da CLIP – Clínica de Psicoterapia e Instituto de Mediação; coordenadora do convênio de parceria com a Defensoria Pública do RS; superintendente regional do CONIMA – Conselho Nacional de Instituições de Mediação e Arbitragem; coordenadora da Comissão de Psicologia das Famílias do IBDFAM/RS; conselheira da Diretoria do IBPC – Instituto Brasileiro de Práticas Colaborativas; membro da Diretoria de Publicações do ICFML – Instituto de Certificação e Formação de Mediadores Lusófonos.

lembro que depois de um tempo de conversas entre os três as pessoas desanuviavam seus semblantes, tomavam um chimarrão e saíam agradecendo ao meu avô. Ele ficava contente, sorria e apertava um ramo de arruda que costumava carregar atrás da orelha. Eu também ficava contente pelo contentamento dele e nós nos sorriamos, em um clima de cumplicidade!

Passaram-se os anos, meu avô faleceu e minha família veio morar em Porto Alegre. Hoje identifico que naquele contexto as pessoas vinham voluntariamente procurá-lo na expectativa de serem auxiliadas, que havia confiança na moral e na ética do comportamento dele, que priorizava o diálogo e a boa-fé, e que no final, me aventuro a afirmar, ocorria uma negociação assistida. Acredito que estes valores permaneceram em minha vida e hoje posso afirmar que "meu avô foi o primeiro mediador que conheci" e que estes momentos foram os alicerces e construtores para minha identidade de mediadora.

Em 1971 me formei em Psicologia e, posteriormente fiz especialização em psicoterapia psicanalítica e alguns anos após em terapia de família com orientação sistêmica. Refiro este ponto porque, repensando minha trajetória na Mediação e a construção de minha identidade como mediadora, identifico como estão imbricadas na minha trajetória a terapia de famílias, a Mediação de conflitos e minhas atividades nas instituições onde trabalhei.

Foi buscando uma continuidade na minha prática como terapeuta de família que participei, em 1991, do II Congresso de ASIBA – Asociación Sistémica de Buenos Aires, denominado "Los Diferentes Contextos del Paradigma Sistémico". Nesta oportunidade, entrou em minha vida, casualmente, a Mediação de conflitos. Digo casualmente porque entrei em uma sala de apresentação após ter iniciado a palestra e desconhecia o tema proposto. Um senhor fazia o relato de seu trabalho no atendimento de famílias e a explanação me capturou não só pela maneira entusiasmada da exposição, como também porque percebi esta intervenção como muito adequada e mesmo complementar aos atendimentos das famílias em situações de separação que atendia em uma instituição de ensino que fundei em Porto Alegre. Terminada a apresentação, fui conversar com o profissional e este foi o momento em que conheci Dr. Eduardo José Cárdenas, na ocasião juiz da Cidade de Buenos Aires, e que me encantou pela sua simpatia, simplicidade e competência e que me apresentou a Mediação de conflitos familiares, com a abordagem sistêmica, que com muito êxito havia implantado em seu local de trabalho.

Vale registrar que alguns meses antes desse II Congresso da ASIBA, ainda no ano de 1991, havia participado do I Seminário de Terapia de Casal e Família do Cone Sul: Casamento, Divórcio e Recasamento, promovido pela UFRGS, em Porto Alegre, no qual estiveram presentes Florence Kaslow, Anne Shaw e Carlos Uzandivaras, sendo que estes profissionais abordaram a Mediação de conflitos nestes contextos, porém este tema na ocasião não despertou meu interesse.

Após este contato inicial com Dr. Cardenas e de retorno a Porto Alegre, aprofundei o estudo da Mediação familiar e comecei em 1992 a ministrar cursos abordando a Mediação familiar. No ano seguinte, em 1993, juntamente com a juíza aposentada Maira Grinblat, na ocasião advogada que havia realizado sua capacitação em Mediação de conflitos na Nova University, com Mel Rubin, organizamos o primeiro curso de Mediação com a inclusão de docente da área jurídica, em Porto Alegre.

No ano de 1994 e a partir daí em várias outras oportunidades, a meu convite, o Dr. Eduardo Cárdenas veio a Porto Alegre para transmitir sua experiência e seu conhecimento neste campo. Com o auxílio dos alunos do curso de Mediação de família e de Mediação de conflitos, a maioria profissionais ligados ao Judiciário, organizamos no Fórum Central de Porto Alegre um evento em que o Dr. Cárdenas, juntamente com a psicóloga Isabel Villar de Amor, desenvolveu um seminário teórico-prático em Mediação Familiar. Abrimos nesta ocasião um espaço para um encontro entre o juiz Cárdenas e juízes do Rio Grande do Sul. Foi um encontro que possibilitou à juíza Dra. Maritana Viana Silveira conhecer a Mediação e passar a apoiar esta abordagem na Vara de Família onde era magistrada. Acredito que este momento simbolizou um marco na história da Mediação no Estado e no Brasil, tendo a presença de vários colegas de outros Estados tanto neste encontro como em outros que se seguiram de treinamento em Mediação familiar. Anos mais tarde, Dra. Maritana foi docente em vários cursos sobre Mediação de Conflitos Familiares, abordando os aspectos do Direito.

Posteriormente, participei de seminários de capacitação desenvolvidos pelo Dr. Cárdenas, que complementaram minha formação iniciada anteriormente. Posso afirmar que Dr. Eduardo Cárdenas foi mestre e modelo na minha identificação como mediadora familiar.

Em 1995, no Iº Fórum Mundial de Mediação, em Escorial, na Espanha, tive a oportunidade de conhecer vários mediadores internacionais, entre eles John Haynes, que me encantou pelo modo objetivo, simples e tranquilo com que transmitia sua abordagem em Mediação familiar. Propus organizar a tradução de sua obra no Brasil, que hoje está publicado em 8 idiomas, e recebi o convite de participar como coautora. Em 1996 publicamos, pela Editora Artes Médicas, o livro *Fundamentos da Mediação Familiar*, que contou com o Dr. Ítalo Pagano Cauduro Junior, juiz da Comarca de Porto Alegre, na adaptação da edição às normas da legislação brasileira da época.

A partir desta publicação, inúmeros espaços de divulgação da Mediação Familiar se abriram em várias regiões do Brasil. Recebi convites para realizar cursos de Mediação familiar em instituições privadas como universidades e escolas de formação nas cidades de Belém, Maceió, Belo Horizonte, Criciúma, Florianópolis, Londrina, Curitiba, Vitória, Goiânia, Palmas, assim como em instituições governamentais, como nos Tribunais de Justiça do Distrito Federal e de Rondônia. Também disseminamos o conhecimento da Mediação no interior do Rio Grande do Sul em cidades como Passo Fundo, Santa Maria, Caxias do Sul, Cruz Alta e Rio Grande. No exterior, estivemos na vizinha Buenos Aires e em Roma coordenando *workshops* sobre Mediação Familiar.

Um marco importante foi a participação no I Congresso Brasileiro de Mediação e Arbitragem, em 1998, em Curitiba/Paraná, em que fui convidada a dirigir um *workshop* sobre Mediação Familiar.

Organizei em 1996 o curso de Teorias de Sistemas e Mediação Familiar com o mediador canadense Ruben Michea. Também destaco, em 1999, como associada do INAMA, a organização do curso de Mediação Familiar Interdisciplinar ministrado em Porto Alegre por Daniel Bustelo, mediador da Espanha.

Por vários anos, até 1999, coordenei cursos de Capacitação em Mediação Familiar no CEF, Instituição da qual fui fundadora. Convidei vários mediadores, assim como juízes, para participarem como docentes nestas formações. Uma abordagem que sempre considerei fundamental foi o trabalho desenvolvido sobre a pessoa do mediador e os sentimentos vivenciados por ele na sessão de Mediação, o *self* do mediador, que se tornou uma marca em nossos cursos e acredito que minha formação em psicologia e o olhar sobre os aspectos emocionais do profissional.

Também registro a implantação, neste período, de um trabalho de Mediação Familiar no SAJU da UFRGS.

Devido à mudança que acionei em minha carreira profissional, me desliguei do CEF em 1999, e a partir de 2000 retornei à CLIP – Clínica de Psicoterapia, onde agreguei o instituto de Mediação, e desde então até os dias de hoje muito me orgulha admirar toda a construção que viabilizei para a expansão da Mediação, não só no nosso Estado, mas também extrapolando nossas fronteiras. Passei a coordenar atendimentos e cursos de capacitação em Mediação de conflitos em diferentes contextos, assim como formar uma equipe de mediadores com quem, juntos, temos encaminhado diferentes empreendimentos na área da Mediação de conflitos.

Buscando ampliar os conhecimentos, tendo em vista não só minha capacitação como também meu papel de docente, realizei posteriormente cursos de Negociação com Willian Ury, Mediação familiar e Mediação empresarial com John Haynes. O interesse pelo estudo da resiliência e a identificação do quanto este tema está relacionado com a Mediação me encaminharam, em 2003, a fazer uma Especialização em Resiliência com Froma Walsh, na Universidade de Chicago. Também a partir de um curso em Mediação Escolar, realizado em Buenos Aires, criei um projeto, em uma escola infantil de Porto Alegre, onde realizamos a intervenção mediadora abarcando toda a instituição com avaliação de *follow-up* também. Foi gratificante este trabalho com crianças de 4, 5 e 6 anos e com seus pais também.

Além destas atividades de organizar e ministrar cursos de Capacitação em Mediação Familiar no Instituto de Mediação da CLIP, participei em 2002 como mediadora, junto com outra colega, em um projeto piloto no Judiciário, mediando um caso que envolvia as vítimas e os adolescentes que cometeram ato infracional. Este atendimento iniciou a partir do convite que recebi do Dr. Leoberto Narciso Brancher, na ocasião juiz da

3ª Vara da Infância e Juventude, que estava interessado na implantação de um Projeto tendo como modelo a Justiça Restaurativa para atendimento de jovens que praticaram ato infracional. Por ser uma proposta de um atendimento-experimental em Mediação penal, foi denominado de "Caso Zero", e tornou-se um marco por ser o precursor da abordagem de Justiça Restaurativa no Rio Grande do Sul. Apresentamos este atendimento em Mediação Penal em vários momentos para exemplificar a eficácia da abordagem na ressocialização de adolescentes e na inclusão das vítimas no procedimento de Mediação. Destacamos a apresentação realizada no Fórum Mundial de Mediação, em Buenos Aires. Para esta Mediação, além dos conhecimentos próprios deste instituto na área penal, busquei também os ensinamentos que Cloé Madanes desenvolveu em terapia com vítimas e ofensores e que tive a oportunidade de conhecer em um curso com a própria autora. Esta experiência me trouxe oportunidade de experienciar a Mediação vítima-ofensor e refletir nas peculiaridades deste trabalho neste contexto.

Em 2002, o professor que abordava as questões vinculadas ao Direito nos Cursos da CLIP era o Dr. José Luiz Bolzan de Moraes, entusiasta da Mediação na época e foi em uma de suas aulas que nasceu a ideia de criar, junto à AJURIS – Escola Superior da Magistratura, um núcleo que congregasse estudiosos do tema e que também abrigasse um espaço de atendimento de Mediação, tão buscado para que os alunos tivessem a prática supervisionada. Dr. Bolzan encampou a sugestão e criou o NEM – Núcleo de Estudos de Mediação, que até hoje tem um papel de destaque em nossa comunidade pelo que promove na valorização da Mediação. Em termos de prática, tivemos a oportunidade de, junto com um grupo de mediadores do NEM, participar da capacitação de mediadores em uma comunidade de Porto Alegre. Foi uma experiência rica este trabalho no contexto de Mediação comunitária.

Também em 2002 fui convidada por David Zimerman e Antonio Carlos Mathias Coltro, organizadores da obra *Aspectos Psicológicos na Prática Jurídica*, para colaborar em um capítulo sobre A Prática da Moderna Mediação.

Entre 2006 e 2008, fui convidada pela Editora Artes Médicas para realizar a consultoria, supervisão e revisão técnica de obra de Christopher Moore, *O Processo de Mediação*, e da publicação de *Novos Paradigmas, Cultura e Subje-*

tividade, organizado por Dora Fried Schnitman, selecionando e convidando os profissionais especialistas nas distintas áreas que a publicação abrange. Estas duas publicações são até hoje marcos para estudiosos da Mediação.

Buscando disseminar a importância da abordagem mediadora de conflitos na busca de criação de contextos de paz social, continuei no transcorrer dos anos a organizar na CLIP cursos de capacitação de mediadores, nos quais por um período somente tínhamos uma abordagem teórica com prática simulada. Porém, continuava sentindo ser fundamental a prática de casos reais e fui em busca de um local onde nossos alunos tivessem esta prática.

E foi com enorme alegria que em 2008 firmamos um convenio de cooperação técnica com a Defensoria Pública do Estado do Rio Grande do Sul.

Desde 1998, buscava construir um convênio no qual os mediadores em formação, pelo curso da CLIP, mediariam neste contexto. Após várias tentativas de sensibilizar interessados para a construção desta parceria, foi no final de 2007 que a então coordenadora da Regional I, Dra. Adriana Burguer, demonstrou receptividade com a proposta apresentada, levando-a para apreciação da defensora pública geral da época, Dra. Maria de Fátima Záchia Paludo, e o Acordo de Cooperação Técnica foi assinado em março de 2008, e desde então o referido convênio tem sido renovado anualmente.

Carregamos a certeza de que o trabalho de Mediação desenvolvido pelos alunos em formação e os supervisores da CLIP foi um dos alicerces para a valorização da importância da Mediação e a criação, em 2017, quase dez anos depois, do Centro de Referência em Mediação e Conciliação da Defensoria Pública do Estado. O Curso de Mediação da CLIP continua até hoje com seus alunos mediando neste espaço, atendendo os assistidos, sendo supervisionados continuamente e tendo uma prática que os capacita a trabalhar em Mediação extrajudicial posteriormente à sua formação.

Além da realização de cursos específicos de capacitação em Mediação promovidos regularmente, também coordenamos cursos *in company*, sendo que destacamos os realizados para os profissionais ligados à Advocacia Geral da União (AGU), à Procuradoria Geral do Estado do Rio Grande do Sul (PGE) e ao Tribunal Regional Eleitoral do Rio Grande do Sul (TRE).

O desenvolvimento destas atividades foi possível pela parceria de confiança e colaboração de várias colegas, entre as quais destaco as mediadoras Fernanda Molinari, Herta Grossi, Manuela Mallmann, Maria Izabel Severo, Marilena Baronio e Leila Luz.

Nesta construção a várias mãos, e com o objetivo de deixar registrado o conhecimento de aportes vinculados a Mediação que servissem de auxílio a nossos alunos, juntamente com Fernanda Molinari organizamos em 2016 a publicação do livro *Mediação de Conflitos: paradigmas contemporâneos e fundamentos para a prática*. Imbuídas desta mesma motivação de disseminação do conhecimento, organizamos, também com Fernanda Molinari, a publicação em 2017 da segunda obra da Coleção Mediação de Conflitos da CLIP, sobre *Procedimentos em Mediação Familiar*.

Foi também em 2016 a publicação da obra *Mediação de Conflitos*, para iniciantes, praticantes e docentes, coordenada por Tania Almeida, Samantha Pelajo e Eva Jonathan, em que tive a alegria de ser convidada para participar em dois capítulos, um no segmento para praticantes e outro no dos docentes. Também muito me honrou receber do Mediare, através de Tania Almeida, o carinhoso convite para escrever sobre um tema no *Caixa de Ferramentas em Mediação - volume II.*

Estou atualmente organizando, junto com Herta Grossi, outra publicação do Instituto de Mediação da CLIP, em que os autores convidados abordam questões referentes ao assédio moral no meio ambiente de trabalho, e na qual programamos incluir reflexões sobre a possibilidade da utilização da Mediação de conflitos nestes contextos. A ideia desta publicação nasceu após uma experiência que tivemos ao coordenarmos uma Oficina de Orientação, Acompanhamento e Apoio à Comissão de Combate ao Assédio Moral, de uma instituição pública, e que nos levou à identificação de estratégias positivas para abordar estes conflitos, e em especial, da Mediação.

Atualmente estamos na CLIP – Instituto de Mediação na 23ª edição do curso regular de Mediação de conflitos, sendo a 4ª edição on-line. Contabilizando as edições a partir de 2000, tivemos 300 profissionais inscritos em nossas capacitações em Mediação privada, sendo a sua maioria profissionais da área do Direito. Nesta construção em colaboração e parceria está me sucedendo na coordenação dos cursos a colega Herta Grossi, a quem confiei esta sucessão.

Visando enriquecer o saber dos alunos e dos docentes, tenho convidado colegas mediadores para ministrar cursos de capacitação em temas específicos. Tivemos especializações com Adolfo Braga Neto sobre Mediação Transformativa e sobre Negociação na Mediação com Marcelo Girade.

Foi com muito orgulho que recebi o convite para ser superintendente Regional do CONIMA, atividade que procuro desenvolver dando divulgação aos colegas do meu Estado das ações e movimentos do CONIMA e de seus associados. Também vivi extrema emoção ao ser homenageada pela AMF - Antônio Meneghetti Faculdade, no Recanto do Maestro, por ocasião do II Seminário & Sociedade e I Competição de Mediação Empresarial, em 2017, como uma das pioneiras da Mediação no Brasil.

Registro minha filiação ao IBPC e o fato de estar fazendo parte da Diretoria atual, como conselheira. Defender a inclusão do conhecimento e utilização da Mediação nas práticas colaborativas tem sido uma das minhas bandeiras, que pude exercitar por ocasião da construção dos Padrões Éticos e Requisitos Mínimos para Profissionais Colaborativos, fazendo parte da Comissão de Ética, sob a coordenação do querido e admirado Adolfo Braga, cuja eficiência na condução dos encontros foi um destaque em nosso caminhar.

Integro, do mesmo modo, a Comissão de Mediação do IBDFAM Nacional, coordenado pela colega Ana Gerbase e que reúne mediadores de vários Estados.

Fui convidada em 2020 a fazer parte da Diretoria de Publicação do ICFML - onde tenho convivido, virtualmente, com minhas parceiras visando à divulgação e publicação de matérias referentes a Mediação e de ações para efetivar esta distribuição.

Identifico que, na minha identidade como mediadora, além das influências já citadas, carrego minha construção profissional como terapeuta, e incluo as ideias de que *o sistema observante torna-se parte do observado*, de Heinz Von Foerster, assim como *tudo o que é dito, é dito por um observador*, de Humberto Maturana e Francisco Varela, e de *complexidade, impossibilidade de controlar o sistema e imprevisibilidade*, de Edgar Morin, que continuam alimentando meu saber e me levam a fundamentar minha prática enquanto mediadora.

Destaco também a influência da minha aprendizagem de *desrotular o cliente*, tendo uma visão sistêmica novo-paradigmática, trabalhando com a dinâmica que os clientes apresentam na reunião de Mediação, usando recursos de intensificação e valorização de pequenas mudanças. Outra contribuição é a possibilidade de "entrar no sistema" de um modo suave, respeitoso, afetivo e ao mesmo tempo efetivo, valorizando a espontaneidade e a curiosidade autêntica nos atendimentos. Em relação ao *self* do profissional, me enriquece trabalhar a partir da identificação das minhas próprias incomodidades e da bagagem que fui adquirindo ao longo destes 70 anos de vida e que começou, como citei no início, testemunhando meu primeiro mestre mediador: meu vô Iqueno!

Revisitando estes espaços de construção de minha trajetória, posso afirmar que me senti orgulhosa de mim mesmo ao identificar o caminho que fui transitando na implantação da Mediação em nosso país e na relevância das minhas ações para a mudança inovadora da nova cultura do diálogo.

Tive muito prazer ao me sentir como uma das pioneiras na construção desta história e registro aqui que nós, equipe de profissionais mediadoras da CLIP - Instituto de Mediação, sempre estaremos prontas para levar adiante esta "empreitada", como dizemos aqui no Rio Grande do Sul.

O meu caminhar na Mediação

Mónica Haydée Galano[14]

Começo do começo: Lyon 1996

Poderíamos iniciar esta história com um desconhecimento. Confesso que eu não tinha a menor ideia do que era a Mediação. Recebi um convi-

14. Terapeuta familiar e mediadora. Possui graduação em Psicologia pela Universidad Nacional de Buenos Aires (1977), especialização em Terapia Familiar e Terapia Breve pelo Mental Research Institute Palo Alto (1979), especialização em Mediação pelo Institut de Formation et d'application des Thérapies de la Communication (1996), mestrado e doutorado em Psicologia pela Pontifícia Universidade Católica de São Paulo (1989-1994). Coordenadora do curso de Mediação, no COGEAE - PUC-SP 2005-2015. Desde 1992, é professora no curso de especialização em Terapia Familiar da PUC-SP, assim como professora em institutos como EPM, ESA, IASPE, FAMERP e UNIFESP. Autora de diversas publicações.

te para participar de um curso para trabalhar a resolução de conflitos do ponto de vista da Sistêmica. E de isso eu sabia pois tinha feito um curso em Palo Alto com o grupo do MRI (Mental Research Institute). Naquela época, 1979, ainda com os dois pés na psicanálise, o texto A *Pragmática da Comunicação* era apenas mais um livro na estante. Mas conhecer um dos autores: Paul Watzlawick e um dos organizadores, o argentino Carlos Sluzky, fez toda a diferença.

Quando Paul disse "o pássaro não canta porque é feliz, é feliz porque canta", me fez mudar o lugar das prioridades dos porquês, se abriu um espaço para refletir sobre o "como" são ditas as falas. Quantas guerras pessoais nascem ali. Foi um tomar consciência da força da palavra na dança das relações. Da influência dos gestos, das caras, do tom de voz. Naquela época, o paciente ficava no divã, mal eu via seu rosto e suas narrativas na maioria dos casos eram a fala da vítima. Eram a fala de um inconsciente, um superego cruel ou de um ego maltratado.

Cadê os outros? Não existiam, eram fantasmas no imaginário do paciente. Os outros não faziam falta. Mas, com a visão sistêmica da Terapia Familiar, as diversas partes da equação se completam, tinham entrado seres de carne e osso. E todos pareciam dizer, como Sartre, "O inferno são os outros". Entretanto, quando estas figuras aparecem, quando entram pela porta de seu consultório, o ar se impregna de múltiplas falas. Às vezes, até de gritos. Não mais um divã, senão várias cadeiras. Não mais uma realidade, mas tantas realidades que nos parece que as pessoas vivem em dimensões paralelas. O conflito passa de dentro de uma mente que sofre para um ringue de luta livre. Ali, você, terapeuta, percebe que não tem a batuta, nem a mão, para dirigir esta psicofonia de vozes, então melhor pedir ajuda.

Esse era o cenário da minha ida a Lyon quando soube que uma colega daquele Curso de Terapia Sistêmica estava oferecendo uma introdução ao tema na França. Na realidade, um casal: Liliana e Reynaldo Perrone, no Institut de Formation et d'Application des Thérapies de la Communication. O tema Mediação: Resolução de Disputas, mas, sobretudo, os meus conflitos: entre a Psicanálise, as teorias de Pichon Rivière e as experiências com os pacientes.

Entretanto, eu tinha terminado o doutorado na PUC, fechado um ciclo,e estava órfã. Melhor abrir outras janelas, mas acabou resultando ser um portão dimensional.

O primeiro choque foi que eu nunca tinha visto um juiz de perto e o curso era oferecido especialmente para advogados, promotores e juízes argentinos; porque tinha acabado de sair uma disposição de lei que promovia a Mediação nas varas de família. Esta gente falava outra língua, e o problema não era o espanhol, era que do Brasil chegávamos um grupo de psicólogas que, junto a Mathilde Neder, Mariliza Matias e Ligia Pimenta, tínhamos outra visão do conflito.

Na primeira dramatização de um caso, foi grande surpresa ver o sofrimento dos juízes que sentem o fracasso da sua sentença de divórcio. Esta só provoca mais dor, as crianças não estão nem ali para a disposição judicial. Eles nos davam a visão das crianças chorando quando a polícia os levava para a visita semanal com o pai. Devemos levar em conta que naquela época não existia a noção, e menos ainda a lei de alienação parental A impotência dos juízes e dos advogados em resolver o conflito da separação dos pais me tocou profundamente; eles queriam fazer diferente, e não sabiam como mudar esse cenário. Nós tampouco.

Mas um outro ponto importante é que a ideia de pacificação vai além de propor uma ou várias técnicas. Há primeiro que entender qual é a epistemologia da Mediação. Ela propõe, sim, a resolução de uma disputa entre as partes, mas sobretudo devolver a elas a responsabilidade de juntos chegarem a um acordo. Esse terceiro, intitulado como mediador, facilitará o espaço de conversação. Para que isso ocorra, é necessário dialogar. Mas quem ali era especialista em ajudar a conversar? E sobretudo a escutar. Então descobrimos como é difícil ouvir ao outro no meio de uma briga. E além do mais no contexto da emocionalidade da separação conjugal. Os juízes calam desde a lei e ordem, os advogados bufam: "mais um cliente chato", os psicólogos se angustiam.

Uma passagem rápida (no curso) pela Mediação Escolar anteciparia o que décadas depois veríamos acontecer nas nossas escolas, a violência, o assédio moral, o desrespeito a professores, o *bullying*, e olha que ainda não tínhamoa entrado no paraíso ou no inferno das redes sociais, eram os anos 1990, éramos felizes e não sabíamos.

De volta, encantados com a experiência e esperançosos com as ideias que trazíamos na mala: mãos à obra, nasce a era da divulgação.

Alguns sorrisos condescendentes nos avisavam que aqui a Mediação não era necessária, pois já tinha um instituto que se praticava: era a conciliação, que era barata, e não se necessitava estudar, *era só ter bom senso* (palavras de um juiz).

Ainda assim, o Instituto CLAMA (Centro Latino-Americano de Mediação e Arbitragem) organiza um curso de Mediação. Experiência que não chegou aos dois anos, mas que permitiu meu primeiro artigo sobre o tema "A Mediação como uma nova mentalidade" (*Revista Métodos de Resolução de Controvérsias* nº 1, 1999) e, ao mesmo tempo, iniciar minha parceria com Adolfo Braga Neto. Encontro que se estenderia a convites mútuos seja no IMAB (Instituto de Mediação e Arbitragem do Brasil), seja em participações no FONAME, na PUC, em jornadas, livros e congressos. Também estivemos juntos, naquela audiência em Brasília, ainda na época de dar visibilidade ao tema da Resolução Alternativa de Disputas, e sobretudo a iniciar um longo período para legitimar a prática da Mediação no país.

Início do século 21. Da Legitimidade à Legalidade

Falando de legitimar, de poder sair do mundo privado e alternativo para o mundo legalizado, era necessário ter a primeira experiência de colocar a Mediação no mundo acadêmico. Finalmente se abriu uma porta em uma faculdade do Interior, em Itu. Em um horário um tanto cruel para alunos de graduação: sexta-feira das 19hs às 23h. Quem quer estudar a essa hora? As festas eram mais tentadoras e o chopinho acabava a aula mais cedo. Mais de 60 alunos, mas conseguimos encantar a um pequeno grupo de seguidores, o resto entrou no sistema de *copy*/cola nos trabalhos, mas foi uma boa experiência para nos fortalecer frente ao longo caminho ao que viria mais tarde.

Depois de dois anos pelas catacumbas burocráticas, conseguimos inaugurar o curso de extensão no COGEAE/PUC-SP com 120 horas, que posteriormente se estenderiam a 250 horas. A inauguração da primeira turma em 2005, ainda com mais psicólogos e assistentes sociais, estagiários da própria instituição e um advogado, era o primeiro passo, mas que nos levou com muita esperança e mais de 120 monografias até 2015. No transcorrer dos últimos anos, os alunos eram de fora da área da saúde e muito mais da área do Direito, como juízes, advogados, delegados de polícia, assim como pessoas de outras áreas, engenheiros, administradores, economistas e até uma diretora de teatro, Cinthia Zaccariotto, que nos presenteou com a sua obra *Dor* como monografia de final de curso, que foi estreada por seus próprios colegas e apresentada no Tuquinha, teatro da PUC-SP. Também, esse curso me deu dois colegas adoráveis, Fernanda Levy e Cassio Figueiras, com os quais compartilhamos mediações, aulas, planejamentos acadêmicos, almoços e lindos encontros. Eram tempos que podíamos abraçar e beijar os amigos, matar a saudade cara a cara.

Um dos Congressos que mais me tocou foi em 2003: a 1° Conferência Internacional do Fórum de Mediadores em Buenos Aires. Ali conhecemos os primeiros alunos mediadores escolares, de 11 a 17 anos, aos quais perguntei como a Mediação tinha mudado a suas vidas. Emocionou-me ouvir um menino contar que seu pai batia sempre nele até que um dia ele propôs "Vamos conversar" e o pai, bravo, questionou onde ele tinha aprendido isso e ele disse que na escola. A reclamação desse e de outros pais que não sabiam o que estava acontecendo abriu o caminho para que nas escolas existisse um curso para pais, para que conhecessem a proposta da Mediação e assim também eles pudessem ter a oportunidade de pacificar as próprias relações familiares. A ideologia da Mediação atravessava as paredes da escola e chegava às famílias e às comunidades. Isso me encantou. Trouxemos a experiência, com uma proposta parecida, no Instituto Gol de Letra, onde junto com a psicóloga Miriane Feijoo se implantou entre 2006 e 2008.

Da visibilidade para a legitimidade

Na fase de dar consistência ao tema, que acredito que ainda está vigente, tínhamos que trabalhar na formação de uma massa crítica para estender e divulgar a Mediação. A tarefa de criar uma rede que nos conectasse com profissionais dentro e fora do mundo jurídico foi alavancada pelos cursos, além do da PUC-COGEAE, o curso de especialização da EPM (Escola Paulista da Magistratura desde 2007), que me permitiu entrar em contato com profissionais como a juíza Valeria Lagrasta, que estaria mais tarde envolvida na criação da Resolução nº 125, sobre os Métodos Consensuais de Solução de Conflitos (2010).

Mas, paralelamente, muitas palestras e cursos nas OABS de São Paulo, em Portugal, em diversas instituições, como a Escola Paulista de Direito, (trabalhando junto a Kazuo Watanabe, Ada Pellegrini Grinover, Adolfo Braga Neto, Vania Yazbek, Silvana Campanari, e Tania Almeida).

Também o ESA e IASP (coordenado por Maria Cristina Zucchi e Regina Ribeiro), assim como cursos em outras cidades como Vitória, Salvador, Maringá, e em faculdades como UNIFESP, FADITU, UNITAL, onde fosse que se abrisse uma pequena brecha para falar da solução alternativa de disputas.

Um outro espaço importante na discussão e desenvolvimento da prática da Mediação seria o FONAME, do qual participei formalmente (e informalmente), como representante do curso da PUC-COGEAE, com companheiros com quem compartilhei momentos inesquecíveis, palestras e cursos. Me lembro agora do Curso de Mediação Escolar dado pela Lic. Mónica Barbagalo, em 2006, que muito nos ajudou no trabalho no Gol de Letra. Ou com Tania Almeida e Vania Yazbek, para trabalhar com métodos colaborativos.

É difícil falar de todos os pioneiros, colegas admirados e alunos queridos que fizeram parte desta aventura e que contribuíram com sua prática e persistência para que por fim saísse a Lei de Mediação nº 13.140/2015 e também com a criação dos CEJUSC, para que pudesse existir um lugar público e democrático para a prática alternativa de resolução de disputa. Pois esses espaços foram imprescindíveis para passar de um estágio "clandestino", em que os alunos tinham que atuar meio às escondidas na sala do juiz que amavelmente nos cedia a sala, para um espaço próprio e apropriado. Não devemos nos esquecer de que nos primeiros momentos dependíamos da boa vontade de algum magistrado. A tentativa de profissionalizar o mediador foi um longo caminho. A Mediação (assim como a Justiça Restaurativa) não teria esse impacto nas práticas alternativas se não se pudesse superar a ideia inicial de alguns operadores do Direito que achavam que todo se resumia a uma posição de "bom senso". Comunicar seria igual a falar, e se você soubesse fazer isso somando as diretivas da lei, então, meio caminho andado. Mas, como os conflitos se iniciam e perduram nas falas, e levando em conta que em um litígio a comunicação é a primeira que se corta, nada ajuda ao entendimento a entrada de mais pessoas, como advogados, delegados, juízes para compor esse "telefone sem fio".

Não posso me furtar nesta reconstrução da minha história de falar da cronologia teórica. Quem veio depois de Wazlawick, e sobretudo, que conceitos nos fizeram sair da Harvard para a Narrativa. Como eu disse inicialmente, eu entrei pela Teoria Sistêmica e a Terapia Familiar, mas o tema que norteava era a comunicação. Vários teóricos e especialistas na Mediação fizeram uma diferença enorme para ampliar e mudar minhas práticas e ensino da Mediação: Sara Cobb e Carlos Sluzky, com quem tive aulas em 1997, 2011, 2014; Marines Suarez, Michel White, John Winslade (em 2015).

O importante é que passamos não somente a compreender os mecanismos onde a comunicação tropeça nos mal-entendidos até perceber como estes criam redes que entrelaçam amor e ódio até enforcar os vínculos. É surpreendente ver como rapidamente a escalada de um conflito pode converter-se em uma discussão polêmica, atravessando o vale das ameaças até cair no abismo da violência verbal e física.

No meu Curso de Psiconeurologia aplicada à Mediação, o professor François Borgaz nos explicou dos efeitos do disparo cerebral quando se percebe a discussão como uma intimidação. Quando se vê o outro como ameaça à nossa integridade. Que mecanismos mentais de perigo sustentam posições irredutíveis.

Por outro lado, compreender a importância do pertencimento (dentro de um casal, família, grupo ou sociedade) nos permite colocar em ação nossa caixa de ferramentas narrativas. Aqui se desenvolve nosso aprendizado sobre múltiplas visões que podem mexer no contexto conflitivo graças à equipe reflexiva e a uma variada sequência de questionamentos em forma de perguntas, metáforas, histórias alternativas. E graças ao enfrentamento de dúvidas e incertezas podemos ampliar o contexto conflitivo e abrir espaço a acordos possíveis. Também, as novas intervenções pautadas na Terapia Colaborativa incentivam a autonomia, a responsabilidade o empoderamento das partes em litígio.

Entendo que para muitas pessoas fazer Mediação foi uma consequência intuitiva de seu trabalho de arbitrar conflitos, mas agora sabemos que se necessita de muita teoria e técnicas para que esse acionar contemple uma aprimorada bagagem epistemológica.

O mediador precisa fazer ênfase no comunicar, em escutar, em como falar, como dizer o que se disse, como ampliar contextos, como trabalhar visões de mundo e ações no mundo, mas sabendo sempre por que faz o que faz. Finalmente, podemos dizer por experiência que uma boa prática apoiada em uma teoria consistente também deve ser realizada por um ser humano com empatia e paciência.

Historicizando a Mediação no Pará: trajetória e lutas

Nazaré Mendonça das Neves[15]

> "Somente aqueles que têm paciência para fazer coisas simples com perfeição é que irão adquirir habilidades para fazer coisas difíceis com facilidade"
> Johan Christoph Von Schiller

Meu primeiro contato com a temática da Mediação se deu a partir de um evento realizado na Região Sul do país, em 1998, quando participei de uma sessão temática versando sobre Mediação de conflitos. Foi "amor à primeira vista". A partir daí, passei a compartilhar o conteúdo apreendido no evento com profissionais com as quais trabalhava e a pesquisar o assunto que, à época, contava com uma literatura escassa no Brasil.

Venho de uma formação superior em Serviço Social pela Universidade Federal do Pará, com três especializações: Diagnóstico Individual em Serviço Social, Planejamento Social e Metodologia do Ensino Superior. Na sequência, realizei o Mestrado em Educação, por atuar na docência na Universidade da Amazônia - UNAMA. No entanto, quando entrei em contato com a Mediação, sua metodologia e seus procedimentos, encontrei inúme-

15. Assistente social. Mestra em Educação e professora universitária. Mediadora, supervisora, instrutora e tutora em Mediação pelo CNJ.

ros nexos com a profissão de origem, pelo fato de incluir pessoas, utilizar a escuta proativa, atuar no campo do conflito, auxiliando pessoas na busca de soluções e, ainda, pela primazia do diálogo, do *rapport* e da empatia, sem descurar da arte de fazer perguntas inteligentes e provocativas, a fim de identificar os reais interesses das partes/envolvidas, para o diagnóstico e a resolução das controvérsias, itens comuns às duas áreas.

Assim, convicta da importância desse método para a resolução dos conflitos advindos das varas cíveis que lidavam com questões de família, passei a divulgar a Mediação, suas vantagens e benefícios, junto aos gestores e dirigentes do Judiciário paraense, enfatizando a importância e necessidade desse atendimento aos sujeitos sociais no Fórum de Família.

A primeira conversa fora estabelecida com o então diretor do Fórum Cível, juiz de Direito Rômulo Nunes, no início do ano de 1999. Ressalto que parecia estar me referindo a algo de "outro mundo", mas, na segunda conversa, percebi ter gerado interesse e compreensão por parte do magistrado, tendo ele procedido às devidas ponderações acerca das dificuldades que seriam enfrentadas para a concretização de tal prática.

Nesse contexto, o reconhecimento da necessidade e até das impossibilidades, a princípio vislumbradas pelo diretor e outros magistrados que contatei, fez com que meu encantamento com a Mediação crescesse a cada dia. Isso se deve à possibilidade da introdução de uma cultura de pacificação social e, sobretudo, pela devolução do poder de decisão às próprias partes/envolvidas, a fim de resolverem suas desavenças, sem descurar do aprendizado advindo da autocomposição.

Destarte, o trabalho de divulgação da Mediação, ainda de modo solitário e, às vezes, angustiante, foi lentamente se desenvolvendo, e todas as oportunidades foram aproveitadas para explicar a funcionalidade do Serviço de Mediação no atendimento às famílias em situação de conflitos. Enfatizo que a esperança de esse serviço ser efetivado alimentava o meu envolvimento e a minha busca sobremaneira.

Assim, em um contexto de positividade e visão de futuro, ínsita a mediadoras/es, por inúmeras vezes, flagrei-me dizendo em voz alta para mim mesma: "o que hoje é um sonho, amanhã poderá ser uma realidade". E, pelo fato de a Mediação primar, em sua metodologia, pelo diálogo e relacionamento – ferramentas de recorrência rara às relações familiares e humanas quando se vivenciam conflitos de diversas ordens e modalidades –, em inúmeros momentos constituiu-se como chave para o convencimento da importância da Mediação na Justiça de Família.

A Mediação no Pará, como uma das formas de acesso à Justiça justa, teve a sua lenta inserção utilizando-se como "passaporte" a economia processual; a duração razoável do processo e o "desafogamento" da Justiça, entre outros.

Nessa toada, importa ressaltar que a quebra de paradigma da cultura adversarial para a construção de uma justiça dialógica exige conhecimento, habilidade e atitude, passando, obrigatoriamente, pelo processo de capacitação de pessoal, disposição de ambiente adequado para o atendimento das pessoas, sensibilização daqueles que atuam desde a porta de entrada do Tribunal até a Presidência, atenção logística, dentre tantas outras providências.

O legítimo acesso à justiça tem relação linear com as oportunidades de serviços oferecidos, que permitam a verdadeira expressão dos sujeitos sociais, a partir de contextos educativos e empoderadores, para que assim se sintam capazes de produzir soluções humanas e criativas visando à resolução de seus conflitos.

E, nessa perspectiva, o potencial humanizador da Mediação através do diálogo acaba por permitir e propiciar uma compreensão interpessoal que evolui, da visão parcial, em que cada um está centrado na sua "verdade", para uma visão mais integrada, aportando em um determinado nível de responsabilização dos sujeitos e, por via de consequência, constituindo-se em importante contribuição para o alcance da justiça social.

Quiçá, a pergunta recorrente no Poder Judiciário deixe de ser: "como se deveria sentenciar em tempo hábil?", e passe a ser "como devo abordar essa questão para que os interesses que estão sendo pleiteados sejam realizados de modo mais eficiente, com maior participação do jurisdicionado e no menor prazo?".

Avançando no histórico da Mediação no Pará, menciono a luta solitária que, a despeito de ser ouvida por alguns magistrados e outros agentes atuantes junto ao Judiciário, só gerou resultados no ano de 2002, quando senti algum envolvimento maior do Judiciário paraense com a temática, porém ainda a nível de questionamento ou no sentido de curiosidade sobre o tema, e isso se deveu ao artigo intitulado "Mediação de Conflitos em Varas de Família", escrito por mim e publicado na revista do Tribunal de Justiça do Estado do Pará, em setembro de 2002.

Assim, foram inúmeros os momentos em que "parava tudo" para explicar o processo, os procedimentos e a funcionalidade da Mediação, tanto para magistrados que atuavam na Justiça de Família, quanto para servidores do Judiciário e, ainda, para a comunidade externa. Na sequência, divulguei e ministrei curso de Ferramentas e Técnicas de Mediação de Conflitos no Conselho Regional de Serviço Social - CRESS, e abordava o tema da Mediação com bastante frequência em sala de aula como docente da UNAMA, bem como em curso de extensão universitária, em que ministrei curso de Ferramentas e Técnicas de Mediação de Conflitos.

Com o aumento da publicidade e necessidade de consumo do tema, a Mediação ganhou espaço em uma disciplina do curso de especialização em Família e Políticas Públicas ministrada por mim na referida universidade.

Ressalte-se que a repercussão do conteúdo do artigo empoderou-me e capilarizou o caminho para elaborar o projeto intitulado "Mediação de Conflitos Familiares nas Varas de Assistência Judiciária da Comarca da Capital", posteriormente apresentado à Direção do Fórum Cível para a devida análise e avaliação, sendo igualmente apresentado a outras instâncias do Judiciário paraense.

Nesse projeto, defini Mediação não só como um processo autocompositivo em que as partes são auxiliadas por um terceiro, neutro e imparcial – a pessoa praticante de Mediação – para uma negociação de acordos que contemplem os interesses dos dois lados; para além disso, trata-se mais ainda de um método estruturado cuja metodologia institui ferramentas e técnicas próprias, com etapas a serem seguidas, de acordo com os objetivos a serem alcançados pelas partes e mediadores.

Acerca das características da Mediação, mencionei flexibilidade, confidencialidade e voluntariedade, com destaque para essa última, por ser a que melhor caracteriza a Mediação, haja vista que o jurisdicionado pode vir a ser convidado a participar do processo mediador, permanecer ou aceitar uma proposta de acordo, tudo isso se for de sua livre e espontânea vontade.

Já no que se refere à confidencialidade, inúmeros foram os questionamentos, sobretudo pela não produção de prova advinda do procedimento. E, considerando-se a lógica societária de que, se um lado ganha, o outro perde, é quase sempre esperado do julgador dizer quem tem razão, baseado em provas. Esta lógica binária, ainda tão presente no imaginário social e no Judiciário, entra em rota de colisão com a contemporaneidade e abre pouco espaço para o protagonismo da autonomia da vontade.

Por oportuno, ressalto que a minha formação em Mediação, juntamente com outra profissional que não se identificou e por isso não seguiu na Mediação, só ocorreu no final de 2005 e meados de 2006, em curso de 60 horas teóricas e 100 horas de supervisão, ministrado pelo prof. Adolfo Braga Neto e pela profa. Lidercy Prestes Aldenucci. Após a conclusão do curso de Mediação, foram encaminhados os certificados à Presidência do Tribunal, o que aumentou a credibilidade, os argumentos e o poder de convencimento acerca do Serviço de Mediação.

No mesmo ano, fui convidada pelo presidente do Tribunal para apresentar um plano de capacitação e ministrar as aulas a 30 servidores recém-concursados para as comarcas da capital e do interior do Estado – assistentes, psicólogas/os, pedagogas/os e bacharéis em Direito. A disciplina da Mediação prevaleceu no conteúdo programático da capacitação, em meio ao conteúdo específico de cada área profissional e dos temas referentes ao campo sociojurídico, com uma carga horária de 68 horas.

O projeto de capacitação foi aprovado pela Diretoria de Ensino da Escola Superior da Magistratura – ESM e, após a realização do curso, foi aplicada a pesquisa de satisfação entre os participantes, obtendo resultado excelente, com destaque para o conteúdo referente a Mediação e conciliação, até então desconhecido por todos.

Entre os anos de 2007 e 2010, vários passos importantes foram dados, como, por exemplo, a atualização do Projeto de Mediação para submetê-lo à apreciação do Tribunal Pleno; a aprovação do projeto e, na sequência, uma série de reuniões na presidência do Tribunal e na Direção do Fórum Cível, além da solicitação de um relatório circunstanciado sobre as necessidade e possibilidades, bem como as providências a serem tomadas para fins da implantação e implementação do Serviço de Mediação.

Assim, para o melhor desenvolvimento dos trabalhos, foi criada uma comissão constituída por integrantes da presidência do TJPA; desembargadora corregedora da Comarca de Belém Carmencim Cavalcante; integrantes do Departamento de Engenharia e por mim.

O passo seguinte foi a seleção e capacitação de profissionais dentre os servidores do Judiciário que apresentassem interesse e alguma aptidão compatível com a função de mediadores. O prof. Adolfo Braga Neto e eu ministramos o curso de capacitação aos servidores, que em junho de 2010 estavam certificados, concomitantemente com a inauguração do Núcleo de Mediação instalado no primeiro andar do Fórum Cível da Comarca da Capital.

Em novembro daquele mesmo ano, o Conselho Nacional de Justiça publicou a Resolução nº 125, que institui a Política Pública de Tratamento Adequado de Conflitos de Interesse, assim chancelando a prática da Mediação e da Conciliação, de modo que a luta isolada e quase invisível alcançava legitimidade.

Daí, passados cerca de dois anos da publicação da referida resolução o TJPA cria NUPEMEC e CEJUSC através de resolução e transforma o Núcleo de Mediação em CEJUSC.

Hoje, já aposentada, atuo no CEJUSC como supervisora dos formandos, mediadora, instrutora e tutora, juntamente com Karine Soares, companheira de trabalho nas mesmas funções que eu há mais de 20 anos, a quem agradeço e rendo homenagens por tudo que temos feito juntas. Igualmente, agradeço ao prof. Adolfo, por continuar presente na minha vida, seja como fonte de consulta viva, afinidade e amizade.

Reflexões finais

Neste texto, busquei registrar momentos e desafios que estiveram presentes durante minha atuação para que a Mediação fosse implementada no Judiciário do Pará. Pragmaticamente, tal implementação visou à economia processual, duração razoável do processo e "desafogamento" da Justiça.

Do ponto de vista social, alguns aspectos são observáveis: a inclusão de pessoas, a utilização da escuta proativa como meio de compreender plenamente as partes envolvidas, propiciando resoluções no campo do conflito e as auxiliando através do diálogo, do *rapport* e da empatia.

Aplaudo na Mediação seu caráter interdisciplinar, que acomoda saberes de várias ordens: a dimensão educativa e didática da Pedagogia; o aprendizado de ganhos mútuos da Teoria dos Jogos; o conflito como oportunidade de mudança da Teoria do Conflito; a visão prospectiva e a positividade da Psicologia Positiva; a dissociação entre pessoas e problemas, focando nos interesses e não nas posições, conforme a Teoria da Negociação; além de outros saberes advindos do Serviço Social, que ensina a olhar com perícia e produzir o diagnóstico do conflito; e da Filosofia, pela arte do questionamento e da pergunta precisa que, no conjunto, exigem de mediadores constante aprimoramento, a fim de que a Mediação possa se constituir, cada vez mais, em um campo que protagonize a inovação e as possibilidades de uma vida qualificada para os sujeitos sociais.

Esta narrativa historiciza 22 anos de trajetória da Mediação no Pará e aponta para novos desafios, pois, como escrito pelo grande mestre William Ury, "os grandes percursos são completados com pequenos passos".

Neste momento, afigura-se a necessidade de projeção financeira da Mediação e de mediadores na sociedade paraense, como já existe em outros Estados, aumentando o investimento profissional qualitativo e quantitativo.

Por derradeiro, reflito que, em todos os passos que dei, divulgando, informando e explicando as vantagens e benefícios da Mediação no atendimento a famílias em situação de conflito, tinha clareza de que caminharia junto com os desafios e lutas, fazendo-me sentir trabalhando em prol da comunidade paraense e, por que não dizer, do avanço do processo civilizatório. E, nesse diapasão, foi de grande valia a internalização da ideia que "o futuro pertence àqueles que acreditam na beleza de seus sonhos".

A Mediação entrando em minha vida

Regina Maria Coelho Michelon[16]

Anos 1980, a cidade marítima do Rio Grande, Rio Grande do Sul, e a minha responsabilidade como fiscal do Trabalho de procurar o equilíbrio nas relações entre empregados e empregadores formaram o palco dos meus primeiros passos como mediadora.

As questões envolvendo os trabalhadores das empresas de pescado, das obras para a construção do superporto, não eram resolvidas muitas vezes de forma satisfatória para ambas as partes apenas com a visita fiscal. Outras ações foram ficando evidentes, como a necessidade de sentar, conversar e chegar a um acordo. A qualidade das soluções e sua colocação em prática, sem dúvida, foram mostrando o caminho.

Foi possível perceber, por meio da Mediação, a possibilidade de construir relações sociais mais saudáveis e continuadas.

Continuavam os anos 1980 e o movimento de abertura política com as manifestações sindicais chegando muitas vezes às greves.

Já em Porto Alegre, foram muitas as mesas de negociação entre as partes envolvidas, com os ânimos acirrados, mesas essas que aconteciam na Delegacia Regional do Trabalho, pois a presença de um mediador era indispensável. As próprias partes passaram a buscar o mediador.

Tais atividades eram desafios constantes, pois tudo era novo, inclusive a capacidade de estabelecer um diálogo produtivo. Sem dúvida, pode-se dizer que esses foram os maiores desafios enfrentados no percurso, ou seja, trabalhar sem referências teóricas, práticas e metodologia em que se basear.

Improvisava-se muito e o socorro vinha do bom senso.

Vinha um gosto amargo pelas dificuldades, mas vinha também uma adrenalina desafiadora. E o gosto pela Mediação foi se instalando.

Em função dessas dificuldades, o Ministério do Trabalho enviou um grupo de técnicos envolvidos com as mediações para a Universidade de

16. Advogada, mestre em Administração – modalidade executiva, mediadora.

Wisconsin, nos Estados Unidos, em 1984. Lá foi possível observar as mesas de Mediação e os recursos utilizados. Com isso, uma luz no fim do túnel. Ainda, o Ministério do Trabalho ofereceu um curso de Mediação ministrado pela Faculdade Latino-Americana de Ciências Sociais, intensivo, uma imersão no tema, que deixou o grupo de mediadores mais bem preparado.

Além das questões coletivas, no Plantão eram recebidas muitas denúncias de trabalhadores quanto a más condições de trabalho, falta de pagamento de parcelas rescisórias e outras tantas questões. E ali foi possível vislumbrar uma possibilidade de organizar um atendimento para a composição dos conflitos.

Nasce assim o Plantão Especial para Denúncias e Mediação dos Conflitos, especialmente voltado para as questões individuais do trabalho. Ano de 1990. Sem transações, sem renúncias de direitos de ordem pública, e sim esclarecendo fato em conjunto com as partes, buscando o cumprimento da norma legal, criando o ambiente necessário para construir o diálogo e a solução.

O Plantão foi um sucesso! Os colegas dos demais Estados brasileiros vieram ao Rio Grande do Sul buscar as informações necessárias para também implantar. Na ocasião ,escrevi um pequeno e simples Manual para nortear o trabalho, denominado *Mediação dos Conflitos Individuais Trabalhistas*, Idos de 1991. Esse Manual circulou bastante no Brasil, pois era uma das poucas referências na época.

A caminhada continuou, as pessoas interessadas no tema da Mediação foram se aproximando, juntando-se ao pessoal da arbitragem, e finalmente, capitaneadas pelo imbatível Dr. Petrônio Muniz, constroem o CONIMA.

Em 1997 tive um dos momentos mais emocionantes na minha trajetória profissional. Tomei posse como primeira mediadora do país da Corte Brasileira de Arbitragem Comercial, no dia 24 de novembro de 1997, no Auditório do Superior Tribunal de Justiça em Brasília, Distrito Federal.

Para quem vinha construindo uma ideia há tanto tempo, colocando em prática e apostando nos resultados, essa posse teve um significado muito especial.

A honra de ter sido escolhida não dá para medir em palavras.

Um outro acontecimento que também marcou minha trajetória foi o convite para acompanhar, como técnica, a reunião diplomática do Mercosul que aconteceu na cidade de Assunção, no Paraguai.

O objetivo era analisar uma proposta para a Mediação no âmbito dos quatro países, Brasil, Argentina, Uruguai e Paraguai.

Tive a satisfação de ver a proposta que apresentamos ser aplaudida pelos representantes dos países participantes. Também foi emocionante,

E assim se faz a história da Mediação no Brasil que tem, pelo menos, 40 anos.

Quantas viagens preparando as Câmaras de Mediação e Arbitragem pelo Brasil afora, quantas reuniões do CONIMA para pensar as estratégias na implantação das ideias, quantas aulas nas universidades, nas organizações, quantas participações em congressos para semear, motivar, explicar o tema e incrementar os conceitos.

Muitas foram as palestras nos encontros de magistrados, apresentando e motivando para a composição dos conflitos.

Foram visitados 22 Estados brasileiros.

A introdução da Mediação nas empresas como ferramenta de trabalho, preparando os próprios colaboradores para que passassem a praticar uma cultura voltada à resolução dos conflitos, especialmente entre as diversas áreas e departamentos, foi estimulante. Esse trabalho foi apresentado em Congresso em Buenos Aires, anos 1990, sob o título "Duplas Aleatórias de Mediação", pelo seu caráter momentâneo e circunstancial.

Fico tranquila em dizer que a Mediação veio para ficar. Hoje é conhecida, divulgada, praticada, enfim, é uma trajetória da qual me orgulho.

Relações sociais mais equilibradas, respeito e diálogo, deve ser a busca incessante. Tive a felicidade de fazer muitos alunos amigos e colegas amigos.

Tenho dois grandes especiais amigos e companheiros nessa trajetória, que são Marta Echenique e Juan Carlos Vezzulla. A eles devo muito pelo seu conhecimento e disposição para compartilhar.

Colorindo um pouco este depoimento, resumo uma Mediação multipartes, que são as minhas favoritas.

Greve no parque metalúrgico da cidade de Caxias do Sul, anos 1980

A representação dos empresários e a representação do sindicato de trabalhadores tinham esgotado o diálogo e já não se sentavam mais para negociar. Havia um desgaste evidente.

Na época, ocupando o cargo de diretora sindical do Rio Grande do Sul na Delegacia Regional do Trabalho, fui chamada para mediar.

Considerando as dificuldades apresentadas, procurei estabelecer uma estratégia para abrir novamente o diálogo entre as partes. Desisti da ideia de me deslocar de Porto Alegre para Caxias, e resolvi mediar por telefone. Isso era de manhã.

Nas negociações coletivas, são vários os itens a serem considerados, como duração da jornada, remuneração, entre outros tantos. Assim, ligando separadamente para as representações das partes, fui procurando restabelecer um elo entre elas, interesses comuns.

Para tornar a Mediação mais desafiadora, recebi a informação que os trabalhadores se mobilizariam em um estádio de futebol, levando suas demandas diretamente. E que me chamavam.

Imaginei o desastre que seria se eu tivesse que falar por um megafone ou microfone, no meio de toda a exaltação.

Então já era noite.

Fiz o que me pareceu sensato. Liguei para o líder dos trabalhadores metalúrgicos de Canoas, o atual senador Paulo Paim, perfeitamente conhecedor das questões da categoria, identificado com aqueles trabalhadores ali reunidos e com o Sindicato de Caxias.

Continuei mediando pelo telefone, e tendo Paulo Paim como interlocutor. Foi feita uma triangulação.

Funcionou. Meia-noite e a questão estava resolvida.

Passei a mão em meu pescoço e havia ali uma íngua. Não foi fácil, cheguei à exaustão. Fui para casa, FELIZ!

Quando se aprende a mediar mediando, há que se encontrar caminhos.

Fundamental é manter a credibilidade, atuando com independência e imparcialidade.

Mediador: o olhar sensível em busca da humanização e do diálogo

Ricardo Cesar Correa Pires Dornelles[17]

> "Conheça todas as teorias, domine todas as técnicas, mas ao tocar uma alma humana, seja apenas outra alma humana"
> Carl G. Jung

Falar sobre este tema é sempre uma oportunidade de conexão para mim. Ao longo da vida, sempre procuramos algo que faça sentido, e, em minha busca, encontrei a Mediação. Já com certa bagagem - e com experiências em áreas tão diversas quanto a Computação, a Administração, a Psicologia, o Teatro e a área comercial -, ingressei no curso de Direito, onde descobri e fui atraído pelos métodos não litigiosos, em especial a Mediação, que faz parte da minha vida desde então.

Luis Alberto Warat, um grande filósofo jurista, que também é autor do livro *O ofício do mediador* (*Surfando na Pororoca: O ofício do mediador.* Volume III. Florianópolis: Fundação Boiteux, 2004), era uma grande inspiração para todos nós que perseguíamos essa via. Possuía uma abordagem muito especial, com uma visão humanista da Mediação, provocando uma imensa quebra de paradigma ao falar sobre o amor e o cuidado no âmbito do Direito. Imediatamente me identifiquei e me conectei com sua perspectiva. Para mim, trabalhar com a Mediação, além de ser uma grande contribuição para a sociedade, me realiza pessoalmente.

Minha carreira na advocacia seguiu em paralelo à realização deste grande sonho de disseminar a prática da Mediação e contribuir para uma mudança de cultura no que diz respeito à resolução de conflitos. Em um mundo cheio de intolerância e agressividade, oferecer uma alternativa que inspira uma abordagem compreensiva e humanista, que incentiva o diálogo, é realmente algo fascinante! A formação na Mediação me possibilitou desenvolver habilidades e potenciais que me trouxeram uma forma reno-

17. Vice-presidente da Comissão de Mediação do Conselho Federal da OAB (2016-2018), presidente da Comissão de Mediação da OAB/RS e coordenador geral da Casa de Mediação da OAB/RS.

vada de ver o outro e a mim mesmo, além de uma mudança na forma de conduzir os processos junto a meus clientes. Associei a esta experiência a prática da comunicação não violenta, algo pioneiro no campo da Mediação, especialmente em uma área profissional e um Estado penetrados por culturas notoriamente combativas e argumentativas.

Como já dizia Warat, "a Mediação não é uma ciência, é uma arte"! Por isso, apesar de contemplar a técnica, ela deve ser vivenciada, experimentada pelo mediador – um trabalho que exige empatia, escuta ativa e profunda sensibilidade. Segundo Warat, "não se trata de 'acalmar' as pessoas com truques e técnicas: o grande segredo está em compreender cada indivíduo". E, para entrar em contato com o outro, é preciso, antes, entrar em contato consigo mesmo. É essa relação com nossa própria vida interna e com nossos próprios sentimentos que vai propiciar a conexão real com outro ser humano. Algo como: "quanto mais dentro, mais fora"; isto é, quanto mais conhecemos a nós mesmos, mais (re)conhecemos a própria natureza humana e, assim, nos conectamos com o que há de humano no outro. Essa busca por conexão exige do mediador investigação sobre si mesmo e um genuíno interesse humano.

Entretanto, vivemos em um mundo repleto de intransigências e conflitos, e no qual as pessoas, geralmente, não querem enxergar a si próprias e aos demais. Neste contexto, a formação dos mediadores acaba pecando em não oferecer técnicas que permitam esse alcance de olhar por parte dos futuros profissionais da área. Não é fácil para uma sociedade como a nossa, com muitos preconceitos e julgamentos, trabalhar com uma abordagem que busca o reconhecimento do outro, que exige e exercita aspectos afetivos, e que promove o diálogo para que soluções e caminhos possam ser construídos em conjunto. Os cursos de formação para mediadores que existem hoje, no Brasil e no mundo, não favorecem o contato dos profissionais com seus próprios sentimentos: utilizam ferramentas e abordagens técnicas, mas não interagem verdadeiramente, ou o fazem com muita dificuldade. Ademais, a falta de crença genuína na construção colaborativa de soluções gera inúmeras barreiras ao longo desse processo, além de estarmos permeados por uma necessidade de imediatismo e apego à ideia de punição.

Em 2011 implementei o sistema da Biodança (ARANEDA, Rolando

Toro. *Biodanza*. São Paulo: Olavobrás, 2002) em um dos módulos do curso de formação de mediadores da OAB/RS, instituído no mesmo ano, como uma forma de desenvolver a emoção, o afeto, a alteridade e a identidade do mediador – uma identidade mais afetuosa e cuidadosa. A conexão com a música, com o outro e com o todo tem relação direta com a Mediação, na qual isso acontece através do diálogo, enquanto na Biodança esse processo se dá através da música. E tudo isso para que os mediadores não tenham medo de entrar em contato com seus sentimentos.

"Isso é algo revolucionário, possibilita humanizar os indivíduos", me falou Warat, com quem tive a honra de conviver em algumas oportunidades. A estrutura da Biodança permite acessar nossa própria identidade, isto é, nossa essência: dançando, sentindo e se emocionando. Os indivíduos precisam renunciar a suas máscaras, suas técnicas e à própria memória do conhecimento jurídico até então assimilado. É algo bastante profundo e intenso, com o propósito de não permitir que os profissionais se limitem e se escondam atrás de regras e técnicas, mas que compreendam o papel de lidar com vidas, buscando eliminar o medo à intimidade e à demonstração de sentimentos – afinal, o mediador vai lidar o tempo todo com o seu emocional e o de outros.

Nesta formação que prima pelo desenvolvimento de tais habilidades de comunicação e conexão, ainda existem muitos preconceitos e a dificuldade em sair da intelectualidade para adentrar o campo emocional. Caso isso não aconteça, a atuação do profissional passa a ser teatral e exclusivamente técnica – e, muitas vezes, impositiva, forçando que as pessoas cheguem a soluções sem proporcionar uma legítima autonomia das partes. Apesar de a técnica ser essencial, é primordial não se ater a argumentos intelectuais, que acabam não aprofundando no sentido humano e sensível. Esta formação contribui ainda para uma abertura dos advogados para uma visão mais humanista na forma de lidar com os conflitos dentro de seus escritórios. Ainda que não atuem exclusivamente com a Mediação – uma área em plena expansão, que abre portas para um novo campo de atuação no mercado profissional, mas ainda pouco lucrativa –, a maioria passa a praticar a advocacia de uma forma mais colaborativa, mais negocial, mais humanizadora.

Outra conquista que deve ser comemorada é o estabelecimento, em

2011, da Casa de Mediação, em Porto Alegre (RS). Personalizando-se como um "braço social" da OAB, uma vez que visa ampliar o acesso à justiça da população em situação de vulnerabilidade social e econômica - com atendimentos para pessoas com renda de até 3 salários mínimos -, fomenta o aperfeiçoamento de métodos consensuais de resolução de conflitos, com ênfase para a Mediação. A iniciativa viabiliza um espaço destinado à população para que possa dialogar e resolver seus próprios conflitos, além de aproximar os advogados aos métodos de resolução de conflitos, e oferecer palestras e cursos de capacitação e qualificação de mediadores.

Vinculada ao Ministério da Justiça, a Casa de Mediação estimula as partes na construção do entendimento baseado no diálogo, contribuindo para o aperfeiçoamento da Justiça na medida em que oportuniza a desjudicialização de conflitos, auxiliando na desobstrução do Judiciário, e encurtando seu tempo de resolução. Além disso, estimula os advogados a desenvolverem mecanismos extrajudiciais, promovendo o exercício da cidadania e contribuindo para uma nova política judiciária que viabiliza a criação de uma nova cultura no tratamento de conflitos na classe de advogados e na sociedade brasileira em geral.

A prática mostra que um dos maiores desafios para os mediadores é trabalhar naquilo que a própria lei prevê sobre a imparcialidade. Lembro-me de um caso bastante ilustrativo, quando um servidor público procurou a Casa de Mediação, em 2012, para resolver conflitos relacionados a seu recente divórcio. Naquele caso, víamos um claro desequilíbrio técnico entre os advogados que prestavam assessoramento jurídico aos mediandos. De um lado, um homem racional, com apoio de um advogado de notório saber; de outro, uma ex-esposa e mãe fragilizada emocionalmente que vinha sendo assessorada por uma advogada com pouquíssima experiência na área de família.

Frente a esta situação, foi necessária muita clareza do papel do mediador, que não deve ultrapassar jamais os limites de seu ofício invadindo o espaço de aconselhamento dos advogados. Através de um processo dialético, é sempre possível e necessário utilizar-se de perguntas, abrir horizontes e desenhar cenários e perspectivas para que os próprios mediandos possam tomar decisões. Considero que fomos vitoriosos ao chegarmos no final do processo com uma composição de acordo mais equilibrada e, igualmente vencedores, ao não deixarmos que fôssemos influenciados por uma das partes que pretendeu se valer de sua posição profissional para obter vantagens. Além disso, utilizou-se de comentários elogiosos para seduzir o mediador e, de certa forma, intimidar a outra parte – o que, infelizmente, é bastante comum na Mediação. É sempre válido lembrar que no papel do mediador não há qualquer espaço para pessoalismos.

Além da imparcialidade, esse ofício requer empatia, atenção e perspicácia desde os primeiros passos da concepção do processo – o que inclui também a escolha dos participantes. Foi o que aconteceu em um caso que mediei em 2011, quando dois irmãos que não se viam há muitos anos foram incentivados pelas esposas a resolverem seus conflitos com a ajuda da Casa de Mediação. Os homens, entre 50 e 60 anos de idade, claramente sofriam pela falta um do outro, mas se mostravam preconceituosos em relação à proposta de diálogo – que, para um deles, era "coisa de mulher". Este caso apresentava uma clara necessidade de escolher com muito cuidado as pessoas que estariam presentes durante as reuniões de Mediação.

Chamei um colega, mais velho, para atuar comigo, além de um observador, também homem – o que, no decorrer do encontro que durou três horas, se mostrou uma decisão bastante acertada. Com uma condução que propiciava o diálogo, através de uma comunicação não violenta, e com um ambiente emocionalmente leve e favorecido pelo senso de humor, os mediandos, aos poucos, baixaram a guarda. Suas posturas foram mudando, os olhares passaram a se cruzar, brincadeiras e piadas começaram a surgir e, naturalmente, os irmãos conseguiram expressar suas percepções e sentimentos a respeito do problema vivenciado no passado. Naquela noite, véspera de Carnaval, comemoraram o resgate do vínculo familiar festejando junto a um bloco que passava pela rua.

Todos nós ficamos muito comovidos ao percebermos que ambos estavam prontos para aquela conversa e que precisavam apenas de alguém que os conduzisse e auxiliasse neste processo. A carga emocional foi tão grande que os três mediadores presentes se sentiram conectados àquela história, lembrando de suas próprias relações fraternais. Este ofício tem, sem dúvidas, um caráter interno e, em determinados momentos, seremos tocados pelas histórias de vida – afinal, ser neutro e imparcial não quer dizer ser desumano! Por isso, sem exageros, e jamais permitindo uma catarse emocional, o mediador não está isento de vivências como essa.

Ainda que muito confundida com outras práticas, como a conciliação, a orientação jurídica ou mesmo psicológica, a Mediação tem um caráter muito particular e possui ferramentas específicas. É um método efetivo e muito menos custoso no tratamento de conflitos, obtendo resultados mais rápidos que um processo convencional. E o mais importante: abre portas para que as pessoas resolvam seus desentendimentos sem os desgastes e mal-estares habituais, estimulando o diálogo e humanizando os processos – o que é sempre mais valioso. Ademais, no contexto de um Poder Judiciário saturado, é comum que os indivíduos se tornem "sujeitos sem face", sendo impossível abarcar as individualidades e reais necessidades de cada um.

É verdade que a Mediação vem ganhando espaço no Brasil nos últimos anos. Em 2010 tivemos a Resolução nº 125; em 2015, a Lei de Mediação e, por último, o Código de Processo Civil. Toda essa caminhada tem trazido para o Direito um olhar distinto, fazendo com que o próprio Conselho Federal da OAB constituísse uma comissão de especialistas para tratar do tema. Ainda assim, temos um bom caminho a percorrer no que diz respeito à formação dos advogados, os quais, em suas trajetórias universitárias, pouco têm contato com disciplinas que abordam métodos não litigiosos de solução de conflitos. Apesar disso, várias universidades têm buscado aperfeiçoamento nestas áreas e muitos cursos têm surgido por todo o país, além de projetos na área pública, o que, dependendo dos caminhos que tomarmos daqui para a frente, pode resultar em uma lenta, porém segura, mudança de paradigma na cultura do Direito brasileiro.

Se um dia fomos julgados loucos e sonhadores, hoje somos considerados visionários! E fazemos isso para que os jovens advogados sigam transformando essa realidade e oferecendo um serviço que, em um mundo com tantos conflitos, busca a compreensão e o diálogo, fazendo com que as pessoas transformem suas realidades e encontrem melhores soluções para seus conflitos através da legitimação de seus sentimentos e da expressão daquilo que percebem e vivenciam. Uma prática precisamente baseada na possibilidade da fala, da comunicação e da entrega à verdadeira busca de compreensão do ponto de vista do outro.

Meu caminho na Mediação

Rosane Fagundes[18]

> Somos tão complexos quanto dizer-se humano e poderia até permanecer intangível, se não fosse a necessidade do encontro para desafogar a existência de um vazio atroz... Calma. Uma pausa. Um brinde. Simples assim. Tomo a mão do que me estende a taça, para deixar meus devaneios por um momento. Isso também passa, como a maioria, a dançar a dança do cotidiano, a não provar dos pratos principais, a gozar o gozo dos mortais, a falar a fala dos letrados, sucumbir ante a sociedade e esquecer a loucura da poesia que corrói a verdade por não contê-la... Tranquem os espíritos livres na jaula da compreensão do que é "certo". Por certo, amansarão... Construa castelos com seus ideais, artefatos e sonhos. Aliás, amansar é bem desfrute da hipocrisia. Amansar a indignação. A frustração. O defeito. O clamor por humanidade. Amansar a inquieta visão do "para que tudo isto?", que brota no despertar de cada dia... Querem que tome sua dose diária de inércia e como autômato, leve adiante. O que o faria mudar, a não ser ampliar o olhar? Como vê? E se esse for o preço para ser feliz? Descortinar as possibilidades, lutar por algo que valha a pena. Coragem! Vire a página do que não faz sentido. Siga seu coração e viva na essência. Não permita. Nem fique no limbo. Faça valer sua existência.
>
> Rosane Fagundes

Quando me graduei em Direito aos 21 anos, encontrava-me cheia de sonhos, não sabia direito qual o caminho a percorrer... Já trabalhava e esta-

18. Advogada pela Universidade Federal da Bahia - UFBA/BA e mediadora com formação pelo INAMA/SP e pela Columbia University/NY, terapeuta sistêmica pelo Centro de Estudos de Familia e Casal - CEFAC/BA, *executive* e *personal coach* pela Sociedade Brasileira de Coach - SBC/SP, mestre em Sociedades/Mediação Familiar pela Universidade Católica do Salvador - UCSAL/BA, especialista em Gestão e Liderança pela Organização Universitária Interamericana - OUI /Canadá, proprietária da DUO MEDIAR Consultoria e Treinamentos em Gestão de Conflitos, presidente da Comissão e da Câmara de Mediação da OAB/BA, superintendente regional do CONIMA - Conselho Nacional de Mediação e Arbitragem. Formação em Práticas Restaurativas pelo Instituto Latino Americano de Práticas Restaurativas - ILAPR/Peru. Professora de pós-graduação em diversas IES, docente do quadro da Escola Superior da Advocacia - ESA/BA, membro do quadro de mediadores da CAMARB/BA, CAMOB/BA e da CCBC/SP. Autora de artigos, livros e palestrante.

giava desde os 17 anos. Assim que me formei, por ter tido a oportunidade, na época, de atuar em um grande escritório de advocacia, passei a advogar na área trabalhista e familiar, no contencioso. Contudo, com o passar do tempo, fui vendo o quanto a realidade na prática da advocacia contenciosa se distanciava dos meus valores e anseios de justiça e pacificação.

Já não me satisfazia este modelo de advocacia, haja vista meu perfil conciliador, empreendedor e criativo. Nesse meio tempo, fui convidada a assessorar um desembargador e passei a trabalhar no Tribunal de Justiça da Bahia. Mesmo assim, não havia ainda encontrado um propósito, um caminho profissional no qual me sentisse realizando e realizada. Permanecia na busca de um sentido maior para minha vida profissional.

Foi quando, neste período, sentindo-me sem rumo, passei a fazer diversos cursos e formações em áreas distintas, no intuito de ampliar meus conhecimentos e descobrir o que faria sentido para mim. Como atuava muito na área familiar, resolvi fazer uma formação em terapia familiar sistêmica, a fim de desenvolver habilidades mais eficazes para lidar com conflitos familiares. Esta formação em sistêmica, no final da década de 1990, mudou completamente o meu *mindset*, e pude passar a ter uma nova visão de mundo e um modo sistêmico de atuar na minha prática profissional. E foi assim, entre o Direito e a terapia sistêmica, que construí os alicerces, para o que viriam a ser meus primeiros passos no caminho de um direito mais humanizado e sistêmico, o caminho da Mediação.

Em meados de 1999, vi na internet um artigo sobre Mediação. Comecei a pesquisar sobre o assunto e não encontrava muito material disponível. Um advogado, com quem conversava sobre o tema, em uma de suas idas a Brasília, trouxe-me o cartão de uma mediadora que palestrou em um evento juridico: se tratava de Vânia Yazbek, mediadora, psicóloga, umas das precursoras da Mediação no nosso país.

Nesse período, ainda trabalhando no Tribunal de Justiça da Bahia, comecei a participar da implantação do Núcleo de Conciliação Prévia. Apresentei, na época, o projeto de implantação também da Mediação no referido núcleo, mas ele se restringiu à prática da conciliação. Permaneci então atuando como conciliadora do Núcleo durante vários anos e depois vim a atuar no Projeto Família.

A partir do primeiro contato com a Mediação, me apaixonei pelo tema e a dedicação em em saber mais sobre o método, que na época ainda era um Projeto de Lei nº 4.827/98, de autoria da deputada Zulaiê Cobra, só aumentava. Sempre que tinha oportunidade conversava com advogados, juízes e desembargadores sobre a Mediação e quase todos viam o método como algo passageiro, intangível ou meramente para ideais "alternativos", "holísticos" e sonhadores. Perfeito para mim, que sempre fui idealista e sonhadora, enquadrava-me no perfil. Movida por desafios e cheia de entusiasmo, entrei a passos largos na trilha que me levaria à Mediação, um caminho sem volta.

Sendo assim, entrei em contato com Vânia Yazbek, e combinamos de trazer o primeiro curso de Mediação transformativa para Salvador. Nesse meio tempo de conversas e acertos, nascia minha filha Marcella, junto com a Mediação na minha vida. Desse modo, só após um período, quando minha filha já estava com uns seis meses, tive a oportunidade de trazer o curso. Na divulgação, convidei todas as integrantes do Projeto Família para participar. Ninguém sabia ao certo do que se tratava, mas, ao explicar, todas se inscreveram, interessadas.

Sendo assim, em meados de 2000 vieram Vânia Yazbek, Célia Bernardes, Silvana Cappanari e Lúcia Cronemberger ministrar o primeiro curso de Mediação Transformativa na Bahia, a meu convite. A partir dessa formação, começamos a atender com a Mediação no Projeto Família, no qual este grupo multidisciplinar, com assistentes sociais, psicólogas e eu como advogada, fazíamos atendimentos em Mediação, utilizando a Comediação. Os casos eram encaminhados ou pelo Núcleo de Conciliação Prévia ou recebidos diretamente das varas de Família, pelos próprios juízes que já tinham conhecimento do trabalho que realizávamos no Projeto. Ou seja, nesta época já fazíamos atendimento em Mediação judicial, sem ter esta nomenclatura, e em uma época em que nem se falava muito do tema em diversos tribunais.

Comecei então, a participar de diversos eventos de Mediação no país, e foi quando, em um dos convites da Vânia Yasbek, conheci Adolfo Braga do IMAB, Fernanda Levy do CONIMA e muitos outros mediadores em São Paulo, participando dos debates sobre o Projeto de Lei que estava em curso.

Em paralelo, continuava atendendo no Núcleo, quando foram criados os Balcões de Justiça em 2003, através da resolução nº 01/2003 do Tribunal de Justiça da Bahia, com o objetivo de atender de forma gratuita às comunidades carentes, instituindo uma forma alternativa para a solução de conflitos através da Mediação e conciliação (o que hoje se tornaram os CEJUSCs). Passei então a realizar treinamentos e capacitação de pessoas para trabalharem com Mediação comunitária, além da atuação na área familiar. Registre-se que o Balcão de Justiça e Cidadania, com unidades instaladas em diversas comarcas do Estado, promoveu perto de 1 milhão de atendimentos, sem computar as ações desenvolvidas em eventos de cidadania. Foram cerca de 132 mil acordos, beneficiando quase 900 mil pessoas, segundo dados da Assessoria Especial da Presidência. Inicialmente agregados à Assessoria de Ação Social, os balcões já prestavam assistência jurídica, promoviam conciliação e Mediação de conflitos de interesse, nas questões cíveis de menor complexidade, como separação judicial, divórcio, fixação de alimentos, regulamentação de visitas e união estável.

Nesse período, passei a ministrar cursos pela Juspopuli (Escritório de Direitos Humanos, constituído em junho de 2001), em parceria com o Tribunal de Justiça, para os líderes comunitários que atuavam junto aos Balcões de Justiça, Ceafro e as associações de bairros. Foi um trabalho intenso e que agregou vasta experiência à minha prática com a Mediação e ampliou minha visão acerca dos conflitos em comunidade.

Em 2004, criei o UMEF, Unidade de Mediação Familiar, onde atendia com mais 3 colegas, tanto com Mediação, como em terapia familiar. Desde então, intensifiquei a prática e investi em formações na área da Mediação. Uma escolha, sem dúvida, extremamente desafiadora e, igualmente, gratificante.

Passei a ter mais contextos e convites que me propiciavam falar sobre o método e, no intuito de propagar a Mediação para o maior número de pessoas possível, passei a realizar palestras e cursos, nos mais recônditos locais, pelo interior da Bahia e em outros Estados também.

Participei, inclusive, de vários projetos que começaram a surgir no nosso Estado, promovidos pela Fundação Odebrecht, e em 2006 criei o grupo de estudos em Mediação Familiar. Especializei-me posteriormente, na Mediação narrativa de Sarah Cobb e na Mediação de Harvard.

Em dado momento da trajetória, pude conhecer mais profundamente a aplicabilidade da Mediação escolar. Foi quando tive a oportunidade de trabalhar nesta área, inclusive em um projeto piloto, que implementei em uma universidade na qual exercia a função de diretora. Esta formação continuada e a prática constante me permitiram realizar diversos cursos. Comecei a lecionar em programas de pós-graduação, tanto na Bahia quanto em Minas Gerais. Capacitamos servidores de diversos órgãos públicos, realizamos inclusive, em 2008, a primeira formação em Mediação para defensores públicos do Estado da Bahia. Participei juntamente com o grupo de mediadores da Fundação Nacional de Mediação de diversos treinamentos e formações em Minas Gerais.

Em 2010, com a Resolução nº 125 do CNJ, contendo políticas públicas de tratamento diferenciado aos métodos, à época, chamados de "alternativos" de solução de conflitos, os quais implicavam uma mudança de percepção e postura de juízes, advogados e conciliadores no seu papel de promover a paz social, a conciliação em especial, e a Mediação, passaram a ser mais utilizadas, tendo o Tribunal de Justiça da Bahia, inclusive, criado a Semana da Conciliação, estimulando a prática do método.

Um maior número de propostas surgiu também, advindas de outras áreas do mercado, e foi quando passei a atuar com Mediação empresarial e organizacional. Até então, o mundo corporativo, de modo geral, não tinha quase nenhuma informação ou conhecimento acerca dos métodos de resolução de conflitos extrajudiciais, com exceção da arbitragem, que já era bastante difundida. Como ocupei diversos cargos no mundo corporativo ao longo do tempo, e fiz uma especialização em gestão e liderança, comecei a desenvolver um modelo de trabalho voltado para consultorias em gestão de conflitos nas organizações, possibilitando, então, abrir meu espectro de atuação e participar de cursos diferenciados e experimentos com este foco: congressos nacionais e internacionais, além de eventos do CONIMA, IMAB e MEDIARE, dentre outros.

Com o advento da promulgação da Lei de Mediação nº 13.140/2015, o interesse pela Mediação aumentou por parte de diversos profissionais: advogados, psicólogos, engenheiros, administradores, pedagogos e diversas outras áreas. Então me desliguei do trabalho que fazia como diretora na universidade e passei a me dedicar mais à carreira docente, e a viver da prática da Mediação integralmente. Um objetivo que realizei, após anos de investimento. Convidada, nesse mesmo ano, para implementar a Câmara de Mediação do CREA-BA, tive a oportunidade de capacitar mais de 30 engenheiros em Mediação e conciliação, a fim de trabalharem com os conflitos existentes na engenharia, bem como atender na Câmara diversos casos específicos da área, encaminhados pela Defensoria Pública do Estado da Bahia.

Com o intuito de aprender cada vez mais sobre o tema, fiz a formação em Mediação Judicial, e posteriormente realizei diversas capacitações pelo Tribunal de Justiça da Bahia, inclusive, ministrando aula para uma turma de juízes do Tribunal. Percebi neste momento que havíamos chegado a um ponto de inflexão, em que a história a ser escrita dali para frente já não caberia no modelo anterior. Inclusive, presenciei magistrados bem interessados em conhecer ainda mais do método e que sugeriam uma maior capacitação; evidente que havia os mais resistentes. Sim, me dei conta de que, de fato, estávamos avançando, mesmo sabendo o quanto haveria de ser feito ainda.

Em 2015 também, fui junto com um grupo do Brasil à Columbia University em Nova York para uma formação internacional, e também para verificar *in loco* a aplicabilidade da Mediação no contexto americano. Quando retornamos, ficava evidente o quanto precisávamos aprimorar e ampliar, principalmente no âmbito extrajudicial. Lá, a Mediação já bem consolidada nos mostrava um cenário bem diferente do Brasil; entretanto, nos sinalizava os possíveis resultados que traria, se bem implementada.

Vale salientar aqui a diferenciação da forma como a Mediação se apresentou nos dois países, tendo como porta de entrada nos Estados Unidos a *Common Law* e no Brasil a *Civil Law* (Ver mais em: ANDERSON, Patrick.O Civil Law e o Common Law e a Arbitragem). Ou seja, nos Estados Unidos, utiliza-se a *common law*, sistema esteado em jurisprudências, e no qual a Mediação é amplamente aplicada, tanto na esfera judicial como na esfera privada, e também, difundida e utilizada por advogados, além de inserida na cultura da sociedade.

Já no Brasil, a Mediação deu-se pela *civil law*, estabelecida nos moldes do ordenamento jurídico, e desse modo, a aculturação da Mediação pela sociedade e a não participação do Legislativo nos trouxeram uma maior morosidade no processo de implementação.

No contexto da aplicabilidade do método pelos advogados, aceitei novo desafio. Em 2016 fui convidada a presidir a Comissão de Mediação da OAB-BA, função que exerço até hoje. Lá se vão 7 anos nos quais, junto aos membros da Comissão, um grupo de excelentes mediadores capacitados, comprometidos e unidos em prol do objetivo de difundir o método no meio advocatício, estamos tendo a oportunidade e o cuidado de fazer um trabalho estratégico, engajado e de qualidade, com resultados expressivos junto aos advogados, utilizando de diversos meios, desenvolvendo projetos que levem conhecimento e clareza na possibilidade de utilização do método pelos advogados, inclusive no interior do Estado.

Durante este período, diversos projetos foram e ainda vêm sendo realizados, dentre eles a "campanha #euapoiomediacao" com mediadores e advogados de diversos lugares do país explicando por que apoiam a Mediação, movimento este que alavancou um grande número de apoiadores; o projeto "a interiorização da Mediação" no Estado da Bahia, em que pudemos expandir os projetos da Comissão pelas Subseções da OAB, além da implantação de novas Comissões pelo interior do Estado; a "Blitz da Mediação", pesquisa realizada junto aos advogados, na qual pudemos identificar deficiências, anseios, conhecimento e percepções acerca do tema; cursos de formação para a advocacia; "caravana da Mediação", oportunizando oficinas e palestras sobre o tema para os estudantes nas universidades; o projeto "Mediação também é negócio", apresentando o método aos escritórios de advocacia; dentre outros.

Em 2018, inauguramos a Câmara de Mediação da OAB-BA, um importantíssimo feito para a Mediação no âmbito da advocacia. Atualmente atendendo aos processos oriundos do Conselho de Ética, com perspectiva de expansão para atendermos já no modelo de Câmara privada. Tem sido um caminho muito instigante e desafiador, mas a cada ano conseguimos ampliar os resultados, e temos a certeza de que avançamos. Temos uma gestão na OAB que acredita na efetividade da Mediação extrajudicial, tanto que a OAB Federal publicou o provimento nº 196/2020, no qual reconhece expressamente a atividade de advogados que atuam como conciliadores ou mediadores, árbitros ou pareceristas.

Cada vez mais passava a atuar no mercado da Mediação extrajudicial. No final de 2017, inauguramos a Duo Mediar – Consultoria em Gestão de Conflitos, na intenção de ampliar a atuação no extrajudicial e expandir a Mediação em outros modelos de negócio, tais como consultorias, treinamentos, *conflict coach*, implementação de Câmaras e Núcleos de Mediação, dentre outros serviços que envolvessem a construção de diálogo e consenso. Desde então, A Duo Mediar já realizou diversos eventos, assessorias, mediações, negociações, palestras, cursos e treinamentos na área e vem se sedimentando no mercado da Mediação extrajudicial.

Com a era das ODRs (*Online Dispute Resolution*), os meios adequados de resolução de conflitos, fora do poder estatal, vertidos para o ambiente digital em plataformas, ampliaram o foco de atuação e intensificou-se a prática das mediações e cursos on-line. Com a pandemia que tivemos, este modelo se fortaleceu. Acredito que esta metodologia deverá ser mantida para o futuro em quase todos os atendimentos ou, pelo menos, em modelo híbrido, parte presencial e parte virtual. Atualmente, continuo atuando como mediadora extrajudicial *ad hoc* e em algumas Câmaras.

Sempre com a vontade de me atualizar e aprender modelos e conceitos novos, durante o período da pandemia pude fazer diversos cursos de marketing digital e empreendedorismo. Tema que coaduna com minha *expertise* na área da Mediação intraorganizacional, na qual atuo há mais de 10 anos. Percebendo a dificuldade dos mediadores em atuarem no campo da Mediação extrajudicial, serem bem remunerados, divulgar e vender seu serviço em diversos contextos e áreas, passei a focar no empreendedorismo do mediador.

Venho implementando este trabalho nos últimos tempos, com o propósito de ampliar o mercado da Mediação extrajudicial, a fim de que os mediadores possam, de fato, ter a condição de viver da profissão de mediador e levar a cultura da Mediação aos diversos segmentos da sociedade.

Novo desafio. Mas assim é que me constituo. Disruptiva e inquieta. Sempre na perspectiva de incluir o novo, ampliando o olhar. Sempre aprendendo. A condição de aprendiz me motiva e me faz brilhar o olho. Neste caminho da Mediação, à medida em que vamos desenvolvendo habilidades de lidar com o outro, aprendemos a nos conhecer e a lidar também melhor conosco. Afinal a transformação começa em nós, inclui o outro e retorna a nós, não é assim? No final da caminhada, fica o amor. E como diz o escritor Carlos Castañeda:

> Examine cada caminho com muito cuidado e deliberação. Tente-o muitas vezes, tanto quanto julgar necessário. Só então pergunte a você mesmo, sozinho, uma coisa...Este caminho tem coração? Se tem, o caminho é bom, se não tem, ele não lhe serve. Um caminho é só um caminho.

O meu caminho tem coração.

Mediação no Brasil – uma história de sucesso

Tania Almeida[19]

I. Introdução

A partir da finalização do curso de Medicina em 1975, minha carreira profissional se voltou a processos de diálogo. Inicialmente como terapeuta e, a partir de 1994, como mediadora de conflitos.

Nos primeiros vinte anos profissionais como terapeuta individual e de família, construí uma prática multidisciplinar e me distanciei de dogmas teóricos que me impedissem de agregar conhecimentos de outras disciplinas ao meu cotidiano. Nesse caminhar, os estudos sobre Neuropsiquiatria, Psicanálise, Pensamento Sistêmico, Construcionismo Social, Sociologia e Filosofia foram torneando um perfil profissional de natureza interdisciplinar (umas disciplinas conversando com as outras), com especial foco nas relações humanas.

A Mediação me foi apresentada em um Seminário no Rio de Janeiro, em

19. Diretora presidente do MEDIARE. Mestre em Mediação de Conflitos.

1992, por um casal de americanos que atuava em Comediação, na área de famílias. Amor à primeira vista!

À época, trabalhava com divórcios complexos e empresas familiares, no campo da terapia, e a Mediação agregou à minha atuação o caráter negocial que lhe faltava. Dessa complementar parceria entre o foco nas relações e também nas negociações, e trabalhando sob a perspectiva sistêmica, surgiu meu perfil inicial como mediadora, temperado por todos os saberes anteriormente incorporados e encarnados.

O especial apreço pela Mediação veio, e se mantém até hoje, de seu caráter interdisciplinar, responsável por sua riqueza de propósitos e de intervenções. A Mediação poderia recepcionar todo o conhecimento até então adquirido, também advindo de muitas disciplinas, e manter minha curiosidade como mediadora, agregando, a cada dia, mais e mais saberes à minha prática.

O fato de a Mediação não fazer restrições a profissões de origem, admitindo que todo cidadão, advindo que qualquer prática profissional, pode facilitar diálogos nos cenários de seu especial conhecimento, me abrigou, assim como toda a minha bagagem.

Outro especial atrativo pelo instituto foi o fato de a Mediação cuidar dos consensos tanto quanto da preservação das relações entre os envolvidos na negociação, tratando da matéria sem descuidar dos relacionamentos. As pautas objetiva e subjetiva têm a primazia conferida pelos mediandos, e não pelo mediador. Eles decidem o que prestigiar, a cada momento do procedimento. A multifatorialidade dos conflitos pode também ser considerada e cuidada pela lente multifocal que mediadores são convidados a utilizar.

E, como cereja do bolo, o fato de ser um instrumento que convida seus participantes a olharem para o futuro e a considerarem o pleito do outro tão legítimo quanto o seu próprio, estimulando todos a trazerem à mesa soluções de benefício mútuo. Apaixonante!

II. Meu percurso na Mediação

No início da década de 1990, não tínhamos cursos de capacitação em Mediação no Brasil. Os mediadores da época encontravam treinamento na

Argentina, nos EUA e na França. Eu pertenci ao grupo Argentina-EUA, até porque integrava uma instituição portenha, onde estudava pensamento sistêmico e temas correlatos.

Buenos Aires, local da primeira lei argentina (1995), tinha à época (93/94) um Projeto Piloto de treinamento e atendimento, e importava os norte-americanos da Flórida e da Califórnia para as capacitações. Integrei a primeira turma de capacitação da Fundación Interfas, à época credenciada pelo Ministério da Justiça, e posteriormente participei do primeiro mestrado semipresencial, também em Buenos Aires, viabilizado por um convênio portenho-europeu. Daquela época em diante, os EUA foram meu maior celeiro de aprendizagem, frequentando congressos, treinamentos e devorando a literatura temática existente.

Em 1994, realizei minha primeira Mediação no Brasil. Desde então atuo em distintas áreas, em questões envolvendo pessoas físicas e jurídicas, por vezes em convênios com instituições públicas como supervisora, acompanhando os alunos, e outras vezes na prática privada. Na atualidade, me reconheço como uma *designer* de processos de diálogo - mapeamento, desenho e condução -, e trabalho preferencialmente em Comediação com mediadores especialistas na área temática da questão trazida à mesa.

Como a experiência com a docência já vinha sendo construída como terapeuta, a dedicação à supervisão em Mediação se inaugurou com o primeiro curso de capacitação em Mediação coordenado pelo MEDIARE (1998), instituição que fundei em 1997. Ao longo dos anos noventa, e durante a primeira década deste século, estive à frente de muitas palestras de sensibilização, visando divulgar a Mediação, e atuei como professora convidada em cursos de outras instituições. O MEDIARE segue com seu Programa de Formação - teoria e prática, e com o Programa de Educação Continuada - permanente atualização sobre o instituto da Mediação e sobre suas específicas áreas de aplicabilidade.

III. O surgimento do instituto da Mediação e sua trajetória no cenário brasileiro - conquistas e desafios

No cenário internacional a Mediação surgiu na década de 1970, tomando como inspiração os princípios da Negociação Baseada em Interesses, oriunda do icônico Negotiation Project da Law School da Harvard University. Afinal, negociar interesses, necessidades e valores buscando consenso e soluções de benefício mútuo vestiram como uma luva os propósitos da Mediação.

Em paralelo, também na década de 1970, o Grupo de Florença – juristas representando inúmeras culturas jurídicas, identificou a necessidade de renovação dos Judiciários, em direção à ampliação do Acesso à Justiça. Livro com esse mesmo título traduz a conclusão do movimento e descreve necessárias ondas renovatórias do sistema judiciário, uma delas representada por outros métodos de resolução de controvérsia, para além da judicialização. Brotava daquele evento de Florença a primeira semente para desfazer o equívoco de que acesso à justiça teria como sinônimo acesso ao Judiciário.

Do encontro do movimento americano (Harvard), visando aprimoramento dos processos negociais, com o movimento europeu (Florença) de ampliação do acesso à justiça, nasceu um procedimento estruturado e com ética própria, denominado Mediação. Sabemos que o ato de mediar negociações entre partes é milenar, e essa metodologia contemporânea de negociação ganhou também essa denominação – Mediação de Conflitos.

Como todo método que inaugura um *modus operandi* distinto dos anteriores, o primeiro modelo estruturado de Mediação, inspirado na negociação baseada em interesses, ganhou adeptos e críticos. Estes últimos chegaram marcando uma diferença percebida por eles como sendo para melhor e agregadora de valores ao procedimento.

Surgiram assim diferentes escolas em Mediação – Transformativa (Bush e Folger), Circular Narrativa (Sara Cobb), Narrative Mediation (Winslade Monk), Mediación Estratégica (Rubén Calcaterra) e Understanding Mediation (Friedman & Himmelstein). Por mais que seus autores apresentem vantagens sobre as demais escolas, a Mediação recusa concorrência entre saberes e segue fiel à interdisciplinaridade e à validação das diferenças. A própria Mediação ajuda esses diferentes autores a prestigiarem a diversidade e a manterem coerência com o apreço pelas diferenças. Sensacional!

Que sejam todos muito bem-vindos e permitam que utilizemos o melhor de suas práticas em uma robusta *Caixa de Ferramentas*, mantendo legítimas, para sempre, as contribuições de distintas profissões de origem e diferenciados saberes. Esse foi o título do livro que escrevi e publiquei em 2014, reunindo boas práticas de distintas Escolas de Mediação.

No Brasil, o primeiro grande movimento de fortalecimento da Mediação foi capitaneado por um projeto do Programa das Nações Unidas para o Desenvolvimento - PNUD, visando ao fomento da Mediação Empresarial. Estávamos na virada do século, e o projeto congregou Associações Comerciais e o CONIMA - Conselho Nacional das Instituições de Mediação e Arbitragem. Com crescente legitimidade no cenário brasileiro, o CONIMA tinha à frente seu primeiro e ilustre comandante, Petrônio Muniz, um pernambucano incansável, ícone ético e incentivador da cultura da Mediação e da Arbitragem no Brasil.

Ainda na década de 1990, a fundação do CONIMA (1997) nos socorreu com uma primeira sugestão de conteúdo programático teórico-prático para a capacitação de mediadores - 60 horas de teoria e 50 horas de prática - acompanhado por um singelo e abrangente Código de Ética para a prática da Mediação, ainda vigente. Eu estava lá, desde 1996, participando da consolidação de ideias e da colocação da pedra de fundação da instituição, ajudando a construir seus documentos iniciais relativos ao conteúdo programático para capacitação, o Regulamento Modelo da Mediação e o Código de Ética da Mediação.

Em paralelo, surgiam o IMAB – Instituto de Mediação e Arbitragem do Brasil (1994) e o MEDIARE (1997), que aderiram às orientações do CONIMA, ajudando a solidificar parâmetros de uma capacitação com a qualidade desejada pelos teóricos da época, parâmetros posteriormente adotados por outras instituições. Na ocasião, já se falava em legislar a Mediação, e um Projeto de Lei capitaneado pela deputada Zulaiê Cobra já chegara a Brasília almejando ser adotado.

Ainda na virada do século, começaram a surgir os primeiros desafios para a prática da Mediação no território continental brasileiro: efetivação de uma substancial discriminação entre Conciliação e Mediação; reconhecimento da necessidade de uma capacitação específica e de qualidade; evitação de cursos de curtíssima duração almejando serem reconhecidos como cursos de formação; desincentivo a instituições que ofereciam carteira para árbitros e mediadores com brasões da República, confundindo o público ávido por esse novo conhecimento, que oportunizaria ampliação do mercado de trabalho para os profissionais que atuavam com resolução de controvérsias.

A primeira década deste século (2001/2010) teve como principais desafios a consolidação da necessidade de capacitação específica em Mediação e a necessária normatização de sua prática, considerando as dimensões continentais do Brasil – algumas diretrizes auxiliariam a prestigiar seus princípios fundamentais e éticos. Nesse sentido, a década fechou com chave de ouro, com o advento da Resolução nº 125 do Conselho Nacional de Justiça, em novembro de 2010.

A Resolução trouxe consigo um conteúdo programático e carga horária mínimos, por considerar a Mediação no âmbito das Políticas Públicas. Ratificou os princípios e a ética de sua prática, retirou a Mediação do guarda-chuva da alternatividade – até então era considerada método alternativo – e a colocou no cenário dos métodos consensuais, equiparando-a a todos os demais instrumentos de resolução de controvérsias. Inseriu a Mediação em um Sistema Multiportas de Resolução de Controvérsias, em meio a outros métodos, que seriam utilizados com base no princípio da adequação – seria necessário examinar caso a caso, para avaliar que método de resolução melhor atenderia a questão concreta. Não conheço país que tenha dado à Mediação esse *status*, e tratado sua aplicabilidade no cenário federal das políticas públicas.

A segunda década deste milênio (2011/2020) brindou o Brasil com dois marcos legais para a Mediação, afinados em texto, propósitos e princípios éticos – Código de Processo Cível, CPC (Lei nº 13.105/15), e Lei de Mediação (Lei nº 13.140/15). As Câmaras Temáticas de Resolução de Controvérsias proliferaram, assim como a Mediação on-line. O episódio da pandemia da Covid-19 antecipou a tendência do atendimento on-line, que acabou por demonstrar inúmeros benefícios, se mostrando viável nos Tribunais de Justiça, nas Defensorias Públicas, em inúmeros órgãos públicos e na prática privada.

IV. Conclusão

As mudanças vêm sempre a reboque de necessidades sociais já instaladas. Os métodos consensuais de resolução de controvérsias são exemplo. Como novidade, levam um tempo para se instalar, a exemplo de toda mudança paradigmática, uma vez que perturba o sistema de crenças vigente, necessitante de tempo para oscilar entre o antigo e o novo, até que este último mostre sua eficácia.

A eficácia, por sua vez, depende da boa prática, e esta, de profissionais bem formados, cônscios do desbravamento e praticantes éticos do novo. Para que sejam absorvidas pela cultura, as novas práticas precisam comprovar seus benefícios e eficácia, e assim tornar sua utilização um hábito. Na cultura brasileira, temos o clássico exemplo da utilização do cinto de segurança em veículos automotivos, que ajudou a manter vivos muitos brasileiros que sofreram acidentes de carro, após o advento de sua prática sistemática. Pelos benefícios e eficácia comprovados, aos poucos o uso obrigatório tornou-se hábito, e já não questionamos sua utilidade.

A mais destacada Boa Prática do mundo contemporâneo é o Diálogo. Resgatado como instrumento primeiro de negociação de diferenças, de busca de consenso e sustentáculo de parcerias, integra as decisões relativas à nossa convivência e sobrevivência.

Em um mundo globalizado e sem fronteiras, que prestigia a diversidade e administra a crescente velocidade das mudanças, o diálogo ganha lugar de honra e viabiliza que os cidadãos globais que hoje somos possam cuidar do ar que respiram, da água que utilizam, do trânsito internacional de mercadorias e de costumes, assim como da economia, das parcerias multilaterais e da resolução das controvérsias, necessidade que essa intensidade de relacionamentos naturalmente gera. Diálogo não tem contraindicação. Litígios e guerras terminam quando incluem diálogos efetivos.

A Mediação, esse método que utiliza o diálogo como meio, mostra ao mundo seus especiais benefícios e eficácia na composição de diferenças e na manutenção das relações sociais. Como água, vai ocupando territórios da nossa convivência, sem mostrar efeitos colaterais adversos, sempre que observado o princípio da adequação no seu emprego. Chegou para ficar!

Parte 2

Plantio

Introdução

Continuidade, entusiasmo e institucionalização são algumas expressões que refletem a reunião dos autores incluídos nesta Parte 2, que em seus relatos fazem menção a terem encontrado a terra preparada e trabalham na ampliação da semeadura. Como os personagens anteriores, também são empreendedores, mas, por testemunharem os resultados da utilização da Mediação nas áreas mencionadas no momento anterior, puderam expandir as atividades para outras áreas ou aperfeiçoar as que já vinham sendo praticadas no país.

Vale notar que este momento é marcado pela continuidade da estabilidade econômica nacional, refletindo a economia mundial, que apresentava sinais de grande crescimento e prosperidade, em especial nos Estados Unidos e Europa, e apontam para a economia chinesa em crescimento, com dados positivos e impactantes, passando a ser um *player* internacional cada vez mais potente. Tal pujança segue até o momento da existência de um forte abalo com a crise financeira de 2008-2009, cujos reflexos foram sentidos posteriormente no Brasil.

Para a evolução da Mediação, o cenário brevemente exposto acima permitiu o intercâmbio de profissionais estrangeiros no país, ao mesmo tempo em que pessoas interessadas em se aprofundar no tema foram buscar conhecimento no exterior. No início, a vizinha Argentina se destaca, pelo fato de haver iniciado com um programa na Província de Buenos Aires em meados da última década do século passado que obrigava todos os conflitos na área civil a serem levados à Mediação, como etapa antes de um processo judicial. Posteriormente, os Estados Unidos, pela sua diversidade e por se constituir um país da *common law*, passaram a ser o canteiro de profissionais brasileiros, que para lá se dirigiam, e profissionais de lá vinham para cá com o intuito de apresentar suas experiências.

Cabe salientar que a prática da Mediação permanecia em constante crescimento nos contextos mencionados, mas chama a atenção que a Mediação passa a ser o foco do Poder Judiciário, em um primeiro momento direcionado para o controle do excesso de litigiosidade, buscando a diminuição do número de processos, a exemplo do ocorrido em outros países. Assim, programas desenvolvidos por juízes e mediadores em tribunais estaduais passaram a ser desenvolvidos de maneira não uniforme. Com a vertente de diminuição do volume de demandas judiciais, se observa o nascimento de uma política pública denominada de tratamento adequado dos conflitos, com uma Resolução do Conselho Nacional de Justiça, com o objetivo de parametrizar a prática de maneira mais equânime em todo o território nacional: a Resolução CNJ nº 125 de 2010, que permanece em vigor, sendo posteriormente inspiradora do Código de Processo Civil de 2015.

Paralelo a tudo isso, no ambiente extrajudicial se nota o interesse de instituições administradoras de processos tradicionalmente voltados para a Arbitragem a perceberem as vantagens da Mediação, a partir de instrumentos efetivos asseguradores de seus princípios. Assim, passaram a possuir um regulamento e um lista de mediadores próprios para inclusão da Mediação em seu portfólio de serviços. Além disso, se nota o despertar do interesse pela atividade em áreas até então impensadas, como a escolar e o meio ambiente, sem dizer o organizacional.

As palavras mencionadas no início do texto bem explicam a perspectiva dos autores incluídos nesta seção, pois, ao perceberem um ambiente propício e adotando os princípios da Mediação, fizeram diferença para a atividade, ampliando-a e fortalecendo-a. Vale destacar ainda, o importante papel desempenhado pelo FONAME - Fórum Nacional de Mediação, que, criado neste período, esteve sempre presente nos momentos marcantes da evolução da atividade, tendo sido nessa entidade que a referida política pública do Conselho Nacional de Justiça foi forjada.

Fernanda Rocha Lourenço Levy e Adolfo Braga Neto

A história do Projeto Cantareira de Mediação Interdisciplinar e a Mediação na minha história

Airton Buzzo Alves[20]

É com imensa satisfação e com muita honra que aceitei o convite de integrar o rol de autores desta obra, para relatar a nossa experiência na aplicação da Mediação, como método adequado de solução de conflitos, a partir da instalação do Projeto Cantareira de Mediação Penal Interdisciplinar, no âmbito da Promotoria de Justiça Criminal de Santana do Ministério Público de São Paulo.

Ao analisar os dados estatísticos colhidos na referida promotoria e diante da experiência desenvolvida com a aplicação dos mecanismos estabelecidos pela Lei nº 9.099/95, observei que havia um crescimento expressivo e contínuo dos feitos criminais envolvendo *conflitos intersubjetivos*, nos quais as partes envolvidas mantinham *relação continuada.*

Verifiquei, ademais, que em inúmeros feitos envolvendo esses atores, a vítima procurava, inicialmente, a polícia, não para objetivar uma punição ao autor do fato, mas sua readequação ao convívio social ou familiar. Crescentes, por outro lado, eram os casos de desentendimentos entre vizinhos, no mais das vezes envolvendo o uso imoderado de aparelhos sonoros, quer por ocasião de festas, quer no uso cotidiano, com a característica relevante da existência de pessoa idosa na condição de reclamante.

O modelo, até então vigente, de convocação dos envolvidos à audiência preliminar e de aplicação de uma pena de multa, por meio da transação penal, não se mostrava totalmente satisfatório, máxime se comparados os resultados atingidos em outros delitos.

Embora fosse aplicada a pena transacionada aos agentes dos delitos envolvendo relação continuada e a atuação do Estado no processo criminal estivesse formalmente concluída, a causa dos desentendimentos – a essên-

20. Mestre em Direito Processual Penal - PUC/SP, professor do Curso de Capacitação de Conciliadores e Mediadores do Centro de Estudos e Aperfeiçoamento Funcional - Escola Superior do Ministério Público (CEAF/ESMP), mediador, promotor de Justiça Criminal de Santana/SP, fundador e coordenador do Projeto Cantareira de Mediação Interdisciplinar e do Nuipa Regional Norte - Projeto Cantareira.

cia do conflito – envolvendo aquelas pessoas persistia e não era enfrentada pelo aparato estatal.

"As chamas haviam sido debeladas, contudo o incêndio poderia irromper a qualquer momento".

A repetição da conduta agressiva ou conflituosa remanescia entre os envolvidos, porém, esses novos fatos criminosos, por vezes, não eram objeto de encaminhamento ao aparato estatal criminal pelo descrédito dos ofendidos com a resposta do Estado, que se limitou a aplicar uma pena pecuniária. Em outros casos, dava ensejo ao desenvolvimento da espiral de violência, com a prática de novos crimes, inclusive de maior gravidade.

Impunha-se, portanto, o enfrentamento dessas questões, visando viabilizar a solução do conflito e restabelecer o convívio respeitoso e o diálogo entre pessoas envolvidas em crimes, sobretudo, com o viés da relação continuada.

Concomitantemente a essas constatações no âmbito funcional, bem como em face das minhas atividades acadêmicas, desenvolvi estudos acerca da Justiça Restaurativa e me deparei, pela primeira vez, com trabalhos doutrinários acerca da Mediação de conflitos.

Constatamos que as próprias partes, no processo de Mediação, constroem as soluções para o fato conflituoso, pelo restabelecimento do diálogo e com a intervenção de mediadores capacitados, instalados em um ambiente respeitoso e colaborativo.

Os mediadores, nesse contexto, conduzem os mediandos ao diálogo com respeito, ordenam as discussões do conflito, identificam o conteúdo da disputa e ressaltam as convergências. Ademais, possibilitam que cada mediando possa apresentar a sua versão e seja ouvido pelo outro, resguardando a equidade. Os mediandos são conduzidos à reflexão acerca da necessidade de mudança de atitudes, buscando a autogestão dos problemas, e sendo estimulados, por meio do restabelecimento do diálogo, à cooperação e à paz nas relações pessoais.

Observei que o instrumento adequado para enfrentar conflitos com relação continuada e no âmbito criminal era a Mediação, no modelo transformativo, e com a intervenção de mediadores capacitados e com formação interdisciplinar. Conquanto a utilização da Mediação já existisse há anos nas questões cíveis sobre direitos patrimoniais disponíveis, nas de família e da infância e juventude, na seara penal, entretanto, constituía uma inovação a sua prática.

Com essas concepções, implantamos na Promotoria de Justiça Criminal de Santana, em junho de 2005, o Projeto Cantareira de Mediação Penal Interdisciplinar, inicialmente em caráter experimental e por meio de parcerias com mediadoras voluntárias.

Nos primeiros passos para experimentação da Mediação no âmbito criminal, observei que não havia indicação de profissionais habilitados. Ao tomar conhecimento do Provimento CSM nº 893/2004, do Tribunal de Justiça de São Paulo, autorizando a criação e instalação do Setor de Conciliação ou de Mediação nas comarcas e foros do Estado, mantive contatos com a Dra. Maria Pires de Melo, juíza de Direito e coordenadora do Setor de Mediação e Mediação Interdisciplinar, para as Varas de Família e Sucessões, Infância e Juventude e Cíveis do Foro Regional I - Santana, Comarca de São Paulo.

O referido setor de Mediação estava em fase de implantação, o que me permitiu, através da excelente acolhida da gentil e dedicada Dra. Maria Pires, colher informações importantes acerca da sistemática, das dificuldades encontradas e dos mediadores que solicitaram inscrição na qualidade de voluntários.

Assim, tivemos o privilégio de conhecer as mediadoras Lourdes Farias Alves, Marta dos Reis Mariano, Rita de Jesus Leria Aires, a saudosa Valeria Perez e Violeta Daou (ambas com formação em Psicologia, supervisoras de práticas de Mediação e professoras de cursos de capacitação de mediadores), com as quais planejamos os atendimentos de pessoas envolvidas em inquéritos policiais e termos circunstanciados, no contexto de crimes de menor potencial ofensivo e com relação continuada.

Também tivemos a colaboração valiosa da oficial de promotoria e mediadora Sandra Cristina de Azevedo, destacada da referida promotoria para desenvolver, inicialmente, os trabalhos administrativos pertinentes à instalação das sessões de atendimento dos mediandos.

Importante enaltecer que a atuação dessas profissionais sempre foi destacada por dedicação extremada, entusiasmo incomum, busca e utilização das melhores técnicas de atendimento e administração do projeto.

Utilizamos, por primeiro, o gabinete de um dos colegas da promotoria, cedido nos dias em que ele estava em audiências no Foro Regional de Santana, com adequação da sala para um ambiente propício ao atendimento de Mediação, com a atuação de equipe reflexiva.

O atendimento dos primeiros casos foi objeto de muita apreensão acerca do comportamento dos mediandos, dos resultados a serem alcançados e de como seria recebida essa técnica de solução de conflitos pelos atores do Direito (advogados, promotores e juízes).

Permitam-me compartilhar um desses primeiros casos, com a ressalva da utilização de nomes fictícios.

Tratava-se de conflito extraído de inquérito policial, que apurava os crimes de lesões corporais dolosas (de natureza leve) e de ameaça. Envolvia três vizinhos, moradores de uma vila, cujos imóveis não possuíam garagens e que estacionavam o respectivo veículo defronte à própria residência.

John, idoso, era vizinho de parede de Ellen, e não mantinham bom relacionamento, com antecedentes criminais, cujos casos foram arquivados por carência de provas. Em inquérito anterior, John teria ameaçado Ellen. Em outro feito criminal, Ellen teria agredido John. David, jovem e recém-casado, residia no sobrado defronte à casa de Ellen e era amigo de John.

No caso utilizado para Mediação, constava dos autos que David estacionou seu veículo defronte à residência de Ellen, sem autorização desta, em razão de realizar um churrasco em sua casa e utilizar sua vaga para estacionamento do automotor de seu genitor.

Ellen, inconformada com o uso da referida vaga, chamou David para retirar o veículo estacionado defronte à sua casa. Houve discussão, sobretudo, pela intervenção de John, o qual participava da festa.

Em meio à discussão, John ameaçou Ellen e esta desferiu um tapa e arranhões no rosto de John, lesionando-o. David interveio para separá-los e teria agredido Ellen, lesionando-a. Havia prova testemunhal e laudos periciais demonstrando as lesões corporais suportadas por John e Ellen.

Efetuado o cuidadoso e técnico contato, eles aceitaram participar da Mediação, tendo sido atendidos inicialmente em *caucus*, sendo realizadas quatro sessões conjuntas, com a intervenção das citadas mediadoras e equipe reflexiva. Nos referidos encontros, os mediandos compareceram sem a assistência de advogados. Eles celebraram acordo informal de Mediação.

Conforme protocolo de atendimento estabelecido no Projeto Cantareira, os referidos mediandos foram convocados para participar de reunião comigo, para formalização do acordo, vale dizer, substituição dos combinados no *acordo informal* por *acordo jurídico*.

No acordo por eles celebrado, Ellen e John criaram obrigações recíprocas para realização de obras no muro entre as respectivas residências, visando solucionar infiltração de água, que prejudicava o uso do quintal pelos familiares de Ellen. Também constou do acordo que David, John e Ellen se retratavam da representação criminal ofertada na polícia e declaravam que não pretendiam a continuidade do inquérito policial, desejando o arquivamento dos autos.

Fiquei surpreso com as cláusulas referentes às obras no muro. Eles informaram que esse problema os incomodava há anos, pois John não permitia que fossem realizadas tais obras, o que motivou os desentendimentos anteriores entre Ellen e John e que não tinha sido tratado antes da Mediação instalada, não obstante os inquéritos policiais anteriormente instaurados. Observei que a Mediação produziu efeitos na órbita processual penal, com a retirada das representações criminais, o que ensejaria o arquivamento do inquérito policial.

Mas este encontro com os mediandos para formalização do acordo de Mediação me reservou outra surpresa muito interessante.

Ao final da redação das cláusulas, digamos jurídicas, e com a participação dos mediandos, percebi que não havia nenhuma referência à regulamentação do estacionamento de veículo na vila, defronte apenas à respectiva residência, salvo se autorizados pelo morador.

Ellen, de pronto afirmou: "não precisa"; e complementou: "todos os moradores respeitam essa regra". Eu argumentei: "mas não foi o desrespeito dessa regra que deu causa ao entrevero?". Ela respondeu: "não, é que eu fiquei com bronca de John estar no churrasco do David e de não ter sido convidada. *Aliás, nem carro eu tenho*". Os mediandos riram e confirmaram que não havia necessidade de cláusula com tal propósito.

Esse caso foi significativo para a continuidade da implantação da Mediação no âmbito criminal. Demonstrou que os conflitantes restabeleceram o diálogo e que o tratamento era respeitoso, como também ocorreu a transformação na relação e se apresentaram empoderados, reconhecendo que o diálogo era o instrumento mais adequado para solução de eventuais outros conflitos que surgirem. Evidenciou que o conflito, na sua essência, não é tratado pelo mecanismo processual penal. A conduta criminosa constitui uma consequência do conflito, mas não sua causa. A causa do conflito deve ser tratada por instrumentos adequados, entre os quais a Mediação ocupa lugar de destaque.

Foram atendidos outros tantos casos buscando a solução de conflitos da comunidade, sem qualquer custo aos mediandos. O Projeto Cantareira ganhou salas apropriadas para atendimento de Mediação e um modesto auditório, como também estrutura administrativa adequada. Agregamos outras oficiais de promotoria, Iomar Francisca de Alencar Arima e Regina Maria Paes, capacitadas em Mediação, para auxiliar na supervisão dos grupos de atendimento. Criaram-se protocolos de escolha dos casos, de registro, de controle estatístico e foram estabelecidas parcerias com entidades incumbidas da capacitação de mediadores, proporcionando treinamento aos profissionais que concluíram os cursos, por meio de oficinas de prática de Mediação. Além dos casos de origem criminal, o atendimento se estendeu para feitos que tramitam na Promotoria de Justiça Cível de Santana.

Os mediadores do Projeto Cantareira, desde a sua implantação, são profissionais com formação superior nas diversas áreas do conhecimento, com capacitação em cursos de Mediação que seguem os parâmetros mínimos reconhecidos pela Resolução nº 125, do Conselho Nacional de Justiça – CNJ.

O caminhar seguro, com técnica e com resultados expressivos ao longo dos anos, estimulou a egrégia Procuradoria-Geral do Ministério Público do Estado de São Paulo, através do Ato Normativo nº 1109/2018- PGJ, de 24 de setembro de 2018, a transformar o Projeto Cantareira de Mediação

Interdisciplinar em NUIPA Regional Norte da Capital – Projeto Cantareira, onde até hoje temos o privilégio de desenvolver a Mediação de conflitos, em casos da atribuição das Promotorias Cível e Criminal de Santana.

No âmbito pessoal, a Mediação, ao longo destes anos, me conduziu à capacitação específica e ao estudo continuado, como também à frequência a cursos, seminários, eventos, a proferir palestras e ministrar aulas, em cursos de capacitação de mediadores e no ensino superior. A Mediação transformou a minha vida.

Encerro este artigo, para destacar a importância e relevância das atividades exercidas por conciliadores e mediadores na busca da solução de conflitos, com evidente ganho à prestação de serviços do aparato estatal.

A Mediação exige o uso de técnicas próprias, enseja o estudo do conflito sob os diversos ângulos, contempla a avaliação dos interesses no confronto com as posições e impõe capacitação adequada e continuada dos mediadores.

É importante, também, que o Estado aloque recursos para remunerar a atividade dos conciliadores e mediadores, na condição de serviço auxiliar de diversas áreas, inclusive da função jurisdicional e nos programas já instalados, como instrumento da busca da paz social.

Minhas memórias com a Mediação

Alessandra Fachada Bonilha[21]

A Mediação como técnica e recurso para solução de conflitos entrou na minha vida através da arbitragem, no início dos anos 2000, quando iniciei

21. Advogada empresarial e colaborativa, LLM-Executive pelo CEU-LAW SCHOOL, consultora nas áreas de Governança Familiar, mediadora privada, certificada avançada pelo ICFML, mediadora judicial cadastrada no TJSP e no CNJ. Formação em Negociação pela Harvard Law School, mediadora certificada pelo The Center of Mediation in Law – NY. Integra o quadro de mediadores das principais Câmaras de Mediação e Arbitragem do Brasil. Compõe o Comitê Gestor da Conciliação do Conselho Nacional de Justiça. Diretora do CONIMA – Conselho Nacional das Instituições de Mediação e Arbitragem. Coordena o Grupo de Práticas Colaborativas da CAM-CMR (Câmara de Mediação do Centro das Mulheres na Reestruturação). É coautora de 7 livros e artigos relacionados ao tema de Gestão de Conflitos, Empresas Familiares e Solução de Conflitos para empresas em crise.

meus estudos na Escola de Direito da Fundação Getúlio Vargas (GV-Law) que à época, montava seu primeiro curso de arbitragem, coordenado pelos professores Selma Ferreira Lemes, Carlos Alberto Carmona e Pedro Batista Martins. Naquele momento, buscava novos desafios profissionais. Havia passado por duas cirurgias de cordas vocais e superado a perda parcial da minha voz. A dificuldade enfrentada se transformou em oportunidade de crescimento pessoal, o que me fez enxergar o mundo sob diversas perspectivas.

Como boa geminiana, a comunicação para mim é algo natural e fluido. Adoro falar e conversar com as pessoas. Até a segunda cirurgia, um longo período se passou, inclusive a imposição pelo médico de um silêncio absoluto por uma semana.

Silenciar os ruídos e as inquietudes que me rondavam na ocasião foi uma das experiências mais enriquecedoras da minha vida, pois me levou ao mundo dos livros, que me aproximou de um universo maior que o do Direito, no qual estava habituada a transitar.

Inevitável voltar no tempo e recordar da saborosa leitura do livro de Anna Sharp, em que ela relata sobre a passagem pelo Caminho de Santiago de Compostela. Fiquei tão fascinada que me inscrevi em seu *workshop*.

E foi lá que ouvi as primeiras lições sobre a escuta sem julgamento e que uma mesma situação poderia ser observada por diversos ângulos. Naquele *workshop*, passei a compreender o alcance do significado de se colocar no lugar do outro.

Com o passar do tempo, os estudos foram se intensificando, do que resultou uma revolução na busca por novos conhecimentos que pudessem agregar valor dentro da minha área.

Assim, quando iniciei o curso de arbitragem da GV-Law, fiquei encantada. Me apaixonei pelas aulas de negociação e pela de Mediação, ministrada por Regina Michelon, pois quebravam os paradigmas de que apenas o Judiciário tinha o poder para solução dos problemas.

Nessa ocasião, pelas coincidências do universo, uma grande amiga de infância, Kátia Rezende Barboza, me telefonou convidando-me para acompanhá-la em um curso de Mediação que seria realizado em Nova York, com dois professores, um ligado à Columbia University e outro da Califórnia.

Os ensinamentos que recebi dos mestres Garry Friedman e Jack Himmelstein, que lecionam a Mediação baseada na compreensão do conflito, continuam sendo os pilares do trabalho que realizo até os dias de hoje, lapidados pelas demais áreas do conhecimento que vou agregando ao longo da minha jornada, pois acredito que, para prestar trabalho envolvendo conflito, é importante buscar conhecimento e autoconhecimento.

Essa primeira experiência com a Mediação foi enriquecedora, pois me trouxe o prazer de conviver com a diversidade de nacionalidades, constatando que muitos dos problemas que presenciava aqui no Brasil se repetiam em outros países, em um cenário onde os profissionais estrangeiros, que ali estavam reunidos, buscavam uma nova forma de solucioná-los, devido à alta litigância em seus países e aos resultados pouco efetivos.

Me chamou a atenção, o testemunho de uma jovem juíza, da República dos Camarões. Em sua narrativa sobre um dos motivos por que havia escolhido o curso de Mediação, ela nos contava sobre sua dificuldade em solucionar os conflitos havidos entre esposas de um mesmo casamento, muito comum em sua comunidade, de predominância muçulmana.

Ela havia lido a respeito da Mediação e percebia que poderia trabalhar para pacificar as situações, pois, a despeito de existirem regras para essa forma de matrimônio, a convivência gerava conflitos que deveriam ser solucionados para além de uma sentença.

Voltei ao Brasil entusiasmada e repleta de ideias, pois havia percebido o poder contido nas técnicas e nos resultados que a Mediação poderia alcançar. Passei a buscar informações, que me levaram ao CONIMA, na época presidido pelo querido amigo e brilhante professor Adolfo Braga.

Entre o convite para participar do que seria a minha primeira reunião em 2005 até os dias atuais, o CONIMA ocupa um lugar de destaque na minha vida. Costumamos brincar que somos uma Família.

Ao longo dos anos, além das amizades que plantei e que cultivo com todo o carinho no coração, passei a compreender os desafios e as peculiaridades para desenvolver e divulgar os métodos de solução de conflitos no Brasil.

Os Encontros do CONIMA tiveram um papel importante nesse contexto, pois ao longo dos últimos 12 anos, passamos pelo Sul, Sudeste, Centro-

Oeste, Norte e Nordeste, levando, além de conteúdo qualificado, informação sobre as boas práticas de utilização dos MESCs (Métodos Extrajudiciais de Solução de Conflitos).

Descrever a preparação dos Encontros levaria vários capítulos. Todos os anos, temos por hábito criar uma comissão específica que cuida dos detalhes do evento, desde o temário, a logística dos palestrantes, até mesmo a forma de execução do hino nacional. Aliás, com todo o respeito, esse tema rendeu muitas risadas.

O 12º Encontro, em razão da pandemia, foi realizado de forma não presencial. O filme de abertura me levou às lágrimas. As fotos de encontros anteriores trouxeram a lembrança de momentos especiais, o que me leva a concluir que a modalidade à distância, virtual, tem o condão de proporcionar informação, irradiar e difundir conhecimento, mas nada irá superar o contato humano e a alegria que ele pode produzir, como as aglomerações, com as quais comemoramos os 25 anos do CONIMA em Brasília, e a noite de dança típica do carimbó em Belém do Pará.

Escrever este artigo propiciou exercer uma saudosa viagem no tempo, aflorando as memórias dos caminhos trilhados até a conquista da Lei de Mediação e a sua inserção no Novo Código de Processo Civil, passando pela Resolução nº 125 de 2010, um marco para nós, mediadores.

Uma das experiências que me marcou, no ano de 2007 aproximadamente, foi a oportunidade de ter participado da criação da Câmara de Conciliação e Mediação da FIESP/CIESP, que nasceu em reunião do Conjur, a partir da palestra do prof. Kazuo Watanabe.

Foi uma das primeiras câmaras a oferecer de forma institucional os serviços de conciliação e Mediação. Era presidida pelo desembargador e ex-presidente do Tribunal de Justiça de São Paulo Marcio Martins Bonilha e por um Conselho composto por juristas e advogados ilustres, como o ministro Sidney Sanches (presidente do Conselho), o professor Kazuo Watanabe, a querida e saudosa Ada Pellegrini Grinover, Dr. Antônio Correia Meyer, Carlos Alberto Carmona, Marcelo Huck, dentre outros.

Na época, optou-se por criar uma estrutura separada da Câmara de Arbitragem, já que os propósitos eram distintos.

Um dos temas em debate no Conselho era se a Câmara poderia aceitar mediadores sem capacitação, mas com longa experiência profissional. Particularmente, penso ser necessária a capacitação mínima e constante do mediador, pois não basta intuição ou experiência de vida. Elas são valiosas, porém o manejo das técnicas e do processo é o que trará resultados consistentes.

Uma das pessoas que logo se convenceu da importância da capacitação foi a saudosa professora Ada Pellegrini, a quem apresentei o professor Adolfo Braga para que o IMAB pudesse realizar o curso de formação de mediadores, pois era necessário um corpo especializado para integrar a câmara.

Vencida a parte teórica, mais um desafio a ser enfrentado. Onde realizar os estágios? Diante da necessidade apresentada, busquei o Fórum de Pinheiros como alternativa para uma possível parceria, já que experiências com a Mediação estavam sendo abrigadas dentro do Poder Judiciário.

O Fórum Central já havia instalado um setor de conciliação desde 2005 e o de Santana também era referência. Me lembro de longas conversas e aprendizados com Helena Mandelbaum, que esteve à frente daquele projeto por muitos anos.

Procurei o Dr. Rodolfo César Milano, que foi receptivo à ideia de receber um setor de conciliação/Mediação e, com o apoio do então diretor do Fórum, Dr. Francisco Carlos Shintate, e respaldo logístico da FIESP/CIESP, as salas foram abertas e equipadas para que as sessões fossem realizadas.

Posteriormente, o Dr. Rodolfo Milano tornou-se o juiz coordenador da conciliação do Foro Regional de Pinheiros.

Um dos maiores desafios para uma sociedade que busca implantar uma diversidade de métodos privados de solução de controvérsias é romper com o sistema estabelecido, a demandar um forte trabalho institucional, em especial perante a comunidade jurídica.

A OAB de São Paulo, desde que criou a Comissão de Arbitragem e Mediação, cuja primeira gestão foi brilhantemente presidida por Marcelo Muriel, sempre abriu suas portas para mais ampla divulgação dos métodos privados de solução de conflitos. Faço este relato com orgulho, e revelo que mantenho guardado os certificados recebidos, tanto das palestras que proferi, como também daquelas em que participei ao longo desta jornada.

A mudança de mentalidade é conquistada através da educação, a começar na formação dos estudantes. A Faculdade de Direito da FAAP foi uma das pioneiras, ao inserir em sua grade curricular a disciplina de Negociação, Mediação e Arbitragem. Lecionei por cinco anos, entre 2006 e 2010, com as classes completas, mesmo a matéria sendo optativa. Apenas em 2018 a disciplina se tornou obrigatória, por deliberação do Ministério da Educação.

Enquanto discutíamos a necessidade de uma lei de Mediação, a de arbitragem se consolidou e, com isso, houve uma explosão de abertura de Câmaras de Arbitragem, com direito às "famosas" carteirinhas de "juiz arbitral", utilização indevida de símbolos e brasões da República, diplomas de "magistrado arbitral"; enfim, a cada dia convivíamos com as mais variadas terminologias, desvirtuando por completo os objetivos a que se destinava.

O CONIMA e CBAR (Comitê Brasileiro de Arbitragem), preocupados com o desvio de conduta, uniram-se em diversas iniciativas para combater comportamentos ilegais e resgatar a moralidade.

Foram confeccionadas cartilhas, realizados seminários, palestras, diálogos em conjunto com o poder público. Essa era uma época de grandes desafios, principalmente para o CONIMA, que, de forma árdua, trabalhou e ainda trabalha para que sejam adotadas as boas práticas, na busca do aprimoramento desses institutos e observância dos princípios da eficiência, moralidade e probidade.

Outra importante instituição que congrega representantes expressivos da Mediação no Brasil é o FONAME, entidade em cuja primeira reunião estive presente, a convite da Dra. Valéria Lagrasta, magistrada e estudiosa da área. Nesse dia, reencontrei a querida Sandra Bayer, que já conhecia de longa data, acompanhada da Fernanda Levy, que se tornou uma amiga do coração, companheira de trabalho junto ao CONIMA, o qual dirigiu com grande sabedoria e com a qual passei dividir as alegrias e também as angústias sobre os rumos da Mediação ao longo dos anos.

O ano de 2008 foi emblemático e de mudanças pessoais. Depois das reuniões do CONIMA, muitas realizadas no escritório de Jean François Teisseire, que sempre nos acolheu com muito carinho, tínhamos por hábito almoçar em um *bistrot* na Alameda Franca, quase esquina com a Rua Augusta.

Estávamos, além de Jean François e eu, Ana Lúcia Pereira, Ana Luiza Isoldi e Lia Justiniano, nossa mestra querida e uma das pioneiras da Mediação no Brasil, discutindo formas de demonstrar a viabilidade da Mediação empresarial. Jean François sugeriu que trouxéssemos experiências estrangeiras, e naquele dia nascia o I Fórum Internacional de Mediação Empresarial do CONIMA.

Colocar esse evento de pé, com palestrantes vindos da Inglaterra (Patrick Green), Espanha (Cristina Merino Ortiz), França (Christian Haussmann), Estados Unidos (Fred Souk), Canadá (Alan Stitt) e Argentina (Alicia Milan), era inovador e só foi possível pelo empenho da comissão que se formou, na qual cada membro responsabilizou-se por um dos palestrantes.

O evento foi um sucesso e até hoje considerado uma referência para a experiência brasileira. Como fruto do trabalho da equipe CONIMA, foi publicado um livro registrando todas as palestras proferidas e comentários dos membros da Comissão (Alessandra Fachada Bonilha, Ana Luiza Isoldi, Ana Lucia Pereira, Antônio Luiz Sampaio Carvalho, Carla Boin Aguiar, Edimir Francisco de Oliveira, Jean François Teisseiere e Lia Justiniano Santos).

Conforme comentei acima, o ano de 2008 foi um ano de mudanças. Depois de quase 20 anos trabalhando no escritório de advocacia do meu amado pai, Celso Manoel Fachada, percebi que meu envolvimento com a Mediação e a governança familiar e corporativa estava cada vez maior.

Tomei coragem e decidi procurá-lo para uma conversa no escritório, primeiro para agradecer todo o aprendizado que ele havia me proporcionado. No entanto, era chegada a hora de partir, pois acreditava que existiam outras formas, inclusive preventivas, de solução de problemas e estava convencida que era nessa área que estava disposta a atuar.

A partir dessa ocasião, duas pessoas muitas especiais, Ana Luiza Isoldi e Priscilla Melo, passaram a fazer parte da minha vida. Criamos a Defamília, para atender os casos de Mediação, desenvolver a governança familiar e corporativa para empresas familiares, além promover cursos e treinamentos.

Seguimos juntas por alguns anos realizando trabalhos incríveis e, mesmo tendo cada qual seguido seu caminho profissional, a amizade, o carinho e o respeito se mantêm até os dias atuais. São momentos que guardo com todo o amor no coração, pois foi um período de crescimento pessoal e profissional, permeado por várias histórias em que a Mediação se fez presente.

Logo que criamos o Defamília, Ana Luiza teve a ideia de fazer um curso de Mediação no Brasil, com a experiência argentina, já que era e ainda é referência para brasileiros. Embarcamos para Buenos Aires com intuito de visitar de perto o trabalho de três mediadoras que estavam se destacando: Veronica Bianchi, Cynthia Borginia e Patricia Benedit, e também do grande e inesquecível mestre Enrique Longo, cujas lições estão vivas em minha mente: "para negociar com o outro, há que se negociar primeiro consigo mesmo".

Voltamos a Buenos Aires algumas vezes, levando alunos do curso para que pudessem perceber a prática da Mediação por professores que estavam acostumados a realizá-la. Nessa época, o Brasil ainda discutia se a Mediação deveria ser regulamentada.

No Brasil, a Mediação é considerada política pública e vem sendo abraçada e estimulada pelo Poder Judiciário, principalmente após a entrada em vigor da Resolução nº 125/2010, ocasião em que se previu uma capacitação significativa de conciliadores/mediadores e a criação dos CEJUSCs.

A conquista da Lei de Mediação (nº 13.140/15) e sua inserção nos dispositivos do Novo Código de Processo Civil representam um marco e constituem verdadeiros guias para aqueles que pretendem utilizar essa ferramenta como uma oportunidade para solucionar conflitos.

Após alguns anos de sua vigência, o grande desafio tem sido levar a Mediação, especialmente a privada, cuja dinâmica e etapas se desenvolvem em tempo diferente daquele vivenciado na Mediação judicial para que advogados possam conhecê-la e experimentar seus benefícios.

Em 2016, depois de ter completado onze anos como mediadora privada, resolvi que era hora de fazer a capacitação em Mediação judicial, pois imaginei que poderia ser necessária em algum momento da minha vida.

E lá fui eu para as 60 horas de estágio, percorrendo diversos CEJUSCs de São Paulo até parar no setor de Família do Butantã, coordenado pela querida Hellen Eneida, onde passei a trabalhar como mediadora judicial e a conviver com outros mediadores, me proporcionando, além da amizade, troca de experiências e a prática da Comediação, cuja vivência muito enriquece o processo da Mediação.

O trabalho no CEJUSC proporciona o contato com a realidade de muitos brasileiros e nos faz perceber que a carência vai além da falta de saneamento básico na comunidade, do alimento e da água tratada. Há uma incidência impressionante de falta informação e de carência de educação. Portanto, me senti muito gratificada em mediar os conflitos que ali chegaram e pude entender o verdadeiro significado da cidadania contido naquela sigla.

A Mediação judicial é uma realidade em todo o Brasil. O Conselho Nacional de Justiça, através do Comitê Gestor da Conciliação, do qual tenho a honra de participar, tem trabalhado constantemente para aperfeiçoar os cursos de capacitação e de instrutores. Nestes últimos anos, avaliando os trabalhos enviados ao Prêmio Innovare, constatei a criatividade dos profissionais envolvidos nos projetos e o empenho para transformar o olhar da sociedade em relação à forma como lida com os conflitos.

O relatório *Justiça em Números* publicado pelo CNJ em 2020, com base nos dados de 2019, demonstra uma taxa de congestionamento de processos na ordem de 71%. Ainda que considerada alta, merece ser comemorada, pois comparada aos anos de 2016 e 2018, sofreu uma queda de 6,3% e 4,1%, respectivamente.

No entanto, ainda é crescente o número de casos que entram na Justiça. A despeito de todo o incentivo do Poder Judiciário para utilização dos MASCs, é preciso uma conscientização da classe jurídica, em especial dos advogados.

O CONIMA promoveu diversos cafés em renomados escritórios de advocacia brasileiros que já fazem uso da Mediação, para que servissem de inspiração e modelo para outros.

A OAB de São Paulo, através da gestão de Ana Luiza Isoldi, não tem poupado esforços para trazer a cultura do diálogo para advocacia. Tanto que o nome da Comissão de Mediação foi alterado para Comissão da Advocacia na Mediação para que, assim, os advogados pudessem se aproximar e trocar experiências sobre como defender os interesses do cliente utilizando os métodos adequados de solução de conflitos.

Desde 2019, a convite da vice-presidente Subseção da OAB–Butantã, Dra. Anna Cristina Bergamaschi, passei a presidir a Comissão de Métodos Adequados de Solução de Conflitos e, através desse espaço, temos conscientizado os advogados, seja por meio das Oficinas de Mediação, seja através das palestras, já que a cultura do litígio ainda é muito arraigada em nosso país.

Ao longo dos anos, entidades como o GEMEP (Grupo de Estudos de Mediação do CBAR), FONAME e o Café com Mediação têm levado à sociedade e à comunidade jurídica, além da informação, conteúdo de qualidade. Por isso, registro meu respeito e admiração a todos que vem se dedicando à essa transformação.

A mudança de uma cultura exige muito trabalho. Empresas como Mercado Livre vêm dando seu exemplo, construindo um sistema extrajudicial de solução dos conflitos com o consumidor, deixando para o Poder Judiciário só realmente situações que não puderam ser resolvidas, apresentando índices baixíssimos de litigância.

Atualmente, contamos com decisões em diferentes Estados, amparadas pelos ensinamentos do professor Kazuo Watanabe, que defende a necessidade da releitura do acesso à justiça. As demandas judiciais não devem ser acolhidas, sem a devida comprovação de que pelo menos uma das partes optou pela tentativa de composição extrajudicial.

No âmbito empresarial, o Mercado Livre, que faz uso da Mediação, vem sendo considerado uma referência para as empresas. Todavia, outras iniciativas estão sendo realizadas e muito bem aceitas pela comunidade.

Nesse sentido, cito a experiência do Esporte Clube Pinheiros, que considero minha segunda casa e onde a Mediação conquistou o seu espaço. Desde 2018, o procedimento encontra-se inserido no regimento interno para solucionar conflitos entre os associados, antes de serem levados às Comissões Disciplinares.

É voluntário e só ocorre se as partes envolvidas estiverem de comum acordo, sendo conduzido por dois mediadores devidamente capacitados e sócios do Clube.

Levou algum tempo e o empenho de valorosos conselheiros para que esse projeto se tornasse realidade. Não havia me tornado conselheira ainda, quando o amigo Alexandre Lomonaco, experiente conselheiro e recém-capacitado na Mediação, me pediu para ler e trazer contribuições ao projeto de Mediação de conflitos que seria encaminhado ao Conselho Deliberativo e já contava com apoio de outros conselheiros.

Como não poderia deixar de ser, acabei me envolvendo de tal forma que resolvi concorrer às eleições e, em 2018, eleita, me tornei conselheira. O projeto foi aprovado e, em 2018, foi criado o Comitê de Mediação, integrado pela presidente Walênia Cecchia, Anna Maria Della, secretária geral, e eu, na condição de vice-presidente. Nosso primeiro desafio foi alterar o procedimento disciplinar.

Me lembro como se fosse hoje a primeira reunião que realizamos com então diretor disciplinar, Dr. Rubens Bove, o qual recebia os "R.Os" (Registros de Ocorrência), no sentido de convencê-lo a encaminhar os casos para Mediação.

E não foi necessário grande esforço. Naquele mesmo dia, criamos um procedimento interno, traçando um roteiro para formalizar os convites aos associados, inclusive com a redação dos referidos Termos. Com o passar do tempo e os *feedbacks* positivo dos sócios, a Mediação se tornou uma prática recorrente.

A Mediação é mais do que o trabalho que realizo com as pessoas ao longo dos anos. Ela trouxe para o meu mundo a profundidade do diálogo, a força da escuta, a importância da empatia. Um verdadeiro estímulo na busca do autoconhecimento. É o necessário desapego aos julgamentos e o encorajamento a compreender as motivações do outro, mesmo que se tenha a liberdade de não concordar.

A cultura do diálogo construtivo fará nossa sociedade melhor. O caminho forçosamente passa pela educação, desde a infância, que viabilizará a conquista dessa fundamental transformação.

A Mediação entre botões, memórias e sonhos

André Gomma de Azevedo[22]

"Quero $1.000 pelo dano que ele me causou", disse a senhora o que havia procurado o setor de Mediação do juizado de pequenas causas do Harlem (Nova York). Naquele instante, pensei: "estou gastando uma fortuna para mediar um caso de botão de paletó?" Estávamos em 1997, eu havia sido aprovado para cursar o mestrado em Direito na Universidade de Columbia. A professora Carol Liebman, que fundou a clínica de Mediação, havia aberto uma exceção e eu havia me tornado o primeiro latino-americano a cursar aquela clínica. De um lado, estava muito feliz com a oportunidade de mediar casos após treinamento longo e intenso na clínica. Ao mesmo tempo, um dos primeiros casos envolvia esta senhora que havia começado sua manifestação indicando o valor que gostaria de receber em razão de um dano a um botão de um paletó.

Curiosamente, naquele momento pensei no meu avô: "o que Henrique Gomma pensaria do seu neto estar gastando o dinheiro da herança para mediar botões?". Meu avô fugiu de um campo de trabalhos forçados na Alemanha em 1938. Ele nunca teve acesso à educação, por sua etnia judaica. Em 1939, ele veio ao Brasil apenas com uma mala, sem um único diploma, mas com sua habilidade de falar seis idiomas - decorrentes de autoaprendizado. *Opa*, como nos referíamos a ele, trabalhou arduamente para construir um patrimônio e permitir que todos os seus oito netos pudessem estudar nas melhores universidades do mundo (Harvard, Berkeley, Columbia, entre outras). Com os recursos do meu avô, eu estava cursando um caro programa de mestrado nos Estados Unidos... e mediando uma questão de botões!

O gerente da lavanderia, quando ouviu daquela senhora, forte com os seus mais de 70 anos de idade, que queria $1.000 de indenização em razão

22. *Senior Research Fellow* na Universidade de Harvard. Professor adjunto dos Programas de Inverno e Verão do Strauss Institute for Dispute Resolution - Pepperdine University (2014-2019). Doutor em Direito pela Universidade de Brasília. Mestre em Administração na Universidade de Harvard. Mestre em Direito pela Universidade de Columbia, em Nova York. Pesquisador visitante na Faculdade de Direito da Universidade de Harvard (2016-2017). Juiz de Direito. Foi juiz auxiliar da Presidência do Conselho Nacional de Justiça.

de um botão de paletó que havia sido descascado durante a limpeza, demonstrava visível irritação em sua linguagem corporal. E a senhora continuou: "este era o melhor terno do meu marido. Ele, um herói de guerra, lutou no Vietnã e sempre serviu honrosamente o seu país". O gerente levava a mão ao rosto contraído, como em um gesto de autocontrole para não a interromper – afinal ele havia concordado com esta proposta na declaração de abertura dos mediadores. "Esta foi a única peça de roupa que guardei do meu marido", disse a senhora antes de um breve silêncio.

A quietude fez com que aquela senhora se sentisse confortável para continuar. Ela percebeu que todos estávamos atentos ao que estava para ser compartilhado. "Por que guardar uma única peça de roupa?" pensávamos os mediadores. Em um breve momento, o gerente iniciou uma interrupção – certamente no impulso de tentar acelerar a Mediação. Ele recebeu uma comunicação não verbal com as mãos dos mediadores acompanhada de um olhar com um misto de respeito e compaixão. Sentimos que ele compreendeu nossa sugestão de que não estávamos tratando de $1.000 e sim de algo muito mais precioso: *memórias*. Em seguida a senhora tinha indicado que o marido havia falecido há um pouco mais de um ano e que ela estava cuidando de seu melhor terno, que ela tirava e por vezes deixava respirar por sobre a cama para que não ficasse com cheiro de armário. Nesse instante, o gerente já estava com um discreto sorriso de alívio, pois ele já não estava mais tenso com a possibilidade de alguém estar tentando prejudicá-lo. Ele certamente já tinha outra hipótese para o que havia levado aquela senhora a procurar a justiça de pequenas causas.

Terminado o discurso daquela senhora, como praticado durante o nosso treinamento, perguntamos ao gerente se ele gostaria de compartilhar algumas considerações. Ao que ele respondeu que sempre se esforçou muito para atender seus clientes da melhor forma possível e fazer com que eles se sintam respeitados. O gerente aproveitou a oportunidade para dizer que não havia sido procurado antes sobre aquela questão e que, se isso tivesse ocorrido, teria prazer em conversar com aquela senhora para achar uma solução. Após algumas trocas de *perspectivas* e rejeições de propostas pelo gerente de pagar pelo botão danificado, os mediadores trouxeram o personagem mais importante da Mediação para participar da solução: o falecido marido.

"A senhora conhecia razoavelmente bem o gosto de seu marido?", perguntamos como mediadores. A senhora respondeu com orgulho: "conhecia seu gosto melhor do que ninguém, e ele também conhecia meus gostos – sempre foi um bom marido", respondeu Teresa – aquela senhora que a cada interação mostrava-se mais viva e segura de seu propósito. "A senhora falou que ele a acompanhava frequentemente em atividades quando estava aposentado, será que ele a acompanharia para a loja de botões se ainda estivesse conosco?", perguntamos como mediadores. "Sim, ele certamente iria comigo e não apenas me acompanharia, mas ouviria minhas sugestões", respondeu Teresa. "A senhora considera possível ir a uma loja de botões para escolher um conjunto de botões que fosse do agrado de seu marido Pedro?", perguntamos. Aquela senhora então compreendeu que poderia tratar a questão do paletó como se Pedro, seu marido, ainda estivesse vivo e aceitou a proposta de $300 que há poucos minutos havia recusado para poder comprar botões de reposição. Após o resumo, em poucos minutos os interessados perceberam que estavam com seus interesses alinhados. A senhora, quando pediu $1.000 dólares pelo botão descascado, de fato, estava apenas dizendo: "esse paletó é de grande valia para mim e dar atenção a ele significa realçar o significado da minha vida hoje: valorizar e celebrar a memória de meu marido." O gerente aprendeu que atender bem clientes está mais relacionado com compreender o que os move: seus propósitos e o que traz significado às suas vidas.

Como mediador, compreendi que mediar uma questão de paletó poderia ser uma lição mais preciosa do que todo o dispêndio com o curso de mestrado. Auxiliar pessoas a resolverem de forma construtiva os conflitos de interesse que afetam suas motivações de vida e, por conseguinte, seu senso de propósito possui um valor inestimável – independente de valor de causa ou custo para o Estado de cada processo. Certamente se estivesse vivo, meu avô consideraria muito positiva a minha participação em um processo que valorize o ser humano. Ele também confiaria nas minhas opções profissionais.

Em suma, Teresa saiu da Mediação com o sentimento de que seu marido a acompanha nas suas mais básicas atividades, como ir ao armarinho para comprar botões de reposição. O gerente saiu com a lição de que uma atividade fundamental de sua lavanderia pode ser, sim, ouvir e conectar-se com seus clientes. Eu saí da Mediação com a certeza de que o meu avô, cuja memória também me acompanha até os dias de hoje, venceu o nazismo: gerou descendentes que realizaram muitos dos seus sonhos e estão engajados em uma luta na qual se busca afirmar que ninguém deve ser perseguido por não pertencer a um grupo, classe, etnia, gênero ou crença religiosa. A Mediação pode, desta forma, ser também uma afirmação de que todo ser humano tem valor. E tem um valor muito além dos seus botões, da limpeza de sua roupa, de seu empreendimento ou de onde estudou.

Em razão da generosidade da profa. Carol Liebman, fundadora da Clínica de Mediação da Universidade de Columbia, e de seu constante apoio por mais de duas décadas, conseguimos (com base nos seus ensinamentos): a) organizar o *Manual de Mediação Judicial* (atualmente na 8ª edição e com mais de 30.000 exemplares físicos distribuídos gratuitamente e aproximadamente 100.000 cópias digitais distribuídas); b) contribuir com a elaboração das Resoluções CNJ de números 125/10, 225/15, 261/16, 271/18; c) contribuir com a elaboração da Lei de Mediação e com a parte do Código de Processo Civil concernente à Mediação; d) elaborar uma ampla gama de materiais pedagógicos utilizados em cursos de Mediação, tais como vídeos exemplificativos (disponibilizados no Youtube) e exercícios simulados; e ultimamente e) consolidar uma plataforma on-line (resoluto.org) de educação jurídica voltada à formação jurídica baseada em uma visão resolutiva (i.e. não litigiosa) do Direito.

O ensino jurídico encontra a Mediação

Antonio Rodrigues de Freitas Júnior[23]

A universidade brasileira vem se ocupando da teoria do conflito e da temática da Mediação há considerável tempo. Disso são testemunhas diver-

23. Professor associado da Faculdade de Direito da Universidade de São Paulo - USP; advogado; ex-secretário Nacional de Justiça (2002); agraciado em 2017 pelo Conselho Nacional de Justiça com o Prêmio Conciliar é Legal - Categoria Ensino Superior.

sos estudos monográficos em nível de mestrado e doutorado, bem como a existência de iniciativas no campo do que se denomina Cultura e Extensão (entre as quais se destaca a criação do Núcleo de Estudos de Meios de Solução de Conflitos - NEMESC, junto à Faculdade de Direito da USP, idealizado e conduzido pelo professor Carlos Alberto de Salles).

No terreno especificamente do ensino jurídico, entretanto, imperou até 2008 um eloquente silêncio sobre o tema da Mediação de conflitos, ainda que marginal e residualmente ela pudesse vir a ser mencionada - em geral muito superficialmente - junto a outros "meios alternativos" ou não judiciários de solução de conflitos. Em verdade, as questões referentes aos meios não judiciários em geral apareciam indexadas à agenda das políticas e dos institutos jurídicos do processo judiciário como a conciliação, a jurisdição voluntária, ou à da adjudicação arbitral. Restaria à Mediação, se tanto, uma singela referência de regra não muito específica, e com frequência povoada de ceticismo, de ignorância e de indiferença.

O silêncio em torno da Mediação no âmbito do ensino jurídico no Brasil pode ser explicado, entre outros fatores, pela forte centralidade que as habilidades e competências voltadas para a litigância exercem, historicamente, na formação do bacharel em Direito em nossa tradição.

Particularmente nos países de raízes ibéricas, o ensino de categorias referentes ao papel do Judiciário, do Estado, da lei em sentido formal e do processo civil em sua acepção de regramento da litigância, baliza uma cultura jurídica marcadamente adversarial em que não resta lugar de importância para a autocomposição, especialmente em sua versão mais ambiciosa: a Mediação.

Até mesmo o ensino dos fundamentos da negociação, tão relevante para o desenvolvimento dos negócios, esteve ausente ou foi relegado ao pé-de-página, fazendo do profissional do Direito um ser não raro disfuncional nas mesas de negociação. O bacharel em Direito, na tradição de nosso ensino jurídico coimbrão, é acima e antes de tudo um ser treinado para litigar, de modo que, com a honrosa exceção da negociação coletiva do trabalho, porque marcadamente normativa, o advogado mediano é merecidamente visto como um problema; se tanto como um obstáculo a ser contornado pelos *dealers*.

Por outro lado, pessoas e empresas assistidas por nosso advogado mediano – estilo *pitbull* – celebram escolhas e práticas adversariais como se fossem a única expressão possível da lealdade do advogado para com seu cliente. Expectativas assim enraizadas, tanto por clientes quanto por advogados, por juízes e promotores, engendram um círculo vicioso de difícil superação.

Estão nos bancos de nossas faculdades de Direito os primeiros passos no adestramento de nosso animal de litigância: pouco ou nada lhes é provisionado como a habilidade para o diálogo, a escuta, a aceitação da diferença e para a autocomposição.

Professores não ensinam o que desconhecem: ao seu tempo de faculdade, os que mais tarde se tornam professores também não foram advertidos de que poderia haver vida jurídica inteligente e pacificada fora do Judiciário.

As poucas naus que ousaram cruzar além do Bojador não encontravam ambiente confiável e receptivo para o relato de sua ventura no regresso aos bancos coimbrãos. Vozes pioneiras dos que foram beber da experiência de sistemas jurídicos em que essa subsunção de justiça ao Judiciário já fora posta em questão ou bem restaram desqualificadas como estrangeirismos ou bem foram silenciadas pela surdez ideológica da indiferença.

Paradoxalmente, foi somente no correr dos anos 1990 que essa dogmática começaria a exibir sinais de exaustão, ante os limites que o Judiciário evidenciou diante da avalanche de demandas entreabertas pela expansão do movimento de acesso à justiça. Iniciativas da agenda do acesso à justiça, tais como a da difusão do *jus postulandi* (acesso direto ao Judiciário sem a presença de advogado), da criação de juizados de "pequenas causas", da coletivização do processo, da expansão da oralidade e da informalidade no processo judiciário, do crescimento dos serviços de defensoria pública, puseram à prova a onipresença do Judiciário na composição dos conflitos.

Essas e outras iniciativas, inspiradas por evidente apelo democrático, seguiram-se à democratização política experimentada por muitos países na América Latina e na Europa. No Brasil não seria diferente. Essas jovens democracias cedo tiveram que pautar escolhas sobre dilemas tais como: expandir os gastos e os recursos permanentes do sistema judiciário, ou retroceder nas políticas de acesso à justiça, criando/exumando barreiras, obstáculos ou desincentivos à demanda por jurisdição?

Também não deixa de ser paradoxal que a Mediação apenas fosse elevada ao *status* de política pública no Brasil, a partir de 2003, como medida que objetivava conter a demanda por jurisdição; não como seu complemento. No discurso oficial dos dirigentes do Judiciário, em documentos da extinta Secretaria de Reforma do Judiciário do Ministério da Justiça, secundando documentos de balizamento do Banco Mundial que circulam desde os anos 1990, tudo parecia evidenciar que a Mediação fora credenciada não por seus méritos de ampliar o acesso à justiça. Diversamente, estiveram como pano de fundo seus evocados, embora ainda não comprovados, predicados de desincentivo à demanda por jurisdição.

A criação dessa Secretaria, em 2003, marca de todo modo o ingresso da Mediação no rol das figuras de políticas públicas devotadas à reforma do Judiciário no Brasil. Esse ponto de inflexão no plano das políticas de Judiciário não foi precedido nem imediatamente seguido por mudanças curriculares na programação do ensino jurídico.

Foi somente em 2008, após muitos debates em torno da atualização curricular da Faculdade de Direito da Universidade de São Paulo, que apareceram as primeiras disciplinas a integrar formalmente a grade formativa do bacharelado em Direito, tratando especificamente da Mediação e outras figuras destinadas à composição não jurisdicional dos conflitos. Àquela ocasião, as disciplinas foram oferecidas por meio do Departamento de Direito do Trabalho daquela Faculdade porque, embora não houvesse impedimento regimental para oferta de disciplinas interdepartamentais no nível de Graduação, iniciativas interdepartamentais encontrariam fatalmente inúmeros obstáculos burocráticos. Tenham-se em mente, por exemplo, dificuldades tais como: a tramitação do procedimento de aprovação pelos Departamentos, a ausência de precedentes de atribuição de um código para a disciplina, sua localização no cadastro do curso. Todas absolutamente adjetivas, mas nem por isso menos capazes de retardar em termos práticos a iniciativa.

Cuidou-se de duas disciplinas do bacharelado em Direito, que foram intituladas pela denominação então mais conhecida de "Sistemas Alternativos de Solução de Conflitos..." Uma delas fora reservada a módulos expositivos e outra destinada a "oficinas", que objetivariam demonstrar, aos graduandos, por meio de visita a experiências e programas permanentes então existentes, que a Mediação, a conciliação e a justiça restaurativa já vinham sendo implementadas, alcançando resultados práticos objetivamente constatáveis. Não se tratava de mais uma "doutrina" baseada em suposições intuitivas.

Importante fonte de ceticismo e de desconhecimento, por parte dos alunos (assim como dos profissionais do Direito e das pessoas em geral), é o desconhecimento da existência concreta de serviços de Mediação, bem como da possiblidade de seu emprego com resultados práticos bem-sucedidos. O testemunho presencial dessas práticas permite superar preconceitos, evidenciando que a Mediação não é uma figuração ingênua e quimérica, assim como também não é uma panaceia que se aplique a qualquer situação conflitual em concreto. Como resultado do oferecimento dessas disciplinas, foi possível quebrar o silêncio acerca da Mediação na grade de formação jurídica do alunado, estimulando alguns alunos até mesmo ao desenvolvimento de seus trabalhos de conclusão de curso (TCC) a seu respeito.

Também em 2008 foram credenciadas simultaneamente duas disciplinas, alojadas na já então existente área de concentração interdepartamental de Direitos Humanos, do Programa de Pós-Graduação da Faculdade do Largo de São Francisco – USP, intituladas "Mediação em Conflitos de Justiça, Cultura da Paz e Promoção dos Direitos I e II". Por meio da denominação já se procurou indicar que a perspectiva da disciplina seria examinar a Mediação como uma ferramenta de promoção da cultura da paz e dos direitos humanos, e não apenas como política destinada ao arrefecimento da demanda perante o Judiciário. Essas disciplinas foram objeto de recredenciamento periódico (uma exigência regimental), foram acrescidas de um módulo III e vêm sendo desde então regularmente oferecidas. Como resultado da tematização específica e continuada da Mediação, foram elaboradas diversas novas dissertações de mestrado e teses de doutoramento, de alunos provenientes de diferentes áreas de concentração. Ao mesmo tempo, essas disciplinas passaram a ser oferecidas por diferentes docentes, credenciados em diversas áreas de concentração, dando ensejo à intensificação do diálogo transdisciplinar, inclusive internacional.

Por efeito dessa nova linha de trabalho de docência e de pesquisa, foram idealizadas e postas em prática algumas parcerias internacionais de realce, como a que se estabeleceu entre a USP e professores de diversas universidades japonesas, por meio da agenda de cooperação estabelecida com a Universidade de Shinshu, *campus* de Matsumoto. Nessa agenda foram organizados dois seminários, o primeiro em Matsumoto, em janeiro de 2018, e o segundo em São Paulo, em junho de 2019. Entre os objetivos dessa parceria figurou a identificação de possíveis fatores de estímulo e de desestímulo à litigância, por meio do estudo comparado entre as duas experiências jurídicas reconhecidamente contrastantes em termos de volume de demandas judiciais: Brasil e Japão. Ainda nessa agenda foi iniciada uma parceria entre professores e alunos do Master em Resolução Alternativa de Disputas, da escola de Direito da Universidade do Oregon, em Eugene, nos Estados Unidos da América.

Dessa parceria resultou uma visita de professores da USP, convidados para reger oficinas e proferir palestras em Eugene, no ano de 2018. Igualmente no âmbito dessa parceria, uma missão proveniente da Universidade do Oregon visitaria a Faculdade de Direito do Largo de São Francisco – USP em 2019.

Como se constata, as inovações introduzidas no ensino jurídico a partir de 2008 ocorreram mesmo antes do advento da primeira norma jurídica brasileira voltada à disciplina e ao estímulo da prática da Mediação e outros "meios adequados" ao tratamento dos conflitos: a Resolução nº 125 de 2010, do Conselho Nacional de Justiça.

Muito ainda resta a ser feito, e ninguém duvida ser o figurino *pitbull* aquele ainda prevalente na formação do bacharel em Direito em nosso país. Não parece insensato afirmar que essa prevalência também é verdade na cultura jurídica do profissional de outros países. Até mesmo nos Estados Unidos da América, um dos berços da Mediação, em que se deu a seminal Pound Conference por iniciativa do Prof. Frank Sander – o mesmo que, junto a outros colegas, criaria em 1979 o prestigiado e pioneiro Programa de Negociação da Escola de Direito da Universidade de Harvard –, que teve lugar em Minneapolis na primavera de 1976, o *ethos* até hoje característico é o da litigância.

Por outro lado, olhando retrospectivamente, é possível afirmar que o cenário brasileiro de hoje é bem mais aberto e receptivo ao ensino e à prática da Mediação do que foi há quinze anos. É importante levar em conta que todo o peso de nosso legado coimbrão e ibero-latino não se modifica de modo fácil nem rápido: demandará ainda muito tempo para, de forma paciente e dialógica, acolher e conferir importância para a Mediação e outras práticas autocompositivas de gestão dos conflitos; naturalmente sem que isso signifique o abandono das habilidades para o contencioso.

Quase meio século passado da Conferência Pound, e quinze anos após a criação das primeiras disciplinas a elas destinadas, nos cursos de bacharelado e pós-graduação em Direito no Brasil, podemos dizer que o cenário do ensino jurídico já exibe alguns sinais dignos de celebração. Hoje já são diversos os cursos de Direito no Brasil que oferecem disciplinas de Mediação e outras práticas autocompositivas; diversas escolas de governo do Judiciário e do Ministério Público também oferecem cursos de formação continuada e várias disciplinas em outros programas de pós-graduação atualmente são oferecidas a seu respeito.

Não deixa de ser um horizonte de celebração pelo que já se fez, e de esperança pelo quanto ainda poderá ser feito nessa direção. Importa perseverar e não retroceder!

Meu olhar pela história da Mediação no Brasil – visão e recordações

Carlos Eduardo de Vasconcelos[24]

Nas origens, meu pai, juiz de Direito, comprou-me um violino e combinou com o padre para me ensinar. Eu estava com 11 anos, em Amaraji, zona da mata de Pernambuco. Minha mãe cantava e tocava violão. Fui entendendo que a arte necessita de técnicas. Gostei dessa noção. Mais tarde,

24. Professor *Honoris Causa* da Faculdade de Olinda/PE, Mestre em Direito das Relações Sociais pela PUC/SP. Professor de Negociação, Mediação, Arbitragem, Introdução à Educação Superior, Hermenêutica e Argumentação Jurídica.

no Recife, criamos uma banda de bossa-nova. Tempos de João Gilberto. Arte, técnica e colaboração. Dos 20 aos 22 anos, fiz teatro. O Grupo era internacional, e viajamos pela Europa e Américas. A peça era *El Condor*, que problematizava a relação entre política, ética e paz; para além das intolerâncias da guerra fria, tal como ambientada em um país fictício chamado Latínia. Arte, técnica, ética, cultura de paz e multiculturalismo.

No Curso de Direito priorizei a sociologia jurídica e combati o totalitarismo. Fui líder universitário. Punido, perseguido. O Direito, para mim, seria a arte de fazer justiça, com métodos e técnicas.

Em 1971, na Bahia, habilitei-me a advogar. Em Pernambuco, fui conselheiro da OAB/PE de 1979 a 1987. Eram tempos de anistia, diretas já e Assembleia Constituinte. A Constituição/88 ajudava a estabilizar as relações jurídico-democráticas, mas os preconceitos de raça e de gênero persistiam fortes, a despeito das promessas de liberdade, igualdade e solidariedade. A marca da advocacia era a litigância.

Bem-sucedido como tributarista de grandes empresas, ingressara eu no Instituto dos Advogados de Pernambuco e assumira a diretoria cultural da Associação dos Advogados de Empresa – AAEPE. Em 1992, acabara de lançar a minha obra *Imposto de Renda Estadual* (Ed. CEJUP), seguida de inúmeros artigos e palestras nesse campo. Ocorre que os anos noventa haviam-me levado a autores como Fritjof Capra, Edgar Morin e Karl Popper; e, sempre em busca da dignidade da vida, experienciei oficinas várias de respiração alotrópica, meditação, biodança, reiki e outras vivências. E assim lidava com uma crise existencial, a refletir as agruras da minha militância beligerante no direito tributário. Tributaristas outros também buscavam ressignificações. José Souto Maior Borges escrevera *Ciência Feliz*. Paulo de Barros Carvalho mergulhava na semiótica.

Desde então, fui ampliando os estudos multidisciplinares, em uma crítica aos excessos do dogmatismo jurídico. Nessas paragens, conheci Petrônio Muniz, que me impressionou em seu entusiasmo pela Arbitragem e pela pedagogia da Mediação. Ele era amigo do então senador Marco Maciel, esse homem extraordinário, que apoiava as suas articulações com os professores Carlos Alberto Carmona, Pedro Batista Marins e Selma Lemes. Dessas e de tantas outras iniciativas, colhemos a Lei da Arbitragem/96. Eu acompanhava tudo aquilo com evidente interesse. Petrônio trazia para Pernambuco cursos de Mediação, inclusive com Sara Cobb e Regina Michelon, excelentes mestras.

Nesses tempos, li *Os Novos Paradigmas em Mediação*, obra coordenada por Dora Fried Schnitman e Stephen Littlejohn. Conheci o clássico *Como Chegar ao Sim* e outras obras. A arte apoiada em técnicas, agora na gestão de disputas, via negociações, mediações e/ou arbitragens. Ampliava-se o campo de ação da advocacia, com vistas à flexibilização da dogmática jurídica, aos direitos humanos e à cultura de paz.

Só a partir de 2002 passei a ministrar aulas de Negociação, Mediação e Arbitragem, seguindo as recomendações do Conselho Nacional das Instituições de Mediação e Arbitragem - CONIMA e do Comitê Brasileiro de Arbitragem - CBAR. Nessa época consultor jurídico da Federação das Associações Comerciais de Pernambuco e sócio-fundador da Vasconcelos Advogados S/C, fui eleito para suceder a Petrônio, seu fundador, na presidência do Centro de Mediação e Arbitragem de Pernambuco - CEMAPE. Subsequentemente também fui eleito, por indicação de Petrônio, para a vice-presidência regional do CONIMA, na gestão de Adolfo Braga. No CEMAPE, colaborando com valorosos pioneiros, a exemplo de Regina Melo e Celiane Barros; que me sucederam na presidência. Construímos instalações condignas em prédio histórico na Rua do Bom Jesus, Recife, pertencente à Federação das Associações Comerciais do Estado. Foi em 2003 a primeira grande experiência arbitral. Após o termo de arbitragem e as razões iniciais, facilitamos o diálogo e as partes, ao final, chegaram a um acordo, que homologamos por sentença.

Daí em diante ampliou-se a intensa metamorfose. Participei de dezenas de cursos, encontros, conferências, inclusive no âmbito do projeto liderado pela Confederação das Associações Comerciais do Brasil - CACB, em convênios com o Sebrae e o BID. Destaco o pioneirismo das professoras Adenice Leo e Tereza Tabosa, em Caruaru/PE, que logo implantaram a Mediação na Prática Jurídica da Faculdade. Em 2003, fui honrado com o convite para integrar uma delegação de magistrados e juristas em missão humanitária das Nações Unidas, em Moçambique. Experiência inesquecível. A convite do Centro de Formação Jurídica e Judiciária do Ministério da Justiça daquele país africano, voltei três vezes para palestras, aulas, oficinas de Mediação e negociação e vivências outras. Também foram inesquecíveis os meus intercâmbios na Harvard University, na University of Georgia e em outras experiências internacionais. Em 2004, concluí, nessa linha, o mestrado em Direito das Relações Sociais, na PUC/SP.

Em finais de 2004, a convite da Fundação Joaquim Nabuco, atuei, no Plano Metropolitano de Política de Defesa Social e Prevenção da Violência, iniciativa do Ministério da Justiça e da Secretaria de Planejamento de Pernambuco. Coube a mim elaborar a metodologia e capacitar os multiplicadores da disciplina "Relações Interpessoais e Mediação de Conflitos". De 2005/2007, a convite da Secretaria de Justiça e Direitos Humanos do Estado, e considerando a necessidade de expandir para as comunidades as respectivas práticas, coordenei programa estadual de Mediação Comunitária, quando capacitamos mais de 2.000 facilitadores, implantando, com lideranças comunitárias, 28 núcleos na Região Metropolitana do Recife, realizando 7.200 atendimentos e 719 mediações. Nesse período eu havia conhecido a Justiça Restaurativa em um Congresso Internacional em Brasília e me engajara nesse movimento, junto com Marcia Gama, Marcelo Pelizzoli e outros. Em abril de 2005, a convite das então diretoras Vera Della Santa e Daise Pereira, passei a ministrar as disciplinas de Mediação e Arbitragem, desde logo introduzidas como obrigatórias na graduação em Direito da então Faculdade dos Guararapes – FG, hoje UNIFG/PE. Em 2008, firmamos Convênio com o TJPE, em coordenação do Des. Leopoldo Raposo e implantamos, no Núcleo de Prática Jurídica, uma Câmara de Mediação e Arbitragem. Coube-me supervisionar professores e ensejar aprendizado prático aos estudantes, com intenso atendimento às comunidades de Jaboatão dos Guararapes/PE. Atuei na FG como professor, diretor do curso de Direito, coordenador dos núcleos de práticas jurídicas e restaurativas, como coordenador e orientador de TCC e em outras atividades, até julho de 2018. Introdução à Educação Superior, bem como Hermenêutica e Argumentação Jurídica, são outras disciplinas que passei a lecionar. Em 13 de maio de 2014 recebi o título de Professor *Honoris Causa* da Faculdade de Olinda.

Foi a partir dessas convivências, estudos, pesquisas e experiências docentes – com novas e sólidas amizades construídas Brasil afora, graças ao

CONIMA, que escrevi a primeira edição, lançada em 2007, da obra *Mediação de Conflitos e Práticas Restaurativas*, agora em sua 7ª edição. As mudanças em perspectiva levaram-me, então, a agregar atuações no âmbito da OAB. Durante nove anos, a partir de 2007, a convite do então presidente Jayme Asfora (OAB/PE), instalei e presidi a Comissão de Mediação e Arbitragem; mais à frente integrei a Comissão Especial de Mediação e Arbitragem do Conselho Federal. De 2016 até 2021 fui conselheiro da OAB/PE e novamente membro da Comissão Especial de Mediação e Conciliação do Conselho Federal.

Fez-se e faz-se necessário trabalhar a cultura jurídica, para as mudanças em marcha. Foi e é preciso incorporar a advocacia aos estudos de uma hermenêutica alargada, em que legalidade e legitimidade possam estar mais próximas, pela via do diálogo. Enfim, sentia-se que era o momento de construção dos marcos normativos da Mediação; a partir da Resolução nº 125/10 do CNJ, e desdobramentos no Código de Processo Civil/15 e na Lei da Mediação/15. Na qualidade de diretor de Mediação e outros MESCs do CONIMA, fui nomeado para integrar comissão instituída no âmbito do Ministério da Justiça para discutir e propor o marco legal da Mediação. Eis os ilustres colegas presentes em sua primeira reunião, do dia 17 de junho de 2013: Aldemar Motta Júnior (CFOAB), Amélia Rocha (Defensoria Pública), André Gomma de Azevedo (CNJ), Carlos Araújo (Innovare), Carlos Eduardo de Vasconcelos (CONIMA), Cláudia Maria Chagas (CNMP), Eugênia Zarenczanski (OAB), Fátima Nancy Andrighi (STJ), Francisco Maia Neto (CFOAB), Flávio Crocce Caetano (SRJ/MJ), Helena Dias Leão Costa (AGU), Humberto Dalla (MP), José Roberto Neves Amorim (CNJ), Kazuo Watanabe (USP), Lalisa Froeder Dittrich (SRJ/MJ), Mariana Moraes Gomes (CNJ), Marco Aurélio Gastaldi Buzzi (STJ), Tânia Almeida (Mediare), Tatiana Lacerda Prazeres (Comissão do Senado), Teresa Arruda Alvim Wambier (PUC-SP) e Vanderlei Teresinha T. Kubiak (TJRS).

Dessas reuniões surgiu anteprojeto norteador de debates parlamentares que resultaram, em 2015, na Lei de Mediação. Somos, hoje, uma imensa rede de advogados de consenso. É preciso reconhecer, no entanto, que, a despeito de tudo o que já conseguimos construir desde então, pouco mudou substancialmente. Desnudar os anátemas exibicionistas dos nossos excessos dogmáticos é obra que demanda amor, arte, coragem, reconhecimento das vulnerabilidades humanas, paciência, empatia, novas inteligências, diálogo e confiança na genialidade da civilização. Nada menos.

O valor percebido na Mediação que me mobilizou

Percebi, em práticas reiteradas e aperfeiçoadas por todos estes anos, que a Mediação de conflitos engloba valores e habilidades; engenho e arte; história e vida de cada um dos participantes, aqui e agora. É uma construção pontual, pelo método da linguagem ordinária, que supõe reconhecimento, pertencimento, autonomia e consideração dos papéis e diferenças entre os que dialogam. Emoções encontram novas razões. Em seu desdobramento em etapas e sessões, o método envolve a metodologia interdisciplinar do encontro. Nada pronto, tudo em seu desdobramento transdisciplinar, no devido tempo das pessoas.

Mediação não é Filosofia, Sociologia, Antropologia, Direito, Psicologia ou qualquer outra ciência em particular. Não é algo situado no âmbito de uma metodologia científica em si mesma. É método ou retórica material. É algo anterior ou para além das abordagens científicas ou dogmáticas. A substância vivenciada nesse método de facilitação de diálogos e consensos é a linguagem ordinária das pessoas, consoante manifestações construídas e reelaboradas nos respectivos encontros. Embora os valores, as habilidades e as técnicas que o mediador aplicará sejam resultantes de aportes multidisciplinares, os diálogos transdisciplinares envolverão pré-conceitos ou posições, desejos, pontos de vista e correspectivos sentimentos, que se vão transformando mediante as contextualizações que circulam em novas compreensões, novos estados emocionais, que produzem metamorfose nos padrões relacionais, nas prioridades, nos interesses e nas aptidões comunicativas do grupo.

Daí a transdisciplinaridade, ou materialidade existencial em que se fundem sensações, sentimentos, percepções, tradições, ciências e as novas condições de possibilidades decisórias.

Para que um psicólogo, um filósofo ou um jurista compreenda a Mediação será necessário que abandone a metafísica, que adie a epistemologia, que se desapegue do *pret a porter* do seu sistema prévio de certezas; metamorfose esta que costuma acontecer na validação dos sentimentos que processam as novas compreensões. Para que qualquer ser humano mediador experimente essa metamorfose existencial que o método do diálogo facilita, precisará do aprendizado da acolhida, da escuta ativa e empática, das indagações sem julgamento, para que enseje renovados contextos existenciais, onde são desnudados os discursos pelo mergulho equitativo na presença, aqui e agora, das necessidades sentidas e manifestadas pelos participantes desse diálogo estruturado na autonomia de cada um; abrindo corações, para além da razão. Eis a arte, para além das técnicas.

Sim, pragmaticamente mergulha-se na exploração colaborativa de opções, agregando valor, identificando critérios objetivos para nortear as futuras decisões conscientes, que devem estar bem informadas e livremente elaboradas. Mesmo assim, estando o caminho bem traçado, com opções que agregaram valor e critérios bem examinados, alguém pode vislumbrar melhor alternativa. E seguir noutra direção. Ali ninguém estará obrigado a obrigar-se.

O mediador de conflitos não tem lado, não busca o certo ou o errado, não julga e não se apega; apenas observa e facilita a metamorfose sensitiva, emotiva e cognitiva que escutas e falas vão ensejando aos participantes do diálogo. Porque, por mais simples que pareça a compreensão da nossa riqueza existencial, costumamos praticar o mito ou o vício de catalogar as pessoas e etiquetá-las, enquadrando-as em padrão idealizado de personalidade ou caráter. E, no entanto, cada um de nós está sendo variadas *personas* que se substituem no tempo, conforme individualidades e intencionalidades que transmutam ao sabor dos sentimentos.

Ademais, somos, cada um de nós, expressões únicas dos embates das incontáveis histórias e tradições. Somos manifestações das gêneses de renovadas intersubjetividades, sendo necessário que assumamos a atitude acolhedora da fusão desses horizontes tradicionais com as novas histórias, que se constroem nas renovadas compreensões do aqui e agora vivido e apreendido. Essas oportunidades eu não encontrava nas heranças jurisprudencial, exegética ou sistemática; bases sob as quais erigiu-se a dogmática jurídica.

Apreender o significado do conflito; desconstruir velhos arquétipos e mitos da filosofia da consciência, da física clássica, do reducionismo iluminista, da tradição maniqueísta; compreender o sentido transformador do método do diálogo em seus variados modelos recursivos e circunstanciais; abrir-se para as múltiplas possibilidades ou multiportas de acesso a uma ordem jurídica que se vai construindo justa e segura; desenvolver habilidades e competências comunicativas que previnam a violência, facilitem a transformação do conflito e ensejem a restauração de vínculos; fortalecer-se nesses valores, artes e técnicas; tornar-se sereno e inspirador na condução dos momentos preparatórios (pré-Mediação) e dos momentos sucessivos do procedimento da Mediação em sua metamorfose tópica; assumir a inversão de perspectiva na compreensão do poder da escuta, que encoraja a empatia, a confiança e a boa-fé entre os mediandos; estar consciente dos fundamentos, dos princípios e das posturas que são esperados na conduta dos mediadores; enfim, estar em paz, em atitude meditativa, em presença ativa, comprometida e amorosa; eis aí os valores, a arte, as técnicas, habilidades e competências; enfim, foi isto o que fui desvelando na Mediação que me mobilizou. Enfim, sem negar a razão e, portanto, sem a desvalia do Direito positivo sistematizado, encontramos um lugar de conversa, para além da razão; que a dignidade dos direitos humanos nos convida a agregar.

Eis um episódio curioso, enfrentado no percurso

Nos anos 1990, quando comecei a trilhar os primeiros passos, fui desencorajado por inúmeros colegas. – Como um tributarista bem-sucedido perde tempo com isto? Do mesmo modo, em 2005, durante aula na Faculdade, uma aluna, que retornara de intercâmbio na Espanha, questionou – Desculpe, professor. Eu acho essa disciplina uma viagem!!! Acolhi sua perplexidade e convidei-a, gentilmente, a permitir-se essa viagem. Aquiesceu e tornou-se uma das melhores alunas da turma.

Hoje a advocacia escuta, indaga, incorpora práticas resolutivas, incluindo a jurismetria, a prévia pesquisa jurisprudencial, para o desenho customizado do modo mais adequado de atendimento às reais necessidades do seu cliente. Quando aplicável, adota as práticas colaborativas, mediante entendimentos multilaterais, que podem resultar em pactos de não judicialização daquele caso específico. Metodologias ativas, priorizando a problematização de situações reais ou simuladas, têm sido a melhor pedagogia para o desenvolvimento dessas habilidades e técnicas.

Eis um episódio inusitado em minha caminhada pela Mediação

O caso envolvia invasão de terras, ação de reintegração de posse, queixa-crime e representação disciplinar perante a OAB. Eram terras rurais de considerável valor. Os mediandos, um deles advogado, acompanhados dos seus advogados, declaravam que não viam possibilidade de acordo. Promovemos a pré-Mediação, individualmente. Na primeira sessão conjunta, após o devido acolhimento de todos, fiz a abertura, foram socializadas as narrativas, construímos um resumo-agenda, mas o clima continuava tenso. Agendamos reuniões em separado, quando aprofundamos as escutas e indagações. Só aí foram surgindo algumas surpresas. Os mediandos eram primos, vizinhos nessa propriedade adquirida por seus avós já falecidos, tendo sido eles, até o incidente, bons amigos. Aquele que promoveu a invasão foi aos poucos revelando que o incidente havia destruído o ambiente de convivência das famílias, gerando situação constrangedora. Na vez do que se sentia prejudicado veio a revelação de que o ocorrido havia comprometido antigas amizades, incluindo o afastamento dos filhos. Os advogados, a tudo presentes, não estavam a par dessas particularidades. Ao retomar as sessões conjuntas, cada um foi confirmando o que revelaram em separado. Foi quando o mediando que havia invadido parte das terras do seu primo perguntou-me se poderia conversar com ele, particularmente, em uma sala ao lado. Indaguei ao outro se aceitava esse convite. Respondeu que sim. Recomendei que fossem acompanhados dos seus advogados. Eles então disseram que a ideia era conversarem sozinhos. Seus advogados, surpresos, tentaram interferir, mas eles insistiram. Enquanto isto, aproveitei a oportunidade para um café e para trocar ideias com os colegas advogados sobre os méritos de uma advocacia de consenso. O fato é que, como os mediandos estavam sensibilizados pelo que haviam vivenciado, mostravam-se aliviados ao voltaram à sala de Mediação após vinte minutos de conversa respeitosa. Entregaram um papel com anotações. Eram tópicos e eles pediram que fossem lidos e formalizados em um acordo. Perguntei se estavam satisfeitos com a solução encontrada. Confirmaram que sim. Formalizamos, com os advogados, o termo final de Mediação, incluindo a metragem dos limites consensuados, as solicitações de arquivamento da queixa-crime, da representação disciplinar e da ação de reintegração de posse, ainda não julgada. Saíram dali para as providências; de logo combinando marcar a data do churrasco da paz.

A capacidade de dialogar

Cássio Filgueiras[25]

Quando recebi o convite para escrever este texto, fiquei muito honrado e imediatamente pensei que seria uma tarefa difícil, pois a minha vida pessoal e a Mediação estão intrincadamente conectadas, de modo que seria impossível dissociá-las. Assim, tomei coragem e resolvi mostrar essa trajetória no sentido de inspirar os leitores a usarem esse dom que todos nós recebemos, que é a capacidade de dialogar.

Escolher uma profissão, cedo na vida, não foi nada fácil para mim. Fui buscando, ao longo da minha trajetória, experiências que pudessem me mostrar um caminho. Tenho no *curriculum* passagens por áreas muito diversas, inicialmente passei pelo curso de Engenharia, de Fisiologia e Medicina tradicional chinesa. Mais tarde, durante o curso de Economia da PUC-SP, me encantei com o estudo da filosofia, da psicologia e da astrologia. Temas que jamais deixei de estudar. Essa curiosidade me levou ao curso de Direito e ainda assim estava sempre às voltas com livros de psicologia, que lia nas horas vagas. Me lembro bem do espanto dos meus pais à época. Era muito difícil para eles compreender essa multiplicidade de interesses sem uma concretização aparente, preocupação natural no mundo especializado em que vivemos.

Paralelamente aos meus estudos, estava casado com minha ex-esposa, tínhamos dois filhos maravilhosos, era sócio de um comércio que me garantia a possibilidade de estudar, além de manter minha família confortavelmente e assim tudo corria muito bem, como em um sonho. Até que em meados de 1997, toda essa vida ruiu, meu casamento se desfez e além de enfrentar um divórcio litigioso muito complicado, que pôs fim a uma rela-

25. Advogado especializado em Mediação de conflitos, facilitador de Processos Circulares e Justiça Restaurativa, coordenador da prática do curso de Mediação de Conflitos da Associação Palas Athena.

ção de treze anos de parceria, também me desliguei da sociedade comercial em que trabalhava havia muitos anos. Sem trabalho e longe da família, terminei o curso de Direito e vi minha vida ser desconstruída pelo conflito da separação.

O que mais me abalou durante o divórcio litigioso que nos foi imposto à época, foi a forma como ele era praticado naquele período. Havia uma completa ausência de espaço de diálogo entre o casal em conflito. Apesar da minha insistência, tanto eu quanto ela fomos dissuadidos, pelos profissionais que nos acompanhavam, a desistir da possibilidade de um diálogo mediado e entregamos nossos destinos ao curso implacável do processo judicial. Não consegui sensibilizá-los para que me ajudassem a encontrar um espaço onde pudesse estar em frente à minha ex-companheira, para encerrarmos de forma humanizada aquela relação que nasceu de um amor verdadeiro e de uma parceria de bastante sucesso. Em nenhum momento pude abertamente agradecê-la por tudo que vivemos encerrando nosso relacionamento de forma digna, honrando todo o esforço conjunto que fizemos.

No final dos anos 1990, a Mediação no Brasil era muito incipiente, os cursos de Direito não possuíam matérias específicas sobre conflitos, muito menos de Mediação de conflitos. Somente no último ano da faculdade tive o privilégio de assistir as aulas de Direito Civil da querida professora Sandra Bayer, que se tornou minha amiga e mentora por toda a vida. Ainda me lembro bem que em uma conversa, após a aula, no bar ao lado da faculdade, eu me abri falando do meu sofrimento durante o divórcio e da vontade que sentia de unir a prática do Direito aos meus estudos de psicologia. Foi aí que ela veio com a seguinte pergunta, que mudou minha vida profissional: "Cássio, querido, você já ouviu falar em Mediação de conflitos"? De lá para cá, fizemos vários cursos juntos e sou muito grato a ela por essa indicação.

Me permiti trazer esse relato da minha vivência pessoal para mostrar a importância do quanto a Mediação de conflitos veio preencher uma lacuna de extrema importância para a melhoria das relações interpessoais em nossa sociedade. Isto porque terminar uma relação de anos é algo extremamente doloroso para as pessoas. É como se fosse a morte dos nossos melhores sonhos, dos projetos de vida e das esperanças de um futuro de felicidade que parecem desmoronar. Exige um período de luto que requer sobriedade, centramento e muita sabedoria. É fundamental nesse momento, de impossibilidade de se encontrar uma saída a dois, a participação uma terceira pessoa imparcial que facilite o diálogo. Somente com a ajuda de um terceiro preparado é que teremos a chance de nos livrar das amarras do conflito, pois é muito comum nesse momento sermos identificados com estereótipos, estigmas e padrões familiares que nem sempre nos pertencem.

Eu fico sempre imaginando que, se pudéssemos ter uma educação para lidar com conflitos desde pequenos, então chegaríamos à idade adulta sabendo como nos comportar de forma mais competente com as nossas emoções, com nossos sentimentos e com as nossas frustrações nesses momentos difíceis. Sem isso somos enredados, de tal forma, nesta espiral conflituosa, que fica fácil nos perdermos no caminho. A falta de um espaço de diálogo mediado nos coloca em um lugar onde as suposições falam mais alto do que a verdade de uma vida inteira. Somos acusados, julgados, estereotipados, estigmatizados, sem que ninguém nos ouça. Como explicar que não somos aquilo que acreditam que somos sem poder dialogar? Essa lacuna, a meu ver, era a grande deficiência do mundo jurídico antes da existência da Mediação. O diálogo mediado tem o poder de trazer à tona a verdade, desfaz crenças infundadas sobre nossas condutas futuras, garante a confiabilidade da nossa palavra, restaura a confiança, o respeito e a comunicação entre as pessoas.

Seguindo ainda adiante, nesse caminho de relato pessoal e confluência com a Mediação, após curadas as cicatrizes do traumático divórcio decidi, com ajuda de minha mentora, mudar completamente de vida. O ano agora era 2002 e eu já havia mudado de residência, de profissão e de parceria. Nessa nova fase, a Mediação era o norte a ser seguido. Me empenhei em acompanhar todos os cursos disponíveis à época, lia tudo que me caía às mãos sobre Mediação. Foi aí que, em uma conversa com meu parceiro, o fotógrafo e videomaker Denis Rodriguez, decidimos submeter um projeto de valorização da Mediação no Brasil ao Consulado Canadense e à Agência Canadense de Desenvolvimento Internacional – CIDA, que na época acolheu de forma surpreendente nosso pedido. E lá fomos nós passar uma temporada em Montreal, na província canadense do Quebéc, filmando casais se divorciando em processo de Mediação. Junto a essas filmagens, o projeto se constituía de um comparativo da Mediação praticada no Canadá e no Brasil, um seminário em São Paulo sobre Novas Perspectivas em Mediação e uma cartilha de divulgação desta metodologia para pessoas carentes.

Após um ano como *trainee* de Mediação em Montreal, pude ver o quanto a Mediação fez diferença na sociedade canadense. Muitos mediadores me diziam das batalhas que travaram com os operadores do Direito para ver a Mediação implantada no país. O esforço valeu e o governo canadense tornou em 1997 a Mediação obrigatória, remunerando os mediadores em até seis sessões nos divórcios de casais com filhos. Isso alavancou a qualidade de vida da população e fez o Canadá chegar ao topo do *ranking* do Índice de desenvolvimento Humano – IDH por diversas vezes.

No retorno ao Brasil em 2004, não foi possível conseguir a contrapartida brasileira para terminar o documentário, porém realizamos com sucesso a cartilha "Mediação: uma prática cidadã", que foi distribuída em diversas comunidades pelo Brasil e o Seminário "Novas Perspectivas em Mediação" com apoios de peso, como da UNESCO, do SESC-SP, Associação Palas Athena, IMAB, Pró-Mulher Família e Cidadania, Instituto Familiae, BG Mediações, CEREMA, CLIFAM, Sociedade Brasileira de Psicanálise e IPAZ.

As políticas públicas de divulgação e informação da Mediação fizeram com que as pessoas no Canadá soubessem que este recurso pode ser aplicado para amparar qualquer tipo de conflito, independente de classe social. Assim, toda a população tem ferramentas de acesso para contar com mediadores para descontruir seus conflitos e chegar a uma solução satisfatória.

Como resultado desse projeto, foi feito um encontro em que conseguimos reunir na unidade do SESC Paulista muitas pessoas e institutos que tiveram papel fundamental no desenvolvimento da Mediação no Brasil. Dividimos o Seminário em palestras e *workshops* dos institutos de Mediação. Palestraram nesses dias Karen Austin, cônsul do Canadá e representante do CIDA, minha parceira produtora-executiva Célia Monteiro de Barros Whitaker, meus tutores canadenses, Aldo Morrone e Marie-Claire Belleau, Danilo Miranda, Lia Diskin, os ex-ministros José Gregori e Celso Lafer, a professora Ada Pellegrini Grinover, a então deputada Zulaiê Cobra, relatora do primeiro projeto de Lei de Mediação, entre outras pessoas que ainda hoje trabalham no desenvolvimento da Mediação entre nós.

A partir daí, formamos uma rede nacional que veio criar posteriormente, em 2007, o Fórum Nacional de Mediação – FONAME, que tem realizado um grande trabalho de conscientização e estruturação da Mediação brasileira.

Após a experiência canadense, fiquei interessado em conhecer como estava sendo desenvolvida a Mediação aqui na América do Sul. Surgiu então em 2008 a oportunidade de me juntar às queridas amigas Fernanda Levy e Helena Mandelbaum para participar da "Maestria em Mediación do Instituto Kurt Bosch", realizada em Buenos Aires. Acabou sendo outra experiência repleta de encontros especiais, um outro universo cultural se abriu e o aprendizado foi intenso. Foi possível ver que na Argentina a Lei de Mediação foi estabelecida por volta de 1997, e em 2008 ela já estava estruturada produzindo efeitos na sociedade, sendo inclusive aplicada no ambiente escolar, bem como nos divórcios. Muita produção literária da Mediação vem de escritores, professores e pensadores argentinos, como Marinés Suares e Henrique Longo, para citar dois exemplos que valem a pena ser estudados por quem tem interesse no assunto. Pude experienciar de perto os conflitos familiares na sociedade argentina, aproximando nossos laços pela dor do divórcio. Foi como um panorama cultural bem diverso, pois o curso contava com participantes do Chile, Paraguai, Argentina Brasil e Colômbia.

Com o entusiasmo das experiências, ao retornar ao Brasil tomei a decisão de inserir no meu trabalho como professor todo o conhecimento adquirido nesses anos de estudo. Senti que a única forma de retribuir esse privilégio de poder ter visto de perto um pouco da evolução da Mediação aqui nas Américas seria compartilhar essas histórias com os meus alunos e entusiastas da Mediação, ajudando a formar mediadores de qualidade com todo o meu empenho. Sou imensamente agradecido à Associação Palas Athena, em especial à professora Lia Diskin, pelo carinho que sempre me ofereceu, desde o início dos meus estudos. Em uma conversa que tivemos pouco depois de nos conhecermos, eu falava das minhas inseguranças com relação ao futuro e ela disse: "Se isso for a sua verdade, vai acontecer, Cássio!" Também através da professora Lia conheci a querida Célia Passos, que se tornou minha parceira de tantos anos, no curso de formação de mediadores da Associação Palas Athena em parceria com o Instituto ISA/ADRs.

Em recente visita ao Brasil, o professor Howard Zehr, pioneiro da Justiça Restaurativa, disse a seguinte frase: "Eu não sei como as guerras começam, mas elas terminam com uma boa conversa". Essa frase me inspira a acreditar na capacidade do ser humano de superar seus limites. O poder do diálogo mediado é capaz de desconstruir conflitos terríveis. Mesmo quando, em certas situações, dialogar parece não fazer sentido nenhum, a escuta é um ato de amor, de respeito e de humanidade. O mediador, ao oferecer sua escuta em momentos de crise, faz as pessoas navegarem no espaço da potência, onde as esperanças de um futuro melhor estão mais próximas do que nunca.

Finalmente, ao traçar essa linha do tempo, cheia de recordações e experiências, me sinto feliz em poder ter contribuído, mesmo que de forma singela, para o fortalecimento da Mediação no Brasil. Fica a certeza de que todos esses encontros, em que tive a chance de conhecer pessoas que abriram portas e inspiraram o desenvolvimento dessa metodologia na minha prática, proporcionaram os subsídios mais importantes para o incremento das habilidades de linguagem e de empatia, requisitos indispensáveis para o importante trabalho de facilitação de diálogos nos momentos de crise, desenvolvidos pelos imprescindíveis mediadores de conflitos.

Meus caminhos em Mediação: uma retrospectiva

Celia Passos[26]

Sempre fui curiosa. Desde criança eu refletia sobre questões, não raras vezes inusitadas para o universo infantil. Atenta a tudo o que circulava à minha volta, lembro-me de várias conversas em família em que eu tentava

26. Advogada, com formação psicanalítica, doutora em Psicologia Social pela UERJ, mestre em Direito e Sociologia pela UFF, mestre em Estudos Avançados em Mediação pelo Institut Universitaire Kurt Bösch, Suíça-Argentina, MBA Empresarial pela Fundação Dom Cabral e Post MBA pela Kellogg School of Management, Chicago, consultora internacional pelo PNUD e EurosociAl+, mediadora, facilitadora de diálogos e de processos de construção de consenso.

explicar a grande questão que me intrigava: se cada um tem seu par de olhos, será que vemos as mesmas coisas? Se os olhos têm cores e formatos diferentes, o que cada pessoa enxerga? Me lembro de ter perguntado o que um ou outro estava vendo, na tentativa de confirmar minhas suspeitas e comprovar a minha teoria sobre a visão. E algumas vezes as descrições se assemelhavam, em outras não. Os irmãos, já adolescentes, brincavam com as minhas inquietações e descreviam coisas díspares, me levando a refletir para além da temática em questão.

Com o tempo, pude compreender a fisiologia ocular humana e me tranquilizei. Entretanto, alguns estímulos quanto as distintas percepções me impulsionaram a novas perguntas e, assim, a questão que me moveu na infância foi sendo reformulada ao longo do tempo. Mesmo não sendo uma questão recorrente ou contínua, essa temática se fazia presente em alguns momentos da minha vida. Mais tarde pude diferenciar morfologia e função, e agregar novos conhecimentos quanto aos diferentes olhares, percepções e visões de mundo. De alguma maneira aquela criança e sua inquietação já apontavam para a diversidade de olhares. E, com o tempo, surgiram outras articulações, tornando possível compreender que, dependendo da posição, do ângulo, das histórias vivenciadas e narrativas construídas, temos, sim, visões muito diferenciadas.

Minha experiência pessoal percorreu do magistério ao Direito e, deste, à Mediação. Na sequência, partindo da Mediação, retorno novamente ao magistério, mas agora inspirada e movida pelos princípios e valores insculpidos pelas pedagogias freirianas, que muito dialogam com a Mediação. Nesse percurso não linear ensinei, esclareci e dialoguei, ampliando os conhecimentos conforme o momento e as circunstâncias.

A graduação em Direito, concluída em 1983, buscava atender ao meu ideal de justiça. Iniciei o exercício da advocacia familiar esperando contribuir para a harmonia na primeira célula de interação humana: a família. Entretanto, já na segunda metade dos anos 1980 eu percebia que nem sempre as questões da vida familiar poderiam ser analisadas e resolvidas sob as lentes da lei.

Resolvi, então, estudar para concurso e me capacitar em Direito Empresarial. Desta forma, na década de 1990, eu já atuava no âmbito organizacional vinculado às telecomunicações e mantinha a expectativa de o Direito ser suficiente o bastante para resolver as questões do ofício. Mais uma vez, e desta mais rapidamente, constatei que a lei não alcançava todas as demandas desse novo ambiente. As relações, sejam entre pares, hierárquicas, com fornecedores (*business to business* – B2B) e consumidores (*business to client* – B2C), demandam habilidades para além da lógica e dos conhecimentos jurídicos. Foi então que compreendi, pela segunda vez, que o Direito não alcançava todos os aspectos das relações humanas e, em raríssimas vezes, contemplava a todos quando da resolução dos conflitos. E, nos anos 1990, compreender os conflitos era um ponto relevante para mim.

Foi em uma viagem à Itália que, pela primeira vez, ouvi falar em Mediação. Fiquei impactada com a proposta e passei a estudar o tema, buscando, também, me capacitar para atuar como mediadora, o que era estratégico, segundo o meu entendimento, para os profissionais do novo milênio que se inaugurava. Chegando ao Brasil, procurei me inteirar sobre o tema e passei a acompanhar os avanços da Mediação em nosso país. Pouco tempo depois, tive notícias do Projeto de Lei da deputada Zulaiê Cobra – PL 4827, que data de 10 de novembro de 1998, ao qual seguiram-se outras ações e projetos.

Nessa ocasião, o setor das telecomunicações, em que eu atuava desde o início da década, estava sendo privatizado. Passava por uma estruturação que o conduzia de um ambiente regido pelo sistema de monopólio estatal, para um setor altamente competitivo por força da abertura do mercado e do ingresso de várias novas prestadoras de serviços de telefonia.

A competição, entretanto, não era a única característica preponderante desse setor. As empresas competiam em relação à captação e manutenção dos clientes, mas dependiam de recursos de infraestrutura e meios de suas concorrentes, o que, ao mesmo tempo em que gerava conflitos, exigia acentuada cooperação.

A "cocompetição" foi a marca caracterizadora das relações no âmbito dos setores regulados, especialmente no que tangia a telecomunicações, eletricidade e petróleo, cujos dutos e infraestruturas transcendiam a cada um desses setores, demandando modos específicos e ágeis para a resolução dos conflitos, para além do Judiciário.

Essas demandas marcaram o início da Mediação de conflitos no setor regulado, cujas leis de instauração das respectivas agências, já previam soluções amigáveis quando de conflitos entre prestadoras, sendo as agências as gestoras desses procedimentos autocompositivos. Assim, o domínio de técnicas inerentes à Mediação, o desenvolvimento de habilidades e o estímulo a atitudes colaborativas se fizeram mais do que necessários.

Na saída da agência reguladora, visando regressar ao Rio de Janeiro, atuei em uma empresa do segmento, onde pude instalar os métodos autocompositivos. Com isso, a empresa passou – em apenas três meses – da posição de maior demandada junto à agência reguladora à empresa com o menor índice de reclamações. Em outra empresa do mesmo segmento, na qual fui convidada a implantar o jurídico e criar os fluxos dos processos internos, algo semelhante se passou. Foram experiência exitosas, que me motivaram a ampliar a minha atuação em Mediação.

Esse foi o contexto e cenário de nascedouro da minha atuação em Mediação, ao qual se seguiu a criação do ISA-ADRS, no ano de 2004, com o objetivo social da negociação assistida, Mediação, conciliação e arbitragem e a intenção de atuação em várias áreas de aplicabilidade da Mediação. A partir desse ano, também pude retomar a cátedra e desenvolver algumas parcerias para ministração de cursos de capacitação de mediadores. Paralelamente, cursei mestrado e doutorado, nos quais desenvolvi trabalhos de pesquisa acadêmica em Mediação.

O retorno à cátedra a partir da Mediação se construiu de um modo muito diferenciado. Minha atuação docente, longe de reproduzir uma educação bancária – que segundo Paulo Freire é a ação de o docente depositar o conhecimento no discente –, passou a ser completamente despida de arrogância intelectual, embora criteriosamente preenchida por uma rigorosidade científica que permite entrelaçar a competência técnico-científica com a amorosidade fundamental às relações entre quem ensina e aquele ou aquela que aprende.

A criação do ISA-ADRS, por sua vez, acompanhava alguns movimentos nacionais e mundiais, no sentido da incorporação de novos paradigmas na resolução de conflitos, pautados em cooperação, solidariedade, empatia, inclusão e respeito a todos. De lá para cá, há que se admitir que muito vem sendo construído nesse campo, especialmente após a edição da Resolução nº 125/2010 do CNJ, da 118 do CNMP, bem como da Lei nº 13.105, de 16 de março de 2015, que instituiu o novo Código de Processo Civil Brasileiro, tratando da Mediação, e a Lei nº 13.140 de 26 de junho de 2015, conhecida como a Lei da Mediação.

Os maiores desafios à Mediação, ao longo das décadas de 2000 a 2020, parecem ser motivados não somente pela resistência de alguns grupos de profissionais, mas também pelas tendências à judicialização da vida. As culturas do litígio e da sentença ainda são fortes o suficiente para minimizar as forças e potências da cultura de paz, do senso de cooperação e dos valores da convivência que lhes são inerentes.

Com o passar do tempo, entretanto, a Mediação foi se transformando, se renovando e se apropriando de novas técnicas, adotando distintos estilos, novos formatos e finalidades, ganhando espaços para além da resolução dos conflitos. Hoje, considero a Mediação uma escolha, um modo colaborativo de ser, estar e de conviver no mundo em que se busca atender as próprias necessidades, sem perder de vista as do outro. Nessa esteira, a Mediação passa a independer do conflito; sendo pedagógica e emancipadora.

A experiência acumulada ao longo de mais de duas décadas me autoriza a afirmar que o lugar e o papel do mediador também variam no curso de um procedimento da Mediação. Se no início o mediador tem um papel de maior relevância, não raras vezes, ao longo da Mediação, tal relevância é esvaziada, dando lugar ao protagonismo dos participantes.

Lembro-me de uma Mediação em que os mediandos acumulavam dezoito processos entre judiciais e administrativos. Eles decidiram pela não continuidade da Mediação, por terem reiniciado os diálogos e compreendido os prejuízos gerados ao filho comum, vez que este, já adolescente, se beneficiava da ausência de comunicação entre os progenitores, ficando à deriva. Assim, ao compreenderem os efeitos do afastamento e da ausência de diálogo, decidiram tomar, conjuntamente, as rédeas da educação do adolescente e comunicaram que entenderam as razões pelas quais acumularam tantos processos e estavam decididos a reverter este quadro, não necessitando da participação da equipe de Mediação na construção de acordos.

Disseram que estavam ali por motivos que não prosperavam mais. E, uma vez que o diálogo havia sido resgatado, cuidariam de resolver as próprias questões. O procedimento foi interrompido e nos despedimos com alegria.

Em uma outra Mediação, ocorreu o inusitado. Na quinta e última sessão, após firmado o termo de acordo, os mediandos, já engajados nos diálogos e resgatando conversas interrompidas, combinaram, em minha presença, de sair dali para comer uma pizza. Saíram tão animados pela porta - que deixaram literalmente aberta –, celebrando alegremente os resultados alcançados, que nem se despediram. Sequer lembraram do acordo celebrado, que restou esquecido no centro da mesa. A princípio, em um misto de espanto e contentamento, observei a cena patética sem dizer uma única palavra.

Metamorfose

Célia Regina Zapparolli[27]

O mundo é como uma montanha.
Seu eco depende de você.
...
Mude o seu coração para mudar o mundo.
Shams Tabrizi

Introdução

Fui convidada pelo amigo Adolfo Braga, para escrever esta memória. São 27 anos de Mediação e 26,5 como mediadora. E, considerei que meu relato deveria trazer algo além de um registro histórico ou autorreferencial.

Tenho compartilhado essa jornada da Mediação e pela Paz com muitos amigos, amigas (os/es). E, dedico este artigo a cinco deles que já se foram para as estrelas. Cada um com sua personalidade chegou à Mediação por

27. Advogada, mediadora há 25 anos, no âmbito privado e em políticas públicas, docente de mediadores CNJ, OAB, AASP, UNICAMP, TRTs, TJs, TRF3 e NUPEMC-SP, Programa Justiça Comunitária TJDFT, Programa Serra do Mar, PANAMERICANO 2007, BID e PNUD, pesquisa metodologias, design de Mediação e, racionalidade decisória, acrasia na Mediação de conflitos, pela psicologia clínica.

impulsionadores distintos e em momentos diferentes, mas com apreço e grande dedicação a ela: Vania Yazbeck, Ada Pellegrini Grinover, Marisa Japur e Valéria Perez, Antonio Carlos Malheiros. Estamos no FONAME - Fórum Nacional de Mediação em luto por eles, mexidos, como tantos mediandos chegam à Mediação também em luto, em uma transição psicossocial, quase nunca fácil.

Pensar a Mediação, para mim, é mergulhar em uma complexa Gestalt, em que as figuras se confundem como fundo, sem tempo nem espaço, em que ao pensá-la eu medianda e eu mediadora entrelaçamo-nos com a Mediação.

O meu início quase se mescla com o princípio das primeiras iniciativas da Mediação no Brasil. Não, não sou mãe nem pai da Mediação. Nada mais desnecessário e possessivo do que os títulos dessa natureza, em um mundo de ideias que sempre estiveram aí, acessíveis a todos, bastando estar aberto para isso, mas nem sempre se está. Aqui a ideia do tempo das coisas e das pessoas. E ao pensar nisso, sou levada a ideia do tempo na Mediação e ao respeito aos tempos dos mediandos não síncronos entre si, quanto mais síncronos com o tempo dos mediadores. Portanto sejamos inteiros, em horizontalidade, em cada instante mediado.

A Medianda

Pois bem, tudo começa em 1997, eu como medianda, com a Mediação na dissolução de "nossa" sociedade de advocacia, após uma paráfrase bem feita pelo mediador Juan Vezzulla, fundamental e determinante para aquela Mediação específica e para mim como pessoa. Por conta dessa paráfrase, tornei-me mediadora.

Era época do processo civil, da forma predominando sobre o conteúdo, do instrumento sobrepondo o mérito. Nesse contexto, como advogada, procurava ser técnica, estratégica e combativa, "muuuuuito" combativa, em um cenário confortável que eu conhecia bastante, confortável, mas quando não era eu a parte. Tranquilo quando falava, dizia e defendia o outro, e não a mim mesma. Alí, a mudança de perspectiva da advogada para parte quebrou as minhas pernas e me fez parar para pensar em Justiça, justeza e no efetivo acesso ao Judiciário.

Diante desse meu próprio conflito interpessoal, passei a perceber e ter a certeza de que o caminho de alguém decidir por mim não seria uma alternativa, ao menos não naquele momento, aquele Judiciário e, não hoje este Judiciário, causava-me receio. Eu temia o que eu designava por assimétrico, não sei se em uma fantasia, mas por um ângulo novo que promovia para mim alguns pontos de reflexão e inflexão com os quais eu não conseguiria conviver na litigância, como o da falta de paridade de armas, ausência de controle e de perspectiva de futuro a curto e médio prazo. Ou seja: o Judiciário e o seu tempo não caminham pelo meu tempo, e seriam uma prisão para a qual, aos meus vinte e tantos anos, eu não estava preparada e acredito que aos cinquenta e tantos outros anos eu ainda não esteja, quanto mais vislumbro para a frente que eu venha a estar. A ideia de que o dia é hoje e deve ser vivido plenamente para mim é Princípio, nem a pandemia foi suficiente para me paralisar. Assim, para mim, Judiciário definitivamente não é, nem será, uma base segura, sendo sinônimo de incertezas, com as quais eu também não me vejo aprisionada.

Nesse conflito societário em que eu era parte, até chegar ao ponto da Mediação extraprocessual que descreverei, da "minha" Mediação com o Vezzulla e o Fernando Marques, eu já tinha passado por uma experiência desastrosa de gestão desse conflito na OAB em 1997, ao pedir auxílio no plantão da Comissão de Prerrogativas. E quero contar o que ocorreu: ao demandar naquela OAB, hoje muito diferente, foi designado um colega para uma conversa comigo. Eu acreditava que lá as normas seriam aplicadas, mas parece que o colega, mesmo antes de eu ser ouvida, decidira ser necessário fazer uma "Mediação", não sugerida nem explicitada para mim, uma "Mediação secreta" e imposta por ele, também com regras próprias criadas por ele.

Em um jogo dos sete erros, vou descrevê-la para vocês: I- ao chegar à sala das prerrogativas da OAB de 1997, na Sé, deparei com o meu ex-sócio já em seu interior; II- isso antes mesmo de eu entrar para narrar o meu problema, em uma agenda solicitada por mim junto àquele órgão de classe; III- não me foi dada a oportunidade de falar; IV- só ouvir lugares-comuns de paz e harmonia por um suposto "mediador", verborrágico; V- nada foi encaminhado; VI- portanto, nada foi resolvido e; VII- a única certeza foi a de eu não ter sido ouvida, quanto mais escutada. Impressão que só foi piorando, em "certezas" do tal "mediador", por uma escuta viciada unilateral que já ocorrera antes de eu entrar, repleta de pressuposições e vieses, aqueles das pesquisas de Amos Tversky e Daniel Kahneman. Isso ativou outras certezas, outros vieses e pressuposições cá em mim.

Naquela OAB de 1997, meu estado de alerta foi crescendo de 1 a 10, do verde, ao laranja, ao vermelho, piscando, até tocar a sirene, enquanto o "mediador" bailava uma valsa assíncrona com a situação, só ampliando o conflito. Ah, o tempo aqui novamente, o tempo do mediador, tempo *cronos* e tempo cadência do mediador, em ritmo nem sempre harmônico com o dos mediandos.

Imaginem o que ocorreu? Senti-me violentada, traída, desconfortável, exposta, confrontada, em um ambiente de *parti pri*, contaminado, sem falar na discriminação de gênero transversal e que entremeava palavra a palavra, em um lugar em que eu, imaturamente, pensara fosse "neutro". Mas neutralidade não existe, está na hora de definitivamente pararem de usar esse termo para o mediador. Quando muito, agimos em equidistância. Até porque, nós mediadores, mesmo estranhos ao conflito, somos parte no sistema que se desenvolve na Mediação e, em certas mediações, como as ambientais, parte do mesmo planeta impactado. Portanto o termo é equidistância, nem neutralidade, nem imparcialidade.

Ali, naquela inominável "Mediação" da OAB-1997, também ficaram explícitas duas máximas muito comuns aos que não conhecem e querem fazer Mediação sem formação: I- todos são mediadores natos; e, II- para que técnica, se há a experiência da vida, em um típico "eu me garanto".

Esse jeito de pensar e agir não garante nada e promove impactos profundos nos mediandos, para Mediação, e podem colocar os ditos mediadores em risco. Pela presunção dessas máximas pelo colega da OAB-1997, fui exposta em um quadro que reputei injusto e não ético. O pior, sem saber, nem anuir com toda a dinâmica imposta e desenvolvida de maneira desastrosa por ele, em uma *blind mediation*, ou em uma Mediação às cegas.

Naquele momento só me restava concluir que a tal da Mediação não era séria, que aquela OAB não era confiável, diante de uma atuação talvez bem intencionada, mas que, em um olhar retrospectivo, desrespeitou a autonomia da vontade, o sigilo, não foi equidistante e desenvolveu-se sem qualquer escuta ativa e empatia. O pior, desqualificou a própria Mediação.

Sorrir de lado, servir café, balinha, chocolate, chamar de "doutora" não é ser empático. Sem uma atitude efetiva que lastreie esses simbolismos, soa clichê, porque assincronia entre comunicação verbal, paraverbal e não verbal não expressa a verdade de quem fala. A verdade dos mediadores consiste em abrir-se coerentemente em uma escuta horizontal, sem firulas nem rococós, reconhecendo que o conflito e o lugar de fala não são dos mediadores. Só assim será entreaberto espaço de uma escuta equidistante, na demonstração da intenção de estar junto, em ação e principalmente inação, com técnica e respeito, para além de narrativas vazias de *personas* em teatralidades.

Após o fracasso da tal "Mediação" na OAB-1997, todos armaram-se para o embate, achando que iam para o "bom combate"! Mas o que é um "bom combate"? Aquele da Ordália, do pretenso "juízo de Deus", do "ganha quem está do lado do bem". Nada mais maniqueísta, não?

Foi aí que o amigo do meu ex-sócio, Fernando Marques, propôs uma Mediação no âmbito privado. Mesmo já tendo passado pela experiência dolorosa naquela OAB-1997 quis tentar, afinal o Fernando me gerava confiança, C O N F I AN Ç A. Que mal haveria em participar de mais uma Mediação? Afinal de contas, o Judiciário estaria lá se não desse certo, mesmo ele sendo aterrorizante para mim na posição de parte.

Aqui eu ainda estava com percepção da Mediação como alternativa ao Estado-Jurisdição e não tinha olhar ao conceito ampliado de Jurisdição, em múltiplas e adequadas portas (como mostrado por Kazuo Watanabe, em *Acesso à ordem jurídica justa*, Carlos Alberto Salles, em *Mecanismos Alternativos de Solução de Controvérsias* e *Acesso à Justiça: a Inafastabilidade da Tutela Jurisdicional Recolocada* e Bruno Takahashi e Carlos Alberto Salles, em *Jurisdição e litigiosidade: partes e instituições em conflito*). Tanto menos, como hoje, de a Justiça não ser prerrogativa do Estado e, a promoção da justiça e da paz dependerem de atos diários, simples e de base de cada um.

Notem o que de fato significa confiança, equidistância e imparcialidade, sem formalidades, nem rigidez: o amigo era do meu ex-sócio, do meu "oponente", mas eu confiava na postura ética do Fernando. Isso não estava em questão para mim.

Esse é um marco para ilustrar que confiança vai além da equidistância.

Fernando e Vezzulla foram os mediadores nessa nossa dissolução de sociedade. Nela eu tinha uma frase recorrente, apenas não a colocarei aqui expressa para não expor ninguém. Além da frase, que explicitava um fato concreto, havia o tom, o som, a minha conotação que, somados ao meu não verbal, ao meu gestual eram viscerais e desqualificadores. Mas é fato que eu não me percebia assim. Afinal de contas, eu me enxergava como uma *lady*, e estava no lugar da "vítima". E vitima tem o quê? Poder!

Depois de repetir a tal frase, quase como em um bordão, por "n" vezes, Vezzulla parafraseou-a e tudo se recontextualizou. Foi um belo impacto escutá-lo falando o que eu dizia. Nada obstante os fatos, eu me enxerguei maledicente e ferina, nada condizente com a *lady* que eu me achava ser, nem a vítima dos contos de fadas. Além de presenciar uma catarse, em que pude perceber enxergar o outro. Bravo, Vezzulla!

A Mediadora

Aí me inscrevi para um curso de formação de mediadores e, por ignorância ou ato falho, o Vezzulla era o professor, o que, por ÉTICA, o fez deixar a Mediação.

Brincávamos que para ensinar Mediação o professor deveria se chamar Juan (Vezzulla e Tausk). Os cursos de formação foram divisores de águas para mim. Por suas dinâmicas e vivências, através quais a minha timidez foi se transmutando em autonomia de ser como pessoa, uma borboleta nascendo para além do casulo de uma advogada, uma mediadora nascia e, hoje, com a licença poética da experiência, uma "mediadora ativista" voa livre. Mais à frente explicarei o porquê.

Nesse curso do Vezzulla conheci Reginandrea Gomes Vicente (parceira até hoje em mediações e projetos), Débora Pinni, Malvina e Rubens Muszkat, todos eles como eu, na época, ainda aprendizes da Mediação. Eram da equipe da Pró-Mulher Família e Cidadania (PMFC), uma ONG em defesa da isonomia nos direitos das mulheres, que tive a felicidade de integrar como voluntária, técnica, diretora e presidente, de 1998 até final de 2004. Lugar em que tivemos também as nossas primeiras formações internacionais de Mediação com Nora Gass e, depois, com Juan Tausk, Rosane Mantilla de Souza (minha orientadora no mestrado e doutorado da PUC-SP), em uma turma maravilhosa de colegas: Deborah Levi, Rodrigo de Souza, Glaucia Vidal, entre outros.

Na Pró-Mulher, "apesar de precisarmos mudar nome", como dizia o ministro Peluso, pelo "pró", fazíamos uma linda Mediação transformativa, por meio de uma política pública, a primeira política pública de Mediação no âmbito de justiça não judiciária brasileira, em parceria com a PGE – Procuradoria Geral do Estado de São Paulo.

Tive a honra de ser signatária, como vice-presidente da PMFC, em 2001, para ampliação e implantação oficial da Mediação na PAJ – Procuradoria de Assistência Judiciária, que fazia vezes da Defensoria Pública e no COJE – Centro de Orientação Jurídica à Mulher do Estado de São Paulo, desativado para demolição do prédio da Rua Tabatinguera e a construção do estacionamento do TJSP. O que não foi mérito só meu, foi uma construção das gestões, de trabalhos anteriores, de toda uma equipe muito comprometida e preparada da Pró-Mulher e dos procuradores do Estado, o Santo, a Mercedes, a Miriam, a Mariangela Sarrubbo. Foi assim implantado, em 2001, o primeiro projeto de Mediação na PGE e em política pública de justiça não judiciária.

Na PMFC, defendíamos a possibilidade da Mediação em contextos de violências, mas a porta de entrada e de saída eram as Varas da Família. Dizer na Pró-Mulher que mediávamos em contextos de violências de gênero e família, sem perpassar pela seara criminal, sem receber e entender os casos vindos do crime, me incomodava. Parecia um tabu. Sabe o inconsciente intocado? Não sou advogada criminal para defender uma posição, quero deixar bem claro, mas terminada a Mediação, surgia "do nada" um termo circunstanciado, um processo criminal muitas vezes decorrente de um boletim de ocorrência esquecido ou cujos efeitos eram desconhecidos pela vítima, e o sentimento de que tínhamos feito meia gestão de conflitos era inevitável. E, assim, muitos casos acabavam reabertos.

E, dessa forma, já em 1999, pensava que a Mediação poderia ser muito mais do que lhe era permitido. Por que não a Mediação em contextos de crime? Por que tirar a voz da vítima e a oportunidade de refletir e mudar ao perpetrador de violências? E por que não ser possível em contextos intrafamiliares de crime, em que, apesar do delito, os vínculos são permanentes, continuados e as dinâmicas violentas são transmitidas geração a geração?

Os argumentos de desequilíbrio de poderes, da insegurança, não bastavam para mim, que considerava e considero ser a questão nodal o enquadre metodológico, já que a Mediação não é desenvolvida no momento das violências e do crime, mas em contextos violentos e de crime, em relações disfuncionais que se mantêm pela resistente homeostase. Passei a pesquisar metodologias de Mediação. E, hoje, já fizemos até Mediação em tema de júri (crime doloso contra a vida em relação continuada) e que não se configura como justiça restaurativa, por trabalhar a perspectiva relacional, e não a autoria, nem a sanção.

Daí em 2001 passei a pensar o conceito da integralidade do sujeito, dele na relação, no contexto social e a importância do tratamento também integral do conflito pela Mediação, para além do limite de disputas e lides. Algo que está no DNA no Projeto Íntegra que citarei mais à frente para vocês, conceito que mais tarde também foi previsto pela Lei Maria da Penha nº 11.360/2006 e jamais foi aplicado.

Durante a gestão da PMFC conheci, conhecemos, vários secretários nacionais e estaduais de Justiça. Foi aí que conheci meu marido Antonio Rodrigues de Freitas Júnior, secretário nacional de Justiça do Governo Fernando Henrique. Freitas convidou, em 2002, a PMFC a apresentar um projeto de Mediação para parceria com a SNJ Secretaria Nacional de Justiça, no âmbito do Fundo Penitenciário Nacional – FUNPEN, em uma área assessorada pela juíza aposentada Vera Regina Müller, acrescendo esse projeto a outras propostas de projetos como o da Justiça Comunitária do TJDFT (em que depois tive a oportunidade participar como consultora do PNUD-ONU) e as Casas de Mediação de Fortaleza, respectivamente, idealizados por Glaucia F. Foley e Lilia Sales.

Mas o parecer da consultoria jurídica da Ministério da Justiça em 2002 inviabilizou a parceria da PMFC com a Secretaria Nacional de Justiça, ao declarar a impossibilidade de recursos vindos do FUNPEN, porque "vítima somente seria vítima após o trânsito em julgado" e, no ponto em que atuávamos, não haveria vítimas, pela ausência da condenação criminal com a imutabilidade de um trânsito em julgado.

Já na presidência da PMFC, imaginem, após um sonho que tive descrevendo as etapas, ponto a ponto do projeto, idealizamos com os colegas Reginandrea Gomes Vicente, Bete Chachanovickz, Glaucia Vidal, Renato Soares da Silva, Veridiana Carvalho, Wiliam Takayama, Lilian Godau, Freitas, entre outros, o Projeto Íntegra, Gênero e Família, para implantação e pesquisa pela FADUSP, com verba da Bombril S/A, na gestão de José Bacellar, transferido em 2005 para a RIMI – Rede Internacional de Mediação Interdisciplinar, e que segue até hoje em uma parceria maravilhosa as Varas de Violência Doméstica, Criminais e de Família de Santana, Ministério Público Estadual e, hoje, do Trabalho, sendo Prêmio CNJ–Conselho Nacional de Justiça: "Juíza Viviane Vieira do Amaral" em 2021 (como pode ser visto em https://wwwh.cnj.jus.br/premio-viviane-do-amaral-destaca-melhores-praticas-de-combate-a-violencia-contra-mulheres/).

Hoje, 22 anos depois, e denominado Projeto Íntegra: Mediação – Crime Gênero e Família, tem também, além da RIMI, a parceria da CAMIE – Câmara de Arbitragem, Mediação Interdisciplinar e Empresarial, já executadas mais 54.600 horas de Mediação, das quais 4.600 horas somente em 2020, durante a pandemia de forma remota digital, em casos recebidos das Varas de Violência Doméstica e da Família de Santana (informações mais detalhadas no meu artigo "Mediação de conflitos de gênero e família, em contextos de violências e crimes processados pelas Leis nº 11.340/2006 e 9.099/1995. A Experiência desenvolvida no Projeto Íntegra de 2001 a 2011", *In*: SILVA, L. A. M. G. (org.). *Mediação de conflitos*. São Paulo: Atlas, 2013).

De 1997 a 2023 passaram-se muitos *designs*, mediações, programas e capacitações, em que tive a oportunidade, mas acima de tudo o prazer, de atuar profissionalmente, como no Panamericano 2007 (2005-2007), em Segurança Integral, Pronasc para a SENASP-Ministério da Justiça-PNUD (2005-2008), Secretaria Antidrogas da Casa Civil-PNUD (2007-2010), consultorias PNUD – Programa das Nações Unidas para o Desenvolvimento (2005-2010); em habitação, desenvolvimento urbano e meio ambiente, no

Programa Serra do Mar, do Governo do Estado de São Paulo-CDHU-BID (2008-2011/ 2013-2015); Compliance no BID – Banco Interamericano do Desenvolvimento (2016); Mediação AASP (2015-2021), na parceria de tantos gestores como Lair Krahenbühl, Leonardo Sica e mediadores especiais, recebendo o Prêmio Conciliar pelo *design* e facilitação assistida trabalhista na liquidação da Unimed Paulistana em 2017, voltada a mais de 4.500 empregados, vindo depois a implantação da plataforma digital da AASP em 2020; a formação, supervisão dos mediadores e para implantação efetiva da primeira câmara brasileira em assuntos de *campus* universitário na UNICAMP – Universidade Estadual de Campinas (2019-2023) com o Freitas, na gestão do reitor Marcelo Knobel. Além das mediações multiculturais ambientais, no TRF3 – Tribunal Regional Federal da 3ª Região, nos parques Xixová-Japui, Prelado, Jaraguá, Serra do Mar – com as comunidades Paranapuã e Pacuryty-Iguape, Tekoa Ytu, Tekoa Pyau, Itakupe, Itawerá, Itaendy, Yvy Porã Pindoty, Takuari, Quilombo da Fazenda (2018-2023), respectivamente, na parceria com o juiz Bruno Takahashi, Des. Herbert Cornelio Pieter de Bruyn Júnior, Cons. Des. Daldice Santana, com os coordenadores do GABCON do TRF3, Des. Carlos Muta, Min. Paulo Sérgio Domingues e Des. Paulo Fontes.

Talvez os filmes *Gestão de Conflitos – Programa Serra do Mar: do Governo do Estado de São Paulo* (disponível em https://www.dropbox.com/s/pwpiyzmj6vcvgnj/PROJETO_SERRA_DO_MAR_Title1_1.avi?dl=0) e *Mediações Ambientais Multiculturais* (disponível em https://www.dropbox.com/s/5pxwv9ie3g60dv9/Media%C3%A7%C3%A3o%20Ambiental-Cultural%203.mp4?dl=0) falem melhor da dimensão de algumas dessas experiências.

Em 2011, após a experiência do *design* Mediação em habitação e desenvolvimento urbano, no Programa Serra do Mar, do Governo do Estado de São Paulo, vieram os estudos dos resultados daquela experiência e o livro com a parceira Monica C. Krahenbühl (*Negociação, Mediação, conciliação, facilitação assistida, prevenção, gestão de crise nos sistemas e suas técnicas.* São Paulo: LTr, 2012).

Finalmente chegaram o grupo de estudos e pesquisa sobre litigância na FaDUSP-Shinshu University (2018-atual), a parceria com a Universidade do Oregon e a mesa-redonda sobre águas e meio ambiente, a pesquisa na Cornell University em 2018-219 para o mestrado na Psicologia Clínica na PUC-SP, com financiamento parcial da CAPES, da qual derivou, em 2021, a dissertação "Agir contra si: a acrasia na Mediação de conflitos e nos contextos de narrativas, violência e crimes no âmbito intrafamiliar", sob a orientação da professora doutora Rosane Mantilla de Souza, em que debato a tensão entre autonomia da vontade, racionalidade decisória na Mediação de conflitos, em um dos fenômenos que remonta aos debates da Grécia Clássica, a acrasia, também Prêmio CNJ–Conselho Nacional de Justiça: "Juíza Viviane Vieira do Amaral" em 2021.

A Mediação

A Mediação como pano de fundo no contexto brasileiro, *case* de litigância, surge como mais uma camada dessa Gestalt, agora borrada, por uma realidade artificialmente criada, enquadrada em uma máquina de acordos para liberar a demanda já presente ou que se teme chegar ao Judiciário.

Mas a Mediação, em uma enigmática advinha, como Alice no País das Maravilhas, é muito mais do que se pretende dela, ao mesmo tempo que é muito menos do que se impõe a ela no Judiciário, como tentarei explicar.

A Mediação, como se diz em um clichê, não é panaceia, nem fase processual, tampouco forma alternativa à adjudicação. Ela é um dos meios adequados, se pensada a jurisdição em sentido amplo, multiportas, mas não único promotor de justiça.

E, em contraponto à afirmação do Ministro Barroso, em matéria de 11.03.21, em que dá como receita para a advocacia do futuro o não litigar, penso que litigar é um direito constitucionalmente garantido e deve ocorrer quando necessário, em situações estrategicamente identificadas, em uma advocacia estratégica.

De um lado, em sendo adjudicação o meio adequado à situação concreta, ela deve ser rápida, efetiva e eficaz. Ou seja: republicana e justa!

De outro, não sendo adequada a adjudicação, não será por acordos fragmentários que eficientemente geriremos conflitos. Ao nos limitarmos a gerir disputas por acordo, nem sequer resvalaremos o conflito.

Acordos não são sinônimo de Mediação, tampouco de Paz, nem que a nominemos assim. Nunca nos esqueçamos de que a Segunda Grande Guerra Mundial nasceu de uma ferida narcísica decorrente do acordo na Primeira Grande Guerra Mundial, denominado Paz de Versalhes.

Para mim, é muito claro que o acesso a uma ordem jurídica justa é infinitamente mais do que chegar e somente adentrar formalmente ao Judiciário, em se verem geridas lides por suas múltiplas portas e também de maneira massificada por acordos. Uma ordem jurídica justa deve ser atrelada às bases, ao bom funcionamento do governo, distribuição equitativa de recursos e ao livre fluxo de informações, conceitos abertos que têm significado variável conforme a cultura, o espaço e o tempo. Certamente esse é um dos grandes problemas na verticalidade e universalidade de muitos postulados dos Direitos Humanos, também dificilmente percebido na construção hegemônica do conhecimento e da sociedade, mas que quem não os tem sabe o exato sabor e significado de sua ausência.

E, hoje, e agora explico, a mediadora que nasceu do casulo de uma medianda ensimesmada, em conflito, tornou-se uma "mediadora ativista", que trabalha pelo reconhecimento de uma Mediação acessível e plural, com a cara do Brasil, que se deve empoderar e emancipar. Uma ou a nossa Mediação do manifesto de 2022 da "Escola Brasileira de Mediação" (disponível em https://drive.google.com/file/d/1bU0ssPuheGEn3EBBLBtGB2hroUop5koL/view), decolonial, transgressora, com o nosso ritmo, que compreende o nosso tempo de ser e agir, de reflexão e de fala, como por exemplo, aquela que senta em uma casa de reza com os guaranis e, ou atravessa riachos com os quilombolas, em sintonia com seu contexto histórico-antropológico, em sua ligação com suas ancestralidades e a natureza; que reconhece os muitos "Brasis"; assim como a pessoa em sua cultura e além dela, em seu *self*, nas relações, e nos contextos sociais e estruturais assimétricos. Uma Mediação que não se renderá como instrumento de dominação, nem para simplesmente reduzir o número de feitos que chegam ou já estão no Judiciário. Uma Mediação emancipada e para a emancipação, o desenvolvimento e inclusão social, que não se limita a resolver disputas, nem lides por pactos pontuais.

Mediação Judicial e o pioneirismo de uma experiência em uma Vara de Infância e Juventude

Elizabeth Maria Pinto de Noronha, Daniel Issler e Adolfo Braga Neto[28]

1- Motivadores dos autores em integrar a experiência

Elizabeth Maria Pinto de Noronha

Graduada em Ciências Jurídicas e Sociais desde 1981, formada para a litigância, para defender os direitos dos clientes e para fazê-los vencedores nos processos. Amava o Direito, mas não me identificava com o procedimento litigioso, vivendo assim uma constante luta interna, por ter a plena convicção de que um acordo que resolvia as questões subjetivas e considerava os interesses da outra parte envolvida no conflito era muito diferente de uma imposição judicial.

Na época, desconhecia as técnicas para ultrapassar impasses, esclarecer diferentes percepções e restabelecer a comunicação entre as partes. O trabalho transcorria de forma intuitiva e amadora, sem formação profissional.

Em 1998, passei a trabalhar no extinto Juizado Informal de Conciliação (JIC), criado para viabilizar o acesso rápido ao Judiciário. A partir de então minha atuação profissional começou a tornar-se prazerosa, por poder ajudar as partes a resolverem seus conflitos de maneira conciliatória.

Daniel Issler

Atuando como juiz de Direito desde 1997, a preocupação em atribuir

28. Elizabeth Maria Pinto de Noronha: graduada pela FIG-UNIMESP de Guarulhos/SP, no ano de 1981, pós-graduada em Direito Processual Civil e Direito Penal e graduada em Pedagogia em 2007, pela mesma instituição. Advogada com formação em Mediação e Conciliação, habilitada pela Resolução nº 125/CNJ e inscrita no Tribunal de Justiça. Professora da disciplina de Formas Consensuais de Solução de Conflitos e pós-graduanda em Mediação, Gestão e Resolução de Conflitos pela Escola Superior de Advocacia de BH/MG.
Daniel Issler: graduado em Direito pela Faculdade de Direito da Universidade de São Paulo, mestre em Direito pela Universidade de Samford do Estado do Alabama nos Estados Unidos. Juiz da Vara de Infância e Juventude de Guarulhos no Estado de São Paulo.
Adolfo Braga Neto: graduado em Direito pela Faculdade de Direito da Universidade de São Paulo, mestre em Direito Civil pela Pontifícia Universidade Católica de São Paulo, presidente do Conselho de Administração do IMAB – Instituto de Mediação e Arbitragem do Brasil, diretor de Relações Internacionais do CONIMA – Conselho Nacional das Instituições de Mediação e Arbitragem e diretor do ISCT – Institute for The Study of Conflict.

soluções reais aos processos que se apresentavam (e não meramente formais) despertou meu interesse pela Mediação, dentre outros métodos de solução alternativa de conflitos. E esse foi o assunto escolhido para minha tese no Master of Comparative Law que então cursava junto à Universidade de Samford (ALA/USA). Mais do que um aprendizado teórico, a ser posteriormente utilizado na prática profissional, concretizou-se uma iniciativa pioneira no Projeto de Mediação da Vara da Infância e da Juventude de Guarulhos/SP, em parceria com as Faculdades Integradas de Guarulhos (FIG) e com o Instituto de Mediação e Arbitragem do Brasil (IMAB), que, após a formação de dezenas de mediadores, foi capaz de atender fluxo mensal correspondente a centenas de litígios, com alto índice de acordos obtidos. Dados estatísticos completos foram compilados na tese defendida por ocasião da conclusão daquele curso de pós-graduação.

Adolfo Braga Neto

Em uma manhã ensolarada em meados do ano de 2003, no Departamento Jurídico XI de Agosto da Faculdade de Direito da Universidade de São Paulo, a equipe de mediadores do IMAB em atividades de Mediação naquele Departamento, dando continuidade a suas ações mediante o convênio existente desde 1996, recebeu a visita de um jovem juiz interessado em conhecer a Mediação desenvolvida pela entidade. A ele foi possível observar a Mediação que lá se empreendia desde o ano acima citado. Após a atividade, foi realizada uma reunião para troca de experiências, momento em que conheceu o trabalho de supervisão desenvolvido pela instituição, o que o tornou mais entusiasta da iniciativa.

Da reunião acima relatada, surgiu a ideia de o IMAB colaborar com o projeto a ser desenvolvido em Guarulhos em sua Vara, com o apoio das Faculdades Integradas de Guarulhos - FIG. Assim nasceu a parceria das três instituições com o objetivo de capacitar profissionais em Mediação, bem como desenvolver a supervisão com o objetivo de aprimoramento da qualidade dos mediadores no projeto, então em seus primeiros passos.

2- A experiência da Mediação na Vara de Infância do Fórum de Guarulhos, narrada por Elizabeth

Em 22 de setembro de 2003 (Ofício G-6981/DEMA 1.1 - Processo

G-37.221/03), o corregedor-geral da Justiça comunicou que o Conselho Superior da Magistratura aprovou o parecer referente ao Projeto-Piloto de Mediação ligada a questões de guarda de menores e atos infracionais de menor gravidade.

O projeto pioneiro foi instalado em Guarulhos no dia 28 de novembro de 2003, tendo como coordenador o juiz Daniel Issler e como colaboradores a Escola Paulista da Magistratura (EPM), o Instituto de Mediação e Arbitragem do Brasil (IMAB) e o Ministério Público.

Para a concretização do projeto, foi promovida a formação de mediadores, cujo treinamento teve início em 14 de outubro de 2003, com quarenta horas/aula, sob a coordenação de Daniel Issler, com aulas promovidas por promotores de Justiça, psicólogos e Adolfo Braga Neto (presidente do IMAB), dentre outros profissionais altamente gabaritados. Com certificados expedidos em 20 de novembro de 2003, assumimos a tarefa na prática, entendendo o procedimento da Mediação simples, como resultado, porém, sem conhecer, ainda, a complexidade quanto à sua construção.

A primeira atuação em Mediação foi com uma comediadora com formação em Assistência Social. Esse caso foi marcante para a consolidação de todos os conceitos teóricos estudados. Referia-se a um processo de guarda de uma menor que vivia em companhia de seu pai e sua avó paterna. A mãe residia em outro imóvel com os demais filhos. O pai da menina veio a falecer, em um grave acidente de moto. A partir de então, a avó paterna, temerosa de perder a companhia de sua neta e tendo-a como única companheira, resolveu requerer judicialmente a guarda da menor, que foi veementemente contestada pela mãe. Assim, o processo, que teve origem na Vara da Infância e Juventude de Guarulhos, foi encaminhado para o Setor de Mediação, ao qual as partes compareceram acompanhadas de suas patronas e, antes de dar início ao nosso trabalho, deixamos a menor na antessala e oferecemos-lhe caneta e papel para se distrair.

Concluída a etapa da pré-Mediação, avançamos para o relato das partes e fomos percebendo a resistência de ambas, que se preocupavam em demonstrar que uma teria mais direitos sobre a menor do que a outra. Para poder ajudar no entendimento e percepção de cada uma, perguntas investigativas e reflexivas foram feitas e, em relação à menina, perguntamos, por exemplo, o que as partes achavam que ela estaria sentindo naquele momento com a morte do pai e vendo sua mãe e sua avó se relacionando com tanta dificuldade.

Assim, em um ambiente tranquilo e seguro, as mediandas puderam abrir mão da resistência inicial para falar dos sentimentos que motivaram aquela disputa. As partes também puderam perceber que as mediadoras não se importavam quem era ré ou quem era autora; o que importava era a criança e que ali nos propusemos a ajudar a pensar que, em uma decisão judicial, quem sairia perdendo seria a criança.

Com a ajuda das patronas, que explicaram para as partes, juridicamente, que a ação de guarda se refere a guardar a criança enquanto menor, mantendo vigilância no exercício de sua custódia, bem como representando-a e assistindo-a até a sua maioridade. Com isso, as partes puderam entender que ter a guarda não significava ter a propriedade e foram percebendo que suas intransigências não faziam sentido. Finalmente, acordaram que a guarda ficaria com a avó paterna e com visitas livres à mãe e seus irmãos.

Na saída, acompanhamos as partes até a antessala onde se encontrava a menor e nos despedimos de todas, que saíram confortavelmente alegres e unidas. Para nossa surpresa, ao recolher os papéis que a menor rabiscou para se distrair, nos deparamos com o seguinte conteúdo:

> Carta para papai: Por que você se foi? Por que não ficou juntinho comigo? Queria que você não se fosse, agora eu que sofro, se eu escolher a vó a mãe falou que vai embora se eu escolher a mãe a vó vai embora. Que situação você me deixou pai! Eu sei que estou bem crescida, mas logo nessa situação! Pai, por que me deixou? Não entendo por que tinha que ir tão cedo! Pai, você era a minha vida! Por que teve de ser justamente você, por que não eu? Queria estar no seu lugar, pelo menos não teria que sofrer tanto! Pai, sei que nunca me deixou na mão, por que vai me deixar nessa situação? Não entendo por que sempre as pessoas boas têm que ir embora e não as pessoas más, logo meu pai! Se fosse para escolher entre a vida e a morte, escolheria a morte, pelo menos nada disso estaria acontecendo!

A perturbação e angústia da menor estavam visíveis na carta por ela escrita, a ponto de não se interessar mais pela vida. Dessa Mediação, extraímos importante aprendizado. Percebemos inicialmente o quanto é importante os mediadores estarem em sintonia entre si, respeitando-se e confiando na atuação mútua. Trabalhamos em conjunto, com comprometimento pessoal de que a atuação de uma não se sobrepusesse ao da outra.

Outro ponto a ressaltar da Mediação foi o papel fundamental das patronas, que explicaram para suas assistidas o sentido real de guarda. Para não perder a imparcialidade e, tendo em vista que o mediador, no momento da Mediação deve se desvincular de sua profissão de origem, estávamos impedidas de prestar assessoramento jurídico às mediandas, princípio este, que passou a ser chamado de "princípio da decisão informada" e que mais tarde foi regulamentado pela Resolução nº 125/10 do Conselho Nacional de Justiça e com previsão no Código de Processo Civil.

Todo o trabalho foi realizado de forma voluntária, por parte dos mediadores, que acreditavam no projeto coordenado pelo Dr. Daniel Issler e na satisfação de contribuir para a diminuição do desgaste emocional, resultando na criação de ambientes sociais cooperativos e harmônicos, com a manutenção da pacificação social.

A partir de então, novos desafios foram enfrentados, limites foram ultrapassados para que, a partir da Mediação, melhores soluções fossem alcançadas por via da construção de soluções em que todos ganhassem. O projeto piloto alavancou a evolução da Mediação na Comarca de Guarulhos, firmando-se como meio mais célere, eficiente, eficaz e menos oneroso para que as partes cheguem a uma solução amigável, contribuindo sobremaneira para a redução das demandas no Judiciário, cujo excesso tem inviabilizado o seu bom funcionamento.

Por fim, o projeto foi fundamental para a introdução na grade curricular do curso de Direito da FIG-UNIMESP da disciplina de Meios Alternativos de Solução de Conflitos, objetivando a formação de profissionais mais pacíficos que prestigiem a via consensual para a solução dos conflitos pelo diálogo cooperativo. Posteriormente, a disciplina passou a ser obrigatória, no intuito de contribuir para uma mudança cultural nos profissionais da advocacia.

Como previsto na implantação do projeto, tudo se concretizou: a regulamentação da Mediação, a alteração do Código de Processo Civil, bem como a obrigatoriedade da disciplina no Projeto Pedagógico dos cursos superiores de Direito.

Considerações finais

No ano de 2003, quando teve início esse projeto, pouco se falava de Mediação no Brasil. A situação hoje é bem diversa, mas esta forma de solução de conflitos ainda é desconhecida por muitos profissionais do Direito, especialmente aqueles que atuam na área do Direito de Família, em que é particularmente benéfica, visto que os familiares retêm o controle sobre o resultado, muitas vezes em meio complexos conflitos, de forma a preservar os envolvidos, especialmente os filhos menores, de maiores abalos psicológicos.

Considera-se que a iniciativa serviu para que o sistema jurídico nacional se apropriasse de uma forma mais qualificada da Mediação como um novo e eficiente instrumento de abordagem dos litígios.

Meus caminhos em duas décadas de Mediação

Ernesto Rezende Neto[29]

Minha trajetória na Mediação remonta há 20 anos, período no qual participei e coordenei vários projetos, participei da equipe docente de vários cursos e uma série de outras atividades.

Vania Curi Yazbek, falecida em outubro de 2020 e reverenciada até hoje em eventos de Mediação devido à sua contribuição para o desenvolvimento desse instituto, teve participação preponderante, direta ou indiretamente, em todas as atividades que eu empreendi na Mediação, orientando, incentivando, iniciando os meus primeiros contatos com expoentes da Mediação. Hoje possuo relacionamentos consolidados nessa área, constantemente

29. Advogado, mediador, arbitralista e docente em Mediação, atuante na área de Família, Sucessões, Direito Imobiliário e Condominial desde 1979. Cursou especialização em Negócios Imobiliários pela FAAP e em Métodos Alternativos de Solução de Conflitos Humanos pela Escola Paulista da Magistratura. Membro e ex-coordenador executivo do Fórum Nacional de Mediação (FONAME).

ampliado, que muito têm contribuído para o meu desenvolvimento pessoal e profissional.

Esse com certeza foi o maior ganho que eu obtive nessa trajetória: a possibilidade de conhecer e conviver com pessoas que comungam das mesmas crenças, notadamente os alunos com os quais vou construindo relações, semestralmente, desde 2003.

Iniciei a minha vivência na Mediação ao participar do curso de Mediação do Instituto Familiae, ministrado pela Vania Yazbek e Celia Bernardes, no final do ano 2000.

No início do ano seguinte eu, juntamente com mais quatro colegas, Marcia Andrade, Pérola Cruz, Monica Burg e Pedro Toledo Piza, formamos um grupo para prosseguir com os nossos estudos de Mediação e convidamos as nossas professoras para a coordenação.

Os encontros semanais ocorriam na sede do Instituto Familiae, na Vila Madalena. Animados com as calorosas discussões, com os aprendizados e com o conhecimento que naturalmente íamos produzindo, passamos a atender, gratuitamente, pessoas da comunidade que estivessem vivendo situações de conflito, encaminhadas pelo Fórum de Pinheiros, advogados, terapeutas e outros profissionais.

A partir de 2002 os alunos da parte prática passaram a participar desses atendimentos, que foram o embrião das Oficinas de Prática de Mediação, um projeto que foi se desenvolvendo e multiplicando no curso do tempo, pois chegamos a ter sete Oficinas funcionando simultaneamente com quase cem mediadores-oficineiros.

Além dessa atividade o grupo se constituiu informalmente como MT – Mediadores Transformativos, e assim nos apresentávamos, às pessoas e instituições com quem fazíamos contato.

No empenho de levar a Mediação para variados contextos, participei do VI e do VII Congresso Brasileiro de Terapia Familiar, apresentando trabalhos relacionados à Mediação.

No final de 2005, Vania Yazbek e eu criamos um grupo de estudos denominado GMJus – Grupo de Mediação de casos ligados à Justiça, realizando encontros semanais para discutir assuntos relacionados à Mediação no

Judiciário, nos quais surgiram várias ideias para a criação dos projetos que implantamos no Judiciário.

No final de 2006 criamos o Centro de Mediadores do Instituto Familiae, que viria a se constituir, em 2007, no Mediativa – Instituto de Mediação Transformativa, pois o Setor de Mediação, que foi sucedido pelo Mediativa, atingiu tal proporção que o Instituto Familiae já não o comportava dentro da sua estrutura.

No início de 2007, coordenei a Comissão Organizadora, que se reunia semanalmente durante todo aquele ano para discutir a criação do nosso próprio Instituto. O trabalho foi incansável e exigiu o empenho de todos os integrantes daquele grupo, que nesse período se reuniu com profissionais de diversas áreas como administração de empresas, contabilidade e governança corporativa, a fim de escolher o melhor formato para entidade que estávamos criando.

Finalmente, realizamos a assembleia de constituição do nosso Instituto no final daquele ano, com mais de setenta mediadores, sendo que um dos requisitos para se associar era a capacitação no curso do Instituto Familiae, que exigia a parte teórica de 120 horas e parte prática, realizada nas nossas Oficinas, com 60 horas.

Atuei como representante legal do Mediativa nos dez anos seguintes, quando, em razão de outros compromissos profissionais, já não podia dedicar o tempo exigido para essa função.

Atuamos em algumas cidades de São Paulo, em especial Ribeirão Preto, onde o Instituto Familiae já possuía uma filial na qual era oferecido o curso de Terapia Familiar. Lá, a partir de 2004, com a ajuda do *staff* local, passei a coordenar o Setor de Mediação e as Oficinas, que funcionavam nos moldes das Oficinas de São Paulo.

Organizamos três cursos de Mediação e criamos alguns projetos. Para mim o mais importante deles foi a instalação do Setor de Mediação no Fórum de Ribeirão Preto, que contou com a dedicação da equipe de Mediação daquela cidade, formada pelos mediadores e mediadoras capacitados naqueles cursos.

Em 2007, com a participação de mediadores capacitados ainda pelo Familiae, passamos a atender no Fórum da cidade de Valinhos, onde instalamos uma Oficina de Mediação. Após quase um ano de atendimento nos transferimos para Campinas, onde, em parceria o Fórum Regional da Vila Mimosa, também fazíamos atendimentos semanais nas dependências do Fórum.

No bairro de Santana, na cidade de São Paulo, implantamos a Oficina de Prática de Mediação da Cantareira, onde foi desenvolvido o Projeto Experimental Cantareira de Mediação Penal Interdisciplinar, em parceria com a Promotoria de Justiça Criminal de Santana, atendendo prioritariamente pessoas envolvidas em situação de violência de gênero e de vizinhança.

Essa Oficina foi iniciada no espaço do Centro de Referência de Assistência Social (CRAS) de Santana, posteriormente foi transferida para a Subprefeitura daquele bairro e finalmente para as instalações da Promotoria de Justiça Criminal de Santana. Semanalmente eu ia de metrô, junto com a Vania, para coordenarmos aquela Oficina. No percurso, tínhamos longas conversas, tratando de questões pessoais e, obviamente, das iniciativas de Mediação que íamos implementando.

O projeto que implantávamos nos fóruns era o Projeto de Mediação Transformativa-Reflexiva – Prática Alternativa para Manejo de Conflitos, em que é oferecida às pessoas envolvidas no processo a oportunidade para o manejo dos seus conflitos, dentro de um contexto de diálogo e reflexão que também contribuem para difundir a Mediação como uma forma de resolução de conflitos.

O processo de Mediação é realizado por uma equipe multidisciplinar, constituída por dois mediadores de campo, em contato direto com as partes conflitantes e mais um grupo de mediadores, que atuam como equipe reflexiva, intervindo no atendimento, a pedido dos mediadores de campo ou dos próprios mediados.

Em razão dos vários projetos que desenvolvemos, acabamos por criar um *modus operandi* para lidar com os juízes, na sua maioria ainda muito refratários com relação à introdução da Mediação no que eles consideram os seus domínios.

Assim eu já carregava embaixo do braço o Provimento nº 935/2005, do

Conselho Superior da Magistratura e uma minuta de portaria para instalação do Setor de Mediação no Fórum e, muito embora o provimento mencionasse o princípio da confidencialidade, enfrentávamos problemas com alguns juízes ou funcionários do Fórum, que eventualmente exigiam saber de detalhes do atendimento em curso.

Obviamente que o empenho e competência dos mediadores que participavam desses atendimentos também contribuíram muito para desbravarmos esse território ainda inóspito para a Mediação.

Também contava o fato de que esses atendimentos nos davam a oportunidade de desenvolvermos a nossa prática, o que nos levava a fazer esses atendimentos de forma voluntária e arcando com as despesas de locomoção, estacionamento e alimentação, tamanha a nossa crença na Mediação.

Ainda no último trimestre de 2007 participei do projeto Tribunal Multiportas Investindo no capital social para maximizar o sistema de solução de conflitos no Brasil, com o objetivo de maximizar os sistemas de resolução de disputas da América Latina, patrocinado pela UST International.

Foi por intermédio desse projeto que tomei conhecimento do Fórum de Mútiplas Portas e a partir daí intensifiquei as minhas pesquisas, levando o tema para exposição e discussão nas minhas aulas e o incluí na pauta dos projetos de Mediação no Judiciário que fui elaborando.

No segundo semestre de 2009 iniciamos o projeto no Fórum Regional de Pinheiros e algum tempo depois passamos a atender alimentos de balcão, onde a mãe sem recursos financeiros reivindica pensão alimentícia para os seus filhos. Nesse projeto praticávamos Conciliação usando ferramentas da Mediação.

Durante esses atendimentos houve um fato que me tocou muito e que sempre levo para as minhas aulas. A mãe que reclamava alimentos para um filho tinha um segundo filho que não tinha sido reconhecido pelo pai.

Conseguimos não só celebrar um acordo estabelecendo uma pensão para os dois filhos, como o pai concordou em reconhecer o segundo filho, com mãe saindo de lá com um ofício para o Cartório de Registro Civil a fim de providenciar a certidão de nascimento desse filho.

Essa mãe se ajoelhou, chorando, e agradeceu por "aquela graça" que nós tínhamos conseguido. Foi um fato muito emocionante, do qual eu nunca me esqueci e que eu considero como uma das compensações que nós mediadores temos ao ajudar as pessoas a resolverem seus conflitos.

Ainda no Judiciário, implantamos o Projeto Audiências Híbridas, em que havia a utilização das ferramentas da Mediação transformativa, por um mediador-facilitador, durante a realização de audiências, com o apoio do juiz corregedor das Varas de Família de São Paulo, no Fórum Central da Capital e Fórum Regional de Pinheiros

Não poderia deixar de mencionar a minha participação no FONAME, onde a partir de agosto de 2007 foram realizadas várias reuniões para discutir o estatuto do FONAME e o "programa mínimo de capacitação em Conciliação, com base na atual realidade nacional". Em maio de 2010 tive a honra de ser eleito, juntamente com Marco Lorencini, como coordenador executivo do FONAME, sucedendo Adolfo Braga e Célia Zapparolli. Fomos reeleitos na gestão seguinte, na qual atuamos até 2014.

No segundo semestre de 2009, em uma comissão formada por mim, Adolfo Braga, Carla Boin, Marco Lorencini e Maria Inês Três Rios, foram elaboradas sugestões atinentes à Mediação e Conciliação para o Novo Código de Processo Civil, que foram encaminhadas à Comissão formada pelo Senado Federal para elaboração daquele Código pela professora Ada, por intermédio do IBDP – Instituto Brasileiro de Direito Processual. Nossa proposta foi aceita na íntegra.

Durante o período da pandemia, tive a oportunidade de reestruturar o meu escritório de advocacia, onde atuo, desde 1984, na área cível e família e também de Mediação de conflitos, o que irá me permitir retomar alguns projetos dos quais me distanciei nos últimos anos.

Atualmente participo regularmente apenas das reuniões mensais do FONAME e atuo, juntamente com a mediadora Alina Pachelli, na coordenação da Oficina de Prática de Mediação na 12ª Vara da Família e Sucessões do Foro Central da Capital.

Essa Oficina foi objeto de um Convênio de Cooperação entre o Instituto Mediativa e o CEJUSC Central da Capital, celebrado, na minha gestão, em fevereiro de 2016 e que desde então vem sendo renovado.

Caleidoscópio

Fernanda Rocha Lourenço Levy[30]

Encontrar pontos de partida, eleger momentos, revisitar caminhos percorridos, Mediação, como nos encontramos? Quando te vi pela primeira vez? Quando te percebi? Como você entrou na minha vida? Como você permaneceu na minha vida? Neste álbum de retratos, algumas cenas que marcam início de muitas histórias.

Final de fevereiro de 1997: uma viagem de navio rumo a Buenos Aires, um congresso a bordo organizado pelo orientador de meu mestrado, cujo tema já não me lembro; só me recordo do porto de Santos, da nostalgia em ver a cidade onde nasci de outro ângulo, ao som triste do apito do navio anunciando a despedida, da perspectiva de quem parte, como parti aos 17 anos rumo a São Paulo, também só, como nessa viagem, apoiada pela minha família para alçar novos voos.

Lembro mais: de ver pela primeira vez a palavra "mediación" em um cartaz nos muros do Tribunal de Justiça de Buenos Aires. Consigo ainda ver o cartaz; interessante como fica marcado em nossa memória tudo que nos toca de maneira inexorável. Foi assim que vi seu retrato pela primeira vez.

Vida seguindo, voltando para as águas de março que inundavam as ruas de São Paulo e que me levaram ao encontro de um amor maduro, família ampliada, mas esta é outra história... ou será a mesma? Múltiplas histórias que se entrelaçam.

Mestrado avançando no tema que envolvia conflitos familiares sobre guarda de filhos, um passo bem curto para estudar a Mediação e apontá-la como um meio adequado para o tratamento de questões tão sensíveis.

Sala de aula dos professores, de um *campus* e em horário em que jamais estaria naquele local, um encontro marcado pelo destino com a professora

30. Mediadora privada, sócia-fundadora do Instituto D´accord. Doutora em Direito pela PUC/SP. Integra o painel de mediadores das principais instituições de Mediação do país. Coordenadora do curso de Formação Executiva em Gestão de Conflitos Corporativos da FGV-SP. Vice-presidente da CAMARB. Ex-presidente do Conselho Nacional das Instituições de Mediação e Arbitragem – CONIMA.

recém-chegada, Sandra Bayer. Dia 01 de fevereiro de 2005, ela não me deixa esquecer, ainda bem.

Como coordenadora do Núcleo de Prática Jurídica e já tocada pelo conceito multiportas de gestão de conflitos, havia movido céus e terra para a implantação de um programa que inicialmente acolhesse os assistidos que buscavam assessoria jurídica gratuita com uma escuta diferenciada, que permitisse que a questão trazida pudesse ser inicialmente submetida a meios consensuais, como a conciliação e a Mediação. Com o apoio fundamental do diretor do curso, Carlos Eduardo Boucault, Reitoria, Pró-Reitoria me deram um voto de confiança.

Equipe treinada, alunos interessados, professores orientadores que atuavam como advogados foram sendo envolvidos, sala de Mediação pronta, ou seja, os desafios iniciais que pareciam insuperáveis ultrapassados, faltava o maestro, o mediador e não conseguia encontrar em todo o quadro de docentes da universidade, dos mais diversos cursos, um único mediador.

Aí voltamos ao dia primeiro de fevereiro, à sala dos professores. Um diálogo de pré-aula, rápido e fundamental. Em resposta à minha oferta de várias áreas possibilidades de a professora atuar no Núcleo, Sandra me disse que, embora lecionasse Direito Civil, ela vinha se dedicando ao estudo da Mediação, em curso de pós oferecido pela PUC-SP. Mal podia acreditar, a maestrina tão esperada havia chegado. Imediatamente, disse-lhe que tinha uma sala pronta, até com placa, e que precisávamos começar o trabalho. Sandra, sendo Sandra, prontamente respondeu que ainda estava começando a trilhar este caminho. Todos estamos – respondi –, faremos juntas. Nosso trabalho no Núcleo de Prática Jurídica nos ensinou muito e deixou muitas sementes, como a disciplina na grade curricular do curso de Direito desde 2002, centenas de alunos e docentes que conheceram o Direito também com a inclusão das lentes da Mediação e inúmeras pessoas que puderam participar de um processo de Mediação com qualidade.

E assim, Sandra e eu iniciamos nosso caminhar, por tantos outros territórios, que nos levaram a constituir o Instituto D'accord em 2007, nossa "lojinha", como costumávamos dizer, sem grandes pretensões, mas com o firme propósito de desenvolver programas e atuar em Mediação privada. Desde sempre, mediamos em casos que envolviam famílias e empresas.

Mudamos de cena: *lobby* de um hotel em Belo Horizonte. Final de mais um congresso do IBDFAM – Instituto Brasileiro de Direito de Família. Na despedida, Francisco Cahali, velho amigo dos bancos da pós-graduação da PUC-SP, me relata que iria oferecer uma nova disciplina no Mestrado em Arbitragem e queria saber se eu poderia auxiliá-lo, em especial, com uma ou duas aulas de Mediação. Com um pronto sim, outra janela se abre.

Foram anos de muito aprendizado, em que as poucas aulas iniciais de Mediação foram tomando espaço junto à arbitragem. Alunos interessados, dissertações de mestrado sendo desenvolvidas, auxiliando na criação de um arcabouço de conhecimento científico nacional sobre o assunto. Aqui o álbum merece receber duas fotos de destaque: uma aula sobre Mediação em que a então aluna Tatiana Chiaverini estava presente e o doutorado que culminou com a tese sobre a Mediação no contexto da arbitragem.

Tatiana estava coordenando um grupo, o CON-CONIMA, recém-criado, que se dedicaria especialmente à Mediação, e me convidou para conhecê-lo. Fazia todo sentido estar mais próxima ao CONIMA – Conselho Nacional das Instituições de Mediação e Arbitragem, instituição que citava em minhas aulas como balizadora de boas práticas e junto ao qual já tínhamos filiado o D'accord.

Em primeira reunião, que já era de planejamento das atividades do grupo, conheci Ana Lucia Pereira, que viria a se tornar uma grande amiga, companheira de tantas jornadas. Desde então, ocupando as funções de secretária-geral, de vice-presidente, de presidente, o CONIMA integra minha vida. Uma família "mosaico", composta por integrantes das mais diversas profissões de origem, de lugares de um Brasil cuja riqueza está em sua pluralidade e diversidade.

Convivemos em parceria fraterna e nossa irmandade se estende aos componentes do FONAME – Fórum Nacional de Mediação, do CBAR – Comitê Brasileiro de Arbitragem, instituições que tenho a alegria e honra de também integrar.

FONAME, quantos bons momentos integrando grupos para comentar as Diretrizes de Boas Práticas em Mediação, currículo mínimo de capacitação. Uma foto importante: um domingo pela manhã, integrantes reunidos, sentados em círculo, para pensarmos no marco legal da Mediação. Buscaríamos resgatar o projeto de lei de 1994? Proporíamos um novo projeto de lei?

Sob a batuta da saudosa professora Ada Pellegrini Grinover e do professor Kazuo Watanabe, as dúvidas eram colocadas, hipóteses aventadas. Assim, com a força sutil do professor Kazuo e a força incisiva da professora Ada, se iniciava a construção da Resolução nº 125/2010, que viria a ser um marco das políticas públicas em tratamento adequado de conflitos.

Os anos seguintes nos levariam muitas vezes a Brasília para reuniões no Conselho Nacional de Justiça e Ministério da Justiça. Sempre bem recebida, representando o CONIMA, em parceria com o FONAME, CBAR, levávamos as sugestões e cuidávamos de muito perto da redação da Lei de Mediação, cujas disposições acabaram por acolher os principais pontos que retratam a essência da Mediação. Ana Lucia Pereira, Marco Lorencini, Sandra Bayer, Flavio Caetano, André Gomma, ministro Buzzi, quantas idas e vindas.

Chegávamos a 2015, com a Resolução nº 125/2010 buscando sua implantação em um Brasil continental, a promulgação da Lei de Mediação e um Código de Processo Civil com disposições harmonizadas, sob a maestria da professora Ada.

Paralelamente, uma foto de 2008. Liga Solidária, antiga Liga das Senhoras Católicas, início do Programa de Mediação Comunitária do D'accord. Sandra e eu, durante 10 anos dedicamos nossas quartas-feiras pela manhã ao atendimento comunitário voluntário em Mediação. Lá recebemos alunos em estágio do curso de pós-graduação de Intervenções Sistêmicas e Mediação da PUC/SP, cujo quadro de docentes eu integrava. Outro bom momento, ao lado de Helena Mandelbaum, Cassio Filgueiras, sob a coordenação de Monica Galano. No Educandário da Liga, possibilitamos dias de ações globais comunitárias, em parceria com a Secretaria de Justiça e Cidadania do Governo do Estado de São Paulo, Defensoria Pública e tantos outros parceiros. Na Liga Solidária somos sempre voluntárias. Quanto aprendizado!

Outra cena em destaque: vida acadêmica. Já por ocasião do mestrado, a resposta ao tema dissertado, acerca dos conflitos parentais sobre a guarda dos filhos, levava à Mediação. Doutorado, novo desafio para obtenção de uma vaga, com um projeto que falava sobre a Mediação, prontamente recusado, sob o argumento de que o tema não era relacionado ao Direito, e sim à Sociologia. Frustração enorme, que acabou sendo um presente. Por não ter o projeto sido aceito, acabei tendo a oportunidade de fazer uma pós em Mediação, em Buenos Aires. Foram dois anos em que, a cada trimestre, passava uma semana com aulas em período integral. Experiência riquíssima e muito prazerosa.

Ao final do curso, busquei novamente a vaga junto ao doutorado, que chegou a seu tempo, culminando na tese, depois em obra publicada, sobre cláusulas escalonadas – a Mediação no contexto da arbitragem, sob a orientação do amigo e sempre orientador Francisco José Cahali.

Muitas aulas, ao lado de amigos queridos. Tania Almeida, Adolfo Braga Neto, Soraya Nunes, Marc Burbridge e tantos outros...

A Mediação me levou e leva a muitos lugares, viagens a universos distintos que me ofertam momentos inesquecíveis, a oportunidade de conhecer e fazer amigos, de entrar, mediante convite, no território sagrado do relacionamento humano, por breves e significativos momentos.

Mesas de Mediação repletas de advogados e seus clientes empresários, famílias às vésperas de tomadas de decisões difíceis, comunidades em busca de harmonização. Uma pré-Mediação feita à beira do mar com uma pescadora que, ao escutar sobre Mediação, tratava seus pescados, com as mãos firmes e marcadas de quem lidera seu destino e o de muitas outras pessoas.

São muitas fotos que retratam instantes que, de fato, escondem filmes vistos pelas minhas lentes que mudam a cada minuto, como um caleidoscópio repleto de formas, cores e movimentos. Histórias que estão guardadas e também esquecidas, sob confidencialidade em minha alma. Histórias que me fazem um permanente convite a tornar possível a busca pela conexão com o outro que acolhe e me faz sentir acolhida.

Meu encontro com a Mediação

Frederico José Straube[31]

Corria o ano de 2003 e nessa ocasião eu ocupava o cargo de vice-presidente do CAM-CCBC na gestão encabeçada pelo professor Marcos Paulo de Almeida Salles e que contava com Antonio Luiz Sampaio Carvalho como secretário geral.

O momento histórico na área de soluções alternativas de solução de controvérsias ainda era dominado pela necessidade de se divulgar a arbitragem, instituto relançado institucionalmente com o advento da Lei nº 9.307, em 1996 e, então, recentemente fortalecido com o reconhecimento pelo Supremo Tribunal Federal da constitucionalidade da norma em questão, bem como com a ratificação pelo Brasil da Convenção de Nova York.

Assim, todos os esforços de nossa equipe eram no sentido de divulgar, tanto entre empresários como entre advogados, a arbitragem como excelente método de solução de conflitos, procurando manter a liderança de nossa instituição como entidade administradora de procedimentos arbitrais.

Vale lembrar, no entanto, que o advento da Lei de Arbitragem provocou uma alteração no estatuto da Câmara de Comércio Brasil-Canadá, que consistiu na elevação da Comissão de Arbitragem à condição de Centro de Arbitragem e Mediação.

Além, portanto, da nova relevância institucional incluiu-se nos objetivos do Centro a administração de mediações.

Em consequência, o novo regulamento de arbitragem aprovado em 1998, objetivando substituir o então vigente para se adaptar às novas posturas legais, portou um anexo que estampava um roteiro simples para a condução de um processo de Mediação.

Foi, no ano seguinte, 2004, em uma oportunidade em que substituía

31. Advogado e árbitro, foi Presidente do CAM-CCBC – Centro de Arbitragem e Mediação da Câmara de Comércio Brasil-Canadá por muitos anos, onde também exerceu a vice-presidência executiva e foi membro do Conselho Consultivo. Foi também membro do Conselho Consultivo do ITA – Institute for Transnational Arbitration, do Comité de Normas y Reglas Arbitrales de ALARB – Asociación Latinoamericana de Arbitraje e do IBDiC – Instituto Brasileiro de Direito da Construção. Faleceu em junho de 2022, antes que este livro ficasse pronto.

o presidente do CAM-CCBC, que surgiu um primeiro requerimento para a instalação de uma Mediação no Centro, marcando então meu primeiro contato prático com o instituto.

Posteriormente, já no início de 2005, fui surpreendido com a indicação do meu nome para mediar um conflito entre uma empresa do Nordeste e outra de São Paulo.Até então, muito pouco conhecia do instituto. Tinha ouvido falar de alguns nomes já consagrados como especialistas e divulgadores da Mediação, entre os quais salientava-se o de Adolfo Braga.

Procurei me preparar para mediar a contenda, lendo o material que pude coletar na ocasião.

Tivemos três sessões. Nelas pude observar que as partes, embora se comportassem com muita dignidade e respeito, tanto entre elas como em relação ao mediador, não estavam realmente dispostas a trabalhar no sentido de obtenção de um acordo.

Com sinceridade e honestidade, revelaram, ao cabo da terceira reunião, que se faziam presentes à Mediação tão somente para obedecer à clausula med-arb que constava em seu contrato, mas que pretendiam mesmo ver o caso solucionado por uma arbitragem.

Isto posto, vendo confirmado, pela declaração de ambas as partes, aquilo que já havia percebido durante o encaminhamento do procedimento, encerrei a Mediação, como era de rigor.

Esta foi minha primeira experiência concreta com esse, para mim, novo sistema de composição de conflitos.

Foi uma experiência muito enriquecedora e decisiva para determinar meu interesse pela Mediação como sistema de solução de controvérsias, procurando, a partir de então, me instruir tanto nos aspectos teóricos como práticos dessa sistemática.

Durante o período em que se desenvolveu a Mediação acima relatada, tive a oportunidade de verificar que os empresários envolvidos, caso estivessem prontos para se despir da litigiosidade com a qual se revestia a contenda e pudessem perceber a vantagem de buscar uma solução negociada, teriam, certamente, atingido um acordo que poderia favorecer a ambas as partes, em muito menor tempo e com menores gastos.

Posso até debitar pelo menos parte do fracasso acima relatado à minha então inexperiência no exercício da Mediação. Mas todos nós sabemos que, ainda hoje, precisa ser desenvolvida na comunidade empresarial, principalmente, a mentalidade que favoreça a transigência.

Aquele meu despertar, gerado pela atuação no meu primeiro procedimento de Mediação e que era o segundo a ocorrer no CAM-CCBC, fez com que o assunto se tornasse pauta de conversas nas reuniões da Diretoria do Centro e da própria Câmara de Comércio.

Paralelamente, procurei conhecer melhor o que havia disponível no Brasil a respeito do assunto.

Por força dessas pesquisas, foi localizado um anúncio de um curso sobre Mediação que iria se realizar poucos meses depois, no início do segundo semestre de 2005 em Toronto.

Era promovido pela Windsor University de Ontário e seu principal conferencista era o professor Alan Stitt, que, juntamente com Fisher, havia desenvolvido o Método de Harvard para Mediação.

Fui designado pelo presidente Marcos Paulo para viajar para o Canadá e frequentar o mencionado curso.

A conversa sobre as vantagens da Mediação, como já mencionei acima, havia permeado vários segmentos da própria Câmara de Comércio Brasil Canadá, tanto assim que o diretor administrativo, James Mohr Bell, que era administrador de empresas, interessou-se tanto pelo assunto que resolveu se inscrever também no curso, junto comigo.

A programação do curso, pelo que constatei, pelo material que recebi quando ainda me encontrava no Brasil, deveria ser muito intensa e trabalhosa, exigindo dedicação plena durante sua duração.

Isto compreendia inclusive estudo após o período letivo, que se estendia das 9 às 17 horas, diariamente.

Semanas antes do início das aulas, como já mencionei, recebi várias apostilas preparatórias, referentes aos primeiros dias do curso.

Ter tido a oportunidade de frequentar essas aulas foi determinante para que, em um curto espaço de tempo, mas através de muito esforço, pudesse passar a ter uma visão ampla do alcance e das possibilidades do instituto: não só no que concernia à aplicação das várias metodologias possíveis aos casos concretos, mas também das condições institucionais que pudessem determinar inserção da metodologia na sistemática jurídica dos países.

Verifiquei com certa surpresa, no momento inicial do curso quando ocorreu a apresentação dos alunos, que muito poucos eram advogados.

Havia uma grande quantidade de administradores de condomínios e de shopping centers, de executivos da área de recursos humanos e de professores encarregados de relação com os alunos e seu país.

A maioria dos presentes era constituída por canadenses e norte-americanos e, além de mim e do James, que é inglês, havia mais dois ou três latino-americanos, isto em uma turma de cerca de cem alunos.

A estrutura do curso era muito eficiente, pois constava de palestras, exibição de vídeos, inclusive vários simulando sessões de Mediação, algumas dadas pelo próprio Fisher, em Harvard.

Além disso, participávamos de aulas práticas em que se exercitava Mediação, cada vez o aluno desempenhando um papel. Ora de mediador ora de parte, ou então de advogado.

Ao final, havia sempre uma grande sessão em que se fazia uma análise crítica das atividades e dos desempenhos das equipes.

Ainda no mesmo ano, voltei ao Canadá para participar de outro curso sobre a matéria promovido pela mesma Windsor University, com também muito grande proveito.

Acho oportuno salientar que muitas dessas técnicas e de treinamento em Mediação hoje já são encontradas em várias partes do mundo, inclusive aqui no Brasil.

Entretanto, deve se ter em mente que os fatos de meus relatos ocorreram no já longínquo ano de 2005.

Confesso que a impressão que me causou essa imersão total no mundo da Mediação infundiu-me a firme crença na excelência do instrumento sobre todos os outros como alternativa para a solução dos conflitos.

Percebi que a rapidez da possibilidade de se atingir um acordo que colocasse um fim à contenda, aliada à economia de custos, bem como à grande possibilidade da preservação dos relacionamentos pessoais ou comerciais, eleva a Mediação à condição de sistema ótimo para a solução de controvérsias.

Entretanto, tais convicções passaram a participar de meu ideário já em 2005, quando muito ainda se tinha que fazer no sentido de divulgar a arbitragem.

A partir de meu retorno dessa viagem ao Canadá, que empreendi para frequentar o segundo curso de Mediação, a temática tornou-se constante nas reuniões da Diretoria do CAM-CCBC, delas resultando várias ações no sentido de nos aproximarmos dos cultores do instituto no Brasil.

Fez parte desse movimento a filiação do Centro de Arbitragem ao CONIMA, que desde então já empreendia grande esforço objetivando espalhar a cultura da Mediação.

Nosso secretário geral à época, Antonio Luiz Carvalho, representando o CAM-CCBC, passou a frequentar com assiduidade as reuniões do CONIMA e sempre era portador de notícias relativas ao assunto.

Nesse período procurei da minha parte aprofundar os conhecimentos hauridos nos cursos que realizei, através de leituras e contatos com brasileiros cultores e divulgadores da Mediação.

Foi nessa ocasião que conheci pessoalmente Adolfo Braga Neto, Lia Castaldi, Lia Justiniano dos Santos, Ana Lúcia Pereira e vários outros mediadores.

Passei a comparecer a palestras, seminários e congressos sobre o assunto, cada vez mais me entusiasmando pelas grandes vantagens apresentadas pelo sistema em relação a outros métodos de solução de conflitos.

Em abril de 2007 fui eleito para a Presidência do CAM-CCBC, sendo certo que Antonio Luiz Carvalho manteve-se na Secretaria Geral.

Tinha perfeita consciência de que minha primeira meta seria a de continuar a divulgar a arbitragem: embora já bem desenvolvida, muito ainda deveria ser trabalhado para que seu potencial apresentasse melhor desempenho.

Para se dar credibilidade a esse prognóstico, basta mencionar que, à época, nosso Centro de Arbitragem manifestava o melhor desempenho no país, inaugurando anualmente entre 15 e 18 novos procedimentos.

Nada obstante, porém, a consciência que tinha de que os esforços de disseminação da cultura arbitral, bem como da própria divulgação do nome de nossa entidade, no Brasil e no exterior, deveriam preencher grande parte da nossa agenda, entendia que se apresentava uma grande oportunidade para utilizar tanto recursos financeiros como o prestígio institucional do CAM-CCBC para encetar uma série de iniciativas em prol do desenvolvimento da Mediação no Brasil.

Nesse sentido, como havia criado, quando assumi a presidência, várias comissões para tratar de aspectos específicos relacionados ao próprio Centro de Arbitragem e à arbitragem, estabeleci também uma Comissão de Mediação, com o objetivo de concentrar esforços, objetivando a maior divulgação do instituto e de seu aperfeiçoamento.

Convidei para presidi-la Adolfo Braga, nome já muito reputado tanto no Brasil como no exterior dentro da comunidade.

Com sua proverbial gentileza, Braga aceitou o convite e, a partir de então, estabelecemos grande parceria, visando sempre à ampliação do conhecimento da sociedade a respeito dos benefícios do instituto.

Vários frutos foram gerados pela Comissão. Um bastante importante foi a elaboração de um novo roteiro de Mediação em substituição ao anterior. Era flexível suficiente para permitir um desenvolvimento adequado do procedimento, mas mantendo algumas linhas mestras que não podem ser descuradas quando se trata de uma Mediação institucional.

A Comissão de Mediação programou e fez realizar vários cursos, compreendendo parte teórica e prática, abrangendo grande número de frequentadores e contribuindo assim para o desenvolvimento da sistemática no Brasil.

Tinha para mim que, de igual forma como havíamos procedido em relação à arbitragem, a divulgação da Mediação comercial deveria mirar empresários e advogados.

Quanto a estes últimos, seria necessário demonstrar que, muito embora na Mediação o advogado não tenha um protagonismo durante as sessões, pois é a parte, ela própria, que deve atuar, o apoio jurídico e o aconselhamento dos advogados são fundamentais para que os mediandos possam se sentir seguros.

Assim foram programados e realizados alguns cursos com a orientação e promoção da Comissão de Mediação, que, acredito, foram importantes nessa trajetória. O CAM-CCBC passou a co-organizar eventos de Mediação e patrocinar outros, inclusive cursos ministrados por autoridades estrangeiras na matéria.

Ainda nesse campo, passou também nossa entidade a prestigiar e contribuir de forma importante com os congressos organizados pelo CONIMA.

Nesse tempo todo, desde 2007 até abril de 2015, em que fui pela segunda vez presidente do CAM-CCBC, tive oportunidade de continuar estudando a matéria, inclusive junto a organismos internacionais, como a CCI.

Aproximei-me também do CONIMA, que sempre atuou na divulgação do instituto. Cheguei inclusive a ser honrado pela direção dessa entidade como membro da Comissão de Ética, onde atuei ao lado do Leandro Rennó e sob a presidência do grande mediador Ricardo Issa.

Foi uma experiência muito enriquecedora!

Mantive minha convicção de que a Mediação é até o momento o mais importante e perfeito sistema de solução de conflitos em todos os âmbitos onde se faz possível.

As razões que informam este meu sentimento já foram descritas acima e dizem respeito às várias vantagens desse procedimento sobre os demais conhecidos.

Continuei prestando minha colaboração à disseminação de conhecimentos sobre o instituto.

Tanto assim que, em 2015, em maio, logo após o término de meu mandato de presidente do CAM, fui convidado para ajudar a complementar a instalação e ser o primeiro diretor do CMS – Centro de Mediação do Sinduscon-SP.

Aceitei e procurei dar minha contribuição até 2019, quando terminei meu mandato e mantive-me como membro ativo do Conselho do Centro, que tem na direção Rodrigo Chad e na coordenação Sabrina Hornos, com a atuação marcante também da grande mediadora Beatriz Vidigal Xavier da Silveira Rosa, que também foi diretora do Centro, ao me suceder.

Mantive-me bastante próximo da Mediação e tive a satisfação de passar a integrar o Conselho do CONIMA pelas mãos dos caros amigos Roberto Pasqualin, Fernanda Levy e Antonio Luiz de Carvalho, que vêm em conjunto, já há um bom tempo, conduzindo com brilhantismo e eficiência os destinos da referida entidade.

Vejo que a Mediação ainda deve percorrer um percurso para que sua aceitação e utilização seja compatível com a excelência dos resultados dela decorrentes.

Entendo que o surgimento do marco legislativo deverá auxiliar esse desenvolvimento, mas, assim como ocorreu com a arbitragem, seu crescimento significativo, deverá, na minha opinião ainda levar certo tempo.

Lamento por isto, pois entendo que tanto o mundo como o Brasil necessitam urgentemente de instrumentos que possam conduzir a um desarmamento de espíritos, que possa contribuir para a pacificação social.

Segundo penso, a Mediação é um instrumento muito importante para o atingimento desses objetivos.

O princípio e por princípio

Gabriela Ourivio Assmar[32]

Me formei em Direito, tendo estudado também Engenharia e Economia

32. Advogada, mediadora e consteladora, há mais de 20 anos resolvendo conflitos, dentro e fora das empresas. Ao longo de sua carreira, como diretora jurídica, diretora de Relações Institucionais e ombudsman, também se dedicou à resolução de conflitos nos mais diversos cenários: de escolas em áreas conflagradas, a famílias, empresas familiares e multinacionais. Foi cofundadora da Comissão de Mediação da OAB-RJ em 2008. Venceu o Prêmio Innovare 2009, categoria advocacia. É *fellow* do JAMS, *benchmark* mundial em Mediação comercial. Foi coautora da Lei Brasileira de Mediação. Compõe o Conselho Fiscal do CONIMA. Foi ombudsman da Icatu Seguros e da Petros – Fundação Petrobras de Seguridade Social. É mediadora do painel global que serve ao escritório de Ombudsman de Fundos e Programas da ONU e é mediadora da Organização Internacional do Trabalho.

(nestas não cheguei até o fim, mas deixaram em mim boas bases de ciências exatas, que muito ajudam a integrar linguagens e mapas mentais). Sempre busquei uma atividade profissional multidisciplinar.

No Direito, eu trabalhava mais focada em Tributário, exatamente por incluir muito do raciocínio lógico, matemático. Quando fui para os Estados Unidos, em 1998, fazer um mestrado, eu já havia saído da especificidade do tributário e começado a trabalhar como negociadora e como advogada em planejamento tributário e societário, com consultoria para estruturação de negócios, com visão cada vez mais transdisciplinar.

Naquele momento – 1998 –, havia dois anos que a Lei de Arbitragem havia entrado em vigor no Brasil. Muito se falava em arbitragem e, especialmente nos contratos que envolviam empresas de diferentes países, já se usavam cláusulas arbitrais, frequentemente com lei de eleição de Nova York. Por esse motivo, fui para Nova York, para a New York University, para fazer um mestrado sobre Direito Comparado, com a intenção de poder compreender melhor o outro sistema jurídico existente no mundo (Direito Consuetudinário), comparando-o ao Direito Positivado, que é o brasileiro e da maioria do mundo. O sistema anglo-saxão, consuetudinário, tem uma lógica muito diferente. Toda a forma de pensar é muito mais voltada para a autonomia e consequente responsabilização das partes contratantes. Eu não pretendia ser advogada americana, mas sim ser uma negociadora que compreendesse a outra forma de pensar negócios.

Quando estava no primeiro semestre do mestrado, estudando o processo civil americano, o último texto que li, para a última prova, no seu último parágrafo, trazia uma frase sobre cada um dos métodos alternativos mais conhecidos até então: arbitragem e Mediação. A explicação sobre Mediação fez a grande diferença na minha vida. Foi um daqueles momentos em que você parece que vê com muita clareza todo o seu destino à frente. Essa frase dizia: "É um método que busca soluções que possam ser aceitas por todos os envolvidos." Essa frase mudou minha vida. Eu buscava algo que conectasse tudo que acreditava ser bom para meus clientes, e lá estava! Eu direcionei todas as matérias que eu pude para essa área nos semestres seguintes e fiz minha tese com foco na relativa neutralidade do mediador, comparando-a à intervenção dos árbitros.

Quando terminei o mestrado, fui trabalhar em um escritório de advocacia internacional e pedi para assistir mediações, junto com a equipe de advogados que acompanhava clientes em Mediação. Também comecei a fazer um trabalho voluntário no Harlem, que é a parte com diversidade mais pungente de Nova York; a parte mais multicultural e com menos educação formal. Os conflitos ali afloram com muita força. Fiz primeiro um curso de formação em Mediação e depois mediei muitos casos, com um mentor que nos acompanhava até que estivéssemos aptos a mediar sozinhos nesse centro de Justiça Comunitária no Harlem. Esse Centro funcionava com o conceito de Justiça Multiportas, desenvolvido em Harvard. Foi ali que meu horizonte mais se expandiu. Sou eternamente grata a William Hirsh, meu mentor, e Doris Nathan, que me mostrou este caminho.

Depois desse período nos Estados Unidos, em que adquiri uma experiência bastante relevante em Mediação, voltei para o Brasil e comecei a buscar todas as oportunidades de botar a Mediação em prática, de ensinar Mediação, e por aí foram mais de 20 anos. Desde então, eu fiz de tudo que pude em Mediação, aplicando a Mediação propriamente dita desde o contexto comunitário escolar (durante vários anos eu fui diretora de uma ONG global, cujo centro brasileiro eu criei, a Parceiros Brasil, membro da rede Partners Global, que fazia um projeto de Mediação entre pares – crianças mediando outras crianças – em 10 escolas municipais em áreas conflagradas) até Mediação e desenho de sistemas em grandes empresas. Também trabalhei com Mediação familiar porque, muitas vezes, era a principal demanda no mercado iniciante. Como executiva de grandes empresas eu sempre apliquei a Mediação em essência, adaptando-a às necessidades e possibilidades de cada circunstância, mas com rigor ético inegociável.

Acompanhei todo o processo de desenvolvimento das políticas públicas de Mediação no Brasil, desde a primeira Mediação que aconteceu dentro de um tribunal no Rio de Janeiro, em 2007, no JECRIM da Barra (graças ao juiz, hoje desembargador, Dr. Joaquim de Almeida Neto), até o desenvolvimento nas Varas Empresariais do TJ do Rio de Janeiro, já em 2015. Neste ínterim fui coautora de um dos três projetos de lei que, juntos, se tornaram a Lei Brasileira de Mediação, e de algumas emendas ao seu texto final. Enfim, uma longa estrada rumo ao que eu faço hoje. Trabalhando para empresas, além de Mediação propriamente dita, também incluo outras formas de resolução sistêmica de conflitos, que atuam nas várias dimensões da vida humana: desde problemas de saúde, que não deixam de ser conflitos, só que entre padrões de funcionamento do nosso corpo, passando por conflitos de família, conflitos dentro de empresas, da criação à morte de projetos.

A grande busca da Mediação é, a meu ver, facilitar processos decisórios complexos, para que todos os envolvidos, direta ou indiretamente, possam aproveitar a situação de conflito para seu próprio autoconhecimento, além do amadurecimento e harmonização de seu padrão relacional. Acredito que todo conflito é um presente, que a vida nos dá para vermos o que precisa e já pode ser visto. O conflito torna urgente o que sempre foi importante. Venho caminhando a esse tempo todo e, tenho certeza, ainda há muito mais a caminhar.

***

Como profissional do Direito, e como ser humano, em todos os assuntos da vida, eu sempre busquei soluções que pudessem resolver o problema de uma forma sustentável e perene, e não destruir a relação das pessoas durante o processo decisório. A Mediação inovou o "menu" de métodos de resolução de conflitos, trabalhando o que chamamos de "pauta subjetiva", pela primeira vez de forma consciente e estruturada. Com a metodologia, a possibilidade de facilitar esses processos de forma construtiva deixou de ser questão de dom pessoal e se tornou multiplicável.

Nós vemos, em várias áreas do conhecimento, religiões, filosofias, o ideal de fazer aos outros o que gostaríamos que nos fizessem, amar nossos inimigos, agir pelo bem comum. A ideia de que nós precisamos caminhar para sermos mais próximos do exemplo de Jesus, ou outros exemplos de comportamento iluminado, sempre esteve presente. Mas isso tudo é dito de uma forma teórica, quase simbólica, intangível, que parece impossível à maioria. A Mediação é um grande passo para viabilizar, de forma mais democrática, a tangibilização de um *modus operandi* para transformar um comportamento destrutivo em um construtivo, um conflito em um aprendizado perene. Isso me mobilizou.

Como digo muitas vezes, há uma grande diferença entre viver da Mediação e viver para a Mediação. Quando vivemos para a Mediação, como propósito, não importa o nome que se dê a ela. Estamos sempre a serviço. Amamos tanto o que fazemos, que precisamos cuidar para manter o equilíbrio da troca. É comum vermos mediadores experientes trabalhando de graça ou por muito pouco. Isso destrói mercado e drena seu potencial. A busca desse equilíbrio é o único caminho para a prosperidade e o bem servir.

***

Nesse percurso de tantos anos, foram muito mais desafios do que eu podia imaginar. Quando eu deixei um cargo de diretora de multinacional para me dedicar à Mediação, realmente não imaginei todas as dificuldades que iria enfrentar. Sendo a Mediação tão lógica, porque é tão difícil ajudar as pessoas em conflito a optar por essa via colaborativa, em vez da luta? Mesmo quando elas próprias entendem que esse é o melhor caminho, por que o primeiro passo é improvável? E por que é tão difícil estruturar um mercado de Mediação?

Ao longo desse caminho eu fui encontrando muitas respostas provisórias, que iam melhorando passinho a passinho, e, mais recentemente, chego à conclusão de que esses desafios são o retrato da evolução da humanidade. Ninguém evolui porque quer. Evoluímos quando desesperadamente precisamos e o que havia até então já não suporta mais a realidade, ou a realidade já não suporta mais tudo aquilo que nós acreditávamos haver antes. É então que, coletivamente (ninguém vai conseguir fazer isso sozinho), damos um salto quântico. É um processo, um longo processo que vale a pena ser vivido. Não obstante, enquanto nós o estamos vivendo, parece muito difícil... Sobretudo quando decidimos dedicar a nossa vida ao processo.

Existem muitas maneiras de fazer isso paulatinamente. Muita gente, ao se apaixonar pela Mediação, mantém a atividade profissional anterior, enquanto vai criando espaço para Mediação na sua vida. Da maneira que eu fiz, no momento ainda muito inicial do mercado, dedicar a minha vida à Mediação realmente foi uma decisão arrojada e arriscada além da prudência. Muitas vezes eu me questionava sobre o que eu tinha feito e pensava que não tinha sido uma boa ideia, mas seguia. Sempre foi maior que eu. Ao longo desse caminho eu tive várias idas e vindas da exclusividade na

Mediação. Em vários momentos eu trabalhava com outra coisa, e aí voltava a ser *full time* mediadora. Eu brincava, desde o início dessa caminhada, que preferia ser apaixonada por mercado de capitais ou fusões e aquisições, que são áreas também muito interessantes do Direito. Mas algo, bem maior do que minha racionalidade, sempre me chamou para a Mediação.

***

Como casos emblemáticos, gostaria de comentar dois que me vieram à mente, nos quais não houve acordo. Frequentemente, é nos casos em que não se consegue chegar ao objetivo planejado que mais se aprende. Por isso, vou contar um pedacinho desses dois casos, bem diferentes entre si, mas que levam ao mesmo aprendizado.

O primeiro, de família, era uma separação muito difícil de pessoas que não se uniram por vontade consciente, mas sim por circunstâncias muito duras da vida. Elas não se viam como opções desejáveis, mas acabaram construindo uma vida juntas. Até que chegou um ponto em que a relação realmente estava insustentavelmente tóxica e elas precisavam se separar, com muita raiva acumulada.

A mulher tinha sido orientada por advogados a não sair de casa de jeito nenhum, para comprovar união estável e conseguir algo melhor em termos patrimoniais. Ao longo da Mediação eles traziam propostas que teoricamente eram razoáveis, mas, quando chegavam na hora de fechar acordo, davam um passo atrás, sempre na expectativa de vencer sobre o outro.

Quando nós começamos a trabalhar perguntas reflexivas com a mulher, obviamente em reunião privada, chegamos ao que ela realmente queria para a vida dela e dos filhos (filhos do casamento anterior, mas que também conviviam na casa). Ela começou a se dar conta do que estava fazendo com a própria vida. Para receber algo a mais daquela relação já destrutiva, ela havia deixado de trabalhar, de se arrumar, de se cuidar e, consequentemente, também dos filhos. Isso vinha desgastando a ela muito mais do que ao outro. Na realidade, ela estava atribuindo a ele a destruição da vida dela, pela qual ela era a responsável.

Essa Mediação não teve acordo. Na última reunião, ela já estava diferente. Havia conseguido um emprego e veio toda arrumada, maquiada, parecendo outra pessoa. Mas eles continuaram no processo ao menos por mais um ano. Algum tempo depois, ela me telefonou, muito emocionada, agradecendo. Graças às reflexões em Mediação, havia refeito a vida, de dentro para fora. Por vontade própria ela resolveu sair da casa, agradecendo a ele pelo tempo em que pôde morar ali com os filhos, quando mais precisava.

O outro caso é de uma situação empresarial, que começou com muito pouca expectativa de acordo. Eram posições muito antagônicas, entre acionistas em uma empresa familiar, fundada pelo pai de ambos, filhos de mães diferentes. Muitas situações complexas de família afastavam os filhos e, logo que o pai morreu, eles começaram a brigar. Obviamente, a empresa começou a decair e estava quase falimentar. Nesse momento eles foram para a Mediação, por recomendação dos advogados. Contra todas as perspectivas, a Mediação avançou muito, superou vários desafios, vários bloqueios comunicacionais. Ao final, eles estavam com o acordo pronto e redigido, só faltando assinar. Naquele momento eles desistiram e não teve acordo. A empresa faliu.

Noites e noites eu passei pensando no havia deixado de ver e no que havia falhado em ajudá-los a ver. As transformações, ao longo da Mediação, eram nítidas. Eles haviam voltado a se falar com respeito e afeto, compartilhar memórias de infância e planos para o futuro, unir as esposas e filhos. Só muito tempo depois entendi que o aperto de mãos ali seria uma desonra às suas respectivas mães. Nada racional, nada consciente, nada individualmente deles, mas de seus sistemas.

Comecei a buscar outro tipo de ferramenta além do que o diálogo dá conta. O diálogo, afinal, também passa pelo racional, pelos filtros mentais, por mais reflexiva que seja a Mediação, por mais transformativa que ela seja. As perguntas reflexivas podem ajudar muito, mas em determinados assuntos as pessoas não conseguem dialogar sobre o que não enxergam. Estamos inseridos em sistemas maiores que nós, que afetam nosso comportamento muito mais do que gostaríamos de admitir. É como perguntar para o peixe qual é a opção que ele tem em relação a viver dentro da água. Ele não tem opção, porque já nasceu dentro d'água, sempre viveu dentro d'água e não poderia se imaginar em uma outra situação de vida. Para ser livre e ter escolhas, ele precisaria primeiro enxergar a água que o circunda.

Essa experiência me levou a buscar a constelação familiar, para propiciar a tomada de consciência em mais níveis de percepção. Não posso aqui me aprofundar, mas, na constelação, podemos ajudar as pessoas a entenderem o mapa no qual estão inseridas, para então poderem tomar decisões bem informadas sobre o destino e as opções de caminhada. O diálogo mediado continua sendo fundamental em diversas etapas. A constelação, assim como outras metodologias, complementa o percurso de tomada de consciência, reconhecimento da interdependência, libertação das amarras, expansão de possibilidades e concordância com "a vida como ela é" – objetivos mais profundos da coconstrução de acordos para a coexistência.

Lembranças pessoais sobre a Mediação de conflitos

Gilda Gronowicz[33]

Atualmente são 46 anos de atuação na advocacia e, até me deparar com questões sobre resolução extrajudicial de resolução de conflitos e, então sobre a arbitragem, quando uma lei no Brasil foi aprovada e a sua constitucionalidade levada para discussão no Supremo Tribunal Federal, Lei nº 9.307 de 23/09/1996, meu fervor litigante que vinha dos bancos do Largo de São Francisco parecia sedimentado. Mas o que eu ouvia?

Vontade das Partes?

Sigilo?

Respeito?

Agilidade?

Como acontece com o voluntariado, do qual já havia provado, então, com o novo século fui "picada" por estas indagações, diversos cursos para iniciantes e, em 2004, fui levada até minhas origens, justamente quando um

33. Advogada e mediadora, qualificada ao Mestrado pela FDUSP, especialista em Direito das Empresas pela PUC-SP, especialista em Mediação pela PUC-SP e pela EPM Escola Paulista da Magistratura, capacitada pelo Conselho Nacional de Justiça-ENAM, conciliadora nomeada pelo Tribunal de Justiça de São Paulo para 2º grau, associada do IBDFAM e do CONIMA, sócia-fundadora do Escritório Gilda Gronowicz e Alexandre Gronowicz Fancio.

professor da Universidade de Jerusalém, prof. Hanina Ben-Menahem, foi convidado pelo prof. José Carlos de Magalhães para alguns bons encontros na Faculdade de Direito da USP, falando sobre a influência das leis dos judeus, o Direito Talmúdico, na solução de controvérsias: Mediação e arbitragem. Daí, fui para a filosofia, a história, o direito mesmo e passei a pesquisar e ler compulsivamente sobre a evolução da forma como o homem busca resolver os seus conflitos, no direito comparado, até buscar o que havia no Brasil e ser acometida da paixão, ao que parece eterna, pela Mediação.

Sim, a própria vida pressupõe a existência constante de conflitos; os psicólogos, em sua maioria, atribuem aos conflitos mesmo o crescimento humano; então, o caminho para solucionar seus conflitos sempre foi um mote da vida.

> "... primeiros juízes, aqueles que o demandante e demandado tenham eleito... a que o nome de árbitros convém mais que o de juízes, que o mais sagrado dos Tribunais seja aquele em que as partes tenham criado e eleito de comum acordo..."
> (Platão, *De legibus*, Livros 6 e 12).

Encontrei meus primeiros parceiros nesta busca e conheci a Dra. Malvina Ester Muszkat, que me pareceu anos-luz à frente, já estudara profundamente a Mediação, atuava e já implantara o método em uma instituição em São Paulo, onde tantos foram ajudados, Pro-Mulher, atendidos e ajudados, seres humanos de todo gênero. Ali foi meu primeiro curso com estágio, ladeado de outros muitos cursos, PUC-SP, pós-graduação em Mediação na área da psicologia clínica com Monica Haydee Galano, engajamento com os serviços de 1ª e 2ª instâncias no Judiciário cível de São Paulo, onde conheci tantos queridos, o lançamento da apostila Brasil-Canadá do Dennis e do Cassio Filgueiras, em uma faculdade onde a competente e que tão querida se tornou Sandra Regina Garcia Olivan Bayer lecionava, longe... Com meus então sócios, Rosiris e Fernando José de Paula e Silva, muitos estudos, um contrato social do IPAMA, Instituto Paulista de Mediação e Arbitragem, o que houve com a JUCESP para registrar o contrato social da câmara privada?

Exigiu um parecer da Federação de Árbitros de Futebol... "*oui*"!

Levamos o contrato da empresa com sede na rua Pedroso de Moraes, no bairro de Pinheiros em São Paulo, para registrar na cidade vizinha de Guarulhos.

Época do início do IBDFAM, passeios a Belo Horizonte com a Malvina, olá, Fernanda Rocha Lourenço Levy amada, olá, Sandra Bayer, duplas..., Cuiabá, Belém do Pará, Recife, Brasília... Giselle Câmara Groeninga (anos depois fiquei com um recado dela em Valência, na Espanha; ela precisou voltar antes), Águida Arruda Barbosa e Giselle Groeninga... Uma primeira palestra no auditório da FDUSP, Largo de São Francisco, quando me deparei com a Eliana Riberti Nazareth e a queridíssima Lia Justiniano dos Santos, minha companheira no Gabinete de Mediação de Conflitos e minha eleita principal comediadora em casos concretos – a segurança de nossas atuações parece combinar a sua sensibilidade calma com minha impetuosidade ainda por controlar melhor.

E Adolfo Braga Neto, que jovem que estava e está em todos os lugares! Do Centro Acadêmico XI de Agosto de tantas discussões acirradas nos anos 1970 até congressos internacionais, como em Valência, na Espanha; uma atuação impressionante na divulgação dos métodos extrajudiciais de solução dos conflitos, impressionante mesmo!

Querida Silvana Dias, você me lembra a energia do Adolfo e seguem os dois cada vez melhores e assim por muitos anos, se D´us quiser, orgulho!

Em 23 de junho de 2004, apresentamos no auditório da OAB Pinheiros uma palestra com o título "Meios Extrajudiciais de Solução de Conflitos". Foi muito difícil obter esse espaço: foram meses para convencer o então presidente daquela OAB (a OAB ainda não aceitava a matéria). Uma sala meio vazia, mas comemoramos com um bom vinho porque foi uma vitória!

Também nos divertíamos, como nos corredores do Fórum João Mendes, o dia da sessão de conciliação com o Pelé, a juíza coordenadora, Dra. Maria Lucia Pizzotti Mendes, hoje sábia desembargadora, me afastou do assunto e assumiu com seus mais chegados e a imprensa, tudo bem, fui para a padaria comer uma coxinha-creme; a mesma padaria Santa Tereza onde depois o grupo de conciliadores de 2º grau do Tribunal de Justiça de São Paulo passou a se reunir, após termos notado, a Lia Justiniano e eu, a união dos mediadores em Buenos Aires, no curso onde seguimos com a Ana Luíza Godoy Isoldi e suas *chicas*, três mediadoras argentinas fantásticas – o primeiro Curso Latino-Americano da Algi em Buenos Aires, Mediação com tango, com direito a um concerto no teatro Colón, foi tão intenso e tão bom!

Mara de Mello Faria, Alessandra Fachada Bonilha, a Lia Justiniano dos Santos que estava com sua linda filha Mariana, a ainda então juíza, pioneira da Mediação em Brasília, Eutalia Maciel Coutinho, e o saudoso mediador e ser iluminada Enrique Fernández Longo, tão amado pela Ana Luiza Isoldi, que foi generosa e nos concedeu estar com ele deliciosas horas.

Entre outras as incursões com Sarah Cobb em Buenos Aires, que me permitiram conhecer tantas outras formas da Mediação e tantos outros queridos mediadores experientes.

Impossível resumir mais de 20 anos em páginas, mesmo que fossem muitas, não conseguiria registrar as centenas de eventos sobre a Mediação em todas as suas áreas, as centenas de livros, as pesquisas e a Alegria quando comecei a atuar efetivamente com a Mediação, a explicar para as pessoas em seus momentos de dúvida, de angústia, de dor, os benefícios do diálogo, do respeito, da escuta e da alteridade.

Durante 12 anos, eu coordenei um grupo de advogados para atendimento de comunidade carente, Programa Advocacia, sob o guarda-chuva da Federação Israelita do Estado de São Paulo. As pessoas eram encaminhadas por assistentes sociais de diversas instituições e colégios, profissionais com quem aprendi muito, gente muito preparada, muito boa, todos para serem atendidos dignamente na área jurídica.

Todavia, a Mediação já estava na minha vida e com ela a Dra. Malvina Ester Muszkat e conseguimos ministrar um curso para os assistentes sociais. Depois, passamos a atender em Comediação, advogado-mediador com assistente social, os mais diversos problemas, de idosos carentes com suas famílias, jovens com necessidades especiais, conflitos entre vizinhos, problemas nas escolas; foi um trabalho que trouxe grande experiência para todos os envolvidos e serviu para sedimentar a minha paixão pela Mediação.

Aqui gostaria de prestar minha homenagem e falar do dia em que a saudosa Vania Curi Yazbek, mediadora iluminada, e eu demos uma palestra no salão da Federação Israelita do Estado de São Paulo. Isso foi entre 2003 e 2004, uma linda árabe e uma judia falando para rabinos e curiosos sobre algo chamado Mediação de Conflitos. Os rabinos se apresentaram como os grandes estudiosos da matéria, que são; o rabino Shie Pasternak não deve lembrar que ali estava e depois eu soube que ele tinha uma das mais vastas bibliotecas sobre Mediação de Conflitos em São Paulo.

Um trabalho especial realizamos a partir de um Grupo de Estudos sob a batuta da Malvina Ester Muszkat em Comediação, quando atuei com o mediador Mathias Wolf, que em priscas épocas fora meu assessor para uma internet em seu nascedouro, anos 1990: fomos coletar informações com as bibliotecárias e bibliotecas sob a égide da Subprefeitura de Pinheiros: quantas angústias, quantos conflitos, foi uma ótima atuação conjunta "arrancada" do nascedouro da Mediação de conflitos na esfera pública.

Uma experiência especial envolveu o trabalho, árduo e instigante mesmo, com a Secretaria da Justiça do Estado de São Paulo na Mediação Comunitária: pessoas da comunidade foram eleitas e, como mediadores contratados pelo Estado, poderíamos escolher o CIC (Centro de Integração e Cidadania) para atuar na instalação de um Centro de Mediação. Uma primeira parte foram aulas teóricas e tive o prazer de atuar com a professora e mediadora Sandra Bayer. Foi uma bênção, já que não tenho muito prazer ou técnicas para lecionar, mas sinto imensa alegria ao ver pessoas com sede de saber, e foi com o que nos defrontamos: pessoas sofridas e tão fortes que ainda sonham com a mudança de suas vidas, com a melhoria suas famílias e vizinhos, sim, vizinhos!

Escolhi o CIC de Campinas; imaginei que fosse menos necessitado do que os CICs de Parelheiros ou Capão Redondo, que engano.

Um motorista da Secretaria da Justiça me levava. Entrava escoltada pela polícia; o CIC de Campinas está instalado em um bairro muito carente de tudo, um bairro que vive de tráfico mesmo. Já fora mais violento, me informaram; as mulheres ajudavam seus homens nas noitadas e dormiam até tarde, as crianças ficavam mal nutridas pelas ruas e os conflitos grassavam ali, de toda ordem. Instalar um Centro de Mediação e capacitar pessoas da comunidade escolhidas pela diretoria do CIC para tanto: uma jovem com dois filhos, muito alta, muito agressiva, muito triste; uma mulher de meia idade que trabalhava como corretora de imóveis e assim saíra já um pouco daquele núcleo; e um rapaz de cerca de 35 anos que estava desempregado, queria um dia estudar Direito e enquanto isso ajudava a mulher em casa e fazia salgadinhos para vender na comunidade; ele, entre os três, o único o que tinha cursado o Ensino Médio.

Em nosso primeiro almoço, levava lanches para todos, passava o dia lá uma ou duas vezes por semana; as duas mulheres que já haviam arrastado móveis pela manhã e arrumado papéis para instalar o melhor Centro de Mediação possível se confrontaram por alguma razão e a mais velha disse para a mais nova: "– G, você nunca vai arrumar namorado".

O primeiro passo foi a escolha de uma sala. O CIC é uma grande propriedade do Estado, quase um Sesc dos que conhecemos, muitas salas sem uso, muitos móveis sem uso, uma recepção; e assim induzi à escolha de uma sala ao lado daquela onde já funcionava a Defensoria Pública ali; seria uma boa parceria; escolhida, mobiliamos com o que havia e até decoramos, preparamos os impressos para receber as pessoas, orientamos a recepção para quem trouxesse um conflito familiar, ou de vizinhança ou com terceiros, que pudessem ser encaminhados ao Centro de Mediação e iniciamos os atendimentos. Nos primeiros, atuei sempre acompanhada com um dos três escolhidos para a formação como mediadores comunitários, depois passei à supervisão e entre os escolhidos dois atuavam sempre em Comediação.

Começamos os atendimentos com assuntos cada vez mais alarmantes: crianças abandonadas, violência doméstica, muita bebida, uma idosa com fome mesmo e muita desesperança. Após três meses já havia um fluxo normal de procura.

Ao final de cada dia de trabalho, deixávamos dez minutos para troca de ideias e, ao final, eu lia poesias de Fernando Pessoa com eles, cada um levava uma cópia e escolhíamos alguma frase de filósofo para inspirar a próxima sessão de trabalhos.

Em nosso último almoço, a mais velha mediadora me trouxe um calendário, o rapaz mediador me deu uma fotografia da mulher com seus dois filhos e a mais jovem mediadora, G, me trouxe uma linda escultura de madeira que ela mesmo fizera. Ao final do almoço, à hora do cafezinho, G olhou para nós e depois fixou o olhar na colega mais velha e disse: "– eu já tenho um namorado". Os quatro choramos um choro bom.

Eles seguiram trabalhando no Centro de Mediação instalado; após algum tempo procurei notícias e soube que não houve uma regularização dos trabalhos, eles não foram efetivados e reconhecidos como mediadores comunitários; a proposta fora esta, mas certamente são!

Paralelamente, comecei a pensar novamente em uma câmara privada, mas com foco na Mediação como estrela primeira e iniciei contatos e contatos, reuniões, inicialmente um grupo maior, o rascunho da constituição de uma empresa: Gabinete de Mediação de Conflitos – GMC, regularizado, atuante, habilitado junto ao Tribunal de Justiça de São Paulo até 2022. Sócios fundadores: Lia Justiniano dos Santos, Cleide Chusyd, Gelson Liberman e eu.

A capacitação é constante, mas, com a pandemia declarada em 2020, a persistência passou a ser um predicado essencial, persistir, refletir e estudar para iniciar e desenvolver com boa qualidade os atendimentos on-line; hoje vejo como um caminho sem retorno: a tecnologia, que invadiu todas as áreas da vida, viria de todo jeito, mas, com o isolamento, surgiu bruscamente e com uma rapidez incontida. A única forma de se manter foi buscar a profissionalização, com as mais diversas assessorias e cursos, para seguir atuando neste sensível e gratificante mercado da Mediação de conflitos.

Por ora, quatro frases aqui para encerrar:

1. A melhor solução é aquela construída pelas partes;

2. A razão de ser de um instituto ou câmara é a pacificação de conflitos;

3. A Mediação é um norte de bem viver para todas as áreas da vida;

4. Ser mediador é uma profissão de Amor.

E estar entre amigos mediadores gera bons sentimentos, constrói soluções e traz Alegria! Obrigada pela oportunidade de falar um pouco desta parte da minha vida, agradeço a todos que foram citados, agradeço ao Direito, paixão de sempre, à minha família e aos meus amigos, que não demonstram o cansaço ao me ouvir falar da Mediação, sem esquecer do apoio e amor do meu filho Alexandre Gronowicz Fancio e do meu grande amor que é minha netinha Beatriz, é claro para os que me conhecem, as minhas prioridades!

A Mediação Comunitária para uma justiça democrática e participativa

Gláucia Foley[34]

Peço ao leitor que imagine uma comunidade em que as crianças estão jogando bola na rua porque não dispõem de um campinho adequado. Suas mães estão conversando na calçada. O assunto é o de sempre: a falta de emprego, a falta de segurança, a incerteza sobre o futuro... mulheres que se reúnem, sempre ao cair da tarde, para expressarem, com valentia - e com a esperança que toda ausência carrega - as suas inúmeras faltas...

Nessa mesma rua, mora uma senhora com cara de poucos amigos, apelidada de "a bruxa da rua", e que vive solitariamente com seus muitos gatos, em especial, o seu favorito, Felini. Após um lance mal colocado, a bola atinge a janela da "bruxa" e os cacos de vidro cortam a pata do Felini que se esvai em sangue. A "bruxa", que cortava o frango do jantar, sai pelo portão, com a feição desfigurada, a bola em uma mão e a faca na outra e berra: "da próxima vez, eu furo a bola e sei lá o que mais eu posso fazer com essa faaacaaaa"! Diante de ameaça tão visceral às suas proles, as mães correm em direção à "bruxa" e a confrontam: uma a empurra e as demais começam a xingá-la. Uma viatura leva todas as mulheres para a delegacia. O Sistema de Justiça as enquadra: a "bruxa" responderá por crime de ameaça; a

34. Juíza Titular do Juizado Especial Criminal de Taguatinga, premiada com a Medalha Nacional de Acesso à Justiça, em 2014. Coordenadora do Programa Justiça Comunitária do TJDFT, ganhador do Prêmio Innovare em 2005. Integra a Associação Juízes para a Democracia - AJD. Graduada em Direito pela PUC-SP. Mestre em Direito e doutoranda em Direitos Humanos pela Universidade de Brasília. Realizou pesquisas, na condição de *Visiting Scholar*, junto ao Centro de Direitos Humanos da Universidade de Essex - UK e junto ao Instituto para Estudos Legais da Universidade de Wisconsin-Madison-EUA.

mãe que empurrou, por vias de fato e as demais, por injúria. Qualquer que seja o desfecho - conciliação, aplicação de penas alternativas ou, na pior das hipóteses, julgamento criminal - as responsabilidades recíprocas serão atribuídas e a vida seguirá sob o mesmo padrão relacional reproduzido no cenário descrito no início deste artigo.

Esse roteiro tão trivial, que alimenta cotidianamente a pauta dos programas de populismo criminal dos canais de TV, aliado a tantas outras histórias semelhantes que pousaram em minha mesa de trabalho e na minha sala de audiências, levaram-me a refletir sobre o que exatamente nós devemos esperar da justiça. Seria a prestação jurisdicional o único caminho para a resolução dos conflitos? Seria possível converter os conflitos em oportunidades de transformação social?

Para compreender essa inquietude e o processo que dela derivou, permita-me recuar alguns passos em relação ao tempo. Desde o meu primeiro ano na magistratura, em 1998, ao constatar que o acesso à justiça não era universal e que era preciso democratizá-lo, lancei-me à iniciativa de implementação do Juizado Especial Itinerante no Distrito Federal. Um ônibus que alcançava democraticamente os rincões mais distantes da nossa capital encravada no Planalto Central, cuja presença mobilizava a comunidade que reconhecia haver ali um esforço sincero de nossa parte de levar a justiça aonde ela nunca havia ido.

Embaladas pelos acordos celebrados, não raro, as pessoas nos ofereciam bolo, café, galinha, um porquinho, uma gelada no boteco da esquina... Apesar de declinarmos dos convites, essas oferendas alimentavam a nossa alma e nos davam a certeza de que todo aquele esforço de passar empoeiradas tardes dentro de um ônibus em locais tão distantes valia muito a pena.

Nosso índice de conciliação era muito expressivo, em torno de 82%. Mas eu confesso que a minha intuição era a de que aqueles acordos resultavam muito mais de uma resignação, ou seja, de um receio de não ter condições de provar o que se sustentava, do que de um consenso dialogado e livre de qualquer pressão do provável desfecho judicial.

Portanto, apesar do êxito das estatísticas, minha inquietude me instigava a refletir sobre como superar os reais déficits de democracia que pairavam sobre aquelas comunidades: desconhecimento sobre os direitos e falta de diálogo e de mobilização comunitária para o enfrentamento de seus problemas.

E foi aí que eu descobri que acesso à justiça não era somente acesso ao Judiciário.

Embora eu reconhecesse que o Juizado Itinerante representava um grande passo para que nós, juízes, pudéssemos romper com o excesso de liturgias e libertar a justiça aprisionada entre os muros dos nossos palácios, era preciso ir além.

A comunidade deveria dispor de mecanismos próprios para a gestão compartilhada de seus conflitos, ampliando o exercício de cidadania e fomentando canais de participação nas decisões políticas locais.

Era preciso promover a emancipação da terceirização, da colonização, da dependência de um ser exógeno – mais poderoso e pretensamente mais sábio – que se compromete a resolver o destino da comunidade em seu nome.

Era preciso desenvolver um projeto que ouvisse a voz da comunidade, que promovesse reflexão crítica sobre a sua realidade e que a estimulasse a escolher os seus próprios caminhos.

Fazendo um paralelo entre democracia e justiça, assim como a democracia representativa – operada por nossos representantes eleitos – vem demonstrando sinais de insuficiência e demandando a sua articulação com uma democracia participativa; da mesma forma a justiça representativa – levada a cabo pelos chamados operadores do Direito – requer a ampliação de canais para a construção de uma justiça participativa.

Daí nasceu o Programa Justiça Comunitária – PJC para a promoção da justiça na comunidade, para a comunidade e, sobretudo, pela própria comunidade.

Ao longo dos seus 20 anos de jornada, a Justiça Comunitária se consolidou como um programa de capacitação em Mediação para que a comunidade seja capaz de se apropriar de técnicas e recursos de gestão de seus conflitos, ao mesmo tempo em que constrói novas sociabilidades pautadas no diálogo, na corresponsabilidade e na cooperação.

Para tanto, a Escola de Formação do PJC capacita mediadores – denominados Agentes Comunitários de Justiça e Cidadania – pelo período de 3 anos, para o desenvolvimento das atividades de: educação para os direitos; Mediação de conflitos e articulação de redes comunitárias.

Não raro, essas práticas se confundem, não sendo possível delimitar quando começa uma e quando termina a outra. Elas são, em geral, articuladas e, o grau de articulação entre elas dependerá do tipo de demanda levada ao Programa.

Trago, aqui, como exemplo dessa articulação, um caso bastante corriqueiro entre vizinhos que estão conflito porque um coloca o lixo na frente da casa do outro, próximo a um beco. Ao invés de se limitar a promover o diálogo entre ambos, a Mediação comunitária circular permite que todos os membros daquela pequena comunidade, inclusive as crianças, possam participar.

A pergunta "o que aconteceu"? – que aprisiona o diálogo no passado, focando apenas no episódio de violência interpessoal – é substituída por perguntas de compreensão do presente. O agente comunitário estimula que todos reflitam sobre o epicentro, ou seja: como aquela comunidade se relaciona? como se organiza? como se comunica? como toma decisões?

No caso aqui ilustrado, a pergunta a ser feita no círculo de Mediação comunitária é: como vocês organizam a gestão do lixo? como é a atuação do Estado? como gostariam de se relacionar em relação ao lixo para uma vida melhor?

As crianças da comunidade são convidadas a participar de um círculo sobre o impacto da separação do lixo para o meio ambiente. No círculo de adultos, além das considerações de ONGs ambientais locais, os profissionais do posto de saúde pública esclarecem como uma boa gestão do lixo interfere na saúde das pessoas.

O serviço de limpeza urbana é chamado a expor qual é o planejamento de coleta para aquela comunidade e se o previsto está sendo executado; os moradores refletem como podem colaborar na manutenção e observância aos coletores seletivos de lixo.

Após todo esse processo, caso ainda seja necessário um encontro específico entre os dois vizinhos em conflito, o mediador pode encaminhá-los para um diálogo capaz de transformar o conflito em oportunidade de estabelecimento de uma relação mais qualificada.

É preciso destacar, aqui, que, a partir de um conflito interpessoal, a Mediação comunitária pode fazer nascer uma comunidade em rede que se mobiliza para acessar direitos e que se responsabiliza pelo bem-estar coletivo e pela preservação ambiental.

Uma justiça comunitária participativa, pois, não se limita a aplicar técnicas de resolução de conflitos, na medida em que traduz uma prática social transformadora com os seguintes objetivos:

- Inclusão social, por meio do acesso ao direito à cidade (neste caso concreto, há um aspecto importante do direito à cidade que é o de assegurar que a gestão da coleta do lixo promova saúde e seja ambientalmente sustentável);
- Cooperação e pertencimento, na medida em que a comunidade se sente integrada a um projeto coletivo em que cada um colabore para o bem-estar de todos;
- Autonomia e protagonismo, que possibilita que a comunidade saiba diagnosticar os seus problemas, analise suas prioridades e escolha os caminhos para a superação dos conflitos, mobilizando-se cooperativamente, mas também demandando a presença do Estado quando devida.

Esses são os macro-objetivos que nos guiam no encaminhamento de cada demanda submetida à ação dos mediadores comunitários em formação, sob a supervisão do corpo docente da nossa Escola.

À luz desses princípios, convido o leitor a acompanhar o desfecho do caso da "bruxa da rua" quando submetido à Mediação comunitária.

As mães, as crianças, a "bruxa da rua" e a vizinhança são convidadas a participar de uma Mediação comunitária circular. Os mediadores comunitários perguntam: "quem são vocês?"; "como vocês se relacionam?"; "quais são as suas necessidades e qual o papel do Estado diante delas?"; "como vocês gostariam de se organizar?". Perguntas de futuro. Não de reconstrução de passado tal qual um quebra-cabeças que nunca será o retrato de múltiplas verdades.

As mães partilham suas preocupações, as crianças expressam seus desejos. A "bruxa da rua" diz que foi professora de arte (e aqui se explica o nome do seu felino favorito...) e que, desde que perdeu o seu filho ainda criança, não consegue conviver com os ruídos de vida com os quais as crianças insistem em desafiar os adultos que perderam a esperança.

Ela diz que sabe – e, por óbvio, não aprecia – do seu apelido e que gostaria de ser reconhecida pelo seu nome, Dona Ana. Sensibilizada com a condição das mães, oferece sua casa para ministrar cursos de arte e formar uma cooperativa artesã que possa gerar renda.

O poder público local é desafiado a recuperar o terreno abandonado da esquina, em parceria com a comunidade. As crianças se comprometem a criar um clubinho de futebol juntamente com um vizinho, estudante de educação física que, ao participar da Mediação comunitária, se oferece para treiná-los no novo campinho.

Dessa experiência emerge um coletivo capaz de se organizar e de se solidarizar. Uma comunidade em comunhão.

Há 22 anos optamos por trilhar outros caminhos, outros desfechos, outras possibilidades. É por meio da Mediação comunitária – sob um formato absolutamente circular, dialógico e cooperativo – que buscamos colaborar na construção de comunidades participativas.

O formato de Mediação que adotamos não se pretende o único nem o mais acertado. Ele resulta da nossa história, repleta de erros, acertos, recuos, avanços e reconstruções, sempre tendo por guia os nossos princípios e valores.

Eu sei que a Justiça da Deusa Themis ainda é essencial, sobretudo em um país com tantas desigualdades, injustiças sociais e violências estruturais.

Mas a minha esperança é que, daqui a 20 anos, eu possa convidá-lo, caro leitor, a refletir sobre como uma nova forma de se fazer justiça, por meio da Mediação comunitária, colaborou para a ressignificação da nossa democracia.

O meu processo de descobrimento e mudança de *mindset*, através da Mediação de conflitos

Helena Gurfinkel Mandelbaum[35]

> "Ninguém caminha sem aprender a caminhar, sem aprender a fazer o caminho caminhando, sem aprender a refazer, a retocar o sonho, por causa do qual a gente se pôs a caminhar."
> Paulo Freire, 1987

Minha caminhada consciente, na Mediação, teve início em uma dolorosa sessão de terapia, há, aproximadamente, 20 anos. Contava eu, à minha terapeuta sobre um evento, extremamente desagradável, que aconteceu entre mim e um colega, em uma negociação de um caso de família. Depois de escutar, atentamente, minha narrativa, ela olha para mim e fala: "Helena, percebo como o diálogo foi e é importante para você, na sua vida pessoal e profissional, e o quanto você se desestabiliza, quando isso não acontece. Você conhece a Mediação?". Foi nesse momento, que me senti chamada a percorrer outros caminhos, mais compatíveis com a minha história de vida, para estar com as pessoas, e favorecer o entendimento entre elas. Foram aquele e outros percalços da vida, que me ajudaram a criar novo espaço dentro de mim, resgatar os meus talentos e buscar novas habilidades!

A Mediação me trouxe à consciência valores sociais e individuais fundamentais para a minha existência, já que, nesse processo de aprendizagem e autoconhecimento, venho fazendo uma verdadeira reviravolta na minha forma de pensar, sentir e fazer. Muitas das minhas certezas caíram por terra e meus conhecimentos "científicos" e de vida tiveram que ser revisitados e revistos. Essa desorganização foi e continua sendo, por um lado, extremamente trabalhosa e, por outro, altamente prazerosa, para dar início à conscientização do meu propósito de vida, montar meu plano de ação e mantê-lo no trilho: a Mediação e a facilitação de diálogos!

---

35. Advogada colaborativa; mediadora particular; consultora, docente e palestrante; mestre pela IUKB – Institut Universitaire Kurt Bosh – Maestría Latinoamericana Europea en Mediación – sede em Buenos Aires; facilitadora de diálogos; terapeuta de família e casal pelo ITFSP – Instituto de Terapia de Família de São Paulo, com título reconhecido em Portugal, pela Sociedade Portuguesa de Terapia Familiar; coautora de diversos artigos, projetos, cartilhas, livros; facilitadora da prática de mediadores (intervisão).

Tenho para mim que a Mediação, em uma abordagem filosófica, é um jeito de ver e estar no mundo. É uma forma de se fazer educação, uma postura cidadã, na medida em que se respeitam as leis, a ética, as regras de convivência, a ecologia e o meio ambiente; onde se exercita o estar e conviver com o outro, com flexibilidade, tolerância e compaixão. Muitas palavras, com conteúdos significativos, que mexeram e mexem na minha estrutura, fazendo com que eu trabalhe, árdua e constantemente, as minhas crenças, meus preconceitos, pressupostos, minha arrogância e prepotência e, ao mesmo tempo, acolha a minha humanidade e imperfeição. Portanto, levando esses conceitos de Mediação em consideração, destaco, mais adiante, alguns de seus elementos fundantes, que, no meu entendimento, sem a sua presença, na prática do dia a dia, pessoal e profissional, implicariam outro nome que não Mediação. Em primeiro lugar, a Mediação pressupõe o estar com pessoas. E o que significa "estar com"? Nessa fase dos meus estudos, encantei-me com o construcionismo social e com as práticas colaborativas e dialógicas, por contribuírem com o entendimento de que os sentidos e significados, que damos da vida e de nós mesmos, são construídos nos relacionamentos com o outro. A partir daí, ficou mais fácil eu destrinchar o significado da expressão "estar com", na medida em que ela fala mais da postura das pessoas, em relação às outras, com suas diferenças no pensar, sentir e fazer, conhecendo outras culturas, globalizando os horizontes e acolhendo a diversidade. É nesse encontro com as pessoas, com quem formei parcerias pessoais e profissionais, onde, neste texto, a Mediação se encaixa. Quando estou em Mediação, os mediandos e eu formamos uma parceria, em que, juntos, convivemos, trabalhamos e aprendemos. Essa parceria fomenta o engajamento, a consideração, o respeito, a confiança, o protagonismo, a liberdade e a responsabilidade relacional compartilhada. Além disso, cada membro desse sistema ou equipe, como gosto de chamar, sem qualquer tipo de hierarquia, e com a postura do não saber, aprecia, valoriza, inclui o conhecimento que cada um traz consigo próprio, com os seus costumes e/ou rituais, sua cultura, sua linguagem, suas histórias e suas experiências. Como a equipe constrói o conhecimento, conjunta e colaborativamente, cada membro se sente pertencente a ela, e dando o seu melhor. Com todos esses valores presentes na parceria, nessa relação colaborativa, e onde o diálogo estiver presente, com qualidade de presença e de escuta refinada, é possível inovar, criar novas práticas, novos conhecimentos e gerar novas ideias. Finalmente, não menos importante, é a busca pelo estímulo do olhar apreciativo, em relação aos nossos relacionamentos e àquele que está sendo objeto de trabalho. O meu desafio é entender e apreciar o único e o potente das pessoas, ao invés do comum e deficiente. Assim, proponho, aos meus parceiros, a colaboração no processo, que foca nas habilidades e competências e não nos déficits; que não rotula pessoas ou diagnostica condições. Elevamos o diálogo ao nível da descoberta, do conhecimento, da esperança e da criatividade para a ação.

Portanto, aprimorar essa compreensão e vivência desses valores, no dia a dia, com as minhas parcerias pessoais e profissionais, vem me tornando uma pessoa mais consciente dos meus atos e das atitudes dos outros, bem como das minhas escolhas, em relação a essas últimas, resultando em minimizar o julgamento, em criar espaços de conexão, criatividade, inovação, esperança, crescimento e qualidade de vida.

Se, por um lado, todos esses aprendizados, adquiridos ao longo da minha jornada, tijolo por tijolo, estão em processo de edificação da minha autoestima e autoconfiança, por outro, tornaram meu dia a dia muito desafiador, na medida em que tive que acolher as minhas emoções e sentimentos, que se interligam com meus pensamentos, diante das experiências vividas e daquelas que estou vivendo, no momento em que estou com o outro. Em outras palavras, o maior desafio que a Mediação me proporcionou foi e continua sendo eu mesma: observar as minhas autossabotagens, iluminar os meus lugares escuros, cuidando das minhas feridas emocionais, para que, quando estou com o outro, as minhas interlocuções não aconteçam através delas, mas, sim, através da minha plena potência de humanidade, expressada pelo amor e pela compaixão. É fundamental eu perceber as minhas necessidades e as do outro, para que sejam estabelecidos a conexão e o entendimento. Muitas vezes, os envolvidos, que participam da Mediação, agridem-se, mútua e verbalmente. Gritos e xingamentos ainda me impactam, já que traduzem sofrimento. Essas afetações têm a ver com a história da família dos meus antepassados, que viveram em campos de concentração. Reconhecendo minha ressonância, é muito útil, para mim, respirar e, aos poucos, ir percebendo que aquela violência está traduzindo um sofrimento e demonstrando, para os mediandos, que estou com qualidade de presença para entender as dores e necessidades de cada um, criando uma ponte entre nós. Ao mesmo tempo em que narro como eu faço comigo, diante da violência, lembro-me de várias situações inesperadas, que aconteceram dentro dos encontros de Mediação, mas houve uma, única e especial, que fez cair meu queixo.

A reação de um homem, ocorrida durante a Mediação, em que atuei no Judiciário, quando coordenava o Projeto de Mediação do Fórum de Santana, na cidade de São Paulo, foi tão inesperada e marcante, que até hoje a tenho viva na memória. Tratava-se de um casal, em processo de divórcio, com relacionamento altamente conflituoso. Eles eram pais de duas filhas adolescentes, à época. O comportamento do mediando era desmedidamente violento com a genitora de suas filhas, fato esse até mesmo por ele reconhecido, durante os nossos encontros. Para mim, essas atitudes estavam desproporcionais aos eventos do dia a dia, denotando algo mais a ser perscrutado. As falas e atitudes dele ressoavam em mim, gerando várias emoções e pensamentos! Reconheci a ressonância!

Assim, cuidadosamente, fui em busca de escutá-lo mais, perguntando sobre as histórias passadas, em que ambos planejavam, juntos, sobre os rumos da família. Esse homem iniciou os relatos com alguma dificuldade, porém trouxe alguns eventos, que conferiram um pouco de leveza à conversa. Reconheceu que trabalhava arduamente, para prover a família com o melhor, sacrificando-a, sobremaneira, com a sua ausência. Em dado momento, ele começou a chorar, copiosamente, denotando a explosão de uma imensa dor, certamente contida por muito tempo. Sem mais nem menos, abriu o zíper e abaixou suas calças até o chão, mostrando uma enorme cicatriz, na lateral do lado direito do corpo, que ia desde o quadril até o pé. Essa reação foi tão inesperada quanto, de certa forma, chocante! O que esse homem estaria querendo dizer? Assim que conseguiu se acalmar, ele contou o que ocorrera. Na sua narrativa, explicou que sofrera um grave acidente de motocicleta e, no hospital, veio-lhe à cabeça, a possibilidade de vir a falecer, causando-lhe um vazio e a enorme vontade de ver suas filhas. Ligou para a medianda, e pediu-lhe que trouxesse as filhas para visitá-lo.

Ela, por sua vez, negou-se a levá-las, privando, sistematicamente, o pai, durante sua longa permanência no hospital, de ver suas filhas, poder com elas conversar, dizer-lhes de seu amor e, até mesmo, penitenciar-se pelas suas eventuais faltas e falhas como pai.

Foi no espaço criado pela Mediação que ele conseguiu extravasar o seu sofrimento, pela não convivência com as filhas, por um longo período. Escutando essa dor, longamente contida, pude me conectar com a minha essência e oferecer compaixão ao mediando e, também, à medianda, que também colecionava sofrimentos, pela sensação de abandono. Como resultado, pela ponte criada entre mim e o ex-casal, eles conseguiram conversar sobre suas dores e, ato contínuo, sobre suas forças, para seguir adiante, na parceria da parentalidade.

Essa caminhada, guiada pelo pensamento sistêmico, com tantas paradas, não previamente programadas, serve para me abastecer, física e emocionalmente, e poder contemplar as paisagens, junto com as outras pessoas, que comigo caminham, propiciando o diálogo com a multiplicidade de vozes que dele emergem e a ampliação de possibilidades de conversação, gerando transformações profundas em cada uma.

Preciso evidenciar que, na minha trajetória, tive encontros marcantes e significativos com amigos, profissionais, de várias áreas, e clientes, que, pelo grande número, não é possível neste texto mencionar. Em todos os encontros que tive com eles, fui desenvolvendo a consciência de como amo estar e trabalhar com pessoas, e quem eu quero que se junte a mim, no meu caminho. Esses encontros, de parcerias conversacionais, na Mediação ou fora dela, são um processo de mutualidade, de tecer histórias juntos, formando linda colcha de retalhos, em que todos estão envolvidos e engajados na interação, na conexão, no relacionamento saudável, com senso de colaboração, participação, pertencimentos, liberdade e responsabilidade. Todos esses elementos, e outros mais, combinados, fortalecem os vínculos, promovem as relações colaborativas e as conversas dialógicas, favorecendo a solidariedade e a sustentabilidade do relacionamento, cheias de futuros de possibilidades.

Ao longo da minha jornada na Mediação, fui percebendo que a facilitação de diálogos é o meu projeto de vida. Sinto uma profunda gratidão pelo que esse longo e trabalhoso caminho vem me proporcionando: a possibilidade de melhorar, a cada dia, o meu estar comigo e com as pessoas, as minhas conversas intra e interpessoais; de observar os fatos, os sentimentos, os interesses e as necessidades delas; de entender e respeitar seus pedidos, bem como as formas diferentes de elas pensarem, sentirem e fazerem. Em outras palavras, continuo a "eterna aprendiz" na aceitação e no enriquecimento pessoal do diferente, do surpreendente. Essas emocionantes jornadas foram constituindo o meu processo de descobrimento e mudança de *mindset*, com muito trabalho interno. Estou realizando o meu propósito, nessa existência, que me dá razão de viver e orgulho pelo meu legado, no colecionar histórias de estar com o outro, na Mediação e em qualquer outro contexto!

Como encontrei e me reencontrei na Mediação

Henrique Gomm Neto[36]

Neste breve relato tenho presente, como ponto de partida, a advertência do poeta espanhol Antonio Machado, de que ao voltar a vista para trás se vê apenas as pegadas, porque não há caminho, o caminho se faz ao caminhar.

A exploração arqueológica desses vestígios me fez reconhecer acasos e encontros que me levaram abraçar a Mediação. A Mediação, mais do que uma técnica, um método de resolução de conflitos, se constitui para o mediador em uma oportunidade de conhecer as motivações, conscientes ou inconscientes, que orientam a tomada de decisões e traçam o comportamento humano. É uma rica experiência de vida que o mediador coteja no seu âmbito pessoal.

Neste percurso, o trajeto da memória me conduziu a uma sequência de acasos e encontros que marcaram a minha vida.

36. Advogado; mediador; vice-presidente do Conselho Nacional de Instituições de Mediação e Arbitragem - CONIMA (gestão 2022-2024); vice-presidente de Mediação da Câmara de Mediação e Arbitragem da Federação das Indústrias do Paraná; diretor do Instituto de Capacitação e Formação de Mediadores Lusófonos - ICFML; membro consultor da Comissão de Mediação da OABPR.

Assim, rememorei a década dos anos 1970, quando jovem recém-formado no Curso de Direito da Universidade Federal do Paraná fui admitido no Curso de Aperfeiçoamento de Advogados de Empresas realizado pelo CEPED – Centro de Estudos e de Pesquisas no Ensino de Direito realizado na Fundação Getúlio Vargas do Rio de Janeiro.

Nessa experiência acadêmica conheci o método indutivo aplicado tanto na didática do ensino como na prática do Direito e tive a feliz oportunidade de conviver com pessoas especiais que se constituíram meus exemplos e fontes de inspiração: os professores Alfredo Lamy Filho e Caio Tácito, respectivamente, expoentes do direito empresarial e administrativo no Brasil.

No meu regresso a Curitiba o professor Rubens Requião, saudoso catedrático da disciplina de Direito Comercial na Universidade Federal do Paraná, convocou-me para um desafio: participar de um concurso na Faculdade de Direito para lecionar Direito Comercial. Desafio aceito, desafio vencido e durante 10 anos lecionei Direito Comercial na Faculdade de Direito da Universidade Federal do Paraná.

Aquela época trouxe ao mundo e também ao Brasil muitas transformações sociais, políticas e culturais, representadas pelo movimento de Maio de 1968 na França, a demanda por direitos civis nos Estados Unidos, na África do Sul, e no campo social, a denominada revolução Hippie. Esses eventos sacudiram os jovens da época e desencadearam em mim reflexões sobre o caminho plano e conservador que estava trilhando.

Embora tenha sido um tempo de muitas conquistas profissionais, deparei-me com outro acaso. Por ocasião de uma viagem encontrei uma simples casinha de madeira em uma praia, então selvagem, na costa atlântica de Florianópolis. O dono se propôs vendê-la e a comprei imaginando a alforria dos meus questionamentos pessoais naquele cenário idílico – imitação singela da experiência de Henry David Thoreau no Lake Walden, cujas obras lia avidamente. Buscava utopicamente a liberdade, sem saber que não a alcançamos com a ausência da pressão externa, mas apenas com o diálogo dos personagens internos que nos habitam.

Em decorrência daqueles fatos solicitei meu desligamento da Faculdade de Direito da UFPR e iniciei um período sabático e concomitantemente uma análise lacaniana. Em Florianópolis, um grupo de psicanalistas lacanianos, amigos inteligentes, pacientemente me incluíram no Grupo de Estudos que discutia textos freudianos e examinava seus casos práticos.

Parecia que se desenhava uma curva no meu caminho profissional que desvaneceu após participar de um Encontro do Campo Freudiano em Paris. Observei que as vaidades humanas se estabelecem independentemente das profissões abraçadas.

Regressei a Curitiba e às lides jurídicas e em 1996 tive um contato inicial com as técnicas de Mediação através de um curso de formação de mediadores realizado pelo caríssimo professor Juan Carlos Vezzulla e em 1997, após o estágio prático, obtive o certificado de mediador do IMAB. Fiquei animado com a possibilidade de dar sentido à minha experiência de Direito e Psicanálise.

Na turma, entre amigos, duas pessoas especiais foram essenciais para minha formação e exercício da atividade de mediador e advogado na Mediação: Mauricio Gomm Santos e Roberto Portugal Bacellar. Até hoje os tenho com muita gratidão e apreço como companheiros de jornada e estudos.

Com Mauricio, em 1997, fui a Bogotá e fizemos uma *pasantia* (estágio) sobre a constituição de Câmaras de Mediação e Arbitragem no Centro de Mediação e Arbitragem da Câmara de Comércio de Bogotá, à época uma das principais instituições voltadas às ADR na América Latina. Ficamos maravilhados com a experiência e a oportunidade de conhecer e interagir com excelentes pessoas e profissionais como Adriana Polania, Nicolas Villegas Palacio, Monica Janer Santos, Jaidivi Nuñes Varón, entre outros. Tenho o privilégio de ainda tê-los como amigos queridos. O meu entusiasmo me fez retornar no ano seguinte para uma nova *pasantia*, desta vez exclusivamente sobre Mediação.

Em 2002 fui convidado para coordenar o Departamento de Mediação da Câmara de Mediação e Arbitragem da Associação Comercial do Paraná – ARBITAC. Permaneci por quinze anos e se constituiu para mim em um laboratório de experiências na Mediação institucional.

Nos anos de 2006 e 2007 participei da 1ª Turma do Curso de Maestria

Europeo Latino Americano en Mediación de Conflictos realizado pelo Instituto Kurt Bosch em parceria com instituições argentinas, na cidade de Buenos Aires, Argentina.

Nos últimos dias do programa do curso conheci algumas pessoas que integrariam a segunda turma do referido curso. Reconheci uma simpática senhora com um sorriso encantador que se acomodava nas simples carteiras reservadas aos alunos. Era a ministra Fátima Nancy Andrighi. Dotada de muita inteligência, humanismo e dedicação a ministra Fátima Nancy com a sua valiosa contribuição deu credibilidade para a construção legislativa do instituto da Mediação.

Em 2008, meu dileto amigo Roberto Portugal Bacellar, hoje eminente desembargador do TJPR e que naquela ocasião participava ativamente das discussões sobre a implementação da Mediação no âmbito do Poder Judiciário, gentilmente me convidou para integrar um grupo de docentes na capacitação dos juízes federais do Tribunal Regional da 4ª Região. Em paralelo, eu continuava exercendo a Mediação extrajudicial, institucional e *ad hoc*, e na qualidade de representante da Arbitac fui convidado para ocupar uma cadeira na diretoria do CONIMA (Conselho Nacional das Instituições de Mediação e Arbitragem). A então presidente, Ana Lucia Pereira, iniciava um movimento exitoso de levar o CONIMA a todas as regiões do país. Foi a oportunidade de conhecer outras pessoas que comungavam dos mesmos ideais e que, pelas suas qualidades pessoais, caráter, ética, afetiva, transformaram aquela instituição em uma família. Esse encontro de amigas e amigos especiais me enriquece a vida. Até hoje me sinto um feliz membro dessa família, hoje presidida pela querida amiga Soraya Nunes. É preciso ressaltar a importância ímpar do CONIMA na reunião de esforços na defesa dos padrões éticos que implicam o exercício da Mediação.

Além de fazer parte da Comissão de Mediação da OABPR, acrescentei às minhas atividades institucionais a participação no *Board* do ICFML Brasil (Instituto de Capacitação e Formação de Mediadores Lusófonos), presidido pela estimada e dinâmica Ana Maria Gonçalves. Hoje o ICFML integra uma formidável equipe e rede de mediadores e advogados certificados em conformidade com os *standards* de qualidade aprovados pelo IMI – International Mediation Institute.

Atualmente também exerço as funções de vice-presidente de Mediação da Câmara de Mediação e Arbitragem da Federação das Indústrias do Paraná - CAMFIEP e, a par das atividades na Mediação, institucional e *ad hoc*, procuro sempre me atualizar, frequentando cursos no Brasil e no exterior, seja como participante ou professor palestrante.

Desta forma, menos pelos acasos, mais pelos encontros com pessoas que comungam os mesmos princípios e ideais (impossível enumerá-las aqui), eu constato que foi a Mediação que me deu um abraço de urso (aquele que não solta) porque após anos de vida acadêmica e exercício da advocacia me revelou a minha verdadeira vocação e um *modus vivendi* que incorpora o exercício contínuo de autoconhecimento e um profundo respeito à condição humana.

Breve retrospectiva da implementação legal da Mediação no Brasil

Quando iniciei os estudos sobre a Mediação de conflitos sequer havia Projeto de Lei para regulamentar a Mediação, que apenas se materializou em 1998 com o PL 4.827/98 de autoria da deputada Zulaiê Cobra. A partir de então houve um período muito profícuo de debates e empenho da Secretaria da Reforma do Judiciário e do Conselho Nacional da Justiça com a participação dos advogados do IBDP - Instituto Brasileiro de Direito Processual - liderada pela saudosa professora Ada P. Grinover, para dispor sobre uma política judiciária nacional de tratamento adequado dos conflitos de interesses no âmbito do Poder Judiciário.

Foi uma árdua tarefa porque a ineficiência histórica da conciliação no processo civil havia manchado de descrédito os métodos consensuais. Acrescentem-se a esse empecilho os inúmeros interesses corporativos que foi preciso driblar. Lembro- me do Dr. Pier Paolo Bottini, então diligente secretário da Reforma do Judiciário em 2006, perguntar-me sobre a exclusividade da função de mediador à classe dos advogados, quando se discutia o PL elaborado pelo IBDP. Não hesitei em externar a minha opinião em realçar a importância do papel do advogado, mas não a sua exclusividade na condução do procedimento da Mediação. Felizmente essa intenção de tornar exclusiva ao advogado a função de mediador de conflitos no âmbito judicial não prosperou porque os estudos e debates colocaram em relevo o caráter multidisciplinar do instituto da Mediação. A sabedoria dos empreiteiros dessa obra, dentro os quais destaco os magistrados Roberto Portugal Bacellar e André Gomma de Azevedo, que, sempre atentos e receptivos às boas contribuições, possibilitaram ao CNJ editar em 29 de novembro de 2010 a Resolução nº 125 que se constituiu na matriz das disposições legais que seriam introduzidas no novo Código de Processo Civil (Lei nº 13.105 de 16 de março de 2015) e na Lei nº 13.140 de 26 de junho de 2015.

O objetivo sempre foi estabelecer uma política pública de incentivo e aperfeiçoamento dos métodos consensuais no âmbito do Poder Judiciário. Para a Mediação extrajudicial foi preservado um espaço de liberdade, obedecidos os princípios básicos que norteiam o instituto. Essa flexibilidade propiciou excelentes Regulamentos de Mediação das Câmaras de Mediação e Arbitragem, que são atualizados regularmente.

Hoje, passados vinte anos de discussões e deliberações, creio que se produziu um resultado positivo, exitoso, e que eventuais críticas aos diplomas legais desconsideram o contexto presente na elaboração dessas normas legais. Contexto que compreendia a necessidade pedagógica dos métodos consensuais, voltadas internamente aos membros do Poder Judiciário, externamente voltada aos operadores de Direito e à sociedade, a exigência de formação e capacitação adequada dos conciliadores e mediadores, como também a consequente implementação dessa política pública na esfera da justiça estadual e federal.

Sim, aperfeiçoamentos são necessários, como oferecer melhores condições de tempo e espaço para a prática da Mediação judicial, de modo a permitir a realização das etapas que compreende o procedimento de Mediação, especialmente a fase da pré-Mediação, que prepara as partes e os advogados para participarem produtivamente na Mediação. Igualmente, oportunizar uma melhor integração com a Mediação privada, mas não se pode deixar de reconhecer os inúmeros ganhos obtidos nessa jornada.

E agora?

Voltando agora os olhos para frente, percebo claramente 4 fenômenos que estão impactando os métodos consensuais de resolução de controvérsias:

1. Convenção de Singapura – A consolidação das ADRs acarreta uma

demanda por maior segurança jurídica dos acordos alcançados nos procedimentos de Mediação, de modo que possam ser reconhecidos internacionalmente e possibilitem a execução extraterritorial. Como exemplo, assinalo a Convenção de Singapura, que tem por objetivo facilitar a execução dos acordos firmados envolvendo disputas comerciais internacionais entre os entes dos países signatários dessa Convenção.

2. Audiências Virtuais – A adoção das audiências virtuais de conciliação e Mediação traz, a meu ver, dois efeitos: um visível e outro perceptível. Visível, porque possibilita a adoção dos métodos consensuais independentemente da localização geográfica das partes. Perceptível, porque reforça um pilar básico do instituto da Mediação – o empoderamento das partes, que podem participar ativamente da solução de seus conflitos.
3. Academia – A formação acadêmica de alunos versados nas técnicas de negociação, conciliação e Mediação, motivados pelas competições universitárias de Mediação, contribui e continuará a contribuir para a disseminação dos métodos consensuais e para a profissionalização do exercício da atividade.
4. Neurociência – O avanço da neurociência aplicada à compreensão das formas de como os humanos se apropriam da realidade, uma vez que não há uma única realidade, cada qual a percebe de maneira particular e original, de modo inconsciente e consciente, repercute no aprimoramento das técnicas de comunicação e oferece novos aportes científicos para a aplicação das técnicas utilizadas na negociação e Mediação.

Concluo este breve relato e tomo a liberdade de sugerir ao caro leitor que se propõe a exercer a atividade de mediador ou de advogado na Mediação o exercício humilde e contínuo do autoconhecimento combinado com o respeito atento à fala do outro, tendo em consideração que a Mediação exitosa depende da qualidade do mediador.

Porém, o que confere originalidade à técnica aplicada na Mediação é a abordagem do conflito pela compreensão do elemento fundamental que o sustenta: a percepção do conflito, como cada parte envolvida percebe o conflito e se sente afetada. Esse roteiro propicia a criação de espaços de consenso e favorece a transformação positiva das situações conflituosas.

A Mediação em minha trajetória acadêmica e profissional

Humberto Dalla Bernardina de Pinho[37]

A história da Mediação se confunde com grande parte da história da minha vida acadêmica e profissional.

Ainda na graduação, na Faculdade de Direito da UERJ, fiz parte de grupo de pesquisa destinado ao estudo dos juizados especiais cíveis e da atividade consensual no âmbito do Poder Judiciário, sob a coordenação do prof. Paulo Cezar Pinheiro Carneiro. Já no mestrado, também na UERJ, optei por me aprofundar, em minha dissertação, sobre o então novo instituto da transação penal que havia sido introduzido no Direito brasileiro em 1995 por força da Lei dos Juizados Especiais Cíveis e Criminais.

Concluído o mestrado, iniciei o doutorado. Novamente a temática do consenso se fez presente; resolvi estudar o cabimento e a extensão dos acordos na tutela coletiva, sob o prisma da delimitação e natureza jurídica dos direitos individuais homogêneos

Defendida a tese, após um período de amadurecimento sobre minhas escolhas acadêmicas e o potencial que ainda havia para a pesquisa, resolvi aplicar para o programa de pós-doutoramento em Direito na University of Connecticut School of Law. Durante o meu estágio pós-doutoral nos Estados Unidos, sob a supervisão do prof. Angel Oquendo, pude me dedicar ao estudo comparativo entre o instituto do *settlement*, previsto na regra 23 alínea "e" das Federal Rules of Civil Procedure e o instituto do compromisso de ajustamento de conduta.

Retornando do pós-doutorado, comecei a direcionar as minhas pesquisas para a Mediação de conflitos. Era o ano de 2003 e já tínhamos no Brasil um movimento organizado em favor da regulamentação da matéria.

Na verdade, a partir dos anos 1990, começou a haver um interesse pelo

37. Professor titular de Processo Civil (UERJ, Estácio e Ibmec). Desembargador do Tribunal de Justiça do Estado do Rio de Janeiro. Foi membro do Ministério Público do Estado do Rio de Janeiro entre 1995 e 2022. Integrou a Comissão do Senado Federal que contribuiu para a produção da Lei nº 13.140/2015.

instituto da Mediação, sobretudo por influência da legislação argentina (Ley 24.573, posteriormente substituída pela Ley 26.589/2010).

Por aqui, a primeira iniciativa legislativa ganhou forma com o PL 4.827/1998, oriundo de proposta da deputada Zulaiê Cobra, tendo o texto inicial levado à Câmara uma regulamentação concisa, estabelecendo a definição de Mediação e elencando algumas disposições a respeito.

Na Câmara dos Deputados, já em 2002, o projeto foi aprovado pela Comissão de Constituição e Justiça e enviado ao Senado Federal, quando recebeu o número PLC 94/2002.

O Governo Federal, no entanto, como parte do Pacote Republicano, que se seguiu à EC 45, de 08.12.2004 (conhecida como Reforma do Judiciário), apresentou diversos Projetos de Lei modificando o Código de Processo Civil, o que levou a um novo relatório do PLC 94.

Foi aprovado o Substitutivo (Emenda 1-CCJ), ficando prejudicado o projeto inicial, tendo sido aquele enviado à Câmara dos Deputados no dia 11 de julho. Em 1º de agosto, o projeto foi encaminhado à CCJC, que o recebeu em 7 de agosto. Desde então, dele não se teve mais notícia.

Em 2010, o Conselho Nacional de Justiça editou a Resolução nº 125, trazendo novas luzes ao tema.

O art. 1.º da Resolução institui a Política Judiciária Nacional de tratamento dos conflitos de interesses, com o objetivo de assegurar a todos o direito à solução dos conflitos por meios adequados, deixando claro que incumbe ao Poder Judiciário, além da solução adjudicada mediante sentença, oferecer outros mecanismos de soluções de controvérsias, em especial os chamados meios consensuais, como a Mediação e a conciliação, bem assim prestar atendimento e orientação ao cidadão.

Paralelamente, em 2009, foi convocada uma Comissão de Juristas, presidida pelo Min. Luiz Fux, com o objetivo de apresentar um novo Código de Processo Civil.

Após o regular processamento, no dia 17.12.2014 o novo CPC foi aprovado no Senado Federal e, após a revisão final, o texto seguiu para a Presidência da República em 24.02.2015, tendo sido sancionado em 16.03.2015, com período de *vacatio legis* de um ano.

Na redação final do Código de Processo Civil/2015, podemos identificar a preocupação da Comissão com os institutos da conciliação e da Mediação, especificamente nos arts. 165 a 175.

No art. 165, §§ 2.º e 3.º, do CPC/2015 se distinguem as figuras do conciliador e do mediador por dois critérios objetivos: pela postura do terceiro e pelo tipo de conflito.

Assim, o conciliador pode sugerir soluções para o litígio, ao passo que o mediador auxilia as pessoas em conflito a identificarem, por si mesmas, alternativas de benefício mútuo. A conciliação é a ferramenta mais adequada para os conflitos em que não há vínculo anterior entre as partes, ao passo que a Mediação é indicada nas hipóteses em que se deseja preservar ou restaurar vínculos.

Com o advento do Projeto do Código de Processo Civil, em 2011, o senador Ricardo Ferraço apresentou ao Senado o Projeto de Lei nº 517/2011, propondo a regulamentação da Mediação judicial e extrajudicial, de modo a criar um sistema afinado tanto com o futuro Código de Processo Civil, bem como com a Resolução nº 125 do CNJ. Tivemos o privilégio de integrar essa Comissão, ao lado de juristas extremamente talentosos.

Em 2013, foram apensadas ao PLS 517 mais duas iniciativas legislativas: o PLS 405/2013, fruto do trabalho realizado por Comissão instituída pelo Senado, e presidida pelo Min. Luis Felipe Salomão, do STJ, e o PLS 434/2013, fruto de Comissão instituída pelo CNJ e pelo Ministério da Justiça, presidida pelos ministros Nancy Andrighi e Marco Buzzi, ambos do STJ, e pelo então secretário da Reforma do Judiciário do Ministério da Justiça, Flavio Crocce Caetano.

O relator da matéria do Senado, sen. Vital do Rego, apresentou um Substitutivo ao PLS 517/2011, com o objetivo de congregar o que havia de melhor nas três iniciativas.

Na Câmara, o texto passou a tramitar como Substitutivo da Câmara dos Deputados (SCD), PL 7.169/2014, sendo que o relatório do deputado Sérgio Zveiter foi aprovado pela Comissão de Constituição e Justiça e Cidadania daquela Casa em 07.04.2015, com nova remessa ao Senado.

No Senado, o Substitutivo da Câmara 9/2015 ao PLS 517/2011

(7.169/2014 naquela Casa) foi aprovado em 02.06.2015. Em 29 de junho foi, finalmente, publicada a Lei nº 13.140/2015.

Um ano após a edição da Lei, foi realizada a Primeira Jornada de Prevenção e Solução Extrajudicial de Litígios, idealizada pelo Min. Luis Felipe Salomão. Tivemos a oportunidade de participar ativamente das discussões que redundaram na apresentação de valiosos Enunciados.

Em agosto de 2021 foi realizada a segunda edição das Jornadas, de forma virtual. Ao lado dos profs. Kazuo Watanabe, Juliana Loss de Andrade e Flavio Tartuce, novamente sob a segura orientação do Min. Salomão, conduzimos o painel dedicado ao estudo da Mediação e tivemos a oportunidade de enfrentar novas e desafiadoras questões que se colocam, sobretudo no âmbito da justiça digital e das plataformas on-line de resolução de conflitos, sobretudo na área consumerista.

Esse é um breve histórico da institucionalização e evolução da Mediação no direito brasileiro e de minha modesta participação em alguns desses momentos.

Nesse momento, duas novas fronteiras se abrem. A internacional e a digital. Formam-se redes de pesquisadores sobre a Mediação. Eu coordeno o Observatório da Mediação e da Arbitragem na UERJ e na Estácio e em 2020 nos associamos à CUEMYC – Conferencia Universitaria Internacional para el Estudio de la Mediación y el Conflicto.

Ao mesmo tempo, por força da pandemia do Covid-19, muitas das atividades presenciais tiveram que ser virtualizadas. Nesse sentido, integro o Comitê Gestor da Conciliação no âmbito do Conselho Nacional de Justiça, e essa tem sido uma de nossas grandes preocupações, sobretudo a partir da edição da Resolução nº 358/2020 do CNJ que criou o SIREC – Sistema Informatizado para a Resolução de Conflitos por meio da conciliação e Mediação. Em agosto de 2022 firmamos convênio com o NUPEMEC do TJRJ para que o Núcleo de Prática Jurídica – NPJ da UERJ possa participar ativamente de mediações judiciais, bem como celebramos protocolo de cooperação com o CNJ para a instalação de um PID – Polo de Inclusão Digital também em nossa Faculdade.

Paralelamente às minhas atividades acadêmicas, integrei o Ministério

Público do Estado do Rio de Janeiro desde setembro de 1995 até maio de 2022, quando tomei posse como desembargador do Tribunal de Justiça deste Estado.

Durante esse período, tive oportunidade de atuar em diversas questões nas quais o acordo se mostrou a melhor solução para o caso concreto. Desde as varas de família e as questões ordinárias do dia a dia envolvendo incapazes em varas cíveis, passando pelas remissões na vara da infância e juventude e chegando às transações penais no âmbito dos juizados especiais criminais. Isso sem falar nos compromissos de ajustamento de conduta firmados no âmbito de inquéritos civis e ações civis públicas.

Hoje temos o acordo de não persecução cível (ANPC) inserido no art. 17-B da Lei nº 8.429/92 pela Lei nº 14.230/2021. Integrei, ainda no ano de 2021, comissão instituída pelo procurador-geral de Justiça do Rio de Janeiro com o objetivo de apresentar projeto de resolução sobre a matéria no âmbito do MPRJ.

Neste exato momento, em que reviso essas linhas escritas há algum tempo, o egrégio Supremo Tribunal Federal concluiu o julgamento de importantes questões relacionadas à improbidade administrativa e que servirão de norte para a maior efetividade do instituto.

No âmbito administrativo, também hoje já se fala no acordo de não persecução disciplinar (ANPD). A Corregedoria-Geral do MPRJ já fez alguns acordos sobre essa temática e a prática vem sendo reproduzida em outros Estados. Em março de 2021 tive a oportunidade de falar para o Colégio dos Corregedores-Gerais de todos os Ministérios Públicos do Brasil, incentivando o instituto.

Enfim, são muitas iniciativas e experiências que contribuíram para o amadurecimento e a consolidação da Mediação no Brasil. Contudo, ainda temos alguns grandes desafios pela frente.

Nesse sentido, há tempos temos sustentado a ideia de caber ao Poder Judiciário o exame e a palavra final quanto à forma e o modo de utilização dos mecanismos de resolução de conflitos, em regime de colaboração com todos os operadores do Direito, os quais tem o dever de identificar a ferramenta jurisdicional mais apropriada a viabilizar a real pacificação do conflito (PINHO, Humberto Dalla Bernardina de. *Jurisdição e Pacificação*. Curitiba: CRV, 2017, p. 232).

Na verdade, é uma tarefa a ser realizada por todos os sujeitos do processo, em ambiente colaborativo, resguardadas as garantias constitucionais, as prerrogativas dos magistrados e os poderes negociais das partes.

Nesse aspecto, o Poder Judiciário assume papel preponderante, como agente propagador de uma política nacional de solução adequada de conflitos, bem como toma a iniciativa de estruturar o sistema multiportas no Direito brasileiro. Da mesma forma, todos os jurisdicionados passam a ter o dever de cooperar, dever esse que se concretiza, principalmente, com o uso engajado e participativo de todos os meios aptos a obter o consenso no caso concreto, antes, durante e após o ajuizamento da demanda judicial.

Assim, começa a se consolidar a ideia de que as partes, antes do ajuizamento da demanda, devem tentar ao menos uma forma de solução amigável do problema. Minimamente, devem demonstrar ao magistrado, na inicial, que tentaram um contato no sentido de esclarecer o fato ou mesmo desenhar possíveis alternativas à satisfação da pretensão.

Essa prática está em perfeita sintonia com a ideia de cooperação, efetividade e duração razoável do processo, e não deve ser confundida com a antiga ideia de "esgotamento" das vias administrativas previamente ao ajuizamento da demanda. Nesse sentido, os Tribunais Superiores já têm redimensionado a figura do interesse em agir. Hoje já se fala em interesse "qualificado" em agir.

De outro lado, exsurge a figura do juiz como agente de filtragem dos conflitos, cabendo a ele identificar, em um ambiente cooperativo, a ferramenta mais adequada e capaz de levar à pacificação do litígio.

Em outras palavras, a jurisdição pacificadora, expressão que nos é tão cara, se consolida a partir do binômio acessibilidade plena e intervenção mínima ou secundária. Esse binômio permite o acesso efetivo à justiça, ou seja, o uso racional dos instrumentos jurisdicionais.

Versão pessoal de uma história inacabada

Kaline Santos Ferreira[38]

Toda boa história começa com "era uma vez". A minha, por melhor que ela se desenrole, e assim espero, fugirá a essa regra, pois o fato que me inspirou ainda é atual.

Ambiente da história: Consultoria Jurídica da União na Bahia, ainda intitulado Núcleo de Assessoramento Jurídico da União. Época: ano de 2007.

Uma idosa de mais de 80 anos ingressou em juízo pleiteando indenização moral e material perante a União. Seu falecido marido, militar de uma das Forças Armadas, havia feito um seguro privado em benefício dela. Ocorre que, por força da atuação fraudulenta de alguns servidores do setor de pessoal desse órgão, esse prêmio foi desviado de sua beneficiária, assim como o de outras tantas vítimas. O seguro em questão, embora privado, era consignado em folha de pagamento, assim como os prêmios eram pagos por cheques enviados pela seguradora para o setor de pessoal correspondente ao local de lotação do segurado. Havia um convênio entre a seguradora e o ente federal.

Diante da atuação desse grupo de servidores inescrupulosos, vários idosos, com menor capacidade de discernimento, foram induzidos a endossar os cheques que recebiam para outras pessoas e esses cheques eram depositados em outras contas, sem que seus beneficiários recebessem esses valores. Quando iam reclamar, os servidores inventavam justificativas e impediam que suas queixas chegassem a quem poderia tomar providências.

O esquema foi descoberto. Os servidores foram punidos e seus crimes começaram a ser apurados pela Polícia Federal. Ocorre que, não obstante essas medidas punitivas, a União não indenizou as vítimas. Eles precisaram ingressar em juízo, inclusive a idosa cuja história se entrelaça com a minha e com a da Mediação envolvendo entes públicos....

Eu era uma jovem advogada da União, professora de Direito Adminis-

38. Advogada da União; mediadora e coordenadora-geral da Câmara de Mediação e Conciliação da Administração Federal; professora adjunta de Direito Administrativo da Universidade Federal da Bahia; doutora em Direito Público pela Université Montesquieu Bordeaux IV.

trativo e, em 2007, recebi o pedido da Procuradoria da União que precisava de subsídios do ente federal envolvido no conflito. O procurador-chefe tinha sido citado e precisava apresentar a contestação. O conflito era esse. A senhora, de mais de 80 anos, pleiteava indenização contra a União. Ela era uma das vítimas dos servidores criminosos que haviam usurpado seu prêmio do seguro. Ainda me lembro que a viúva requerente, além de comprovar a condição de beneficiária do contrato de seguro, declarou o quanto sofria com as dúvidas dos vizinhos e familiares, que achavam que ela estava com alguma doença mental e que esse dinheiro nunca existira, que provavelmente o seu marido tenha interrompido o pagamento e que ela perdera o direito ao prêmio. Somava-se ao sofrimento moral, a carência financeira: ela não ganhava de pensão o suficiente para manter suas despesas médicas e de remédio, tendo que se privar até mesmo de uma boa alimentação.

Quando eu li a inicial, lá em 2007, eu fiquei muito reflexiva. Pedi ao órgão militar os documentos relativos aos fatos que foram narrados na inicial. Analisei tudo o que me foi enviado: punição dos servidores, demitidos a bem do serviço público, depois de tramitado processo administrativo disciplinar; encaminhamento do processo para a Polícia Federal e Ministério Público; convênio celebrado entre a União e a empresa seguradora. Estavam lá todas as provas inequívocas de que o dano existiu, que a vítima sofreu um prejuízo material e moral por força da conduta criminosa dos servidores federais. A quantia devida seria facilmente apurada, seria o valor do prêmio contratado. O dano moral, também, esse seria facilmente arbitrado pelos parâmetros estabelecidos jurisprudencialmente.

Apresentar contestação não fazia sentido!

Naquela época eu já estudava direito administrativo com certa profundidade, mas nunca tinha lido nada sobre autocomposição nem Mediação envolvendo entes públicos. Eu estava acabando o mestrado e procurando um tema para a minha tese de doutorado.

Inquieta por natureza, diante daquele processo, comecei a revolucionar a consultoria da qual fazia parte. Falei com colegas, chefia imediata, procurador-chefe, chefia de Brasília. Não era possível! A União não podia apresentar defesa naquele processo! Para mim, não era eu que não poderia, era a AGU que não poderia.

Não havia nenhum interesse público que justificasse a manutenção de uma ação judicial daquela natureza.

Foi nessa época que descobri a existência da CCAF. A Câmara de Conciliação e Arbitragem da Administração Pública Federal (assim era intitulada naquele tempo, hoje é a Câmara de Conciliação e Mediação da Administração Pública Federal). Fiquei maravilhada!

Estudei seus normativos, li alguns poucos acordos celebrados pela CCAF, conheci sua organização. Que ideia fantástica... Mas, por que só celebra acordos em conflitos entre entes públicos? Essa era a competência inicial estabelecida pela AGU para a atuação da CCAF. Por que não celebra acordos em casos como esse da viúva idosa, envolvendo particulares?

Esse processo judicial foi contestado, não teve jeito, tratava-se da AGU de outros tempos. Não havia um plano B. A autocomposição, todavia, entrou na minha vida para nunca mais sair.

A partir dessa inquietação despertada pelo ajuizamento desnecessário de um conflito, e, ao meu ver, pelo prosseguimento equivocado de um litígio que pode estar durando até os dias de hoje, eu não parei de pesquisar sobre o tema da autocomposição envolvendo entes públicos. Dediquei minha tese de doutorado a esse tema.

Em 2009, fui aprovada em exame oral pela Université Montesquieu Bordeaux IV para cursar Doutorado na Faculdade de Direito, Departamento de Direito Público, sob a direção do M. Badara Fall. Meu curso e minha estada na França, que se iniciou em 2010, foi subvencionada pelo governo brasileiro, que me concedeu afastamento para estudo no exterior com ônus para a Administração Pública. Em 2013 defendi minha tese "Le contentieux Administratif em dehors du juge – étude comparée des droits Français et Brésilien", fui aprovada e laureada com a menção *très honorable*.

A partir disso, eu fundei grupo de pesquisa na Universidade Federal da Bahia, onde leciono, para aprofundar os estudos sobre o tema da Mediação/autocomposição envolvendo entes públicos. Elaboramos um projeto de lei para o estado da Bahia criar sua Câmara de Mediação.

Na AGU, assumi a Câmara Local de Conciliação na Bahia, mas sempre de olho na CCAF em Brasília, tinha um sonho de atuar lá. Nunca deixei de estar em contato com os diretores da CCAF que se sucederam ao longo desses anos: Orlando Muniz, Eliane Mollica, Pitágoras Dytz, Helena Leão, para os quais prestava colaboração quando solicitada.

Em 2018 fui convidada pelo diretor atual, José Roberto da Cunha Peixoto, para assumir uma função de coordenação na CCAF e ser a sua substituta. Eis que chegou meu dia! A partir daí, do convite que aceitei e comemorei, continuo fazendo parte do *dream team* da Mediação na Administração Pública Federal.

Digo, não por arrogância ou pretensão em me favorecer pessoalmente das conquistas alcançadas pela CCAF – afinal, sou apenas um dos membros da equipe que reestruturou significativamente a Câmara de Conciliação e Mediação da Administração Pública Federal –, mas por dever institucional, que a AGU tem excelência na atuação da CCAF no que concerne à pacificação de conflitos administrativos. Não posso esconder, por isso, minha mais ampla e ilimitada satisfação!

São 15 anos dedicados à pesquisa dos modos consensuais de resolução de litígios envolvendo a Administração Pública. Isso equivale a um terço da minha vida. Não sei mais se sou eu que influencio a Mediação brasileira ou se é a Mediação que influencia a minha vida. A separação entre a mulher, a mãe e a mediadora, já se foi faz tempo. Minha filha Carolina, que é muito astuta e que inevitavelmente ouve algumas das minhas reuniões de Mediação por videoconferência, percebe calada, mas já fala nas nossas discussões "agora você usou técnica de Mediação comigo" (riso geral na casa). Meu filho Loui, acadêmico de Direito na USP, embora atraído pela arbitragem, faz parte de um grupo de pesquisa em Mediação. O exemplo arrasta e eu não posso reclamar, quem puxa aos seus não degenera.

Até como pesquisadora não deixo de mediar. Afinal, o centro gravitacional da minha pesquisa é equilibrar o sistema jurídico-administrativo com a autocomposição. Isso também requer um trabalho de Mediação. O esfoço em fazer dialogar um sistema refratário à autonomia da vontade com a autocomposição que tem a vontade autônoma como mola mestra, configura uma Mediação de interesses.

Enfim, as viúvas idosas ainda ajuízam ações visando ressarcimentos semelhantes ao da história passada em 2007. Por isso, não pude usar o tradicional "era uma vez". Advogados da União ainda se sentem perplexos com a possibilidade de terem que contestar essas ações. A diferença marcante é que o posicionamento da AGU sobre o tema mudou radicalmente. Não se trata somente da CCAF. Esse foi apenas o início de uma história que só se aproxima cada vez mais de um final feliz.

Atualmente, temos na Administração Federal uma política institucional voltada para o sistema multiportas de resolução de conflitos, com ênfase nos modos consensuais. Fazemos acordos, prevenindo ou colocando fim a ações judicias pelos mais variados e diversos meios.

Eu faço parte dessa história. Coloquei, talvez, alguns tijolos na construção desse edifício político-institucional.

Alguns ainda me convidam para falar sobre a autocomposição envolvendo entes públicos. Nem suspeitam que convidam uma contadora de histórias. Sim! Pois a pesquisadora há muito que desistiu de disputar e resolveu conciliar seus interesses, sabendo que a ela cabe apenas buscar meios adequados para encontrar o *happy end.*

A autocomposição tem gerado isso na minha vida e transformará a vida em sociedade. Em algum tempo, teremos relações sociais menos adversariais e mais cooperativas. Afinal, é isso o que interessa a todos, finais felizes.

Da Arbitragem para a Mediação Empresarial: evoluindo com os métodos de resolução adequada de disputas no Brasil

Leandro Rigueira Rennó Lima[39]

O ano era 1996 e estava cursando o sétimo período do curso de Direito

39. Árbitro, mediador e advogado há mais de 20 anos; Reconhecido como um dos Brazil's Best Mediators pela Leaders League (2018 a 2022) e pelo Who's Who Legal (2021-2022); Reconhecido como um dos melhores advogados pela Best Lawyers em Arbitration and Mediation (2021 e 2022) e Litigation (2022); Mediador de conflitos certificado pelo ICFML e pelo IMI; Mediador judicial cadastrado junto ao TJMG; Professor da PUC Minas; Doutor pela Université de Versailles (França); Mestre pela PUC Minas.

da Faculdade Milton Campos em Belo Horizonte (MG). Em meio às atividades avaliativas propostas para a disciplina de Direito Internacional Privado, havia a análise de uma decisão de homologação de sentença arbitral estrangeira. Foi meu primeiro contato com o mundo das resoluções "alternativas" de disputas no campo do Direito. Por ser o mesmo ano da entrada em vigor da Lei Brasileira de Arbitragem (Lei nº 9.307), o tema entrou na pauta do dia, mas ficou ali guardado, adormecido, como uma curiosidade que ainda precisaria ser alimentada.

Formei-me em dezembro de 1997 e continuei como advogado no mesmo escritório em que trabalhei como estagiário desde o sétimo período. A advocacia contenciosa me parecia interessante, mas frustrante e cansativa. Percebi rapidamente que não era o meu lugar. No ano seguinte, em 1998, lembro-me do sócio fundador do escritório me chamar na sala dele e me mostrar uma pequena nota no *Estado de Minas*. A notícia curta informava que a FIEMG iria inaugurar a Câmara de Arbitragem de Minas Gerais – CAMARB. O sócio me alertou: "acompanhe isso. É o futuro do Direito". A experiência do ano anterior na Faculdade voltou à minha mente e imediatamente me ofereci para ir à inauguração descobrir um pouco mais sobre aquela iniciativa.

Em 1998 conheci a CAMARB e foi amor à primeira vista. A luz no fim do túnel brilhou. Era minha porta de saída do mundo do contencioso judicial e a porta de entrada para um novo caminho cheio de possibilidades. Porém, não deu *match* de imediato. Foram necessários dois anos de investidas, tentativas, paqueras, para, somente em meados do ano 2000, as portas da CAMARB se abrirem e eu conseguir uma vaga de "estagiário", por ter entrado no mestrado da PUC Minas naquele mês de junho.

Até esse momento, o meu foco e o meu interesse tinham sido apenas na arbitragem. Havia lido alguma coisa sobre outros métodos, mas nada que me chamasse a atenção até aquele momento.

Depois de algum tempo como estagiário, depois assessor interno da CAMARB, a vida me levou para dentro da sala de aula e meu caminho se voltou para o ambiente acadêmico. Iniciei a lecionar na PUC Minas e deixei meu cargo interno na CAMARB, voltando logo em seguida como assessor externo. Foi, então, que, em 2002, a CAMARB me ofereceu uma das vagas para participar da segunda edição do Programa de Formação de Multiplicadores em Mediação e Arbitragem (Projeto BID/CACB/Sebrae) em Maragogi, Alagoas.

Essa foi, sem dúvidas, uma das experiências mais marcantes da minha vida pessoal e profissional. Nesta semana, tive a oportunidade de aprender e aprofundar meus conhecimentos sobre resolução extrajudicial de disputas, especialmente com foco em arbitragem e Mediação. Foi nessa oportunidade que conheci algumas das pessoas mais importantes da minha carreira profissional, dentre as quais destaco os queridos Adolfo Braga Neto, Clávio Valença Filho, João Bosco Lee e Selma Maria Ferreira Lemes, dentre vários outros. Profissionais que se tornaram mais do que referências, verdadeiros parceiros e amigos nesta caminhada.

Foi, portanto, nesse momento que a Mediação entrou na minha vida de forma efetiva. Porém, meu interesse era a área empresarial e, naquela época, ainda não conseguia enxergar de forma clara a Mediação como método adequado para solução de conflitos de natureza comercial. Mediação ainda era vista, por mim, como um método para disputas familiares, vizinhança e comunitárias. Apesar disso, o tema passou a ser abordado em minhas aulas, seja aquelas ministradas na PUC Minas, seja as ministradas nos cursos oferecidos pela CAMARB.

Os anos se passaram e fui fazer meu doutorado na França em 2007. A tese era sobre arbitragem e, até aquele momento, de fato, a arbitragem continuava sendo meu foco. E assim permaneceu quando retornei ao Brasil em 2010, ano de criação do meu primeiro grupo de estudos, o GEArb – Grupo de Estudos em Arbitragem da PUC Minas. Neste mesmo ano, tive a honra de participar do grupo de profissionais que pensou e ajudou a criar a Competição Brasileira de Arbitragem da CAMARB. Marco importante na história do instituto no Brasil.

Em 2013, em razão da minha reaproximação da CAMARB, fui convidado a ocupar a Diretoria de Arbitragem do CONIMA. O meu contato e aproximação com profissionais de excelência envolvidos naquela instituição me levaram a olhar cada vez mais e com mais carinho para o instituto da Mediação. Porém, o meu foco continuava na arbitragem.

Naquele mesmo ano, em meados de 2013, recebi o contato de um representante do Instituto CPR informando que gostaria de iniciar um movimento de fortalecimento da Mediação empresarial no Brasil. Em razão disso, tomei as providências para aproximar o CPR da CAMARB e foi firmada uma parceria de sucesso com a realização de inúmeras iniciativas conjuntas para a promoção da Mediação empresarial em nosso país.

Foi um momento chave na minha carreira. A partir daquela iniciativa foi possível perceber e enxergar as vantagens e as possibilidades que a Mediação oferecia para a resolução de disputas de natureza comercial. Naquele instante meu destino foi alterado. O interesse pela arbitragem se manteve, mas foi aberto um novo caminho e um espaço ainda maior para a Mediação.

Ainda em 2013 fui convidado a presidir a Comissão de Mediação e Arbitragem da OAB/MG, na qual permaneci até final de 2015. Naquele mesmo ano, criei o GEMedE - Grupo de Estudos em Mediação Empresarial da PUC Minas e, a partir de então, comecei a difundir ainda mais os métodos consensuais dentro da universidade.

Em 2014 tive o prazer de lançar o Congresso Brasileiro de Arbitragem e Mediação Empresarial - CBAME, iniciativa que contou com o apoio e a parceria do CONIMA desde o primeiro momento. Evento de grande relevância e que permitiu e continua permitindo que novos talentos de todo o Brasil sejam descobertos e possam apresentar seus artigos científicos em um evento dedicado a eles e com a presença e participação de vários profissionais de renome nacional. Esses artigos são, inclusive, posteriormente publicados em uma revista que atualmente é também coordenada e administrada pelo CONIMA.

Em razão da aproximação com o CPR e com o próprio instituto da Mediação, agora já como membro da Diretoria da CAMARB, tive a árdua missão de convencer os demais diretores sobre a importância de a câmara passar também a oferecer os serviços de administração de procedimentos de Mediação. Foram praticamente dois anos de muito trabalho de convencimento e dedicação, até que, em 2015, a CAMARB lançou seu primeiro Regulamento de Mediação.

Ainda em 2015 teve início a minha aproximação com o ICFML. Tive a oportunidade de participar da sua Diretoria e contribuir para inúmeras iniciativas do Instituto no Brasil nos anos seguintes.

Em fevereiro de 2016 foi criada e lançada a Competição Brasileira de Mediação Empresarial da CAMARB, uma das iniciativas mais importantes da minha carreira. A competição tornou-se uma das atividades mais relevantes da história da Mediação no Brasil.

Paralelamente, neste mesmo ano, conseguimos aprovar a oferta de uma disciplina optativa e EAD na PUC Minas, com o objetivo de dar aos alunos interessados a oportunidade de ter acesso aos conteúdos básicos sobre a Mediação e a arbitragem. Iniciativa esta que, posteriormente, foi assimilada no processo de atualização da grade de disciplinas da PUC Minas. Com isso, em 2022, tive a honra e a satisfação de assumir oficialmente a primeira disciplina presencial e obrigatória da PUC Minas – unidade Praça da Liberdade – dedicada ao estudo da negociação, da Mediação e da arbitragem.

Após tantos anos e projetos, ainda acredito que há muito a ser feito na construção da história da Mediação em nosso país. Apesar de ter iniciado minha trajetória com a arbitragem, a compreensão de que o diálogo e a escuta precisam ser de fato estimulados para uma efetiva solução das controvérsias fez com que a Mediação ganhasse um espaço ainda maior na minha vida. Após ter tido a oportunidade de passar por algumas capacitações com o Instituto CPR, no Brasil e em Nova York, e com o IMAB, dentre outros, de ter começado também a capacitar mediadores e profissionais para atuarem como negociadores e mediadores, hoje tenho certeza de que a Mediação é um método válido e que precisa ser mais utilizado em nosso país. Muitos ainda não confiam ou não acreditam na eficácia da Mediação, sobretudo em conflitos complexos e empresariais. Mas isso tem se reduzido significativamente ano após ano.

Sabemos que há muito a se fazer, mas o caminho traçado até agora é motivo de muito orgulho para todos aqueles que puderam, de uma forma ou de outra, dar a sua contribuição para a construção dessa linda história da Mediação no Brasil.

Falando de Mediação

Lia Justiniano dos Santos[40]

O mundo está em permanente construção! E a Mediação faz parte de uma fagulha, de um lapso desse tempo, um instante de tempo do mundo.

Surge e muda o rumo da forma de resolver os conflitos, dentro do cenário do mundo ocidental em que vivemos. Introduz um novo paradigma, o da colaboração, para que cada um reconheça a si mesmo e ao outro. Como tudo continua em construção, a Mediação vem para fazer parte de um momento dessa construção que vai continuar seu caminho para forjar novas formas de evolução.

É assim que vejo a Mediação. Não é um fim em si mesmo e nem a solução perfeita. Era necessária quando surge entre nós, mas não deve impedir que novas formas continuem a ocorrer a partir da evolução do mundo e da humanidade.

Para mim, na época em que a conheci, representou uma novidade, um avanço extraordinário. Era possível resolver os conflitos através do "ganha/ganha", usando o diálogo.

Cabe aqui a citação de um poema de Drummond:

> Mundo mundo vasto mundo
> Se eu me chamasse Raimundo
> Seria uma rima, não seria uma solução
> Mundo mundo vasto mundo
> Mais vasto é meu coração
> (Poema de Sete Faces)

Foi a inclusão das emoções e o acolhimento das pessoas em conflito que me encantaram na Mediação. Isso mesmo, encantaram-me.

Naquela fase da vida, aos cinquenta anos, com quase trinta anos de advocacia no contencioso, buscava novas formas, que não o processo judicial, para dar guarida e solução aos conflitos que me traziam os clientes.

40. Advogada e mediadora; docente em Mediação e ex-diretora de Métodos Extrajudiciais de Solução de Controvérsias do CONIMA. Faleceu em janeiro de 2023, antes que este livro estivesse pronto.

Vinha-me dedicando mais à área de família e não me conformava com a condução do processo judicial litigioso, que na maior parte das vezes ampliava e alongava o conflito.

A Lei de Arbitragem (Lei nº 9.307, de 23/09/1996) tinha sido recentemente promulgada e seus autores iniciavam um intenso trabalho de divulgação para seu conhecimento e utilização pelo mundo jurídico. Essa mobilização trouxe junto a Mediação de conflitos para o cenário jurídico.

Ouvindo recentemente o relato de um renomado pianista brasileiro sobre o início de sua carreira, dei-me conta que foi um pouco assim o meu início na Mediação. Contou ele que seu primeiro movimento foi o gostar das peças musicais para depois ir buscar a formação que o tornaria um pianista.

Primeiro tomei contato com a Mediação, experimentei seus efeitos, gostei da experiência vivida, para então iniciar meu aprendizado.

Ao participar pela primeira vez de um *role playing* (uma dramatização), consegui vislumbrar um caminho para solucionar uma difícil questão de família que se delongava através de um processo judicial. Foi um impulso poderoso que me direcionou em busca de formação e prática para o exercício da Mediação de conflitos.

Esse impulso abriu um novo horizonte para mim. A partir daí iniciei minha formação e passei a integrar um grupo interdisciplinar que divulgava, formava mediadores e iniciava a prática da Mediação de conflitos.

Éramos pioneiros? Hoje sabemos que havia diversas experiências em andamento, inclusive pelos relatos que compõem esta obra, mas eram ainda experiências delimitadas e praticamente isoladas, o que nos fazia sentir como verdadeiros pioneiros.

Mediação, um novo paradigma. Uma utopia?

A formação em Mediação muda a nossa forma de viver e de se relacionar, não só a forma de trabalhar.

O que me propiciou: novos valores, mudança de hábitos, contato e convivência com profissionais de outras áreas, nova forma de me comunicar, nova forma de buscar a solução dos conflitos, o uso da intuição, privilegiar a criatividade, flexibilidade em lugar de regras rígidas e impermeáveis e outras incontáveis e imperceptíveis alterações na forma de agir no meu dia a dia.

Se atentarmos para a figura padrão do advogado, na qual me encaixava ao deparar-me com a Mediação, vamos encontrar um profissional solitário, sujeito a regras rígidas em razão dos prazos judiciais e dos ditames da lei, utilizando-se da comunicação formal que impera no mundo jurídico, dentro de um cenário binário do certo e do errado.

O contato com a Mediação operou uma renovação em tudo isso. Meu aprendizado, que incluiu novas formas de comunicação e trouxe o contato e a convivência com profissionais de outras áreas, ensinou-me que o saber agir com flexibilidade poderia ser um exercício de sabedoria e de bem viver.

A formação como mediadora e docente

A formação inicial a partir de profissionais vindas de áreas distintas – um trio que depois se desfez – foi muito importante na minha construção como mediadora.

Meu contato com a Mediação e a formação inicial como mediadora se deram através de um trio de professoras e mediadoras, Águida Arruda Barbosa, Gisele Groeninga e Eliana Nazareth, vindas das áreas do Direito e da Psicologia.

Ministravam, na ocasião em que frequentei nos anos 1999/2000, um curso de formação de mediadores através da ABN – Mediação.

Esse aporte vivencial interdisciplinar marcou profundamente minha trajetória como mediadora nos dez anos que se seguiram e até hoje embasam o meu estilo de trabalhar. Para ampliar meu aprendizado, fui buscar em paralelo a formação em Psicodrama, através do curso que fiz durante os anos de 2004/2005 no GETEP – Grupo de Estudos e Trabalhos Psicodramáticos.

Terminada minha formação e desfeita a sociedade que unia minhas primeiras professoras, vi-me convidada pela Eliana Nazareth a compor nova unidade de trabalho, agora uma dupla, juntando nossas formações de origem, no Direito, a minha, e na Psicologia, a da Eliana. Passamos a dar cursos de formação e a trabalhar em Comediação. Foi um período muito rico e produtivo.

O curso que ministrávamos no IBCN (Instituto Brasileiro de Consultoria e Mediação) era em tudo diverso do que estava acostumada a ver no cenário jurídico, com aulas orais, apenas teóricas e salas repletas de alunos que ouviam.

Nosso curso, com um máximo de trinta pessoas, iniciava com um trabalho pessoal dos alunos, um aquecimento, em que deveriam produzir, em grupos, uma história com parâmetros que fornecíamos. Depois vinha a parte teórica e no final a dramatização de um caso.

O objetivo era outro. Estávamos formando mediadores, de quem seriam exigidas outras habilidades.

Foi um momento único. Alunos muito motivados, encantados com a novidade que surgia, a Mediação.

Em 2002/2003 começamos a ministrar pequenos cursos para divulgar a Mediação de conflitos no cenário jurídico, na AASP – Associação dos Advogados de São Paulo. Sua formatação era diversa, mas incluía, ao lado da parte teórica, exercícios práticos e a possibilidade de dramatização de um caso.

Em 2004, inauguramos o curso de formação de conciliadores e mediadores da Escola Paulista de Magistratura. Novamente, outra roupagem. Um curso semestral unindo a teoria e a prática da Mediação de conflitos, com um número muito maior de participantes. Ali permanecemos durante quatro anos, 2004 a 2007, e propiciamos o início da formação de queridos e brilhantes mediadores.

O contato com a Mediação comunitária

Criados pelo Governo Estadual de São Paulo, integrando a Secretaria de Justiça e Defesa da Cidadania, os Centros de Integração de Cidadania (CICs) tiveram seu início em 1996. Tinham como proposta fortalecer o papel do Estado junto à população da periferia, utilizando de uma maneira mais eficiente e eficaz os recursos humanos existentes, na prevenção da violência, e promovendo o acesso à cidadania.

Em 2003 e 2004, a partir de um convite da SP Arbitral, Eliana Nazareth e eu formamos uma equipe que introduziu a Mediação de conflitos em dois dos CICs da periferia da cidade de São Paulo, o CIC Leste no distrito do Itaim Paulista e o CIC Norte na Jova Rural, no distrito do Jaçanã.

Nossa equipe incluía ainda duas assistentes, também mediadoras, tendo como formação de origem a Psicologia, Ana Lucia Cardoso Carlier, e o Direito, Carla Parente Gaspar – depois substituída na segunda fase por Sandra Helena Lazzarini Carolla.

Nossa proposta incluía inicialmente um diagnóstico para conhecer a região, as pessoas com quem iríamos trabalhar e seu modo de vida, mapeando os principais conflitos que atingiam aquela população, tendo chegado à conclusão na ocasião que eram os familiares e de vizinhança.

Em seguida, eram abertas as inscrições, precedidas de um curso de informação com a triagem e seleção dos futuros alunos.

Começávamos então as aulas ministradas nas dependências do CIC, que incluíam uma parte teórica, a realização de exercícios e dramatizações com os alunos.

O curso motivava muito os alunos e no seu final tínhamos mediadores para implantar um escritório de Mediação comunitária para trabalhar com os conflitos da população local, como realmente aconteceu e que acabaram por falta de verba para sua manutenção.

Essa formatação foi utilizada nos dois CICs, primeiro no CIC Leste e depois no CIC Norte, com as adequações necessárias, tendo em vista as diferenças entre as regiões e as respectivas populações locais.

A mesma ausência de recursos que é alegada pelos governos atuais para prover verba que remunere os mediadores judiciais estaduais colocou ponto final nos escritórios de Mediação comunitária dos CICs que ajudamos a criar. Na ocasião, alertamos para a necessidade de recursos para uma estrutura mínima de atendimento, deslocamento e alimentação para os mediadores durante o período em que participavam das sessões de Mediação, pois suas condições financeiras não permitiam que subsidiassem tais atividades com recursos próprios.

O encanto se desfaz? A batalha para fazer vingar uma lei de Mediação

A dúvida sobre a necessidade do arcabouço jurídico para a prática da Mediação dividia os mediadores. Debates acirrados ocorriam.

Paralelamente, o primeiro projeto de lei de Mediação, gestado no IBEIDF (Instituto Brasileiro de Estudos Interdisciplinares de Direito de Família), o Projeto de Lei nº 4.827/98, tramitava no Congresso Federal, apresentado pela deputada Zulaiê Cobra Ribeiro.

Nesse período de muita fermentação de ideias e busca de experiências a respeito do tema, novas ideias e um modelo foram trazidos da Argentina, que já adotava a Mediação de conflitos.

Inspirados no modelo argentino, estudos foram desenvolvidos pelo Instituto Brasileiro de Direito Processual em conjunto com a Escola Nacional de Magistratura e resultaram na elaboração do Anteprojeto de Lei de Mediação de 1999, que, posteriormente unificado com o Projeto de Lei nº 4.827/98 já então aprovado na Câmara Federal, deu origem à versão consensuada do Projeto de Lei de Mediação que foi encaminhado diretamente ao Senado Federal, onde tomou o número de PLC 94/02.

Nessa Casa Legislativa, o projeto de lei tramitou, recebeu emendas que não desnaturaram sua proposta original e foi aprovado. Remetido à Câmara dos Deputados para a necessária tramitação final, dali não decolou. Passou a receber críticas e posicionamentos contrários de setores jurídicos, que acabaram por obstar sua aprovação final.

Curiosamente, um desses posicionamentos críticos atingia a previsão da Mediação prévia ou pré-processual, que hoje começa a ser vista como benfazeja na busca da solução dos conflitos antes que estes se transformem em demandas judiciais, no quadro que se delineia como decorrência da pandemia.

Acredito que podemos dizer que transcorreu o tempo obrigatório para a Mediação ser aceita como meio de resolução de conflitos necessário e útil.

Nesse percurso, temos que assinalar na continuidade da construção da Mediação de conflitos entre nós o papel exercido pela Resolução nº 125 de 29/11/2010 do CNJ, que culminou na atual Lei de Mediação, a Lei nº 13.140, de 26 de junho de 2015.

O CEREMA

Para realizar e ampliar os diversos trabalhos que nos propusemos e inclusive poder agregar os alunos que formávamos como mediadores criamos no final de 2002 o CEREMA - Centro de Referência em Mediação e Arbitragem, sob a forma de OSCIP, tipo de organização que surgia na ocasião e que se coadunava com a proposta da Mediação de conflitos, voltada para a cultura da paz.

Através do CEREMA, participamos da introdução da Mediação no Judiciário Paulista.

Indicamos mediadores para a primeira experiência com Mediação judicial no Setor Experimental de Conciliação no Fórum João Mendes Junior da Capital de São Paulo, que ocorreu a partir de setembro de 2004.

Junto com o CEBEPEJ e o IMAB, iniciamos os cursos de formação de mediadores nas comarcas do interior do Estado de São Paulo.

Através de um convênio firmado com a SP Arbitral Câmara de Arbitragem Empresarial de São Paulo, tivemos uma interessante experiência com a Mediação empresarial, trabalhando em parceria com essa câmara de arbitragem.

E passamos a participar do CONIMA, o Conselho Nacional das Instituições de Mediação e Arbitragem, no qual mantive perene minha atividade na Mediação de conflitos, participando ativamente da diretoria da instituição até 2017.

Nesta nova e atual fase da vida, voltei ao meu projeto original. Sou simplesmente mediadora, o que exerço no Gabinete de Mediação de Conflitos - GMC, e continuo minha busca para melhor entender o processo decisório, um grande desafio para os mediadores.

Hoje, a neurociência descortina como se dão os processos decisórios na mente humana. Como ensina o médico e neurocientista Antonio Damásio, para tomar decisões sensatas é necessário levar em conta mais do que o conhecimento, é preciso pesar fatores pessoais, emocionais e até mesmo biológicos.

Mediação de conflitos: instrumento de ressignificação da cultura

Malvina Muszkat[41]

Em seguida, apresento ao leitor um relato de como a Mediação de Conflitos entrou na minha vida profissional, enquanto psicanalista, e o sucesso de sua utilização. Em 1977, no Estado de São Paulo, um grupo de mulheres advogadas criou uma ONG com a finalidade de dar assistência a mulheres vítimas de violência doméstica. A esta organização deram o nome de Pro-Mulher. Tratava-se de uma iniciativa inédita, considerando que até então não havia sequer um órgão no Brasil ao qual casos de violência contra mulheres pudessem ser reportados.

Anos mais tarde fui convidada por uma ativista feminista, Rose Marie Muraro, para exercer a função de terapeuta do grupo de mulheres, nessa organização. Foi no desempenho dessa função que, a partir da minha escuta psicanalítica, percebi que, para contribuir significativamente com o bem-estar dessas mulheres, não bastaria abordar seus conflitos de forma isolada. Isso não parecia suficiente, nem para mim nem para elas. Investir exclusivamente no seu empoderamento, meta definida até então, nos parecia pouco diante da enorme tarefa de administrar a violência de gênero. Precisávamos mais.

Sem dúvida, todas careciam de maior autoestima, de sentir-se subjetivamente empoderadas junto a seus companheiros, de ganharem *status* de cidadãs com direito de expressar suas necessidades e seus desejos sem serem ameaçadas. Porém, isso não lhes bastava do ponto de vista de seus propósitos. Pois que, oculto pelas raivas e ressentimentos, com poucas exceções, o seu maior desejo era de encarar os conflitos sem a perda do vínculo amoroso, através de novas formas de convivência, ao contrário do que os movimentos feministas ou a classe dos operadores do Direito esperavam. Isso ficava muito claro, após a abertura das Delegacias Especiais em SP –1985 – quando, após uma denúncia ou no meio de um processo de separação

41. Psicanalista, especializada em relações de gênero com inúmeras publicações na área. Realiza atendimento a adultos, casais e famílias, seja em abordagem psicanalítica, seja em Mediação de Conflitos.

judicial, elas decidiam por interromper o seu andamento, fato que irritava eminentemente aos operadores do Direito. Naquele momento a evasão de mulheres que lavravam sua queixa e posteriormente abandonavam o processo era de 79%, atestando a insuficiência dos métodos ao seu alcance.

Meu trabalho nos grupos de mulheres deixava claro que, ao denunciar seus companheiros, o que elas esperavam era obter algum tipo de apoio institucional que, ao invés de promover a indisposição entre as partes, permitisse alguma possibilidade de diálogo, uma oportunidade de espaço para reflexão, e até possível reconciliação. Como resolver esse conflito? Como enfrentar a divergência fazendo-se cumprir a lei, sem apelar para o tradicional litígio próprio das ações judiciais? Como atingir isso? Através de que abordagem, de que metodologia?

A partir de então, toda a equipe de profissionais da instituição envolveu-se no processo de buscar um caminho que nos permitisse encaminhar nossos objetivos. E, francamente, naquele momento tudo nos parecia mais utópico do que realizável. Estávamos no início dos anos 1990 e eu fora eleita presidente da instituição, o que me dava a liberdade de, junto com minha equipe de psicólogos, sociólogos e assistentes sociais, ousar caminhar, mais à vontade, por roteiros mais sincrônicos com abordagens mais pacificadoras, que era tudo que queríamos.

O primeiro movimento foi na direção de alterar oficialmente o escopo da instituição, redefinindo nossos objetivos.

De Violência Doméstica, tal como era comumente chamado o fenômeno da violência de um homem contra sua companheira, passamos a denominá-lo Violência Intrafamiliar, considerando que essa prática, no âmbito de uma família, atinge todas as suas partes, com graves consequências na construção da subjetividade da sua prole. Já então, estudos comprovavam que a exposição a comportamentos violentos teria repercussões importantes no desenvolvimento das crianças, como a repetição de padrões violentos de comportamento, produzindo um ciclo vicioso de violência. Além disso, nos casos de homicídio, as crianças ficavam órfãs porque perdiam a mãe e o pai – assassino da mãe –, com consequências emocionais gravíssimas para o seu desenvolvimento.

A providência seguinte foi a de alterar a denominação da ONG com um nome mais condizente à ampliação do seu escopo. Ampliamos seu nome para Pro-Mulher, Família e Cidadania, PMFC, incluindo nessa denominação nossa nova perspectiva, agora voltada para a inclusão de todos os membros da família com o enfoque nos seus direitos de cidadãos.

Faltava uma metodologia que atendesse nossos novos objetivos, ou seja, oferecer à mulher a oportunidade de, uma vez preparada, poder sentar-se diante de seu parceiro, dialogar e negociar com ele a possibilidade de se introduzir nessa família uma nova forma de dinâmica, baseada na equiparação de poderes. Considerando que seu parceiro também teria sido preparado para o encontro em grupos reflexivos para homens, esse diálogo se faria possível. E esse era nosso propósito.

Tivemos acesso ao método Mediação de Conflitos a partir da leitura de um texto de Daniel J.B. Bustelo editado na Espanha em 1993, e foi com muito entusiasmo que a Mediação passou a ser lida, pesquisada e adaptada à nossa população – brasileira e de baixa renda – durante um longo período de incubação até que nos dispuséssemos a implementá-la definitivamente no nosso atendimento.

Com esse propósito, em 1996 fui para a Argentina ampliar meus conhecimentos na área e obter o título de mediadora de conflitos pela Facultad de Derecho y Ciencias Sociales da Universidad de Buenos Aires.

No ano de 1998 criamos na PMFC, um Centro de Estudos de Mediação de Conflitos – NEMI – destinado a formar toda a equipe, uma vez que, no Brasil, ainda não havia nenhum especialista na área. Para exercer a tarefa de capacitar a equipe convidamos o Dr. Juan Tausk, professor-diretor da Fundación Diálogos – Programa de Mediación, Negociación y Resolución Alternativa de Conflictos e da Bilden – Entidad Formadora en Mediación na Argentina. Esse foi o primeiro curso de Mediação de Conflitos ministrado no Brasil, assim como primeiras foram, também, nossas publicações sobre a utilização do método.

Com o auxílio de alguns juízes do Fórum de Pinheiros, onde ficava a sede da nossa organização, passamos a receber com certa regularidade os parceiros das mulheres, que nos procuravam diretamente ou através das

Delegacias Especiais. A presença dos homens era mais escassa. Entre eles a resistência era maior, porém o argumento de serem "absolvidos" pelos juízes – naqueles anos a pena era pecuniária –, a partir de um acordo com suas companheiras e filhos, era bastante estimulante.

Uma vez aderidos à nossa metodologia, participavam dos grupos de homens com muita gratidão e entusiasmo. Gratidão porque, geralmente, homens tem poucas oportunidades de falar francamente de suas inseguranças como tinham nos grupos de homens que criamos. Isso nos garantiu uma adesão de 40% dos casos encaminhados, que participaram do processo desde os grupos de discussão, até a Mediação. O cumprimento dos acordos era observado por um período de 6 meses antes de obter sua homologação.

Agora tínhamos dois grupos: um de homens e outro de mulheres, em que introduzíamos gradativamente discussões e exercícios baseados no psicodrama de Moreno, utilizando as temáticas de gênero, violência, diferenças de expectativas e técnicas de comunicação. Tratava-se de um trabalho experimental que, segundo nossas hipóteses, como já disse, prepariam esses homens e mulheres para um encontro posterior de Mediação da Família, em que os poderes estariam equiparados pela sensibilização a que ambos os grupos teriam sido submetidos. Esse período era absolutamente necessário considerando-se a impossibilidade de submeter à Mediação indivíduos ou instituições onde não exista a equiparação de poderes, sejam esses de ordem emocional, socioeconômica ou de qualquer outra ordem. Essa experiência foi tema de pesquisa posterior realizada pelo Departamento de Demografia (NEPO) da Unicamp, financiada pela FAPESP e publicada pela Editora Summus (*Mediação Familiar Transdisciplinar*, coordenação Maria Coleta Oliveira, 2008).

Apesar de a Mediação ter sido implementada para atender uma determinada demanda, nossa formação nos permitia atender a qualquer outra área de relacionamento institucional, comercial ou empresarial. Como pioneiros no Brasil, tivemos a oportunidade de ser contratados pela Procuradoria Geral do Estado para sua implementação no atendimento dos casos de conflitos gerais da população de baixa renda do Estado, além da capacitação da sua equipe de advogados.

No que se refere à PMFC, mesmo antes da realização da pesquisa, já poderíamos afirmar que os princípios humanistas que regem a Mediação, baseados na pacificação dos conflitos de forma a permitir a elaboração de acordos, calcados na empatia e na alteridade, mostraram-se capazes de atender às nossas necessidades e às dos usuários segundo seus próprios depoimentos. Respeitável foi o índice de êxito no que dizia respeito aos baixos níveis de desistência do processo, aos acordos fechados e cumpridos. Também foi confirmado seu caráter preventivo, pela clara demonstração de conscientização da importância dos papéis conjugais e parentais na proteção da prole. O número de reincidência dos atos de violência diminuiu significativamente (cerca de 70%).

O sucesso da metodologia redundou em convites de participação em projetos inovadores do governo do Estado, como os da Secretaria de Assistência e Desenvolvimento Social e da Secretaria da Justiça durante o governo Mario Covas. Participamos com nossas premissas de atendimentos à população de baixa renda na Fundação dos Centros Integrados de Cidadania (CIC) e no Centro de Referência de Atendimento da Vítima (CRAVI), onde pudemos desenvolver inúmeras experiências na área de Mediação Social. A integração de uma equipe capacitada por nós e alocada nos serviços de Atendimento Judiciário (PAJ) e Centro de Orientação Jurídica às mulheres vítimas de Violência (COJE) permitiu a instalação de serviços de Mediação nesses órgãos em inúmeras prefeituras do Estado. Tudo registrado e publicado (ver o livro *Mediação de Conflitos, pacificando e prevenindo a violência*, que organizei, publicado pela Summus em 2003).

Divulgar a Mediação tornou-se meu propósito. Em 1995 publiquei um guia prático (*Guia Prático de Mediação de Conflitos, em Famílias e Organizações*. São Paulo: Summus, 1995) enquanto ministrava cursos em várias instituições, como a Escola Paulista de Magistratura e a Fundação Getúlio Vargas.

Como já referido anteriormente, no período entre 2002 até 2007, ampliamos nosso Convênio com a PGE e fomos contratados para introduzir naquela instituição, cuja finalidade era a de garantir assistência jurídica integral e gratuita à população de baixa renda, a Mediação de Conflitos Transdisciplinar. Posteriormente, a Procuradoria foi sucedida pela Defensoria Pública do Estado, que continuou utilizando e utiliza, até hoje, a Mediação (não sei com que frequência ou adequação) dentre suas práticas de atendimento.

A implementação do método foi feita a partir da capacitação dos procuradores e defensores, além do compartilhamento das duas equipes – PMFC e PGE – na prestação dos serviços. Vale ressaltar que, a partir do ano 2000, passamos a atender também, na própria Defensoria, uma demanda de homens que necessitavam serviços da área de Direito de Família (reconhecimento de paternidade, guarda de filhos e, inclusive, queixas de violência doméstica praticada pela companheira), provindos das mesmas fontes de encaminhamento. Em 2006, depois de 5 anos de serviços prestados, dada a impossibilidade de renovação do convênio, deixamos o Serviço. O que sempre soubemos, extraoficialmente, é que para a OAB nossa presença era extremamente incômoda, já que nossa instituição "roubava" um espaço anteriormente reservado para seus advogados e, devido a novos acordos com o então governador de São Paulo, nosso contrato, após anos de investimento moral e material, não foi renovado. Digo moral porque o que tínhamos em mente não era apenas a resolução de casos pontuais, mas a mudança de mentalidades, um investimento na ressignificação de conteúdos culturais patriarcais arcaicos, seja do ponto de vista do comportamento masculino em relação à mulher, seja do ponto de vista da função da intervenção do Direito nos conflitos em geral.

Estou absolutamente segura de que não será exclusivamente através do Judiciário e suas formas de controle da sociedade que o problema da violência e, especificamente, da violência contra a mulher será resolvido. Haja vista que a Lei Maria da Penha, promulgada no ano de 2006, nada trouxe de efetivo para o controle da violência doméstica ou da diminuição de feminicídios. Apesar do nosso orgulho por termos sido responsáveis pela implementação da Mediação de Conflitos em vários órgãos do Estado de São Paulo, inclusive a Defensoria Pública, devo ressaltar nossa frustração por não termos conseguido garantir o seu comprometimento com os casos de violência doméstica, que foram nossa fonte de inspiração para o desenvolvimento dessa metodologia no Brasil.

Durante todos esses anos de intervenção da PMFC no campo da violência intrafamiliar, sempre tivemos que lutar contra os ataques dos grupos de organização feminista e de Direito, contra o atendimento dos homens, assunto que até hoje, quase 20 anos depois, ainda encontra resistências, inclusive na disputa em torno de recursos. A justificativa de que estaríamos utilizando dinheiro destinado ao atendimento de mulheres em benefício do "agressor" era sempre presente. Naqueles anos éramos a única instituição que, apesar de voltada para o bem-estar da mulher, fazia parte de um grupo internacional denominado Laço Branco, cujo lema era "Homens pelo fim da Violência contra a Mulher". Isso nos destacava das políticas públicas de forma ousada e, talvez por essa razão, mal compreendida. Como um método de abordagem no qual o princípio da pacificação de conflitos caminha lado a lado com o princípio da alteridade, não conheço, até o momento, nenhuma outra metodologia, que não a da Mediação, mais adequada para a desconstrução e ressignificação de situações de elaboração de conflitos entre homens e mulheres, prática de difícil controle na nossa sociedade.

No ano de 2006 afastei-me da organização para poder dedicar mais tempo ao meu consultório particular, onde continuei exercendo a prática da Mediação seja entre familiares ou entre relações negociais. Hoje, a Mediação está regulamentada e muito utilizada no Brasil, o que me traz a confirmação de que lá, nos anos 1990, estávamos no caminho certo.

Uma breve contribuição à Mediação judicial brasileira

Marcelo Girade[42]

Em meados dos anos 1990, eu era o responsável pela Subsecretaria de Desenvolvimento de Pessoal, setor que cuidava da capacitação e treinamento de mais de 5.000 servidores e magistrados do TJDFT. No final da década de 90, nas mudanças de gestão que acontecem a cada dois anos nos tribunais, assumi uma outra função na área de controladoria e, após seis

42. CEO da M9GC Treinamento e Consultoria em Resolução de Conflitos; mediador avançado ICFML; professor da FGV-SP e do MBA Identidade Empresarial da AMF; cofundador do Meeting de Negociação; ex-servidor do TJDFT.

meses no cargo, recebi um telefonema do secretário geral. Ele me consultou se gostaria de assumir uma secretaria executiva de um novo projeto, que havia sido apresentado à presidência do TJDFT pela juíza Gláucia Falsarella. Como sempre gostei de desafios e, sobretudo, de novos projetos, aceitei. Foi assim que Mediação entrou na minha vida.

O projeto Justiça Comunitária, idealizado pela Dra. Gláucia, tinha como atividade central a formação de agentes comunitários de justiça e cidadania, com três pilares principais: direitos e deveres, cidadania e Mediação de conflitos.

Para o pilar de Mediação, foi contratado Luis Alberto Warat. Eu, a Dra. Gláucia e Warat montamos um programa inicial de formação de mediadores e começamos a capacitar os primeiros candidatos do Distrito Federal, na então cidade-satélite de Ceilândia, hoje com a designação de Região Administrativa.

O que começou como um projeto sob a minha responsabilidade executiva, tornou-se a minha paixão nos anos seguintes. Aliás, nas duas décadas que se seguiram e enquanto escrevo estas palavras, me dei conta de que a terceira década já se inaugura na virada para 2021 e, se o destino assim permitir, seguirei na quarta e na quinta década envolvido com a Mediação.

Por que a Mediação mobilizou meus pensamentos, sentimentos e ações? A resposta a esta pergunta começou a ficar clara 15 anos depois de começar a atuar neste campo. Após aprender os procedimentos principais de condução de uma Mediação, de organizar os primeiros cursos de Mediação comunitária e judicial do TJDFT, de formar os primeiros instrutores de Mediação e os primeiros supervisores de mediadores daquela instituição, consegui compreender o que movia ao longo de todos esses anos à frente das iniciativas de resolução adequada de disputas.

Minha inquietação, e é assim até hoje, era fazer os bons projetos funcionarem, fazer os sonhos ganharem realidade e promover mudanças significativas. Isto é impossível de acontecer sem que surjam muitas divergências e problemas que precisam ser resolvidos ao longo do caminho. A proposta da Mediação caiu como uma luva para acalmar os meus anseios. Utilizar para mim e oferecer aos outros a possibilidade de resolução consensual de diferenças fazia todo o sentido para permitir que os projetos avançassem, fossem eles profissionais ou pessoais.

Como a força da educação já corria com intensidade pelas minhas veias, certamente por influência da minha querida mãe, pedagoga e docente por vocação, fiz outra descoberta ao longo do meu percurso com a Mediação. Entendi que, além de gostar de ajudar outras pessoas a resolverem suas diferenças, também tinha e tenho muita satisfação em formar pessoas que possam ajudar outras pessoas a resolverem seus conflitos e problemas.

Como um passo natural neste processo, descobri uma profunda satisfação também em formar instrutores de Mediação que formavam e formam mediadores, que depois atuavam e atuam na tentativa de ajudar outras pessoas a resolverem seus conflitos e problemas, gerando um círculo virtuoso de expansão. Tomar consciência disto foi muito importante no meu percurso. Me fez compreender que o meu *core business* pessoal é promover a saúde dos relacionamentos para que indivíduos e organizações se desenvolvam com responsabilidade, autonomia e criatividade.

Ao longo deste percurso, iniciado em 1999, muitos foram os desafios para promover mudanças que gerassem impactos significativos na vida de pessoas e instituições. Se eu tivesse que elencar o maior de todos os desafios, como venho do contexto da Administração Pública, vencer o *establishment* foi o maior deles. Propor mudanças no modo de resolver disputas dentro de um tribunal gerou desconfiança, descrédito e muito incômodo. Ao mesmo tempo, pessoas de dentro da própria Administração Pública é que incentivaram e incentivam a quebra de algumas barreiras procedimentais, mas sobretudo mentais. Acho que isso se deve à necessidade que o ser humano carrega dentro de si de deixar a sua marca, a sua impressão digital como serviço de valor para si para o ambiente em que está em relação.

Foi assim que eu, Verinha, Vânia e Tatiana auxiliamos a juíza Gláucia a implantar a Mediação no Projeto Justiça Comunitária, entre 1999 e 2002, em sua etapa inicial. Desta primeira experiência surgiu a possibilidade de institucionalizar a Mediação internamente no TJDFT. Como assessor da Presidência, organizei uma minuta de Resolução, juntamente com a as juízas Carmen Nicea Bittencourt e Sandra Reves, que inaugurava a fase institucional da Mediação judicial no Judiciário candango.

Me lembro de estar no Gabinete da Presidência, sentado ao lado do desembargador Edmundo Minervino e ambos olhando para o texto da Resolução nº 2, de 22 de março de 2002. Em alguns minutos, ele se dirigiria para a uma de suas últimas reuniões do Pleno Administrativo como presidente do TJDFT. A Resolução significava uma grande novidade dentro de um ambiente de fortes nuances conservadoras. Ele sabia que estaria apresentando aos desembargadores do tribunal algo diferente de tudo o que eles já haviam visto. O Des. Minervino olhou nos meus olhos e perguntou: "Girade, acha que eu devo levar este documento ao Pleno Administrativo como um dos meus últimos atos?". Como resposta, sem a menor sensação de que seria um erro, olhei para ele e disse: "Desembargador, este ato vai mudar a história do nosso tribunal e será lembrado como um marco da sua gestão. Este é um ato que abre as portas do TJDFT para o futuro". E assim nasceu o Programa de Estímulo à Mediação, um dos pioneiros, se não for o primeiro, programa institucional com este fim aprovado por unanimidade por todos os desembargadores à época. Sem dúvidas, a história da Mediação no Brasil passa por estas iniciativas, que abriram caminho oficialmente para experiências que foram ampliando a certeza de que era fundamental desenvolver a cultura de paz no seio da instituição que tem como missão precípua a pacificação social.

Tive a felicidade e o privilégio de trabalhar com grandes seres humanos ao longo do meu percurso no Poder Judiciário. O desembargador Natanael Caetano, que sucedeu o Des. Minervino na Presidência do TJDFT, foi um deles. Um homem de princípios íntegros, capaz de uma diplomacia invejável e que, ao final de inúmeras vezes que despachava com ele, sem exceção de nenhuma, terminava com a seguinte frase: "Girade, muito obrigado". Um gesto humilde, desnecessário para quem estava em sua posição, que fazia engradecer o respeito e a admiração que eu nutria e nutro por ele, renovando a cada contato a minha motivação para fazer sempre mais e melhor.

Não é incomum que nos tribunais, pela minha experiência, o presidente que assume interrompa programas e projetos iniciados pelo seu antecessor. No caso do Des. Natanael, não apenas os melhores projetos foram mantidos como também reforçados e, em 31 de julho de 2002 foi publicada uma Portaria Conjunta nomeando a mim e às juízas Carmen Nicea Bittencourt e Sandra Reves, sob a presidência da primeira, para compormos um Grupo de Trabalho com ações tendentes à implantação do Programa de Estímulo à Mediação criado na gestão anterior.

De 2002 a 2004, coloquei todas as minhas energias no Projeto-Piloto de Mediação Forense. Foram construídas as primeiras salas de Mediação judicial do TJDFT, no Fórum de Taguatinga, dentro de uma estrutura organizacional especialmente criada para este fim: o Serviço de Mediação Forense – SEMFOR.

Em paralelo, demos início à formação da primeira turma de mediadores judiciais, conduzida pelo professor André Gomma de Azevedo. Cristiane Moroishi e Solange foram as servidoras que me ajudaram a estruturar e a organizar um dos primeiros, senão o primeiro serviço de Mediação judicial dos tribunais brasileiros. No dia 7 de dezembro, um dia antes do Dia da Justiça, formou-se a primeira turma de mediadores judiciais, integrada por 20 servidores do tribunal. Os mediadores começaram a atuar nos casos provenientes das 1ª e 3ª Varas Cíveis e 1ª e 2ª Varas de Família. O primeiro acordo oriundo de uma Mediação judicial no TJDFT foi homologado no dia 13 de dezembro de 2002 pelo magistrado Dr. Robson Barbosa de Azevedo. Um marco na história da Mediação brasileira e, sem dúvida, um marco na minha vida. Finalmente estávamos estabelecendo um percurso oficial para as varas comuns, dentro de um tribunal de justiça, que levasse em conta o processo de Mediação.

O Serviço de Mediação Forense funcionou como um laboratório entre 2002 e 2004. Ali foram plantadas sementes de que cuidávamos com muito carinho. Conseguimos fazer ajustes, melhorar os procedimentos, discutir com juízes, servidores e mediadores o que poderia melhorar. Fazíamos pesquisa de qualidade com os mediandos e seus advogados para saber suas percepções sobre a experiência de participarem nas mediações. Descobrimos que em mais de 30% das mediações que não resultavam em acordo, as partes acabavam celebrando um compromisso na audiência com o juiz. Investigamos estes casos e descobrimos que as partes atribuíam o acordo ao fato de terem participado previamente de uma tentativa de composição na Mediação.

Todos estes aprendizados me permitiram pensar em estruturas mais amplas de atendimento. O desafio era, e ainda é, o de aumentar a quantidade sem perder a qualidade.

Passados dois anos, tomou posse, em abril de 2004, o desembargador José Jeronymo Bezerra de Souza. Extremamente ponderado em suas ações, de uma educação e cordialidade ímpares, de fala mansa e em tom baixo, com uma personalidade altamente compatível com tudo o que simboliza o conceito de resolução pacífica de conflitos. Novamente tive a felicidade e a oportunidade de permanecer à frente, juntamente com as Dras. Carmen e Sandra, das ações de desenvolvimento da Mediação judicial no TJDFT. Propusemos, para a nova gestão, um plano de expansão da Mediação judicial que previa o atendimento das 14 Varas Cíveis e 7 Varas de Família de Brasília. Um crescimento exponencial e significativo. De certo modo, eu sabia que para dar certo era preciso expandir e começar a demonstrar na prática como a Mediação poderia contribuir para a eficiência da prestação jurisdicional. O projeto de expansão previa um espaço, no Fórum de Brasília, com 14 salas de Mediação, salas de espera e espaço administrativo. As sementes do que mais tarde se tornou o corpo central de Resolução nº 125 do CNJ já estavam sendo plantadas de forma institucional pelo TJDFT seis anos antes da sua publicação.

Quando toda a estrutura estava pronta para ser inaugurada, as palavras do nosso saudoso Drummond tocaram fundo no meu coração: "no meio do caminho tinha uma pedra...". O edifício onde as salas de Mediação iriam funcionar, na etapa de expansão do Programa de Estímulo à Mediação para Brasília, foi interditado por problemas de estrutura. As reformas duraram 24 meses. Projetos são assim. Trazem consigo riscos e contingências. Aprendi esta lição ao longo de muitos anos realizando mudanças em diversos setores do tribunal pelos quais passei. É preciso abaixar as velas, segurar firme no leme e enfrentar a tempestade sem deixar o barco naufragar. Coloquei toda a energia na experiência do Fórum de Taguatinga enquanto outra oportunidade de expansão não se tornasse viável. No meio do caminho, ajudei a Presidência a estruturar uma Assessoria de Programas e Projetos com base nos princípios do PMI – Project Management Institute, a entidade global de referência para metodologias de gerenciamento de projetos. Motivado pela consciência de que boas e necessárias ideias devem encontrar solo fértil para crescer e gerar frutos, coordenei o processo de estabelecimento de uma metodologia de estudo de viabilidade, análise, planejamento, execução e controle de projetos do TJDFT. Na minha forma de ver, no contexto do serviço público, gerenciar projetos com responsabilidade é sinal de respeito ao erário e obrigação de apresentar resultados efetivos para a sociedade.

Mais dois anos se passaram e uma nova gestão tomou posse em abril de 2006. Se os ventos que impulsionavam o projeto de expansão da Mediação judicial no TJDFT haviam abandonado aquele "nosso pedaço de mar", naquela nova gestão era hora de içar novamente as velas. Tomou posse o desembargador Lécio Resende da Silva, um verdadeiro almirante. Eu não o conhecia. Me apresentei para Raquel Villas Boas Carvalho Möller, sua assessora e que assumiu como chefe de Gabinete da Presidência. Eu e Raquel nos entendemos nos primeiros cinco minutos de conversa. Ele decidiu me manter como assessor da Presidência e tive a oportunidade de o ajudar com importantes projetos que fizeram o TJDFT avançar ainda mais como um tribunal de vanguarda da justiça brasileira. No segundo ano do seu mandato, ele quis saber em que pé andava a Mediação judicial no âmbito do tribunal e apresentei para ele e para a Raquel um panorama de até onde havíamos avançado e ponto em que tivemos que interromper a expansão em função da intervenção do edifício, que ainda se encontrava em obras para reforço da estrutura.

O desembargador Lécio Resende é um homem de ação. Ele me perguntou o que precisava ser feito para retomarmos a expansão e que eu levasse para ele as ideias que eu tinha em mente. Aquilo soou como música para os meus ouvidos. Entre o início de 2007 e o final da gestão, em abril de 2008: i) foi instituído o CRNC - Centro de Resolução Não Adversarial de Conflitos do TJDFT (Portaria GPR 406/2007) - que assumiu as atividades do Programa de Estímulo à Mediação – e em que eu tive a honra de ser nomeado coordenador – uma estrutura que já antecipava tudo o que se previu para os NUPEMECs na Resolução nº 125 do CNJ, três anos mais tarde; ii) foi projetada a estrutura física do CRNC no edifício que estava sendo reparado, com 14 salas de Mediação; iii) foi realizado, em março de 2008, o primeiro Congresso Brasileiro de Mediação Judicial, com a participação de membros do STJ como a ministra Fátima Nancy Andrighi e o ministro José Delgado, bem como convidados especiais do cenário brasileiro e também grandes ícones internacionais da Mediação como o então juiz federal do Estado da Califórnia (EUA), Wayne Brazil, a professora da cadeira de Resolução de Disputas da Faculdade de Direito da Universidade de Georgetown (EUA) Carrie Menkel-Meadow, a mediadora familiar Marie-Claire Belleau (Canadá), a vice-presidente do Fórum Mundial de Mediação, Letícia García Villaluenga (Espanha), dentre outros. O Congresso foi um marco, tanto para o contexto público como também para o contexto privado. Minha alegria era do tamanho das perspectivas que um evento assim gera para o crescimento da Mediação no Brasil. Valeu a pena, porque as almas envolvidas no desafio não eram nada pequenas e eu tive a oportunidade de cumprir a missão que me havia sido confiada.

Em abril de 2008, novas mudanças. Tudo que havia sido feito até então preparava o TJDFT para dar um salto quantitativo e qualitativo que o colocaria como a principal referência em Mediação judicial no país. No entanto, os avanços foram menores que este parágrafo. Realmente uma pena que a visão de futuro do desembargador Nívio Geraldo Gonçalves não vislumbrasse o que se avizinhava no horizonte. Os ventos eram favoráveis, mas a ordem foi para abaixarem as velas. Fui para um "sabático" forçado.

Passados dois anos, as previsões se concretizaram. Uma nova gestão assumiu o biênio 2010-2012. Eu ainda estava afastado da Mediação judicial, realizando outras atividades administrativas e terminando a minha especialização em Psicologia Social pela Universidade Estatal de São Petersburgo – Rússia. Entre 2009 e 2010, por meio de um programa do Ministério da Justiça, fui o responsável, juntamente com André Gomma, por capacitar mais de 500 mediadores no TJRJ, além de ajudar a estruturar o *Manual de Mediação Judicial*. Em novembro de 2010, a Resolução nº 125 foi publicada. Todos os tribunais estaduais, sem exceção, deveriam implantar a Política Judiciária Nacional de Tratamento Adequado dos Conflitos de Interesses em seus âmbitos. Fui chamado, em abril de 2011, ao Gabinete da Corregedoria, órgão que havia ficado responsável pela Resolução nº 125 no TJDFT. Aceitei o convite do desembargador Sérgio Bittencourt, grande magistrado, e retomei o projeto interrompido com o suporte e incentivo constante da Dra. Marilza Gebrim e do Dr. Pedro Yung Tai Neto, juízes assessores da Corregedoria. Recomecei tudo do zero. Convidei a Mary e a Cris para fazerem parte da equipe. Pessoas corajosas, que toparam içar novamente as velas e seguir mar adentro. Inauguramos o NUPEMEC e os primeiros CEJUSCs do TJDFT. Uma curiosidade que ainda não havia contado a ninguém: as siglas NUPEMEC e CEJUSC foram cunhadas por mim para ficarem fáceis de serem lembradas. Outros tribunais seguiram essa sugestão.

Finalizo o meu relato lembrando que não fiz nada sozinho. A mim, cabia responder o que a vida me pedia: coragem. A política pública no Judiciário local seguiu sendo implantada sob a responsabilidade da 2ª Vice-Presidência. Novamente tivemos dois grandes períodos de bons ventos, com o desembargador Lecir Manoel da Luz e em seguida com o desembargador Romeu Gonzaga Neiva, dois grandes seres humanos, por quem nutro carinho e admiração. Suas assessoras, Tatiana e Virgínia, respectivamente, foram incansáveis na busca por realizarmos feitos fundamentais que serviram de referência para o Conselho Nacional de Justiça e para muitos outros tribunais brasileiros.

Antes de pedir licença sem vencimentos do TJDFT, no ano de 2014, quando novamente a gestão foi acometida de uma espécie de miopia administrativa, rememoro um momento que marcou minha vida pessoal e profissional e que me deu a certeza de que havia cumprido minha parte no ambiente judicial. Eu coordenava administrativamente o NUPEMEC e no ano de 2012, o CNJ consultou o TJDFT sobre a possibilidade de o ministro Ayres Britto fazer a abertura da VII Semana Nacional de Conciliação nas instalações do CEJUSC-Brasília. Eu sugeri que, além do discurso, o ministro participasse simbolicamente da condução de uma conciliação entre um banco e um cliente. Após ter conduzido a parte final da conciliação e obtido a assinatura de ambas as partes no acordo, assinou como conciliador do feito. Foi efusivamente aplaudido e a ação se tornou notícia em todas as mídias. Ele se levantou da mesa, colocou as mãos nos meus ombros, olhou nos meus olhos e disse: "muito obrigado por este momento!". Eu sorri e respondi: "obrigado por vivermos este momento histórico!". Meses depois ele se aposentou e eu encerrei meu percurso no Judiciário.

A História da Mediação no Brasil e minha modesta colaboração desde 1995: caminho de dedicação e devoção

Maria Cristina Zucchi[43]

Descobri os *Alternative Dispute Resolution Methods* (Métodos Alternativos de Resolução de Disputas) quando estudante do mestrado nos Estados Unidos, na Cumberland School of Law, Samford University. Eu era então - em 1995 - advogada e professora das Faculdades Metropolitanas Unidas (FMU), entidade que em 1994 assinou convênio com a mencionada faculdade norte-americana para que seus professores pudessem realizar o mestrado em Direito Comparado - Master of Comparative Law Program -, ampliando e aprofundando seus conhecimentos em suas áreas de estudo e proficiência.

O curso sobre ADR foi ministrado por um dos mais famosos professores da Faculdade Cumberland de Direito, Albert Brewer, que anos antes fora governador do Estado do Alabama. Minha emoção com a oportunidade de ser aluna do professor Brewer foi enorme. Eu, porém, não sabia que minha emoção seria ainda maior ao conhecer e descobrir o maravilhoso mundo dos ADRs, até então pouco conhecidos no Brasil e em outros países. E as aulas do professor Brewer restaram inesquecíveis, tendo significado o início de um grande sonho - o de trazer os ADRs para São Paulo, nos mundos jurídico e acadêmico.

Debrucei-me sobre a matéria do professor Brewer, encantada com as possibilidades de pacificação que ela descortinava, e voltei para o Brasil disposta a iniciar o que pudesse para desenvolvê-la, na teoria e na prática, no nosso país.

Lembro-me de que ainda no avião, na volta do primeiro ano do mestra-

43. Desembargadora do Tribunal de Justiça de São Paulo; mestre em Direito Constitucional Comparado pela Faculdade Cumberland de Direito, Universidade Samford, EUA; doutora em Direito Civil pela Universidade de São Paulo; professora e coordenadora de Cursos de Capacitação em MASCs, coordenadora do primeiro curso de pós-graduação em MASCs no Brasil, pela EPM, e de mais dois cursos de pós-graduação em MASCs pela ESA - OABSP.

do, eu vislumbrei o quanto haveria a ser feito, primordialmente quanto à formação de profissionais que viessem a militar nas técnicas e nos métodos que os ADRs introduziam. E, com tal desiderato, consegui realizar, como coordenadora e também como professora, em outubro de 2004, o primeiro Curso de Capacitação na Conciliação e na Mediação de Conflitos - curso de extensão universitária - na Escola Paulista da Magistratura (EPM), escola de formação e aperfeiçoamento para magistrados do Tribunal de Justiça de São Paulo. Esse primeiro curso foi realizado no período de 08 de outubro de 2004 a 24 de junho de 2005 e já teve uma inserção multidisciplinar no seu conteúdo programático - psicólogos e juristas se incumbiram das aulas dadas, capitaneados pelas ilustres professoras Eliana Riperti Nazareth e Lia Justiniano dos Santos. Nesse curso tínhamos advogados e magistrados, lado a lado, absorvendo os novos métodos de solução alternativa de conflitos.

Depois do primeiro curso, inúmeros outros de formação se seguiram, intermeados por palestras de professores brasileiros e norte-americanos, apresentando a cultura da Mediação e da conciliação, seu significado e necessidade no mundo atual.

Com a eleição do desembargador Marcos Vinicius dos Santos Andrade para a direção da Escola Paulista da Magistratura (biênio 2007/2009), os cursos de formação nos MASCs se multiplicaram. Ciente da importância e conveniência dos novos meios de solução de conflitos ao lado da atividade jurisdicional, o desembargador Marcus Vinicius dos Santos Andrade iniciou a realização dos cursos de formação em todos os núcleos da Escola Paulista da Magistratura no Estado de São Paulo. Tais cursos constituíram a realização do denominado Projeto Pacificação de Lides, de idealização e concepção do diretor Marcus Vinicius, que se desenvolveu sob minha coordenação, assumindo as aulas inaugurais, e tendo a presença do ínclito diretor nas aulas de encerramento, realizando a entrega dos certificados de conclusão dos cursos e incentivando os formandos a prosseguirem na sua atuação como mediadores e conciliadores na carreira privada ou junto ao Poder Judiciário paulista. Os professores dos cursos que se multiplicavam eram os alunos formados, que passaram a ter, desde que vocacionados, um curso de orientação específica para a docência da matéria.

O Projeto Pacificação de Lides constituiu um marco pioneiro rumo à adoção dos meios alternativos (ou "adequados") de solução de conflitos pelo Judiciário bandeirante, inserindo-os na atividade jurisdicional, dando origem posteriormente ao Setor de Conciliação, criado pelo Conselho Superior da Magistratura, então integrado pelos ilustres presidente Luiz Tâmbara, vice-presidente Mohamed Amaro e corregedor José Mário Antonio Cardinale, com o Provimento nº 953/2005. Assim foi autorizada a criação e instalação do Setor de Conciliação nas comarcas da capital e do interior do Estado de São Paulo, abrindo-se as portas para a solução consensual de conflitos para as questões cíveis que versassem sobre direitos patrimoniais disponíveis, e para as questões da família, da infância e juventude, tendo sido determinada a participação de todos os magistrados das respectivas áreas envolvidas, sob a estrutura de coordenação por um juiz coordenador e outro adjunto, com acompanhamento das atividades do setor por uma comissão integrada por cinco juízes.

Toda essa evolução vanguardista do Tribunal de Justiça de São Paulo culminou na realização do primeiro curso de pós-graduação sobre meios alternativos de solução de conflitos (o primeiro em todo o Brasil!) junto à Escola Paulista da Magistratura, aprovado e credenciado pelo Ministério da Educação e Cultura (MEC). Este curso contou com 444 horas aulas no formato programático, bem como com juristas e psicólogos de primeira grandeza no universo multidisciplinar por que se permeou. A aula inaugural esteve a cargo do professor Arnold Wald, que ressaltou a importância e o crescimento da arbitragem já constatados na ocasião, tendo havido ainda outra aula magna do professor Tércio Sampaio Ferraz Júnior, marcando seu conhecimento sobre a teoria de Niklas Luhmann, chamando a atenção para a "opacidade" de cada indivíduo perante os outros. "Somos opacos perante os outros porquanto dificilmente conseguimos perceber a 'alma' de outra pessoa, mesmo daqueles que conhecemos há muito tempo." Não raro "somos opacos para nós mesmos, necessitando de um profissional para nos ajudar a refletir sobre nós". Claríssimo o brilhante professor Tércio ao apontar tal "opacidade" como fator que dificulta a solução dos conflitos, mostrando como é necessário que se avaliem todos os dados de um conflito para poder ser resolvido. E apontando o conceito da sociedade como sistema, na teoria de Luhmann, indica que os sistemas de comunicação é que permitem que os indivíduos se relacionem, impondo limites aos conflitos, permitindo que encontrem métodos para solucioná-los. Esse curso, com o conteúdo programático elaborado e apresentado por nós e aprovado pelo MEC, não obstante todas as forças políticas contrárias atuantes, formou mais de 60 pós-graduados, pioneiros em todo o país, do que temos um orgulho infinito!

Em 14 de maio de 2007, em parceria com o Consulado do Canadá, o Consulado dos Estados Unidos e a Ordem dos Advogados de São Paulo, idealizamos e coordenamos o Seminário Internacional na Escola Paulista da Magistratura, evento que contou com a participação da ministra Fátima Nancy Andrighi, do Superior Tribunal de Justiça, dos desembargadores Marcus Vinicius dos Santos Andrade (diretor da EPM), Gilberto Passos de Freitas, Paulo Dias de Moura Ribeiro, do Tribunal de Justiça de São Paulo, e Marco Aurélio Gastaldi Buzzi, do Tribunal de Justiça de Santa Catarina, do juiz Michel A. Pinsonnault, da Corte de Quebec (Canadá), e do professor David Armstrong, mediador junto às cortes judiciais dos Estados Unidos, tendo sido destacada a importância da formação de mediadores para a prática da cidadania.

Dando prosseguimento à evolução então disparada, o presidente do TJSP, desembargador Celso Limongi (gestão 2006/2007), criou, em 18 de dezembro de 2007, o Conselho Gestor dos Métodos Alternativos de Solução de Conflitos, responsável pelos trabalhos dos então 147 setores de conciliação da Justiça paulista espalhados pelo Estado. O Conselho seria coordenado pelo presidente Celso Limongi e composto pelos então desembargadores Constança Gonzaga Junqueira de Mesquita, Kazuo Watanabe, Laerte Nordi, Maria Cristina Zucchi e Paulo Dias de Moura Ribeiro, bem como pelos conciliadores Nazário Guirao e João Carlos de Araújo Oliveira Cintra. Entre as atribuições do Conselho estavam a de manter um cadastro de mediadores e conciliadores que trabalhassem no TJSP, propor a instalação de novos setores e promover cursos de capacitação e conciliação na Escola Paulista da Magistratura.

Fizemos parte do primeiro NUPEMEC – Núcleo Permanente de Métodos Consensuais de Solução de Conflitos do TJSP, participando da elaboração do seu Provimento nº 1, sob a presidência do desembargador Bedran no TJSP e coordenação do desembargador José Carlos Ferreira Alves no NUPEMEC. Integraram também o primeiro NUPEMEC o desembargador Kazuo Watanabe, o então desembargador Paulo Dias de Moura Ribeiro, o juiz Ricardo Pereira Junior, a juíza Glaís de Toledo Piza Peluso, a juíza Valéria Ferrioli Lagrasta, a psicóloga Rose Peiretti de Godoy e a funcionária Vanessa Cristina Martiniano. E voltamos a integrar o NUPEMEC mais recentemente, colaborando com suas atividades regulamentadoras e disciplinadoras.

Paralelamente à preocupação com a formação e evolução dos MASCs no Estado de São Paulo, começamos a promover os cursos de capacitação também junto à classe advocatícia, por meio de dois dos seus principais segmentos: a Escola Superior da Advocacia (ESA), da OABSP, e a Escola Paulista da Advocacia (EPA), do Instituto dos Advogados de São Paulo (IASP). Na ESA, concluímos 40 turmas de capacitação, o mesmo tendo ocorrido em 30 turmas no IASP, o que constituiu uma realização contínua de capacitação e formação nos MASCs, do que temos também um orgulho imensurável!

Mantendo a mesma seriedade e preocupação com a educação continuada nos MASCs, já concluímos mais dois cursos de pós-graduação em MASCs junto à Escola Superior da Advocacia, aprovados e credenciados no Conselho Estadual da Educação, a quem compete atualmente a regulamentação e fiscalização dos cursos de pós-graduação *latu sensu* de entidades desta natureza.

Nossa tarefa em prol da formação nos meios adequados de solução de conflitos tem sido, em todos os anos que sucederam à nossa descoberta sobre eles, incansável e ilimitada, constituindo-se de palestras, textos escritos e falados, aulas, coordenação de cursos específicos, participação em bancas examinadoras e orientação de alunos de mestrado e doutorado. As atividades desenvolvidas pela Mediação e pela conciliação no TJSP também foram muito divulgadas pela participação em congressos e seminários no exterior.

Preocupados com a formação de conciliadores e mediadores extrajudiciais e judiciais, colocamos no nosso conteúdo programático todos os requisitos estabelecidos não apenas pela legislação específica, mas também pela regulamentação dada pelo Conselho Nacional da Justiça (CNJ) e Escola Nacional de Formação de Magistrados (Enfam), permitindo que nossos alunos possam atuar não apenas na esfera privada, como também junto ao Poder Judiciário paulista, logrando assim experiência e conhecimento práticos na sua atuação profissional.

É assim que vemos a regulamentação dada pelo Poder Judiciário, acolhendo e inserindo os meios adequados de solução de conflitos em sua atividade jurisdicional, e vinculando os magistrados, servidores judiciais e profissionais voluntários que se agregam no atendimento facilitador da solução consensual pelas partes, no âmbito processual e pré-processual.

E é assim que vemos, também, a regulamentação dada pela legislação específica (Lei da Mediação) e legislação processual que acolheu os MASCs na esfera privada, guindando-os ao *status* de atividade jurisdicional (CPC, art. 3º), outorgando-lhes definitividade e executoriedade.

Nestas parcas linhas, trazemos apenas um apanhado panorâmico de como trabalhamos e continuamos a nos empenhar para a formação profissional e o desenvolvimento dos MASCs no Estado de São Paulo e no Brasil, apresentando o seu significado maior – a realização da democracia participativa, empoderando os cidadãos a partir da capacidade de resolverem seus próprios conflitos, com a atuação de profissionais formados para colaborar com as partes nesse empoderamento e participação decisória. Cada aula, cada orientação, significa um passo para a cidadania consciente, ativa, fazendo com que o aluno perceba e entenda que os meios adequados de solução de conflitos constituem, em verdade, o pleno exercício dos direitos humanos fundamentais estabelecidos no texto constitucional, com baliza maior na dignidade da pessoa humana.

Nesse mister, não estamos sozinhos. Desde nosso primeiro curso, sempre estivemos com valorosos e competentes professores, que, com seu descortino, experiência e sabedoria, dão a cada aluno o aporte de dignidade de que precisa para sua formação nos MASCs. De todos estes mestres, também trago um orgulho indescritível!

Estivemos fazendo nossa parte, conscientes de que a convivência humana e os conflitos que ela tem gerado requerem uma visão holística, que permita perceber os aspectos legais, sociais, emocionais e tantos outros, dos conflitos. Tal visão global requer também um aprimoramento constante na busca de descobrir e conhecer outras possibilidades para lidar com as controvérsias. Somente assim poderemos fazer-nos cidadãos corresponsáveis por uma abordagem e solução mais abrangente e plena das questões humanas.

A dinâmica social tem adquirido mais horizontalidade, outorgando maiores responsabilidades aos cidadãos na tarefa de resolver os conflitos, mister antes conferido ao Estado. Novos valores e novos métodos de solução de controvérsias envolvendo novas habilidades e novas competências estão sendo requisitados e criados para atender às solicitações humanas atuais. Os meios adequados de solução de conflitos trazem os elementos necessários ao atual conceito de acesso à justiça, de convivência pacífica, de prevenção da violência e de inclusão social. Estes os caminhos que trazem o atual significado de dignidade humana e de segurança integral por que a sociedade tanto clama.

Continuaremos cuidando, com dedicação e devoção, da prática pedagógica na formação de profissionais que estejam preparados para as novas técnicas, públicas e privadas, que os MASCs possam propiciar na resolução dos conflitos e controvérsias do mundo de hoje.

Meu encontro com a Mediação

Nancy Andrighi[44]

Foi nos idos de 1981. Eu era juíza de uma das Varas Cíveis da Circunscrição Judiciária de Taguatinga e Ceilândia, no Distrito Federal.

Os jurisdicionados daquela região administrativa eram, naquela época, na sua grande maioria, pessoas de baixo poder aquisitivo e ambas as circunscrições serviam muito mais como cidades dormitório do que possuidoras de vida própria como típica cidade. Hoje, o cenário é completamente diferente: são duas verdadeiras metrópoles, com autonomia e muita pujança industrial e comercial.

O Fórum situado, geograficamente, em local que pode ser qualificado

44. Ministra do Superior Tribunal de Justiça. Mediadora pela University Institute Kurt Bösch in Sion, Suíça, com tese defendida "A Mediação na relação locatícia", em novembro de 2011.

como quase ermo, pois nenhum ônibus chegava até lá, e os cidadãos que não dispunham de veículo tinham que se dispor a cansativa caminhada de alguns quilômetros para chegar até o prédio. Aliás, recordo bem que o acesso era tão difícil que, algum tempo depois, vencendo uma verdadeira batalha, conseguimos mudar a sede do Fórum para o centro de Taguatinga.

Não posso deixar de registrar, apesar de todos os percalços, que foi um tempo muito feliz, repleto de ricas e inesquecíveis experiências hauridas naquele local que ao cair da tarde se tornava bucólico e onde não era aconselhável permanecer quando o Sol partia.

Foi ali que iniciamos os primeiros passos para a criação dos Juizados Informais de Pequenas Causas. A ausência de defensoria pública ensejava uma orfandade no atendimento aos jurisdicionados, os quais, então buscavam, reiteradamente, o juiz e o promotor, que aliás muito pouco podiam ajudar.

Com a experiência que trazia na minha bagagem, auferida quando fui juíza de Direito no Rio Grande do Sul (1976-1980), congreguei pessoas dispostas a colaborar, formando um grupo piloto de atendimento. A empreitada não foi difícil, mercê da pronta colaboração dos meus estimados e queridos alunos da faculdade de Direito do Uniceub, especialmente os da área de Direito Processual Civil. Graças ao empenho de todos, rapidamente estávamos preparando os pilares da fundação e o início do funcionamento dos Juizados Informais de Pequenas Causas, fato que mudou para sempre o quadro da falta de acesso à Justiça.

Notem que a expressão "Informais" era de uso obrigatório, porquanto não havia nenhuma legislação acerca da matéria. Tudo o que tínhamos era uma ideia baseada apenas no sonho de alcançarmos uma jurisdição que se mostrasse efetiva, eficaz, eficiente e, acima de tudo, acessível a todos.

Esses foram os primeiros passos e atos concretos, no Distrito Federal, e que culminaram no que hoje são os Juizados Especiais Cíveis e Criminais e nas demais áreas de competência instalados e em funcionamento em todo o país.

Passado algum tempo, e observando o crescente interesse dos cidadãos, bem como os tipos de conflitos mais frequentes naquelas incipientes e corajosas reuniões realizadas – aliás, frequentemente em locais inusitados, porque poucos acreditavam na relevância e no resultado útil; encontrávamos dificuldades até mesmo na disponibilização de salas apropriadas para a realização do trabalho –, concluí que havia uma parcela de conflitos que exigiam o uso de outros instrumentos conciliatórios para que se pudesse atingir mais profundamente a mente e o coração das partes em conflito.

Começava, naquele momento, uma busca por instrumentos mais eficientes e profundos para que se alcançasse, efetivamente, a diluição do conflito, que até então – pensava eu – era o responsável pela discórdia, mas não era! Na verdade, outras causas mantinham as pessoas, mesmo depois de concluído o acordo e homologado, em discórdia, progredindo, às vezes, para o mais inesperado e nefasto desfecho.

Lembro com muita tristeza o fato que mudou a direção da minha busca por uma solução mais acertada e abrangente dos conflitos repetitivos que se apresentavam.

Cuidava-se de uma questão de despejo por falta de pagamento de valores locatícios de imóvel onde estava instalada uma modestíssima padaria, situada em uma área muito pobre da cidade de Ceilândia. O contrato de locação era verbal. O locador era proprietário e alugava a parte da frente de seu único imóvel, morando na casa nos fundos do terreno.

Não tendo condições para contratar advogado e realizar a cobrança, foi ao Juizado Informal de Pequenas Causas e registrou a mora do inquilino, pedindo que fosse chamado para efetuar o pagamento. No dia e hora designados, tanto o locador, quanto o locatário compareceram. Pouco conversaram, mas fizeram a conciliação, e de comum acordo estabeleceram a forma do pagamento do valor devido em parcelas. Encerrado o ato, o conciliador reduziu o acordo a termo, oportunamente homologado. Estava, em tese, encerrado o conflito.

Passadas poucas horas da realização do acordo, recebi a esposa do locador, que aos prantos relatou ter o locatário matado friamente o locador, que se encontrava em casa, após o término da audiência.

Foi a partir desse momento que ficou muito claro para mim que o conflito tem sempre uma origem antecedente, podendo advir de outros sentimentos alentados por uma ou por ambas as partes, como o ódio fomentado durante a discórdia, a inveja, a ambição, dentre outros, que precisam ser trabalhados e, o modelo de acordo que fazíamos era insuficiente, deixando à deriva maus sentimentos que interferem nefastamente no comportamento do ser humano. Permaneceu por algum tempo em mim um sentimento de desassossego – e por que não dizer de impotência – em que me indagava o que estaria de errado naquele acordo, se ele é o selo de pacificação? Onde estava o equívoco, se o conceito de acordo sempre foi entendido como eliminação do conflito pelo encontro dos interesses das partes?

Esse foi o meu primeiro despertar e o mais impactante para a necessidade do uso da Mediação!

Empreendi, então, uma nova jornada de incessantes estudos e busca de outros e novos instrumentos, obviamente mais eficientes que o "acordo", porque a partir daquele episódio infeliz, ficara em posição secundária, e sobre o qual repousava a minha inquietude.

Na verdade, aquele acontecimento dramático, que jamais esqueci ou esquecerei, mostrou que algo ficara para ser dito, concertado, e não resolvido entre as partes.

Hoje, refletindo sobre esses fatos, recordei as sábias palavras do professor Luiz Alberto Warat que afirmava:

> Os conflitos nunca desaparecem, se transformam; isso porque, geralmente, tentamos intervir sobre o conflito e não sobre o sentimento das pessoas. Por isso, é recomendável, na presença de um conflito pessoal, intervir sobre si mesmo, transformar-se internamente, então, o conflito se dissolverá (se todas as partes comprometidas fizerem a mesma coisa) (*In*: *O ofício do mediador I. Surfando na pororoca*, v. III. Florianópolis: Fundação Boiteux, 2004, p.26).

Seguindo em inquietante busca, ao preparar aula de Direito Processual Civil, observei nas Ordenações Filipinas de 1603 a previsão da prática da Mediação processual, antes mesmo do ajuizamento da ação. Li, naquela Ordenação, o seguinte: "E no começo da demanda dirá o juiz a ambas as partes que, antes que façam despesas e se sigam entre eles os ódios e dissensões, se devem concordar, e não gastar suas fazendas por seguirem suas vontades, porque o vencimento da causa de sempre duvidoso...". Esse encontro com tão relevante disposição legal encheu de luzes minha procura por novo instrumento: a Mediação.

Como se pode observar do texto das Ordenações, a Mediação tem como propósito a observação das condições subjetivas e particulares das partes em conflito, com as quais o Poder Judiciário não se ocupava.

O objetivo da atividade jurisdicional é resolver o conflito, quer seja por acordo, quer seja por sentença. Contudo, está comprovado e indene de dúvida que os sentimentos que sempre envolvem o conflito podem ainda permanecer latentes no coração e na mente das partes; aliás, é onde podemos identificar uma das vertentes da violência social que permeia gravemente a sociedade atual.

Nesse contexto, fundamental é permitir às partes em conflito um momento de autoconhecimento, de reflexão e de retorno ao equilíbrio com o seu próprio eu, ao invés de, sem auxílio emocional, encaminhá-las para a negociação de um acordo que, apenas, tenta contrabalançar as vontades opostas.

Assim, a Mediação transcende e não tem por finalidade precípua unicamente o acordo, mas, sim, a construção de uma confluência de sentimentos das partes para que não experimentem simplesmente a posição de cessões mútuas na demanda judicial, mas também, e principalmente, a de um resultado equilibrado, que atenda ao interesse de ambas as partes, incólumes da pecha de vencedor ou perdedor. Essa é a função superior da Mediação.

Obviamente, cada tempo exige renovada adequação de meios para que se possam introduzir novas experiências vividas pela sociedade. O tempo do acordo, na sua forma concebida originalmente, visando apenas a solução do conflito, sob o aspecto objetivo, não está produzindo o esperado resultado de pacificação social. Sendo assim, é dever de todos, mas especialmente dos juízes que lidam incessantemente com conflitos, identificar os pontos de fracasso ou de equilíbrio e efetivar a mudança necessária, para auxiliar as partes na percepção da alteridade e da empatia.

A visão mais adequada que tenho, hoje, do juiz é de um serenador de almas. Mas, para serenar almas, é preciso não apenas resolver os conflitos, mas diluí-los. Dito de outra maneira, deve o juiz usar e oferecer um instrumento, um modelo de pacificação no qual ambas as partes se sintam vencedoras, incentivando a participação ativa das partes para afastar as posições antagônicas agudas, dando permissão para que elas se comportem de modo cooperativo na promoção do alívio das mágoas, dos maus sentimentos, e, ainda, propiciando a eliminação do sentimento de frustração e a sensação de que o acordo as prejudica. Com certeza, a solução construída por elas mesmas têm maior poder de alcançar a Paz, muito mais vigorosa e eficiente do que a homologação judicial de acordo pode fazer por si só.

Esse resultado mais harmônico é o que já designei de "Justiça doce", só se alcança pela MEDIAÇÃO!

Um capítulo da introdução da Mediação na Justiça do Trabalho

Regina Maria Vasconcelos Dubugras[45]

A conciliação sempre foi uma prática comum na Justiça do Trabalho em conformidade com a previsão legal da obrigatoriedade de proposta conciliatória a ser feita pelos juízes. É certo que alguns juízes são mais empenhados com a conciliação do que outros. Eu me colocava entre os primeiros, não obstante não houvesse, a princípio formação específica para tal mister.

Meu primeiro contato com a teoria da Mediação foi no ano 2000, em um curso que fiz no Canadá junto à York University em Windsor. As aulas práticas contavam com simulações que abrangiam vários tipos de conflitos, principalmente familiares. Na época tive dificuldade, já que a postura mental do juiz é naturalmente avaliar provas e julgar.

É compreensível a dificuldade de mudança de postura mental após 10 anos de prática da judicatura, mas gostei tanto dos princípios, técnicas e

45. Doutora e mestra em Direito do Trabalho (USP); mestra em Direitos Sociais (Universidad Castilla-La Mancha, Espanha); especialista em Resolução de Disputas (York University de Ontario, Canadá); professora e palestrante em Cursos de Formação de Conciliadores e Mediadores há 18 anos; autora de diversos artigos sobre Mediação e Conciliação Judicial; coordenadora dos CEJUSCs Leste e Sul do TRT da Segunda Região entre 2014 e 2016; ganhadora do III Prêmio Innovare na Categoria Juiz Individual 2016 com a Prática "Execuções Plúrimas".

teorias da Mediação que foi para mim um desafio a alternância entre os papéis de juíza julgadora e juíza conciliadora. Após o curso, continuei estudando e participei de alguns outros eventos em Ottawa e Toronto. Inclusive fui visitar uma associação de magistrados em Ottawa, onde os juízes faziam curso de Mediação. Na época, estava sendo introduzido o programa Mandatory Mediation no Judiciário, em um projeto piloto na província de Ontario. Após esta visita eu formei convicção sobre a compatibilidade entre a Mediação e o Judiciário.

Inicialmente, apliquei as técnicas de Mediação que aprendi no curso na educação dos meus dois filhos, os quais contavam na época com 4 e 5 anos. Enxergar os conflitos de forma positiva, aprender a escutar as razões deles e estimular desde criança à construção de soluções fizeram muita diferença na educação e no relacionamento dos dois. O resultado transcendia os limites da relação familiar, tanto que as professoras nas escolas sempre me diziam que eles tinham um comportamento diferenciado diante dos conflitos entre os amigos, procurando alternativas para solucioná-los. Uma outra surpresa aconteceu quando eu vi meu filho aos 10 anos de idade no computador e, segundo ele, estava fazendo Mediação entre duas amigas em conflito.

No meu trabalho, eu passei a introduzir as técnicas da Mediação nas conciliações junto às audiências, mas apenas aquelas compatíveis com o processo do trabalho. Tinha em mente que nem todas seriam aplicáveis, por se tratar de processo litigioso, cujo objetivo final era a sentença e não se poderia dar ampla voz às partes, seja porque iria prejudicar o depoimento pessoal, seja porque a cultura jurídica vigente era de que os advogados falassem pelas partes, exceto na formalidade dos depoimentos pessoais. A cumulação dos papéis de conciliador, instrutor processual e julgador naturalmente exige cautelas, já que, dentro de uma audiência judicial, tudo deve ser levado a termo. O tempo também sempre foi um fator limitador, pois não era possível dedicar muito tempo à conciliação sem prejuízo da oitiva das partes e das testemunhas, em respeito à pontualidade da agenda, o que significa respeito a todos que ali aguardavam suas audiências.

No tocante à execução dos créditos trabalhistas após o trânsito em julgado das decisões, o espaço para a utilização das técnicas de Mediação sempre foi bem mais amplo. Na execução, o estímulo à comunicação por meio da manifestação direta das partes, a transparência e a busca de opções para a satisfação dos créditos, inclusive com movimentação de alternativas e identificação de interesses, acontecem de forma mais segura e concreta. Foi neste campo que passei a designar sessões conciliatórias com presença voluntária dos credores e devedores, para que defendessem seus interesses. Nestas sessões, um maior tempo disponibilizado na pauta era fundamental, além da triagem das execuções pautadas que tinham como critério o que chamávamos de vocação processual para a conciliação.

Por volta do ano de 2004, na Vara de Ferraz de Vasconcelos, onde eu atuava, introduzimos uma prática que denominamos "Execuções Plúrimas", em paralelo às ações plúrimas previstas na CLT. Esta prática consistia em reunir as execuções em curso contra um único devedor, relacionar por ordem de ajuizamento das ações e valores a serem executados, eleger um processo para encabeçá-las e tomar decisões uniformes e consensuais, parte delas decorrentes das seções conciliatórias que contavam com a participação dos devedores e credores com seus respectivos advogados. Estas seções permitiam a aplicação efetiva das técnicas da Mediação. O resultado desta prática foi tão positivo que ela foi premiada no III Prêmio Innovare em 2006, na categoria Juiz Individual. E fez história, porque outras varas e tribunais buscaram informações para implantar o sistema que tinha sido reconhecido como inovador e eficaz. Como resultado desta prática, muitos credores receberam seus créditos, até então considerados quase perdidos.

A premiação em 2006 coincidiu com o Movimento pela Conciliação introduzido pelo CNJ, na campanha Conciliar é Legal, bem como com a criação da Semana da Conciliação, prática que foi repetida em anos posteriores, segundo a qual todo o Judiciário deveria se voltar para a conciliação, pautando sessões conciliatórias em seus prédios e/ou fora deles. Lembro-me de um ano em que foram pautadas seções conciliatórias no Estádio do Pacaembu em São Paulo. Não obstante grande divulgação na imprensa e dos aspectos indiscutivelmente positivos da campanha, o ponto mais alto da prática estava na quebra de tabus, principalmente na Justiça Estadual, passando a se atribuir maior valor à conciliação de forma institucional.

Contudo, alguns pontos necessitavam ser aprimorados, começando pela fundamentação da iniciativa, que eram desafogamento do Judiciário, celeridade, diminuição de processos a serem julgados etc., e a publicidade era feita sob estes fundamentos. Outra observação era a forma de organização macro e concentrada em uma semana, com juízes atuando como conciliadores, muitas vezes, sem a devida opção e preparo para este mister, sem contar o grande volume pautado, que carecia de triagem e estrutura na organização e administração local do movimento, o que levantava algumas críticas e até uma certa descrença, segundo o que pude apurar na época.

A Justiça do Trabalho esteve presente neste movimento pela conciliação. Na época publiquei um artigo em trocadilho, intitulado "A conciliação em movimento", no qual eu pontuei a previsão legal e o pioneirismo da conciliação no processo do trabalho, mas a necessidade de um movimento de aprimoramento desta conciliação com a introdução das técnicas da Mediação que fossem compatíveis com o processo do trabalho. Ponderei que a conciliação trabalhista deveria aproveitar a onda da valorização do instituto para se aprimorar, transformando a proposta conciliatória, conforme previsão da CLT, em conciliação qualificada, como denominei.

Na época a palavra "Mediação" era utilizada no meio trabalhista apenas para nominar as ações do Ministério Publico do Trabalho nas mesas de negociação de conflitos coletivos junto às Delegacias Regionais do Trabalho. No âmbito dos dissídios individuais era uma expressão refutada, já que traduzia a Mediação extrajudicial, a companheira da arbitragem que poderia fomentar a participação de terceiros atuando dentro do Judiciário, o que lembraria os juízes classistas que foram excluídos da Justiça do Trabalho a duras penas. Assim, para não entrar em colisão com os que entendiam que a Mediação era incompatível com o processo litigioso do Judiciário e nem tampouco com os que temiam a introdução da Mediação no processo do trabalho, era melhor chamar de conciliação qualificada, como fiz em vários artigos que escrevi a respeito.

A Escola da Magistratura do TRT da Segunda Região já dava os primeiros passos na introdução de cursos voltados à formação em conciliação, tanto para os juízes, como para servidores em cursos de especialização. Já se estudavam formas alternativas de solução de conflitos, como tradução das ADRs – *Alternative Dispute Resolution*. Contudo, foi em novembro de 2010 que o CNJ editou a Resolução nº 125, que foi o verdadeiro marco introdutório da

Mediação no Judiciário brasileiro. Esta resolução definiu uma política pública de tratamento adequado dos conflitos no âmbito do Poder Judiciário, criando o NUPEMEC (Núcleo Permanente de Métodos Consensuais de Solução de Conflitos) como gestor da implantação da resolução e os CEJUSCs (Centros Judiciários de Solução de Conflitos e Cidadania).

A Resolução nº 125 do CNJ introduziu um modelo de criação de espaços destinados à conciliação e Mediação dentro do Judiciário, incluindo normas de formação e atuação de mediadores e conciliadores, além do controle estatístico de resultados.

No que concerne à Justiça do Trabalho, a resistência para a implantação, ainda que parcial, da Resolução nº 125 do CNJ foi notável, não faltando vozes de repúdio, sob alegação de incompatibilidade plena com o processo do trabalho. Mas, ainda assim, o TRT da Segunda Região, marcado por seu pioneirismo, editou a Portaria nº 11/GP, de 03 de março de 2011, criando o NUPEMEC no âmbito do TRT, na esteira da Resolução nº 125 do CNJ, visando aprimorar os mecanismos de incentivo à conciliação do regional. Este ato, publicado 4 meses após a Resolução nº 125, foi o embrião da introdução dos CEJUSCs no TRT da Segunda Região. Na sequência, o Provimento nº 3 GP/CR, de 13/06/2011, regulamentou o NUPEMEC, seguido pelo ATO GP nº 22/2013, que cria os CEJUSCs com possibilidades de instauração de várias unidades junto aos fóruns regionais. O CEJUSC do Fórum Central foi o primeiro a ser implantado no modelo de dedicação exclusiva de juízes e servidores para atuar em processos remetidos pelas varas de todas as regiões do TRT/2. A escola judicial passou a realizar cursos de formação inicial e reciclagem de conciliadores, como também encontros anuais de interação entre eles.

Já estava em pleno funcionamento o CEJUSC-Sede no Fórum Rui Barbosa, quando a GP nº 18/2014 criou o CEJUSC-Leste, o qual tive a oportunidade de implantar e coordenar até o início de outubro de 2016 junto com alguns juízes da Fórum Zona Leste. O CEJUSC Leste seguia um modelo diferenciado, com ambiente inovador, utilizando mesas redondas e atuação de agentes conciliadores em regime compartilhado, conciliando os processos oriundos da própria vara. O sucesso foi comprovado por estatísticas, pois, além do grande percentual de conciliação que resultou em acordos, aferimos o cumprimento integral destes acordos que chegou à ordem de 93%. No ano de 2015 foi criado o CEJUSC Sul pelo Ato GP nº 23/2015, nos mesmos moldes do CEJUSC-Leste, cuja implantação e coordenação também foi feita por mim e por juízes do Fórum Zona Sul.

O caminho já estava traçado quando foi promulgada a Lei nº 13.105/2015, que instituiu o novo Código de Processo Civil, cuja Seção V tratou dos mediadores e conciliadores em 10 artigos e respectivos incisos (arts. 165 a 175), elevando ao patamar legislativo os centros de solução de conflitos e sedimentando as normas que os regem. Contudo, o movimento de resistência prosseguia. Por um lado, os coordenadores de Centros Regionais de Conciliação dos Tribunais do Trabalho do Brasil se reuniram em fórum de debate e estudos, como no Encontro de Poconé, no Mato Grosso; e, por outro lado, havia movimentos junto ao CNJ para que este declarasse que a Resolução nº 125 era inaplicável à Justiça do Trabalho.

Felizmente, estas questões foram acomodadas quando foi editada e publicada a Resolução nº 174/2016 do Conselho Superior da Justiça do Trabalho, que dispõe sobre a política judiciária nacional de tratamento adequado das disputas de interesses no âmbito da Justiça do Trabalho, selecionando, dentre as normas da Resolução nº 125 do CNJ, aquelas mais compatíveis com o processo do trabalho e excluindo as mais polêmicas e controversas, de forma a neutralizar o antagonismo persistente. Esta resolução introduziu expressamente a Mediação na Justiça do Trabalho, conceituando e diferenciando do instituto da conciliação pelo critério de criação ou não de proposta pelo conciliador/mediador, inovando, inclusive, com relação às definições previstas no CPC.

De lá para cá, muito se realizou. Além do CEJUSC Central do Fórum Rui Barbosa, do CEJUSC-Leste e CEJUSC-Sul, o TRT da Segunda Região conta com os CEJUSCs ABC, Baixada Santista, Guarulhos, Barueri, CEJUSC Segunda Instância, o Núcleo Permanente de Métodos Consensuais de Solução de Conflitos coletivos. Outra alteração relevante foi a regulamentação da homologação de acordos extrajudiciais na Justiça do Trabalho, com a possibilidade de os requerimentos serem direcionados aos CEJUSCs. Esta possibilidade abre a porta do Judiciário para a atuação dos institutos de Mediação extrajudicial, que, em caso de preferência das partes, podem requerer a homologação de acordos, integrando um sistema harmônico e complementar de solução de conflitos.

Em março de 2021, foi publicada a Resolução nº 288 do CSJT, que altera em partes a Resolução nº 174 do CSJT, dispondo sobre a estruturação e os procedimentos dos CEJUSCs da Justiça do Trabalho, ampliando as suas atribuições e uniformizando as normas de formação e reciclagem dos cursos de formação.

Quanto à formação de mediadores e conciliadores, a minha história é composta de diversos artigos publicados, dentre eles "O Grande Conciliador", da coordenação pedagógica de vários cursos em São Paulo e também junto aos Tribunais Regionais do Trabalho do Paraná e Rio Grande do Norte, de aulas e palestras proferidas em cursos junto aos Tribunais do Mato Grosso, Mato Grosso do Sul, Goiás, Amazonas, além da AASP – Associação dos Advogados e São Paulo, Escola Nacional da Magistratura do Trabalho e Conselho Nacional de Justiça.

Dentre os maiores desafios, a meu ver, está a aplicação da teoria na prática da Mediação, o que requer muito mais do que boas aulas, monitoramento, autoavaliação e avaliação em grupo, reciclagem, e horas e horas de atuação. Requer inteligência emocional e espiritual; requer, ainda, coerência e Mediação consigo mesmo, com seus pares e familiares e a construção de UM JEITO DE SER.

A Mediação continua a me inspirar

Roberto Portugal Bacellar[46]

Pré-história

Em junho de 1983, como estudante de Direito e servidor do Tribunal

46. Graduado em Direito pela Pontifícia Universidade Católica do Paraná, com especialização em Direito Civil e Processual Civil pela Universidade Paranaense e MBA em Gestão Empresarial pela Universidade Federal do Paraná. Mestre em Direito Econômico Social pela Pontifícia Universidade Católica do Paraná. Doutor em Direito Empresarial pela Universidade Nove de Julho. Desembargador do Tribunal Justiça do Estado do Paraná. Professor da Escola Nacional de Formação e Aperfeiçoamento de Magistrados (ENFAM).

de Justiça do Paraná, fui nomeado, pelo presidente do Tribunal, Des. Alceu Machado, para atuar no experimental Conselho de Conciliação e Arbitramento de Curitiba, ocasião em que pude constatar a importância da expressão "sede de justiça" – na medida em que, desde as 8h30 da manhã, já se formavam filas de pessoas para fazer suas reclamações no que denominavam "Tribunal de Pequenas Causas". Recebia as reclamações, muitas de valores irrisórios, outras visando apenas um pedido de desculpas, e designava as sessões de conciliação para a semana seguinte; organizava a pauta para 90 casos por semana, com atendimentos de audiências terças e quintas-feiras, 45 casos em cada dia de audiência noturna com início às 19 horas.

Era juiz supervisor Celso Rotoli de Macedo e tínhamos aproximadamente 10 conciliadores, que se distribuíam em seis salas. O volume de pessoas nos dias de sessão era tão grande que costumavam aparecer pipoqueiros, vendedores de algodão doce... Era um evento e todas as semanas recebíamos a visita do presidente do Tribunal de Justiça, Des. Alceu Machado. No ano seguinte, os experimentais Conselhos se transformaram em Juizado de Pequenas Causas com a aprovação da Lei nº 7.244/1984, e acabei sendo designado, pelo presidente, precariamente, como secretário (designação precária porque se exigia que o secretário fosse bacharel em Direito e eu ainda era estudante), do Juizado de Pequenas Causas de Curitiba, equivalente ao cargo de escrivão.

Ali acompanhei o trabalho de magistrados e conciliadores, secretariava as audiências e sessões e era a cada dia despertado pela ideia de prevenção de disputas. Casos pitorescos apareciam: (a) troca de animais (troca de duas vacas por uma vaca prenha – que na verdade não estava prenha), que se resolveu com uma pequena indenização; (b) herança representada de bezerros que nasceriam da vaca que era de propriedade de todos os herdeiros, em que o conciliador Ascanio Miró Medeiros apresentou algumas sugestões que foram aceitas e cumpridas pelas partes, eliminando uma disputa de vários anos; (c) reclamação para ser indenizado por sua bicicleta danificada em acidente, mas principalmente por sua dentadura – já que, como fraturou sua dentadura, estava com dificuldades de mastigar e também tinha preocupações estéticas; (d) caso de uma rede de futebol danificada pelo time vencedor, atendido pelo conciliador Miguel Lima Moreira, que conseguiu um acordo indenizatório.

Conciliadores experientes como José Alzamora Neto, Soli Roque Zandonai, Ubirajara Fernandes da Silva, Bogdano Karpen, Jonas Dequech, Dulce Oneide Lopes da Rocha, Walter Lobato, entre outros, atuaram voluntariamente durante muitos anos nos Juizados de Pequenas Causas. Recebíamos desde problemas na confecção de vestido de noiva – em que o vestido foi apresentado na sessão –, roupas danificadas em lavanderias, cachorros emprestados para cria e não devolvidos; muitas demandas de consumo e indenizações por acidentes de veículos foram lá solucionadas quase de forma imediata.

Já se manifestava a ideia de que o problema era muito maior do que a descrição que nos era apresentada (posição) e invariavelmente havia uma questão de fundo (interesse) que acabava por emergir das discussões.

Continuei secretariando os juizados e cursava Direito na Universidade Católica do Paraná (depois transformada em Pontifícia), ocasião em que, no ano de 1985, um jovem professor substituto de direito internacional, Jair Gevaerd, que retornava de alguns cursos que fizera no exterior, nos apresentou alguns textos para fazermos traduções e lá pesquisamos os conceitos de *exequatur*, arbitragem e Mediação. Me interessei muito pela parte da Mediação, cheguei a falar sobre ela em uma das provas do prof. Gevaerd e, bastante empolgado com as novas lições, apresentei algumas ideias ao Tribunal de Justiça; me recordo de um desembargador que teria me dito mais ou menos assim: "Bacellar, cuide dos processos e deixe essas coisas de Mediação, que são atribuições de sacerdote, para os sacerdotes cuidarem". Não sei, até hoje, se ele quis me ofender... Mas não me senti ofendido!

Foi assim que a Mediação entrou, definitivamente, na minha vida e como um sacerdote passei a ofertar as ideias de Mediação, falar entusiasticamente sobre ela, a todos que quisessem conhecer algo novo e transformador.

Em 1984, fiz alguns textos (panfletos de divulgação) e transformei em gibis para orientar as pessoas sobre o juizado de pequenas causas, sobre a importância da conciliação e da solução pacífica das controvérsias. Ainda havia muita resistência das pessoas quando se falava sobre Mediação – tínhamos de nos contentar em valorizar a conciliação –, mas, pessoalmente, já gostava muito de ilustrar minhas falas e escritos com a disputa da laranja, inspiração de Monteiro Lobato: depois de muito brigar e a laranja ser dividida ao meio, um toma a casca para fazer a cobertura de um bolo e o outro pega a fruta e joga fora a casca.

Naqueles panfletos, intuitivamente, já fazia alguma divulgação do que chamava de "verdadeira conciliação" todas as vezes que queria me referir à Mediação. Hoje temos clara, no Brasil, distinção entre a conciliação e a Mediação.

Magistratura

Em 1989, assumi as funções como juiz substituto, e no ano seguinte era designado, pelo presidente do Tribunal, para supervisionar os juizados especiais de pequenas causas de Colombo (Port.613-DM, 23.05.90) e para presidir a comissão de estudos para elaboração de Normas de Funcionamento dos Juizados Especiais de Pequenas Causas do Estado do Paraná (Port.741-DM, 19.06.90). A comissão concluiu o trabalho, que foi integralmente adotado pelo Tribunal no Decreto Judiciário nº 488/1990. Nesse ato regulamentar já apareciam muitos componentes importantes sobre o papel do conciliador, sobre a conciliação e a arbitragem.

Em 1992, como juiz em Imbituva, implantei projeto experimental com a finalidade de achar soluções alternativas e possíveis para o grave problema de acesso à justiça, principalmente para a classe mais pobre. No projeto, os panfletos informativos eram distribuídos, havia ampla divulgação de que as pessoas poderiam registrar suas reclamações e em prazo de 15 dias o juiz, o promotor de justiça e os conciliadores estariam presentes nos distritos da comarca para ouvir as pessoas e ajudá-las a solucionar seus conflitos. Lá se aplicavam algumas técnicas de escuta ativa e Mediação em atuação itinerante, mas ainda só se falava em conciliação.

Em 27 de abril de 1992 representei a Presidência do Tribunal de Justiça no lançamento, em Curitiba, no Teatro Maria José de Andrade Vieira, da estrutura da lei geral de arbitragem, futuro projeto que resultou na Lei de Arbitragem. Essa apresentação foi feita pelos autores do projeto Carlos Alberto Carmona, Selma Maria Ferreira Lemes e Pedro Batista Martins (integrantes da Comissão Relatora do projeto 78/1992 – Senado da República) e ocorreu no Seminário Nacional sobre Arbitragem Comercial. O presidente do Tribunal de Justiça do Paraná, Luís Renato Pedroso, me designou para representar o Tribunal naquele histórico evento em que estavam presentes todos os grandes nomes da arbitragem no Brasil.

Abro um parêntese para relembrar de Petrônio Muniz, advogado pernambucano, da Operação Arbiter, pessoa com quem tive o privilégio de conviver, admirar e desenvolver alguns projetos. Poucas pessoas me chamavam de Portugal. Ele pedia para que eu fizesse alguma atividade e sempre dizia: "Portugal, quando você me encaminha o trabalho? O tempo urge, o tempo urge, lembre, Portugal, que o tempo urge!". Ao final das nossas conversas, sempre vinha um cumprimento único, que adotei e utilizo em sua homenagem: "Um abraço firme". Fecho.

Voltando ao lançamento da arbitragem, Petrônio e alguns dos autores do anteprojeto fizeram a entrega formal desse anteprojeto ao senador Marco Maciel, em 02 de julho de 1992, na Sala da Presidência do Senado Federal. Assim começaria uma nova história para a arbitragem no Brasil, com a até hoje denominada Lei Marco Maciel.

Em 1992, assumi, a convite do juiz Francisco de Paula Xavier Neto, a diretoria coletiva do Departamento de Juizados Especiais da Associação dos Magistrados Brasileiros (AMB); Xavierzinho havia sido eleito presidente da AMB e na diretoria passamos a acompanhar o desenvolvimento da Mediação no Brasil, ouvir e falar um pouco sobre ela, nos eventos realizados pela Escola Nacional da Magistratura (ENM-AMB), naquela época já orientada pelos ministros Sálvio de Figueiredo Teixeira e Athos Gusmão Carneiro, pelos então desembargadores Ruy Rosado de Aguiar e Fátima Nancy Andrighi e pelos juízes José Renato Nalini e Sidnei Agostinho Beneti, todos juristas que já mantinham contato com a Mediação. Aprendi muito com cada um deles e lá nasceu uma comissão de estudos sobre Mediação paraprocessual, que inclusive elaborou um anteprojeto de lei sobre o assunto.

Em 1995, como juiz dos juizados especiais cíveis de Curitiba, recebi um fax do Instituto de Mediação (IM), assinado por Áureo Simões e Juan Carlos Vezzulla, dizendo do interesse em firmar uma parceria para triar casos e aplicar a Mediação no ambiente do Poder Judiciário. Respondi de imediato e manifestei pleno interesse – na medida em que era um assunto que já há 10 anos passados havia me interessado e que ainda não tinha conseguido aplicar na prática. Fizemos uma parceria informal (convênio que era mais uma carta de intenções) e um dia por semana fazíamos a triagem de casos em que desde logo se identificavam relações de vários vínculos e realizávamos as mediações em salas diferenciadas e ambientadas. Todos os outros dias eram tomados com conciliações. Comecei assistindo a algumas mediações dirigidas pelos professores Juan Carlos Vezzulla e Áureo Simões e já me interessei em fazer meu primeiro curso de Mediação.

No ano seguinte, 1996, já era um dos alunos dos primeiros cursos do Instituto de Mediação (IM), hoje Instituto de Mediação e Arbitragem (IMAB). Concluí o curso, apliquei cada um dos novos aprendizados nas minhas audiências, mas não pude receber o meu certificado, já que não fui autorizado, pelo Tribunal, na época, a fazer o estágio prático (obrigatório para receber o certificado) que realizaríamos em algumas varas de família e na Defensoria Pública do Estado do Paraná, como parte da aprendizagem. Havia o entendimento de que magistrados não poderiam participar de estágios supervisionados, exceto no âmbito interno das Escolas Judiciais ou de Magistratura. Aceitei as orientações recebidas do Tribunal.

Em 1997, a convite do desembargador presidente do Tribunal de Justiça, Henrique Lenz César e do vice-presidente e supervisor do Sistema de Juizados Especiais, Des. Darcy Nascer de Mello, assumi a coordenação do Sistema de Juizados Especiais no Estado do Paraná, que abrangia também dos Juizados Especiais Criminais por força da Lei nº 9.099/1995. Foi um momento de muitas realizações e de plena divulgação da Mediação e da arbitragem no Brasil.

Nos anos de 1997 e 1998, a partir do segundo encontro realizado pelo Fórum de Juízes Coordenadores de Juizados Especiais, nome originário do atual Fórum Nacional de Juizados Especiais (Fonaje), apresentamos alguns enunciados em que, pela primeira vez, começava a surgir no mundo jurídico e judiciário o termo Mediação de Conflitos, tanto na área civil, como na criminal. Estimulei muito, como coordenador, além da Mediação, a arbitragem endoprocessual dos Juizados Especiais, em que, naqueles anos e nos anos seguintes, o Estado do Paraná, teve números significativos: em 1998 realizamos 91 arbitragens; em 1999, fizemos 151 arbitragens e em 2000 foram mais de 177 casos solucionados por arbitragem.

Mantivemos a parceria com o Instituto de Mediação (IM) e, juntamente com o prof. Juan Carlos Vezzulla, em 1998 começamos os trabalhos com a Mediação penal, algo até então inviável no sistema brasileiro da indisponibilidade da ação penal. Juntamente com o juiz Athos Pereira Jorge Júnior e a promotora de justiça Mônica Louise de Azevedo, nascia um projeto para os Juizados Criminais de Mediação Penal, medidas substitutivas ao processo, composições civis, transações penais, suspensão condicional do processo, tudo realizado sem qualquer medida punitiva, apenas coordenando os interesses e desenvolvendo a dimensão mediadora de uma sociedade fraterna. A Mediação criminal do nosso Juizado Especial de Curitiba apresentava, na época, resultados promissores e os casos eram solucionados sem qualquer medida coercitiva. Em 1999, já fazíamos registrar algumas dessas experiências. Na roupagem de ameaça, solucionavam-se problemas familiares; na fachada de "vias de fato" envolvendo um casal, emergia separação judicial mal resolvida... e entre composições civis e formas despenalizadoras, os acordos giravam em torno de 90% e, inviabilizada essa possibilidade, as transações penais chegavam a aproximadamente 7%, sendo que, uma vez identificado o problema de fundo, a pacificação ocorria com naturalidade.

Em muitos eventos realizados no Brasil (congressos de magistrados) e no exterior, apresentamos os projetos de Mediação criminal desenvolvidos nos Juizados de Curitiba e as ideias de Mediação civil de resolver a lide sociológica (interesse), além da lide processual (posição):

(a) Em novembro de 1997, na Universidade de Buenos Aires na Facultad de Psicología e Faculdad de Derecho. Primeira Conferência Intedisciplinaria La Mediación en la Sociedad y en la Cultura. Participamos de um painel, Juan Carlos Vezzulla e eu, sobre Características Diferenciales en las propuestas legislativas (en torno de la mediación).

(b) Em agosto de 1998 foi realizado o 1º Congresso Internacional de Adminstración de Conflictos na Universidade de Buenos Aires. Os juízes brasileiros Athos Pereira Jorge Júnior, Vicente Misurelli e eu participamos do evento a convite da Zuema Wilde, juíza nacional de la Cámara de Apelaciones en lo Civil;

(c) Em Buenos Aires, ainda em 1998, também participamos de reuniões com o ministro da Justiça Raul Granillo Ocampo, Claudio Marcelo Kiper, presidente da comissão de capacitação da Associação de Magistrados da República Argentina, Horácio Enrique Prack (presidente da Associação dos Magistrados e Funcionários da Justiça), Zulema Wilde (juíza) e Horácio Roberto Granero (diretor da Faculdade de Direito e Ciências Políticas da Universidade Católica).

(d) Em novembro de 1998, estivemos na Universidade Católica Nuestra Señora de la Asunción, em Assunção, Paraguai, no Seminario sobre La Mediación Preventiva en las Organizaciones y La Mediación en el Poder Judicial.

Um evento puxava outro e houve um debate intenso nesses anos ao participarmos do Fórum Mundial de Mediadores para o Mercosul, em 1997, e do I Congresso de Mediação e Arbitragem realizado em 1998, em que apresentávamos ideias de aplicação complementar da Mediação de forma paraprocessual. Formou-se uma boa integração Brasil/Argentina, que resultou na minha amizade com Juan Carlos Vezzulla e Luís Alberto Warat, professores que se destacaram em todo o Brasil e estiveram em muitos eventos promovidos por associações de magistrados, escolas judiciais e de magistratura, fóruns, seminários, congressos destinados a magistrados em todo o Brasil. A Mediação deve muito a esses grandes professores que sempre iluminaram, com reflexões críticas, o sistema judiciário brasileiro e colaboraram com o aperfeiçoamento da Mediação no Brasil.

Em 1998 ainda venci um concurso nacional de monografias promovido pela Associação dos Juízes Federais do Brasil (Ajufe), como o tema "A Mediação como solução alternativa na resolução dos conflitos", o que gerou uma grande divulgação da Mediação no contexto da magistratura brasileira.

Pelo que me recordo, no ano 2000 participamos do programa de Fortalecimento da Mediação e da Arbitragem Comercial no Brasil, que realizou dois Seminários, dos quais participei: I e II Seminários de Formação de Multiplicadores em Mediação e Arbitragem promovido pela Confederação das Associações Comerciais do Brasil – CACB, Banco Interamericano de Desenvolvimento – BID e Sebrae; o I Seminário em 2000 (Itapema-SC) e o II Seminário em 2001 (Maragogi-AL).

A partir de 2001, participei como palestrante e professor de vários eventos promovidos pela Justiça Federal e Escolas Judiciais Federais para implantação dos projetos de Conciliação no âmbito dos Juizados Especiais Federais, Sistema Financeiro de Habitação, INSS, Conselhos Federais. Foi muito importante a discussão com os magistrados federais na medida em que, diferentemente da justiça estadual, a eles a Mediação parecia algo muito distante, já que sempre estariam a receber litígios de entes públicos. Foram muitas reflexões a concluir que as pessoas físicas ou jurídicas, públicas ou privadas, sempre são representadas por seres humanos com seus valores, crenças, limitações, interesses, posições e até mesmo um conflito entre nações envolveria relação, pessoas, respeito, dignidade. Foi um grande desafio e isso fez nascer grandes amizades com juízes federais, como o desembargador federal Vladimir Passos de Freitas e o ministro Nefi Cordeiro, entusiasta de projetos de Mediação no âmbito da justiça federal.

Em 2002, assumi a Presidência da Associação dos Magistrados do Paraná (Amapar) e avançamos com as parcerias na realização de encontros, debates, seminários conjuntos sobre resolução de conflitos, muitos dos eventos em parceria com Câmara de Mediação e Arbitragem da Associação Comercial do Paraná - Arbitac.

Em 2006, por ocasião do Congresso Internacional, comemorativo aos 10 anos da Lei de Arbitragem, recebi uma homenagem de agradecimento através de Láurea da Arbitac - ACP por batalhar e trabalhar pela causa e pelo estímulo que teria dado à Mediação e arbitragem no Paraná. Devo aqui registrar que foi mais pela amizade que verdadeiramente construímos ao longo dessa jornada do que pelo que fiz, que foi somar forças e estabelecer um real e franco debate crítico sobre a Mediação e a arbitragem comercial no Brasil.

Em 2006, juntamente com André Gomma de Azevedo, como membros da comissão nacional de conciliação, iniciamos, a convite da conselheira Germana Moraes do Conselho Nacional de Justiça (CNJ), presidido na época pela ministra Ellen Gracie Northfleet, um projeto destinado à disseminação da conciliação para os magistrados brasileiros, inicialmente magistrados de juizados especiais. Ministramos dezenas de cursos de Formação de Multiplicadores em Mediação e Técnicas Autocompositivas, o que depois se transformou no programa Conciliar é Legal, com a integração do então Des. Marco Aurélio Buzzi (SP) e da juíza Mariela Ferraz (SP). Estivemos em todas as regiões do Brasil em contato permanente com os magistrados, com discussões claras, transparentes, e disseminamos a Mediação como Mediação mesmo, não mais como "verdadeira conciliação". Lembro que um dos assessores do CNJ me recomendou não falar de Mediação, mas só de conciliação. Ia retrucar com ele (e dizer da minha autonomia pedagógica...) quando percebi que André Gomma apertou os olhos querendo me dizer algo... Imediatamente, eu pesquei a mensagem e respondi: "claro pode ficar tranquilo, que vamos falar muito da conciliação, da verdadeira conciliação – que é aquela que se encontra no consenso, sem imposições, nem oferta de sugestões!". Ele concordou plenamente comigo e seguimos em frente disseminando a Mediação como ela é: única!

Em 2006 comecei a atuar, como voluntário, na Escola Nacional de Formação e Aperfeiçoamento de Magistrados – Enfam, e em 2008, recebi o convite para coordenar os cursos de Mediação e conciliação para magistrados estaduais e federais que agora seriam realizados só pela Enfam. Em uma parceria Enfam/CNJ, resultou que o CNJ atenderia mais a servidores, conciliadores e mediadores.

No mesmo ano de 2008, assumi a Direção-Geral da Escola da Magistratura do Paraná (Emap) período em que, entre outros, realizamos 33 cursos Regionais de Aperfeiçoamento para Magistrados em Técnicas de Mediação e Conciliação (Umuarama, Ponta Grossa, Pato Branco, Maringá, Londrina, Foz do Iguaçu e Curitiba). Criamos, na sede, uma Sala de Mediação (sala espelho) equipada e ambientada (mesa redonda, cores, música e aromas) para capacitação de juízes, servidores e alunos, que reproduzia a Mediação que eu praticava como magistrado. Com todos os avanços, de 2008 a 2010, conquistamos, como equipe (dela faziam parte os desembargadores Fernando Prazeres e Rogério Etzel e os juízes Evandro Portugal e Suzana Massako de Oliveira), o Selo Enfam de Qualidade como melhor Escola de Magistrados do Brasil.

Iniciamos na Enfam, naquele ano de 2008, a realização dos cursos de Formação de Multiplicadores em Mediação e Técnicas Autocompositivas, destinados aos magistrados, todos coordenados pela Enfam. Depois de realizar dezenas de cursos destinados a multiplicar magistrados em Mediação, a Enfam (além de outros cursos de formação continuada) passou a incluir a

Mediação como disciplina das formações iniciais, inclusive em um Módulo Nacional para todos os magistrados aprovados em concursos para juiz substituto (federais e estaduais). Em seguida, além da Mediação, a Enfam, incluiu também a justiça restaurativa (que por muitos anos denominávamos Mediação penal ou Mediação criminal). Além disso, como parte das formações continuadas, da semente oriunda dos Cursos de Formação de Multiplicadores, a Enfam passou a realizar a Formações de Formadores em Mediação (FoFo Mediação). Coordeno ainda alguns desses cursos de Formação de Formadores em Mediação (presenciais e em Educação à Distância - EaD).

Em 2011, assumi a Presidência da Escola Nacional da Magistratura (ENM-AMB), aquela mesma escola que desde a década de 1990 já discutia a Mediação paraprocessual. Pela ENM, realizamos termos de cooperação com a Escola Nacional de Formação e Aperfeiçoamento de Magistrados (Enfam) e com a Escola Nacional de Formação e Aperfeiçoamento de Magistrados do Trabalho (Enamat), para realização de eventos conjuntos e possibilidade de credenciamento de cursos de Mediação que passamos a ofertar a todos os magistrados da justiça comum, da justiça militar, eleitoral e do trabalho.

Atuo como membro do comitê Gestor Nacional da Conciliação do CNJ e em 2020 passei a integrar o corpo permanente de professores do Programa de Pós-Graduação em Direito, Mestrado Profissional da Escola Nacional de Formação e Aperfeiçoamento de Magistrados - Enfam e assumi a cadeira Métodos Autocompositivos em Juízo (MAJ). Oriento alguns projetos de pesquisa exatamente nas áreas da Mediação e da justiça restaurativa.

Há uma promissora possibilidade de surgirem, nos próximos anos, muitas inovações em modelos de serviço judiciário baseados nos projetos de pesquisa dos alunos-magistrados voltados à Mediação. Os professores, desembargador Kazuo Watanabe e psicanalista Juan Carlos Vezzulla, foram alguns dos docentes que convidei para a nossa disciplina, que somam forças não só no desenvolvimento do programa de mestrado, mas em geral no ensino da Mediação para magistrados no Brasil.

A Enfam criou também alguns grupos de pesquisa que estão inseridos no Programa de Mestrado Profissional. Participo atualmente do Programa de Pesquisa 5, que tem como desafios pesquisar os modelos autocompositivos, a justiça restaurativa e o sistema multiportas.

A Mediação continua a me inspirar, me entusiasmar e descrever quem sou na essência. A Mediação é meu currículo e a pele que habita o Roberto, magistrado, cidadão, pai, marido, filho, é a mesma pele do jovem estudante encantado, mediador que confia em uma sociedade fraterna, de dimensão pacificadora, que assegure a liberdade e dignidade da pessoa humana.

Mediação: um caminho sem volta

Samantha Pelajo[47]

Nos idos da década de 1990, era uma jovem estudante de Direito, ainda nos períodos iniciais da faculdade, a um só tempo instigada e intrigada sobre como poderia contribuir para um mundo melhor...

Inspirada pelo ideal de justiça, começava minha trajetória profissional sem ter a mais vaga ideia de se e como poderia agregar algum valor à coletividade. "Seja a mudança que você quer ver no mundo", ensinava Gandhi. Seria então o meu mantra.

Foi então que surgiu uma primeira oportunidade: o Núcleo de Prática Jurídica de minha faculdade estava em busca de alunos que pudessem e quisessem se voluntariar para acompanhar casos de pessoas economicamente hipossuficientes durante as férias letivas.

Antes que o novo semestre se iniciasse, havia me comprometido a assumir a monitoria da professora responsável pela área de família e sucessões do NPJ. Foram três anos muito intensos e instrutivos. Quantos aprendizados teórico-técnicos e, mais do que isso, quantas vivências existenciais...

Algo sempre me intrigou... Por que as pessoas delegavam ao Estado-Juiz

47. Advogada, negociadora e mediadora; doutoranda e mestre pela UFF; foi presidente da Comissão e Câmara de Mediação - OABRJ; vice-presidente da Comissão de Mediação - OABCF; é professora da PUC-Rio, coordenadora de seu Grupo de Mediação; associada cofundadora do Instituto MEDIARE; cocoordenadora do livro *Mediação para iniciantes, praticantes e docentes*, dentre outros; blogueira do Mediando por Aí.

a autoridade para decidir sobre questões tão íntimas e de natureza muitas vezes mais subjetivas do que objetivas, antes mesmo de tentarem uma conversa franca e sincera, facilitada por um terceiro capacitado para tanto?

Durante minha jornada como monitora, pedi autorização à minha professora orientadora para tentar ajudar os clientes a comporem suas divergências. Com sua concordância e seu incentivo, facilitei várias negociações. Contudo, tratava-se de uma prática meramente intuitiva, desprovida de qualquer técnica ou metodologia.

Anos mais tarde, já como professora da universidade, fui convidada por um colega a, ao seu lado, representar o Departamento de Direito na estruturação de um núcleo de prática em Mediação. Para tanto, tivemos a interlocução e a parceria do Departamento de Psicologia da universidade.

Fiz minha formação em Mediação na escola mais conceituada da cidade. Foi quando uma miríade de possibilidades se abriu à minha frente. Quantas perplexidades trazia comigo... Quantas incongruências e inconsistências percebia na prática da advocacia familiarista que conhecia até então.

Passei a colaborar intensamente com a escola de Mediação e sua sócia fundadora – uma inspiração para mim em tantos sentidos... Estava iniciada no desafiador e ao mesmo tempo maravilhoso mundo da Mediação. Era sem dúvida uma prática dificílima e apaixonante! Um caminho sem volta. E quem queria voltar? Certamente, não mesmo...

Levei alguns anos para fazer a transição. Quando finalmente compreendi que a melhor contribuição que poderia oferecer a meus clientes seria por meio do diálogo, senti dentro de mim que estava pronta para colocar meus dois pés com segurança na estrada da construção colaborativa do entendimento.

Nesse meio tempo, tive outra experiência extraordinária: fundei a comissão de Mediação da OAB-RJ, em parceria com duas colegas com experiência na área da Mediação, inspiradas e guiadas pelo mesmo amigo que havia me convidado para montar o núcleo universitário de Mediação.

Tive o privilégio e a honra de presidir a comissão por três gestões, ou seja, por nove anos. Comissão essa que: sugeriu dispositivos legais, cuja redação foi incorporada ao novo Código de Processo Civil; publicou três livros de artigos em coautoria; formou algumas turmas de mediadores; realizou incontáveis palestras no interior do Estado; criou uma câmara de Mediação, voltada a advogados, estagiários e sociedades de advogados; mediou mais de 2.500 casos em seus primeiros anos de existência.

Mais adiante, fui convidada a integrar a comissão de Mediação da OAB Federal como vice-presidente, tendo a oportunidade de contribuir para a criação de projetos em parceria com colegas do Brasil todo e espraiar essa produção coletiva país afora.

Novos desafios surgiram no âmbito acadêmico. Era o momento de expandir os grupos de Mediação para contemplar, ao lado daquele voltado à prática em casos reais, a formação de um time focado em competições universitárias e a criação de um centro de estudo e pesquisa em métodos autocompositivos, dedicado à produção de artigos acadêmicos e à promoção de seminários.

Sentir o engajamento de jovens estudantes de Direito no fomento da cultura do diálogo me traz uma realização que não saberia descrever em palavras...

Ha 25 anos, tinha apenas a certeza de que gostaria de contribuir para o todo. Tanto tempo depois, sinto que tive a imensa honra de esbarrar com pessoas incríveis e inspiradoras que me iluminaram o percurso e seguiram ao meu lado. Posso dizer com convicção que me sinto no caminho e a caminho, graças à Mediação.

Mediação: uma coleção de aprendizados

Minha primeira formação me trouxe o paradigma jurídico, cujo vetor aponta no sentido de que há normas a serem observadas, as quais, uma vez descumpridas, ensejam consequências legais objetivamente aferíveis.

Ao conhecer o instituto da Mediação, deparei-me com uma dinâmica a um só tempo inédita e acalentadora. Ao invés de partir de norteadores externos e preestabelecidos – a legislação, a doutrina e a jurisprudência –, a prática mediativa me mostrou que as premissas podiam ser extraídas do próprio contexto de interação entre os mediandos. Essa dinâmica de cunho colaborativo convida as pessoas envolvidas no cenário controvertido a construírem opções que se coadunem com seu próprio senso de justiça, coerência, razoabilidade, proporcionalidade, ou seja, que sejam legítimas do ponto de vista daqueles que buscam superar o desentendimento.

Com o tempo, fui me dando conta de que a própria negociação entre advogados podia e devia ganhar contornos diferenciados a partir dos aprendizados havidos por meio da prática mediativa. A customização do resultado final tinha o condão de proporcionar às famílias reequilíbrio e resgate da harmonia, ainda que o casal decidisse seguir caminhos independentes.

Também aprendi que era importante ter em mente que os mediandos compartilhavam um vínculo – ainda que episódico – de interdependência: um dependia do engajamento do outro ao longo do procedimento para alcançar o entendimento, em tempo e a contento. Essa compreensão logo de início tende a conduzi-los natural e espontaneamente à colaboração, ao uso de uma comunicação especialmente cuidadosa e habilidosa, ao compartilhamento dos interesses e à construção de opções que contemplem a todos.

O *rapport* foi outro importante aprendizado. Fui percebendo com o tempo como era fundamental criar uma ambiência favorável ao estabelecimento de uma conexão entre o mediador e os mediandos, tendente à confiança no procedimento e na figura do mediador. E como o contágio emocional era um fundamental aliado nesse desafio.

A propósito, foi em meio a uma pesquisa etnográfica que me dei conta de que a confiança transcendia aqueles eixos mais evidentes: na metodologia, na pessoa do mediador, em si mesmo e no outro mediando. Se os mediadores não confiarem nos mediandos, tenderão ao direcionamento... Se os advogados não confiarem em seus clientes, tenderão à representação... Se advogados e mediadores não confiarem na relevância das diferentes funções, tenderão à competição...

Outra valiosa constatação foi a sinergia em potencial entre os diferentes profissionais envolvidos no procedimento de Mediação. Mediadores e advogados possuem uma complementaridade muito interessante e promissora a instrumentalizar a condução do procedimento. Para tanto, é fundamental que os facilitadores possam atuar empática e colaborativamente, convidando os assessores jurídicos ao alinhamento dos norteadores de atuação.

Foi interessante perceber que convidar cada um dos mediandos a vislumbrar (o que não importa em concordância) a situação a partir da perspectiva e por meio da percepção do outro era extremamente delicado e desafiador... Em algum momento, compreendi que, como mediadora, cabia a mim gerar uma ambiência de empatia. Escutar com interesse genuíno como cada um dos interlocutores havia construído a sua narrativa – quais dados tinham sido selecionados e a partir de que visão de mundo, perfil de personalidade e experiências pretéritas haviam sido significados e interpretados – abria espaço para a empatia entre os mediandos.

Era bastante curiosa a recorrência de casos em que, no último instante, algum dos mediandos manifestava insegurança com relação à assunção do compromisso, o que não raro provocava frustração generalizada. Até que pude perceber que a formalização de um acordo significava muitas vezes a descontinuação do vínculo, o que nem sempre é uma vivência simples. A partir de então, passei a naturalizar essa incerteza tão característica dos momentos finais, o que fez com que, depois de alguns instantes ou do esclarecimento de questões pontuais, o procedimento seguisse seu fluxo no sentido do entendimento.

Mais uma experiência interessante envolve exatamente o momento de decisão. Ë muito comum que negociadores queiram assinar o acordo alcançado naquela mesma oportunidade para não permitirem reflexões tardias que possam comprometer a evolução das tratativas. Pois passei a convidar os mediandos a dormirem sobre antes de formalizarem o compromisso. Essa dinâmica claramente trouxe uma leveza extremamente proveitosa para o desfecho dos casos.

São tantos aprendizados, vivências e histórias acumulados. Acredito que possa resumir minha trajetória até aqui dizendo que tem sido um belo e estimulante desafio. Cada novo caso me deixa diferente do que encontrou, seja como profissional, seja como pessoa. E isso é simplesmente ímpar.

A minha história da Mediação no Brasil

Sandra Regina Garcia Olivan Bayer[48]

Acho que nasci mediadora, assim como nasci professora também. Acabaria por aqui independentemente da educação formal que tivesse escolhido na juventude. E hoje consigo ver que isso tem a ver com minhas histórias e minhas raízes. Além, claro, de traços da personalidade. Durante a minha infância e adolescência, nunca gostei de jogos de competição, sempre gostei mais do jogo do que do resultado. Lutar para ganhar sempre foi menos importante do que tecer relações de amizade e garantir que todos se divertissem durante a partida.

Tudo isso me levou a encontrar a Mediação.

Durante o curso de Direito no Largo de São Francisco, já sabia que gostaria de seguir para o mestrado. Por isso já me preparei para os exames de proficiência de línguas, que me garantiram uma vaga na pós-graduação antes mesmo de estar formada. Isso devo em grande parte à professora Giselda Hironaka, que viu em mim uma professora em formação, e me ajudou nesses primeiros passos.

Terminadas as aulas da graduação, automaticamente iniciei os créditos do mestrado, orientada pelo professor Álvaro Villaça Azevedo, com um projeto de pesquisa que tratava do direito à convivência de pais e filhos, o então chamado direito de visita.

A pesquisa sobre o tema me levou à literatura estrangeira de Direito de Família, e nela me deparei com a noção de Mediação pela primeira vez. Esse não era à época meu tema, mas dediquei espaço da minha pesquisa para tratar da solução de conflitos referentes às visitas por meio de Mediação de conflitos. Naquele momento, não encontrei muitos textos brasileiros, mas me recordo de ser impactada por uma coletânea escrita por autores ligados ao IBDEIF, instituto paulista que já continha um germe do

48. Bacharel, mestre e doutora em Direito Civil pela Universidade de São Paulo. Mediadora de conflitos, nas áreas Cível, Empresarial e Familiar, advogada colaborativa e professora de Meios Adequados de Solução de Conflitos e de Mediação e Arbitragem, no Centro Universitário das Faculdades Metropolitas Unidas – FMU, convidada em cursos de capacitação e pós-graduação em Mediação. Sócia fundadora do Instituto D'accord.

que depois se tornou o IBDFAM. A natureza dos textos era interdisciplinar, o que me encantou muito à época. Explico o porquê.

Paralelamente a essa carreira acadêmica, trabalhava no escritório de advocacia do meu orientador, o que garantiu a sólida formação que tenho em Direito Civil. Tinha muito trabalho em pesquisa para pareceres, mas também tocava diversos processos. E esse trabalho não me encantava. Mil vezes a pesquisa, eu dizia. Rapidamente, percebi que a advocacia contenciosa não me atraía e, mais, me angustiava, me tirava mesmo o sono.

Assim, aquelas minhas primeiras leituras me deixaram claro que a Mediação poderia ser um caminho a seguir. Ele teve que esperar a conclusão do mestrado na USP e, depois, os dois anos de mestrado em Direito Romano que tive a oportunidade de fazer na Universidade de Roma. De volta ao Brasil, em 2001, enfim ressuscitei o projeto de estudar Mediação.

Após um curso de Psicanálise para advogados, juízes e promotores, na Escola Paulista da Magistratura, ingressei no meu primeiro curso de formação em Mediação, com as professoras Lia Justiniano Santos e Eliane Riberti Nazareth. Foram quatro meses de encantamento, nos quais fui acompanhada por meu pai, a quem convidei por ver que aquilo combinava com ele. Mais uma vez, minhas raízes que levavam à Mediação. Levei também um aluno para quem lecionava Direito de Família na faculdade: Cassio Filgueiras, companheiro até hoje nessa jornada mediadora. Nesse curso, conheci outras pessoas que continuam nesse caminho: Helena Mandelbaum e Joyce Markovits.

Esse curso foi seguido por uma sequência de outros que chega aos dias de hoje. Sempre foi um prazer ouvir mais sobre Mediação, por diferentes professores, que se tornaram amigos, como Aguida de Arruda Barbosa, Giselle Groeninga e tantos outros. Há três anos, concluí o Diplomado em Diálogos Generativos, coordenado por Dora Fried Schnitman e Edgardo Morales, do Instituto Interfas, da Argentina.

Após esse primeiro curso, depois de me tornar mãe, fui chamada pelo Cassio para voltar à ativa, na redação de uma cartilha de Mediação Comunitária, trabalho em que nossas duas colegas de curso também estavam, Helena e Joyce, além de Celia Zapparolli, Silvana Cappanari e outros.

Através da Joyce, eu e Cassio fomos fazer o curso de aperfeiçoamento em Intervenções Sistêmicas do COGEAE da PUC-SP, coordenado pela professora Monica Galano, em 2004. Fui conhecendo outras pessoas, como a querida Gilda Gronowicz. Nessa época, também, nos enfronhamos no trabalho do recém-criado Setor de Conciliação Experimental do Tribunal de Justiça de São Paulo, no qual permaneci até 2009.

Ao setor se deu o nome de "conciliação". Muitos de nós questionávamos o nome, porque ali se reuniam muitas pessoas que já estavam se dedicando à Mediação. A tendência dos organizadores parece ter sido a de convencer os juízes a mandar casos de suas varas, que estavam em fase da audiência de conciliação. Por isso, se colocassem o nome de Mediação, não haveria a identificação necessária para que os processos fossem para lá enviados. Mais um dos episódios que perpetuou a confusão entre os dois institutos.

Essa pós-graduação da PUC, somada aos mestrados que já possuía, ampliou minha carreira acadêmica para além das disciplinas de Direito Civil: passei a lecionar Mediação e Arbitragem em cursos de graduação de Direito, o que faço até hoje, como uma de minhas principais atividades.

Em 2005, ainda fazendo o curso, conheci Fernanda Levy. O dia era 01/02/2005, quando passei a lecionar na mesma faculdade que ela, a quem fui apresentada por um amigo comum. Fernanda conta essa história melhor do que eu. O fato é que ela era coordenadora do Núcleo de Prática Jurídica e, ao saber que eu estudava Mediação, me apresentou o projeto que queria pôr em prática, mas para o qual não possuía professores capacitados até então. Assim começou nossa amizade: em um projeto que capacitava alunos e atendia à população carente. Àqueles que vinham procurar por um processo, oferecíamos primeiramente a Mediação. Alguns anos de trabalho juntas e muitas viagens para congressos depois, veio dela a ideia de juntas abrirmos nossa "lojinha", um escritório de Mediação privada. O Instituto D'accord nasceu em julho de 2007, com a mesma ideia: capacitar novos mediadores e atender em Mediação, inclusive a comunidade.

Do lado comunitário, começamos em setembro de 2009 um projeto na Liga Solidária, instituição do terceiro setor que nos acolheu e para a qual dedicamos nossa atenção e horas de trabalho até hoje. E nos mantém constantemente com os pés no barro da realidade brasileira, para além do asfalto da Vila Olímpia, que poderia nos alienar.

Com o D'accord em atividade, buscamos relações institucionais. Isso nos levou ao FONAME – Fórum Nacional de Mediação, CONIMA, Conselho da Instituições de Mediação e Arbitragem e CBAR – Comitê Brasileiro de Arbitragem.

Começando pelo último, no CBAR participamos da criação do Grupo de Estudos de Mediação Empresarial – GEMEP, ao qual comparecemos, em alguns momentos mais em outros menos ativamente, mas do qual orgulhosamente fazemos parte até os dias de hoje. O CONIMA ficou sob a responsabilidade da Fernanda. Após a nossa associação, logo Fernanda se inseriu no grupo de mediadores que ali se formava e criou sua carreira institucional, que a levou à presidência, que exerceu por quatro anos. Já o FONAME, que de início era uma atividade comum às duas, passou com o tempo a ser a minha parte nas relações institucionais no D'accord.

No FONAME, exerci a função de conselheira, entre 2010 e 2014, e depois de coordenadora executiva, de 2014 a 2018, após o que voltei à função de conselheira. No FONAME vimos muitos projetos postos em prática e muitas bandeiras levadas adiante por pessoas de referência para a Mediação nacional. Cito aqui o trabalho da criação dos currículos mínimos de formação de conciliadores e mediadores, trabalho capitaneado por Adolfo Braga Neto e Celia Zapparolli. E depois a criação do Código de Boas Práticas para Mediadores. Todos esses documentos foram usados como referência pelo Grupo de Trabalho do CNJ que redigiu a Resolução nº 125/2010 do CNJ.

Aliás, essa também teve gestação nas reuniões do FONAME. Com o Projeto de Lei de Mediação, a chamada Versão Consensuada, tendo recebido nota técnica de inconstitucionalidade, o grupo do FONAME pensou em um novo anteprojeto de lei. Mas, em reunião com prof. Kazuo Watanabe e profa. Ada Pellegrini Grinover, conselheiros eméritos do FONAME, vislumbrou-se a ideia de ser proposta para o ministro do STF que assumiria a presidência naquele ano de 2009, Min. Antonio Cezar Peluso, a criação de uma política pública a ser implantada no Poder Judiciário, nos moldes dos tribunais multiportas, o que veio a ser o CEJUSC. Trabalhamos em diversas sugestões de textos, que foram encaminhados e utilizados pelo Grupo de Trabalho, que contava com uma representante do FONAME, a Dra. Valéria Lagrasta, além do próprio prof. Kazuo.

Também por ocasião da redação do projeto de Código Civil e da Lei de Mediação, participou o FONAME enviando suas sugestões por meio de diversos colegas relacionados ao trabalho e, sobretudo, pela saudosa profa. Ada. E depois da promulgação do CPC, em 2015, tive a oportunidade de representar o FONAME no grupo de trabalho do CNJ para a criação do cadastro nacional de mediadores, bem como de criar o procedimento para pôr em prática a regra do código e uma tabela de referência de remuneração de mediadores. Esse trabalho era conduzido pelo conselheiro Emanuel Campelo e pelo Dr. André Gomma Azevedo.

Em 2016, houve também a I Jornada de Prevenção e de Solução Extrajudicial de Litígios, promovida pelo Conselho da Justiça Federal, tendo o encontro de dois dias sido realizado no auditório do STJ. Nessas Jornadas, levei propostas do FONAME para enunciados sobre Mediação, que foram acolhidas ou unificadas com outras ideias semelhantes de outras instituições. Um dos enunciados foi particularmente questionado pelo prof. Kazuo Watanabe, e Tania Almeida trabalhou brilhantemente na construção de consenso de uma redação que contemplasse todos os interesses em questão. Desse dia, tenho a doce lembrança da profa. Ada dizendo ao seu grande amigo prof. Kazuo que concordava com o meu ponto de vista. Claro, isso foi só o princípio dos debates que levaram à redação consensuada do enunciado 47, como mencionado.

Continuo participando do FONAME, e tenho me voltado também a auxiliar a Diretoria do CONIMA. Tendo sido membro da Comissão Especial de Mediação do Conselho Federal da OAB até 2021, atuo agora como vice-coordenadora de Mediação, na Comissão de Soluções Consensuais de Disputas da OAB/SP, além de ser uma das diretoras de Soluções Consensuais do IBDFAM/SP, integrando a Comissão de Mediação do IBDFAM Nacional.

Temos visto um amadurecimento da atividade dos mediadores, mas continuamos trabalhando institucionalmente para promover as boas práticas, a formação continuada e o reconhecimento à atividade de grande valor prestada pelos mediadores. A atividade extrajudicial de mediadores tem crescido em quantidade e qualidade, apesar dos tempos de pandemia, que nos jogaram à aventura do mundo on-line. Afinal, temos nos saído bem aí também.

Minha atuação na Mediação privada se relaciona à Mediação *ad hoc* e institucional, bem como nos projetos institucionais e educacionais do Instituto D'accord. Além disso, tenho tido a oportunidade de colaborar em diversas atividades do ICFML (Instituto de Certificação e Mediação de Mediadores Lusófonos).

A atividade do mediador judicial, contudo, ainda carece de reconhecimento e, também, de um padrão de qualidade que garanta homogeneidade do serviço prestado em nível nacional. Há muito tempo não atuo diretamente no fórum, mas, como formadora e supervisora de cursos de capacitação de mediadores judiciais, acompanho as dificuldades na realização dos estágios, na compreensão do sistema e na falta de remuneração adequada. O desafio é o do estímulo de mediadores para a prestação de um serviço de alta qualidade, e de advogados para a participação dedicada à busca colaborativa pela pacificação do conflito.

Esse desafio continua a me mover. Já fizemos tanto, mas há tanto por fazer. Reconhecemos o caminho, e o progresso incrível que alcançamos é o que nos motiva a continuar formando profissionais, a trazer os temas difíceis para o centro do debate, a trabalhar na construção desse novo paradigma, no qual soluções criativas geradas colaborativamente trazem a surpresa das possibilidades de pacificação.

Ressignificando: do contencioso ao consensual

Soraya Nunes[49]

Os métodos extrajudiciais de resolução de controvérsias foram introduzidos na minha trajetória em meados de 2005, inicialmente pela arbitragem, quando fui convidada por um grupo de profissionais para organizar um curso de arbitragem em Recife. Na época, nem em sonho imaginava o

49. Mestre em Direito pela Universidade Católica de Pernambuco - UNICAP, advogada colaborativa capacitada pelo Instituto Brasileiro de Práticas Colaborativas - IBPC, mediadora empresarial e familiar, certificada pelo Instituto de Certificação e Formação de Mediadores Lusófonos - ICFML, presidente do Conselho Nacional das Instituições de Mediação e Arbitragem - CONIMA, vice-presidente de Relações Institucionais do ICFML, membro da Diretoria Internacional do ICFML - Portugal, vice-presidente Nordeste da Câmara de Mediação e Arbitragem Empresarial - CAMARB.

que esse convite significaria para mudar o rumo da minha história pessoal e profissional.

Aceitei o convite e enfrentei o desafio! Era apenas uma advogada de contencioso que nunca havia organizado qualquer curso e nem mesmo conhecia o que seria arbitragem. Iniciei a pesquisa para identificar as instituições que realizavam cursos e encontrei o INAMA, sediado em São Paulo, que de pronto indicou um de seus professores para vir ministrar o curso, ninguém menos que Fernando Marcondes, meu primeiro professor em arbitragem, que se tornou um amigo querido, e hoje uma referência internacional. Depois desse curso, fui convidada para conhecer o INAMA e voltei de São Paulo com o convite para fundar o INAMA/PE, onde estive como presidente durante oito anos. Nesse ínterim, tomei tanto gosto pelo tema de arbitragem que retomei um sonho antigo de voltar aos bancos da faculdade e, depois de 19 anos da minha graduação em Direito, ingressei no mestrado em Processo Civil para aprofundar o estudo comparativo com o processo arbitral e ter meu primeiro contato com a Mediação, na disciplina de Teoria do Processo.

Em razão do trabalho realizado junto ao INAMA/PE, em junho de 2008 recebi o convite para implantar a Câmara de Mediação e Arbitragem, conveniada com o TJPE, na FACIG – Faculdade de Igarassu, que receberia os alunos da primeira turma do curso de Direito para o início das práticas do estágio supervisionado em agosto. Assim, coordenei a implantação do Núcleo de Práticas Jurídicas (NPJ) da FACIG, que iniciou suas atividades a partir da Câmara, com a prática real de Mediação para os alunos do 7º período de Direito, que observavam a realização das mediações inicialmente simuladas e posteriormente reais, através do atendimento gratuito à comunidade. Nessa época, mergulhei nos estudos da Mediação e posteriormente participei do curso de Mediação Judicial do CNJ, buscando aprofundamento do tema para o que estava por vir.

E como os desafios não paravam de chegar, fui convidada para inaugurar a disciplina de Mediação e Arbitragem, prevista como disciplina obrigatória no 7º período do Curso de Direito da FACIG, que seria ministrada pela primeira vez na faculdade. Confesso que temi porque não me imaginava como professora, não tinha experiência em sala de aula, e ainda enfrentaria a resistência dos alunos quanto à temática, que provocaria a quebra dos paradigmas construídos nas disciplinas anteriores. Mas aceitei e me encantei com o aprendizado que a docência me proporcionou e continua proporcionando até hoje.

Para além da atuação como coordenadora do NPJ, coordenadora da Câmara e professora, o maior aprendizado adveio da minha atuação como mediadora, atendendo a comunidade de Igarassu e cidades vizinhas. Inicialmente, enfrentamos a resistência da comunidade e dos advogados por desconhecimento, portanto, sendo necessário utilizarmos uma estratégia de divulgação nas rádios da comunidade, tirando as dúvidas ao vivo, participação nas ações sociais realizadas pela faculdade, além do apoio do juiz, promotor e defensor público da cidade.

Todo o trabalho realizado não seria possível sem o apoio da direção da FACIG e a equipe do NPJ, mediadoras, recepcionista e secretaria, que acreditaram no projeto inovador e desafiador, não medindo esforços para levar a pacificação àqueles que buscavam solução para seus conflitos. Ao longo do caminho, fomos aprendendo juntos, revendo as estratégias, inovando, reformulando, até que a comunidade começou a utilizar os serviços e alcançamos cerca de 8 a 10 atendimentos por dia.

Permitam-me abrir aqui um parágrafo para compartilhar o meu aprendizado através da Comediação com uma psicopedagoga, Walnice Barros, a quem dedico meu carinho e gratidão por caminhar comigo nesse processo de coconstrução colaborativa, da nossa atuação conjunta na Câmara da FACIG. Com ela, aprendi praticando a comunicação não verbal, a escuta, a flexibilização, as perguntas e a importância do planejamento antes da sessão. Desde o primeiro momento, estivemos dispostas a atuar em complementaridade e colaboração, o que fez consolidar nossa parceria.

Encerrei esse ciclo na FACIG em 2011 com cerca de 800 acordos firmados na Câmara e homologados pelo Judiciário, com o sentimento de missão cumprida e a gratidão por ter iniciado minha trajetória na Mediação servindo àquela comunidade, contribuindo para a pacificação social, e por todo aprendizado da docência, estimulando aqueles que passaram pela disciplina a serem instrumentos de construção de consenso.

Segui meu percurso com vistas a continuar trilhando os caminhos da Mediação, e todas as atividades que desempenho continuaram vinculadas ao tema, seja na docência, consultoria ou advocacia colaborativa, seja nas instituições, quais sejam OAB, ICFML, CONIMA e CAMARB. Ao longo dessa trilha, tive o privilégio de encontrar mediadores com quem aprendi e me inspiram a continuar caminhando, a exemplo de Carlos Eduardo de Vasconcelos, Fernanda Levy, Sandra Bayer, Tânia Almeida, Adolfo Braga, Ana Isoldi e Marcelo Girade.

Percebo na Mediação uma missão que ressignificou minha existência, que me motiva a pensar e realizar, projetos e ações, com o objetivo de disseminar a utilização do consenso, inspirar pessoas, formar novos mediadores, fomentar a utilização da Mediação em todos os segmentos da sociedade, inclusive para a continuidade dos negócios e parcerias comerciais, e fortalecer os vínculos familiares.

Atuando em mediações de conflitos familiares, societários, empresariais e de empresas familiares, percebi o quanto os conflitos fragilizam as relações continuadas e quanto o processo de Mediação e suas técnicas são eficazes ao construírem um espaço de diálogo e entendimento, desde que as partes estejam dispostas, em respeito à sua autonomia de vontade. Uma Mediação especificamente marcou a minha jornada, por se tratar de um conflito de cinco amigos que se tornaram sócios, e não se falavam há dois anos.

A história deles começou na faculdade, quando três alunos e dois professores se conheceram e posteriormente decidiram criar uma empresa. Começaram pequeno, cada um com uma atribuição, sonhavam, planejavam e executavam juntos cada projeto. Os sócios que inicialmente eram alunos passaram a desenvolver novas habilidades, adquiriram mais conhecimento de mercado e gestão. Os professores, que continuaram a vida acadêmica, eram pesquisadores e atuavam como sócios desenvolvendo os projetos.

A empresa cresceu, realizou grandes projetos, recebeu investimentos, e cerca de 15 anos depois os desentendimentos surgem, separando os ex-alunos dos ex-professores. O conflito escalou, foi judicializado, ações cautelares tramitando no Judiciário, e quando estavam em vias de iniciar uma arbitragem os advogados percebem que a cláusula é escalonada, prevendo a Mediação antes da instauração do processo arbitral, elegendo uma Câmara para administrar os procedimentos. Separados em dois polos distintos, cada polo escolheu um mediador. Foi quando recebi a notificação da Câmara para declarar o aceite.

Quando da notificação, tomei conhecimento de quem seria o outro mediador, o que me causou surpresa por ser um nome desconhecido no âmbito da Mediação. Mas ao conhecê-lo pessoalmente percebi sua *expertise* em negociação, além do vasto conhecimento sobre o negócio da empresa e dos sócios em conflito. Planejamos nossa atuação multidisciplinar e complementar, e seguimos rumo à primeira sessão de Mediação.

Todos presentes, cinco partes, cada uma acompanhada de ao menos dois advogados, iniciamos as apresentações, fizemos a abertura, mas o impasse surgiu já no início das primeiras falas com interrupções dos advogados na fala dos mediandos e vice-versa.

Superado o impasse, firmamos o termo inicial de Mediação constando uma agenda das questões que seriam tratadas ao longo da Mediação, sendo necessário agendarmos as próximas sessões para escuta individual de cada parte separadamente, por percebermos que as partes não estavam preparadas para as escutas em sessão conjunta.

Após todas as sessões individuais, mapeamos o conflito, identificamos os interesses comuns e as opções de consenso apresentadas inicialmente nas narrativas, que satisfaziam os interesses de todos e os ganhos mútuos que seriam gerados. As partes acordaram sobre o primeiro ponto e caminharam para um acordo parcial, que seria cumprido enquanto os outros pontos eram tratados. O cenário estava favorável, todos os pontos da agenda foram conciliados, mas na sessão conjunta realizada para confirmação de todos os pontos acordados uma das partes se recusou a continuar na Mediação, após orientação de seu advogado. Nesse momento, fizemos sessão individual com essa parte e seus advogados, aplicando o teste de realidade para confirmação da sua decisão, mas ele estava determinado e, mesmo tendo avaliado os riscos de perda financeira e da relação com os demais, decidiu não firmar o acordo por concluir que preferia continuar com os processos judiciais, por considerar que sua alternativa era melhor que suas opções trazidas à mesa.

Em seguida, agendamos a sessão de assinatura do termo que seria elaborado conjuntamente pelos advogados e no dia da assinatura, as quatro partes restantes firmaram o acordo, selando a restauração da relação e continuidade dos projetos. Já se passaram três anos, as partes que acordaram continuam prosperando na empresa e a parte que desistiu não teve êxito nos processos judiciais nem retomou a convivência com os demais. Mas se considerarem retomar o diálogo, as portas da Mediação estarão sempre abertas!

Uma mudança de percurso e o percurso da mudança: nova perspectiva de "justiça"

Valeria Ferioli Lagrasta[50]

Era eu juíza há menos de 10 anos, judicando na Comarca de Serra Negra/SP, em uma Vara cumulativa, quando em meados de 2003, meio a contragosto, pelas mãos do meu pai, que à época era desembargador (Caetano Lagrasta), aceitei o convite para participar de um grupo de estudos, coordenado por ele e pelo professor Kazuo Watanabe, no CEBEPEJ – Centro Brasileiro de Estudos e Pesquisas Judiciais, que visava encontrar alternativas para a sobrecarga de trabalho que assolava o tribunal paulista.

As reuniões se realizavam a cada quinze dias e o grupo era composto de magistrados, promotores, advogados, defensores públicos, psicólogos e vários profissionais que já atuavam com a Mediação no âmbito privado, tal qual praticada em outros países, como Estados Unidos e Canadá.

Os trabalhos tiveram início com a leitura e estudo de textos disponibilizados pelo professor Kazuo, que tratavam do *case management* norte-americano ("gerenciamento do processo") e do uso da Mediação naquele país.

50. Juíza de Direito da 2ª Vara da Família e das Sucessões da Comarca de Jundiaí; Especialista em Métodos de Soluções Alternativas de Conflitos Humanos pela Escola Paulista da Magistratura (2009); Doutoranda em Direito pela UNINOVE - Universidade Nove de Julho; Mestranda em Direito e Economia pelo CEDES - Centro de Estudos de Direito Econômico e Social; Formada em Mediação Judicial e Negociação e Mediação Avançadas, pela Columbia University; Instrutora de técnicas autocompositivas e Políticas Públicas do Conselho Nacional de Justiça - CNJ; Vencedora do VII Prêmio "Conciliar é Legal", do Conselho Nacional de Justiça; Formadora da Escola Nacional de Formação e Aperfeiçoamento de Magistrados - ENFAM; Membro do Comitê Gestor Nacional de Conciliação do Conselho Nacional de Justiça - CNJ.

O grupo foi, então, dividido em subgrupos, que ficaram responsáveis por apresentar propostas, que seriam apreciadas para eventual apresentação ao Tribunal de Justiça de São Paulo.

Neste momento, integrei o grupo composto pelo também magistrado Fernando da Fonseca Gajardoni e pelos advogados Marco Lorencini e Paulo Eduardo Alves da Silva.

Lembro-me muito bem que, na época, não fazia ideia de como funcionava a Mediação, mas, com base nos artigos disponibilizados, eu e o colega Fernando da Fonseca Gajardoni, apresentamos propostas similares, combinando o gerenciamento do processo com o uso da Mediação; e foi a partir dessa conjugação de institutos que tivemos a ideia de permitir o uso, tanto da Mediação, quanto da conciliação, já arraigada entre nós, em fase anterior à propositura da ação (fase pré-processual e que, anos mais tarde, daria origem ao Setor Pré-Processual do CEJUSC – Centro Judiciário de Solução de Conflitos e Cidadania), visando evitar a judicialização de conflitos.

O Projeto de Gerenciamento de Casos, como foi chamado, pautou-se pelo modelo de Stuttgart, do Código de Processo Civil alemão e, pelo *Case Management*, do direito norte-americano, apoiando-se em três vertentes: 1) a racionalização das atividades cartoriais; 2) a mudança de mentalidade dos juízes e a condução efetiva do processo por eles; e 3) a introdução de meios consensuais de solução de conflitos nas demandas apresentadas; com vistas a reduzir o número de processos distribuídos e a sua duração; e redundou na obra *Mediação e Gerenciamento do Processo – Revolução na Prestação Jurisdicional*, coordenada por Ada Pellegrini Grinover, Kazuo Watanabe e Caetano Lagrasta Neto (São Paulo: Ed. Atlas, 2007).

Entretanto, apesar do caráter inovador das duas primeiras vertentes no que diz respeito à gestão dos processos, foi a terceira vertente que recebeu maior impulso, tendo em vista que a introdução dos meios consensuais de solução de conflitos no processo e o incentivo à sua utilização já há algum tempo vinham sendo preconizados pelos processualistas brasileiros, havendo normas que previam expressamente a utilização da conciliação, tanto no Código de Processo Civil de 1973 (artigos 125, IV e 331), quanto em leis esparsas, como a Lei do Divórcio (Lei nº 6.515/77), a Lei dos Juizados Especiais (Lei nº 9.099/95), entre outras; que inclusive, acabaram levando, mais recentemente, ao incentivo dos métodos consensuais de solução de conflitos como princípio informador do processo civil brasileiro, trazendo o Código de Processo Civil de 2015 vários dispositivos que tratam não só da conciliação, mas dos métodos consensuais de solução de conflitos, de modo geral (artigos 2º, § 3º; 139, inciso V; 165 a 175; 319, inciso VI; 334; 335, inciso I e 359, da Lei nº 13.105, de 16 de março de 2015).

Com a aprovação desse projeto no grupo de trabalho e elaboração de planilhas específicas para coleta de dados, houve sua implantação, como piloto, na 2ª Vara da Comarca de Serra Negra, da qual eu era titular, e na Comarca de Patrocínio Paulista, que tem até hoje como titular o colega Fernando da Fonseca Gajardoni.

Nesse momento, tivemos de capacitar os primeiros "mediadores judiciais" do país, pois até então, na maioria dos Estados, com raríssimas exceções (como uma experiência de Mediação do Ministério Público do Estado de Pernambuco), o que havia era conciliação, praticada por pessoas sem qualquer capacitação específica, bastando terem "vocação" e "reputação ilibada".

Importante destacar aqui a inexistência de previsão em qualquer lei ou ato normativo, na época, exigindo formação de conciliadores judiciais, o que foi objeto de preocupação, pela primeira vez, no mencionado Projeto de Gerenciamento de Casos.

Nessa capacitação, contamos com a experiência de profissionais, principalmente psicólogos e advogados, que já atuavam na Mediação privada, merecendo destaque Adolfo Braga Neto e seu instituto IMAB – Instituto de Mediação e Arbitragem do Brasil, que acabou capacitando os primeiros mediadores judiciais do projeto piloto, de forma gratuita, com muita maestria; sendo pelas mãos dele também que me capacitei em Mediação!

No primeiro curso que acompanhei, na Comarca de Serra Negra, em finais de semana, fiquei maravilhada com o potencial da Mediação e como era transformadora, inclusive, para o comportamento na vida pessoal! E acabei me formando junto com os primeiros mediadores do Judiciário paulista: um grupo de cinco, contando comigo!

Naquela época, jamais poderia imaginar a proporção que tomaria a Mediação em nosso país!

Foi então que, com a apresentação do projeto e dos dados estatísticos ao então presidente do Tribunal de Justiça do Estado de São Paulo, Luis Tâmbara, no seu gabinete, em meados de 2003, e sua aprovação, veio o primeiro Provimento do Conselho Superior da Magistratura nº 893/04, que passou a permitir a utilização da Mediação e da conciliação, tanto no curso do processo, quanto em fase anterior a ele (fase pré-processual), a fim de solucionar com mais eficácia social e temporal os conflitos, autorizando a implantação dos Setores de Conciliação e Mediação em todas as comarcas do Estado de São Paulo.

Esse provimento, posteriormente, foi parcialmente modificado pelo Provimento CSM nº 953/05, por provocação da OAB/SP, apenas para tratar da presença obrigatória do advogado nas sessões de conciliação e Mediação realizadas na fase processual.

E muitas críticas vieram, principalmente em relação à fase pré-processual, no sentido de que o tribunal estava "legislando sobre processo", mudando o procedimento previsto no Código de Processo Civil; e no que se referia à possibilidade de advogados atuarem como conciliadores/mediadores, o que para muitos, representava, de forma automática, sem qualquer denúncia ou comprovação, captação de clientela.

Mas o Tribunal de Justiça de São Paulo, em um ato de coragem, manteve os Provimentos, nada obstante, na época, fossem de instalação facultativa os Setores de Conciliação e Mediação, dependendo, em grande parte, da vocação dos juízes.

A Escola Paulista da Magistratura, então, sob a coordenação, em princípio do meu pai, desembargador Caetano Lagrasta, começou a organizar e oferecer cursos de capacitação de conciliadores e mediadores, a fim de instrumentalizar os magistrados que, com base nos provimentos acima mencionados, desejavam instalar Setores de Conciliação e Mediação, pois havia exigência de realização dessa capacitação, no prazo de 180 dias, a partir da instalação. E nessa capacitação, tiveram papel fundamental o advogado e mediador Adolfo Braga Neto, entre outros profissionais que já atuavam na Mediação privada, merecendo destaque Lia Justiniano, Eliana Nazaré e Mônica Galano.

Várias comarcas instalaram Setores de Conciliação e Mediação no Estado de São Paulo, sendo que, apesar das resistências, principalmente dos advogados, mantivemos a fase pré-processual, com excelentes resultados.

Assim, pode-se concluir que a grande inovação do projeto foi, sem dúvida nenhuma, a criação dos Setores de Conciliação e Mediação, ferramenta que possibilitou a introdução da Mediação no Poder Judiciário paulista, e a divulgação e incentivo, tanto deste meio de solução de conflitos, quanto da conciliação, já arraigada entre nós, permitindo a utilização de ambos em fase anterior ao ajuizamento da ação (fase pré-processual), evitando a judicialização dos conflitos.

E que o gerenciamento do processo foi o ponto de partida para a mudança de mentalidade dos juízes e dos demais lidadores do Direito em relação aos métodos consensuais de solução de conflitos; sendo tal experiência, devido ao sucesso, transposta, em grande parte, para a Resolução CNJ nº 125/2010.

Na perspectiva pessoal, a partir dessa experiência, iniciei os estudos e aprofundamento na matéria, acabando por me especializar em métodos consensuais de solução de conflitos humanos, pela Escola Paulista da Magistratura em 2009, com monografia que deu origem ao meu primeiro livro, *Mediação Judicial - Análise da realidade brasileira - origem e evolução até a Resolução nº125, do Conselho Nacional de Justiça* (Editora Gen/Forense, 2012).

Continuei essa jornada, coordenando cursos de formação de conciliadores e mediadores em todo o Estado de São Paulo e ministrando algumas aulas em outros Estados, quando recebi o convite para integrar grupo de trabalho do Conselho Nacional de Justiça, coordenado pelo então presidente daquele Conselho, ministro Cezar Peluso, e integrado por três juízes auxiliares, José Guilherme Vasi Werner, Tatiana Cardoso e Sidmar Dias Martins, e pela colega Mariella Ferraz de Arruda Police Nogueira; grupo este que ficou responsável por detalhar a proposta de Política Judiciária Nacional de tratamento adequado dos conflitos de interesses, apresentada pelo professor Kazuo Watanabe algum tempo antes.

Quanto a essa proposta, importante deixar consignado que, algum tempo antes, havia sido apresentado projeto de lei de autoria da deputada Zulaiê Cobra, visando à institucionalização da Mediação no Brasil, o qual, após trabalho de um grupo de processualistas coordenado pela professora Ada Pellegrini Grinover e por Petrônio Calmon, deu origem ao projeto de lei consensuado nº 94/2002, que, devido a uma Nota Técnica da ministra Ellen Gracie, acabou paralisado no Congresso Nacional.

Assim, os professores Kazuo Watanabe e Ada Pellegrini Grinover reuniram no CEBEPEJ um grupo de profissionais que já atuavam com a Mediação e do qual eu também participei, todos integrantes do FONAME – Forum Nacional de Mediação (fundado pelo próprio professor Kazuo), a fim de discutir se seria mais interessante lutar pelo desarquivamento do projeto de lei no Congresso Nacional ou buscar a instituição de uma política judiciária nacional de tratamento adequado dos conflitos de interesses, sendo que a opção do grupo foi pela última; e então, o professor Kazuo, antes mesmo da posse do ministro Cézar Peluso como presidente do Supremo Tribunal e do Conselho Nacional de Justiça, quando já integrava o Conselho Consultivo desse último, apresentou a proposta de Política Judiciária Nacional, que deu origem ao grupo de trabalho mencionado acima.

O grupo de trabalho, então, apresentou ao ministro Cezar Peluso a minuta do que viria a ser a Resolução nº 125 e que, dentre outras coisas, trouxe a criação de unidade judiciária específica para o trabalho com os métodos consensuais de solução de conflitos, o CEJUSC (Centro Judiciário de Solução de Conflitos e Cidadania), em uma perspectiva de Tribunal Multiportas, institucionalizando muito da experiência do Projeto de Gerenciamento de Casos, principalmente o trabalho com os métodos consensuais de solução de conflitos em fase anterior ao ajuizamento da ação (que gerou o Setor Pré Processual do CEJUSC), a Mediação judicial e a necessidade de formação adequada, tanto de mediadores, quanto de conciliadores.

Essa minuta passou, posteriormente, pela análise do Comitê Gestor da Conciliação do CNJ, coordenado pela então conselheira Morgana de Almeida Richa e integrado pelo hoje ministro do STJ, Marco Aurélio Gastaldi Buzzi, Roberto Portugal Bacellar, André Gomma de Azevedo e Adriana Goulart de Sena Orsini, além de todos os membros do grupo de trabalho citado acima, resultando, após um trabalho incansável e muito bem conduzido pela conselheira, na aprovação em plenário, em 29 de novembro de 2010, da Resolução CNJ nº 125 (O percurso completo que foi trilhado e também os métodos autocompositivos e heterocompositivos de solução de conflitos podem ser conhecidos em https://legado.justica.gov.br/seus-direitos/politicas-de-justica/enapres/formacao-instrutores_web-1.pdf/view).

Como se fosse hoje, me recordo do momento no qual recebi a notícia da aprovação da Resolução nº 125 pelo CNJ!

Estava participando de um FONAJE – Fórum Nacional de Juizados Especiais, em Bonito, no Mato Grosso do Sul, e estávamos caminhando em direção ao local onde seria realizada uma das palestras, eu, a colega Mariella e o ministro Buzzi, quando este último recebeu um telefonema com a notícia.

Comemoramos muito! Pois o trabalho foi árduo, exigindo muita dedicação, com horas e dias de trabalho de todos, além da superação de entraves políticos, que foram muito bem balizados pela conselheira Morgana de Almeida Richa.

Mas valeu a pena!

Hoje temos uma Política Judiciária Nacional bem estruturada e consistente, apesar de ainda haver grandes desafios, que se intensificaram com a pandemia de Covid-19 (para conhecer um desses desafios, leia-se: "O Desafio da Mediação por Videoconferência" - JOTA – https://www.jota.info/coberturas-especiais/inova-e-acao/o-desafio-da-mediacao-por-videoconferencia-30062020 - 30/06/2020).

E isso porque a Política Judiciária Nacional de tratamento adequado dos conflitos de interesses, instituída pela Resolução CNJ nº 125/2010 apresenta objetivos amplos e de vanguarda que, mesmo antes da pandemia do Covid-19, não estavam totalmente consolidados: 1) Mudança de mentalidade; 2) Qualidade do serviço dos terceiros facilitadores: formação e remuneração; 3) Acesso à justiça.

No artigo "Os Desafios da Política Judiciária Nacional de Tratamento Adequado dos Conflitos de Interesses", constante da obra *Tratamento Adequado dos Conflitos – Obra comemorativa da primeira década da Resolução 125 do Conselho Nacional de Justiça*, coordenada por Amanda Barbosa e

Ghilherme Bertipaglia (Ed. Lumen Juris Direito, 2020, p. 193-210), trato desses desafios de forma detalhada, trazendo uma reflexão sobre o caminho que ainda temos que trilhar para tornar a Mediação uma realidade no país!

Por outro lado, o percurso apresentado, agora, reflete o ideal de justiça de seus atores, principalmente do professor Kazuo Watanabe, surgindo a Mediação como um dos instrumentos para efetividade do acesso à justiça como "acesso à ordem jurídica justa", expressão por ele cunhada, que significa que não basta permitir que o cidadão ingresse no Judiciário, mas é necessário viabilizar a solução de seus conflitos de forma adequada!

Enfim, diante dos obstáculos já superados, podemos dizer que estamos no caminho certo!

Continuarei estudando, aprendendo e lutando para que a Mediação se torne uma realidade ao alcance de todos em nosso país!

A delícia de resgatar minhas memórias sobre o nascimento da Mediação no Brasil

Verônica A. da Motta Cezar-Ferreira[51]

Lá se vão cerca de três décadas. Como o tempo passa! Parece que foi ontem.

Bem verdade que, para mim, começou bem antes, quando comecei a experimentar a interdisciplinaridade psicojurídica.

Foi assim.

51. Doutora e Mestre em Psicologia Clínica pela PUC-SP. Bacharel em Direito pela Faculdade de Direito da USP. Advogada e psicóloga. Terapeuta individual, de casal e de família. Perita em causas judiciais de família. Mediadora e consultora psicojurídica de família. Integrante dos pioneiros da terapia familiar e da Mediação familiar no Brasil. Introdutora da visão psicojurídica no Direito de Família. Professora convidada da EPM, desde 2005. Um dos vinte e dois primeiros mediadores nomeados pelo TJSP. Antiga integrante do Conselho de Ética do CONIMA. Membro do Conselho de Educadores da Escola de Pais do Brasil, desde 1994. Membro fundadora das Associações Paulista (APTF) e brasileira (ABRATEF) de terapia familiar e da Associação de Direito de Família e das Sucessões (ADFAS). Diretora nacional de Relações Interdisciplinares da Associação de Direito de Família e das Sucessões (ADFAS). Titular do VCF Instituto Psicojurídico.

Sou advogada, e, como tal, entendo que as relações em sociedade têm que ser estruturadas e organizadas. Para isso existem as leis. Mas sou também psicóloga e, como tal, primeiro, enquanto psicanalista, o inconsciente tem importância fundamental, e tem; e ,enquanto terapeuta sistêmica, vejo as relações se construírem, se desconstruírem e se destruírem na interação das pessoas que as compõem.

Havia um impasse. Será?

Alguns pacientes chegavam ao consultório, faziam suas queixas, narravam suas dores, e passávamos a trabalhar. Mas tínhamos que trabalhar a seu favor, visando ao seu autoconhecimento e seu crescimento, para que eles próprios pudessem dar solução a seus conflitos.

No fundo, somos tradutores. Traduzimos o que as pessoas nos contam em linguagem que não conseguem decodificar e que, supostamente, nós conhecemos e decodificamos.

Há, porém, elementos concretos a envolver esses relatos. Um deles é a lei. O que existe na lei pode até ser interpretado, mas, na essência, não pode ser mudado.

Dura lex sed lex.

E assim vinham narrativas e narrativas, e a voz de Freud em meu ouvido, dizendo que eu não deveria interferir. Ora, mas Freud era pai para mim, não um padrasto mau. E pensei: algumas informações funcionarão como assepsia no campo cirúrgico. Assepsia feita, a cirurgia será mais segura, menos sujeito a infecções ficará o paciente.

Resolvi experimentar.

Lembro-me do caso de um casal que me procurou porque queria se casar e estava com problemas na operacionalização dessa decisão. Tratava-se de um casal bem mais velho do que eu, à época. Ele, viúvo, com filhos, cerca de sessenta anos. Ela, solteira, sem filhos, pouco mais de cinquenta anos.

Desde o momento das apresentações, essa senhora chorava, copiosamente. Tentei acalmá-la e perguntei o que acontecia e em que poderia ajudá-la.

Como ocorre muito frequentemente, ela me disse que haviam me procurado porque sabiam de minha dupla formação. Na verdade, buscavam uma terapia de casal. O senhor mostrava-se carinhoso e acolhedor com a noiva.

Contou-me ela, então, que se conheceram, afeiçoaram-se, apaixonaram-se e pretendiam se casar. Que ambas as famílias haviam aceitado bem o fato, tendo os filhos dele sido acolhedores, achando ótimo que o pai se casasse novamente, após alguns anos de viuvez.

Havia, porém, um senão. Ela gostaria que o casamento fosse "completo", como dizia, e ele falava em se casarem pelo regime da separação de bens.

Foi então que resolvi fazer a "assepsia da área", e lhes disse: "antes de falarmos de suas dúvidas, de entender seu sofrimento e de pensarmos juntos, quero esclarecer o seguinte: pela nossa lei, na idade de vocês, só é permitido o casamento pelo regime da separação de bens".

A esse tempo, estava vigente o Código Civil de 2016, sem alterações trazidas por leis complementares.

Olhar o psicológico, considerando o jurídico; ler o jurídico com os olhos do psicológico.

Sem o saber, eu acabara de fazer uma leitura sob a ótica do que viria a constituir como a visão psicojurídica, usando a interdisciplinaridade que me era intrínseca em razão da formação e de meu repertório interno, e pude, a partir daí, cuidar da relação desse querido casal, que, espero, esteja casado ou tenha vivido nessa relação por muitos anos. A última notícia que tive deles foi de que se casariam e estavam felizes com a decisão tomada.

No ano 2000, essa visão foi sacramentada em minha dissertação de mestrado, depois transformada no livro *Família, Separação e Mediação – uma visão psicojurídica*, hoje, em sua 4ª edição, primeira obra brasileira interdisciplinar psicojurídica escrita por autor, no caso autora, único.

Atualmente, o instrumento que melhor concretiza a aproximação entre as ciências Direito e Psicologia é a Mediação.

A Mediação familiar, em particular, pode ser considerada um instrumento que se coloca entre as práticas tradicionais jurídicas de operar em causas judiciais de família, mesmo em separações consensuais, e a gama de tratamentos existentes para ajudar o casal a rever sua relação e compreender seu vínculo psicológico.

Uma das coisas que me trazem boas lembranças em matéria de Mediação, seu nascimento no Brasil, sua implementação e desenvolvimento é o clima amistoso existente entre seus precursores.

Éramos poucos, mas muito unidos, e nossas vidas e experiências foram se entrelaçando.

A partir daquela experiência interdisciplinar, percebi-me, cada vez mais, fazendo Mediação sem saber que o fazia.

A primeira vez em que alguém me denominou mediadora foi em um Congresso de Psicanálise do Casal e da Família, em Buenos Aires, nos anos 1980. Em conversa com uma colega argentina, ela me perguntou: "Como você trabalha tais casos de divórcio?" Respondi: "Assim, assim, assim [...]". Ao que ela, imediatamente, completou: "Mas você é uma mediadora de divórcios". Fora a primeira vez que ouvira tal expressão.

Em 1994, como presidente do CEFASP, Centro de Estudos da Família de São Paulo, organizei uma palestra com o então desembargador Cezar Peluso, que viria a ser presidente do STF, para falar sobre Direito de Família para os profissionais "psi". Sabedora de que ele era apreciado por colegas do Direito, convidei-os também, esclarecendo que a palestra seria sobre aspectos básicos. A presença foi surpreendente. Foram enviados 100 convites e compareceram 110 pessoas. Pela primeira vez, profissionais da Psicologia e do Direito estiveram juntos.

Esse foi o berço do Instituto Brasileiro de Estudos Interdisciplinares de Direito de Família, de onde saiu o Anteprojeto de Lei de Mediação, subscrito pela deputada Zulaiê Cobra, elaborado pela Comissão de Mediação do IBEIDF e redigido por Cezar Peluso. Esse anteprojeto e o de Lei de Mediação do Instituto Brasileiro de Direito Público, elaborado por Ada Pellegrini Grinover, foram apresentados de forma consensuada e discutidos em histórica sessão plenária na OAB-SP, em 2003.

Antes da promulgação da lei, o Judiciário abraçou a ideia por meio da Resolução nº 125/2010. Com idas e vindas legislativas, afinal a Lei da Mediação foi promulgada em 2014, e o novo Código de Processo Civil a acolheu em 2015.

Mas eu falava das relações entre os mediadores. E foi assim que nossos caminhos se cruzaram. Por exemplo, quando estudávamos esse instrumento, o querido colega Adolfo Braga Neto esteve no IBEIDF para uma das reuniões. Ao mesmo tempo, meu lado legalista preferia não ficar só como pioneira e, para ter um certificado, matriculei-me no IMAB, conduzido pelo Adolfo, e lá fui fazer minha capacitação.

Outro encontro delicioso aconteceu quando da realização de minha tese de doutorado sobre guarda compartilhada em uma visão psicojurídica.

Precisando completar meus créditos, pedi para assistir a uma aula do Curso de Mediação do prof. Cahali, na PUCSP. Bem recebida por ele e pela querida Fernanda Levy, que o assistia, levei um susto quando ela me convidou para falar à classe sobre a Visão Psicojurídica e a introdução da Interdisciplinaridade no Direito de Família. Coisas da consideração e do afeto.

Foram muitos os encontros e os bons momentos com pessoas brilhantes, e um deles foi o contato com, provavelmente, a primeira obra trazida para o Brasil: *Fundamentos da Mediação Familiar*, de 1996, em coautoria de John Haynes e Marilene Marodin, que tantos subsídios trouxe, e traz, ao conhecimento e à prática da Mediação.

Tantas histórias dariam muitos escritos e gerariam ainda mais lembranças deliciosas, como quando o presidente do Tribunal de Justiça de São Paulo, desembargador Luiz Tâmbara, nomeou os vinte e dois primeiros mediadores do Tribunal, de cujo seleto grupo tenho a honra de fazer parte.

A Mediação se disseminou e precisou de normas. Criou-se o CONIMA, objetivando organizar e dar um norte às instituições de Mediação e arbitragem. Desse Conselho, integrei a Comissão de Ética ao tempo do presidente Cássio Telles Ferreira Neto.

O fato é que valeu a pena. No Setor de Conciliação do Fórum João Mendes Junior, nome oficial à época, dávamos supervisão, consultoria ao vivo, aulas e atendíamos, voluntariamente.

Hoje essa rede cresceu, exponencialmente.

Desse tempo, uma realidade se mantém. Ao que tudo indica, sou a professora mais antiga em atividade, atuando nos cursos de Mediação, em todos os seus níveis, na Escola Paulista da Magistratura. Em 2010, pelo que me contaram, todos os juízes de família de Tocantins haviam passado por minhas aulas. E continuo enfrentando novos desafios, como o de dar aula de 04 horas, on-line, durante a pandemia.

Enfim, lá em cima, mencionei meu lado legalista. Por determinação do Conselho Nacional de Justiça, todo mediador precisa fazer curso de atualização, periodicamente. E lá fui eu, para estar *in*.

A surpresa veio na hora de procurar estágio. Em todos os postos do CEJUSC a que chegava, o/a coordenador/a do local, ao me ver, dizia: professora, o que a senhora está fazendo aqui? Procurando estágio. As caras eram de espanto. Mas a senhora não precisa disso. Com quem vai estagiar? Fomos todos seus alunos.

Resumo da ópera.

Acabei ficando desconcertada, e desisti. Kkk. Resultado: não recebi meu Certificado até hoje. E garanto que, teoricamente, fui dos melhores alunos do curso. Tenho meu caderno, manuscrito, com todas as aulas anotadas... para quem quiser ver. Kkk. Vai entender.

Por último, deixo aqui um mimo em agradecimento pela generosidade da lembrança de meu nome para confraternizar com tão queridos amigos e participar desta obra histórica, que, certamente, vai me tocar o coração a cada capítulo que ler: Meu poema "Oração da Mediação".

Oração da Mediação
Senhor, este é um tempo de muita violência,
Por isso, precisamos de formas para encontrar a paz.
Que, como parte, eu voluntariamente busque ajuda,
Que, envolvida no conflito, eu queira ser mediada.
Que, medianda, eu possa flexibilizar minha rigidez,
Sair de minha posição de dona da verdade,
Abandonar a convicção de que sou vítima,
Acreditar em meu potencial
E, verdadeiramente, tentar acordar.
Que, na busca do acordo,
Eu tenha lucidez suficiente para conceder,
Entendendo que sem concessão não há acerto.
Que, em minhas concessões,
Eu tenha clareza suficiente para preterir meus desejos

Em benefício de minhas necessidades,
Deixando que estas se imponham àqueles.
Que, como medianda, eu possa sair de meu lugar
E ocupar o lugar do outro com generosidade de alma.
Que eu possa compreender suas razões
E aceitar suas necessidades como são aceitas as minhas.
Que eu possa ser humilde o suficiente
Para conseguir descer de meu trono
E pisar o mesmo solo que meu contendor.
Senhor, fazei com que, realmente, eu procure a paz.
Que, como mediadora, eu possa ser imparcial
E, eticamente, evitar tomar partido.
Que eu possa desconsiderar minhas vontades,
Ajudar as pessoas a se ajudarem.
E perceber que as pessoas brigam
Por se sentirem injustiçadas e impotentes
E não porque queiram brigar.
Que, como mediadora, eu possa ter compaixão
Para reconhecer os sentimentos dos mediandos
E me empatizar com sua dor e seu sofrimento,
Ajudando-os a se acalmar.
E, em se acalmando, recuperarem o equilíbrio
Que lhes permita, a cada um,
Ceder um pouco, perder um pouco e ganhar em conjunto.
Que, como mediadora, eu possa ter serenidade.
Que, como mediadora, eu possa ter tolerância.
Que, como mediadora, eu possa ter paciência.
Que, como mediadora, eu possa ter conhecimento
Para ajudar as pessoas a comporem seus conflitos,
A diminuírem suas diferenças
E a se harmonizarem.
Senhor,
Que como medianda, eu, verdadeiramente, queira a paz.
E, como mediadora, eu possa ser, de verdade,
Um instrumento de Vossa paz.

Parte 3
Cultivo

Introdução

Crescimento, ampliação e novas fronteiras constituem as palavras reconhecedoras dos integrantes dos relatos que dão continuidade ao plantio, pois trabalham na sua expansão e no círculo virtuoso, deixando arados novos terrenos. Novos outros empreendedores se unem aos anteriores e se lançam na atividade de maneira exclusiva, fazendo da Mediação seu dia a dia.

Economicamente falando, tornam-se visíveis os resultados da globalização, pois o processo de integração político, social, econômico e cultural já consolidado passa a contar com avanços inusitados. Tal fato não significa a inexistência de resistências ou retrocessos, que, na verdade, sempre existiram e continuam a existir. No entanto, importante lembrar que tais reveses não comprometeram a estrutura resultante daquele processo. Exemplo claro foi a saída da Inglaterra da Comunidade Europeia, que continua com a solidez de um mercado comum, congregando economias, políticas e culturas distintas.

Neste período, se conclui todo o trâmite legislativo dos projetos que envolvem a Mediação junto ao Congresso Nacional e, após 18 anos de idas e vindas na Câmara e no Senado, nasce em 2015 o Marco Legal da Mediação, consagrando o instituto no ordenamento jurídico brasileiro, além de vir contemplada em âmbito do processo judicial, com as disposições contidas novo Código de Processo Civil. Vale notar que esta inclusão em nada inovou, pois apenas tornou previsão legal o que na prática já existia em termos de realidade nacional.

Tal fato despertou mais interesse de muitos profissionais, em especial operadores do Direito, a se dedicarem exclusivamente à atividade de maneira independente, institucionalmente, bem como com a criação de sociedade de profissionais prestadores de serviços de Mediação.

Este cenário acabou por propiciar que a Mediação adentrasse em áreas até então inóspitas, como, por exemplo, o ambiente da reestruturação e insolvência no contexto empresarial, que, mergulhado em crise econômica e financeira, acaba por se beneficiar da Mediação, cujos aspectos são únicos para sua aplicação. O mesmo se dá na área da administração pública, cuja tendência em direção à consensualidade consagra a Mediação como uma de suas joias.

No ambiente familiar, o cuidado aos idosos, crianças e adolescentes e outros membros integrantes da família acabam por reconhecer o quanto o diálogo promovido pela Mediação a tornam imprescindível.

Assim, seguimos por diversos contextos, como o escolar e o meio ambiente, nos quais a sua prática já se encontra desenvolvida e percorre caminhos irreversíveis.

O enfrentamento da maior crise sanitária mundial vivida pelo advento da pandemia do Coronavírus, que obrigou as pessoas a estarem em distanciamento social por longo tempo, trouxe a dependência cada vez mais intensa do uso da tecnologia. Destacamos que os avanços nessa área proporcionaram a continuidade e o aperfeiçoamento de atividades e conexões humanas indispensáveis. Chama a atenção que a Mediação, muito embora baseada na facilitação do diálogo "olho no olho", tenha se adaptado rapidamente para o ambiente virtual, possibilitando uma resposta imediata e necessária ao tratamento dos conflitos. Tal resposta muitas vezes pode ser compreendida como uma reinvenção do método que se tornou, em alguns casos, a única ou melhor maneira de administrá-los nesse momento tão doloroso de nossa história.

Relevante salientar que o requisito da capacitação em Mediação sempre foi preservado como pressuposto de boas práticas em todos os momentos da existência da atividade em solo nacional. Esta aspiração dos primeiros desbravadores se manteve como condição para o ingresso de profissionais na área, que por sua vez proporcionam a capacitação de novos atores, em progressão geométrica.

Todos os componentes aqui destacados reconhecem a Mediação como metodologia primária e adequada na solução e transformação de conflitos, também avalizada pelo ordenamento jurídico brasileiro, consagrando-se como meio promotor ao acesso à ordem jurídica justa, pelo diálogo, autonomia da vontade e protagonismo dos envolvidos.

Fernanda Rocha Lourenço Levy e Adolfo Braga Neto

Como a Mediação transformou meu olhar para solução dos conflitos

Adenice Léo de Lima[52]

Minha história com a Mediação começou em 2001, quando tomei conhecimento através de um cliente que participava da câmara setorial da ACIC, o sr. Andreson Porto, de que haveria uma palestra do sr. Carlos Vasconcelos sobre Arbitragem, no Sebrae-Recife-PE.

Assistir àquela palestra foi um daqueles momentos na vida em que você toma uma decisão sem ter a menor ideia do que vai acontecer depois daquilo – e sem ter a pretensão de que se converta em algo grandioso, mas é exatamente isso o que recebe em troca. O simples ato de assistir àquela palestra mudou completamente o curso da minha vida.

Porém, na época, eu ainda não tinha noção do impacto daquilo em mim. Claro, o tema me encantou completamente e frequentei todos os cursos oferecidos pelo CEMAPE que podia sobre o assunto, mas estava em conflito.

Como eu, uma advogada militante, instruída a enfrentar os conflitos travando uma batalha judicial quase sem fim, poderia mediar? Eu possuía a crença de que era tudo sobre vencer. Se eu vencesse, queria dizer que eu era a melhor. O acordo era, na minha opinião, sinônimo de incapacidade e derrota. Era admitir que eu não conseguia ganhar a causa.

Ainda assim, estava fascinada com minhas novas descobertas. Não sabia como poderia aplicar aquilo e viver aquilo, mas algo em mim me dizia para continuar me aprofundando no assunto, e foi o que fiz.

No ano seguinte, recebi os cursos oferecidos pelo CEMAPE quando ainda lecionava na ASCES (Associação Caruaruense de Ensino Superior), localizada em Caruaru-PE, para onde levei a proposta de implantar os métodos extrajudiciais de solução de conflitos (negociação, conciliação, Me-

52. Advogada, pós-graduada *Lato Sensu*, coordenadora do escritório Adenice Léo Advogados, mediadora e árbitra do CEMAPE – Centro de Mediação e Arbitragem de Pernambuco, fundadora da CMAESC – Câmara de Conciliação, Mediação e Arbitragem Empresarial Sindloja Caruaru – Pernambuco.

diação e arbitragem) na grade curricular. Minha sugestão foi bem recebida pelo diretor da instituição. No entanto, devido à grade curricular do MEC, não seria possível. A solução que encontramos foi incluir as práticas extrajudiciais nas cadeiras de Estágio Supervisionado. No Estágio Supervisionado I, deixávamos os alunos a par da teoria das formas extrajudiciais. Já no Estágio Supervisionado II, oferecíamos a parte prática que ocorria no Núcleo de Prática Jurídica da ASCES.

Também tive a oportunidade de participar de uma seleção – sendo meu nome indicado pelo mediador/árbitro Carlos Vasconcelos – para participar de um curso oferecido pela CACB (Confederação das Associações Comerciais e Empresariais do Brasil) em parceria com o BID (Banco Interamericano de Desenvolvimento), para professores de todo território nacional, realizado na cidade de Maragogi-AL, no Hotel Salinas em 2002.

Nesta ocasião, pude observar o poder da Mediação, apesar de ter optado pela Arbitragem. Tendo em vista que eu ainda carregava resquícios de profissional litigante – cujo trabalho é entrar em disputa judicial –, o poder de decidir me encantava. Até então, ainda estava endurecida para mediar, pois acreditava que o instituto da Mediação era bom demais, poético, utópico. Eu achava que seria impossível convencer as pessoas a firmarem um acordo ou restabelecer o relacionamento dos envolvidos sem decidir, orientar e opinar.

No entanto, tudo começou a mudar quando a faculdade me deu abertura para levar esse novo conhecimento para a sala de aula. Estudei a fundo o instituto da Mediação e, para minha surpresa, passei a colocar em prática o que aprendi em meu escritório. Ele passou a ser outro laboratório de práticas extrajudiciais, pois, nessa ocasião, também já havia convencido o diretor da ASCES (Dr. Paulo Munis) sobre a necessidade de praticar a Mediação no núcleo de práticas judiciais da instituição.

Foi muito difícil no início, pois uma instituição que sempre foi cuidadosa na prática da retórica da argumentação jurídica, em ensinar ao aluno a ciência jurídica, estava agora interessada em também ensiná-los a mediar. Na época, advogado bom era aquele que vencia sempre. E pronto.

Mesmo assim, tomei coragem de chegar à sala de aula e expor o que eu havia aprendido. Ensinei-os que, em qualquer estágio do processo, o diálogo e o bom senso eram as principais formas de solucionar os conflitos. Mostrei-lhes que era possível trazer paz e harmonia para as pessoas envolvidas em longos e dolorosos entraves judiciais. E provei que na Mediação não existia perdedor ou vencedor, todos saíam ganhando.

Passei a perceber a grandiosidade e o poder que a Mediação tem de transformar os envolvidos, pois ela não apenas leva em conta o processo judicial, como também os próprios indivíduos – suas questões, emoções, porquês. Me dei conta de que, quando utilizamos as etapas corretamente, os resultados obtidos são surpreendentes. Especialmente, porque levamos para a sessão questões altamente emocionais e dolorosas. Assim, podemos ver as pessoas se encontrarem e se entenderem através do diálogo.

Sequer posso descrever em palavras o quão gratificante é para mim presenciar essas transformações. Ver processos que se arrastavam conflituosos por anos serem solucionados em algumas sessões. Tudo através do diálogo.

Mas, mesmo tendo resultados tão claros e positivos, ainda encontrei desafios. Em primeiro lugar, com minha própria classe de colegas advogados, que me criticavam por trazer para nossa cidade um instituto que iria acabar com a advocacia. Eles acreditavam que as pessoas iriam preferir solucionar seus conflitos com profissionais que iram cobrar valores ínfimos, ao invés de procurá-los e, portanto, isto afastaria as pessoas do Judiciário e de seus escritórios.

Essa foi minha maior luta, demonstrar a eles que a Mediação não iria afastar os clientes deles, mas, sim, agilizar a resolução de seus processos. Era um complemento, não uma substituição.

Para difundir a verdadeira essência da Mediação, ministrei vários cursos em convênio com a ASCES e a OAB (Ordem dos Advogados do Brasil). Foi assim que fui apresentando seus benefícios para a comunidade jurídica.

No início, quando a Câmara de Mediação na ASCES foi inaugurada por mim em 2004, as pessoas não a procuravam. Foi preciso tempo para ganhar a confiança delas e para mostrar que os resultados existiam, sim. Quando perceberam que quem aderia à Mediação tinha seus conflitos solucionados em algumas poucas sessões, a Câmara começou a ser cada vez mais procurada e passamos a exercê-la em todos os processos relacionados a direito de família, como se fazia na França. Foi extraordinário, porque só levávamos para o Judiciário os litígios que não tinham como ser solucionados.

Aos poucos, até mesmo os meus colegas advogados se deram conta de seus inúmeros benefícios e ela foi se tornando cada vez mais popular.

No ano de 2009, consegui um convênio do Tribunal de Justiça com a ASCES, com o objetivo de homologar judicialmente os acordos firmados na CMA (Câmara de Mediação e Arbitragem). Uma grande conquista que, além de legitimar ainda mais o que já fazíamos ali, ainda tornou tudo mais prático e rápido.

Ainda na minha caminhada pela ASCES, apresentei um projeto que se chamava PACIFICAR, oferecido pelo Governo Federal através do Ministério da Justiça. Nosso projeto teve o convênio da ASCES com a Defensoria Pública, em vista da exigência de que sendo uma instituição privada deveria ofertá-lo em parceria com uma instituição pública.

Este projeto teve aprovação de 100% e seu objetivo era disseminar a Mediação na comunidade. Para isso, conquistamos bolsas de estudos para os alunos, móveis, *notebooks*, *data shows*, máquinas fotográficas. Tudo para termos condições de alcançar o máximo de pessoas e compartilhar com elas nossos conhecimentos sobre o assunto. E conseguimos. Pois, além de mediarmos os conflitos na Câmara de Mediação, ainda fizemos trabalhos nas associações de bairros, levando para fora da academia o conhecimento das formas extrajudiciais de solução de conflitos.

Também participei, em conjunto com a ASCES, do projeto chamado Escola Legal, elaborado pelo então juiz de Direito Dr. Paulo, para levar às escolas a possibilidade de solucionar seus conflitos através da Mediação. A proposta do projeto era formar nas escolas um comitê composto por alunos, professores e pais de alunos.

Na época, tínhamos o auxílio da juíza de Direito Dra. Silva Virginia, da infância e juventude, que nos apoiou e teve um papel importante na expansão do projeto em nossa cidade. Nesse ínterim, as escolas contaram com um forte apoio. Conseguimos solucionar vários conflitos entre eles, discórdias entre alunos, entre alunos e professores e, inclusive, entre os próprios professores.

Além disso, fui convidada pela PUC (Pontifícia Universidade Católica do Paraná) para participar de um evento em Roma, em 2014/2015 ,na Sapienza (Università di Roma), onde iríamos fazer um estudo comparado da Mediação em nosso país e como estava sendo aplicado em Roma. Fiquei um pouco decepcionada com a Mediação romana, ao mesmo tempo em que fiquei absolutamente animada e orgulhosa por a nossa estar anos luz à frente em matéria de trato da Mediação em nosso povo.

No ano de 2015, fundei e inaugurei a CEMAESC (Câmara de Conciliação Mediação e Arbitragem Empresarial) e a coordenei. Essa câmara passou a funcionar no Sindloja – Caruaru-PE e teve como principais apoiadores os empresários sr. Alberes Lopes – presidente do Sindloja e atual secretário do Trabalho do Governo – e José Marcilio Sales, vice-presidente. Ambos empresários com grandes visões.

A CEMAESC ofereceu cursos, para a população interessada nas formas extrajudiciais de solução de conflitos, atingimos um público de alunos de vários cursos e profissionais de diversas áreas, sendo esses cursos realizados no Auditório do Sindloja, com a minha coordenação;

Ainda coordenei um curso de Mediação com duração de 120 horas na comunidade conhecida como Condomínio Luiz Torres, que teve a participação da CEMAESC-Sindloja, da Prefeitura de Caruaru e da OAB-PE. Capacitamos 30 líderes comunitários da referida localidade.

Isso só me estimulou ainda mais a expandir nosso alcance. Então, no ano de 2018, como conselheira da OAB – subseção Caruaru-PE, apresentei um projeto nas associações de bairros e consegui criar três turmas, nas quais ministrei 120 horas de aulas, em cada uma delas, para um público de psicólogas, assistentes sociais, professores, conselheiros tutelares e outros. Cada turma teve entre 40 a 50 alunos. As comunidades assistidas foram os bairros: Boa Vista I e II e Rendeiras, Caruaru – PE. Eu estava fascinada com a receptividade dos meus alunos e ansiosa para ver o que isso criaria.

Acredito verdadeiramente em criar um futuro melhor para todos nós. E confio que a Mediação fará parte deste futuro. Talvez vocês achem isso utópico, como acreditei que fosse a princípio. Eu não podia acreditar que poderia ser tão simples, após ver por tantos anos os processos judiciais apenas se tornando maiores e mais complexos. Só lhes digo uma coisa: deem uma chance. Como eu dei. É um novo mundo que irá se abrir, com novas possibilidades. É fundamental que pensemos que tipo de mundo queremos deixar depois de partirmos. Qual será o nosso legado? Como seremos lembrados? Quais pegadas deixaremos nas areias do tempo?

Descrevi um pouco das minhas experiências nos parágrafos acima e me orgulho muito de ver o tema da Mediação apenas crescendo na cidade e se difundindo. Este é o meu legado. E espero que você se dê a oportunidade de conhecer ao menos um pouquinho dele.

Acredito na Mediação. Creio que tudo se inicia na primeira infância e, se queremos uma sociedade mais consciente e humana, precisamos dar mais atenção para as nossas crianças e ensiná-las a se comunicarem de modo a serem capazes de solucionar os próprios conflitos.

Acompanhei muitos casos ao longo dos anos. Complexos, extensos, simples, mas todos emocionantes. Gosto de destacar dois deles, porque me serviram de lição sobre a efetividade do instituto e de que até mesmo o caso mais tumultuado tem a chance de ser solucionado. Basta ter paciência e calma ao guiar os envolvidos na chegada de um acordo que beneficiará ambos.

Caso 1: Divórcio

Conflito: Sempre que chegava a hora do casal assinar a petição inicial para atestar que ambos concordavam com o divórcio, eles encontravam uma forma de modificar o acordo. Alteraram as questões de bens, moradia, guarda dos filhos e até mesmo o caminhão que era o sustento da família, já que o marido era caminhoneiro. Os dois sempre criando mais motivos para adiar a assinatura final. Foi quando o aluno responsável pelo caso me procurou para tentar uma Mediação. Na primeira sessão, não quiseram acordo de jeito algum. Estavam muito bravos um com o outro.

Solução: na segunda sessão, optei por fazer um *caucus*, ou seja, sessões individuais. Foi quando descobrimos seus verdadeiros motivos, tanto para desejarem a separação quanto para evitar que ela, de fato, acontecesse.

A mulher declarou que seu marido saiu de casa um dia e nunca mais voltou. Para ela, isso significava que ele tinha outro relacionamento fora do casamento e, por isso, queria o divórcio. Enquanto conversávamos, a senhora me confidenciou que ainda amava o marido e que gostaria de tê-lo de volta.

Quando fui ter a mesma conversa com o homem, ele já começou alegando que ela era a mulher da sua vida, que jamais iria amar outra pessoa e chorou muito nesse relato. Perguntei então qual o motivo da separação. Por que não havia voltado para casa? Com muita dificuldade, ele me explicou sua crença de que ela o estava traindo. Fui mais a fundo, então, e lhe perguntei por que acreditava nisso.

Ele me relatou que, em sua última viagem, quando já estava a uma certa distância de casa, percebeu ter esquecido um documento que precisaria entregar na empresa e voltou para pegar. Foi aí que ele percebeu uma cartela de anticoncepcional, então deduziu que, se ela estava tomando aqueles remédios sem ele estar em casa, queria dizer que estava se relacionando com outro homem.

Pacientemente, expliquei que a mulher tem um ciclo menstrual e que precisa tomar os comprimidos até o fim da cartela, senão ela voltaria a menstruar. Também o aconselhei a buscar um ginecologista, pois alguém da área seria muito mais eficiente ao lhe dar aquelas explicações.

Esta foi uma Mediação demorada, mas, quando finalmente compreenderam a situação, voltaram no mesmo dia para casa juntos e restabeleceram o casamento.

Caso 2: Disputa por imóvel de invasão

Conflito: Quando abri a porta da sala de Mediação para fazer o convite para que participassem da Mediação, deparei-me com aproximadamente trinta pessoas, agitadas e todas querendo participar da Mediação. Metade estava de um lado do conflito e a outra metade, do outro. Nesse caso, um dos membros havia construído uma pequena casa em um terreno de invasão na minha cidade, Caruaru, chamado de Normandia.

Essa pessoa deixou o imóvel por algum tempo e, quando retornou ao local, sua casa havia sido invadida por outra pessoa também sem-terra. Por isso, a comunidade estava dividida.

Solução: Para evitar o excesso de pessoas na sala, convidei apenas aquelas envolvidas diretamente no conflito e, após ouvir ambas as partes e identificar a raiz do problema, percebi que ambos já possuíam a solução. Apenas não estavam ouvindo um ao outro.

Através da Mediação, conseguimos chegar ao seguinte acordo: a pessoa que invadiu o imóvel permaneceria nele e pagaria a quem o havia construído um valor mensal dentro de suas possibilidades, enquanto a outra parte construiria um novo imóvel, com esse valor recebido, em outra invasão onde ela estava com sua genitora. Todos saíram satisfeitos.

Para finalizar, eu gostaria de deixar registrado aqui o meu muito obrigada a Carlos Vasconcelos, meu modelo, amigo e mestre, por ter contribuído para meu ingresso nesse universo tão maravilhoso e transformador da Mediação. E espero que todos nós, que tivemos a honra de sermos homenageados através deste livro, e todos os nossos colegas mediadores, sirvamos de inspiração para aqueles que estão começando agora para que a Mediação apenas cresça em nosso país e no mundo.

Minha história com a Mediação

Agenor Lisot[53]

Meu primeiro contato com a Mediação foi há mais de 22 anos. Certo dia um amigo deixou comigo um *folder* que falava de "Mediação". Confesso que em um primeiro momento, apesar de chamar minha atenção, não dei muita importância. E o tal *folder* foi parar na gaveta de meu criado ao lado da cama.

Um belo dia este *folder*, remexendo na gaveta, veio à tona. Reli com interesse, mas falava que a sede era em Curitiba.

53. Economista, perito judicial, mediador, diretor secretário do Instituto de Mediação e Arbitragem do Brasil - IMAB, professor junto ao IMAB - onde atua na Capacitação em Mediação e como supervisor de Estágios. Especialista financeiro em Práticas Colaborativas. Conciliador e supervisor de Estágios no Fórum Regional Pinheiros e Fórum Tatuapé. Coordenador e facilitador do grupo de estudos, setor Juízes, do Projeto Multiportas da Universidade de Saint Thomas - Minnesota - USA. Palestrante sobre Técnicas de Mediação na Defensoria Pública do Estado de São Paulo.

Desencantei. Meus filhos estudavam no Colégio Guilherme Dumont Villares, e recebo um convite da Diretoria para participar de uma reunião na escola.

No dia marcado, lá fui eu com "n" perguntas, pois não sabia o que iria ser tratado na tal reunião.

A conduzir a reunião estava uma psicóloga, cujo nome me foge, e começou a falar sobre o tema "Mediação Escolar". Achei o assunto muito pertinente e propício, afinal estávamos em um ambiente escolar, e não raro surgem conflitos, seja entre aluno, alunos e professores, professores e administração da escola, escola e pais de alunos etc.

Ao final da reunião, querendo saber mais sobre o assunto, fui falar com psicóloga em particular. Durante a conversa, falou-me de uma instituição que dava capacitação para mediadores.

Foi quando buscou em sua agenda o número de um telefone, que anotei. Alguns dias depois, liguei para o número do tal telefone. Foi este o primeiro contato com o Dr. Adolfo Braga Neto e o IMAB – Instituto de Mediação e Arbitragem do Brasil.

Hoje, com muito orgulho participo como diretor do IMAB.

A partir deste contato, fiz minha capacitação no ano de 2000. Lá conheci o Dr. Juan Carlos Vezzulla, a quem devoto uma admiração imensa por muito do que sou hoje como mediador. Com Mestre Juan aprendi que cada um precisa desenvolver o seu "ser mediador". Não é possível querer imitar o jeito de mediar de outros mediadores.

A capacitação durou 90 horas aula, sempre à noite após exaustivos dias de trabalho. No entanto, ao chegar à sala de aula, na Av. Paulista, ao ver o entusiasmo dos professores Adolfo e Juan, sem considerar que a cada dia percebia o quanto aqueles ensinamentos tocavam em mim, no meu dia a dia, o cansaço desaparecia.

As aulas eram dinâmicas, a forma de transmitir o conteúdo me cativou. Lembro que não faltei um dia sequer.

Findo o curso teórico fiz minha inscrição para o estágio. Esta experiência foi fundamental. Lá fui descobrindo como a teoria, na prática, assume outros contornos.

O Escritório Modelo D. Evaristo Arns – PUC, quantas lembranças e, ao mesmo tempo, quanta vivência, experiência e conhecimento adquiri.

Quanto mais participava do estágio, as mil e uma particularidades das pessoas atendidas, seres tão diferentes, com problemas e crises conflituosas tão particulares e específicas, em que nenhuma reunião era igual, nem sequer semelhante, tinha a impressão de que jamais deixaria de ser estagiário.

Lembro bem da angústia quando o professor Adolfo, depois de mais de ano, me chamou e disse: "Chegou a hora de começar atuar sozinho. É preciso pular na fogueira." Confesso que nunca senti tanto frio na barriga.

Na semana seguinte lá estava eu para a minha grande prova. Enquanto antes eu só observava (observar faz parte do aprendizado), agora estava sendo observado.

Apesar de todos os medos, eu precisava mostrar para mim mesmo, em primeiro lugar, que era chegada a hora de colocar em prática o que aprendera na teoria e na prática.

Desde então, foram muitas horas de Mediação. Muitas descobertas, vivências, reflexões, trocas de experiências com outros mediadores e estagiários.

Dentre muitas descobertas e constatações, percebi que o mediador é aquele que nada sabe, mas faz a diferença, quando no seu papel de mediador acolhe, ouve e auxilia as pessoas a verem e construírem um olhar diferente e para o futuro, sobre a sua dificuldade, ou crise conflituosa trazida. De fato, cada pessoa bem sabe do seu problema, onde o sapato aperta, e só ela conhece o que é melhor para si e como solucionar os seus problemas.

Cada vez mais me convenço que mediar, proporcionar o diálogo entre as pessoas, também é Justiça. Ouso pensar que é Justiça com qualidade, posto que, ao dar oportunidade ao diálogo, é possível às pessoas construírem juntas a solução das suas controvérsias.

As pessoas, quando auxiliadas para o diálogo, possuem uma capacidade imensa de encontrarem seus melhores caminhos para o seu amanhã. O que modifica as crises e os conflitos é a vontade dos próprios protagonistas em dar solução e sentido ao que estão buscando.

Se buscam convivência, sabem o como viver, se outra for a questão, também conhecem as melhores condições e medidas a desenvolver.

Quando se descobre o potencial das pessoas, nasce o encantamento, sempre crescente da Mediação.

No dizer da eminente desembargadora Dra. Maria Cristina Zucchi, "a Mediação é o processo pelo qual se transforma em esperança o que era desespero e em começo o que parecia fim".

Com o auxílio da Mediação, o ambiente proporcionado, preparado para acolher as pessoas, pode ser a oportunidade onde os mal-entendidos são esclarecidos, os sentimentos retraídos, revelados, e como consequência apontar para possíveis caminhos de solução.

O princípio básico é, foi e será o que as pessoas quiserem para o seu amanhã.

As soluções, as escolhas e as decisões bem-informadas através do diálogo entre os envolvidos se convertem em compromissos, corresponsabilidades, logo se transformam no maior sentimento de Justiça, dispensando protocolos, sentenças etc.

Desde então, a caminhada foi longa, e muitas experiências novas foram vividas, a começar com a implementação do Setor de Conciliação ou Mediação do Fórum João Mendes, através do Provimento nº 843/2004 de 09 de novembro de 2004, que alterou a redação do art. 3º do Provimento nº 843/2004, de 16/04/2004.

Embora os casos trazidos tratassem de questões já ajuizadas e, de fato, salvo alguns casos, cuidassem de discussões sobre bens disponíveis, o aprendizado com a Mediação foi fundamental nas reuniões de que participei.

Logo nos primeiros dias de atuação do setor, fui designado para atuar em um dos inúmeros processos. Quando as partes entraram na sala, deparei-me com um amigo de longa data como o requerente daquele feito.

Acolhi as pessoas, seus advogados, expliquei o objetivo de estarmos ali e, ao dizer-lhes que não poderia atuar naquele caso, lembro, até hoje, do espanto de alguns de meus colegas, que entendiam não haver nada de mais no fato de lá estar um amigo de longa data.

Por questões de ética, de imparcialidade e independência, dei me por impedido e solicitei que outro conciliador/mediador atuasse.

Em 2007, através de um convênio entre o Fórum Regional de Pinheiros, FIESP e IMAB, foram capacitadas mais de 50 pessoas, das mais diversas profissões, cujo objetivo era atender ao recém-criado Setor de Conciliação ou Mediação daquele regional.

Por vários anos atuei como supervisor de estágios dos candidatos a atuarem no Fórum Regional de Pinheiros.

Passados mais de 6 anos, o IMAB – Instituto de Mediação e Arbitragem do Brasil, a convite da Dra. Tarcisa de Melo Silva Fernandes, em 2013, iniciou uma jornada junto à 3ª Fara de Família no Fórum Regional do Tatuapé, cuja atuação se voltava para a "Mediação".

Esta experiência, resultou em um livro – *Mediação familiar: a experiência da 3ª Vara de Família do Tatuapé* – organizado por Adolfo Braga Neto, em que tive a honra de participar, em coautoria, relatando a minha experiência com os atendimentos lá realizados.

Como a Mediação chegou, caminhou e se integrou na minha vida

Ana Luiza Isoldi[54]

Hoje percebo que a Mediação chegou na minha vida por meio do Ikebana e ganhou força com a Constelação Familiar e o Cosmic Power, e eu vou contar esta história.

Escolhi fazer o que era certo por meio do Direito. Sonhava com um mundo justo e achava que a magistratura me conduziria a este lugar. Comecei estagiando com juízes, aprendendo o ofício de julgar. Me tornei escrevente e depois assistente no Tribunal de Justiça, em primeira e segunda instância, escalando na ânsia de encontrar este lugar.

No meio deste caminho, e de tantas histórias das pessoas que passavam ali por mim, prestando concurso para me tornar juíza, conheci o Ikebana.

54. Mediadora, com certificação pelo ICFML e IMI. Fundadora da Algi, dedica-se à Mediação, à constelação familiar e a treinamentos em gestão de conflitos no contexto empresarial e familiar.

Indo ao fórum, parei em uma livraria para ver livros jurídicos e dentre eles havia um sobre Ikebana. Fiquei admirando aquela beleza, atônita, surpreendida, conectada. Cheguei no fórum e uma colega me mostrou fotos de uma exposição de Ikebana e contou que havia uma escola com inscrições abertas para um curso começar na semana seguinte. Era muita coincidência para deixar passar a oportunidade: me inscrevi. Foi aí meu primeiro ponto de abertura para algo novo: perceber que havia outro caminho, além do Judiciário, para harmonizar as relações.

Fui apresentada ao Ikebana na Fundação Mokiti Okada como sendo muito mais do que um arranjo floral bonito (como mostrado na apostila do aluno do Ikebana Sanguetsu, organizada por Maria de Lourdes de Oliveira Francisco). Tem o poder de movimentar a energia considerando a Verdade, o Bem e o Belo, que eu traduzo como aquilo que é, que flui e que inspira. É considerado como o Caminho da Flor em busca da essência da vida integrada à natureza. Sua prática leva à harmonia interior e exterior, por meio do autoconhecimento e do estímulo à sensibilidade e senso estético, que eleva a espiritualidade, e seu reflexo no entorno que proporciona harmonia e paz.

A filosofia de Mokiti Okada, fundador do Ikebana Sanguetsu, recomenda vivificar as flores com naturalidade, exatidão, alegria, como arte, pensando na harmonia e na conexão com algo maior. Inclui em seus princípios que jamais devemos forçar as flores, que devemos realçar suas características, obedecer a natureza de cada flor, usar as flores da época, vivificá-las com naturalidade e fluidez para que tenham vida, pois a vivificação feita com dificuldade não transmite beleza.

Incorporei esses ensinamenos ao meu cotidiano traduzindo que jamais devemos forçar as pessoas. É importante expressar naturalmente gratidão por suas características e atitudes, obedecer a natureza de cada pessoa, perceber que cada pessoa tem seu tempo; conectar-se com a essência é servir à vida e que sem alegria não flui.

Aprendi a utilizar a técnica da vivificação para realçar as características das flores; respeitar a natureza, a origem e o ambiente como expressão de crescimento; manter o espírito de humildade e gratidão; praticar o belo e valorizar a estética como forma de embelezamento da sociedade.

Assim, um novo mundo se abriu para mim: as relações de causa e efeito concatenadas passaram a ser vistas de forma sistêmica e interdependente. Percebi que as coincidências eram movimentos de energia integrando algo superior ao humano.

Pensava que minha vida estava organizada e equilibrada, mas não estava feliz com o meu trabalho no fórum. Considerava-o muitas vezes inútil, sem sentido. Via pessoas sendo condenadas todos os dias, em uma disputa entre o bem e o mal, sem que compreendessem a interdependência do universo e, principalmente, sem a percepção de que havia ocorrido a tão ansiada Justiça.

Quando resolvi estudar Direito, tudo o que eu queria era que as pessoas se sentissem bem e satisfeitas consigo mesmas e com os outros, ou seja, que o instrumento jurídico servisse para regular as relações, gerir adequadamente os conflitos, facilitar os relacionamentos e promover a paz. Na prática, quase tudo que eu via neste contexto era tentativa de destruição, desconfiança, dor e descaso com o alheio.

Depois que introduzi os princípios do Ikebana em minha vida e no trabalho, conectada com esse movimento superior, mais uma vez observando que as coinciências nos indicam onde a energia flui, por insistência de três amigos e colaboração dos funcionários acabei matriculada no primeiro curso de Mediação da Escola Paulista da Magistratura. Meu plano era chegar à magistratura; acabei indo parar na Mediação, em 2004.

No primeiro dia de aula, ao escutar a minha amada mestra Lia Justiniano dos Santos, tive certeza de que aquele era o caminho a seguir, e nunca mais prestei o concurso. Vi outra dimensão para a Justiça. Este foi o segundo ponto de mudança: a virada.

Nesta época, pouco se encontrava sobre Mediação no Brasil. Todas as escassas portas existentes se abriam para mim, tudo dava certo. Tive a honra de começar a ensinar Mediação quando nem eu mesma sabia muito bem o que era. Aceitei o desafio e fui em frente, com coragem, determinação e amor, movida por uma força que não sabia explicar, e que me impulsionava.

Recebi muito incentivo e apoio de pessoas que me precederam, especialmente de Lia Justiniano dos Santos e Maria Cristina Zucchi, no Brasil, e Enrique Fernandez Longo e Gabriela Jablkowski, na Argentina. Foi essencial compartilhar alegrias e tristezas com outras pessoas que em algum momento me acompanharam neste mesmo caminho, um grupo inicialmente de poucos que se expandiu e ganhou uma projeção imensa que, se eu fosse nomear cada um destacando sua influência e importância na minha formação, não caberia neste espaço.

Sempre acreditei que conversando as pessoas se entendem. Só não sabia até então que isto poderia ser atividade profissional. Com a Mediação, me dei conta de que o Direito não é suficiente para harmonizar as relações, pois cada pessoa tem seu conceito de Justiça, diante das normas e fatos. A solução única imposta por um julgamento quase sempre deixa alguém insatisfeito.

A Mediação me fez olhar para o mundo como um espaço de múltiplas possibilidades concomitantes e escolhas, com um conceito de Justiça flexível, conforme a percepção individual, buscando seu significado para cada um diante do caso concreto, dentro dos espaços permitidos de negociação.

Percebi que, com diálogo, respeito e criatividade, é possível solucionar os conflitos com todos os envolvidos satisfeitos, e muitas vezes recuperar a confiança, restabelecer ou melhorar o relacionamento.

Estudei a base da Mediação composta por temas como conflito, comunicação e negociação, assim como seus princípios, características, procedimento, técnicas, ética.

Acompanhei a construção do Marco Legal da Mediação em 2015, que trouxe enquadramento jurídico ao instituto como procedimento autocompositivo de facilitação de diálogo com que as pessoas podem chegar a um acordo, preservando a essência da Mediação: autonomia da vontade, imparcialidade e independência do mediador, colaboração em busca do consenso, boa-fé, mutualidade.

Com muita honra, me dediquei a funções voluntárias em instituições importantes como CONIMA, CBAr, ICFML, OAB, SBDG, e recebi reconhecimento com menções consecutivas no Leaders League e no Who´s Who Legal, referentes à Mediação.

Depois de vários anos, finalmente compreendi que a Mediação é muito mais do que uma facilitação de diálogos. O mais importante na atuação do mediador é colocar as pessoas em movimento para transitar o conflito, ajudando-as a trilhar este caminho para que tenham clareza para tomarem suas próprias decisões e assumirem a responsabilidade por elas.

As pessoas não querem mais estar em uma determinada situação e muitas vezes não sabem ou têm dúvidas sobre para onde ir, como ou com quem. Parecem em um labirinto: buscando uma saída dão repetidas voltas em vão e acabam estacionadas ou no mesmo lugar. Comumente as emoções afloram, a comunicação fica difícil, o conflito escala, a negociação se fecha, o relacionamento é abalado ou rompido, impacta na saúde, no financeiro, na família, na comunidade.

O mediador apoia as pessoas neste processo de tomada de decisão, que chegam na Mediação com uma questão para resolver e saem de lá com uma decisão tomada, nem que seja não fazer um acordo. O diferencial é que trabalha para todos os mediandos ao mesmo tempo, e dentre as suas funções está cuidar do procedimento para garantir a simetria, a igualdade de oportunidades e o equilíbrio de poder.

Para colocar as pessoas em movimento em direção aos seus interesses, o mediador faz perguntas e intervenções que as tiram da zona de conforto e levam à reflexão, buscando nossas perspectivas. Provoca a todos os mediandos para que busquem soluções de ganho mútuo. O resultado da Mediação deve contemplar aos interesses de todos concomitantemente.

O que aprendi na Mediação me permitia ajudar, direta ou indiretamente, muitas pessoas em conflito. Só que sentia a necessidade de ter uma compreensão mais profunda do que se desenvolvia ali. Era impossível atuar como mediadora neutra e imparcial, porque eu tinha uma história, experiências, emaranhamentos.

No meio deste caminho, em 2009, tomei contato com a Constelação Familiar. Minha primeira reação foi resistir e concluir, precipitadamente, que os princípios da Mediação e as ordens da Constelação poderiam ser incompatíveis. Após me dedicar mais ao estudo, participar de vivências e experimentar a fenomenologia que acontece, passei a uma fase de abertura para a compatibilidade até que, durante minha formação, um clarão se abriu. Este foi o terceiro ponto de mudança, agora profunda. Mudou a minha postura como mediadora.

A Constelação Familiar (*Familienstellen*) é apresentada por Bert Hellinger como um caminho de conhecimento fenomenológico que traz informações à consciência por meio do campo mórfico, em consonância com as percepções da alma e do amor em nossas relações, sintetizando-as como uma ajuda para a vida. Conforme mostram os trabalhos de Bert (em *Meu trabalho, minha vida*, de 2020) e de sua esposa Sophie Hellinger (em obras como *A própria felicidade* – Vol. 1, de 2019; e *Constelação familiar e ciência*, de 2022), pauta-se nas ordens do amor, da ajuda e do sucesso, que atuam em três níveis de consciência – individual, coletiva e espiritual – e, em linhas gerais, desenvolvem-se em torno das necessidades de pertencimento, precedência e equilíbrio.

Em paralelo à Constelação, Sophie Hellinger desenvolveu o Cosmic Power, que movimenta a energia por meio da respiração e da meditação.

A compreensão da Constelação mudou a minha postura como mediadora, ao ampliar meu autoconhecimento e me levar a entender por que me tornei mediadora. O Cosmic Power colocado em prática ampliou minha percepção, meu estado de presença, ressonância, disciplina, confiança, e capacidade de compreender mensagens que vêm por intuição.

A postura do facilitador da Constelação é a de estar a serviço, sentindo o campo e entrando em ressonância com o cliente, pelo corpo (e não pela mente), no momento presente: sem intenção sobre o resultado, sem dizer como deve ser feito; sem julgamento, olhando para o que se apresenta sem distinção entre o bem e do mal; sem pena, respeitando o destino do cliente, sem querer mudar os fatos; sem medo da morte ou daquilo que possa emergir, sem querer controlar a situação; sem amor, sem se deixar colonizar pelas narrativas, deixando assim tal como é, para que o cliente faça o que quiser depois.

Para tanto, é importante que o facilitador cuide das suas próprias questões, colocando-as em ordem, especialmente as relativas a saúde, dinheiro e relacionamentos, e que se conduza com disciplina (preparo, comprometimento, checagem diária de suas próprias questões), gratidão (por já ter recebido tudo o que precisava, a vida), humildade (acreditar em algo maior que o coloca no lugar certo e na hora certa) e estar a serviço (assumir a responsabilidade e o compromisso de dar cem por cento do seu potencial).

A visão que eu tinha da função do mediador foi ampliada quando aprendi com William Ury (em *Chegando à paz*, de 2000), Daniel Shapiro (em *Negociando o inegociável*, de 2021) e Bert Hellinger (em *Liberados somos concluídos*, 2ª ed., de 2012) a importância da reconciliação para curar o relacionamento e integrar o que estava separado, pois, mesmo que o conflito pareça resolvido, se as feridas não tiverem começado a cicatrizar, possivelmente haverá uma recidiva, e o conflito volta mesmo que seja expresso de outra forma.

Assim, com os percalços desse percurso e tudo o que observei, aprendi, recebi e compartilhei, com reverência a tudo e todos que me antecederam, me deram suporte, abriram caminhos e permitiram que eu me chegasse até aqui, pude perceber que toda Mediação é sistêmica.

De repente tudo se encontrou, integrou, reconciliou – Ikebana, Mediação, Constelação Familiar e Cosmic Power – e emergiu da minha alma, fluindo naturalmente a Mediação Sistêmica, formando a Ana Luiza mediadora, disponível para acompanhar as pessoas em conflito, como um grãozinho de areia nesse universo, transitando entre o possível e o improvável.

Eis o ciclo. Nascer. Tomar os pais. Sorrir. Acordar. Concordar. Estar com os corações juntos. Colocar "cor" na Vida. Facilitar acordos. Ajudar as pessoas a acordarem para a Vida. Seguir.

Gratidão infinita.

Como tudo começou...

Ana Maria Esteves Kaiuca[55]

A minha história com a Mediação começou em cinco de novembro de 2009, quando assisti a uma entrevista dada pela minha vizinha, Gabriela

55. Graduada em Direito e Administração. Capacitada em Teoria da Negociação de Harvard (CMI International Group) Harvard University – Massachussetts; Mediação Circular-Narrativa – Sara Cobb; Mediação Linear/Transformativa /Circular Narrativa – Marinês Suares. Instrutora e supervisora em Mediação pelo CNJ, mediadora organizacional formada pela Trigon Entwicklungsberatung/IMO Brasil/Ecosocial. Pós-graduada em Negociação, Mediação e Resolução de Conflitos pela Universidade Católica Portuguesa/Escola de Direito do Porto-ICFML. Formação em Mediação familiar pela PUC/RJ. Mediadora do TED da OAB/RJ. Mediadora judicial e privada certificada pelo ICFML.

Ourívio Assmar, ao programa de Jô Soares da Rede Globo de Televisão, cujo tema era Mediação de conflitos.

Gabriela discorreu brilhantemente sobre o método, em que consistia a Mediação e em que tipos de conflitos poderia ser utilizado ou seria mais adequado, os possíveis resultados e consequências jurídicas e seus benefícios em relação ao processo judicial. Durante a entrevista, descobri também que ela era uma mediadora de conflitos, função ou profissão que não conhecia; era tudo novo para mim.

Fiquei encantada com a entrevista. Nunca tinha ouvido falar sobre esse assunto e achei que seria um ótimo caminho para solução de muitos conflitos do meu dia a dia e de muitas outras pessoas e empresas, com a certeza de que elas seriam ouvidas mutuamente e ainda manteriam o poder sobre suas vidas, uma vez que elas mesmas construiriam a solução para os seus conflitos, sabendo o que podem ou não se comprometer para poder cumprir com o que for acordado.

No dia seguinte, liguei para Gabriela pedindo informações de como e onde eu poderia fazer essa formação para me tornar uma mediadora e, na época, ela mesma coordenava, junto com a Dra. Samantha Pelajo, um curso de Formação em Mediação de Conflitos na OAB/RJ. Assim comecei minha primeira formação em Mediação, no ano de 2010.

A Mediação incidental na família...

Durante a formação descobri que já havia feito uma Mediação incidental, na minha própria família, mais especificamente com meus três filhos. Essa Mediação incidental me abriu a mente para uma nova forma de lidar com conflitos diários familiares e trouxe aos meus três filhos responsabilização pelos seus atos, previsão de perdas/punições pelos descumprimentos do acordo que construíram e me tirou do lugar de mãe má, que pune, uma vez que foram eles que construíram o próprio acordo de como iriam lidar com os descumprimentos e os próximos conflitos que, com certeza, iriam surgir. Foi transformador para todos nós.

Essa nova forma de gerir conflitos me facilitou a prática diária da educação que eu teria que dar para eles. Esse foi o trabalho de final de curso que foi apresentado por mim.

O caso que me fez ver que eu estava no caminho certo e que a Mediação era o futuro...

Daí em diante, foram várias formações e, nesse ínterim, fui convidada pela coordenadora, na época, do CEJUSC Capital-Rio de Janeiro, juíza Regina Fábregas, para integrar o grupo de mediadores que iria atuar lá. Para isso, eu teria que me submeter a uma outra formação, que seria a do tribunal, pela Escola de Administração Judiciária – ESAJ, para me tornar mediadora judicial, uma vez que o curso da OAB/RJ formava somente mediador privado, ainda não possuindo reconhecimento para tal formação, o que acabou acontecendo anos depois.

Lá reencontrei com a profa. Naura dos Santos Americano, que já havia me dado aula no curso de formação da OAB/RJ, e foi quem que ministrou o curso de Mediador Judicial. Ao final dessa formação, além de integrar o quadro de mediadores do CEJUSC Capital, ela convidou a mim e mais alguns alunos oriundos do curso da OAB/RJ para participar de um trabalho no fórum do bairro da Ilha do Governador, que ainda não possuía um CEJUSC, mas no qual ela havia conseguido, junto aos juízes de lá, autorização para começar um trabalho de Mediação em alguns processos, inicialmente só das varas de famílias. Todos nós aceitamos imediatamente, pois estávamos ávidos por aprender e contaríamos com supervisão dela em cada Mediação, e somos muito gratos por todo o aprendizado adquirido com essa experiência.

O trabalho no fórum do bairro da Ilha do Governador tinha características muito interessantes, uma vez que éramos nós que fazíamos contato com os mediandos para marcar as sessões de Mediação, éramos nós que abríamos e fechamos a sala e organizávamos tudo. Funcionávamos por música, como diz o ditado, funcionamento perfeito, pois não havia uma estrutura de apoio do tribunal. Entretanto, o amor ao que estávamos fazendo era tanto que nunca ninguém faltou, chegou atrasado ou deixou de cumprir com qualquer compromisso de Mediação desse minicentro sob a responsabilidade da profa. Naura dos Santos Americano.

Certa vez, recebemos um caso da área de família para Mediação e o pedido era uma revisão de convivência por parte do pai. O caso era bastante complexo, envolvia violência doméstica em alto grau, beirando a uma tentativa de homicídio, assédio moral, psicológico, e durou quase quatro meses, com sessões toda semana. Em um dado momento, tivemos que interromper, pois a Mediação revelou que havia um abuso sexual por parte do pai com a filha de 10 anos de idade. Com esse caso, percebi que aquele era o meu caminho e que não haveria nada de mais útil para eu fazer da minha vida que não fosse mergulhar nos estudos da Mediação e trabalhar pela paz e pela qualidade de vida das pessoas.

O que me trouxe à Mediação comunitária...

Em 2015, ano em que a Lei nº 13.140/2015 de Mediação foi aprovada e a sua entrada em vigor aconteceu em dezembro, a prefeitura da cidade do Rio de Janeiro, na gestão do prefeito Eduardo Paes e de seu secretário de Habitação e Cidadania na época, Dr. Sergio Zveiter, fechou uma parceria com o Tribunal de Justiça do Rio de Janeiro para a implantação da Mediação de Conflitos nas comunidades e nos vicariatos.

O prof. João Nadaes foi convidado pelo tribunal para coordenar e desenvolver o programa e implementá-lo nas comunidades. Eu e outros mediadores fomos convidados a participar desse projeto. Após programa definido, aula em Power Point pronta e adaptada para uma linguagem cotidiana, partimos para a primeira comunidade, que foi o Morro do Alemão.

No primeiro dia de aula, um aluno me perguntou se ele iria ficar das 13h às 17h sem comer nada. Respondi imediatamente que não. Na verdade, não tínhamos nada para oferecer com relação a alimentação, estávamos ali somente para dar aula. Éramos quatro professores e decidimos então comprar algo. Dois professores ficaram dando aula e eu desci com a outra professora para comprar um lanche e assim foi feito em todos os treinamentos: tirávamos dinheiro do nosso bolso para comprar o lanche de cada treinamento.

Depois de superado o lanche, no terceiro dia fomos impedidos de continuar com a formação de mediadores comunitários no Morro do Alemão e o treinamento foi interrompido.

Nossa próxima comunidade foi a do Morro da Coroa. Lá conseguimos dar o curso de formação até o final e, em seguida, fizemos a implantação. Foi um trabalho belíssimo, e quanto aprendizado para mim.

Um caso bem marcante foi a Mediação de um conjunto habitacional popular construído pelo Estado com 25 prédios de quatro andares, onde o síndico veio solicitar mediações para recebimento das taxas condominiais em atraso, cuja inadimplência chegava a 50% e já beirava o insuportável, uma vez que os outros condôminos tinham que assumir o valor dos que não pagavam.

Fui para casa pensando e achando que isso por si só não iria resolver. Os devedores podiam negociar, parcelar, pagar a primeira e voltar a dever. Uma vez que o valor era baixo, era necessário entender por que eles não pagavam. Marquei então uma reunião com o síndico para levantar dados sobre o condomínio e, para minha surpresa, ele informou que as lâmpadas dos corredores eram roubadas pelos próprios moradores, ficando às escuras até para ele próprio subir e chegar ao seu apartamento. Grande parte desses moradores eram oriundos de favelas, tendo perdido suas casas em desabamentos.

O passo seguinte foi estabelecer um paralelo entre morar na favela e morar em um condomínio, o que cada oferecia de bom e de ruim. Eu ainda não sabia muito bem como fazer isso com cada um e resolvi consultar Gabriela Assmar, que me disse estar no caminho certo, porém me ensinou que deveria fazer uma sensibilização antes, mas que eu não poderia depois fazer as mediações. Marquei uma sensibilização com 5 prédios, o que daria, se todos fossem, 100 proprietários. Preparamos um belo lanche, do nosso bolso, claro! Tivemos a presença de 80 pessoas/proprietários dos apartamentos e começamos a trabalhar qual era a moradia dos sonhos de cada um, como era a vida na favela e hoje no condomínio, o que trazia de melhoria para a sua vida. Ao final da sensibilização, eles entenderam por que tinham que pagar a taxa condominial e o que ela trazia de benefícios para cada família. Assim pudemos prosseguir com as mediações.

O projeto de Mediação Comunitária nos encantou a todos. Além de bancarmos o lanche do nosso bolso, o grupo envolvido no projeto desenvolveu uma logo que é usada até hoje, fizemos camisa polo com ela e presenteamos os mediadores que formamos, além de cada centro receber um *banner* desenhado e pago por nós.

Os desafios que a Mediação traz nos fazem crescer e aprofundar os nossos conhecimentos em cada área que atuamos.

Feliz de ter encontrado a Mediação. É o meu caminho!

Uma antiga paixão

Andrea Maia[56]

Minha relação com a Mediação foi como amor à primeira vista, energizou e iluminou minha vida profissional e pessoal. Aprendi a lidar bem melhor com minhas relações de uma forma geral.

Como normalmente acontece em muitas paixões, a vivência dia após dia nem sempre é um mar de rosas. Trabalhar com Mediação no Brasil é lutar contra paradigmas que estão profundamente enraizados em nossa sociedade.

Quando conseguimos superá-los, um grande sentimento de satisfação e autorrealização vem à tona.

Comecei minha carreira profissional como advogada societária, atuando por muitos anos no mercado financeiro, e posso dizer, sem sombra de dúvidas, que nos primeiros anos de transição profissional também precisei quebrar muitos dos meus velhos paradigmas.

Como se pode imaginar, não foi fácil para uma advogada corporativa, trabalhando em um ambiente bastante competitivo, "pregar" que os advogados não deveriam apenas abordar as disputas pelo aspecto jurídico; pelo contrário, deveriam adotar uma visão mais ampla do espectro, buscando não só o melhor resultado jurídico, mas também avaliando o impacto geral da decisão tomada em todos os *stakeholders* (colaboradores, clientes, fornecedores) e, muito importante, considerando o papel das empresas na comunidade.

Nessa época um artigo me ajudou muito a organizar argumentos: "The Strategic Lawyer", de Jill Schachner Chanen (Disponível em https://www.abajournal.com/magazine/article/the_strategic_lawyer1). Até hoje tenho-o impresso em uma pasta física.

56. Advogada, mediadora e empreendedora. Fundadora da Mediar360 Gestão e da Mediar360 Training. Vice-presidente de Mediação do CBMA - Centro Brasileiro de Mediação e Arbitragem. Vice-presidente de Mediação da do CIAM - Centro Internacional de Arbitraje de Madrid, membro do Conselho de Administração da AB2L - Associação Brasileira de Lawtechs e Legaltechs. Membro do Painel Global do CPR - International Institute for Conflict Prevention and Resolution. Mediadora. Certificada pelo CAO - Compliance Advisor/ Ombudsman, braço independente de resolução de controvérsias do Banco Mundial.

Após superar as pressões e dificuldades de qualquer período de transição, tem sido uma experiência fantástica auxiliar as partes, de forma neutra, a pensar em soluções alternativas para suas divergências e ajudar a resolver disputas de forma rápida, eficiente e menos custosa, buscando benefícios mútuos. Uma Mediação bem conduzida detém o poder de contaminar todos os envolvidos com o entusiasmo por resolver disputas de maneira mutuamente satisfatória e construtiva.

Desde que terminei essa transição de advogada corporativa para empresária, montando uma consultoria e me dedicando exclusivamente aos métodos consensuais de resolução de disputas, passei a vivenciar no dia a dia diversas maneiras de como a Mediação pode ajudar as empresas:

- Tratar as controvérsias identificando seus interesses e facilitando a solução por meio de soluções criativas e satisfatórias;
- Preservar relacionamentos importantes interna e externamente;
- Manter a confidencialidade de algumas questões delicadas do negócio;
- Usar o conflito como uma ferramenta para o crescimento.

É muito gratificante acompanhar a mudança de atitudes e comportamentos que passam, do início ao fim, em um processo de Mediação. A animosidade inicial é lentamente substituída pela confiança e vontade de pôr fim à disputa, especialmente depois que as partes percebem que existem alternativas para conciliar ideias ou pontos de vista opostos.

Outro aspecto positivo, que nem sempre ganha o destaque merecido, é que a Mediação costuma deixar efeitos positivos nas partes envolvidas, mesmo quando não resulta em um acordo, pois ajuda a abrir um canal de comunicação que pode permanecer aberto por muito tempo após o seu término.

Além disso, a Mediação reforçou minha crença de que um conselho corporativo deve sempre incentivar acordos controlados pelas partes, já que suas funções e responsabilidades devem incluir preencher lacunas de comunicação, diminuir diferenças culturais e encontrar o caminho para conclusões mais lógicas, evitando longas e dispendiosas disputas judiciais.

Agora me deparo com um novo desafio: mergulhar no mundo onde Mediação e tecnologia se encontram e, mais uma vez, preciso quebrar vários paradigmas, especialmente com relação a comunicação e criação de *rapport* no mundo on-line. Criei uma *startup*, desenvolvi uma plataforma de resolução de disputas on-line e estou me encantando com esse mundo novo.

Especialmente nestes tempos de pandemia, em que conflitos estão em evidência, o momento é muito propício para a busca da colaboração, cooperação e o experimento da Mediação aliada à tecnologia para encurtar distâncias e inovar nas soluções. Me vejo cheia de energia para enfrentar esses desafios e mais uma vez me reinventar profissionalmente, mantendo acesa a chama desta paixão.

Meio sem querer

Bruno Takahashi[57]

"Um lance de dados jamais abolirá o acaso"
– Mallarmé

– I –

Comecei a estudar para a magistratura em uma época em que a Justiça Federal era conhecida por ser uma Justiça "de papel" concentrada em "grandes centros". Entre querer e ser aprovado, os Juizados Especiais Federais foram instalados e, como um movimento migratório invertido, a Justiça Federal foi das capitais para o interior.

Em outubro de 2008, quando assumi o cargo de juiz federal substituto, fui parar na então menor das sedes da Justiça Federal do Paraná, a cidade de Jacarezinho. Com menos de 40.000 habitantes e tão distante de São Paulo como de Curitiba, Jacarezinho se orgulha de seu passado grandioso como alicerce do Norte Pioneiro (*ibit in saecula*).

Lá conheci Mauro Spalding, desde então meu eterno juiz formador.

57. Doutor e mestre em Direito Processual pela Universidade de São Paulo. Juiz federal coordenador da Central de Conciliação de São Paulo nos biênios de 2018-2020 e 2020-2022.

Extremamente generoso, quando chamado uma vez para auxiliar em audiências de conciliação em Curitiba, não pôde ir, mas fez questão de me indicar. No nosso dia a dia em Jacarezinho, o que existiam mesmo eram muitos processos previdenciários, na maior parte envolvendo benefícios por incapacidade.

Incomodado com a situação, Mauro desenvolveu um sistema de perícias médicas orais seguidas de tentativa de conciliação. Eram realizadas aproximadamente 20 perícias/audiências por dia, em uma pauta que começava às sete da manhã e, com sorte, acabava às sete da noite. Como seu substituto, dividíamos os dias de audiências e, quando dava tempo, pizzas na Bird (fala-se como se lê) ou esfihas no Donatello.

E, assim, fora de um "grande centro", acompanhando perícias que estavam longe de ser só "de papel", esta foi minha iniciação na Justiça Federal e nos meios consensuais.

- II -

Conheci o professor Kazuo Watanabe em 2009 ou 2010, em Curitiba, enquanto ele aguardava para palestrar, e eu para assisti-lo. Conversamos por alguns minutos e, ao final, ele gentilmente me deu seu cartão de visitas com o número do celular anotado à mão naquele instante.

Voltei a encontrá-lo em dezembro de 2010, em Brasília, na cerimônia de entrega do I Prêmio Conciliar é Legal, promovido pelo Conselho Nacional de Justiça. Na ocasião, o professor Kazuo foi agraciado pela contribuição dada na construção do modelo conciliatório nacional, isto é, uma espécie de prêmio pelo "conjunto da obra". Mauro e eu recebemos o prêmio na categoria Juiz Federal pelo projeto que, a rigor, era do Mauro.

Poucos dias após o prêmio, resolvi escrever para o professor Kazuo e combinamos de almoçar em São Paulo. Foi o primeiro de vários almoços (no Sendai). Naquele dia, entre outros assuntos que invariavelmente giraram em torno da Mediação e da conciliação, o professor mencionou que o CNJ havia acabado de editar uma norma muito importante sobre a temática e que eu desconhecia por completo. Era a Resolução nº 125/2010.

Nos vimos outra vez em Porto Alegre, viajamos ao Japão, voltamos a nos encontrar em Brasília e em São Paulo. Independentemente do local, o professor Kazuo sempre se dispôs a me ensinar, incentivando pelo seu exemplo a buscar uma ordem jurídica mais justa.

- III -

Em 2011, resolvi tentar o mestrado da Faculdade de Direito da Universidade de São Paulo. Afastado há anos da vida acadêmica, imaginei que minha única chance seria com algum orientador que aplicasse alguma prova específica de ingresso.

No departamento, havia dois professores que aplicavam provas. A prova de um deles, porém, coincidia com um dia que eu, ainda no Paraná, não teria expediente forense. Assim foi minha escolha de orientador que, por mais aleatória que tenha sido na origem, não poderia ter sido melhor. Passei a ser discípulo de um professor extremamente inteligente, dedicado e generoso.

Conheci o professor Carlos Alberto de Salles no dia da prova. A primeira vez que conversei com ele foi pouco tempo depois, na entrevista. E, assim, fui aprovado, com um projeto acerca do papel do conciliador em conflitos previdenciários. Uma pesquisa que, segundo o professor Salles me falou à época, poderia interessar a alguém que havia sido o orientador dele: o professor Kazuo.

Morando a uns 400 km do local das aulas, minhas opções de aulas autorizadas pela Corregedoria eram basicamente restritas ao início e/ou ao fim da semana. Coincidentemente, em 2012, o professor Antonio Rodrigues de Freitas Jr. ofereceu segunda pela manhã a disciplina que me deu diversos fundamentos teóricos consistentes sobre os meios consensuais. Coincidentemente, minha última disciplina no doutorado, já em 2017, foi também com o professor Freitas. Assim, comecei e terminei a pós-graduação recebendo os brilhantes ensinamentos do professor Freitas.

- IV -

Em 2012, fui removido para São Paulo. No processo de remoção, por intermédio do desembargador federal Sergio Nascimento, conheci a Dra. Daldice Santana, na época desembargadora coordenadora do Gabinete de Conciliação do Tribunal Regional Federal da 3ª Região. Na nossa breve conversa inicial, ela mencionou que havia participado recentemente de um projeto do CNJ envolvendo audiências de conciliação. Era o mesmo projeto em que eu estava envolvido, por indicação do Mauro.

Sem me conhecer, a Dra. Daldice convidou-me para auxiliar na Central de Conciliação de São Paulo, onde fiquei entre 2012 e 2014. Pouco tempo e muitos projetos depois, quando a Dra. Daldice assumiu a função de conselheira no Conselho Nacional de Justiça, ela me indicou para compor o Comitê Gestor Nacional da Conciliação, do qual fui membro entre 2015 e 2019.

Nesse período, participei de audiências de conciliação em diversas localidades (Limeira, Itapeva, Dracena, Palmital etc.) e dei cursos em tantas outras (Ribeirão Preto, Presidente Prudente, Brasília etc.). Pude opinar acerca de alterações na Resolução CNJ nº 125/2010 – aquela que mal conhecia no final de 2010 – e integrar a comissão avaliadora do Prêmio Conciliar é Legal – aquele que havia ganho, imerecidamente, na sua primeira edição.

Mais do que tudo, tive e ainda tenho o privilégio de aprender com os ensinamentos da Dra. Daldice. Aprender que não temos compromisso com o erro e que, se é para ser criticado tanto pela ação como pela omissão, o melhor é que seja pela ação. Aprender ainda que precisamos ir além dos convertidos, fazendo mais pessoas acreditarem nos meios consensuais.

Defender a Mediação e a conciliação, como ela também diz, é como estar em uma roda-gigante. Assim, temos que aproveitar os momentos altos e resistir aos baixos. Quando estamos em cima, temos que saber olhar empaticamente para quem está embaixo. E sempre termos a consciência – e a missão – de que não abandonaremos a roda...

– V –

Gosto de pensar que uma das principais qualidades dos meios consensuais é a sua capacidade integrativa. Em vez da divisão, há a adição; em vez do ganha-perde, há o ganha-ganha. Alternativas binárias dão espaço a uma lógica peculiar que, em vez de deixar o terceiro excluído, quer integrar todos.

Assim, as pessoas são ativamente escutadas e suas tempestuosas ideias são consideradas para que se busque o interesse comum. Independentemente se e como se chegou ao sim, o que importa é que os envolvidos tenham a impressão de que, empoderados, o que receberam foi maior do que o que entregaram.

Essa é a impressão que tenho também ao abordar minha trajetória na Mediação e na conciliação. Houve, sobretudo, uma soma de pessoas amigas que foram surgindo no caminho. Pessoas que, por vezes, só conhecia de nome ou de livro, e que pude aprender ao compartilhar projetos e sonhos em comum. (Só para citar algumas, entre tantas outras: Ada Pellegrini Grinover, Adolfo Braga, Cecília Asperti, Célia Zapparolli, Daniela Gabbay, Fernanda Levy, Fernanda Tartuce, Herbert Cornelio Pieter de Bruyn Jr., Marco Lorencini, Paulo Fontes, Paulo Domingues, Tania Almeida e Valeria Ferioli Lagrasta).

- VI -

Acidentes contados de trás para a frente possuem causas óbvias e parecem facilmente evitáveis. Todavia, no momento em que vivenciados, os fatos são caóticos e se aglomeram em uma sequência cuja lógica só iremos perceber, ou construir, posteriormente.

O caminho, em suma, se faz ao caminhar. Ao ver a ponte construída, nem sempre notamos as pedras que foram carregadas. Carregar pedras, porém, é sempre mais fácil quando se tem apoio. Tomei o rumo dos meios consensuais quase que sem querer, conheci pessoas excepcionais no percurso, e, posso dizer, aproveitei – e continuo aproveitando – a viagem.

Mediação: o início de uma travessia

Carla Boin[58]

Falar sobre como a Mediação entrou em minha vida representa fazer uma retrospectiva dos últimos 17 anos, significa falar de resistência, de liberdade, de autonomia e responsabilização por escolhas que fiz durante um

58. Professora convidada e mentora da implantação da Câmara de Mediação da Universidade Federal de São Paulo (Unifesp); pesquisadora e pós-doutoranda do Diversitas – Núcleo de Estudos das Diversidades, Intolerâncias e Conflitos da Universidade de São Paulo (USP); doutora em Justiça Restaurativa pela Faculdade de Direito da Universidade de São Paulo (USP); coordenadora executiva do Fórum Nacional de Mediação (FONAME) e vice-presidente da Comissão de Justiça Restaurativa da OAB/SP.

processo de grandes mudanças e transformações. Me chama a refletir sobre meu comportamento, sobre a forma como sou e estou, como fui e estive nas situações da vida. Uma travessia de muito aprendizado e crescimento pessoal, invadida por emoções várias. A partir dessa perspectiva, passo a narrar como fui atravessada pela Mediação.

O amor à primeira vista pela Mediação se deu na esteira de ações e projetos que estavam acontecendo na chamada "Década Internacional de uma Cultura de Paz e Não Violência para as crianças do Mundo", instituída pelo programa da UNESCO, em decorrência da campanha internacional realizada a partir do Manifesto 2000.

Uma das ações desse programa foi o I Simpósio Brasileiro de Justiça Restaurativa: Um braço da Cultura de Paz na Justiça, realizado na cidade de Araçatuba, Estado de São Paulo, nos dias 28, 29 e 30 de abril de 2005. Participei intensamente da organização do Simpósio e da facilitação de diálogos durante os três dias do evento. Foram estabelecidas muitas conversas e reflexões acerca da importância de reformularmos a concepção de justiça, de ampliarmos nosso entendimento sobre conflitos e possíveis formas extrajudiciais de gestão de conflitos.

Motivada pelos valores da solidariedade, da sustentabilidade das relações inter/intrapessoais e o meio ambiente em que vivem, e, da construção de uma cultura de paz, passei a realizar estudos, pesquisas e práticas relacionados à Mediação, o que se tornou um projeto de vida para mim. Em 2006, iniciei minhas formações em Mediação, me pós-graduei em Mediação – Intervenções Sistêmicas para Resolução de Conflitos e Disputas em Diferentes Contextos na PUC – Pontifícia Universidade Católica. Realizei minha formação em Mediação pelo Instituto Familiae e participei de cursos complementares no Instituto de Mediação e Arbitragem do Brasil – IMAB.

Em 2007 defendi minha dissertação de Mestrado, na UNITOLEDO – Faculdades Integradas Toledo de Araçatuba, cujo trabalho resultou na publicação do livro *Mediação e Justiça Restaurativa: A Humanização do Sistema Processual como forma de realização dos Princípios Constitucionais* (São Paulo: Quartier Latim, 2009). Nesse livro eu narro minha aproximação da Mediação no contexto judicial.

Entre os anos de 2007 a 2011, participei como superintendente e depois como diretora de eventos do Conselho Nacional das Instituições de Mediação e Arbitragem - CONIMA. Nessa ocasião, tive oportunidade de desempenhar a função como coordenadora de edição e coautora do livro *Mediação Empresarial: I Fórum Internacional de Mediação Empresarial*. Essa obra se tornou importante à época pela constatação da Comissão Organizadora do I Fórum Internacional de Mediação Empresarial da inexistência de publicações sobre o assunto. Foi um momento de grande aprendizado sobre a importância do diálogo, da escuta e da presença para a construção de trabalhos conjuntos. Pude refletir sobre a necessidade de cuidado e atenção para a elaboração de projetos que envolvem pessoas vindas de diferentes vivências e culturas.

Também em 2007, fui convidada a integrar o Fórum Nacional de Mediação - FONAME, um espaço que se tornou palco de estudos e diálogos profundos entorno da elaboração de documentos legais, como a Resolução nº 125 de 2010, a Lei nº 13.140 de 2015 e a inserção da prática da Mediação no Código de Processo Civil. Participei da construção dos critérios mínimos para cursos de Formação em Mediação, como: carga horária, conteúdo programático, elaboração do código de ética do mediador(a) e estatuto de boas práticas. O aprendizado nestes 15 anos tem sido riquíssimo; conquistei inúmeras amizades, e nesse momento ocupo o lugar de coordenadora executiva, ao lado da Juliana Polloni.

Experiência de Mediação no Judiciário

Entre 2008 e 2011 tive a felicidade de integrar, juntamente com Ana Lucia Catão, Camila Falanghe, Lucia Cronemberger e Silvana Cappanari, a equipe interdisciplinar responsável pela implantação do Setor de Mediação nas Varas de Família e Sucessões do Fórum de Santo Amaro, São Paulo. Essa experiência representou a oportunidade de colocar em prática os conhecimentos teóricos adquiridos nos vários cursos e mestrado realizados.

Esse projeto teve como fundamento o compromisso das integrantes de vivenciar os princípios da Mediação na construção do trabalho em equipe. Realizamos reuniões periódicas de organização entre nós e inúmeras conversas com os servidores que estavam envolvidos direta e/ou indiretamente com a implantação do Setor de Mediação. Tivemos vários desafios decorrentes da proposta de integrarmos a lógica da Mediação – do diálogo, da escuta, do não julgamento, da inclusão, da horizontalidade, da autonomia e responsabilização – em um contexto estruturado a partir de uma lógica rígida, hierárquica e julgadora. Contamos com a participação e o apoio de juízes e servidores que perceberam os benefícios oferecidos pela Mediação e passamos a construir conjuntamente os passos necessários para a implantação de um Setor de Mediação no Judiciário.

A juíza coordenadora do Setor entendeu a importância de termos autonomia para a realização das Mediações. O processo era suspenso assim que o juiz encaminhava os autos ao Setor de Mediação. Tínhamos liberdade para realizarmos quantos encontros achássemos necessário, sem quaisquer interferências do magistrado. Elaboramos todos os documentos a partir de uma linguagem coerente com os princípios da Mediação. Vale ressaltar que esse trabalho aconteceu antes da Resolução nº 125 de 2010. Experiência essa contada no livro *Mediação no Judiciário: Desafios e reflexões sobre uma experiência* (GRINOVER *et al.*, 2012).

Experiência de Mediação em contextos universitários

A partir de 2015, me aproximei das iniciativas da Universidade Federal de São Paulo – Unifesp na busca por aprimorar suas políticas de direitos humanos e tratamento de conflitos por meio da Mediação e das práticas de Justiça Restaurativa. Essa aproximação me gerou grande envolvimento com a reitoria da Universidade. Passei a desenvolver cursos de extensão sobre o que venho chamando de Linguagem Mediadora para os integrantes da Pró-Reitoria de Assuntos Estudantis.

Atuei como mentora da implantação da Câmara de Mediação da Universidade Federal de São Paulo. E durante a pandemia participei, como instrutora, da primeira formação em Mediação, ao lado da professora Ísis Bastos na construção da metodologia e do caminho formativo, incluindo planejamento e distribuição dos conteúdos do treinamento. Essas experiências são narradas no livro *Mediação e Práticas Restaurativas nas Universidades: experiências e inspirações.* (Andrea Rabinovici, Carla Boin, Celia Regina Zapparoli (organizadoras) – Diadema: V&V Editora, 2022.)

Concomitantemente às atividades desenvolvidas na Universidade Federal de São Paulo – Unifesp, realizei meu doutorado, que teve como objeto de pesquisa um projeto de Justiça Restaurativa desenvolvido na Universidade do Canadá. O que me permitiu constatar que as situações de conflitos que ocorrem no contexto universitário de outros países se assemelham, especialmente com relação às questões de gênero e assédio moral.

Considerações

Essas experiências me permitiram observar uma variedade de nuances sobre os programas desenvolvidos dentro e fora do sistema judiciário, sob a denominação "Mediação e Justiça Restaurativa". Pude perceber o potencial da Mediação para além da gestão de conflitos. O trabalho desenvolvido na Universidade Federal de São Paulo – Unifesp demonstrou o quanto a Mediação pode auxiliar na organização de trabalhos, suporte para processos dialógicos e construção de consenso entre pessoas que atuam em diferentes áreas institucionais.

Vale ressaltar a importância da realização dessa obra para que possamos refletir continuamente sobre o desenvolvimento das práticas da Mediação em diferentes contextos. Sobre a necessidade da formação continuada e autocuidado do mediador. Sobre as lógicas existentes nos contextos a ser realizada a prática da Mediação. A Mediação que me move nessa travessia é a que promove escuta, inclusão, acolhimento, respeito à diversidade, autonomia e responsabilização das pessoas.

Sob o signo do conflito

Carlos Alberto de Salles[59]

O filme *Horizonte Perdido*, de Charles Jarrot, de 1973 (na verdade, se trata um *remake*: o original foi apresentado ao público em 1937, sob a di-

59. Professor associado de Processo Civil da Faculdade de Direito da USP. Livre-docente, doutor e mestre pela USP. Desembargador do TJSP. Este texto foi escrito em janeiro de 2021, em plena pandemia de Covid-19 que abalou o país.

reção de Frank Capra), retrata um grupo de ocidentais que – não por acaso fugindo de um levante popular – apanham um avião que acaba caindo no Himalaia. Sobrevivem, são resgatados e levados para Shangri-lá, um paraíso isolado entre as montanhas, onde, ao som das músicas suaves de Burt Bacharach, todos vivem em permanente comunhão e harmonia.

Seria esse o ideal de sociedade que projetamos? A utopia subjacente àquilo que propomos com a Mediação? Uma sociedade sem conflitos?

A proposta do presente livro, cuja iniciativa deve ser louvada, nos leva a pensar sobre qual seria nosso Shangri-lá. Perguntam os organizadores: Como a Mediação entrou na sua vida? Qual o valor que você percebeu que a Mediação te mobilizou? De fato, em uma matéria na qual a subjetividade é um fator fundamental, o enfoque proposto tem inteira pertinência. Ainda mais pelo fato de que olhar para o passado nos leva a desvendar significados a apontar um horizonte (perdido?) de sentido para nossa atuação.

Para mim, a maneira pela qual "descobri" a Mediação, e passei a dedicar a ela parte de minhas energias, está ligada à minha percepção do conflito, isto é, de como ele integra e é determinante em processos vitais da sociedade contemporânea – embora muitas vezes de maneira escamoteada.

Nascido em 1963, cresci em plena ditadura militar. Para quem um dia veio a saber que as receitas de bolo e os poemas de Camões, publicados pelos jornais da época, eram para substituir matérias jornalísticas que haviam sido censuradas, é fácil entender o significado de escamotear conflitos. Como dizia a canção da época, estava "tudo azul n'América do Sul", ao menos enquanto não escutávamos os gritos dos torturados, mortos e desaparecidos pelas ditaduras estabelecidas neste pobre canto do planeta.

Religião, para mim, teve um papel muito importante nessa trajetória de perceber o conflito como um dado social. Filho de família católica e aluno de escola religiosa, aprendi logo que o paraíso dos cristãos – o Shangri-lá fora do ambiente terreno – é algo para se esperar para depois da morte. Não vem querer trazê-lo para o nosso aqui-e-agora não. Esse era o recado subliminar.

Só que, de repente, alguém leu Mateus: "Não penseis que vim trazer paz à terra. Não vim trazer paz, mas espada" (Mt 10:34). E a Igreja – ou parte dela – precisou vivenciar os conflitos de seu povo. Vieram, então, as Comunidades Eclesiais de Base, a Teologia da Libertação e tempos de uma nova consciência para muitos cristãos. Fez-se a luz.

Com abertura política, no final dos anos 1970, aos poucos, começou a mobilização popular pela anistia e reapareceram movimentos sindicais, estudantil, por moradia, por saúde... Os conflitos voltavam a mostrar sua cara.

Para alguns, pode parecer que houve um aumento da conflituosidade social. Na verdade, no entanto, esses conflitos apenas tornaram-se aparentes, ganharam visibilidade, quiçá, para resolver os problemas que estavam em sua origem havia muito tempo. A realidade aflorou e foi preciso deixar de lado as mentiras ou meias-verdades de que vivíamos em uma sociedade pacífica, aquela estória do "homem cordial", na pior leitura que se possa fazer dessa ideia. Sim, em termos de hoje, havia uma espécie de negacionismo de nossas precárias condições sociais e de todas as possibilidades de confrontação por elas geradas.

Nesse ponto, cabem duas observações, de fundo, que são importantes.

A primeira diz respeito à necessidade de compreensão do papel do conflito em regimes totalitários contemporâneos. Esse tipo de regime não é a princípio avesso a conflitos, mas apenas àqueles disruptivos, capazes de colocar-lhes sob ameaça. Em sentido contrário, pode-se até mesmo dizer que precisam de um conflito, em geral falso e colocado em termos muito abstratos, mas capazes de assentar as bases de sua legitimidade. Assim, o "inimigo judeu" para o nazismo, os "contrarrevolucionários" para Stalin, a "ameaça comunista" – que, tristemente, se tenta ressuscitar nos dias de hoje – para as ditaduras instauradas no Cone Sul a partir dos anos 1960.

A segunda observação é de que o Brasil, em sua história, não foi infenso a políticas conciliatórias, digamos assim, à Mediação, em sentido amplo, de interesses colocados em polos antagônicos. Para José Honório Rodrigues,

> história cruenta e incruenta se alternam no processo histórico brasileiro, embora seja correto e justo afirmar que os exemplos de conciliação predominam. (*Conciliação e reforma no Brasil: um desafio histórico-cultural.* 2ª Ed. Rio de Janeiro: Nova Fronteira, 1982, p. 66).

Embora esse mesmo autor aponte que essa conciliação era realizada em defesa das próprias elites dominantes, esse é um dado importante a ser considerado, até por que há consistente constatação de que, historicamente, a conciliação, sob influência religiosa, teve forte presença na formação de nosso processo civil (Ver o importante trabalho de SURGIK, Aloísio. *A origem da conciliação*. São Paulo: USP. Tese de doutoramento, 1984).

Em minha trajetória pessoal, o final dos anos 1970 e o começo da década seguinte serviram para mostrar o quão distantes estávamos daquele Shangri-lá referido de início. Longe da utópica harmonia social, restava encarar a realidade de nossa sociedade, sob o signo do conflito. Para isso, necessário entender nossa inserção neles, se poderíamos ter algum papel em relação a eles e, em caso positivo, qual seria. Certamente por essas razões, e mais por minhas dúvidas do que por minhas certezas, acabei, profissional e academicamente, enveredando pelos caminhos do processo civil, onde o conflito é – ou deveria ser – um elemento fundamental.

Até aí, a Mediação estava fora de meu radar.

Fui descobri-la nos Estados Unidos, no ano acadêmico de 1996-97, que passei na Universidade de Wisconsin-Madison, preparando minha tese de doutorado. Lá, estava vinculado ao Institute for Legal Studies, ligado à Law School daquela universidade. Esse instituto, na época, era presidido pelo professor Marc Galanter, que na década anterior havia encabeçado, com o professor David M. Trubek, o Civil Litigation Research Project, uma abrangente pesquisa, em nível nacional, sobre o tema. Desnecessário mencionar que nesse projeto, como no meio jurídico norte-americano de modo geral, os chamados ADRs tiveram uma imensa projeção.

Foi em um evento desse instituto que conheci Leonard Kiskin, a época professor da Universidade do Missouri. Durante a palestra, ele explicou a razão pela qual as faculdades norte-americanas estavam investindo pesadamente no ensino de mecanismos consensuais de solução de conflitos.

O argumento do prof. Riskin me convenceu: o aluno entra na Law School e logo começa a ser preparado para ser advogado de contencioso, para atuar na defesa intransigente de um cliente envolvido em um litígio judicial. Ocorre, ponderou, que a vida não é assim – as pessoas resolvem suas pendências de forma diferente, negociam, cedem ou até desistem de suas pretensões. Se pudéssemos pegar todo o universo de conflitos existentes na sociedade, veríamos que apenas uma pequena parte deles chega a um processo judicial. Por isso, os profissionais do Direito têm de estar preparados para dar a seus clientes outras soluções além da propositura de uma ação judicial, até porque essas respostas podem ser melhores em vários sentidos.

Senti que essas ponderações se aplicavam, inteiramente, à realidade brasileira, com a diferença que, até aquele momento, por aqui, quase nada havia sido feito para solucionar o problema.

Em 2004, já como professor da Faculdade de Direito da USP, na disciplina de Teoria Geral de Processo, criei uma atividade extracurricular para apresentar aos alunos mecanismos alternativos (hoje designados por adequados) de solução de controvérsias. A ideia era proporcionar uma atividade diferente, sem aulas expositivas, voltada sobretudo para a experiências vivenciais.

Para tanto, eu e alguns alunos da pós-graduação organizamos a discussão, em pequenos grupos, de textos básicos sobre a matéria. A primeira etapa consistia em entender do que se tratava. Depois, os alunos tinham de realizar visitas a centros de Mediação e conciliação para acompanhar algumas sessões, trazendo relatos do que tinham presenciado.

No segundo semestre do ano, pretendíamos trabalhar com arbitragem. Como as arbitragens costumam ser sigilosas, porém, os alunos não poderiam acompanhá-las. Assim, mantivemos a discussão de textos introdutórios e passamos a trabalhar com simulações. Apresentávamos um caso para os alunos prepararem, como se fossem partes e advogados. Depois, apresentavam o caso oralmente perante um painel de árbitros, formado por professores da faculdade. As simulações deram tão certo que, com o tempo, passamos a adotá-las também no semestre de consensuais.

Essas atividades, conhecidas como NEMESC – Núcleo de Estudos de Mecanismos de Solução de Conflitos, são realizadas como atividades de cultura e extensão, contando créditos para os alunos participantes (Para uma descrição mais detalhada das atividades e da didática empregada, v. SALLES, C.A. [*et al.*] A experiência do núcleo de estudos de meios de solução de solução de conflitos (NEMESC). In: *Revista Direito GV*, v. 6,

n. 1, junho de 2010. Disponível em <https://www.scielo.br/scielo.php?pid=S1808-24322010000100005&script=sci_arttext>). O público-alvo são estudantes do 2º ano do curso.

Em 2011, por iniciativa da professora Ada Pellegrini Grinover, foi criada uma disciplina de Conciliação e Mediação na grade regular do curso da Faculdade de Direito da USP. Venho lecionando essa disciplina desde então. O intuito dessa disciplina é fornecer, aos futuros profissionais de Direito, conhecimentos básicos sobre o funcionamento dos principais mecanismos consensuais de solução de controvérsias.

Cabe, para finalizar este relato, dar a minha resposta à questão colocada de início.

A Mediação não pode – e aliás não deve – nos levar a Shangri-lá. Afinal, isso seria, como acontece no filme em referência, nos tirar de uma convulsão social e nos levar para um paraíso isolado. Não é isso que precisamos, não é esse o horizonte que devemos buscar. Não é de isolamento que precisamos.

Ao contrário, a Mediação deve estar com os dois pés fincados na realidade, nos conflitos. Deve buscar suas causas, conhecer seus meandros, dimensionar suas consequências, em toda a profundidade possível. Em tempos de polarização como o que vivemos, a grande lição que a Mediação pode nos dar é aquela da recuperação do valor da comunicação e interação humana. Esse valor é fundamental para percebermos os conflitos em que estamos envolvidos, direta ou indiretamente, e para conhecermos melhor nossos papéis e limites em relação a eles. Além de tudo isso, podemos aproveitá-la para levar a resultados positivos, nos quais todos fiquem melhor.

Um caso, uma carta e a Mediação

Cesar Cury[60]

A perspectiva de uma nova etapa profissional me deixara particularmente estimulado. Após mais de uma década no tribunal do júri, em que os

60. Desembargador do TJRJ, mediador e professor. Mestre e doutor em Direito.

dramas humanos alcançam limites insuperáveis, trabalhar em casos mais simples me tornara confiante na possibilidade de praticar uma outra justiça, em que a abordagem precoce evitaria a escalada conflituosa e o ponto de não retorno das sentenças e das condenações.

Logo no primeiro dia, no entanto, toda a expectativa havia se frustrado. À entrada da antiga sala de audiência, de paredes descascadas e assoalho irregular, os volumes de processos empilhados ao chão, mal permitindo que se andasse, mostraram que o sonho utópico ainda estava longe. O desafio era mais prosaico e exigia esforço físico.

Dar conta de tantos processos me colocava contra o tempo. A exigência de soluções céleres não permitia a análise cuidadosa de cada uma das histórias escondidas nas páginas que me aguardavam.

A organização dos processos, feita com a ajuda de meia-dúzia de dedicados colaboradores, construiu um ambiente mais humanizado. Alguns vasos de plantas aqui, alguns quadros ali contribuíram para torná-lo algo acolhedor. Nessa sala, iniciamos os despachos, as reuniões de equipe, as audiências judiciais. Muitos dramas, contados rapidamente, eram tratados com sobranceira atenção, e decididos com a mesma celeridade. Sentia que avançávamos na superação do imenso atraso e que conseguiríamos resolver os processos que se sucediam, mas sem a análise detida dos casos retratados e a atenção devida às pessoas neles envolvidas. Como era de se esperar, a rotina acabou por se impor e a expectativa de uma nova forma de trabalho foi superada pela realidade.

Nesse contexto, todo auxílio seria bem-vindo. Todo recurso material ou colaboração serviriam para reduzir o número de processos. Por isso mesmo, quando um grupo se apresentou oferecendo cooperação com homens envolvidos em episódios de violência doméstica, não houve sequer questionamento. Providenciado o espaço adequado e adaptada a rotina de processamento, os novos colaboradores passaram a receber grupos de reflexão entre pessoas envolvidas em questões familiares e de violência doméstica contra a mulher. Naquela época, ainda se discutia e por vezes se admitia a suspensão do processo para que o conflito em si fosse priorizado. Afinal, o processo, um mecanismo destinado a garantir direitos, não deveria ter preferência sobre as próprias pessoas, se essas optassem por outras medidas.

Logo se viu que as reuniões coletivas, instituídas ao início do processo, surtiam efeitos positivos sobre as pessoas envolvidas, as quais encontravam ali o espaço propício ao compartilhamento de experiências semelhantes. A recíproca identificação nas vivências retratadas levava a uma sensação de autoaceitação e de pertencimento que facilitava o reencontro e a restauração das relações.

Ainda que me mantivesse à certa distância dessa rotina, não estive alheio aos seus reflexos nos processos. Logo percebi que muitos casos passaram a ser revolvidos ali mesmo, no novo setor de autocomposição. Os acordos construídos pelos próprios interessados tinham boa aderência e um número mínimo de desatendimento. As relações melhoravam sensivelmente, mesmo quando isso implicava o distanciamento familiar. As pessoas passavam a apresentar maior autonomia e confiança recíproca, o que contribuía para a conclusão dos casos, ainda quando os julgamentos eram necessários.

A Mediação, introduzida experimentalmente por aquele grupo de jovens entusiasmados como uma nova forma de fazer justiça, encontrou seu espaço no Judiciário, institucionalizou-se e se transformou na principal porta de acesso pelas pessoas que antes tinham apenas o processo. De auxílio à produtividade e à performance estatística, a Mediação se transformou no principal serviço do juizado. Com segurança, alcançou outras possibilidades. Os que experimentavam os grupos de reflexão, as oficinas de parentalidade e a Mediação transformativa agradeciam de modo espontâneo com declarações que incentivavam à busca por orientação e auxílio os que enfrentavam dramas pessoais. A Mediação cumpria o seu papel.

.....

A sala de audiências, em uma tarde de uma quinta-feira reservada aos despachos com assessores, foi o espaço em que conversei com Ana, Helena e Judith. As duas primeiras, irmãs gêmeas, acompanhadas da mãe, haviam tomado conhecimento do setor de Mediação e procuravam no juizado o auxílio para o irmão e filho mais velho. Sua elegância e nobreza de propósitos não escondiam sua grave preocupação.

De acordo com o seu relato, João Ricardo, envolvido com o uso de drogas desde a juventude, perambulava pelas ruas da cidade, desorientado, havia vários dias, e se recusava a retornar para casa. Sem trabalho e distante da esposa e filhos – que haviam levado a registro policial uma discussão áspera semanas antes –, se mostrava refratário a qualquer abordagem. As três o descreviam como pessoa cordata e afetuosa, sem qualquer traço de descontrole agressivo, razão pela qual nunca tinha tido problemas com a polícia ou a justiça. Segundo elas, o uso prolongado de drogas, embora não o tivesse impedido de completar sólida formação acadêmica, era a principal causa de sua depressão, associada ainda à baixa autoestima e à falta de autoaceitação. A intimação para comparecer à polícia o havia levado às ruas.

O modo de pensamento cartesiano e uma visão de mundo dogmática me traziam à mente a necessidade de um processo. Para o senso comum, o processo é o instrumento de trabalho do juiz, e sem ele não se tem o que fazer. Enquanto ouvia os relatos alternados daquelas três mulheres, pensava em como ajudá-las, talvez sugerindo um impulsionamento no inquérito, talvez as encaminhando aos serviços da rede pública de saúde mental ou mesmo providenciando uma internação compulsória.

Retomei a atenção à conversa com o tom firme de Judith, que, sensibilizada, porém lúcida, afastou antecipada e peremptoriamente qualquer intervenção forçada. O filho deveria ser convencido à internação e aconselhado ao tratamento voluntário, o que o permitiria se recuperar e assim retomar as relações com a família. Como mãe, dizia Judith, estava certa de que esse era o melhor caminho.

Na ligeira pausa que se seguiu às exposições, e antes que pudesse dizer do meu lamento por não ter o que fazer, a assessora que atentamente nos acompanhava lembrou que o setor de Mediação havia iniciado um projeto de atendimento pré-processual. Estávamos em 2006 e não tínhamos muita experiência em tratar conflitos não judicializados.

.....

A localização de João Ricardo não foi difícil. Encontrado no dia seguinte no ponto indicado por suas irmãs, em um intervalo de relativa sobriedade, não ofereceu resistência em acompanhar o oficial de justiça homônimo ao saber que sua mãe havia procurado o juiz da cidade.

Descuidado e demonstrando abatimento, hesitou ao entrar na sala de audiências dizendo-se envergonhado de sua condição. Convidado a se acomodar, sentou-se à uma cadeira lateral e tomou um copo d'água gelada sem perceber que seus familiares se aproximavam. Contido em suas emoções, embora as mãos trêmulas revelassem os sinais da abstinência, João Ricardo, embora com esforço, manteve o controle durante a conversa. Apresentou de modo coordenado as razões de seu autoabandono, lamentou não conseguir resistir às drogas e à depressão e se reconheceu necessitado de cuidados. Ao final, concordou em seguir com as assistentes sociais.

.....

O período de internação não chegou a se estender. Dois meses depois, e João Ricardo daria continuidade ao tratamento em casa. Naquele dia, ao chegar ao juizado, recebi de longe o cumprimento de alguém familiar, e só mais tarde associei aquela pessoa de boa aparência e corretamente vestido ao João Ricardo. Voltei ao setor de Mediação e pude vê-lo à distância participar de uma oficina de parentalidade.

O tratamento contra a depressão e a adição prosseguiam, e chegara a hora de restaurar as relações. A esposa e os filhos estavam presentes, e ao final da sessão os encontrei no corredor. O mais velho, um jovem de 26 anos, me estendeu a mão dizendo-se orgulhoso de morar em um lugar em que as pessoas com necessidades momentâneas eram acolhidas com respeito e tratadas com dignidade. O irmão mais novo assentiu com uma expressão contida. João Ricardo, ao lado dos filhos, ainda à procura de uma espontaneidade perdida, elogiava as oficinas e os grupos de reflexão, e dizia que a Mediação era a melhor parte da justiça. Sem processo e sem disputas, as pessoas podiam se expressar com liberdade e identificar sentimentos e desejos recíprocos, base sem a qual nenhuma solução pode existir.

.....

As sessões de Mediação familiar ainda perduraram por algum tempo. Não voltei a ver aquelas pessoas e logo aquela se tornara apenas mais uma história. A lembrança tardia veio na forma inusual de uma carta recebida pelo correio, escrita à mão e assinada por João Ricardo, sua esposa e seus filhos. Nela, uma declaração de reconhecimento de que a justiça é portadora da esperança quando acolhe as pessoas, lhes estende a mão franca e as auxilia diante das próprias dificuldades, deixando de lado, sempre que possível, os julgamentos e as condenações. Ainda me emociono quando lembro dessa carta, que guardo comigo como um registro improvável da vida. Ela me traz à memória que, em meio a tantas decisões, eu havia encontrado na Mediação a minha vocação: desde novo eu queria mesmo era ajudar as pessoas. E a Mediação, em meio a tantos processos, tinha encontrado naquele lugar a sua destinação: pacificar as pessoas e restaurar as relações.

A Mediação em minha vida....

Christiana Beyrodt Cardoso[61]

A Mediação efetivamente entrou em minha vida em 2014 quando trabalhava como assessora jurídica da presidência do Centro de Arbitragem e Mediação da Câmara de Comércio Brasil-Canadá (CAM/CCBC), auxiliando o presidente e a secretaria na recepção de casos de arbitragem antes da formação dos tribunais arbitrais, defesa da Câmara em juízo, além de atuar em contencioso empresarial e arbitragens em um grande escritório de advocacia juntamente com o mestre Frederico José Straube, então na época presidente do Centro de Arbitragem e Mediação do CAM/CCBC.

A arbitragem brasileira e o CAM/CCBC estavam em fase muito promissora, em pleno processo de internacionalização, com convênios internacionais com grandes universidades e câmaras. Suas regras acabavam de ser admitidas para reger a futura competição do Willem C. Vis Moot de Viena de 2017, onde mais de 300 universidades de mais de 64 países diferentes, a nova geração de advogados, iriam estudar suas regras, com um caso que tratava sobre a Copa do Mundo que vinha para o Brasil e seus investimentos de infraestrutura. As empresas começavam a se encantar pela especialidade, rapidez dos procedimentos de arbitragem e com a oportunidade

61. Advogada, mediadora, fundadora do Café com Mediação, COO da DSD2B e secretária geral da MED ARB RB.

de ter no Brasil um procedimento de qualidade, com boa sede, contando com grandes árbitros internacionais, regulamentos bem estruturados, sem previsão de escrutínio de sentenças e práticas de Discovery, mecanismo de obtenção de provas, muito comuns em outros países.

As secretarias das câmaras brasileiras CAM/CCBC, CAMFIESP/CIESP, CAMARB, Câmara do Mercado, AMCHAM, CBMA, entre outras, passaram a encantar e inspirar mudanças estruturais em secretarias nos grandes centros internacionais, proporcionando uma arbitragem mais eficiente, com toda a infraestrutura necessária, e o CAM/CCBC experimentou expressivo aumento em suas arbitragens.

A arbitragem crescia, porém os outros métodos adequados de resolução de conflitos também presentes no CAM/CCBC, como Mediação e *dispute boards*, tinham ainda tímida visibilidade e utilização pelas empresas.

Nas minhas funções, atuava também na promoção e difusão de todos os métodos adequados de resolução de conflitos, com o estabelecimento de parcerias, realização de eventos e comunicação adequada sobre as vantagens de cada método.

O Centro de Arbitragem e Mediação já contava com um regulamento de Mediação próprio bem estruturado e uma lista de grandes mediadores, contudo os procedimentos de Mediação ainda eram poucos. A expectativa era grande para o advento de uma nova lei própria de Mediação e mudanças no Código de Processo Civil para tornar a Mediação mais conhecida para advogados, empresas e partes.

Como advogada de contencioso, vivenciando os trabalhos do CAM/CCBC, imaginava que poderia falar com propriedade sobre Mediação sem ter vivenciado uma capacitação, até que Dr. Straube e Silvia Salatino, uma das mais experientes secretárias do CAM/CCBC, me indicaram uma capacitação de Mediação para aprofundar meus conhecimentos naquele ano de 2014, com o IMAB, que realizava seu curso nas estruturas do CAM/CCBC, em uma época em que passava por diversas transformações em minha vida privada.

Com o curso do IMAB de Mediação Transformativa baseado nas lições de Joseph Folger, capitaneado pelo mestre Adolfo Braga, percebi que a Mediação era muito além do que imaginava como advogada ou mesmo vivenciando uma estrutura administrativa de centro de arbitragem e Mediação. Observei que era um diálogo estruturado por mediadores, imparciais, independentes, que necessitavam de capacidade contínua, que com sua atuação muitas vezes podiam preservar ou até reconstruir relações, se esta fosse a vontade das partes, método perfeito não só para questões de família, mas também para as mais sensíveis relações empresariais.

Com ferramentas e estratégias próprias, os mediadores proporcionavam para as partes um diálogo diferente em busca de consenso, e vi como era importante que mais advogados recebessem aqueles conhecimentos que me eram transmitidos.

Práticas que me instigaram a procurar mais capacitações e a não parar de estudar o tema, assim ainda me capacitei em Mediação no Mediaras da Argentina, Algi Mediação, a capacitação completa de Mediador Judicial do NUPEMEC nos termos das disposições do CNJ, em negociação empresarial, em Mediação empresarial em recuperação judicial da EMERJ, entre outros inúmeros cursos.

Vivenciei a experiência transformadora de observar como paradigmas, prejulgamentos, podem prejudicar a fluidez de uma comunicação eficiente. Que técnicas de comunicação e ferramentas de Mediação, tais como resumo, espelhamento, empatia, escuta ativa, parafraseamento, entre outras aprendidas, podiam abrir um novo olhar para o sentido de conflito, transformando em uma oportunidade para as partes.

Que a Mediação é um diálogo estruturado que conta com um terceiro imparcial e independente, que passa por fase de abertura com os combinados das partes, colheita de informações, investigação de interesses mútuos, criação de opções, passar as opções por filtros objetivos e subjetivos e chegar às alternativas para um acordo, o que pode trazer inúmeros benefícios para o cliente e para advogados, até com retorno mais célere de honorário.

Nós, advogados, sempre fomos ensinados na faculdade a combater conflitos utilizando poder e Direito, com todas as estratégias processuais possíveis para a vitória dos nossos clientes, mostrando em juízo para aquele terceiro que iria dizer o direito, o juiz, através da jurisdição estatal, que o direito do cliente era o mais forte, muitas vezes, contudo, sem atentar para os reais interesses destes.

Por exemplo, no caso de um cliente que tem um fornecedor especial que entra com uma ação referente a descumprimento contratual, o cliente pode ser defendido e vencer a ação, mas ficará sem a parceria contínua com este fornecedor especial e único.

Assim, muitas vezes um cliente, mesmo vencendo um processo, não fica satisfeito, seja porque tem que aguardar recursos, ou porque não consegue ao final dar efetividade para a sentença, por não lograr êxito em executá-la, ou até mesmo porque a sentença lhe acarreta prejuízos de reputação no mercado.

No curso de uma capacitação de Mediação, aprendemos que conflitos são inerentes à vida, que segundo os chineses conflito tem o significado de perigo, mas também oportunidade, e que ter uma boa comunicação é uma das ferramentas interpessoais mais importantes, falar sobre o conflito.

Muitos acabam sabotados na escuta por seus prejulgamentos e crenças, não conseguem saber o que o outro pede e por que pede, enxergar os reais interesses do outro, pois sequer conhece seus próprios. Nós, advogados, não estávamos treinados para saber investigar os reais interesses de nossos clientes, mas, sim, parautilizar poder e Direito.

No curso de Mediação, observamos que mediador é totalmente diferente da figura de negociador ou árbitro. Este profissional capacitado, imparcial e independente não julga, não advoga, mas estrutura esta nova oportunidade de diálogo, com isonomia, flexibilidade, boa-fé e busca do consenso, confidencialidade, para que as partes encontrem as oportunidades de ganhos mútuos para o acordo.

Percebi que com a Mediação as partes possuem mais controle do procedimento. Além disto, nada melhor do que quem vivencia um conflito para saber a resposta de como bem resolvê-lo. Enquanto sociedade, ficamos dependentes da heterocomposição, de ter sempre alguém que diga o direito, ainda que nem sempre a decisão, mesmo que favorável, atenda realmente os interesses do cliente.

Percebi que a Mediação é de extrema importância na construção da nossa democracia, civismo, racionalização e uso consciente das atividades do Estado, promoção da defesa da liberdade através do diálogo, uso da autocomposição, em busca da construção de uma "cultura de paz" social sustentável, o acesso à ordem jurídica justa, em atenção ao Objetivo de Desenvolvimento Sustentável 16 da ONU, de paz, justiça e instituições eficazes.

Foi então que, ao fazer uma transição de carreira do CAM/CCBC para um escritório de advocacia, o Decacche Advogados, onde atuei por um ano em arbitragem e em grandes negociações, fui convidada pela professora Ada Pellegrini Grinover para auxiliar na estruturação da nova câmara de Arbitragem e Mediação CAMITAL, o que foi uma experiência extraordinária para mais aprofundamento no tema da consensualidade. Em seguida, veio o convite para atuar na estruturação da MOL Mediação Online, uma plataforma de Mediação on-line que permitiu o aprofundamento nos estudos de ODR (*Online Dispute Resolution*) e que posteriormente me rendeu o convite através da presidente Fernanda Rocha Levy para atuar como coordenadora do comitê de ODR do CONIMA.

As inúmeras vantagens da Mediação, somadas à experiência transformadora de vivenciar a experiência da prática, inspiraram ainda o surgimento do Café com Mediação, um grupo de *networking* e de ideias, formado pela sociedade civil, com o objetivo fomentar a cultura de Mediação, e que completará em breve 5 anos de existência.

Um verdadeiro movimento de cultura, o grupo surgiu de um simples café em março de 2016, que tomei com Veridiana Tossato, publicitária e mediadora, que buscava mais informações sobre Mediação. Vimos que quase não havia informações para empresários, escolas e administração pública do que era Mediação e suas boas práticas, que precisávamos replicar tudo de bom que aprendemos com a Mediação e todos os benefícios que nos trouxe pessoalmente e que poderia trazer para a sociedade.

Assim nasceu o Café com Mediação. Participam do grupo não só mediadores, mas professores, empresas, escolas, procuradores, promotores, desembargadores, membros de tribunais de contas, advogados, entre outros, todos unidos para fomentar a cultura da Mediação.

Já foram realizados mais de 37 encontros, movimentados por vários coordenadores que atuam em subgrupos, tudo de forma *pro bono*. Os encontros, palestras, reuniões e cafés servem para esclarecer, informar, compartilhar conhecimentos e principalmente difundir a Mediação.

Desta forma, conhecemos instituições, câmaras, escritórios, associações e grupos de estudos, contribuindo para conectar todos com objetivos comuns: o propósito de fomentar a Mediação e realizar o *networking* entre eles.

Colocamos advogados, mediadores, juízes, promotores, procuradores, estudantes, professores, empresas, câmaras e instituições juntos, todos que queiram contribuir e dar efetividade para a Mediação, possibilitando a ampliação de suas ações em prol do maior uso no país. Deste trabalho, há troca de experiências, boas práticas, materiais, vivências e pesquisas que fomentam o uso dos métodos consensuais e mais adequados de resolução de conflitos.

Temos como meta a união de esforços para ajudar a levar a cultura da Mediação para escolas, faculdades, empresas e administração pública, contribuindo para que todos tenham boas experiências com o método para fortalecer a prática.

Todos os eventos são públicos e gratuitos, patrocinados pelas instituições que formalizam o convite ao grupo. Ao longo de sua existência, já foram realizados em diversos Estados do Brasil, além de Argentina e Portugal, em instituições públicas e privadas, tais como Tribunal de Contas do Município de São Paulo, Procuradoria-Geral do Estado, Advocacia Geral da União, OAB, Tribunal Regional Federal da 3ª Região, Ministério Público Federal, grandes escritórios, Secretaria da Educação do Estado de São Paulo, dentre outros.

Como resultado deste trabalho, temos hoje uma maior integração, conexão e intensa troca de experiências entre membros da administração federal, estadual e municipal das diversas procuradorias, membros de Ministério Público, juízes, desembargadores, membros de Tribunais de Contas, universidades, escolas primárias, associações, empresários, em uma troca de informações de forma leve, cooperativa, informal e descontraída. Todos juntos na troca de experiências e boas práticas para o fomento da Mediação com apresentação de teses, pesquisas, números, monografias, entre outros, tudo em prol do bom uso da Mediação.

Como advogada, me sinto realizada em ver o quanto a Mediação se tornou conhecida dos advogados nos últimos anos. Nesse sentido, a OABSP, através das comissões de advocacia na Mediação e de arbitragem, nas quais participo com membro, editou Nota Técnica onde reconhece que a "advocacia utilizando métodos consensuais também é advocacia" e "resolver os conflitos sem recorrer ao Poder Judiciário utilizando métodos consensuais também é advocacia". E valoriza o profissional e a função social do advogado recomendando que: "para cooperarmos com a administração da justiça, espera-se do advogado uma postura assertiva, dinâmica, estratégica, propositiva, com habilidades de negociação em favor dos interesses de seus clientes, a fim de solucionar os problemas pelos quais estes passarão em decorrência da grave crise econômica e social derivada da Pandemia da Covid-19".

Como mediadora capacitada, em contínuo desenvolvimento, que nunca cessará, sinto-me honrada em atuar em mediações empresariais e em recuperação de empresas, método que reputo essencial para fortalecimento de relações, cooperação para ganhos mútuos, através de um diálogo construtivo para a retomada da economia mundial nestes desafiadores tempos.

Como empreendedora, fico feliz em dedicar a empresa que construí com minha sócia Carmen Sfeir para tornar ainda melhor a experiência dos usuários nos diversos métodos adequados de resolução de conflitos, dentre eles a Mediação, arbitragem, *dispute boards*, dentre outros. Hoje atuamos com Desenho de Prevenção e Resolução de Conflitos para empresas, aliando também o uso da tecnologia, para trazer mais eficiência na resolução de conflitos.

Aprendizados e significados de uma trajetória

Claudia Frankel Grosman[62]

A cultura da pacificação social e da construção do consenso estiveram

62. Mediadora e consultora empresarial em prevenção e gestão de conflitos. Certificada pelo ADR Group de Londres, International Mediation Institute (IMI), integra o painel de mediadores de várias instituições nacionais e do CPR International Institute for Conflict, Prevention & Resolution. Advogada com MBA no Insper, é docente e supervisora da Prática de Mediação. Coautora e coorganizadora do livro *Mediação no Judiciário: Teoria na Prática, Prática na Teoria*; e coautora de outras obras, como: *Dicionário de Direito de Família, Conciliação e Mediação, ensino em construção* e *Mediação de Conflitos para iniciantes, praticantes e docentes.*

presentes ao longo de minha trajetória. O ponto de inflexão, no qual o fazer intuitivamente deu lugar ao profissional mediador, foi quando busquei, de forma teórica, ferramentas que me amparassem na prática e na busca da excelência em serviço.

Por nove anos como advogada interna de empresa familiar, deparava-me com os mais variados conflitos entre *stakeholders* internos e externos, que refletiam diretamente na produtividade, no resultado, no desempenho do time, nos relacionamentos, na satisfação dos clientes, entre outros. Questionava-me sobre o que motivava vários conflitos a escalarem, alguns, inclusive, terminando no cenário judicial, e se existia alguma forma de romper com esse ciclo destrutivo. Como, de forma preventiva e aproveitando a diversidade do capital humano que tínhamos dentro da empresa, poderia cuidar para que os conflitos caminhassem rumo a criar valor para os envolvidos? Fruto dessas reflexões e inquietações, resolvi testar alguns movimentos que me possibilitariam estar mais perto dos conflitos do dia a dia. Passei, então, a vivenciá-los de um outro lugar e percebi que o meu distanciamento cegava diversas oportunidades.

Me mudei de sala para um lugar estratégico, mais próximo dos outros colaboradores, e me permiti inovar em meu papel de advogada, passando a atuar de forma mais ativa em relação aos conflitos. Participei de reuniões internas de outras áreas, escutei os colaboradores e instituí um canal de comunicação direta com os clientes pós-atendimento que se declaravam insatisfeitos. Muito aprendizado emergiu dali; e o principal foi que acolher, escutar ativamente as pessoas e estar junto impactou na redução dos conflitos escalados e, consequentemente, dos custos provenientes destes. Senti na prática a potência do trabalho colaborativo e multidisciplinar.

A vivência empresarial me fez um convite interno no sentido de ampliar meus *hard* e *soft skills* – início da minha jornada na busca de outros saberes que me desafiaram e me tiraram da zona de conforto. Foi assim que as capacitações em Mediação e, paralelamente, o MBA entraram na minha história. A multidisciplinaridade da minha formação cada vez mais convergia com a da Mediação. À medida que adquiria esses conhecimentos, mais me conectava com o trabalho de transformar as relações adversariais em colaborativas através do diálogo, ao qual passei a atuar de forma dedicada.

A Mediação foi um palco para que eu traçasse conexões significativas. Além disso, grupos de estudos, eventos nacionais e internacionais, mentorias e oportunidades de experimentar a pluralidade em meus trabalhos foram peças-chave para a construção da profissional mediadora.

Tive também a oportunidade de acompanhar de perto o início do movimento que potencializa o aculturamento da Mediação no Brasil, através das Resolução nº 125 do CNJ, de 2010, pelo novo CPC - Lei nº 13.105, de 2015, e pela Lei da Mediação - Lei nº 13.140, de 2015.

Diversas foram as oportunidades de facilitar e vivenciar a transformação do ciclo destrutivo em construtivo. No início da minha carreira, em 2008, em uma Mediação muito impactante, um jovem, condenado por homicídio culposo pela morte de seu melhor amigo, e a mãe do garoto que falecera não se falavam desde o ocorrido e estavam amparados pelos seus advogados. Com a Mediação, a mãe, que buscava danos morais e materiais pela morte de seu filho, percebeu que os danos que o ocorrido causara no amigo eram semelhantes aos seus, e isso foi gatilho para que a Mediação findasse com ela renunciando à esfera judicial e convidando o jovem para ajudá-la a desmontar o quarto de seu filho, intacto havia cinco anos.

Outra experiência marcante foi uma Mediação em uma empresa familiar, na qual alguns dos integrantes da família não se falavam havia muitos anos. Com o resultado da Mediação, esses familiares passaram a trabalhar juntos e instauraram reuniões semanais para cuidar de si e uns dos outros. Após dois anos da Mediação, em uma reunião com uma pauta muito delicada, recordo que eles me ligaram e pediram para que eu participasse, como se estivessem inseguros de que conseguiriam, sozinhos, lidar com o tema. Fiquei praticamente em silêncio durante toda a reunião. Eles deram conta. A Mediação tinha gerado novas possibilidades para aquela dinâmica, e eles já colhiam os frutos.

Casos como os relatados acima funcionam como impulsionadores no meu fazer e no meu desenvolvimento pessoal e profissional. Diversos são os desafios nesta minha trajetória, mas todos inundados de aprendizados e significados, aproximando-me de meu propósito: cuidar das pessoas e facilitar para que elas protagonizem suas histórias.

Cultivando o diálogo

Daldice Maria Santana de Almeida[63]

- I -

Os meios consensuais ingressaram na minha vida por meio da atividade jurisdicional, em 1993, na busca de solução de conflitos, em especial os que envolviam questões habitacionais, sobre as quais diariamente eram formulados vários pedidos de medida liminar na Justiça Federal. O meu interesse neles, porém, não foi instantâneo; decorreu da percepção da falta de efetividade das audiências previstas no artigo 331 do Código de Processo Civil de 1973, vigente à época. Essas audiências, consideradas, até então, mera formalidade, contavam, em regra, apenas com a presença dos advogados. Raramente as partes compareciam, sobretudo quando logravam a concessão de liminar, o que lhes passava a falsa impressão de "causa ganha".

Em geral, os contratos habitacionais trazem em um mesmo instrumento várias relações jurídicas (compra e venda, financiamento e cobertura securitária), às quais podem se somar outras, decorrentes da condição condominial, tributária e de aforamento. Dessa forma, apenas em torno de um contrato podem surgir vários conflitos, com frequência decorrentes de um único ato, como, por exemplo, o não pagamento de uma prestação. Considerado o fato de que cada conflito tem o potencial de gerar vários processos, inclusive relacionados a incidentes, vê-se, portanto, não somente o quanto isso pode congestionar o Judiciário, mas, principalmente, distanciar o cidadão da efetiva solução do seu problema, seja porque ele se torna mais complexo e, com isso, menos célere, seja porque, como sabido, nem sempre o trato jurídico-formal resolve o conflito sociológico.

Apesar do impacto socioeconômico desses conflitos, esses processos não caminhavam na velocidade que a situação exigia, pois, enquanto aparentemente os mutuários tinham a falsa sensação de segurança, por acredi-

63. Especialista em Direito Constitucional Aplicado pela Escola de Magistrados da Justiça Federal da 3ª Região/TRF3, em Direito Público pela Pontifícia Universidade Católica de São Paulo, em Direito Administrativo pela Fundação Faculdade de Direito da Bahia e em Processo Civil pela Universidade Federal da Bahia. Desembargadora federal do Tribunal Regional Federal da 3ª Região.

tarem que "não corriam o risco de perder o imóvel, pois a propriedade estava assegurada por medida liminar", olvidando-se do fato de a hipoteca ter prazo certo para terminar, assim como a cobertura securitária, o dinheiro emprestado, sem circular, perdia a potencialidade de gerar novos empréstimos, fazendo girar a roda da economia. Complexos, tanto em razão da legislação regente, quanto pelos inúmeros fatores a eles atrelados – jurídico, social e econômico –, esses processos ficavam no aguardo de uma resolução – sempre adiada – como se fossem "enjeitados".

Nesse contexto, desconfortável com essa realidade, passei a dedicar algumas semanas para submeter esses processos à "conciliação", em pautas concentradas, mediante prévia interlocução com os agentes financeiros, sobretudo com os advogados, muitos deles remanescentes do antigo Banco Nacional da Habitação (BNH), que, pacientemente, elucidavam as diferenças entre os vários regimes de contratação ao longo dos anos, com seus correspondentes benefícios, algo impensável no embate tradicional, por via do processo.

Minha experiência anterior à magistratura como procuradora da Fazenda do Estado da Bahia não favorecia a consensualidade, em virtude da ideia então consagrada de que o princípio da indisponibilidade do interesse público seria incompatível com o uso dos meios consensuais. Um modo de pensar claramente impregnado pela cultura da época, que tornava o exercício profissional confortável, pois o enfrentamento formal dos conflitos, pelo fenômeno da coisa julgada, impõe um grau de responsabilidade funcional menor do que a construção de solução consensual, que, além do mais, exige muito mais trabalho para materializar-se.

Desse trabalho inicialmente feito por mim de forma isolada, na Vara, adveio, posteriormente, convite para integrar projeto piloto da Justiça Federal da 3ª Região para a busca de solução consensual em processos do Sistema Financeiro da Habitação (SFH), o qual, em 2004, transformou-se, por meio da Resolução nº 258, de 1º de dezembro de 2004, no Programa de Conciliação, do qual fui coordenadora.

Pouco tempo depois de ascender ao cargo de desembargadora federal, fui designada coordenadora do Gabinete da Conciliação do Tribunal Regional Federal da Terceira Região, correspondente ao Núcleo Permanente de que trata a Resolução do Conselho Nacional de Justiça (CNJ) nº 125/2010, função que desempenhei de 2012 a 2014.

Diante dessa experiência, fui indicada para atuar no Conselho Nacional de Justiça (CNJ), onde exerci dois mandatos de conselheira (biênios 2015-2017 e 2017-2019). No exercício do mandato de conselheira do CNJ, presidi a Comissão Permanente de Acesso à Justiça e Cidadania, sob a qual se encontram vários programas, dentre eles o monitoramento do desenvolvimento da política judiciária nacional de tratamento adequado dos conflitos de interesses, e coordenei o Comitê Gestor da Conciliação.

- II -

Na participação efetiva da construção da solução de consenso entre as partes, vários aspectos se revelam de forma evidente e marcante. Desses, destaco dois, em especial. O primeiro é a percepção da distância que grassa entre o conflito sociológico e aquele expresso, de forma jurídica, em um processo formal. Tornam-se claros a exata dimensão do conflito, os variados aspectos nele entrelaçados – por vezes, de distinta natureza –, as dificuldades das partes e as possíveis alternativas de solução; algo impensável na via tradicional. O outro, a isso ligado, é a capacidade de, pelo diálogo, resolver o conflito da maneira mais satisfatória para todos, com maior efetividade, segurança e, não raro, celeridade.

Sentir o alívio que isso proporciona à parte, principalmente quando o interesse envolvido é basilar para a vida da pessoa, como a habitação (depois da vida e da liberdade, o endereço é dignidade), mas também quando se refere à obtenção de um benefício previdenciário (caráter alimentar), entre outras situações, é algo extremamente gratificante para o facilitador – mediador ou conciliador – que, a propósito, pela característica da sua função, espera-se que seja alguém naturalmente empático, capaz de sentir as angústias do outro.

- III -

Como se sabe, o uso dos meios consensuais no controle social e na pacificação da comunidade, em diversas culturas, tem origem que remonta à Antiguidade. Note-se que a feição moderna de Estado, ou seja, o poder estatal assim como conhecemos hoje, é relativamente jovem, somente tendo surgido após o feudalismo, aproximadamente no século XVI.

Só a mera reinserção de algo que remete a tempos remotos, ainda que com nova abordagem, já constitui barreira bastante ao desenvolvimento dos métodos de solução de conflitos, capaz de desafiar seu uso e evolução.

Outro desafio está centrado na maneira de pensar e de agir da comunidade forense. Embora a finalidade da norma seja induzir comportamentos, sabemos que problemas, por vezes, surgem relativamente à sua eficácia social, normalmente atrelados à cultura em que ela se apresenta. Nesse contexto, não se pode ignorar o poder da cultura da sentença nesse ambiente, como há tempos vem destacando o professor Kazuo Watanabe. Há desafios internos e externos a serem superados antes que a norma se torne efetiva.

O primeiro desafio – uma vez que o Poder Judiciário assumiu papel de destaque na transformação cultural visada pela Resolução CNJ nº 125/2010 – foi interno a esse próprio Poder: tornar os juízes conscientes da problemática apresentada e da relevância que os meios consensuais poderiam ter para sua solução, bem como conseguir o empenho das instituições para erigir a estrutura necessária para a operatividade desse novo sistema de soluções de conflitos. O outro, externo, revelava-se pela recalcitrância de advogados e das partes em acreditar nesse sistema, percebendo seu valor. As próprias faculdades, àquela época, edificavam seus cursos totalmente voltados, processualmente, à atividade de confronto, de beligerância. Não se atinham ao fato de que, para o advogado, assim como para o seu cliente, o relevante é ter seu interesse assistido.

A título de ilustração, em particular, desses desafios internos, lembro-me, por exemplo, de que quando o programa mencionado se iniciou, nem mesmo com o peticionamento das partes, requerendo o envio dos autos à conciliação, alguns magistrados aceitavam remetê-los para esse fim. Invocavam o princípio do juiz natural – típico da solução adjudicatória, em que um terceiro substitui as partes – ou defendiam, de outro modo, a ideia de que, se as partes realmente quisessem celebrar um acordo, que o fizessem por conta própria, trazendo, posteriormente, essa notícia ao processo. Olvidavam de que, quando se procura um tratamento, não há hierarquia de remédios, há apenas o remédio mais adequado a cada fim, e que, desse modo, diagnosticado o conflito, não há distinção hierárquica entre a solução consensual e a adjudicatória. O relevante é utilizar a solução adequada ao caso para, com isso, pacificar o conflito.

- IV -

Os meios consensuais são vivos e únicos. Então, justamente pelo fato de que, para trabalhá-los, torna-se necessário revolver os interesses e as necessidades de cada um, verifica-se que cada conflito traduz uma identidade própria - viva - bastante diversa daquela representada na lide formal analisada pelo magistrado.

Precisamente por ser impossível construir o consenso sem prévio e rico diálogo, revelador das circunstâncias de vida da pessoa, muitas vezes até de sua intimidade, é preciso que o agente facilitador - mediador ou conciliador - esteja atento para direcioná-lo da melhor maneira, isto é, com técnica, para que se obtenha resultado consistente, com a maior celeridade possível, já que são inúmeros os conflitos que pendem de solução.

Não obstante tudo isso, ainda que tomados todos os cuidados, surgem situações inusitadas.

Houve uma vez em que uma mutuária do SFH compareceu à audiência e, muito bem acolhida por mim e por um outro colega magistrado - logo no início do Projeto –, depois de contar sobre sua vida e a de uma amiga, casada com um suíço que lhe mandara dinheiro para quitar a dívida, depois de sempre arranjar um pretexto para redesignar novas audiências sob o argumento de que estava tentando levantar o dinheiro, telefonou-me, muito tempo após eu ter me desligado dessa iniciativa, para conversar. Perguntei-lhe se conseguira quitar o apartamento. Ela, todavia, mencionou que, segundo uma "mãe de santo" com quem se consultara, só conseguiria quitar caso se casasse. Até aí, a conversa estava bem curiosa, ainda que eu tivesse ficado surpresa com a própria ligação e com o fato de ela ter conseguido me localizar, uma vez que o local da audiência e o de minha atuação eram cidades diversas (São Paulo e Santos, respectivamente). Então, ela indagou: "E seu colega, aquele juiz que estava com a senhora? Ele é casado?". Minha primeira reação, ao ouvir isso, foi a de me sentar, chocada, imaginando que seu pretendido era meu colega. Passado o susto, eu precisava de uma resposta que soasse natural. Assim, disse-lhe que sim, que ele era muito bem casado, ao que ela, desanimada, exclamou: "mas ele não usa aliança!" Disse-lhe, então, que, com o tempo, o dedo engrossa, a aliança aperta... O desânimo foi total... A conversa foi morrendo e ficou por isso mesmo.

Outra situação curiosa, bem no início de minha atuação com os meios consensuais, e que revela, talvez, falta de técnica à época, ocorreu quando, depois de muitos cálculos e discussão sobre o que era possível fazer financeiramente em relação ao contrato de uma mutuária, e diante de muita vontade de auxiliar na resolução do problema, após planejar receitas e despesas, mencionei a ela que talvez a atualização da tintura em cabelereiro e a manicure semanal pudessem ser suspensas por determinado período para que ela conseguisse o restante dos recursos necessários à quitação do contrato. Rapidamente, porém, a mutuária respondeu "isso, jamais!", dizendo-me "mais vale um gosto do que um dinheiro no bolso!" Foi o suficiente para eu ver que, nessa função, temos que aceitar a pluralidade de visões, não nos cabendo questionar os interesses ou as necessidades das partes.

Um terceiro exemplo, interessante por mostrar a complexidade de certos conflitos, o que os torna extremamente difíceis de resolver pela via formal, é relativa a um grande conjunto de imóveis em Santos, com quase duas mil unidades residenciais, das quais metade estava em situação mais crítica, pois a construtora falira na década de 1980. Um grupo coordenado por uma cooperativa de estivadores invadira os imóveis. O agente financeiro (Caixa Econômica Federal) fez contratos de financiamento com os ocupantes sem que, contudo, os bens tivessem sido regularizados no Cartório do Registro de Imóveis e no Serviço de Patrimônio da União (SPU). Tampouco havia habite-se da Prefeitura. Em razão da falta de regularização, o "condomínio" – embora tivesse despesas – não existia formalmente, isto é, não podia demandar seus créditos, não obstante pudesse ser demandado na Justiça do Trabalho, por exemplo. As irregularidades eram tamanhas que nem contrato (ainda que de gaveta) para quem pretendia deixar o imóvel se fazia mais. Passava-se o imóvel para outra pessoa com mera entrega da chave (da figura do "gaveteiro", passou-se à do "chaveiro"), ou simplesmente abandonava-se o imóvel e o novo ocupante buscava um chaveiro para abri-lo. Não bastasse isso, havia, ainda, o problema de tráfico de drogas no local. Tratava-se, portanto, de questão complexa, envolvente de múltiplos interesses, pertinentes a milhares de pessoas físicas e várias instituições. Foi necessário mais de um ano para obter-se uma composição.

O pitoresco, nesse exemplo, é que qualquer problema que surgisse nesse período, ainda que fosse uma questão de condomínio, da alçada da Justiça do Estado, sempre era levado à Vara Federal, onde eu tentava, ao menos, dar alguma orientação, ao perceber quão perdidos e desassistidos todos estavam.

- V -

É bastante natural que, diante de um conflito envolvente de diversas pessoas e instituições e em meio ao qual várias relações jurídicas e sociais se interpenetram, as pessoas tenham essa sensação. Notem que, particularmente neste caso, o Poder Judiciário agiu como agente facilitador, coordenando os esforços de todos para a solução dessa situação. Buscou, enfim, tratar esse quadro, eliminando a insegurança jurídica, social e emocional que o caracterizava.

Contudo, esse não é um papel que deve caber apenas ao Judiciário, a uma única instituição. É algo que deve ser trabalhado por toda a sociedade.

Assim como não se busca a saúde apenas nos hospitais ou a educação e o conhecimento nas escolas, também a justiça não deve ser procurada apenas no Poder Judiciário, como já dizia o professor norte-americano Marc Galanter. A harmonia, a pacificação dos conflitos, devem surgir na sociedade, da postura de cada um, seja indivíduo, seja instituição. Não se pode confundir o monopólio da decisão jurisdicional com justiça. Para essa, não há monopólio. Eu, você, uma escola, uma empresa... cada qual pode trabalhar em seu favor, por meio de tarefas e atitudes. Nada fácil, mas é preciso acreditar no potencial transformador a longo prazo. A esse respeito, lembro um velho ditado que diz: "quem planta tâmaras, não colhe tâmaras". Significa que – considerando que a tamareira leva cerca de oitenta anos para dar frutos – se ninguém as plantar, jamais alguém poderá prová-las. Em outras palavras, se ninguém se preocupar com o futuro, seremos incapazes de satisfazer certas necessidades ou, pior, de conhecê-las. Assim, se queremos que a sociedade evolua, torne-se mais harmônica e apta a lidar com seus conflitos, é preciso plantar a semente de uma nova mentalidade, mais ligada ao diálogo e ao consenso, e menos ao confronto e à imposição.

Relato sobre a Mediação: porta de entrada, valores que mobilizam, vivências e desafios

Daniela Monteiro Gabbay[64]

A Mediação entrou em minha vida inicialmente pela porta da pesquisa e da vida acadêmica. No ano de 2007, eu havia terminado o mestrado na Faculdade de Direito da USP, quando tive aprovada minha dissertação que analisou como os conflitos ingressam no processo judicial individual e coletivo por meio da elaboração do pedido e causa de pedir. O que era para ser uma dissertação dogmática sobre processo civil virou uma porta de entrada para o olhar sobre o conflito e suas múltiplas facetas, a partir da teoria da linguagem. Em um dos capítulos desse trabalho, considerei como premissa que a linguagem não está presente apenas na formulação do pedido de uma determinada demanda judicial, mas na própria configuração do conflito, enquanto mediado linguisticamente por quem o observa, reflete e com ele interage.

Quando resolvi no ano de 2008 começar o doutorado, queria escolher um tema que pudesse aprofundar o olhar sobre o conflito, e a escolha da Mediação foi algo natural, pois permitiu que meus estudos e pesquisas continuassem tendo esse pano de fundo. Na época, não havia políticas judiciárias claras sobre a Mediação, nem mesmo a Resolução nº 125 do Conselho Nacional de Justiça (CNJ), que em novembro de 2010 criou política judiciária nacional de tratamento adequado de conflitos no âmbito do Poder Judiciário.

Durante meu doutorado, resolvi estudar empiricamente os desenhos institucionais possíveis para a inserção da Mediação no Judiciário, e, como *visiting fellow* nos anos de 2008-2009 na Universidade de Yale, tive a opor-

64. Mestre e doutora em Direito pela Universidade de São Paulo (USP). Professora da graduação e pós-graduação da Escola de Direito de São Paulo da Fundação Getúlio Vargas (FGV DIREITO SP). *Fellow* no Chartered Institute of Arbitrators (CIArb). *Visiting Fellow* na Yale Law School e na London School of Economics and Political Science. Sócia de Daniela Gabbay Resolução de Conflitos. Mediadora.

tunidade de comparar os programas de Mediação brasileiros com os norte-americanos que funcionam junto ao sistema de justiça.

A experiência que tive em 2010, de criar a Clínica de Mediação e Facilitação de Diálogos na Escola de Direito de São Paulo da Fundação Getúlio Vargas (FGV Direito SP), também foi uma belíssima oportunidade de ensinar e aprender por meio de projetos de Mediação, como o de Mediação comunitária que desenvolvemos no bairro da Bela Vista, onde está localizada a FGV. A Clínica de Mediação e Facilitação de Diálogos completou 10 anos em 2020, e ter participado de sua criação e atuado como uma das docentes foi uma experiência engrandecedora.

A participação em pesquisas empíricas sobre Mediação no Brasil também foi uma forma interessante que tive de verificar práticas e apurar dados sobre esse método de solução de conflitos, tendo sido muitas delas destinadas ao Poder Público e ao desenvolvimento de políticas legislativas e judiciárias no país.

Mas nada foi tão enriquecedor quanto a oportunidade de atuar como mediadora, o que tenho feito há mais de 15 anos na área empresarial, e que se intensificou após fundar meu escritório focado em solução de disputas extrajudiciais.

***

Inúmeros valores da Mediação me mobilizam, mas gostaria de ressaltar aqui dois deles: o de escuta ativa e de empatia. Escuta ativa em relação aos outros e aos interesses que lhes movem, mas também em relação a um olhar interno para os nossos interesses e necessidades, buscando melhorar a via de autoconhecimento. Empatia é também um valor central na Mediação – o saber se colocar no lugar do outro – e, depois que tive filhos, percebo diariamente como na prática é importante e desafiador inserir esse valor em sua educação.

No âmbito profissional, os procedimentos de Mediação na área empresarial são bastante demandantes, com uma agenda repleta de reuniões em um percurso muitas vezes extenuante para chegar a consensos. A sensação ao final de cada procedimento de Mediação, contudo, é muito boa, ao ver os benefícios diretos e indiretos gerados na vida de pessoas e empresas, pois além de solucionar conflitos, a Mediação transforma a forma de as pessoas lidarem com seus interesses e disputas.

***

Um dos maiores desafios da Mediação está na mudança da cultura e forma de se lidar com conflitos. No ambiente corporativo, isso está presente, por exemplo, no receio de a busca pela Mediação ser vista pelo cliente como uma menor confiança no caso e na tese jurídica. Por isso, tenho investido bastante em consultorias para mostrar às empresas a vantagem de se adotar esse método de solução de conflitos e critérios que podem ser adotados para triagem de casos adequados aos métodos consensuais. Além de atuar como mediadora, na advocacia faço questão de apresentar ao cliente a Mediação como uma das formas de resolver a disputa, por meio de uma avaliação inicial e estratégica do conflito que considere as potencialidades que os métodos consensuais poderiam agregar à sua solução.

Quem participa de Mediação uma vez costuma voltar a buscar esse método em novos casos, após conhecer as suas vantagens e o seu baixo custo. Acredito que aos poucos possamos mudar o que hoje é uma cultura adversarial e litigiosa, mas esse é um movimento coletivo, lento e de "baixo para cima", que depende de iniciativas e práticas voltadas à Mediação e aos métodos consensuais de solução de conflitos.

***

Têm sido várias as experiências emocionantes na minha caminhada pela Mediação, que propiciaram trocas e aprendizados, mas gostaria de ressaltar especialmente aquelas que tive na Clínica de Mediação e Facilitação de Diálogos da Escola de Direito da FGV, pelo seu impacto e potencial transformativo na comunidade da Bela Vista e nos estudantes, por meio de participação em mutirões de cidadania e projetos de Mediação realizados em escolas públicas do bairro e em instituições do sistema de justiça. Além de propiciarem uma forma mais humana de ver o Direito, tais experiências ressaltam o papel da Mediação como forma de acesso à justiça e ferramenta de empoderamento e transformação àqueles que se encontram em situações de conflito.

Mediação empresarial no Brasil: escrevendo a história

Diego Faleck[65]

Introdução

Acesso, entranhamento e multiplicação de uma sólida base de conhecimento. Impacto, com evidências concretas da utilidade da Mediação, por meio de casos de sucesso e repercussão. Desenvolvimento de pessoas, carreiras, oportunidades e de um mercado. Desenvolvimento de novos conhecimentos sobre o tema. Resolução de problemas. Avanço da causa da Justiça, da Justiça Possível e Tempestiva e da Justiça Procedimental. Inserção do Brasil no debate internacional. Isso seria uma bela história para se escrever sobre a Mediação.

Vamos aos meus rabiscos. Comecei pelos fundamentos teóricos, porque as ideias são a base de tudo. Quando me refiro a uma sólida base de conhecimento, me refiro obviamente a Harvard e aos seus gigantes, como Mary Parker Follet, Lon Fuller, Howard Raiffa, Roger Fisher, Frank Sander e muitos outros, tantos outros que trouxeram conceitos e ideias inéditas ao mundo, compartilharam e analisaram experiências, conduziram relevantes pesquisas empíricas e ofereceram contribuições inestimáveis. Gigantes que sobem no ombro de gigantes, e oferecem seus ombros para que seja possível chegarmos cada vez mais alto.

Sempre pensei: mediar é facilitar uma negociação. Negociação é ciência e arte, mas é muito mais percebida como arte, e amplamente praticada. Para um terceiro ser aceito e reconhecido como útil para ajudar partes, principalmente em mediações empresariais ou casos de alta complexidade, um forte domínio científico e a comprovação de alta *expertise* na arte se fazem necessárias. As palavras de Urska Velikonja me abriram os olhos: é

65. Mediador empresarial, negociador de conflitos e especialista em desenho de sistemas de resolução de disputas, com atuação em casos nacionais e internacionais de destaque e repercussão. Mestre em Direito (LL.M.) por Harvard e doutor em Direito pela Universidade de São Paulo. Destacado por *Who's Who Legal Mediation* como um *Global Elite Thought Leader* e pela Leaders League como o melhor mediador do Brasil. Professor adjunto na Pepperdine Caruso Law School (Malibu - CA). Autor de livros e artigos sobre resolução de disputas.

um mercado para campeões. Um trabalho focado, inteligente e hercúleo deveria ser empreendido, para se poder realmente adentrar o círculo e criar valor em disputas empresariais e complexas, que envolvem normalmente atores muito sofisticados.

Acesso e multiplicação de conhecimento

Em 2005, tive a sorte de fazer meu mestrado em Harvard e de subir no ombro de um gigante chamado Frank E. A. Sander, reconhecido como "o homem do século da Mediação", o inventor do tribunal multiportas e o responsável pelo Big Bang da Mediação nos Estados Unidos. Sander foi meu professor e mestre. Tive a honra de me sentar ao seu lado no jantar em que ele celebrou a aposentadoria das aulas na escola de Direito de Harvard. Com quase 80 anos, ele havia acabado de inventar o seu último curso formal, não existente até então em nenhuma universidade na Terra, sobre Desenho de Sistemas de Disputas (DSD). Aposentou-se inovando.

Tive aulas de negociação também com o próprio Roger Fisher, com Robert Mnookin, sobre aspectos psicológicos e intrapessoais com Douglas Stone e Sheila Heen, aulas de finanças, contabilidade e estatística com Gunhan Subramanian, aulas de direito e economia com David Cope e excepcionais aulas sobre incentivos contratuais, análise de decisão, teoria dos jogos e desenho de árvores de decisão com Louis Kaplow. Tive uma inesquecível aula sobre programas de indenização com Francis McGovern. Aulas de DSD com Frank Sander e Robert Bordone. Conheci Harvard muito além do *Como Chegar ao Sim* e dos sete elementos da negociação.

O meu foco ali foi o campo de Resolução de Disputas como um todo, da qual a Mediação faz parte, ao lado do estudo da negociação, criação de consenso, facilitação de reuniões, desenho de sistemas de disputas, entre outras frentes. Nesse campo, a teoria é voltada para a atuação prática e para resultados, e disciplinas como economia, teoria dos jogos, psicologia social e cognitiva, finanças, tecnologia da informação, gestão de projetos, entre outras, fazem parte. Acessei a fonte e fiz tudo ao meu alcance para entranhar os ensinamentos, que foram solidificando ao longo dos anos. Aprendi ali a aprender com a experiência e a nunca parar de me aprimorar, por meio de rotinas analíticas específicas.

Ao retornar ao Brasil, comecei um movimento solitário pela Mediação. Fiquei frustrado, confesso, com concepções equivocadas e limitantes que encontrei sendo disseminadas por aqui. Entre elas, a equivocada "teoria das escolas da Mediação" e a visão reducionista e não lúcida sobre o que se estuda em Harvard, e principalmente, o que se fazia e pensava pelo mundo afora. Havia também a tendência a ensinamentos "puristas", descolados da realidade empresarial, porém direcionados a ela. Percebi um alto grau de presunção e falta de prudência na disseminação do conhecimento. Algo quase como uma *fake theory*, que pode ter tirado muitos do caminho. Acredito, todavia, que todo crescimento e desenvolvimento traz naturais "dores", confio no debate saudável e no "mercado de ideias", tenho total confiança de que o tempo e a experiência provam o que para de pé e o que não se sustenta, e que estamos sempre prontos para ponderar e mudar de ideia.

Um marco para a Mediação

Colocando uma dose cavalar de teoria em prática, minha primeira grande contribuição ao campo foi o desenho e implementação da CI 3054, a Câmara de Indenização com o uso de Mediação, para as vítimas do acidente da TAM de 2007. Fiz isso no meu mandato de fomentar os métodos consensuais, quando servi na Secretaria de Direito Econômico do Ministério da Justiça. O caso foi um marco para a Mediação no país, e se deu no contexto de uma grande tragédia. Um claro exemplo de criação de consenso entre partes interessadas e afetadas, do uso de critérios objetivos, da implementação de um processo com justiça procedimental, em que as partes tiveram voz, oportunidade de ventilar emoções, em um sistema que primou pela transparência e pela isonomia. A satisfação das partes com o sistema foi reportada de lado a lado, incluindo famílias das vítimas, as instituições de justiça, escritórios de advocacia, empresa e um grande grupo de seguradores e resseguradores internacionais.

Foi talvez o primeiro exemplo visível de Mediação no Brasil, para atores influentes e para a comunidade jurídica. Mais do que demonstrar a força da Mediação, que foi um elemento central do sistema, tracei ali as bases fundacionais do campo do Desenho de Sistemas de Disputas (DSD) no país. Em seguida escrevi um artigo seminal sobre o tema. Repetimos a estratégia no acidente da Air France de 2009.

A academia e as competições

Nesse ínterim, me lancei de forma pioneira em uma missão acadêmica, que hoje se tornou uma grande febre. Em 2008, topei treinar a equipe da FGV Direito SP na terceira edição da Competição de Mediação da Câmara de Comércio Internacional (ICC), em Paris, a pioneira competição global para estudantes no tema. Fomos os primeiros, competições de Mediação estavam fora do radar nacional. A competição era bem menor do que é hoje. Trabalhamos duro, com muita técnica e altas doses da teoria de Harvard na veia dos talentosos competidores, Gisela Mation, Pedro Fida e Daniel Tavela. Fomos campeões do mundo!

Ver um time brasileiro entrar e vencer uma competição internacional de primeiríssima linha, acredito, aumentou a autoestima dos nossos estudantes e profissionais. E também aumentou o interesse dos comitês organizadores das competições pelos times brasileiros. Vimos a explosão de universidades brasileiras que começaram a participar e brilhar nas competições internacionais de Mediação, e um bom número de profissionais que se engajaram nos anos que seguiram. Tivemos a criação da competição nacional de Mediação da CAMARB. Reparem, o Brasil é o único país da América Latina a "dominar" essa cena das competições de Mediação. Argentina – com toda a sua história com Mediação –, Chile, Colômbia, México, por exemplo, são extremamente subrepresentados nas competições.

Outra repercussão, para mim, foi obrigar ao desenvolvimento de um programa de treinamento rigoroso e eficiente para os alunos, ao longo dos anos, voltado para resultados, que se revelou imprescindível para o futuro da prática que construí.

Ainda na academia, na gestão do prof. Ary Oswaldo Mattos Filho, em 2009, estruturei uma oficina de negociação e Mediação para a graduação da FGV Direito SP, onde, em 2013, lecionei também uma eletiva em Desenho de Sistemas de Disputas, talvez os primeiros cursos do tipo em uma graduação em Direito por aqui. Treinei times para as competições da ICC e CDRC Viena, as mais prestigiadas do mundo, por 9 anos, colecionando mais dois terceiros lugares, um quinto, consistência e presença constante nas rodadas finais. Entre 2015 e 2016, lecionei negociação e Mediação na FGV Direito Rio. Em 2017, encerrei minha carreira como técnico e as aulas na FGV.

Nessas competições, participei de grupos de trabalhos para aprimoramento das regras e dos *workshops*, tanto da ICC quanto da CDRC, e sigo atuando como mediador/juiz. Fui convidado para mediar as grandes finais das duas competições em 2017 (CDRC Viena) e 2018 (ICC), representando o Brasil, entre o seleto grupo dos grandes nomes da Mediação mundial que recebem a honra.

Modelo único de prática, carreiras e oportunidades

Voltando à prática, em fevereiro de 2011, como uma resposta a uma demanda concreta, fundei a Faleck & Associados, o primeiro escritório brasileiro 100% focado em Mediação e resolução consensual de disputas. Comecei a atuação em casos nacionais e internacionais complexos e multipartes, mediações em questões de resseguro, construção, disputas societárias e questões comerciais e contratuais em geral.

Pouco a pouco a prática foi crescendo, trazendo resultados, ajudando partes a resolverem problemas aparentemente intratáveis, conquistando o mercado e provando a utilidade da Mediação. Atuamos também em projetos internacionais, notadamente um projeto de desenho de canais consensuais de resolução de disputas de telecomunicação para o governo e o mercado da Colômbia.

Em 2016 fomos engajados na questão do rompimento da barragem de Fundão, em Mariana, Minas Gerais e desde então estamos trabalhando com desenho de sistemas de resolução de disputas em virtualmente todas as grandes crises e situações especiais que requerem indenização e compensação de vítimas e famílias no país. Conquistamos a confiança de diversos escritórios de advocacia do país, de diversas instituições de justiça, de algumas das maiores empresas brasileiras e estrangeiras com negócios no país e funcionamos como parceiros de pensamento de líderes em diferentes formas de resolução de disputas. Atuamos em mediações empresariais, nacionais e internacionais, envolvendo empresas públicas, criação de consenso em situações socialmente sensíveis, desenho de sistemas de disputas e negociações em casos estratégicos e especiais e estamos construindo modelos para o uso da Mediação na recuperação judicial.

Temos trabalhado na construção de modelos que trazem justiça procedimental, tratamento digno, critérios legítimos e eficiência para lidar com indenizações em casos complexos. A pandemia não parou nossos projetos. Fizemos mais de 10.000 sessões on-line para indenizações em 2020, enfrentando os desafios da "divisão digital" e inovando em soluções no ambiente digital para virtualmente qualquer tipo de problema.

A Faleck & Associados conta hoje com 150 profissionais em seus quadros, trabalhando com Mediação e facilitação em tempo integral, em casos difíceis e complexos. Temos um programa de treinamento, desenvolvimento contínuo e mentoria únicos. Nossos talentos estão despontando, com reconhecimento no mercado e na academia. Nos tornamos talvez um dos maiores e mais ativos escritórios especializados em Mediação e resolução de disputas por acordo no mundo e temos sido talvez a principal porta de entrada para jovens profissionais na carreira da Mediação e resolução consensual de disputas no país.

Fronteiras do Pensamento e influência internacional

Outro parêntese acadêmico. Orientado pelo prof. Carlos Alberto de Salles, e contando sempre com os sábios conselhos do prof. Kazuo Watanabe, ambos a quem sou enormemente grato, concluí o doutoramento em 2017 e lancei meu livro, *Manual de Design de Sistemas de Disputas*, em 2018. O tema, a meu ver, ainda vai provocar profundas mudanças no cenário nacional. Tenho escrito também diversos artigos e procurado tocar em temas nunca pensados ou explorados com profundidade no país. Percebi que muitos ângulos de nossas experiências trazem reflexões realmente inovadoras, em nível global. Muito me interessam os temas não desenvolvidos ainda no Brasil, da Justiça Possível (*rough* ou *streamlined justice*) e da Justiça Procedimental, que tem sido a minha luta intelectual e prática da última década, como uma proposta de mudança de mentalidade na resolução de problemas complexos. Vejo que finalmente o conceito está sendo recepcionado no Brasil, pelo Poder Judiciário e por lideranças.

O trabalho feito no Brasil, as mediações internacionais e a participação em seminários e colóquios internacionais nos colocou em destaque no exterior. Fui destacado na publicação internacional *Who's Who Legal Mediation*, uma das mais prestigiadas que cobrem o setor, como um *Global Elite Thought Leader* em 2019 e reconhecido como o líder em Mediação internacional na América Latina. Fui destacado também pela publicação *Leaders League* 2020 e 2021 na primeira posição como o melhor mediador do Brasil. Fui destacado como um proeminente *designer* de sistemas de resolução de disputas pelos meus mestres e professores de Harvard, Frank E. A. Sander e Robert C. Bordone (*et al.*), na publicação *Designing Systems and Processes...*" (Wolters Kluwer, 2013, appendix one).

Percebi que o DSD é incipiente e conta com poucos profissionais atuantes, mesmo nos Estados Unidos da América. O tema é praticamente desconhecido fora dos Estados Unidos. Países como França, Itália, Alemanha, Reino Unido, Espanha ou Portugal estão atrás do Brasil nessa frente. Fui convidado para ser *Adjunct Professor* na matéria de *Dispute Systems Design* na Pepperdine Caruso School of Law, em Malibu, California, primeiro lugar no *ranking* da revista *US News* para programa acadêmico de Mediação e resolução de disputas nos Estados Unidos da América por 13 anos consecutivos. Desde 2019, atuo como professor lá.

Para terminar o ano, tive a honra de ser o primeiro e único mediador brasileiro convidado para integrar a International Academy of Mediators (IAM), como *Distinguished Fellow.* A IAM é uma organização profissional internacional, que reúne um seleto grupo dos maiores nomes da Mediação mundial, bem estabelecidos e reconhecidos como líderes locais e regionais, que atendem ao mais alto padrão de qualidade e ética. Para tornar-se um *Distinguished Fellow* é necessário, ainda, que o profissional conte com número substancial de horas de prática de Mediação empresarial.

Perspectivas

Frank Sander, ao comentar sobre a evolução do ADR nos Estados Unidos em 2006, 30 anos após a Pound Conference, em que lançou ao mundo o conceito de justiça multiportas, disse que muito havia sido feito, mas que ainda havia muito o que se fazer. No meu tempo de prática por aqui, tenho o mesmo sentimento. No todo, rabiscamos alguns capítulos de sucesso, otimismo, perspectiva, trouxemos evidências para pautar futuras decisões e gerar mais esperança e crescimento no campo. Mas ainda temos muito a escrever, coletivamente. Aumentar a aceitação da Mediação pela iniciativa privada, construir centros rigorosos e multidisciplinares de desenvolvimento de conhecimento, desenvolver campeões e campeãs, organizar a interação do tema com o Poder Judiciário, são alguns dos próximos capítulos a serem escritos nessa história.

Breve histórico do início e desenvolvimento da prática da Mediação de conflitos na universidade

Edith Salete Prando Nepomuceno[66]

Atuando na docência na área de processo civil e prática jurídica cível, junto à Assistência Judiciária,na Universidade do Vale dos Sinos, juntamente com algumas colegas da época, incluindo a profa. dra. Vera Ramires, surgiu a ideia e iniciaram-se os diálogos no sentido de implementar na universidade estudos sobre métodos autocompositivos, e mais especificamente a Mediação de Conflitos. Assim, a partir de um curso que foi realizado na Argentina (onde já se desenvolviam programas e práticas nesta área), foi idealizado um projeto em que estariam essas duas áreas do conhecimento atuando. Assim, após ser apresentado o projeto junto à área específica, foi aprovado e desenvolveu-se um programa de Mediação transdisciplinar, envolvendo as áreas de Ciências Jurídicas e Psicologia, com o apoio do serviço de assistência social. Desta forma, o Programa de Mediação de Conflitos, idealizado no ano 2000, e com implementação efetiva a partir do ano de 2004, tendo por local a antiga sede da Unisinos, na época junto ao NPJ – Núcleo de Prática Jurídica, e o Núcleo de Atenção à Saúde, integrante da ação social da universidade na área da saúde.

66. Instrutora e mediadora do Nupemec/TJRS. Mestre em Direito Público pela PUC/RS, especialista em Direito Político pela Unisinos, graduada em Direito/UPF. Magistrada TJRS. Diretora da Escola da Magistratura/RS. Membro permanente do Conselho Consultivo da Escola Ajuris e da Câmara de Mediação e Arbitragem da Fiergs. Professora universitária. Autora e coautora de artigos sobre Mediação e Superendividamento.

Dentre os argumentos justificadores do projeto apresentado à universidade, ressaltou-se a necessidade de uma adequação à visão contemporânea de revisão de paradigmas, considerando que os conflitos tinham - e ainda têm -, tramitação lenta no Judiciário, mas especialmente no desafio de uma solução adequada dos litígios.

O programa então, desde os estudos e até agora, chega aos vinte anos de existência, em consonância com os objetivos traçados na época pelo Planejamento Estratégico da instituição, especialmente por contemplar a necessidade de consolidar políticas e práticas de desenvolvimento integrado das atividades de ensino, pesquisa e extensão, ajustadas às exigências do avanço científico-tecnológico, aos benefícios proporcionados pela prática da transdisciplinaridade, como também com o atual projeto para inserções da Mediação em ações sociais.

Importante mencionar que, recentemente, a área do Serviço Social - Dra. Rosângela Valle Machado - integrou-se ao programa, sendo a supervisão das áreas feita por docentes das três áreas: na Área do Serviço Social, Dra. Rosângela da Silva Almeida; na área da Psicologia, Me. Denise Valle Machado; e na área do Direito, Me. Edith Salete Prando Nepomuceno. A Coordenação Geral do Programa é exercida pela prof. Maria Alice Rodrigues, que também coordena o PRASJUR - Programa de Práticas Sócio-Jurídicas.

Sob outro aspecto, o programa de Mediação dentro da instituição, realizado por alunos e supervisionado pelos professores das áreas de Ciências Jurídicas, Psicologia e Serviço Social, contribui para a formação de profissionais capazes de reconhecer e atender adequadamente às demandas de sua comunidade, como também desenvolver a capacidade de uma prática profissional voltada à prevenção e solução pacífica de controvérsias.

Nesse passo, importante ainda ressaltar que, atendendo o programa a pessoas da comunidade e de baixa renda, está sendo difundida essa forma de tratamento adequado de resolução de litígios, colaborando para uma nova atitude de pacificação social dentro da comunidade.

Importa referir, assim, que muito antes de a Mediação ser normatizada, seja pelo CNJ (Resolução nº 125/2010), seja pela legislação ordinária (CPC

2015) ou especial (Lei nº 13.140/2015), a teoria e prática da Mediação de conflitos na Unisinos, que foi uma das pioneiras, se desenvolveu e aprimorou-se ano a ano.

Até então, tínhamos a referência da atuação da CLIP – Clínica de Psicoterapia e Instituto de Mediação, de Porto Alegre, e capitaneado pela precursora da Mediação no Rio Grande do Sul, Marilene Marodin (in Mediação de Conflitos, p.247, *Práticas em Saúde no Âmbito da Clínica-Escola: a Teoria*. Org. Vera Regina Ramires & Renato Caminha – São Paulo: Casa do Psicólogo, 2006).

Tanto é assim que também colaboramos com o Poder Judiciário, através de convênio com o Foro de São Leopoldo, que enviava processos para serem mediadores pelo programa da Unisinos, até a criação do CEJUSC (após Resolução nº 125/CNJ).

Vale ressaltar que, enquanto diretora da Escola da Magistratura/RS, também colaboramos com a implementação do Grupo de Estudos de Mediação, capitaneada pela Des. Genacéia Alberton, grande incentivadora da Mediação no meio jurídico e acadêmico.

Em virtude desse estudo e prática, também foi incluída a disciplina de Mediação e Arbitragem, a qual podem frequentar alunos da universidade de qualquer área.

Quanto ao programa em si, como mencionado, desenvolve-se com a participação de alunos e estagiários, os quais se beneficiam com o aprendizado teórico e prático dos métodos autocompositivos, para atuarem de forma mais acolhedora e voltada a uma solução adequada dos conflitos e, portanto, mais justa e equânime; ainda, para a população atendida, propicia o protagonismo e o aprendizado de como podem resolver, por seus próprios meios, futuros impasses e, portanto, tem uma finalidade pedagógica. Para o corpo docente, é sempre oportunidade de aperfeiçoamento, pois quanto mais se ensina mais se aprende o que se ensina.

Ainda, importante mencionar que muitos trabalhos de fim de curso são feitos na área destes métodos pacificadores, justificando o elo que integra ensino, pesquisa e extensão, objetivo também da universidade.

Constata-se, também, que os alunos que passam pelo programa são aqueles que se dedicam, posteriormente, à Mediação judicial ou particular, fazendo outros cursos especializados, como consequência natural, em um efeito multiplicador.

Trajetória na Mediação

Eduardo da Silva Vieira[67]

Creio que comecei a trajetória com a Mediação, desde a época do meu 2° grau, hoje chamado de Ensino Médio, período em que também iniciei a minha jornada profissional, enquanto menor aprendiz, no Banco do Brasil, instituição em que tive a satisfação de prestar serviço por seis anos. Aprendi a lidar com os conflitos do mundo corporativo, agregando soluções a partir de problemas, e aprendendo a me capacitar constantemente. De fato, digo que foi uma grande escola.

Alguns anos depois, após passar por uma fundação na Universidade de Brasília, fali a primeira empresa que constituí. Assim, fui encarar a missão de ser estagiário Sebrae. Confesso que a minha ideia era permanecer por seis meses, pois queria fazer *network* e obter mais informações diretamente na fonte, justamente para alavancar a nova empresa que estava sendo gestada. A estratégia era "beber água limpa diretamente na fonte".

Ingressei no Departamento de Políticas Públicas do Sebrae, no momento em que estava sendo discutido o anteprojeto de Lei Geral das Micro e Pequenas Empresas (MPEs). Na proposta, havia um capítulo falando sobre o acesso à justiça, que, além da simplificação tributária, era uma das pautas mais importantes e defendidas para o fortalecimento das MPEs.

A Mediação ainda estava de forma periférica em minha vida, até que, já nos últimos semestres da faculdade de Administração, o professor da disciplina Negociação, logo no início do semestre, lançou um desafio à turma,

67. Empresário, administrador de empresas, palestrante e professor. É vice-presidente administrativo da Associação Comercial do DF, presidente da Câmara de Mediação e Arbitragem Empresarial da ACDF, diretor de Relações Institucionais do CONIMA, vice-presidente de Arbitragem da Câmara de Comércio Brasil-Portugal Centro Oeste, diretor-executivo da Câmara de Mediação e Arbitragem do Maranhão.

e afirmou que o aluno que fizesse uma apresentação, em cinco minutos, de algum tema relacionado ao conteúdo dado, teria um ponto garantido na avaliação final. Sendo assim, como sempre gostei de um bom debate e de levar a sério temas com aplicação prática, fui procurar o material disponível no Sebrae sobre negociação e Mediação. Logo encontrei inúmeras referências, mas a Mediação era algo diferente, não estava na matriz curricular, era um instituto que eu tinha certeza de que quase ninguém tinha conhecimento. Contudo, estudei muito sobre a matéria, apresentei o trabalho e ganhei o ponto prometido.

Embora o tema tivesse ficado um pouco em *stand by*, vez por outra eu visitava os conceitos e tentava aplicar nas interações do dia a dia. Ocorre que havia outras prioridades na época, tais como o próprio estágio, pois estava finalizando a graduação, além da escola de idiomas que eu possuía em sociedade com um amigo da faculdade, sendo que eu tinha outra demanda diária, como presidente da Federação dos Estudantes de Administração no DF. Ou seja, tempo já era "artigo de luxo".

A minha estratégia inicial de ficar no Sebrae apenas alguns meses acabou indo para o ralo. Acabei me envolvendo com as pautas defendidas e ficando por dois anos. Tive a oportunidade de acompanhar a edição da Lei Geral das MPEs, ou ainda Lei Complementar nº 123/96, desde o anteprojeto. A lei foi importante, pois foi inserido nela o capítulo XII, que trata do "Acesso à Justiça", um grande norteador para uma série de ações do próprio Sebrae.

Quase um ano depois de ter concluído o meu período de estágio, fui convidado a trabalhar na Confederação das Associações Comerciais e Empresariais do Brasil (CACB). A missão era prestar consultoria no âmbito do projeto de formulação de políticas públicas e promoção do acesso à justiça, uma parceria com o próprio Sebrae. O projeto tinha como pano de fundo aplicar o Capítulo XII da lei complementar nº 123/96 no território nacional. A minha indicação foi feita, principalmente, por ter participado ativamente no acompanhamento da tramitação da lei e por ter ajudado na gestão da rede de políticas públicas do Sebrae.

Parecia que era mesmo coisa do destino: entre idas e vindas, o tema voltava ao meu cotidiano, mas agora com muito mais ênfase. A minha missão era a de organizar a rede de câmaras de Mediação e arbitragem, vinculadas à CACB, também conhecida no mercado como Rede CBMAE. O tempo era bastante curto para apresentar um resultado e justificar a composição de um novo projeto, tendo em vista que contava com apenas seis meses para poder executar todas as metas previstas no projeto que já estava em andamento. Logo, foram dias de longas transpirações, carregadas de muito aprendizado.

A minha formação em Administração de Empresas, juntamente com a experiência no mercado, principalmente no próprio Sebrae, ajudou bastante na execução do projeto, tanto que fechamos com êxito e conseguimos iniciar um outro novo propósito.

Com a nova fase do projeto, outras responsabilidades foram assumidas, momento em que deixei as minhas atividades com a produção de eventos, permanecendo com a escola de idiomas, sendo que ainda conseguia conciliar, pois na época, estava concluindo uma pós-graduação em gestão de projetos.

Abrindo mais um parêntese, havia uma disciplina na pós-graduação denominada Fator Humano, na qual obtive mais um encontro: o professor era um amigo, Marcelo Girade, que, aliás, havia acabado de realizar um importante evento sobre Mediação no TJDFT, tendo a CACB como parceira. A disciplina me fez abrir mais um horizonte. Estava muito claro o quanto a Mediação podia ajudar o gestor em sua jornada diária, ou seja, transcendendo o modelo clássico em que duas ou mais partes estão com um problema e procuram um mediador para facilitar a comunicação entre as partes.

Durante a nova fase do projeto com a CACB e o Sebrae, a minha veia empreendedora não ficou em segundo plano. Vendi a minha participação na escola de idiomas e constituí uma nova empresa, agora de consultoria em gestão de projetos e gestão de conflitos. Tinha a certeza de que projetos e os métodos extrajudiciais de resolução de conflitos seriam a minha trilha profissional e empresarial.

Com as novas responsabilidades assumidas, comecei a estudar com mais profundidade os institutos da Mediação e da arbitragem. Tive várias referências no tema, assim faço questão de mencionar alguns nomes que me ajudaram muito nesse processo. Por ocasião da criação de várias câmaras dentro do padrão desenvolvido, contratamos os professores Mauro Cunha e a saudosa Lia Justiniano para atualizar o nosso manual de secretaria e para ministrar uma capacitação para o pessoal da Rede CBMAE. Mauro ficou com a parte de Arbitragem e Lia com os conceitos de procedimentos de Mediação. Foi o primeiro treinamento mais aprofundado que fiz, tornando-se algo fantástico e satisfatório em minha carreira profissional. Mauro muito experiente e Lia dispensava comentários, muito talentosa e dedicada.

Vários outros episódios merecem ser comentados durante o percurso de vivência com o instituto da Mediação, mas o espaço é limitado, assim, narrarei mais duas passagens importantes.

A primeira foi a realização do 1° *Workshop* de Políticas Públicas de Acesso à Justiça, evento que contou com a participação de magistrados, juristas, empresários e profissionais com conhecimento em Mediação de conflitos. O acontecimento foi uma parceria entre a CACB, o Sebrae e o CNJ. A iniciativa foi um dos indutores para edição da Resolução nº 125/2010 do CNJ.

O segundo foi denominado I Encontro Brasileiro pela Solução Pacífica de Conflitos Empresariais. Classifico-o como um sucesso, um dos mais importantes eventos para a implementação da Mediação no país. Conseguimos reunir os maiores litigantes do Brasil para discutir e apresentar soluções para diminuir a litigância no meio empresarial. Foi uma estratégia pensada e executada para implementar a cultura da Mediação nas empresas. Transcorreu praticamente um ano entre o planejamento e a execução. O recado era para as empresas aproveitarem as janelas de oportunidades que a Mediação podia proporcionar. Dentre todos os momentos e experiências com a Mediação, esse foi um grande marco, pois tive a grande oportunidade de colaborar com várias empresas e instituições, que por sua vez se relacionavam com tantas outras, tendo, assim, a possibilidade de fazer parte de um comitê gestor, que fez todo o desenho estratégico para alcançar o resultado desejado.

Como já mencionei algumas pessoas importantes nessa caminhada, não poderia deixar de citar o saudoso Flávio Giussani, um grande articulador, com quem aprendi muito. Alguém que também fez parte dessa caminhada foi o Bruno Quick, hoje diretor do Sebrae, sendo que a grande parte das histórias que contei aqui foram frutos de ideias de desenvolvimento de políticas públicas que o próprio sinalizou.

Finalizo falando um pouco daquilo que aparentemente poderia parecer uma dificuldade, mas que, muito pelo contrário, ajudou bastante durante a minha caminhada na Mediação. Muitos acreditam que a Mediação é para os profissionais do Direito; inclusive eu mesmo tinha essa percepção, mas, depois que tive contato com o instituto, consegui perceber que todos os profissionais têm o mesmo nível de importância e a necessidade de conhecê-la. Talvez o acadêmico do curso de Direito esteja mais próximo, em função dos processos judiciais, mas todas as outras áreas do conhecimento têm a mesma oportunidade de explorá-la.

A experiência enquanto administrador de empresas mostrou que todo gestor ocupa grande parte do seu tempo negociando e resolvendo conflitos. Tenho dito que a Mediação deve ser utilizada pelas empresas e organizações como um diferencial competitivo.

Meu caminhar na Mediação

Fernanda Molinari[68]

Foi com muito entusiasmo que recebi o convite para integrar esta obra pois falar, pensar, atuar e escrever sobre Mediação de Conflitos é uma escolha que renovo todos os dias na minha vida!

A minha trajetória começou em 2010, quando iniciei a formação na Clínica de Psicoterapia e Instituto de Mediação – CLIP. Tendo como formação de base o Direito, vi nesse curso a possibilidade de abrir novos horizontes profissionais, mas confesso que quando fiz essa escolha não imaginava os caminhos que a Mediação felizmente me proporcionaria.

68. PhD e Doutora em Psicologia Forense pela Universidade Fernando Pessoa (Portugal). Advogada. Psicanalista clínica. Mediadora de Conflitos pela Clínica de Psicoterapia e Instituto de Mediação (CLIP). Presidente da Sociedade Brasileira de Psicologia Jurídica. Presidente da Sociedade Sul Brasileira de Psicanálise. Docente e supervisora do Curso Mediação de Conflitos: novo paradigma à construção da paz. Autora de Livros: *Mediação de Conflitos e Alienação Parental: fundamentos teóricos e práticos*, *Mediação de Conflitos: paradigmas contemporâneos e fundamentos para a prática* (org.) e *Procedimentos em Mediação Familiar* (org.).

Com certeza foi um dos cursos mais transformadores da minha forma de ver, sentir e lidar com os conflitos (e quem é mediador sabe da dimensão desses vários "sentires" nas nossas vidas).

A filosofia da Mediação foi, aos poucos, me trazendo uma nova forma não só de lidar com os conflitos interpessoais, mas de perceber a importância que a escuta ativa e empática provoca em nós e nos outros. Fui "incorporando" uma nova visão sobre a dimensão do que efetivamente a Mediação abarca, e no quanto é gratificante atuarmos em um registro de pacificação das situações conflitivas, cuja essência, em grande parte é sociológica.

Hoje não saberia afirmar se fui eu que escolhi a Mediação, ou se a Mediação me escolheu! Mas o que posso afirmar é que olhando a minha trajetória tenho muitos motivos para agradecer e me orgulhar do que a Mediação me proporcionou.

Mas pensar na minha trajetória como mediadora me remete a um lugar de porto seguro, de exemplo, de dedicação e admiração, pois não consigo pensar essa caminhada sem ter a Marilene Marodin ao meu lado, sempre, de forma incondicional.

A nossa Marilene, e digo nossa porque nos caminhos da Mediação é impossível não a ter como referência, é o grande exemplo que tornou a Fernanda mediadora. Que me ajudou a desconstruir uma forma linear de pensar o conflito e fez brotar esse olhar humano que a Mediação nos traz.

Sorte a minha em tê-la sempre por perto, porque a Marilene, além de ser um ser humano sensível e acolhedor, é a grande percursora dos movimentos que foram sendo necessários para termos um espaço, hoje, de reconhecimento à Mediação. Já ouvi algumas vezes ela contar a sua história, parte dela vocês poderão ler neste livro, mas o principal, para mim, é que sempre a vejo com brilho nos olhos e entusiasmo quando fala da Mediação.

As nossas histórias de vida se encontraram, entrelaçamos nossos ideais e propósitos e com muita cumplicidade, caminhamos lado a lado ao longo destes 13 anos. Olhando essa caminhada conjunta, posso afirmar, com gratidão, que me orgulho do que construímos juntas.

Em 2012, recebi dela o convite de integrar o corpo docente da CLIP, no seu conceituado curso de formação de mediadores (que já está na sua 26ª edição e 6ª edição on-line). Iniciei lecionando a disciplina "Mediação: visão do Direito sobre esse novo paradigma de acesso à Justiça" e "Mediação Familiar: aspectos jurídicos". Com entusiasmo, vejo muito dos nossos alunos, principalmente os que também têm formação jurídica como eu, verem na Mediação um caminho repleto de sentido, aprendendo a repensar as suas formas de ser, de ver e atuar sobre as situações conflitivas. Hoje, com orgulho, vejo muitos deles sendo colegas e amigos dessa caminhada, replicando os conhecimentos aprendidos e internalizados.

Além dessas trocas que a sala de aula nos proporciona, também tenho o privilégio de conviver com Herta Grossi, Maria Izabel Severo, Marilena Baronio, Leila Luz e Manuela Mallmann, exemplos de mediadoras comprometidas e dedicadas, e que compõem o corpo docente da CLIP. Também tenho o privilégio de seguir trocando experiências com o meu amigo e mediador Carlos Bailon, que fez a formação comigo, sendo meu grande companheiro, principalmente quando fazíamos o estágio prático na Defensoria Pública do Rio Grande do Sul. Começamos e aprendemos a mediar juntos!

Com certeza, essa caminhada me oportuniza estar constantemente repensando e evoluindo, pois, atualmente, também na condição de supervisora da CLIP, tenho a possibilidade de acompanhar nossos alunos na tarefa de "vir a ser" mediador.

Tenho certeza de que a filosofia da Mediação, seus princípios e as transformações que senti na minha vida foram propulsores para mais uma decisão importante na minha trajetória profissional: em 2013 iniciei minha formação como psicanalista clínica, na Sociedade Sul-Brasileira de Psicanálise, instituição de que atualmente sou presidente e coordenadora dos cursos de formação. Muitos dos fundamentos psicanalíticos me remetiam aos conceitos da Mediação, e foi assim, no sentido de aproximar estes universos, que de alguma forma dialogam entre si, que escrevi meu trabalho de conclusão de curso sobre "Psicanálise e Mediação de Conflitos: interlocução entre teoria e prática".

Esse talvez seja o principal desafio de todos nós, que nos aventuramos nessa jornada: necessitamos estar, constantemente, estudando, nos aperfeiçoando, trabalhando o nosso *self*, pois a principal ferramenta de trabalho do mediador é ele mesmo, através da sua escuta, que tem que ser silenciosa e sem ruídos internos, e da sua capacidade empática, mas respeitando sempre a imparcialidade.

Foi com esse espírito desbravador que, em 2012, eu iniciava meus estudos de doutoramento na Universidade Fernando Pessoa, em Portugal. A Mediação me proporcionou não somente essa experiência indescritível, como me possibilitou conhecer nessas viagens de estudo o meu marido e constituir a minha família (mas esse capítulo fica para um próximo livro)!

Cruzei o Atlântico para aprofundar meus conhecimentos e pesquisar quais os efeitos possíveis da Mediação em contextos de dinâmicas familiares que tenham a presença de Alienação Parental, e tive o privilégio de ter como orientadora a professora doutora Ana Isabel Sani, que muito admiro. Este período de estudos foi muito rico, porque todos os casos que abordei na minha pesquisa foram mediados por mim.

Acredito que nesses casos, em que as dinâmicas familiares se apresentam de forma tão disfuncional e nociva aos filhos, eu pude vivenciar toda a potencialidade transformadora da Mediação, quer sobre o casal parental, quer sobre os efeitos sentidos sobre os filhos.

Pensando nisso, criamos na CLIP o Núcleo de Mediação em contextos de Alienação Parental, da qual sou coordenadora, e fizemos cursos para compartilhar essa experiência.

E foi justamente por um olhar de proteção aos filhos, e por achar pouca literatura científica sobre a inclusão deles na Mediação Familiar que, em 2017, iniciei as minhas pesquisas de pós-doutorado, também na Universidade Fernando Pessoa, sobre a participação dos filhos nos contextos de Mediação.

Desta vez, a amostra da minha pesquisa incluiu a participação de 20 mediadores, sendo dez do Brasil e dez de Portugal. A minha intenção com a pesquisa foi buscar, através da experiência desses profissionais, i) Caracterizar as vantagens e limitações da participação de crianças e adolescentes em contextos de Mediação Familiar, através de uma perspectiva luso-brasileira; ii) Estabelecer quais seriam os requisitos e condições necessárias para a inclusão de crianças e adolescentes no procedimento de Mediação Familiar; e iii) Oferecer uma proposta de aperfeiçoamento e orientações para a prática em relação às intervenções realizadas em que estiverem presentes crianças e adolescentes, nos contextos de Mediação Familiar.

Dos resultados destas pesquisas, tive a oportunidade de publicar, conjuntamente com a professora doutora Ana Isabel Sani, vários artigos, dentre os quais destaco: "Mediação Familiar: prática de intervenção em contextos de Alienação Parental" (*In: Práticas de intervenção na violência e no crime*, Lisboa: Pactor, p. 85-96); "O uso da Mediação em casos de alienação parental" (*Atas dos Dias da Investigação na UFP - Ebook*. Porto: Gabinete de Relações Internacionais e Apoio ao Desenvolvimento Institucional); e "A participação da criança na Mediação familiar" (*Ebook* do III Simpósio Luso-Brasileiro em Estudos da Criança, Universidade do Porto).

Mas voltando um ano antes dessa minha trajetória, em 2016, Marilene e eu abraçamos juntas um grande desafio, de organizar o livro *Mediação de Conflitos: paradigmas contemporâneos e fundamentos para a prática*. Essa obra, inicialmente idealizada para os alunos da CLIP, com os temas abordados escritos unicamente pelos docentes do curso, foi tomando vida e "corpo", pois, em um movimento de colaboração e múltiplas vozes, convidamos vários colegas que fizeram parte da CLIP, em diferentes momentos e circunstâncias, surgindo o desejo de que integrassem conosco essa construção.

Lembro-me até hoje, com muita emoção, do dia do lançamento dessa obra, pois também lançava o meu livro *Mediação de Conflitos e Alienação Parental: fundamentos teóricos e práticos*, fruto da minha pesquisa de Doutorado. Estiveram presentes nesse dia não somente nossos amigos, colegas e alunos, mas uma centena de pessoas que verdadeiramente são apaixonadas pela Mediação e que, assim como nós, acreditam que essa caminhada se faz de forma conjunta e compartilhada.

E a emoção e satisfação foram tantas que, um ano depois, Marilene e eu abraçávamos juntas mais um projeto: organizamos a obra *Procedimentos em Mediação Familiar*, na qual, com o mesmo espírito integrador, convidamos vários colegas para compô-la.

Nessa caminhada, tive a alegria também de comemorar grandes reconhecimentos à Mediação, dentre eles a Resolução nº 125 do CNJ, e, posteriormente, a Lei da Mediação e sua incorporação nas diretrizes norteadores do novo Código de Processo Civil. Acredito que nos caminhos percorridos pela Mediação essa conquista foi o resultado de muitas vozes, mas, sobretudo, de muitos acreditarem no seu potencial transformador.

Uma vez presente nos diplomas legais, tive a oportunidade de ser uma multiplicadora desses novos paradigmas, levando a Mediação para ser pensada em diversos cursos, formações, capacitações e congressos. Para além disso, tive o privilégio de realizar a minha formação teórica em Mediação Judicial Cível, promovida pelo NUPEMEC (Núcleo Permanente de Métodos Consensuais de Solução de Conflitos), em 2014, na sede do Tribunal de Justiça do Rio Grande do Sul.

Como coordenadora dos cursos de formação em Psicologia Forense, oferecido pela Sociedade Brasileira de Psicologia Jurídica, e da especialização em Psicologia Jurídica, oferecida pela IMED, incluí como disciplina os métodos autocompositivos, sendo até hoje a responsável por ministrar esse conteúdo. Também tive o privilégio de ministrar aulas sobre Mediação, a nível de pós-graduação, na Pontifícia Universidade Católica do Rio Grande do Sul (PUC/RS), na Faculdade de Desenvolvimento do Rio Grande do Sul (FADERGS), na Universidade de Caxias do Sul (UCS) e no Instituto de Pós Graduação (IPOG).

Em âmbito nacional, fui a professora responsável por cursos oferecidos no Ministério Público de São Luís do Maranhão e no Tribunal de Justiça em Rondônia, direcionados para seus servidores. Também tive a oportunidade de palestrar na OAB do Rio de Janeiro, e em cursos oferecidos pela faculdade UNDB, em São Luís, na Talentos Humanos, em Porto Velho, e pela Associação Paranaense de Terapia Familiar (APRTF), Associação Brasileira de Terapia Familiar (ABRATEF) e UNIBRASIL Centro Universitário, em Curitiba.

Uma outra experiência muito transformadora foi ter tido a possibilidade de ser docente nos cursos oferecidos pela CLIP na Advocacia Geral da União (AGU) e Procuradoria Geral do Estado do Rio Grande do Sul (PGE). Sem dúvida, pensar os caminhos possíveis da Mediação na esfera pública é uma grande mudança de paradigmas quanto à resolutividade dos conflitos nesses âmbitos.

Outra conquista importante da Mediação é que a partir da Resolução nº 75/2009 do CNJ os mecanismos autocompositivos passaram a ser conteúdo obrigatório para ingresso na carreira da magistratura, a nível nacional. Pensando nesse grande avanço, fui uma das organizadoras da obra *Psicologia Judiciária para carreira da magistratura*, tendo sido a responsável por escrever o conteúdo relativo aos mecanismos autocompositivos. Desde então, sou a professora responsável por ministrar essa disciplina nos cursos de preparação oferecidos pela AJURIS – Escola Superior da Magistratura, FEMARGS – Fundação Escola da Magistratura do Trabalho e AMATRA (Associação Nacional dos Magistrados da Justiça do Trabalho).

Em âmbito internacional, desde 2013 tenho a oportunidade de ser conferencista, todos os anos, dos Congressos Luso-Brasileiros de Alienação Parental e das Conferências Internacionais sobre Igualdade Parental, oferecidos em Portugal, nos quais destaco o comprometimento da Universidade Fernando Pessoa e Faculdade de Direito da Universidade de Lisboa para abrir espaços em que a Mediação possa ser pensada e divulgada. Em 2018, tive a oportunidade de fazer a minha certificação internacional como mediadora do ICFML – Instituto de Certificação e Formação de Mediadores Lusófonos.

Destaco também alguns eventos em que tive a oportunidade de participar falando sobre Mediação, como o MOME (1ª e 2ª Mostra de Mediação), oferecido para o público em geral no Foro da Tristeza, em Porto Alegre, o evento alusivo aos dois anos do CRMC, promovido pela Defensoria Pública do Estado do Rio Grande do Sul, e algumas palestras promovidas pelo IBDFAM/RS, do qual fui coordenadora da Comissão de Mediação, sendo, atualmente, membro da Comissão Nacional de Mediação do IBDFAM.

Nessa caminhada, também tive a oportunidade de ser membro fundadora da Associação de Mediadores, Árbitros e Conciliadores do Rio Grande do Sul (AMARGS).

Mas foi no ano de 2019 que uma grande mudança aconteceu na minha vida: tive o privilégio de engravidar e o meu filho nascer em 2020. Me dediquei nesse período exclusivamente aos cuidados dele e pude, na prática, aperfeiçoar o olhar e sentir empático que, essencialmente, aprendi mediando.

E no ano de 2021 retomei as minhas atividades docentes na CLIP, ponto de partida onde tudo começou, e me dou conta do quanto a vida é sincrônica quando nos entregamos aos seus acenos de oportunidade de crescimento e felicidade, para viver.

Olhando essa caminhada, tenho o sentimento que ainda estou só começando, que os caminhos possíveis da Mediação são tantos, e tão instigantes, que nos colocarmos de uma forma humilde nesse percurso é a melhor forma de, efetivamente, captarmos a essência do que essa prática representa, porque, no fundo, a prática da Mediação não é sobre nós, mas sobre os outros, suas dores, seus anseios, seus conflitos e superações. Nós, mediadores, somos ponte para essa travessia.

E como acredito que o caminho se faz ao caminhar, desejo uma caminhada próspera a todos nós, pois a Mediação se faz e constitui em um entrelaçar de várias histórias, de desafios, de muita dedicação, estudo e perseverança, que vão compondo quem somos, as páginas da nossa vida e deste livro!

Mediação, academia e escuta

Fernanda Tartuce[69]

A Mediação entrou em minha vida em um importante momento acadêmico, mais precisamente em uma aula lecionada em disciplina cursada no Programa de Mestrado em Direito na USP em 2004.

Embora a área de concentração dos meus estudos fosse o Direito Processual Civil, inscrevi-me na disciplina filosófica "Interdisciplinaridade e Direito", então lecionada pela professora Lídia Reis de Almeida Prado. Em uma das aulas houve a apresentação de um seminário sobre Mediação por parte das colegas Aguida Arruda Barbosa e Giselle Câmara Groeninga, duas experientes mediadoras que cursavam o Doutorado.

69. Doutora e mestra em Direito Processual pela USP. Professora do programa de Mestrado, coordenadora e professora em cursos de especialização na Escola Paulista de Direito (EPD). Presidente das Comissões de Soluções Consensuais da OAB/SP e de Processo Civil do Instituto Brasileiro de Direito de Família. Vice-presidente da Comissão de Mediação do Instituto Brasileiro de Direito Processual (IBDP). Advogada e mediadora.

Ao ouvi-las explicando sobre as possibilidades de interação na Mediação, o primeiro valor que impactou em mim foi a inteligência da iniciativa: favorecer diálogos para que as pessoas pudessem compreender as visões umas das outras, ampliar percepções e aprimorar o senso sobre a própria responsabilidade soou bem mais perspicaz e engenhoso do que investir em iniciativas impositivas.

Ao ponto, vale lembrar o que eu pretendia estudar na pós-graduação. Quando apresentei o projeto de mestrado, o intento era pesquisar sobre o seguinte tema: como obrigar alguém a fazer algo, sendo ilegítima sua resistência? No Direito Processual Civil o tema costuma ser trabalhado a partir da adoção de medidas coercitivas: a lógica do julgamento encerra a incidência de medidas como a imposição de multas e o decreto de ordens imperativas (por exemplo, a busca e apreensão).

Mais do que as medidas em si, interessava-me investigar os desígnios da vontade e mecanismos aptos a "ativar" a disposição das pessoas envolvidas em controvérsias rumo à construção de saídas eficientes para os impasses que as envolviam.

Ao escutar na aula da pós-graduação sobre o diálogo promovido por mediadoras, pensei: muito mais inteligente do que tentar forçar alguém é promover espaços de escuta e fala para que as pessoas percebam que reconhecer e se responsabilizar também podem ser opções interessantes – sobretudo quando a relação que as une tem índole continuativa.

O segundo valor que me mobilizou foi a valorização da autonomia. Dar voz e vez para as pessoas envolvidas em conflitos configura uma atitude muito importante para que elas se sintam parte da evolução e se vejam como verdadeiras protagonistas de suas histórias.

Os desafios enfrentados no percurso foram significativos.

Sabemos que o reconhecimento é um valor muito importante para que diversas vivências possam avançar; pois em 2004 a Mediação não era reconhecida na seara processual civil (minha área de concentração nos estudos acadêmicos) como instituto a ela afeito.

Nas pesquisas, logo identifiquei que havia publicações referentes ao assunto em diversas searas jurídicas (como Direito de Família, Filosofia e

Direitos Humanos), mas faltava um enfoque processual; dispus-me então a olhar para a Mediação sob o prisma do Processo Civil.

Só que nos idos de 2004-2007 grande parte dos professores da área processual não tinha familiaridade com assunto – a ponto de alguns externarem dúvidas se o tema seria mesmo pertinente à matéria. Tive a honra de ser aceita e orientada pelo professor Rodolfo de Camargo Mancuso, um dos poucos juristas que valorizavam o tema e que já havia escrito um artigo sobre as (então ainda mais polêmicas) possibilidades negociais envolvendo o Poder Público.

Além da falta de reconhecimento, a ausência de bibliografia brasileira também era significativa. Apesar de haver diversos artigos sobre Mediação, não era comum encontrar obras com texto integral sobre o tema. Um livro que muito contribuiu para a compreensão da matéria foi *Justiça e Mediação de conflitos*, de Lilia Maia de Morais Sales (Belo Horizonte: Del Rey, 2003).

Hoje, o Código de Processo Civil reconhece a autocomposição como importante gênero de endereçamento de conflitos, destinando a ela e às suas espécies Mediação e conciliação mais de 100 previsões legais.

A Mediação é finalmente reconhecida como parte importante dos estudos jurídicos também em outras searas e contamos com farta bibliografia sobre o tema, o que demonstra que a evolução segue em franco andamento.

Vale compartilhar um dos muitos aprendizados que a prática da Mediação trouxe.

Após finalizar o mestrado em 2007 e publicar a dissertação em 2008 (com o título *Mediação nos conflitos civis*, pela Editora Método – atualmente na 6ª edição, 2021), fui convidada a atuar como observadora/mediadora no programa de indenização instalado por força do desastre com o voo 447 da Air France (que fazia o trajeto Rio-Paris e caiu em águas internacionais na noite de 31 de maio de 2009, vitimando os 228 passageiros).

Eu já tinha feito cursos sobre Mediação na Associação Palas Athena e no IMAB (Instituto de Mediação e Arbitragem do Brasil), ambos na capital paulista, quando fui convidada em 2009 para atuar em um projeto bem estruturado de Mediação: o sistema extrajudicial concebido para a abordagem consensual de controvérsias entre familiares das vítimas e empresas (seguradora e aérea) envolvidas em impasses sobre a devida indenização por força da queda de um avião da Air France em 2009.

Por iniciativa de autoridades públicas e adesão das empresas envolvidas, formatou-se o Programa de Indenização 447. Proposto com o objetivo de promover o cumprimento do direito à efetiva reparação aos beneficiários das vítimas pelos danos causados em decorrência do acidente com o voo 447, o programa (que se localizava no Rio de Janeiro) foi integrado pelas empresas seguradora e aérea, familiares das vítimas e órgãos componentes do Sistema Nacional de Defesa do Consumidor: Ministério Público do Estado do Rio de Janeiro (MPE/RJ), Fundação Procon/RJ (PROCON/RJ) e Secretaria de Direito Econômico do Ministério da Justiça (SDE/MJ).

Para conduzir as atividades do programa foram escolhidas, treinadas e supervisionadas pelo Ministério da Justiça três observadoras/mediadoras: Olivia Furst, Ana Carolina Viana e eu. Compúnhamos a denominada "divisão de assistência", cuja função primordial era promover o funcionamento cotidiano a partir das diretrizes delineadas no regimento.

Atuei então em 2009 e 2010 e pude concretizar muitos dos ensinamentos que até hoje busco recordar e aplicar. Um dos grandes aprendizados foi a valorização da escuta, dando-lhe prioridade em relação à fala: afinal, já sei o que posso expressar, mas ainda desconheço o que a outra pessoa pode dizer, havendo ali potencial fonte de informações e percepções aptas a enriquecer a interação ou, no mínimo, suscitar reflexões.

Diversos momentos emocionantes pautam minha memória afetiva das sessões consensuais em que atuei como facilitadora do diálogo, não só no referido programa de indenização, mas também em câmaras de Mediação e escritórios privados.

Destaco o fortalecimento que vi crescer em uma participante: na primeira reunião, em que prevaleciam as vozes de advogados, ela se mostrou tímida e calada. Na segunda já começou a se comunicar, fazer perguntas... e nas reuniões seguintes ela passou a dialogar de forma plena, assumindo o protagonismo das falas e direcionando seu advogado à função de dirimir eventuais dúvidas técnicas. Foi excelente ver "ao vivo e em cores" o tão desejado senso de empoderamento ser concretizado.

Como bem ressalta um provérbio inglês, "onde existe uma vontade, existe um caminho". Oxalá a Mediação possa ser descoberta por cada vez mais pessoas dispostas a trilhar percursos proveitosos rumo à composição consensual, com inteligência e autonomia, de relevantes conflitos.

Mediação: do encantamento à paixão

Flávio Crocce Caetano[70]

Decidi cursar Direito para lutar contra as injustiças em nosso país, que me incomodavam na adolescência e me incomodam ainda mais na maturidade adulta. Já estudante do 1º ano, ingressei como estagiário de uma ONG em prol do direito de moradia de favelados e encortiçados. Aprendi nos primeiros dias - e me encantei - que a busca do diálogo seria o melhor caminho para que o direito achado na rua fosse transformado em justiça àqueles que não tinham onde morar. Muitas foram as ocasiões que, em conjunto com advogados e advogadas, colaboramos com os favelados e encortiçados em negociações mantidas, seja com Poder Público, seja com iniciativa privada, para que o direito à moradia lhes fosse assegurado.

Por óbvio, nem todas as vezes conseguimos o objetivo, que era a moradia digna, mas lembro-me, ainda hoje, como aquelas iniciativas de diálogo alteraram para sempre as relações ali presentes e me fizeram perceber a sua importância no acesso à justiça.

Ao me formar e iniciar a carreira como professor, passei a ter o primeiro contato especificamente com Mediação, quando no ano 2000, conheci Adolfo Braga e firmamos uma parceria com IMAB até então inédita nos cursos jurídicos: os casos submetidos ao escritório modelo da PUCSP contariam com a possibilidade de Mediação. Tenho certeza de que, decorridos 20 anos desta parceria – ainda vigente –, as pessoas atendidas chegaram a soluções mais justas e os estudantes ali formados multiplicaram a concep-

70. Mediador de conflitos, advogado e professor de Direitos Humanos na PUCSP. Mestre e doutorando em Direito na PUCSP. Ex-secretário nacional da Reforma do Judiciário. Coordenou a Comissão de Especialistas instituída pelo Ministério da Justiça para formular minuta de projeto de lei da Mediação.

ção da Mediação como método adequado à solução de conflitos. E aquele meu encantamento inicial pelo diálogo se fazia cada vez mais presente e necessário.

Mas minha experiência mais impactante, que se transformou em paixão profunda pela Mediação, ocorreu mais de uma década depois, a partir de janeiro de 2012, quando iniciei minha trajetória como secretário nacional da Reforma do Judiciário, a convite do ministro José Eduardo Cardozo e da presidenta Dilma Rousseff.

Como primeira etapa de nossa atuação, coube à equipe, formada por profissionais de grande capacidade e dedicação, formular um diagnóstico sobre o sistema de justiça brasileiro, para somente após traçar quais projetos poderiam ser de iniciativa do Poder Executivo com a finalidade de colaborar com a melhoria da prestação do acesso à justiça à população mais vulnerável.

Aquele diagnóstico inicial, mesmo que panorâmico, mostrou um cenário que já era sentido por todos: um sistema de justiça pouco democrático, extremamente moroso, com média de dez anos para julgamento de uma ação judicial, com excesso de litigiosidade, embora concentrado em poucos setores (poder publico, instituições financeiras, serviços de telefonia e planos de saúde), contendo ainda um déficit no acesso à justiça aos mais pobres, com uma Defensoria Pública incipiente e com baixíssimo índices de celebração de acordos judiciais ou extrajudiciais.

A partir de então, traçamos um planejamento estratégico tendo como objetivo fundamental a melhoria do acesso à justiça no país, passando por 2 eixos principais: incentivo aos meios adequados de solução de conflitos e fortalecimento da Defensoria Pública.

Nesse passo, a Mediação ganhou fundamental importância como sendo o principal método a ser estimulado. Isto porque a conciliação já existia há muito tempo e a arbitragem era reconhecida como uma prática exitosa.

Pautamos a nossa atuação em várias frentes, buscando estimular a Mediação em todos os âmbitos possíveis, como marco legal, rede de formação de capacitação, elaboração de estudos, pesquisas e indicadores, mapeamento de boas práticas, incentivo à política pública de Mediação nas comunidades e de redução de litigiosidade, assim como premiação às melhores iniciativas.

O primeiro passo foi institucionalizar a ENAM - Escola Nacional de Mediação e Conciliação - com a ideia inovadora em 2012 de fornecer cursos gratuitos de capacitação à distância, com um portfólio abrangente de cursos e manuais de Mediação específicos para magistratura, Ministério Público, Defensoria Pública, advocacia privada, advocacia pública, agentes públicos, prepostos de empresas privadas e agentes comunitários, chegando a atingir em 3 anos mais de 20 mil alunos e alunas.

Além de possibilitar a sensibilização, a formação e a capacitação de mediadores, também era crucial o aprofundamento do tema nos pontos de vista acadêmico e científico. Foi criado o CEJUS - Centro de Estudos sobre o Sistema de Justiça - que publicou a *Revista Diálogos sobre Justiça* e fomentou a realização de mais de uma dezena de pesquisas acadêmicas, merecendo especial relevo para o tema da Mediação as pesquisas sobre Mediação e agências reguladoras, Mediação e conflitos fundiários agrários, Mediação e conflitos fundiários urbanos, Mediação e justiça comunitária e boas práticas da Mediação no Brasil e no Mercosul.

Importante também que a formação jurídica fosse alterada para incluir os métodos adequados de solução de conflitos na grade curricular dos cursos de Direito. Em comissão criada pelo MEC e em parceria com a OAB, pudemos sensibilizar a partir de 2013 os debates que redundaram na obrigatoriedade para que todos os cursos jurídicos passassem a ministrar o conteúdo da Mediação e dos outros meios consensuais a partir de 2021.

Como forma de medir o acesso à justiça, assim como de mensurar o impacto dos métodos consensuais, foi criado o Atlas do Acesso a Justiça e foram lançados os indicadores INAJ - Indicadores Nacionais de Acesso à Justiça - que passaram a verificar, com dados estatísticos, que a falta de acesso à justiça era um problema nacional, que aprofundava a desigualdade social, sendo possível constatar uma significativa melhora no indicador quando se acresciam os serviços extrajudiciais em que se praticava a Mediação.

Por acreditar no diálogo como principal ferramenta, buscamos sensibilizar os grandes litigantes do Poder Judiciário em prol de uma concertação pela redução e prevenção da litigiosidade excessiva e adoção dos métodos consensuais para solução dos conflitos, através da criação da ENAJUD - Estratégia Nacional de Não Judicialização - com a participação da AGU, INSS, Caixa (Poder Público), Febraban, CNF, Acrefi, BB, Itaú (setor financeiro), Claro, Tim, Telefonica, Embratel, Vivo (setor telefonia) e Abrarec, Pão de Açúcar, Extra, Assaí, Ponto Frio, Casas Bahia, Magazine Luiza, Sendas, Xantocarpa e Sé Supermercados (setor varejo).

Ainda como maneira de consolidar a política pública de Mediação extrajudicial, houve um fomento significativo aos projetos de Justiça Comunitária, com a meta de se fazer presente em todos os Estados, assim como se lançou o projeto Casa de Direitos, com início na simbólica comunidade de Cidade de Deus - RJ, onde, além da Mediação comunitária, eram oferecidos vários serviços públicos para o exercício da cidadania.

Fechando o leque do incentivo às boas práticas, foi instituída a Medalha Nacional do Acesso à Justiça como premiação anual às mais diferentes experiências em acesso à justiça e Mediação de conflitos que pudessem ser reproduzidas em escala pelo Brasil.

Embora válidas e importantes as iniciativas aqui narradas, o grande desafio, e de maior impacto social e institucional, foi a aprovação do marco legal da Mediação, consubstanciado na Lei da Mediação e no Novo CPC. Como representante do Ministério da Justiça, coube a mim a honrosa tarefa de coordenar a equipe de especialistas, como Tania Almeida, Nancy Andrighi, Marco Buzzi e tantos outros, que elaborou o projeto de lei de Mediação para o Brasil.

Naquele momento, percebi que aquela semente plantada nos bancos escolares, nas favelas e nos cortiços, agora poderia render flores e frutos em uma lei que fosse abrangente e assegurasse a Mediação de qualidade como o principal método de solução pacífica de conflitos, com segurança jurídica aos acordos celebrados e o acesso à ordem jurídica justa a todos os cidadãos.

A tarefa não foi fácil. Tivemos que enfrentar inúmeros obstáculos, que só puderam ser superados porque utilizamos o diálogo como nossa ferramenta principal. Em primeiro lugar, alguns defendiam ser desnecessária uma lei, já que a Resolução nº 125 do CNJ era bastante recente e um texto primoroso no tratamento da Mediação. Com muito diálogo, foi possível chegar ao consenso de que uma lei daria ao mesmo tempo maior estabilidade ao instituto e maior segurança jurídica aos acordos, além de ser muito mais abrangente e impactante no objetivo de mudança cultural.

Os outros dois desafios iniciais eram externos, pois ao mesmo tempo coexistiam uma Comissão do Senado formado por juristas para tratar dos temas de arbitragem e Mediação e outra Comissão na Câmara dos Deputados, em avançada fase de nova redação do CPC.

Após inúmeras conversas e negociações, os consensos foram alcançados, com a finalidade de delimitar a atuação de cada Comissão, e possibilitar que nossa Comissão trabalhasse em um projeto de lei mais abrangente sobre Mediação, em sintonia fina com o desenvolvimento com os projetos que se discutiam no Senado e na Câmara.

O terceiro desafio foi interno, pois reunir inúmeros especialistas em Mediação em uma só Comissão não significava, por si só, a garantia de que haveria consenso em todos os temas. Absolutamente não. Os consensos foram construídos a partir de muita escuta ativa, acolhimento e balanceamento entre todos os participantes, realçando o interesse comum de conferir um tratamento apropriado e extremamente cuidadoso com o instituto da Mediação.

Os trabalhos fluíram muito bem e os debates mais intensos que redundaram nos acordos mais trabalhosos versaram sobre a obrigatoriedade ou não da prévia Mediação antes de ingressar em juízo, o que poderia ser objeto de Mediação, quais os requisitos a serem preenchidos para se tornar mediador judicial e extrajudicial e se haveria obrigatoriedade ou não da participação de advogados nas sessões de Mediação.

Feito o texto, o penúltimo desafio foi submetê-lo ao Poder Legislativo e buscar sua aprovação.

Penso que, embora o momento político fosse extremamente turbulento, havia um senso comum parlamentar de que a pauta da Mediação seria uma agenda positiva.

Em prazo relativamente curto, cerca de dois anos, o projeto de lei foi elaborado e submetido à aprovação da Câmara e do Senado, com alterações que mantiveram a sua essência intacta.

Por fim, o último desafio era de que a Lei de Mediação aprovada pelo Congresso Nacional fosse sancionada sem vetos, e isto foi obtido com a presidenta Dilma mantendo na íntegra o teor da Lei nº 13.140/15.

Conseguimos! Temos ainda muito a fazer, mas, sem sombra de dúvidas, os primeiros passos foram dados com muita firmeza e com extrema paixão pelo instituto da Mediação e acredito firmemente que estamos construindo a justiça do diálogo, mais democrática, includente, igualitária, acessível e satisfatória a todos e todas.

Lembranças de Mediação

Genacéia da Silva Alberton[71]

O tempo continua e o que era luz, com o passar dos anos, é sombra que se distancia, aparecendo novas luzes. Isso acontece quando nos pedem para rememorar os primeiros dias da Mediação no Judiciário do Rio Grande do Sul e a sua evolução.

Cabe, por isso, expressar gratidão a todos aqueles que, em cerca de quase 20 anos, estiveram trabalhando sobre Mediação e escusas a todos aqueles que não tiverem os nomes citados, embora mereçam um lugar especial em nossas lembranças, pois vou me valer apenas de memória. Com certeza, porém, seus nomes permanecem em nossos corações.

Com a vigência da Lei de Arbitragem e a repercussão das ADRs, ou seja, Alternativas de Resolução de Conflitos, foi criado pelo Dr. José Luiz Bolzan de Moraes, na Escola da Magistratura, um Núcleo de Estudos de Mediação.

Em alguns recantos do Brasil já eram realizados trabalhos nessa área, como em Brasília, Santa Catarina, o que não era, na época, de nosso conhecimento. Até mesmo no Sul, desde1997, era aplicada a Mediação em Vara de Família pelo setor de Assistência Social (Gisela Wurlitzer e Liara

71. Doutora em Direito Público, mestre em Mediação. Desembargadora do TJRS – aposentada.

Kruger). O trabalho tinha o fim precípuo de atender o conflito entre casais e o bem-estar dos filhos.

Em 2013, ao preparar minha tese doutoral na Unisinos, resolvi pensar sobre a jurisdição e apresentar uma resposta a um tema que me incomodava quando ouvia as pessoas dizerem, quando brigavam: "vou falar com o juiz". Não era o fato do aumento de serviço, mas o fato de as pessoas acreditarem nas posições legais do juiz mais do que na capacidade de diálogo. Propus, então, na minha tese (*Da jurisdição – soberania e jurisdição – participação*) a necessidade de que se admitisse a Mediação no Judiciário, no qual participariam assistentes sociais, psicólogos e outros profissionais, sob a chancela do juiz para ser observada a legalidade do acordado. Os membros da banca aprovaram o trabalho, mas mostraram a perplexidade de verem um juiz propor a tese de admitir terceiros no interior do processo.

Em 2004, Dr. Bolzan insistiu que eu fizesse parte do recém-criado Núcleo de Estudos de Mediação. À época era realizado um trabalho sobre o projeto legislativo da deputada Zulaiê Cobra.

Pensando em dar um cunho social aos estudos do Núcleo, em 2007 foi elaborado o projeto de Mediação comunitária na Lomba do Pinheiro, no CPCA, entidade de atenção a menores, com a contribuição do Frei Bruxel. Tornou-se parceiro o Tribunal de Justiça do Rio Grande do Sul.

Posteriormente, chegou a nosso conhecimento que Rosemari Sewald, assistente social no Judiciário e aluna de Cárdenas, na Argentina, muito antes dessa data, aceitava voluntários para atuarem na área de família com Mediação. Por isso, em algumas comarcas a ação de Mediação era realizada nas Varas de Família, como ocorria nos foros de São Leopoldo, Novo Hamburgo e Campo Bom.

Em 2008, Rose, como era conhecida por seus amigos, fundou uma ONG, a Desatando Nós e Criando Laços, onde se praticava a Mediação.

Notamos, pois, que estava ocorrendo um movimento que começou pelas assistentes sociais engajadas em Mediação, influenciadas pelo trabalho realizado na Argentina por Cárdenas, resultado da necessidade de atender conflito sem a imposição de um magistrado.

No TJRS, o presidente, conhecedor do meu interesse em Mediação, me convidava para participar de reuniões em Brasília e São Paulo. Nas reuniões de formação do CNJ, houve a possibilidade de adesão de vários juízes gaúchos para serem multiplicadores a outros juízes. Por isso, fui convocada a ser multiplicadora no Paraná.

Após a Resolução nº 125/2010 do CNJ, o Tribunal de Justiça do Rio Grande do Sul resolveu se empenhar na implantação da Mediação, Inicialmente em primeiro grau, para conflitos ainda não judicializados, em que se destacou o empenho do juiz Lorea.

Posteriormente, a pedido da Desa. Vanderlei, houve a formação de um Grupo de Trabalho, que integrei, para elaborar um projeto sobre a Mediação no Judiciário. Houve a participação de serventuários, da assistente social Maria Izabel Fagundes e da Dra. Edith Nepomuceno, que já se dedicava ao tema na Unisinos.

O assunto sobre Mediação judicial foi apresentado por mim e Maria Izabel em Congresso sobre Mediação em Valencia, na Espanha, com boa repercussão.

Aceita a Mediação pelo Judiciário do Rio Grande do Sul, com a criação do NUPEMEC, Desa. Vanderlei e eu percorremos as diferentes comarcas para dar conhecimento e motivar os juízes do interior à Mediação,

Portanto, aquilo que causava rechaço da magistratura em geral começou a ser vista como possibilidade de solução de conflitos com a colaboração dos próprios interessados e o auxílio de um mediador.

No Núcleo de Estudos de Mediação continuavam as reuniões com estudos e palestras. Em decorrência, o Núcleo participou de Jornadas de Mediação. As primeiras, que alcançaram repercussão nacional, tiveram a exposição de trabalhos e entrega de informativos sobre determinado assunto sobre Mediação, que eram formatados pelo setor de imprensa do TJRS, contando com a colaboração de mediadores.

Vários colegas e eu fizemos curso de Mestrado na Argentina, na APEP-IUKB – Programa Estudios de Postgrado – Institut Universitaire Kurt Bösch, da Suíça, com a coordenação do Dr. Juan Tausk. Foi organizada uma coleção no Judiciário, que ficou fazendo parte dos trabalhos disponíveis.

Embora conhecesse o assunto, com autorização do CNJ fiz curso para ser mediadora e atuei em São Leopoldo, onde tive belíssimas experiências e conheci muitas pessoas disponíveis para o serviço em prol da comunidade local.

Em 2018, organizei fascículos, intitulados *Mediação em Movimento*, em sistema de *e-books*, com a inclusão de palestras e textos de mediadores e juízes. No início de 2019, foi publicado o livro *Mediação em Perspectiva*, para mostrar os avanços da Mediação, contendo artigo de minha autoria sobre a Mediação institucional.

E o Núcleo de Estudos de Mediação segue seu caminho, assim como a Mediação no Judiciário do Rio Grande do Sul.

Com a promulgação do novo Código de Processo Civil criou-se espaço para a Mediação judicial, tornando-se obrigatória quando uma das partes tiver interesse.

Para o futuro, a quebra de resistências dependerá daqueles que confiam na Mediação como meio eficaz de solução de conflitos. E a Mediação segue seu caminho, fazendo parte dos desafios e sonhos realizados de cada um que seja aficionado no tema.

Direito como exercício de dizer o justo

Guilherme Assis de Almeida[72]

Sou da turma de 1987 da Faculdade de Direito do Largo de São Francisco e, antes de me formar, estagiei na PAJ (Procuradoria de Assistência Judiciária) tanto na área cível como na área criminal. Conhecia, por dever de ofício, a Lei nº 1.060/1950 que regulava a assistência judiciária no Brasil. Como estagiário pensava eu que o Brasil tinha avançado pouquíssimo nessa área.

Recém-formado deparei me com o seguinte inciso da CF 1988:

72. Professor associado do Departamento de Filosofia e Teoria Geral do Direito da USP. Autor de diversos livros, entre eles *A proteção da pessoa humana no Direito Internacional* e *Mediação e reconhecimento da pessoa*, ambos pela Editora CL-A. Tem colaborado para divulgação da Mediação no Brasil realizando a revisão científica de diversos livros de autoria de Adolfo Braga Neto ou por ele organizados.

> Art. 5 (...) LXXIV o Estado prestará assistência jurídica integral e gratuita aos que comprovarem insuficiência de recursos.

Certamente foi a leitura desse inciso da CF 1988 que me fez pensar em possibilidades de atuação no âmbito do Direito. Novas ideias de atuação surgem quando leio o seguinte comentário do processualista José Carlos Barbosa Moreira, no artigo intitulado "O Direito à Assistência Jurídica: Evolução no Ordenamento Jurídico Brasileiro de nosso tempo" no qual o autor escreve o quanto segue a propósito do conceito de assistência jurídica:

> (...) A grande novidade trazida pela carta de 1988 consiste em que, para ambas as ordens de providências, o campo de atuação já não se delimita em função do 'judiciário', mas passa a compreender tudo que seja 'jurídico'". (Publicado na *AJURIS: Revista da Associação dos Juízes do Rio Grande do Sul*, volume 19; número 55; julho 1992).

Jurídico como *jus dicere* {dizer o justo}, uma questão que me interessava enquanto estudante e me levou a realizar três entrevistas: "Direito e Cultura" com Goffredo Telles Jr., "Direito e Comunicação" com Flávio Vespasiano Di Giorgi e "Direito, Amor e Humor" com o monge budista Gustavo Alberto Correa Pinto (publicadas no meu livro *Mediação e o Reconhecimento da Pessoa*. Editora CL-A, 2019). Em apertada síntese, digo o que aprendi dessas três entrevistas: o Direito enquanto "dizer o justo" é um construído pela sociedade como um todo e não um dado. De modo que nós, como profissionais do Direito, devemos encontrar modos de atuação que tornem possível o revelar do justo por meio da comunicação. Tais formas de "dizer o justo" são de especial importância nos métodos consensuais de solução de conflitos ou – na linguagem processual – métodos autocompositivos diversamente dos heterocompositivos.

Depois de formado e durante a pós-graduação, dei aulas em diversos cursos de Direito, voltei à Faculdade e fiz meu doutorado, no qual estudei o tema da "Não violência como princípio do Direito Internacional dos Direitos Humanos". Já com o título de doutor, integrei o conselho didático pedagógico na Faculdade de Direito da extinta Universidade São Marcos. O diretor do curso de Direito era meu atual colega de Departamento de Filosofia e Teoria Geral do Direito, Eduardo Bittar, e outro membro do conselho didático pedagógico era meu colega da FDUSP, professor Antonio Carlos Morato (Departamento de Direito Civil).

Essa lembrança é importante, pois o conhecimento, ainda que rudimentar, dos métodos de autocomposição de conflitos foi essencial para solucionar diversos conflitos que surgiram no curso de Direito.

Ao ingressar no Núcleo de Estudos da Violência (USP), 2001, como pesquisador sênior, coordenei a pesquisa "Teoria Integrada dos Direitos Humanos" juntamente com Andrei Koerner (atualmente professor de ciência política na Unicamp). Entre diversas atividades de pesquisa, escrevi junto com Paulo Sérgio Pinheiro o livro *Violência Urbana* (São Paulo: Publifolha, 2003). No último capítulo do livro, intitulado "Perspectivas de Superação", afirmamos o quanto segue:

> "O movimento internacional da não violência não está circunscrito a nenhuma instituição; é essencialmente plural e apresenta incontáveis formas de manifestação. No que se refere à violência urbana, ele é o remédio mais indicado contra a tragédia provocada pelos conflitos intersubjetivos." (p. 76).

Nesse mesmo capítulo aproveitamos para divulgar as seis ações consideradas essenciais pela UNESCO para década da Não Violência e Cultura de Paz. São elas: 1) Respeitar a vida; 2) Rejeitar a violência; 3) Ser generoso; 4) Ouvir para compreender; 5) Preservar o planeta; 6) Redescobrir a solidariedade. Em plena pandemia global essas seis ações continuam mais essenciais do que nunca...

Em 2002, fui convidado por Paulo Sérgio Pinheiro para integrar sua equipe como assessor internacional na Secretaria de Estado de Direitos Humanos (SEDH) {naquela época a SEDH era uma secretaria do Ministério da Justiça e o secretário tinha *status* de Ministro}. No meu trabalho na SEDH, pude experienciar a importância do meu conhecimento básico de métodos autocompositivos para dirimir os mais diversos conflitos que surgiam no meu ambiente profissional.

De agosto de 2005 a setembro de 2006, dirigi a Unidade de Direitos Humanos e Cidadania do PNUD/Brasil. Nessa oportunidade, tive contato com diversas experiências brasileiras e internacionais de projetos de Mediação e autocomposição de conflitos. No final de 2006, ao deixar o PNUD/ Brasil a pedido da Secretaria de Direitos Humanos do Governo Federal (que tinha como ministro Paulo Vanucchi), realizei uma consultoria para analisar três projetos de Mediação apoiados pela Secretaria, vale dizer: 1) Balcão de Direitos (Rio de Janeiro, a partir de 1996, apoiado pela ONG Viva Rio); 2) Escritórios Populares de Mediação (Salvador, a partir de 2001, coordenado pela ONG Juspopuli); e 3) Justiça Comunitária (Taguatinga e Ceilândia, a partir de 2000, com o apoio do TJDF).

O trabalho final dessa consultoria foi publicado - em 2007 - no segundo número da *Revista do Fórum Brasileiro de Segurança Pública* e está reproduzido no meu livro *Mediação e o Reconhecimento da Pessoa* (São Paulo: Editora CL-A, 2019), em um artigo intitulado "Mediação, proteção local dos Direitos Humanos e Prevenção da Violência".

De volta para São Paulo, em 2008, ocupando o cargo de assessor especial da Secretaria de Justiça e Defesa da Cidadania (SJDC), tive contato com o equipamento público do CIC (Centro de Integração da Cidadania) e - dentre os projetos dos CICs - havia a formação de mediadores e o exercício da Mediação em algumas unidades. Interessado em fortalecer essa prática nos CICs eu e a coordenadora geral dos CICs, Maria Isabel Soares (Bezinha), convidamos diversos pesquisadores e profissionais da Mediação para discutirmos o tema da Mediação. Vale dizer: Adolfo Braga Neto, Carlos Alberto Salles, Antônio Rodrigues Freitas Jr., Walter Piva Rodrigues, Jacqueline Sinhoreto, entre outros.

19 anos de amizade foi o resultado do encontro com Adolfo. Mais do que isso... Desde o nosso primeiro encontro tive a certeza de que a história de Adolfo no campo da Mediação tinha que ser contada... Depois de anos de convivência e troca intelectual chamei outro amigo, Fabio Humberg (diretor da Editora CL-A Cultural), para preparar a edição de um livro que apresentasse o percurso de Adolfo na Mediação do Brasil. É o que foi realizado, no ano de 2017, com *Mediação: uma experiência brasileira*, obra na qual tive a alegria de participar como editor científico. Depois desse livro vieram outros apresentando as boas práticas que Adolfo lança como sementes no solo de práticas não violentas do "dizer o justo".

Enquanto pensador do Direito, sou cada vez mais descrente do Poder

Judiciário enquanto instituição estatal de resolução da maioria dos conflitos de nossa sociedade. Por outro lado, como pesquisador e cidadão tenho plena confiança no trabalho silencioso e cotidiano das inumeráveis práticas de autocomposição de conflitos que se realizam em nosso país. Contribuir para contar as histórias de algumas delas é minha singela contribuição para o florescer de uma nova forma do exercício do Direito em nosso Brasil.

Minha história com a Mediação

Herta Grossi[73]

Advogada, formada pela PUCRS em 1992, sempre pautei minha atuação no sentido do consenso. Minha história com a Mediação iniciou-se no ano de 2008, quando, percebendo a necessidade de aquisição de competências de outras áreas do conhecimento, busquei a Especialização em Psicopedagogia Clínica e Institucional. Foi então que, incentivada pela coordenadora do curso e mediadora, Dra. Gilca Kortmann, dei início aos estudos de Mediação.

No ano seguinte, como atividade de conclusão da referida especialização, aceitei o desafio de estruturação/implantação do Núcleo de Mediação Familiar, dentro do NPJ – Núcleo de Práticas Jurídicas do Unilasalle, unindo de modo interdisciplinar os cursos de Especialização em Psicopedagogia Clínica e Institucional e o curso de Direto, evidenciando o caráter interdisciplinar do procedimento de Mediação. O objetivo geral era implantar, fortalecer e divulgar a Mediação familiar, não só como instrumento à ampliação do acesso à justiça, mas como ferramenta geradora de autonomia, cidadania participativa e democrática, que ultrapassa a dimensão da resolução adversarial de disputas.

Cabe referir que, demonstradas as vantagens sem precedentes da implantação de referido Núcleo, a então coordenadora do curso de Direito,

73. Advogada. Doutora em Psicologia Social. Especialista em Psicopedagogia Clínica e Institucional. Mediadora privada. Sócia fundadora e diretora do Instituto COMPOR – Mediação, Negociação, Ensino e Pesquisa. Coordenadora, docente e supervisora de Estágio no Curso de Capacitação de Mediadores da CLIP. Membro do Conselho Editorial da *Revista Mediação & Justiça*.

Dra. Cintia Amaro, de pronto aderiu e referendou a ideia, vislumbrando o ineditismo de referido Núcleo, unindo esforços, disponibilizando sala e equipamentos necessários para implementação do projeto.

Essa parceria entre os dois cursos possibilitou, de forma visionária, oferecer suporte teórico e prático às atividades desenvolvidas por ambos, garantindo a interdisciplinaridade que o próprio método de Mediação propõe.

O Núcleo de Mediação Familiar, projeto de caráter social, implantado no ano de 2009, para além de integrar áreas do conhecimento, possibilitou através da Mediação uma práxis alternativa para o tratamento de conflitos sociais, objetivando a comunicação entre os conflitantes e, com isso, a sua saúde e o seu bem-estar social.

Esse procedimento de matriz democrática, vislumbrando o conflito como possibilidade positiva de evolução social do cidadão, apostou em uma nova forma partilhada e convencionada de solução do litígio, tendo por base um direito inclusivo. No período de abril a novembro de 2009, foram realizados 78 atendimentos referentes a conflitos familiares.

No ano de 2010, dando sequência aos estudos de Mediação e buscando uma capacitação de excelência, me inscrevi no Curso de Mediação da CLIP – Instituto de Mediação, instituição responsável pela introdução da Mediação de conflitos no Rio Grande do Sul e pioneira no ensino da Mediação em nosso Estado, que já à época possuía tradição na capacitação em Mediação de Conflitos. Referida instituição, capitaneada pela psicóloga e mediadora Marilene Marodin, reconhecida no Brasil e no exterior por sua *expertise* na área da Mediação, de forma visionária promoveu, no ano de 1992, o primeiro Curso de Mediação de Conflitos Familiares.

O curso da CLIP foi fundamental para a minha capacitação e para a minha trajetória. O estágio prático realizado na Defensoria Pública, através do pioneiro Convênio de Cooperação Técnica entre a CLIP e a Defensoria Pública do Estado do Rio Grande do Sul, foi uma experiência muito rica, possibilitando muitas aprendizagens. Cabe referir que este convênio vem sendo renovado desde o ano de 2008, oportunizando aos alunos aprimoramento de sua prática, supervisionados pelo corpo docente da CLIP, que anualmente forma mediadores que têm se destacado neste mercado de trabalho.

Nestes mais de 10 anos de estudo e prática da Mediação, em minha percepção, a prerrogativa que os mediandos possuem de se manifestar através de suas narrativas, interagir e compartilhar opções de resolução, ou seja, a possibilidade dos envolvidos no conflito "tomarem as rédeas" de suas decisões, é a competência mais importante desenvolvida.

> "Nenhuma defesa jurídica alheia à intimidade de partes em disputa pode substituir suas narrativas" (Serpa, Maria de Nazareth; Mason, Paul Eric. Entraves na realidade da Mediação. In: DORNELLES, Ricardo; GROSSI, Herta (Org.). *Reflexões sobre Mediação*. Porto Alegre: OAB/RS, 2018, p. 171).

Após a conclusão da referida capacitação, tive a honra de ser convidada por Marilene Marodin (diretora da CLIP), para permanecer na instituição como professora e supervisora do curso. Desde o início da capacitação até hoje, muitas aprendizagens me foram possíveis, juntamente com a Marilene e toda a equipe da CLIP, que é composta, atualmente, pelas colegas mediadoras Fernanda Molinari, Maria Izabel Severo, Marilena Baronio, Leila Rangel Luz e Manuela Mallmann.

Além das aulas do curso regular, ministramos pela CLIP diversos cursos de Capacitação e Qualificação em Mediação na forma *in company* para diferentes órgãos públicos, dentre os quais destaco os ministrados para o Tribunal Regional Eleitoral (TRE/RS); para a AGU – Advocacia Geral da União de Porto Alegre; AGU – Advocacia Geral da União de Florianópolis e PGE – Procuradoria Geral do Estado/RS.

No ano de 2020, a convite de Marilene Marodin e por indicação das colegas de equipe, passei a coordenar o Curso de Capacitação dessa prestigiosa instituição. Nesse mesmo ano, ao iniciarmos o curso, ocorreu a quarentena devido à pandemia do coronavírus e tivemos que rever a modalidade de nossas aulas que se davam, até então, presencialmente. Optamos por dar continuidade ao curso de modo on-line. Não tínhamos experiência nesta modalidade de curso, mas nos empenhamos em levá-la adiante. No início, tivemos algumas dificuldades em função da conexão à internet; em relação ao aplicativo, pela falta de confiança no mesmo; assim como uma sobrecarga nas redes que dificultava as transmissões em todo o Brasil. Tivemos que optar por fazer uma pausa para reavaliação, decisão que nos pareceu ser a mais adequada para que pudéssemos manter a excelência de nossa capacitação, que é uma referência nestes mais de 25 anos de ensino da abordagem da Mediação de conflitos em nosso país.

Após adequações e com as conexões de internet também já mais bem preparadas para a demanda, retomamos as aulas e já estamos na quinta edição do curso nessa modalidade. Coordenar este curso na modalidade on-line foi um grande desafio para mim, mas tem sido uma experiência muito gratificante, e temos conseguido formar uma identidade de grupo, mesmo de forma remota; o que reforçou minha convicção de que

> a presença física não significa necessariamente um 'estar presente', se não houver uma efetiva disponibilidade para relacionar-se com o outro. É esta suscetibilidade de interlocução, esta interação e relação dialógica que produz a sensação de presença. (Grossi, Herta. Mediação Online: Tecnologia e acesso à justiça nos conflitos que envolvem relações continuadas. In: MARODIN, M.; MOLINARI, F. (Org.). *Procedimentos em Mediação Familiar*. Porto Alegre: Imprensa Livre, 2017, p. 297)

A partir da experiência de uma Oficina de Orientação, Acompanhamento e Apoio à Comissão de Combate ao Assédio Moral de uma instituição pública, que juntas ministramos, Marilene e eu, tendo por objetivo ampliar as possibilidades de resolução dos conflitos que envolvem estas situações – oferecendo opção de soluções autocompositivas, propiciando o conhecimento de estratégias e procedimentos possíveis em situações em que se identifica assédio moral –, tivemos a ideia de organizar um livro sobre esta experiência (que está no prelo), para o qual convidamos outros autores para estarem conosco desenvolvendo o tema. Essa obra coletiva pretende contribuir para o conhecimento das variáveis que afetam as ações e decisões referentes ao assédio moral no meio ambiente de trabalho, bem como para melhorar a qualidade de vida dos trabalhadores, identificando possibilidades de intervenção.

A partir dos estudos e da prática em Mediação familiar – na ocasião eu estava síndica no prédio onde morava e, como todo condomínio, este também tinha problemas/conflitos –, percebi que a Mediação poderia ser utilizada nos conflitos condominiais, sobretudo tendo em vista que as relações de vizinhança são, via de regra, prolongadas e continuadas no tempo: muito propícias a Mediação. Foi então que comecei a trabalhar com Mediação na seara condominial e para negócios imobiliários. E, efetivamente, a Mediação tem se mostrado um procedimento extremamente adequado para lidar com conflitos nesta seara, em que vem ganhando espaço e sendo aceita com maior naturalidade, inclusive através da inclusão de cláusulas (tanto nos contratos imobiliários, quanto nas convenções condominiais) prevendo a Mediação, prioritariamente, como método de resolução de controvérsias.

No ano de 2012, fui convidada, pelo Dr. Ricardo Dornelles, presidente da Comissão Especial de Mediação e Práticas Restaurativas da OAB/RS (CEMPR), a compor referida comissão. Ali, juntamente com outros colegas, organizamos diversos cursos de atualização e de formação de mediadores, seminários e Congressos Internacionais de Mediação, em parceria com a Escola Superior da Advocacia - ESA. Também participei como ministrante e palestrante em vários desses eventos, tendo capacitado grupo de procuradores do município de Porto Alegre no ano de 2017. A atuação como mediadora e supervisora na Casa de Mediação da OAB/RS foi, também, uma experiência muito rica. Ainda, muito honrosamente, no ano de 2018 pude organizar, juntamente com Dr. Ricardo, a obra *Reflexões sobre Mediação*, primeiro livro publicado pela Comissão de Mediação, em parceria com a ESA-OAB/RS. Esta obra coletiva conta com textos de estudiosos e profissionais da Mediação com experiência consolidada, de expressão nacional e internacional.

Nos anos de 2018 e 2019, coordenei, juntamente com os Drs. Juliano Alves Lopes e Ricardo Dornelles, o Grupo de Estudos em Mediação de Conflitos - organizado pela Ordem dos Advogados do Brasil, Seccional Rio Grande do Sul (OAB/RS), por meio da Escola Superior da Advocacia (ESA) e da Comissão Especial de Mediação e Práticas Restaurativas (CEMPR) –, promovendo a discussão e a reflexão sobre tópicos relevantes relacionados à teoria e à prática da Mediação de conflitos, contribuindo para a construção do conhecimento na área e para o aprofundamento de estudos por parte de seus membros.

A participação como organizadora e avaliadora de diversas Competições Brasileiras de Mediação em parceria da CAMARB com a OAB/RS tem sido experiência extremamente gratificante, pois referida atividade propicia a disseminação da cultura da Mediação empresarial, estimulando o estudo e contribuindo para a formação de profissionais qualificados.

Por acreditar na importância da qualificação constante, realizei o módulo teórico de Mediação judicial, na primeira turma de capacitação do Tribunal de Justiça do Rio Grande do Sul. Realizei, também, Capacitação em Mediação pela Polícia Civil do Estado e em Mediação Escolar, tendo realizado Doutorado em Psicologia Social com tema de pesquisa nesta área. Meu doutorado me propiciou, além dos estudos acadêmicos, a inserção em uma forma de trabalhar com a Mediação que, até então, não havia experienciado. No ano de 2014, quando estava na Argentina para as aulas do doutoramento, tive a necessidade de dar seguimento a um atendimento de Mediação que estava realizando no Brasil. Assim, realizei meu primeiro atendimento on-line (posteriormente muito utilizado em função da pandemia). A partir dessa experiência, fiz outros diversos atendimentos on-line, tendo escrito artigo referente ao tema cunhando a expressão MOAS – Mediação On-line Assistida Sincrônica para designar a Mediação realizada nesta modalidade.

Desde a minha capacitação em Mediação pela CLIP – Instituto de Mediação, tenho tido a honra e o prazer de atuar na formação de inúmeros mediadores por esta instituição e pela ESA-OAB/RS. Da mesma forma, tenho ministrado a matéria de Mediação, como professora convidada, em diversas pós-graduações no Brasil.

No ano de 2014, ao iniciar meu doutorado, percebendo a importância de um espaço de aprimoramento e estímulo ao estudo, à discussão, à atualização, à pesquisa e à disseminação do conhecimento sobre os métodos não adversariais e a Psicologia Social, bem como à divulgação destas experiências e estudos, me dediquei à fundação do COMPOR – Instituto de Mediação, Negociação, Ensino e Pesquisa. Instituição que se dedica à prestação de serviços de gestão de conflitos, Mediação e negociação, bem como mantém um Grupo de Estudos com esta finalidade.

Penso que meu interesse e estímulo à pesquisa foram decisivos para o convite para fazer parte do Conselho Editorial da *Revista Mediação e Justiça*, publicação com projeto editorial independente e multi-institucional voltada à produção acadêmica no campo dos métodos de tratamento de conflitos, com especial destaque para produções que contemplem as práticas de Mediação de conflitos e suas interfaces jurídicas, filosóficas e sociológicas.

Minha trajetória na Mediação tem sido permeada de muitas aprendizagens com inúmeros colegas mediadores do Brasil e do exterior. Contudo, minhas raízes mais sólidas estão aqui no Rio Grande do Sul com o privilégio de ser "cria" de Marilene Marodin, nossa "nave-mãe", conforme um de nossos queridos alunos carinhosamente a apelidou. Marilene é, efetivamente, para todos os que foram e são seus alunos, a nave-mãe – profissional que construiu sua trajetória não só com seu notório saber, mas também com muita ética e liderança de competência incontestável.

Para finalizar esta minha história com a Mediação, gostaria de referir que penso que, apesar de a Mediação estar normatizada e ser desenvolvida e estudada há muito, por muitos de nós, um dos maiores desafios ainda seja não só torná-la conhecida por todos, mas propiciar uma educação para a Mediação no Brasil de forma a garantir sua legitimidade, credibilidade e, por consequência, sua maior utilização. Que esta obra, ora publicada, possa representar um impulso para dar a conhecer o que se tem realizado em prol desta difusão e contribuir para disseminar a Mediação em nosso país.

Minha participação na promoção da Mediação no Rio Grande do Sul

Izabel Cristina Peres Fagundes[74]

A Mediação em minha trajetória profissional confunde-se com a história da Mediação no Estado do Rio Grande do Sul e com a história da Mediação no Judiciário do Rio Grande do Sul.

74. Mediadora judicial e privada. Assistente social. Especialista em Família. Mestre em Mediação e Negociação. Coordenadora dos Cursos de Mediação Judicial da Escola Superior da Magistratura – AJURIS. Instrutora e supervisora do NUPEMEC-TJRS.

Atuei de 1991 a 2012 como perita assistente social judicial nas Varas de Família do Poder Judiciário do Estado do Rio Grande do Sul, emitindo pareceres nos litígios que envolviam conflitos de toda ordem e natureza e percebi que as famílias que entregavam o destino de suas vidas a uma decisão judicial encontravam-se imersas em um caminho destrutivo, sujeitas a ritos processuais de uma instituição engessada e limitada com uma lógica adversária binária que nem de longe conseguia entender os reais interesses e necessidades que as levavam a bater na porta do Judiciário. Nesse cenário, perdiam vozes, nomes e rostos, e eram tratadas como "partes" de um todo de relações construídas pelos afetos e desafetos.

Na busca de encontrar novos caminhos, o primeiro contato direto que tive com a Mediação foi no ano de 2000, através do curso de extensão na Universidade do Vale do Rio dos Sinos – Unisinos intitulado Separação, Divórcio e Mediação Familiar: solução alternativa para o Litígio, promovido pelas mediadoras familiares Alice Costa Porto e Rosemari Seewald. Desde então, mudei a forma de ver os litígios judiciais e passei a interessar-me pelo tema.

Ao conhecer a essência, os princípios e as vantagens da Mediação como método construtivo e efetivo na vida das pessoas, decidi capacitar-me como mediadora realizando um curso de Mediação familiar no ano de 2000, promovido pela mediadora e, assistente social Rosemari Seewald, pela qual fui convidada, em 2001, para integrar a equipe de professores na capacitação de mediadores familiares e fazer parte de um grupo multidisciplinar de mediadores voluntários que realizavam Mediação nas varas de família da região metropolitana de Porto Alegre, dos Fóruns de Novo Hamburgo, São Leopoldo e Campo Bom.

Para o desenvolvimento do trabalho, inicialmente, contávamos com o apoio de alguns magistrados que aderiram ao proposto. Uns por nosso convencimento, outros por confiarem no trabalho e muitos por serem entusiastas da Mediação.

No ano de 2001, como forma de fortalecer e legitimar o nosso trabalho, fundamos uma Organização da Sociedade Civil de Interesse Público (OSCIP) denominada Desatando Nós e Criando Laços, que veio a se tornar a primeira associação de mediadores privados do Estado do Rio Grande do Sul. Resultado da capacitação e *expertise* de seus mediadores, de 2010 a 2023 a Associação executou o Projeto Núcleo de Justiça Comunitária da prefeitura do município de São Leopoldo pelo Programa Nacional de Segurança Pública e Cidadania (Pronasci) do Ministério da Justiça, no qual participei na capacitação dos mediadores comunitários.

Em 2002 passei a participar do Núcleo de Estudos em Mediação da Escola Superior da Magistratura do Rio Grande do Sul – NEM, coordenado, à época, pelo professor doutor José Luis Bolzan de Morais. O grupo de estudos reunia mediadores de diferentes áreas de atuação e conhecimento, acadêmicos e magistrados interessados pelo tema. Além do estudo sistemático da Mediação em suas diversas áreas de abrangência, teve como um dos propósitos, discutir e contribuir com o Projeto de Lei nº 4.827/98, que tramitava no Congresso, de autoria da deputada Zulaiê Cobra, referente à regulamentação da Mediação no país.

No ano de 2008, com o objetivo de disseminar uma cultura de paz e contribuir na prevenção ao acesso desnecessário dos cidadãos à instância judicial, entendemos a necessidade de contribuir com a disseminação da Mediação. Elaboramos um projeto em Mediação Comunitária que foi desenvolvido no Centro de Promoção da Criança (CPCA) do Instituto Cultural São Francisco de Assis, localizado em um bairro periférico da Lomba do Pinheiro, em Porto Alegre. Inicialmente, prestamos assessoria técnica aos administradores da instituição e ministramos a primeira capacitação de mediadores comunitários. O projeto contou com o apoio do Ministério da Justiça e da Secretaria de Reforma do Judiciário. No mesmo ano, em parceria com a Defensoria Pública, desenvolvemos um curso para os defensores públicos que atuavam no Projeto-Piloto de Mediação Comunitária da Lomba do Pinheiro, para divulgar a importância e os propósitos da Mediação como método de resolução de conflitos.

O trabalho desenvolvido no Núcleo Comunitário foi uma das experiências mais ricas que tive como mediadora. Capacitar e acompanhar a formação de pessoas da comunidade para a prática da Mediação trouxe-me um aprendizado que não obteria na literatura.

Em 2009, ainda como integrante do NEM, fui convidada para coordenar o primeiro curso de divulgação da Mediação da ESM-AJURIS, cujo título era "Mediação de Conflitos e Cidadania" e tinha, como público-alvo, servidores do Poder Judiciário, alunos da AJURIS e demais interessados.

Em 2011, participei como professora da capacitação da 1ª turma de mediadores da Casa de Mediação da OAB de Porto Alegre, a convite do coordenador, advogado e mediador Ricardo Dornelles.

Minha inclusão na Mediação judicial ocorreu em 2011, quando atuava como assistente social judiciária na Vara da Violência Doméstica de Porto Alegre. Ao tomar conhecimento da Resolução nº 125/2010 do CNJ e dos cursos oferecidos para formação de mediadores judiciais e instrutores, recorri à desembargadora Vanderlei Teresinha Kubiak, à época responsável pela conciliação no Tribunal. Entusiasta da ideia de implantar a Política Judiciária Nacional de tratamento adequado dos conflitos de interesses no âmbito do Poder Judiciário, não mediu esforços para abrir espaços a fim de darmos início ao preconizado pelo CNJ, no que tange à implantação da política institucional na área da Mediação.

Juntamente com as desembargadoras Vanderlei Teresinha Kubiak e Genacéia da Silva Alberton, as colegas mediadoras e assistentes sociais Gisela Wurlitzer e Liara Kruger e as servidoras Raquel Didone e Luciane Moraes de Vargas, criamos uma equipe de trabalho e iniciamos um trabalho que se tornou referência no país.

Devido à notoriedade do trabalho desenvolvido por nós, instrutoras, na capacitação, formação e supervisão de mediadores judiciais, o NUPEMEC-TJRS foi reconhecido pelo CNJ como um dos polos formadores de instrutores. Fomos convidadas a participar da I Conferência Nacional de Conciliação e Mediação do CNJ, em Brasília, ocorrida em 26 de junho de 2013, para apresentar o trabalho que realizávamos em duas oficinas: "A Plataforma de supervisão não presencial de estágio supervisionado adotada pelo TJRS" e "Desafios da Implantação do Curso para Instrutores nos Tribunais Estaduais: importância de sua descentralização".

O reconhecimento do nosso trabalho traduziu-se através de dois prêmios recebidos pelo TJRS: "Conciliar É Legal", concedido pelo CNJ, em 2013, na categoria Prêmio Especial de Qualidade, e "Instrutores de Mediação e Conciliação", ocasião em que fui uma das instrutoras premiadas.

Somado a todo o trabalho administrativo realizado na implantação da política judiciária, na qual tive uma participação efetiva até 2016, também coordenei a capacitação e supervisão dos mediadores em formação. Em conjunto com as colegas Liara e Gisele, instituímos o curso de Mediação Familiar como pré-requisito para os mediadores que desejam atuar na área de família.

Em 2011, a convite da desembargadora Genacéia da Silva Alberton, passei a fazer parte do GT da criação do Centro Judiciário de Solução de Conflitos no 2º Grau do TJRS. Em 2012, apresentamos o referido projeto no Congresso Mundial de Mediação, realizado na cidade de Valência, Espanha.

Com o intuito de ampliar a formação dos mediadores judiciais, em 2012 fui uma das idealizadoras e organizadora da 1ª Jornada de Mediação Judicial do TJRS, com o tema "As bases sócio filosóficas da Mediação". Devido ao sucesso alcançado, as Jornadas de Mediação do TJRS passaram a ocorrer anualmente, reunindo mediadores de todo o Brasil e palestrantes nacionais e internacionais reconhecidos pelo trabalho desenvolvido no Brasil e países vizinhos, como a Argentina.

Em 2018 e 2019, com o propósito de apresentar uma experiência exitosa de Mediação escolar, participei da organização de duas visitas técnicas para dois grupos de mediadores conhecerem e vivenciarem o trabalho desenvolvido nas escolas públicas da província de Buenos Aires. Tal iniciativa contou com a participação das mediadoras Naura dos Santos Americano (NUPEMEC-TJRJ), Ana Luiza Isoldi (SP) e a mediadora e coordenadora do trabalho Gabriela Jablkowski (Argentina).

Desde julho 2016 até o presente momento, coordeno os cursos de capacitação de mediadores judiciais na Escola Superior da Magistratura do Rio Grande do Sul – AJURIS, cursos esses reconhecidos pela Escola Nacional de Formação e Aperfeiçoamento – ENFAM e o Conselho Nacional da Magistratura – CNJ desde 2017.

Além das atividades de coordenação, instrutora e supervisora que exerço para a Escola da AJURIS, continuo na capacitação e supervisão de mediadores judiciais do NUPEMEC-TJRS e atuo como mediadora judicial e privada, além de ministrar Mediação em escolas privadas e universidades.

A implantação de um projeto de Mediação de conflitos, em um espaço judicial por natureza heterocompositivo, foi um dos grandes desafios que enfrentei ao longo dessa caminhada. A mudança de paradigmas de uma lógica institucional de poder, na figura do magistrado, exigiu um exaustivo trabalho de convencimento e garantia da manutenção da essência da Mediação na capacitação e supervisão de mediadores judiciais.

Tive vários momentos emocionantes durante minha caminhada pela Mediação, mas o maior deles foi a experiência vivida no Projeto de Justiça Comunitária da Lomba do Pinheiro, pois percebi que, para aprender a mediar, além da competência técnica e habilidades, é necessário ter humildade, simplicidade e empatia. Reconhecer que sempre temos o que aprender com a vivência do outro, não importa o lugar onde estejamos.

Dentre tantos pontos positivos da Mediação, saliento o empoderamento das pessoas na construção da resolução de seus conflitos, o que reforça o seu caráter emancipatório, reforçando a dignidade humana.

A Mediação e seus aportes para um sistema de justiça mais humano e cidadão

Juliana Loss[75]

"Não estudei tanto direito para perder tempo com a conciliação!" Era assim que eu enxergava as infinitas, brevíssimas e, em boa parte, inexitosas audiências de conciliação de que participava desde o meu primeiro contato profissional com a justiça durante a graduação em Direito, ainda quando estagiária.

De minha parte, não existia uma aversão às soluções negociadas para disputas. Muito ao contrário, os acordos sempre me animaram e pareciam

75. Diretora executiva da Câmara de Mediação e Arbitragem da Fundação Getúlio Vargas. Coordenadora acadêmica do Centro de Inovação, Administração e Pesquisa do Judiciário da FGV Conhecimento. Coordenadora técnica de Mediação da FGV Conhecimento. Doutora em Direito pela Universidad Carlos III de Madrid e pela Université Paris I Panthéon Sorbonne. Conselheira e presidente da Comissão de Mediação e Métodos Consensuais da OAB-RJ.

fazer sentido. A questão não estava no resultado, mas no processo para se chegar até ele. Aliás, já naquele momento, o acordo tinha muito mais sentido do que investir tanto tempo, dinheiro e desgaste em um processo judicial para que outra pessoa decidisse o que deveria ser feito ou corrigido.

Por outro lado, para mim, o ideal de um processo judicial sempre foi extremamente coerente, mas sentido mesmo só tem quando é indispensável, inevitável. Não sentia e não sinto dicotomia entre as ideias de processo e acordo. O grande ranço era, então, por aquilo que me havia sido apresentado como conciliação.

Não havia estrutura, uniformidade, clareza e, salvo algumas exceções, preparo dos profissionais que a conduziam. As pautas costumavam prever em média cinco minutos para condução de todo o procedimento. Isso quando o encontro não se convertia em uma assustadora "coerciliação", termo jocoso que passou a representar a ocasião em que o terceiro, que se supunha neutro e imparcial, pressionava por determinados resultados, fazia julgamentos de valor ou até sugeria e antecipava o que seria o resultado dos julgamentos do juízo competente na hipótese de um não acordo.

Salvo propostas aceitas de bate pronto (que não careceriam de um procedimento, mas talvez um mero *e-mail* ou uma mensagem assíncrona objetiva por SMS ou meios como o Whatsapp hoje), nada ali funcionava. Mas também eu, ainda estagiária, e os advogados que representavam as partes não íamos bem. O despreparo, a conotação diminuta do processo e do resultado de autocomposição perante todos os atores do sistema de justiça, ao menos se comparado a outros atos do solene processo civil, e até a ausência de grandes impactos normativos para comportamentos não favoráveis aos processos negociais contribuíram bastante naquele momento para essa visão pejorativa que tive de processos negociais estruturados com auxílio de terceiros, como são a Mediação e a conciliação.

Entretanto, foi pelas mãos da negociação que me reconciliei com tais processos. Ao aprofundar os estudos sobre negociação, notadamente durante o curso de mestrado, a Mediação vinha a reboque. Afinal, a concepção que assumi lá atrás – e que mantenho até hoje – era a de enxergar a Mediação como uma negociação assistida por um terceiro.

Meu caminho tanto na Mediação como na negociação seguiu uma linha mais pragmática e mais voltada ao resultado desses processos. Ao tempo em que, na academia e nos estudos, encantam percepções mais profundas e detalhadas da Mediação, que identificam seu papel transformativo, seu fundamento intrinsecamente comunicacional e reconstrutor de narrativas, meu percurso seguiu uma via mais pragmática, mas que muito absorve das fontes acadêmicas para o aprimoramento de técnicas de facilitação.

Esse contato e aperfeiçoamento acadêmico caminharam ao lado daquele interesse inicial e gosto pela negociação e logo me candidatei a uma posição em um programa de Mediação conectada com os tribunais, que por sua vez era liderado por Helena Soleto no departamento em que trabalhava em uma universidade pública em Madrid. Assim, talvez porque o cachimbo entorte a boca, a trilha pragmática e bem voltada a resultados se cristalizou conjuntamente pela paixão pela Mediação no ambiente judicial e pelo ideal de um tribunal multiportas.

A nosso modo, considero a I Jornada do Conselho da Justiça Federal realizada em 2017 uma espécie de Pound Conference à brasileira. Alguns atores foram fundamentais para alavancar o marco legal da Mediação no Brasil, mesmo após tantos outros projetos de lei que o antecederam e que não tiveram êxito, com destaque para a atuação do ministro Luis Felipe Salomão. Por tantas iniciativas e realizações nessa seara do acesso à justiça multiportas, o trabalho do ministro Salomão no Brasil poderia ser comparado ao de Lord Woolf na Inglaterra.

Não contei acima, mas minhas pesquisas e caminhos que levaram à carreira acadêmica antes de passear pela Mediação e pelos meios adequados sempre trataram da efetividade do sistema de justiça e da duração razoável do processo judicial. Hoje, vejo que foi rodar, rodar e rodar para, ao fim, ter certeza de que sempre estive no mesmo lugar e que todos os pontos se conectam com a ideia de oferecer aos cidadãos formas mais justas, efetivas, que promovam com maior satisfação e menor custo possível a grande finalidade processual que é a pacificação e seus efeitos pedagógicos para uma cultura de paz.

O grande valor que percebi na Mediação, e que me mobilizou desde então, foi a simplicidade. Essa simplicidade que fundamenta também a flexibilidade de todo o processo. Tudo isso combina bastante com uma visão prática e concreta, que se ocupa da necessidade de oferecer avanços nos contextos das disputas, ainda quando não é possível alcançar um acordo.

Certa vez, ouvi de um colega que acompanhava uma série de sessões de Mediação, que de sua posição de observador constatava: a Mediação na prática é o simples e é justamente o simples que, hoje, parece tão difícil ser feito. Não havia me dado conta, mas a razão lhe assistia integralmente. Adicionalmente, do ponto de vista pessoal, o que me conforta é o preceito de não julgamento, que – em paradoxo assumido – eu "julgo" uma das grandes necessidades a se exercitar para relações pessoais e sociais mais fecundas, afetivas e funcionais.

Não há quem comece a trabalhar com a Mediação e suas técnicas e não passe por um profundo processo de autoconhecimento. Esse é um grande presente da Mediação. Além desse olhar para dentro, nos permite olhar o outro, aceitar e aprender com a humanidade dos demais.

Além dos desafios pessoais de adaptação a uma nova forma de observar e atuar na resolução de conflitos, o mercado profissional nessa área, sem dúvida, foi e é para aqueles que estão a iniciar a jornada, um dos maiores desafios. Remuneração, percepção de menor valor da atividade e as incertezas de uma nova área profissional são, ainda, uma realidade para a maioria. Confesso, inclusive, que me preparei, inicialmente, não para atuar na posição de mediador, uma vez que naquele momento não havia referências – ao menos no Brasil – nessa área. Havia e ainda há excelentes referências no ensino da Mediação e, aqui, faço uma reverência especial aos que coordenam esta obra, porquanto foram os pioneiros na introdução da Mediação no país. Acredito que esse passo na capacitação e na elaboração de obras e normativas foi essencial para o desenvolvimento da Mediação e aperfeiçoamento de suas técnicas em nossa sociedade.

Na prática como mediadora há outros desafios: não é simples convencer as partes, especialmente em um momento de conflito, que acordem em algo, menos ainda, que acordem em algo e que paguem por isso. Até hoje, o mercado da Mediação desbrava um espaço com perfil voltado para processos adversariais e que ainda apresentam um fator interessante que é a certeza de que, ao final, se chegará a um resultado, seja este positivo ou negativo.

Para quem sofre e vive o conflito, a sensação, nem sempre realista, de que em algum momento aquilo chegará a um fim é importante. Até mesmo o fato de entregar a responsabilidade da condução a um "primeiro" terceiro que é advogado, muitas vezes, gera um certo alívio temporário, como se deixasse de ter aquele peso e aquela responsabilidade e passasse a batuta. Um outro aparente alívio temporário surge quando o juiz entra na história, agora um terceiro imparcial, com autoridade e que pode confirmar a razão e o direito que a parte entende ter. Entretanto, a prática demonstra algumas nuances que desafiam essa certeza: o tempo que leva até o julgamento definitivo dos processos judiciais ou, ainda, a compreensão de que o fim do processo não quer dizer necessariamente o fim do problema.

No contexto brasileiro, há ainda outros elementos que implicam um estímulo à judicialização, e que mereceriam um texto completo para sua análise, mas veja-se por exemplo o uso indiscriminado da assistência judiciária gratuita para casos em que não haveria essa necessidade. Fatores como este tornam sobremaneira atraente a via judicial.

Enfrentar esses desafios exige paciência, resiliência e fé no instituto, características fundamentais ao mediador. Portanto, todos os desafios contribuem para o avanço e solidez da atuação dos profissionais nesse âmbito. Hoje, a comunidade de mediadores e a Mediação estão fortalecidas e florescem em áreas jurídicas como recuperação de empresas, demandas complexas e em disputas que envolvem o Poder Público.

Desbravar e inovar em um ambiente clássico e conservador como o sistema judicial, conquistar a confiança de magistrados e gestores da administração pública e privada são desafios que não se logram a curto prazo, mas que rendem excelentes frutos. Há um processo de mudança de cultura, de implementação de uma nova política pública de solução de conflitos em paralelo ao processo concreto de convencimento das partes e de seus representantes nos casos concretos. Nessa linha, vamos a bom destino.

Durante o percurso, por exemplo, uma outra grande novidade e barreira que foi preciso alavancar durantes esses anos da Mediação no Brasil foi a inserção da tecnologia em nossas atividades. Notadamente, no período da pandemia da Covid-19. Mas entendo que esse giro tecnológico continua necessário e penso que ainda será mais bem acomodado para realidades

híbridas e adequadas ao contexto de cada conflito. Mais uma tarefa para o mediador, que, embora não interfira no resultado, conduz em conjunto com as partes, o processo até ele. Particularmente, diante dessa novidade, trabalhei em casos em que as partes não desligaram o microfone e abrindo à outra parte informações que gostariam fossem mantidas confidenciais e, em outros casos, partes que possuíam dificuldades de acessibilidade. Saber lidar com as situações que fogem ao esperado e ao desejável também é parte do papel do mediador e, nesse caso, não foi diferente. Aqui seguimos a aprender, sempre, sobre a Mediação, as pessoas, as técnicas, os conflitos e sobre sermos humanos.

Pouco a pouco, o sistema de justiça se abre à Mediação, mas também nós, profissionais da Mediação, nos abrimos a uma mentalidade flexível que enxerga o tratamento de disputas como elemento de cidadania e humanização da Justiça. Essa justiça viva que, pelo fato de se enxergar sempre inacabada, consegue cada vez mais dar respostas e pacificar uma sociedade que se caracteriza pela fluidez de suas relações.

História da Mediação no Brasil: compartilhando caminhos, desafios e sonhos

Juliana Polloni[76]

A reforma processual de 1994 aconteceu às vésperas de minha formação na IX Turma da Faculdade de Direito da UNESP-Franca, em 1996. Naquela época, meu grande objetivo era advogar na área internacional e para isso, parte do caminho passava por uma imersão no mundo empresarial, o que me fez, no ano seguinte de minha formação, buscar uma especialização em

76. Advogada. Doutora em Serviço Social. Mestre em Direito. Mediadora de conflitos com atuação extrajudicial desde 2005. Atuou na Mediação Judicial de 2012 a 2018. Possui certificação internacional ICFML em nível avançado. Coordenadora executiva do FONAME (Fórum Nacional de Mediação). Professora em cursos de formação e aperfeiçoamento de mediadores. Treinadora, palestrante e mentora de comunicação e convivência. Facilitadora de conversações colaborativo-dialógicas com certificação internacional (ICCP). Atua com equipes, sócios e famílias na construção de sistemas dialógicos e melhores relacionamentos. Possui diversos artigos e livros publicados.

processo civil em busca da atualização dos temas que visavam abrir caminho para um Judiciário mais acessível e ágil.

Com desejo de contribuir com esse cenário fui conciliadora voluntária no Juizado Especial Cível, porém sinto muito ao lembrar dessa época a falta que fez uma formação específica para atuar neste campo, a qual eu ainda não tinha e que fazia com que aqueles momentos fossem vazios de sentido conciliatório, apesar de preenchidos do ímpeto de fazer um Judiciário mais célere – o que na prática acontecia era desvalorizado por todos os atores envolvidos naquele contexto.

Passei os próximos anos empenhada no trabalho com a advocacia empresarial, em que tive a oportunidade de trabalhar em dois grandes escritórios da cidade de Ribeirão Preto, onde morava, e focada em me aperfeiçoar na área internacional, o que me levou a cursar o mestrado em Direito.

E, mesmo não pensando na Mediação neste período, foi como se eu estivesse me preparando para ir ao encontro dela. A partir do mestrado, fui convidada a lecionar matérias de Direito para o curso de Administração e outros cursos que tinham cadeiras de legislação aplicada. Eu sou muito grata por essa experiência, pois fui me construindo uma profissional interdisciplinar, o que para a Mediação faria (e faz) muito diferença.

Paralelamente ao trabalho como docente, no qual também tive a alegria de viver o processo de constituição, autorização e instalação da faculdade de Direito, constituí meu próprio escritório de advocacia e consultoria jurídica para atender as empresas exportadoras da região.

Diante dessas experiências que fui acumulando na carreira, recebi o convite para compor a lista de árbitros de uma câmara de conciliação, Mediação e arbitragem que seria inaugurada na cidade. O ano era 2005 e eu, grávida do meu primeiro filho, participei da capacitação dos árbitros para dar início à minha atuação. Era a Mediação se aproximando ainda mais um pouco, chegando de mansinho na minha vida.

Passei então, na qualidade de árbitra, a participar de várias audiências de instauração de procedimento arbitral, oportunidade de se tentar a conciliação. Aqui, já mais capacitada e com maior experiência, pude sentir a diferença de ver frutificar os acordos. A quase totalidade dos meus procedimentos arbitrais nos cinco anos nesta câmara foram de conciliações bem-sucedidas e poucos foram os procedimentos em que precisei decidir pelas partes.

Essa sensação de agilidade e de satisfação com o resultado alcançado passou a tomar um importante lugar na minha vida. Ver que as oportunidades de diálogo criadas pela audiência de instauração da arbitragem já eram o que as partes precisavam para encontrar caminhos de solução de seus conflitos foi me trazendo a certeza de que era isso que eu queria fazer. Agradeço a oportunidade que essa câmara me deu de atuar tão ativamente nos procedimentos e os cursos todos que me foram oferecidos de capacitação para os métodos consensuais e arbitragem, como também sobre atendimento ao cliente e comportamento humano.

Na faculdade onde lecionava passei a coordenar o escritório experimental e fizemos um convênio com o Poder Judiciário para sediarmos um setor de conciliação, cuja predominância de casos eram familiares. E isso me fez voltar no tempo e retomar o afeto que tinha ao atender famílias nos anos de estágio da faculdade, no Centro Jurídico Social da UNESP, onde os alunos de Direito atendem em conjunto com os alunos do Serviço Social, que funciona no mesmo *campus*.

E eis que, em meio a tudo isso, vem um chamado para tentar o doutorado no Programa de Pós-graduação do Serviço Social da UNESP, para aprofundar os estudos sobre as famílias. E lá fui eu em busca do doutorado. A princípio eu iria escrever sobre os efeitos da conciliação junto às famílias atendidas no escritório experimental, mas a Mediação ainda estava me esperando. Uma mudança interna na faculdade me levou para outra área do escritório e minha pesquisa perdia seu campo.

Um golpe que, em meio a muito choro e medo, me fez pesquisar, ler, estudar, conversar com muitas pessoas e chegar enfim à Mediação. Me dei conta de que a Mediação era o caminho para o trabalho com as famílias, especialmente por sua característica interdisciplinar, que a conciliação não consegue alcançar.

Fui então buscar aperfeiçoamento em Mediação propriamente dita e busquei formação em Mediação com professoras da Psicologia, pois queria incorporar na minha prática recursos que o âmbito jurídico não tinha condições de atender, em especial recursos conversacionais.

Tantos anos se passaram desde minha formação, passando pela aproximação com os métodos alternativos de resolução de conflitos, para enfim chegar e me encontrar com a Mediação sob a perspectiva construcionista social. Um grande encontro, que me trouxe respostas e mudou minha forma de ver o mundo e a potência de cada conversa.

Se os conflitos são construídos nas relações, é no diálogo que possibilitamos a sua dissolução, ou resolução. A Mediação ganha um sentido nunca antes imaginado por mim. Enfim encontrei o espaço privilegiado para se construir soluções que se sintam justas pelos interessados.

Em meados de 2011, ainda morando no interior, participei do Seminário Conciliação e Mediação: Estruturação da Política Judiciária Nacional, já atenta ao movimento do Poder Judiciário em oferecer esses serviços aos usuários de forma mais qualificada e consistente, a partir da política pública instituída pela Resolução nº 125 do Conselho Nacional de Justiça. No final desse ano, participei da formação referente à Política Judiciária Nacional oferecida por videoconferência pelo Tribunal de Justiça do Estado de São Paulo, já pensando na mudança para a capital que eu faria no ano seguinte.

E assim foi. Em novembro de 2011 foi inaugurado o primeiro CEJUSC (Centro Judiciário de Solução de Conflitos e Cidadania) e em março de 2012 me mudei para a capital e passei a atuar neste CEJUSC.

Minha ideia ao escolher atuar no Judiciário era oferecer uma experiência de Mediação qualificada para as pessoas que passem pelo CEJUSC e assim fazer com que os advogados e a sociedade em geral passassem a confiar mais no instituto e a buscar a Mediação privada.

Participei de muitas atividades e tive muitas iniciativas neste sentido. Fui constituindo uma rede de mediadores que me precediam, conhecendo pessoas engajadas nesta causa e mostrando um pouco mais sobre a Mediação que eu exercia, usando os recursos conversacionais que traziam excelentes resultados, medidos por meio da satisfação dos usuários em suas avaliações.

Em 2013 passei a compor o grupo de instrutores de Mediação do CNJ e ter a oportunidade de ministrar cursos para vários novos mediadores, difundindo a Mediação, mudando paradigmas, levando uma bandeira da Mediação com qualidade praticada por mediadores qualificados para esse fim.

Estando na capital, passei também a acompanhar mais de perto as reuniões do FONAME (Fórum Nacional de Mediação), cujas reflexões e ações têm feito muito desde sua constituição até a atualidade pela Mediação no Brasil. No FONAME encontrei os grandes mestres da Mediação brasileira, que fizeram a história da Mediação que antecedeu minha chegada neste contexto, aos quais agradeço pelos constantes esforços em defesa das boas práticas da Mediação.

Eu realmente acreditei muito na possibilidade de ampliar a cultura da Mediação por meio do Judiciário e trabalhei muitos anos por essa causa. Foram muitos eventos, encontros, cursos, trabalho semana a semana.

Tive grandes oportunidades e participei de momentos históricos como: fiz parte do segundo grupo do Brasil a oferecer a Oficina de Pais e Filhos, tendo aprendido com as criadoras em São Vicente; estive na Câmara Municipal de São Paulo no dia em que foi instituído o Dia do Mediador; estive na promulgação da lei de remuneração dos mediadores do Estado de São Paulo, no Palácio do Governo, mas que também foi um dia de decepção, pois a lei foi promulgada com veto justamente na fonte orçamentária, o que impediria sua eficácia; fiz parte do primeiro grupo de supervisores em Mediação formados pelo próprio CNJ em uma semana maravilhosa ao lado de colegas mediadores do Brasil em Brasília; e tantas outras histórias que ligam minha própria história à história da Mediação no Brasil.

Tive a honra de ministrar as aulas sobre Política Pública nos mais diversos cursos de capacitação de mediadores do Estado, por designação do Tribunal de Justiça de São Paulo, bem como cursos como formadora de novos instrutores. Também fui convidada a ministrar cursos de Mediação em duas grandes instituições bancárias do Brasil, sendo que uma dessas experiências foi coroada com uma menção honrosa no Prêmio "Conciliar é Legal" do CNJ.

Foram quase sete anos de intensa dedicação à Mediação neste contexto judicial. E, organicamente, novos mediadores foram adentrando neste cenário, mudanças na vida foram ocorrendo e passei a me dedicar a outros contextos da Mediação, fazendo valer minhas formações em práticas colaborativo-dialógicas e procurando criar a cultura do diálogo, que para mim antecede a Mediação de conflitos, para múltiplos contextos.

De outro lado, em 2018 fui eleita cocoordenadora executiva do FONAME, o que me deu oportunidades também de militar no campo da Mediação extrajudicial em prol das boas práticas da Mediação e em projetos em que o FONAME foi convidado pelo CNJ, na pessoa da desembargadora Daldice Santana, para compor grupos de estudo e construir propostas para colocar em prática a melhor Mediação judicial possível.

Com a chegada da pandemia e meu afastamento do cotidiano do CEJUSC, passei a me dedicar mais fortemente à Mediação extrajudicial, que cresceu bastante nesse período pandêmico, impulsionado pela adaptação da sociedade ao ambiente virtual.

No FONAME percebemos esse movimento também. No início da pandemia, muitos mediadores queriam colaborar com a sociedade e passaram a buscar espaços de pertencimento e reflexão. Impulsionados por nossas reuniões, formou-se uma rede de mediadores voluntários, que chamamos de Ação Nacional de Mediação Virtual, espaço onde pudemos colaborar tanto com a sociedade, pela necessidade de apoio para resolver situações de conflito, quanto com os mediadores, que puderam experimentar de forma supervisionada a experiência, os passos da Mediação extrajudicial que não acontecem no contexto judicial, expandindo a consciência do que sempre chamamos de boas práticas.

Temos promovido no FONAME muitas conversas aproveitando a virtualidade para divulgar a Mediação para a sociedade, advogados, empresários e todos aqueles que podem usufruir dessa forma que acreditamos ser mais satisfatória a todos os envolvidos, visando ampliar a cultura da consensualidade como via primeira para resolução de conflitos.

Há muito caminho pela frente, mesmo com toda essa história já construída. São muitos anos de uma cultura de litígio, de busca por uma autoridade para resolver as questões, por isso a mudança não veio no ritmo que sonhávamos.

Acredito que, mesmo não estando atuando diretamente no contexto judicial, tenho contribuído a partir da minha docência com a formação de mediadores que olham para a Mediação com responsabilidade com o aperfeiçoamento de recursos para que os mediadores atuem com qualidade. E com minha prática busco em cada Mediação oferecer aos meus clientes a melhor experiência possível para que eles possam recomendar para outras pessoas. Tenho feito parcerias com advogados para que cada um de nós atue dentro de suas competências, considerando a importância de cada um nesta construção.

Eu costumo dizer que a minha história se confunde com a história da Mediação no Brasil, pois fui acompanhando de perto, celebrando cada conquista e enlutando as decepções que também vieram neste caminhar.

Ainda sonho com a Mediação valorizada no Brasil tanto no âmbito judicial como extrajudicial. Com profissionais devidamente remunerados no Judiciário, valorizados e considerados como parte do processo pelos advogados, respeitados em sua autonomia pelos juízes e promotores, e principalmente que os próprios mediadores estejam imbuídos de proporcionar a melhor experiência de autonomia e tomada de decisão que os usuários e clientes possam viver para que um dia nossa sociedade tenha essa cultura internalizada.

Esse caminho se faz caminhando e sigo buscando contribuir com o que tenho de melhor a oferecer para essa história.

A minha trajetória na Mediação

Marco Antônio Garcia Lopes Lorencini[77]

Honrado com o convite a mim formulado, eu me pus a refletir como a Mediação entrou na minha vida. Por tudo que ela representa, ouso di-

77. Bacharel em Direito pela Faculdade de Direito da Universidade de São Paulo (USP), especialista em Direito Internacional, mestre e doutor pela mesma instituição, com a tese de doutorado "Prestação Jurisdicional pelo Estado e Meios Alternativos de Solução de Controvérsias: Convivência e Formas de Pacificação Social". Membro do NEMESC - Núcleo de Estudos de Mecanismos de Solução de Controvérsias da Faculdade de Direito da USP. Membro e tesoureiro do CEBEPEJ - Centro Brasileiro de Pesquisas e Estudos Judiciais. Membro do FONAME - Fórum Nacional de Mediação. Advogado militante do escritório L O Baptista Advogados. Professor universitário.

zer que alguns fundamentos da Mediação estão há muito tempo na minha vida, mesmo que eu não soubesse disso.

O meu despertar para a Mediação ocorreu pela via acadêmica. A partir do ano de 1985, quando comecei o curso de Direito, fui apresentado às disciplinas Teoria Geral do Processo e Direito Processual Civil, bem como ao tema do acesso à justiça. Aluno da Faculdade de Direito da Universidade de São Paulo, lá vi ocorrer um evento denominado Participação e Processo que me marcou muito. Ele foi um divisor de águas em minha formação, assim como a disciplina Novas Tendências do Direito Processual, que aprofundou aquela noção inicial dada pela obra *Acesso à Justiça*, de Bryan Garth e Mauro Cappelletti, com que todo acadêmico de Direito obrigatoriamente tomava contato naquela época.

Tanto foi assim que, já nos anos 1990, por ocasião dos meus estudos de mestrado, escolhi o tema dos juizados especiais cíveis, com uma tentativa de comparação entre o que nos oferecia o processo civil tradicional da época e a proposta dos juizados especiais cíveis (juizados de pequenas causas). Um dos pilares dos juizados especiais é a conciliação e, hoje, a Mediação, sendo que este tema ficou na minha cabeça para desenvolver em uma outra oportunidade.

Foi esse o desafio que me propus a enfrentar em minha tese de doutorado, já no fim dos anos 1990 e começo dos anos 2000. Neste cenário, seria inevitável entender a ideia de métodos adequados de solução de conflitos e a enorme contribuição que a Mediação pode oferecer.

Em paralelo a esta atividade acadêmica e de docência, o encontro com aqueles que já praticavam e propagavam as ideias da Mediação ocorreu no dia a dia da advocacia, mas também em outros locais de estudo, pesquisa e reflexão. São lugares de convivência, em que imperam a troca de ideias e a amizade.

O primeiro é o CEBEPEJ – Centro Brasileiro de Pesquisas e Estudos Judiciais. Fundado em 1999, tendo à frente, entre outros, as figuras dos incansáveis e inspiradores professores Ada Pellegrini Grinover, Kazuo Watanabe e Maria Teresa Aina Sadek, o CEBEPEJ sempre foi um local com a finalidade de pesquisa e estudo do sistema de justiça. Com este perfil, pesquisar a integração dos meios apropriados de solução de controvérsias no ambiente judicial e extrajudicial passou a ser uma das suas metas.

Tanto foi assim que, anos mais tarde, alguns estudiosos e precursores da Mediação no Brasil, preocupados com a qualidade e os rumos dessa prática no país, se reuniram na sede do CEBEPEJ para instaurar o que depois veio a ser o FONAME – Fórum Nacional de Mediação. Foi nesse fórum que instituições, pioneiros e praticantes da Mediação debateram, por exemplo, a necessidade e conveniência de haver um marco legal da Mediação, um Código de Ética para mediadores, assim como a necessidade de instituição de um número mínimo de horas (teóricas e práticas) nos cursos de formação de Mediação, entre tantos outros assuntos.

Foi também em suas reuniões que o convívio entre todos se estreitou, a começar com os organizadores desta obra, desbravadores da Mediação no Brasil.

Os encontros ocorridos na sede do CEBEPEJ com os seus pesquisadores e os integrantes do FONAME influenciaram alguns passos importantes que foram dados depois (Resolução nº 125/2010, do Conselho Nacional de Justiça, artigos relativos à conciliação e Mediação no Código de Processo Civil de 2015 e contribuições para a Lei de Mediação são os exemplos mais evidentes). Ter participado desses momentos e ter construído com todos sugestões de textos e artigos de lei foram uma enorme alegria e um privilégio.

A cultura da Mediação é uma tarefa de longo prazo, que deve envolver toda a sociedade, mas também, desde os bancos escolares, os futuros operadores do Direito. Por isso, a minha trajetória também se cruza com a do NEMESC – Núcleo de Estudos de Meios de Solução de Conflitos, instituído pelo professor Carlos Alberto de Salles, do Departamento de Direito Processual da Faculdade de Direito da Universidade de São Paulo. Trata-se de outro local e iniciativa que vi nascer e com o qual contribuí desde o seu início. O entusiasmo dos alunos de graduação com as questões envolvendo a Mediação, aliado à proposta pedagógica original, sempre foi combustível para acreditar na mudança de mentalidade no modo de solucionar os conflitos em nossa sociedade.

Correndo o risco da omissão, cabe ainda mencionar as discussões no âmbito do GEMEP – Grupo de Estudos de Mediação Empresarial Privada, no CBar e no âmbito da Comissão de Especialistas da Câmara de Conciliação, Mediação e Arbitragem do CIESP/FIESP, dos quais sou integrante.

Não são poucos os temas e valores que a Mediação inspira. Com ela, aprendi alguns e aprofundei outros. O valor e a importância do trabalho em grupo, da busca do método de solução mais apropriado, do diálogo, da empatia, da escuta ativa, do empoderamento, da construção do consenso, do respeito à autonomia da vontade e à liberdade de cada um ficaram mais evidentes. Também ficou mais evidente que uma visão multidisciplinar e interdisciplinar é pressuposto para a prática e estudo da Mediação.

É lugar comum dizer que o contato verdadeiro com a Mediação transforma a pessoa. Isso se projeta, entre outras coisas, na sua visão de mundo, na prática profissional e em como o conflito passa a ser percebido. Assim, muito além de cada Mediação de que participei, a experiência demonstra que cada Mediação, em razão do envolvimento que exige, é um desafio constante.

Mas, ao lado desses desafios diários, existe o desafio maior de ver a Mediação se firmar como método adequado de resolução de conflitos no Brasil. Que ela seja compreendida e aplicada corretamente. Que ela se torne corriqueira sem perder a qualidade. Principalmente, que sua razão de ser e seus princípios sejam sempre observados.

Sobre a popularização da Mediação, mais de uma vez, a saudosa professora Ada Pellegrini Grinover disse que era preciso fazer a Mediação chegar a todos. É preciso parar de "pregar para convertidos", ela dizia. Ela queria dizer que a Mediação precisa ser apresentada e mostrada para quem não a conhece. E não para quem já a conhece e se convenceu de suas qualidades. Foi ela também que um dia disse que a Mediação se tornaria mais conhecida se um dia ela fosse tema de novela das oito.

O fato é que, ao longo da minha caminhada até hoje, vivi, junto com tantos outros amigos, momentos marcantes relativos ao recorte legal que moldou os atuais contornos da Mediação do Brasil. Esse privilégio vale uma vida.

Era uma vez um modelo humanizador de resolução de conflitos...

Maria Cecilia Carvalho Silva Tavares[78]

Toda bela história começa com "Era uma vez" e a que protagonizo, como mediadora, não poderia ser diferente. Essa trajetória teve como ponto de partida um curso de capacitação em Mediação e arbitragem, promovido pelo Instituto de Mediação e Arbitragem do Brasil (IMAB), realizado em São Paulo no ano de 1998. Na ocasião, atuava como advogada especialista na área empresarial trabalhista e, vale destacar, desde então sentia-me incomodada com a falta de empatia e constante adversidade presenciadas nas empresas em que prestava assessoria e nas audiências trabalhistas que acompanhava.

Providencialmente, soube pela Associação dos Advogados de São Paulo (AASP) que estavam abertas inscrições para um curso de Mediação e arbitragem na Abiplast (Associação Brasileira da Indústria Plástica), promovido pelo Instituto de Mediação e Arbitragem (IMAB). Com entusiasmo e curiosidade de aprender sobre métodos extrajudiciais, fiz a minha inscrição

Ter tido aulas com professores e mediadores renomados, como Adolfo Braga Neto e Juan Carlos Vezzulla, e aprender sobre a cultura de resolução de conflitos pelo diálogo foi, indubitavelmente, uma chance ímpar de evolução pessoal e profissional e, ouso dizer, abraço esse aprendizado como uma filosofia de vida.

Os ensinamentos e a contínua prática da Mediação demonstram que cada procedimento tem peculiaridades e desafios próprios. E é um desafio também para nós mediadores, que, na função de facilitadores da comunicação, temos de ter habilidade para um olhar diferenciado sobre o poder de transformação pela interação.

Relevante, em minha biografia, é fazer parte da equipe de supervisores

78. Advogada. Supervisora em Mediação no Departamento de Assistência Judiciária da Faculdade de Direito da Universidade de São Paulo e Varas de Família do Fórum Regional do Tatuapé/SP. Membro do Conselho de Administração e do corpo docente do Instituto de Mediação e Arbitragem do Brasil (IMAB). Coautora em algumas obras da Editora CL-A Cultural que tratam do tema Mediação.

do IMAB que responde pela formação prática de novos mediadores. Lidamos com casos de Mediação extrajudicial no Departamento Jurídico XI de Agosto, ligado à Faculdade de Direito do Largo São Francisco, e com processos da 3ª Vara de Família do Fórum Tatuapé, de titularidade da juíza Dra. Tarcisa de Melo Silva Fernandes. Experiências marcantes do trabalho nesse Fórum estão registradas no livro *Mediação Familiar: a Experiência da 3ª Vara de Família Tatuapé*, em que sou uma das coautoras e o meu mestre Adolfo Braga Neto, o organizador.

Relações de trabalho. Cultura da sentença ou cultura da paz?

Dando sequência à minha história com a Mediação, passo a fazer uma análise da Mediação aplicada às relações de trabalho. De início digo que a par de termos ainda vigentes normas consolidadas em um documento datado de 1943 (CLT), que apoia princípios que estimulam a cultura do Judiciário, certo é que na perspectiva de futuro do Direito de Trabalho a palavra ressignificação está no radar das empresas e, sob essa ótica, a cultura da paz vem caminhando para obter o seu devido lugar. É o que se espera!

Reportando-me aos primórdios da militância na advocacia trabalhista, inúmeras vezes presenciei conflitos entre empregados, gestores, colaboradores e diferentes integrantes de uma empresa, em cenário basicamente pautado em dificuldades de comunicação. Simples seria se esses conflitantes se sentassem em torno de uma mesa de negociação e, de forma colaborativa, conversassem sobre suas dificuldades e, ao final, construíssem uma solução que atendesse as necessidades e os interesses de cada um. Entretanto, estamos falando dos anos 1990, época em que a justiça especializada trabalhista contabilizava mais de duas milhões de ações e, a par disso, era vista como meio adequado de solução de conflitos.

Ressalto que o ambiente das salas de audiência era absolutamente hostil. Reclamante e reclamada se apresentavam em evidente rivalidade, e as tratativas não iam além dos valores estimados nas peças processuais. Sentimentos e emoções não tinham a atenção devida nessa seara em que prevalecia a cultura da sentença, a do litígio. Mesmo nas Audiências de Tentativa de Conciliação Trabalhista, não havia o cuidado de se escutar as partes; o objetivo principal era a formalização de um acordo elaborado pelos advogados, com o propósito único de encerrar o processo, não um pacto otimizado que expressasse a real vontade das partes.

Não obstante, quando eu já havia me capacitado como mediadora, houve uma inovação trazida pela Lei nº 9.958/2000 (Comissões de Conciliação Prévia na Justiça do Trabalho), com vistas a auxiliar a solucionar conflitos trabalhistas, fora do Judiciário, o que me possibilitou começar a vivenciar os efeitos positivos das negociações entre patrões e empregados.

De lá para cá, mesmo se levando em conta que ainda existem ideias paternalistas enraizadas em legislação ultrapassada, entendo que a Mediação vem ganhando força por possibilitar a construção de soluções sustentáveis, inclusive no que diz respeito a conflitos que ocorrem na constância do contrato de trabalho. Ainda é um desafio para os que acreditam que empregado e empregador não têm condições de igualdade para negociar; no entanto, nós, mediadores, que somos capacitados a promover o diálogo, a reconhecer sentimentos e a lidar com os interesses dos envolvidos em uma relação conflituosa, tão bem sabemos dos benefícios desse procedimento e do quanto auxilia no restabelecimento da confiança pessoal e no negócio.

Em tempos atuais, inegável que para uma boa gestão estratégica a empresa tenha de valorizar a comunicação e se empenhe em aprimorar relacionamentos. O Brasil, que tem multinacionais que operam em diversos países, e outras tantas aqui instaladas, não pode deixar de acompanhar a tendência mundial de utilização de meios dialógicos no tratamento de conflitos, e inseri-los em cláusulas contratuais.

Há de se considerar, igualmente, que para permanecer em um mercado competitivo é fundamental que gestores das empresas, corporações, instituições, estejam sempre atentos e preparados para prementes mudanças. Basta lembrar da Covid –19 e dos impactos havidos em todos os setores da sociedade. Os problemas atinentes às dificuldades econômicas das empresas, a emergência sanitária que obrigou à adoção de medidas especiais de proteção, a necessidade imediata de tomada de decisões quanto à implementação de jornada flexível e de substituição do trabalho presencial pelo remoto são apenas algumas das situações que abalaram sobremaneira as relações laborais.

Sob perspectiva positiva, ante o surgimento dos inevitáveis conflitos trabalhistas por conta dessas mudanças e necessidade de rápida solução, a flexibilização para acordos individuais, sem a participação dos sindicatos, abriu caminho para a Mediação, adequadamente utilizada em negociações assistidas, com foco na obtenção de medidas protetivas para os trabalhadores enfrentarem o vírus, bem como para auxiliar em questões recorrentes alusivas à redução de jornada, de salário, de antecipação de férias, de normas para o regime de trabalho *home office*, ou mesmo em caso de encerramento do contrato de trabalho.

Note-se que qualquer que seja a controvérsia, e muito à frente de se avaliar direitos trabalhistas, o mediador lida com desgaste emocional o que, em momentos de crise, é de grande valia para restaurar relações humanas conturbadas por incertezas, tensões, impasses e auxilia na construção de caminhos com visão prospectiva.

Modelo humanizador. Minha filosofia

Finalizo as referências da Mediação na minha vida pessoal e profissional, reportando-me ao tempo de formação acadêmica e do meu interesse pelo estudo da Filosofia do Direito, termo oriundo da obra *Princípios da Filosofia do Direito*, escrita por Georg Wilhelm Friedrich Hegel, publicada em 1820.

O que me atraiu foi a teoria defendida pelo filósofo de que as questões jurídicas deveriam ser apreciadas de forma ampla, com debates profundos, acima das normas e tecnicidade. Um enfoque humanista, sem sombra de dúvidas, que desde o início de minha carreira me fez refletir e pesquisar sobre meios, além dos códigos, de se lidar com processos.

Conhecer o IMAB e a Mediação como uma proposta mais humanizadora de resolução de conflitos, e ver de perto o poder do diálogo, ajustou-se perfeitamente ao meu ideal de Direito, incentivando-me a trilhar o caminho da busca do consenso no meu dia a dia de trabalho.

O estimular a empresa a escutar os seus colaboradores e vice-versa por vezes conduziu a resultados surpreendentes, quer em se tratando de um acordo formalizado com base em interesses mútuos, quer no restabelecimento da comunicação interpessoal com vistas no futuro profissional.

Diga-se de passagem, que foi (e ainda é) trabalho árduo convencer empresários a utilizarem meios extrajudiciais para tratar pendências. Tivemos (e temos) de nos empenhar nos argumentos de que um procedimento focado em comunicação e consenso é perfeitamente adequado para prevenir, administrar ou solucionar contendas, tanto quanto apropriado como tática organizacional,

Mudanças de paradigma levam tempo; o novo se firma diante de resultados positivos que, seguramente, a Mediação tem de sobra. Por isso é cada vez com mais paixão que sigo essa minha trajetória pelo caminho humanizador.

Por fim, deixo para reflexão uma frase atribuída ao filósofo Hegel, que tanto me inspira: "Nada de grande foi feito no mundo sem uma grande paixão".

Mediação: o desejo coletivo de construir a paz social

Maria do Perpétuo Socorro França Pinto[79]

Após um dos muitos encontros no Pirambu, fui abordada por um morador do bairro em que havia conduzido uma sessão de Mediação. Ele olhou para mim e, orgulhoso, disse: "Doutora, quer dizer que agora eu sou um juiz?" Eu me lembro de rir para ele e responder: "O senhor é um juiz da paz social. O que o senhor acabou de fazer foi promover a paz."

Essa é uma das muitas lembranças que guardo do processo de implantação da Mediação comunitária no Ceará. Era década de 1990, e a Mediação ainda não chegava aos espaços sociais. Naquele tempo, as brigas de vizinhança e outros tantos problemas ditos domésticos eram resolvidos nas delegacias.

79. Graduada em Economia pela Universidade Federal do Maranhão, em Administração pela Universidade Estadual do Ceará e Direito pela Universidade Federal do Ceará. Mestre e doutora pela Universidade Federal do Ceará. Professora da Universidade de Fortaleza, promotora de Justiça, subprocuradora-geral de Justiça e secretária do Conselho Superior do Ministério Público e do Colégio de Procuradores de Justiça do Estado do Ceará. Assessora do procurador-geral de Justiça junto aos processos do Tribunal Pleno. Implantou a 1ª Casa de Mediação Comunitária do Brasil do Ministério Público do Ceará, no Bairro do Pirambu em Fortaleza.

Eu, recentemente nomeada ouvidora-geral do Estado, tomava conhecimento dessas demandas e entendia que era preciso criarmos outros mecanismos para solucioná-las. Reunida com psicólogos, advogados, assistentes sociais e estudiosos do Direito, chegamos ao que entendemos chamar de Mediação comunitária. Estudamos, discutimos, desenhamos cada passo desse processo e chegamos ao Pirambu. Era um bairro com altos índices de violência e uma demanda reprimida de conflitos a serem resolvidos.

Fomos ao bairro, reunimos associações, selecionamos e preparamos pessoas para atuarem como mediadores comunitários. Começamos com uma mesa de plástico, quatro cadeiras e disposição para ouvir o outro. Imagine você colocar frente a frente duas pessoas que se odiavam para falar sobre o motivo desse ódio. Era a valorização do diálogo e a solução a partir do que poderia ser bom ou possível para ambas as partes. Era uma construção racional de vontades e opiniões. Era a vontade de viver em paz.

As pessoas do bairro entenderam isso. Foi graças ao desejo de cada uma delas de incentivar o diálogo e de conduzi-lo ao entendimento que nós prosperamos na Mediação. Nós só podemos ter paz social se esse for um desejo coletivo da comunidade. E foi esse desejo de paz latente na comunidade do Pirambu que transformou a experiência cearense em um exemplo para todo o país.

Minha história com a Mediação

Mariângela Franco Coelho[80]

A Mediação entrou em minha vida quando eu trabalhava dentro do IBAMA – Instituto Brasileiro do Meio Ambiente e dos Recursos Naturais Renováveis, por algumas horas por dia, pois a agência onde eu trabalhava, Banco do Brasil S.A., Av. Paulista SP, tinha um posto de serviços dentro do

80. Bióloga, bancária aposentada do Banco do Brasil, mediadora, diretora tesoureira do Instituto de Mediação e Arbitragem do Brasil – IMAB, professora junto ao IMAB, professora na Capacitação em Mediação e supervisora de Estágios. Conciliadora e mediadora na Supervisão de Estágios no Fórum Regional de Pinheiros e Fórum do Tatuapé e no Departamento Jurídico XI de Agosto da Faculdade São Francisco – USP. Coautora da obra *Mediação familiar: a experiência da 3ª Vara de Família do Tatuapé*, organizada por Adolfo Braga Neto.

órgão governamental. Tinha muito bom relacionamento com os funcionários e, através de uma advogada, fiquei sabendo de um curso de Mediação na instituição em que ela colaborava. Como também já tinha lido algo a respeito e havia me interessado, fui atrás de mais informações e vi que conseguiria fazer o curso sem prejuízo dos meus afazeres no banco. Era o ano de 1998, janeiro, e o curso acontecia diariamente das 15h até às 21h. Bastante cansativo, mas muito interessante, pois os professores demonstravam bastante paixão pelo que transmitiam e era contagiante. Terminei o curso e quis seguir como colaboradora do IMAB, pois não tinha disponibilidade para fazer os estágios. Mas, nas primeiras férias após o curso, fui para o Paraná passear, participei do 1° Encontro de Mediação do Brasil, em Curitiba e fiquei encantada com tudo que vi e ouvi. Na ocasião, conheci Dra. Marinês Suares, minha inspiração desde então, com participação em seminários, cursos, aqui e no Rio de Janeiro, com direito até a livros autografados

A partir daí, sempre estava acompanhando tudo do IMAB, cursos, seminários, palestras ao redor de São Paulo, encontros com mediadores de todo Brasil. E, nas minhas férias do banco, ia com o Adolfo Braga Neto e outros mediadores aos estágios no XI de Agosto, no Departamento Jurídico da Faculdade São Francisco, onde muitas vezes fizemos triagem com as pessoas que iam em busca de auxílio para seus problemas, demandas e conflitos.

Com a minha aposentadoria, em janeiro de 2001, pude finalmente fazer os estágios e comecei a fazer parte oficialmente do IMAB, onde hoje sou diretora tesoureira.

Com a implementação do Setor de Conciliação e Mediação do Fórum João Mendes Jr., aqui em São Paulo, no ano de 2004, o IMAB foi convidado a fazer parte do quadro de mediadores/conciliadores. E eu fiz a primeira Conciliação do projeto, juntamente com a mediadora Katia Blay. Apesar de serem reuniões de Conciliação, aplicávamos todas as técnicas de Mediação e, com isso, ultrapassávamos o tempo previsto para as reuniões. Mas ficávamos satisfeitos, pois sempre entendemos que as pessoas estavam sedentas por serem ouvidas.

Conciliava as manhãs de quarta-feira no Departamento Jurídico do XI de Agosto com as tardes também de quarta-feira no Fórum João Mendes. De manhã Mediação e à tarde Conciliação, mas com as técnicas da Mediação.

Em 2005, fui convidada pelos desembargadores Dr. Caetano Lagrasta e Dr. Kazuo Watanabe a dar início ao Setor de Mediação do CEBEPEJ, Centro Brasileiro de Estudos e Pesquisas Judiciais, organizando cursos de Mediação em várias cidades do Estado de São Paulo. Os professores eram de duas instituições: IMAB e CEREMA. Ver o nosso trabalho, o nosso ideal, ser disseminado por outras cidades, outras pessoas, foi muito gratificante. Trabalhei no CEBEPEJ até 2006.

Em 2007, através de um convênio entre o Fórum de Pinheiros, FIESP e IMAB, fomos implantar o setor de Conciliação no Fórum de Pinheiros, formando conciliadores para atender a população que se encaminhava até lá, às vezes acompanhados de advogados, para solucionar suas demandas. Sempre no período da tarde, hora de funcionamento externo do Fórum.

E as manhãs, no Departamento Jurídico do XI de Agosto, sempre às quartas feiras. Em 2010, fui entrevistada para falar sobre a Mediação dentro do Departamento Jurídico XI de Agosto e toda a história do DJ (carinhosamente chamado assim pelos alunos e professores) e foi lançado um livro de que me orgulho de estar em suas páginas falando sobre Mediação: *Escola de Justiça – História e Memória do Departamento Jurídico XI de Agosto*.

Em 2013, a juíza da 3ª Vara de Família do Fórum Regional do Tatuapé fez o nosso curso do IMAB de Capacitação em Mediação, Conciliação e Arbitragem, Dra. Tarcisa de Melo Silva Fernandes. Foi "contagiada" pelo nosso entusiasmo e nos convidou a fazermos Mediações no Fórum do Tatuapé. Toda terça-feira tem uma equipe do IMAB conduzindo as Mediações no período da manhã e à tarde. Essa parceria foi muito importante para todos nós e, ao final de 2018, após 5 anos de trabalho conjunto, fomos convidados a escrever um livro narrando essa vivência tão significativa para todos nós, coparticipantes desse trabalho tão lindo e gratificante, *Mediação Familiar: a experiência da 3ª Vara de Família do Tatuapé*, organizado pelo Adolfo Braga Neto. Como coautora desse livro, fico muito gratificada em poder contar minhas vivências, experiências e, por que não dizer, aventuras nestes anos todos, de trabalho, caminhada e amor pelo caminho da Mediação.

Quero finalizar com uma frase dita pela Ministra Nancy Andrighi, no I Congresso Brasileiro de Mediação Judicial, em março de 2008, em Brasília: "A Mediação é a justiça com açúcar".

Como a Mediação pode mudar a vida profissional e pessoal de um advogado público

Mauricio Morais Tonin[81]

Inicialmente, a Mediação entrou na minha vida pela via acadêmica. A minha tese de doutorado, defendida em maio de 2016 no Departamento de Direito Processual Civil da Faculdade de Direito da USP, tratou da utilização dos meios alternativos ao processo judicial de solução de controvérsias envolvendo a Administração Pública (a tese *Solução de Controvérsias e Poder Público: Negociação e Arbitragem* foi revista, ampliada e atualizada e publicada em 2019 pela Editora Almedina, com o título *Arbitragem, Mediação e Outros Métodos de Solução de Conflitos Envolvendo o Poder Público*).

Para a elaboração da tese, tive de me debruçar sobre livros, artigos, pesquisas e dados estatísticos para entender melhor os métodos consensuais de solução de conflitos e a sua possibilidade de utilização pelo Poder Público. Até então, eu não tinha contato com a prática da Mediação, principalmente porque no âmbito da Administração Pública - onde atuo profissionalmente como advogado público - ela era praticamente inexistente.

É por isso que tenho orgulho de ter apresentado um trabalho acadêmico inovador à época, pois havia pouca produção científica sobre a utilização da Mediação pelo Poder Público, assim como poucos casos práticos.

De lá para cá, em 2022, muita coisa mudou. A utilização da conciliação e da Mediação pela Administração Pública, judicial e extrajudicial, vem se ampliando e ganhando destaque em vários cantos do país. Houve importante produção legislativa em âmbito federal, estadual e municipal fomentando a desjudicialização e a utilização da Mediação, da arbitragem e do *dispute board* para os casos adequados.

Não se nega que ainda é necessário evoluir muito e que o caminho ainda é longo. Mas as mudanças culturais ocorrem aos poucos. O que importa é não haver nenhum retrocesso.

81. Procurador do Município de São Paulo. Coordenador do Núcleo de Desjudicialização e Arbitragem da PGM/SP. Mediador de Conflitos. Atuação como árbitro. Sócio da MMT Advocacia. Doutor e mestre em Direito Processual Civil pela USP. Bacharel em Direito pela USP.

Atualmente, eu atuo como advogado em mediações (defendendo os interesses do Município de São Paulo) e como mediador no âmbito da Câmara de Prevenção e Resolução Administrativa de Conflitos da Procuradoria Geral do Município de São Paulo. Atuo também como professor em cursos de Mediação com a Administração Pública e em cursos e palestras de Mediação escolar na rede municipal de ensino.

***

A Mediação de conflitos prova que é possível resolver os problemas das pessoas de forma dialogada, sem necessidade de brigas, violência ou processos judiciais que não terminam nunca.

Com a Mediação, aprendemos que podemos nos comunicar de forma respeitosa com o objetivo de buscar o consenso, com resultados muito melhores que os obtidos pela decisão judicial.

A pacificação social é um dos escopos do processo, mas ela é verdadeiramente alcançada através da conciliação dos interesses, seja pela negociação direta entre as partes, seja através da atuação de um terceiro facilitador capacitado para isso.

É com essa mentalidade que tento mudar minhas próprias relações pessoais e a forma de lidar com diversos tipos de demandas que chegam diariamente ao Poder Público e que podem ser resolvidos consensualmente, proporcionando grande economia de tempo e de recursos públicos.

***

No âmbito da Administração Pública, tudo é mais difícil, lento e complexo. Mudar paradigmas no Poder Público exige resiliência e muita força de vontade.

Um dos principais desafios no âmbito da Prefeitura de São Paulo foi a edição de uma lei municipal criando uma política pública de fomento à autocomposição e de estímulo à desjudicialização de demandas que não deveriam estar tramitando na Justiça.

O início do projeto foi em 2018, mas somente em 2020 essa iniciativa finalmente se concretizou na Lei Municipal nº 17.324, de 18 de março de

2020, que instituiu a Política de Desjudicialização no âmbito da Administração Pública municipal direta e indireta.

A lei prevê os objetivos da política de reduzir a litigiosidade; estimular a solução adequada de controvérsias; promover, sempre que possível, a solução consensual dos conflitos; e aprimorar o gerenciamento do volume de demandas administrativas e judiciais.

Outro desafio é a necessidade de conscientização e constante capacitação dos procuradores municipais e demais servidores públicos sobre a utilização dos métodos consensuais de solução de conflitos, que ainda é incomum na prática da advocacia pública. Para tanto, foi celebrado um acordo de cooperação com o Comitê Brasileiro de Arbitragem - CBAr, em 2019, e desde então foram realizados sete eventos entre seminários, *webinars* e cursos sobre os diferentes métodos de solução de conflitos.

Por fim, a criação e o desenvolvimento da Câmara de Prevenção e Resolução Administrativa de Conflitos na PGM/SP se iniciaram em 2016, mas foi apenas a partir de 2020 que os casos começaram a aumentar, ainda restritos aos conflitos entre entes da própria Administração Pública municipal.

De 2020 até agosto de 2022, fui nomeado para atuar como mediador em 17 casos. Vários acordos foram celebrados, que somam mais de R$ 32 milhões no total, sendo que alguns desses casos ainda estão em andamento e poderão resultar em novos acordos de valores expressivos. Trata-se normalmente de conflitos em relações contratuais entre a Prefeitura e as empresas municipais da administração indireta.

***

Realizar um mutirão de conciliação é muito trabalhoso, mas extremamente gratificante. A Prefeitura de São Paulo, em parceria com o Tribunal de Justiça e a COHAB, realizaram, em 01/05/2019, em Cidade Tiradentes, na Zona Leste da capital, um grande mutirão de conciliação entre a COHAB e seus mutuários da região.

Compareceram ao evento, que ocorreu no CEU Água Azul, cerca de 900 famílias que foram previamente convidadas pela COHAB e o Tribunal de Justiça para uma sessão de conciliação. A grande maioria das pessoas celebrou o acordo com a COHAB, regularizando suas situações jurídicas de forma amigável.

Tive a oportunidade de participar de toda a organização do mutirão e, no dia do evento, atuar como conciliador, quando pude ajudar muitas famílias de baixa renda a resolver seu problema de moradia. A sensação no final do dia foi maravilhosa.

Outro episódio emocionante foi atuando como advogado em uma Mediação. Uma ação judicial em face do Serviço Funerário de São Paulo pediu indenização por danos morais em razão do furto dos despojos (restos mortais) da genitora da autora de dentro de um cemitério municipal. Elaborei o parecer jurídico e fui para a audiência no CEJUSC com a autorização para a realização do acordo.

Antes de falar sobre valores, olhei bem para a autora e pedi desculpas pelo ocorrido em nome do Serviço Funerário, de forma séria e gentil. Ela se emocionou imediatamente. Muitas vezes, mais do que dinheiro, as pessoas querem ter sua dor reconhecida e receber um simples pedido de desculpas. Depois disso, celebramos o acordo com a proposta oferecida e o caso foi encerrado consensualmente. Muito emocionante e gratificante!

"Mais que um acordo: a resolução de conflitos como uma possibilidade"

Nathalia Mazzonetto[82]

> Mediation in particular has the power to transform the way people relate to each other and to a conflict. (Bush and Folger, 2005)

Destituída de propósito, mas à disposição para solucionar de modo criativo crises, questões e conflitos, a Mediação viabiliza uma miríade de possi-

82. Mediadora e advogada, com especial dedicação a conflitos empresariais e de propriedade intelectual, mas não só. Graduada pela PUC/SP em Direito, mestre e doutora pela USP em Processo. Estudiosa de conflitos em variadas frentes e agora também na área da Sexualidade Humana, pós-graduação pelo IEPOS, estágio clínico no Hospital Pérola Byington.

bilidades. Em um mundo tão complexo e de olhares e lentes diversos, nada mais contemporâneo e necessário do que a Mediação, por sua flexibilidade e adequação a qualquer cenário e contexto. Estas são particularidades que sempre chamaram a minha atenção para este mecanismo de construção de consenso e nele sua fonte, entre outros.

A Mediação entrou na minha vida totalmente ao acaso. Gosto de dizer que "fui evoluindo", de litígio sem fim à arbitragem e, então, para mediar os casos em que uma pronúncia de terceiro já não podia resolver. Importante destacar que essa referência não traduz, em qualquer medida, demérito aos outros meios, integrativos e tão fundamentais quanto, mas quando aqueles a quem se endereça a solução protagonizam as respostas, nada mais evolutivo e certeiro, já que a adesão e implementação são desejadas e voluntárias.

Voltando à história do meu início, lembro que fui convidada a participar de um processo de Mediação já em curso, para discussão de *software*, pela pessoa que me apresentou a vida jurídica. Sim, foi esta colega e "chefe" que me acolheu no meu primeiro estágio no segundo ano da graduação, que, sabedora dos meus estudos sobre os mecanismos de resolução de conflitos, dizendo não ter tanta afinidade com este proceder, me indicou como potencial facilitadora e confiou esse papel a mim em razão da legitimidade e confiança que dizia nutrir por mim e nossas trocas. Curiosamente, então, comecei pela prática, pois a teoria já tinha devorado nos livros, com a supervisão em tempo real do grande e pioneiro nome da Mediação, o querido Adolfo Braga Neto.

Assim, bem diversamente de ler, estudar e aplicar em *role plays*, tive a chance de já seguir em vivência de campo, após uma formação básica.

O processo em referência durou cerca de oito meses, com trocas entre brasileiros e sócios localizados em jurisdição internacional, sendo que, ao final, tivemos a oportunidade de encerrar cerca de uma dezena de processos judiciais antes pendentes.

Até hoje me pergunto se o caso "foi de êxito", em base aos comentários que ouvi quando do encerramento – vindo daí também a noção de "sucesso do caso". Mas foi justamente o fato de se apresentarem insatisfações (e também satisfações) de parte a parte – o que traduz a grande realidade da Mediação, ou seja, ninguém sairá com a solução ideal, se não, seguiríamos à busca constante da lógica ganha-perde, a solução há de ser o possível, sempre, e muitas vezes a falta de resultado se apresenta como a única possibilidade – entendi, então, que o processo de Mediação tinha servido (e bem) ao seu fim. Sim, a Mediação teve êxito, em que pese me rebelar sempre que ouço este tipo de afirmação. Afinal, o que é êxito?

Em tempos em que tudo se traduz em "fazer", "performar", a Mediação inaugura a nota do que nem sempre é produtivo, sinalizando para tantas outras rotas, nem sempre exploradas e que restam marginalizadas, sobretudo porque poucos são os que dispõem de tempo para sair da "solução" e rumar à possibilidade, digo, às possibilidades. Sim, a Mediação requer tempo, customizável, é certo, mas não é só o tempo da urgência, do outro, é o tempo das possibilidades que se apresentam.

Neste tom, lembro-me de um evento em que, questionado o desembargador Francisco Loureiro sobre o que poderíamos fazer a respeito da morosidade, do volume de respostas ditas intempestivas e não enérgicas do Judiciário, suscitou o magistrado a seguinte pergunta: será que é o Judiciário que falha ao dar respostas tardias ou devemos considerar que os usuários do sistema de Justiça também estariam ali deduzindo pretensões que desconsideram a tônica da solução judicial, que de praxe e por base se funda no contraditório e exercício da ampla defesa, acolhendo o tempo necessário e as premissas aplicáveis de respostas retroativas, no mais das vezes. Ora, de fato, estamos na via certa a postular o socorro? Flexibilidade e agilidade não são, nem foram a pauta principal de um processo que nasceu garantista e centrado nas postulações a prazo, com uma ótica especialmente voltada "ao que passou".

A Mediação, à sua vez, sim, propõe desenhar e correr para o que vem. Olha para trás para conhecer por que aqui chegamos, mas não se atém a respostas reparatórias, tampouco a soluções muitas vezes já superadas. Ela propõe um norte, um projeto de como seguir, pensando no desenvolver, no passo a passo, integrando possibilidade, impossibilidades e percalços que podem advir neste percurso, não é uma resolução finita e estanque, sujeita a transitar em julgado. Assim, há que ter disposição de construção e adesão, CONTÍNUAS e RECORRENTES, muito importante! É um pouco disso tudo que me encanta ao acompanhar processos de Mediação, seja como a terceira facilitadora, seja como advogada ou negociadora nesta dinâmica.

É certo que seu percurso não é mais fácil, assim como outros não foram, a ilustrar a própria história da arbitragem, que desafiou o questionamento de inconstitucionalidade e hoje acompanha uma série de demandas anulatórias que tentam, sem respaldo, pôr em xeque sua realidade. Com efeito, o que vejo como grande desafio no universo da Mediação é "desconstruir" uma concepção cultural e de um país-colônia que ainda depende muito de "alguém" decidir os nossos problemas e dar respostas às nossas questões, sem conhecer nem o mínimo delas. Sim, disfarçamos conflitos, como comunidade, e isso deveria ser tão natural. Evitamos nosso engajamento com a sua administração e resolução, sendo que, quando se nos apresentam as respostas e decisões, não nos servem ou queremos diferente. De fato, quando o conflito ou impasse se apresentam, é muito mais fácil e automático delegar a sua gestão e possíveis respostas do que se comprometer com o percurso, ainda que isso importe receber pronúncias que não se afigurem sem razão de ser, afinal elas são frutos da deliberação de alguém que não conhece a realidade, *per se*, dos disputantes, realidade esta, inclusive, narrada por outros, já que se fazem representar e postular por terceiros na maior parte das vezes.

Gosto sempre de me lembrar de um caso que conduzi com dois antigos sócios advogados que não suportavam estar à presença um do outro, de tal modo que, muito antes de usarmos as plataformas digitais de encontros virtuais, tais como o Zoom, Teams etc., recorremos à "Mediação à distância, por telefone". Na época, eu ainda estreante na Mediação, me questionava se isso era possível, tantas as regras e premissas de termos as próprias partes protagonizando em mesa e tempo real, entre outros. Acabou que aceitei o ofício ali e por quatro meses ia ouvindo de lado a lado o incômodo de estarem juntos em Mediação e negociações facilitadas, mas distantes no físico/real. Assim, embora conversassem via um terceiro por telefone, um a um passava reto à presença do outro nos mesmos espaços que frequentavam, como ambiente forense, eventos escolares de seus filhos em universo comum, entre outros. Isso se lhes traduzia em grande incômodo pessoal e não havia uma sessão em que um ou outro não trouxesse esta desconfortável experiência. Na prática, sabiam que a conversa fluía com a minha contribuição, mas o canal de comunicação direto entre eles se mostrava amplamente restrito, reforçando mágoas e desconfortos sentimentais e, mesmo solucionados todos os pontos da pauta objetiva, este era o ponto em que mais se dispendia tempo de exploração e elaboração em sessões com cada dos advogados-mediandos.

A uma determinada altura do processo, alcançaram os sócios uma via de fechamento dos impasses entre eles. Daí se apresentou a minha maior surpresa: quando propus assinatura virtual do que haviam pactuado, seguindo a lógica das trocas à distância, declinaram. Os dois sócios optaram que este ato de fechamento fosse feito *in persona*, viriam então ao meu escritório juntos e pessoalmente, já que vizinhos de bairro. Eu, receosa do que poderia decorrer da eventual escalada das trocas, fui absolutamente surpreendida de forma positiva com este desfecho, certamente eles também, rememorado o momento em que iniciaram o processo. A possibilidade se lhes apresentou e assim foi.

Disso tudo, tiro algumas conclusões importantes, mas, sobretudo, de que todos devemos "descolonizar" o olhar e abrir espaço ao possível, que também surpreende. A melhor resposta da Mediação é se preparar para não estar preparado. E, assim, há ainda muito campo para seu desenvolvimento.

Memórias: a descoberta do chamado à missão para Mediação

Renata Porto Adri[83]

Pensar e falar da Mediação em minha vida é como realizar uma viagem temporal e interior, que me leva às saudosas recordações e aos momentos de descoberta de um chamado.

Apesar de minha instrução universitária não ter contemplado disciplina

83. Analista jurídica do Ministério Público da União lotada no Ministério Público do Trabalho em São Paulo. Mestre e doutora em Direito do Estado pela Pontifícia Universidade Católica de São Paulo. Mediadora formada pelo Instituto de Certificação e Formação de Mediadores Lusófonos – ICFML. Codiretora de Relações com os Certificados do ICFML. Cocoordenadora do Subgrupo Mediação e Administração Pública do Projeto Café com Mediação. Integrante da *Task Force* Mediação com a Administração Pública do CAM-CCBC. Autora de artigos e livros na área de direito público e resolução de conflitos.

de autocomposição, sempre tive a tendência e a afinidade com as matérias que buscavam a hermenêutica, a interpretação e a possibilidade de espaço para o diálogo e a argumentação, a exemplo de Filosofia, Direito Constitucional, Direito Administrativo e Direito Tributário, estas últimas com experiência estudantil em procedimentos administrativos, que evitassem a judicialização, assim como a alegria de ser a última turma do nostálgico "Básico", para quem teve a oportunidade de cursar a Pontifícia Universidade Católica de São Paulo, nos idos dos anos 1990, cuja principal característica era a multidisciplinariedade.

Avançando para as fases aprimoramento acadêmico e profissional, a Mediação esteve presente de modo latente, contudo, ainda não intitulada, por meio de artigos, cátedra e atuação extrajudicial proporcionada no exercício da função de analista e assessora jurídica no Ministério Público da União.

Destaque para a singular experiência vivenciada em 2012, quando estive à frente da Coordenação de Comunicação e Secretaria Executiva, substituta, da 3ª Câmara de Coordenação e Revisão - Ordem Econômica e Consumidor - da Procuradoria Geral da República, na qual, de forma inédita, a equipe capitaneada por Antonio Fonseca, subprocurador-geral da República e coordenador da 3ª Câmara de Coordenação e Revisão Mediação do Coordenador da 3ª CCR, a pedido de uma concessionária de telefonia móvel, mediara controvérsia judicializada, há anos, sobre o valor da tarifa de interconexão Valor de Uso da Rede Móvel (VU-M) cobrado por diversas outras operadoras de telefonia, reunindo-as, além das concessionárias, do poder concedente e agência reguladora, para negociar, buscar uma solução em prazo razoável apostando na boa fé de alcançar um resultado extrajudicial.

O resultado foi muito favorável, sendo acordado que, após a Mediação, a autora da ação daria início a nova negociação bilateral entre as partes interessadas, na semana seguinte enviaria uma proposta para cada operadora e, após as análises das propostas (e eventuais encontros individuais), seria agendada nova reunião geral com todos os interessados na Anatel.

Nesse momento, percebemos a relevância e eficácia da coordenação de ações extrajudiciais, de modo que em nossa personificação do *Parquet* federal identificamos sua vocação para atuação preventiva e proativa.

Até que, alguns anos depois, em 2015, ao planejar minha aposentadoria e deixando para trás a opção pelo estudo para novo concurso, agora para magistratura federal, a Mediação ingressa em minha vida para me reformar, no sentido de transformar e regenerar minha essência! Sim, a formação ocasionou uma revolução, sendo cursado na Escola Superior do Ministério Público do Estado de São Paulo, com muitas horas de sessões reais na Promotoria de Santana, com base na teoria da Mediação Transformativa e apoio de equipe reflexiva, para se tornar o novo propósito de minha vida.

A partir dessa introjeção dos princípios, conceitos e aprendizados práticos da Mediação em minha vida pessoal e profissional, os caminhos convergiram, fluíram, cruzaram e novas chances surgiram, tanto acadêmicas como profissionais: as vivências do Café com Mediação, do Instituto de Certificação e Formação de Mediadores Lusófonos - ICFML, da Universidade Católica do Porto - UCP, do Conselho Nacional das Instituições de Mediação e Arbitragem - CONIMA, da *Task Force* de Mediação e Administração Pública do CAM-CCBC, da Procuradoria Geral da República e do Ministério Público do Trabalho e o porvir.

À frente do Subgrupo de Mediação e Administração Pública, desde o início de 2016, foram inúmeras visitas a órgãos e entidades públicas – MPF-SP, PGM/SP, Fazenda Pública, Secretaria Municipal da Habitação, ARTESP, município de São José dos Campos, EMAG-TRF 3ª Região/SP, Secretaria de Desestatização do Município de São Paulo (auxílio à elaboração da cláusula escalonada de Mediação e arbitragem), ANP, Escola do TCM-SP, MPT, Universidade Católica do Porto –, propondo a reflexão de que a Mediação é aplicável ao ambiente público, necessitando de mudança de mentalidade institucional, em prestígio à eficiência e efetividade dos interesses públicos.

Ainda em 2016, participei na I Jornada Prevenção e Solução Extrajudicial de Litígios, tendo sido selecionada sugestão de Enunciado, no âmbito da Administração Pública, que após debates foi acolhido tanto em grupo, como na plenária, passando a ser o Enunciado 17: "Nos processos administrativo e judicial, é dever do Estado e dos operadores do Direito propagar e estimular a Mediação como solução pacífica dos conflitos". Minha inspiração é resultante da gênese que me contempla, associada à experiência profissional e acadêmica.

No Instituto de Certificação e Formação de Mediadores Lusófonos - ICFML e na Universidade Católica do Porto - UCP adquiri habilidade científica, inclusive de âmbito internacional, nos níveis 1 e Avançado, além do título de especialista pela UCP, em Mediação, Negociação e Resolução de Conflitos. Trata-se de minha escola de aprimoramento permanente e deliberado de aprendizagem, de modo a melhor contribuir para o desenvolvimento do instituto da Mediação, tanto no Brasil, como no exterior.

Mais recentemente, a partir de 2019, ao ingressar para o seleto grupo estrutural do ICFML pude captar, a partir de observação e sensibilidade, a necessidade de duas ações e claro que sempre acompanhada de excelentes colegas, demos voz e materializamos o Partilha ICFML e a Campanha #ISTOÉMEDIAÇÃO, cujos realizados são o ICFML e Conselho Nacional das Instituições de Mediação e Arbitragem - CONIMA. Aqui cabe meu agradecimento especial à fundadora do ICFML, Ana Maria Maia Gonçalves, que me convidou para ingressar e junto com os demais fazermos a diferença por onde passarmos e falarmos sobre Mediação.

Registro também a audácia e a alegria hoje contempladas ao me remover em 2017, dentro da estrutura do Ministério Público da União, após vinte anos de trabalho no Ministério Público Federal, para o Ministério Público do Trabalho, na continuidade do chamado recebido da Mediação. Este *Parquet* laboral proporciona, no âmbito de suas temáticas coletivas, desde 2016, a oportunidade, para sociedade, do diálogo mediado e exercita sua *expertise* nas atividades extrajudiciais atinentes às relações laborais.

Mais recentemente, em 2018, foi criado, no âmbito nacional e regional, o NUPIA - Núcleo Permanente de Incentivo à Autocomposição, pela Resolução nº 157/2018 e a Portaria PRT2 nº 117/2019, em constante evolução, já contemplando Manual de Autocomposição, acordos de cooperação e cursos para os membros e servidores de técnicas avançadas de Mediação.

Nessa seara pública, tive a interessante experiência de ser mediadora em uma Mediação que restou arquivada, quanto ao mérito, mas bem-sucedida com relação à criação de opções de relacionamento estabelecidas nas duas sessões. Compartilhei no artigo "O diálogo que exalta a criatividade da Administração Pública" (*In*: *Mediação de Conflitos na Prática*. São Paulo: Lumen Juris, 2019), para afirmar que o importante não é ter ou não acordo, ainda mais se as relações estabelecidas são continuadas. O que realmente importa é que as partes, pública e privada, se escutem, reflitam em conjunto, encontrem seus interesses comuns, estabeleçam vínculos que mantenham os canais de comunicação abertos, legitimem suas decisões e passem a dialogar de modo criativo em busca da solução mais adequada ao caso concreto, sendo isso possível e indicado no ambiente da Administração Pública.

Iniciada em 2020, participo com muita honra da *Task Force* de Mediação e Administração Pública do Centro de Arbitragem e Mediação da Câmara de Comércio Brasil-Canadá-CAM-CCBC, sob a batuta do mestre Adolfo Braga Neto e demais integrantes, na qual tenho a satisfação de aprender com os colegas das áreas pública e privada a nos desafiarmos em aproximar estes setores a ponderar e ecoar as diversas experiências profícuas de aplicação da Mediação para prevenção e resolução de conflitos.

Hodiernamente, além dos webinários, foi lançada a série de *podcast* com entrevistas realizadas pelos integrantes da *Task Force* Especialistas em Direito Público e Mediação, de modo a proporcionar à sociedade conteúdo relevante e aplicável ao exercício da atividade pública.

Os desafios por mim enfrentados no percurso da formação, capacitação e prática da Mediação foram inúmeros: o sacrifício de atravessar a cidade de São Paulo em uma segunda feira pela manhã para exercer meu dever de escuta ativa; atrever-me a mudar de área de atuação profissional consolidada em vinte anos, para nova área completamente desconhecida; perceber que o desconhecimento da sociedade e dos colegas de trabalho gerava recusas em aderir ao procedimento; vivenciar a resistência de parte da advocacia, que imagina ter a Mediação como profissão concorrente e não complementar; e a frustração do encerramento precoce de uma Mediação, que também necessária, para autoconhecimento e aprendizado constante.

Como forma de exprimir o que me deu o acesso à Mediação e ao encantamento e nuances dela decorridos, tive a possibilidade de colacionar a produção científica abaixo descrita: "A Mediação e o diálogo eficiente para o ambiente de negócios" (artigo encaminhado para obtenção do Certificado de Mediador de Conflitos – Nível 1 – Módulo Internacional do Instituto de Certificação e Formação de Mediadores Lusófonos – ICFML. Junho, 2018, e publicado no periódico *SAM – Solução em Direito Administrativo e Municipal* ano 4, nº 35, Maio/2022); "O diálogo que exalta a criatividade da Administração Pública" (*In*: *Mediação de Conflitos na Prática. São Paulo.* Lumen Juris, 2019); "Da Gestão Eficiente da Comunicação na Pré-Mediação" (artigo escrito em cumprimento à conclusão da Certificação Avançada de Mediador, nível internacional. N2. 2020); "Considerações sobre a Mediação e a atuação extrajudicial do Ministério Público do Trabalho no âmbito das políticas públicas de Educação" (*In*: *Tratado de Mediação de Conflitos Escolares.* Rio de Janeiro: Wak, 2021); *A Consensualidade aplicada às Relações Laborais* (obra coletiva publicada pela Editora Lumen Juris); organizadora e coautora do artigo "Reflexões sobre Mediação Laboral Pública no Brasil" (2022); artigo "The Brazilian Law System And Some Reflections on the Use of Technology", em parceria com a amiga Beatriz Arruda, para o *International Journal of Online Dispute Resolution – IJODR;* e "A Ferramenta – Consensualidade e a Busca do Consenso" (*In*: *Caixa de Ferramentas II – Aportes práticos e teóricos.* Dash, 2022).

Nesses caminhos percorridos (e a percorrer), o meu constante sentimento é o da coragem associada ao entusiasmo por realizações, que realçam os valores inerentes à Mediação: o equilíbrio, a transformação e a comunicação.

Motivar as instituições, as empresas e os indivíduos ao novo olhar sobre os fatos com foco no caminho do meio proporcionando reflexões sobre ação, respeito e julgamento é, em meu sentir, um dever-poder de nós, facilitadores da Mediação.

Concluo esta resenha reconhecendo que o chamado inicial para a Mediação resultou no encontro com minha missão de demonstrar, nas mais diversas chances, que as relações humanas, por sua essência, imprescindem da ação dialógica, da expectativa de retribuição e da criação de um ambiente de consensualidade, sendo a Mediação o caminho do meio adequado, para consolidação do diálogo eficiente e eficaz.

Sonho possível

Ronan Ramos Jr.[84]

Introdução

Mediar conflitos é uma atividade antiquíssima. No entanto, a sistematização do conhecimento e a institucionalização do método é relativamente recente. Nos Estados Unidos, referência no assunto, foi somente na década de 1970 que o mecanismo começou a ser disseminado com intensidade, primeiramente tratando questões comunitárias, até chegar às fileiras empresariais, que identificaram a Mediação como uma forma de resolver disputas por meio da qual as relações comerciais eram preservadas e através da qual os próprios empresários mantinham o controle do procedimento e da decisão, o que gerava maior satisfação, evitava os altos custos judiciais, brindava resolução de modo célere e eliminava a incerteza da solução advinda de terceiros.

No Brasil, em percurso distinto e mais recente, um dos principais impulsos para o desenvolvimento da Mediação surgiu do Estado. Assim como aconteceu com a conciliação, que se consolidou no bojo dos Juizados Especiais a partir de leis criadas na esteira das ondas de acesso à Justiça – a Mediação aflorou de vez no Brasil, a meu ver, na década de 2010, devido, entre outros fatores, às medidas normativas que regulamentaram o método. Naturalmente, bem antes de 2010 já havia projetos de Mediação no país e prática judicial e privada dispersas. Contudo, foi neste ano, com o advento da Resolução nº 125 do Conselho Nacional de Justiça (CNJ) que o instituto da Mediação ganhou fôlego e foi disseminado de forma sistemática dentro das estruturas do Judiciário. E somente em 2015 o instituto alcançou devidamente o restante dos operadores do Direito e o grande público, por meio da Lei da Mediação nº 13.1340/15 (LM) e da reforma do Código de Processo Civil, Lei nº 13.105/15 (NCPC).

---

84. Advogado pela Faculdade Milton Campos, mediador de conflitos certificado pela Harvard Law School e doutorando em Direito pela UFMG. Possui experiência em estruturação de acordos, negociações e mediações envolvendo empresas, comunidades, administração pública, multipartes e situações extremas. Foi presidente da Comissão de Mediação de Conflitos (OAB/MG) e membro consultor da Comissão Especial de Mediação e Conciliação do Conselho Federal da OAB. É associado no escritório Faleck & Associados.

Posto isto, em análise retrospectiva, conclui-se pela importância dos movimentos judiciais, governamentais, acadêmicos, sociais e empresariais que por anos foram promovendo o estudo, a pesquisa e a prática de mediar. Sem dúvida, a somatória de tais atividades foi corroborando a eficácia do mecanismo e culminou com a criação das referidas normas que consolidaram a Mediação enquanto um método adequado de solução de controvérsias no Brasil.

Em vista do caráter um tanto biográfico deste texto, necessário localizar a minha relação com o instrumento, o que começou nos anos 2000. Naquela época de prática ainda incipiente no Brasil, pouquíssimos profissionais tratavam a temática e pouca teoria era produzida em português. Destaque-se o pioneirismo, especialmente na divulgação da Mediação, feita por Tania Almeida (Mediare), Adolfo Braga (IMAB), professoras Miracy Gustin (UFMG), Lilia Maia (Unifor) e Nazareth Serpa (PUC/MG), além dos professores Ada Pellegrini e Kazuo Watanabe, que, por meio do Centro Brasileiro de Estudos e Pesquisas Judiciais (CEBEPEJ), deram impulso ao método e por meio de uma espécie de magnetismo intelectual congregavam uma série de profissionais dedicados ao estudo, pesquisa e prática da Mediação e de outros métodos apropriados de solução de controvérsias

Curiosidade sobre uma pesquisa

Feita a introdução, cumpre adiantar que as palavras a seguir tecem uma ligeira digressão sobre o início da minha incursão no universo da Mediação. Em companhia de tantas histórias inspiradoras deste livro e como um bom mineiro, remonto a Guimarães Rosa para agradecer a todos que fizeram parte da trajetória e lembro "é junto dos bão que a gente fica mió."

Gosto de acreditar que de alguma forma meu sonho de estudante contribuiu para o movimento da Mediação no Brasil. Vamos lá. Eu estudei Direito no início dos anos 2000. Naquela época, pouco se falava em Mediação no país e foi assim que eu passei por toda a graduação sem ter contato com o instituto. Porém, por alguns meses eu atuei como conciliador em estágio no Juizado Especial Cível. E eu mal sabia que aquela despretensiosa experiência moldaria o meu futuro profissional.

Terminando o curso, como um típico estudante, inquietações pululavam minha cabeça. Eu pensava em críticas ao sistema de Justiça brasileiro, tinha clareza em não querer seguir o caminho de concurso público nem da advocacia tradicional. Faltava, no entanto, definir exatamente o que eu pretendia. Até que me deparei com uma certeza ao passar em revista a bagagem adquirida na faculdade. A experiência enquanto conciliador brilhava meus olhos. E o motivo despontava nítido para mim. Como conciliador, era como se o conceito que eu nutria de Justiça se concretizasse na minha frente. As pessoas envolvidas nas disputas no Juizado tomavam suas próprias decisões e saíam satisfeitas, com o caso resolvido. Não era fácil, mas em muitas situações a resolução era alcançada, e de modo célere. Nada parecido ocorria nas outras experiências jurídicas que eu havia vivenciado. Foi então que a singeleza do que acontecia no ambiente informal dos Juizados Especiais me inculcou. E eu soube que era algo naquela linha que meu espírito profissional buscava.

Comecei, por conta própria, a pesquisar o tema e a sonhar com uma prática profissional que brindasse aquele tipo de Justiça, dialógica, uma prática respeitosa e ao mesmo tempo informal, em que as normas eram seguidas e a autonomia da vontade das partes fosse privilegiada. Todavia, descobri que para ser conciliador eu deveria ser estudante ou magistrado aposentado. Havia algo errado nesta equação e eu não me enquadrava... Inconformado, estudei mais e encontrei a Mediação, espécie de irmã/prima da conciliação. A partir de então, o entusiasmo aumentou. Tomei conhecimento do arcabouço teórico sobre *Alternative Dispute Resolution* (ADR) ou Métodos Apropriados de Solução de Conflitos (MASCs), até então desconhecidos. Ao buscar fontes confiáveis, descobri Harvard – além de ter o prestígio como universidade que todos conhecem, é também a maior referência no ensino de negociação e Mediação. Mergulhei fundo em inúmeras obras dos professores-práticos-pioneiros de lá.

Eu começava a compreender que, para atuação profissional remunerada em Mediação, as pessoas precisavam, antes de qualquer outra medida, conhecer o que era o método. De fato, a Mediação não era um campo estabelecido e assim seria necessário um esforço prévio da minha parte. De algum modo seria preciso forjar o campo onde fosse possível alinhar a Justiça em que eu acreditava, consensual, com a necessária remuneração de quem pretendia viver de Mediação.

Passei a escrever sobre o assunto publicando em jornais e revistas e a buscar oportunidades. Recém-formado, encontrei um único trabalho de Mediação, em 2006. Era Mediação comunitária em Minas Gerais, no Programa Mediação de Conflitos, iniciativa do governo do Estado, baseado na prática de extensão Polos de Cidadania oriunda da Universidade Federal de Minas Gerais (UFMG). Este trabalho formava centenas de mediadores e colocava em prática tudo o que eu vinha estudando. Foi uma descoberta grandiosa para mim. Além de cotidianamente mediar disputas entre moradores em localidades com elevados índices de criminalidade, a cada semana havia grupo reflexivo e toda a equipe era incentivada a falar e a trocar ideias sobre Mediação e sobre os desafios enfrentados no trabalho.

Paralelo à atuação de mediador comunitário e imbuído de alguma ousadia, mandei um *e-mail* ao professor Frank Sander (professor de Harvard idealizador do sistema multiportas), indagando se ele tinha conhecimento da implantação do sistema multiportas em ordenamento jurídico além de alguns Estados americanos e países como Nigéria e Singapura, e se ele sabia de algum estudo específico voltado para o Brasil. A meu ver, em vista da insatisfação com a prestação jurisdicional e do congestionamento de ações judiciais, urgia o Brasil ampliar seu leque de prestação jurisdicional. Para a minha surpresa, o professor respondeu. Disse que uma ex-aluna dele estava lecionando na Universidade Saint Thomas em Mineápolis nos Estados Unidos (EUA) e que ela pesquisava a possibilidade de introdução do conceito multiportas em onze países da América Latina. E me mandou o contato da professora Mariana Hernandez Crespo. No mesmo dia escrevi para a professora Mariana e começamos a conversar.

Em pouco tempo, ela tinha me explicado o percurso que havia seguido para lecionar nos EUA, as condições que havia assegurado para o desenvolvimento de sua pesquisa, denominada UST International ADR Research Network, e trocamos muitas figurinhas sobre Mediação e ADR (sou grato por toda a troca que tive com a professora naquela época e preciso registrar que, a meu ver, há um pouco da impressão digital dela e da sua universidade, por meio da pesquisa e debate provocado, no incentivo ao uso da Mediação e de outros métodos no ordenamento jurídico brasileiro). A professora me confidenciou que pretendia iniciar a pesquisa pela Argentina, mas em um exercício de persuasão a convenci iniciar pelo Brasil e em pouco tempo, por conta própria, preparei um ousado roteiro para ela no país, onde visitaríamos autoridades e ela ministraria palestras.

A Argentina ficou para trás e em março de 2007 a pesquisa teve início no Brasil. Eu e ela seguimos o roteiro e fomos a uma série de eventos para que a pesquisa fosse divulgada, fosse preparado o terreno para o trabalho de campo e começasse o debate sobre a possibilidade da incorporação pelo ordenamento jurídico brasileiro do sistema multiportas. Foi um sucesso e rodamos Belo Horizonte (TJMG, PUC/MG e FDMC), São Paulo (FIESP), Rio de Janeiro (OAB/RJ) e Brasília (Congresso e STF). Em Minas Gerais, fomos recebidos pelo desembargador Antônio Hélio Silva, vice-presidente do Tribunal de Justiça; estivemos em duas faculdades de Direito debatendo com professores e estudantes (PUC-MG e Faculdade Milton Campos); no Rio de Janeiro, a professora Mariana proferiu discurso na OAB/RJ, oportunidade que tivemos contato com a Gabriela Assmar e a Tania Almeida. Em São Paulo, devido a uma ponte com o CEBEPEJ, por meio da professora Leslie Ferraz, Mariana palestrou em evento na FIESP juntamente com a ministra Ellen Gracie, presidente do Supremo Tribunal Federal (STF), com a professora Ada Pellegrini e Kazuo Watanabe, conselheiro na FIESP. Nesta ocasião, tivemos contato com os professores Marco Lorencini e Paulo Eduardo, magistrada Valéria Lagrasta, e Adolfo Braga e Lia Regina, dentre outros profissionais. Em Brasília, conversamos e debatemos de modo ferrenho com consultores do Senado no sentido de compreender possíveis alterações legislativas para a incorporação do conceito multiportas no ordenamento jurídico, estivemos com inúmeros deputados federais e senadores, além de conversar com o ministro Gilmar Mendes no STF.

Ao final da viagem, as condições para o desenvolvimento da pesquisa de campo estavam garantidas e eu me engajei como coordenador/facilitador nacional da pesquisa, atuando nessa posição até a metade dela. Depois, o bastão ficou com Tania Almeida, que brilhantemente assumiu a coordenação/facilitação nacional.

A investigação foi ganhando volume com o tempo e passou a contar com membros de vários Estados brasileiros e de vários países, havendo uma equipe de direção executiva, conselho consultivo, consultores acadêmicos, pedagógicos e de comunicação, coordenadora administrativo regional, assessor de tecnologia, representantes do projeto nacional, facilitadores nacionais e representantes de setores sociais. Para tanto, a pesquisa se valeu de plataforma virtual para os encontros dos pesquisadores e usou o método *Consensus Building Approach*, ou Abordagem de Construção de Consenso, sistematizado pelo professor Lawrence Susskind do Massachusetts Institute of Technology (MIT) e membro do conselho consultivo da pesquisa juntamente com o professor Frank Sander. Cada grupo representativo contou com a média de seis participantes e foram divididos entre: (1) advogados, (2) professores universitários, (3) empresários, (4) estudantes de Direito, (5) moradores de favelas, (6) magistrados e (7) membros de organizações não governamentais.

A pesquisa buscou compreender qual abertura havia no ordenamento jurídico brasileiro para a implantação do sistema multiportas. Ao final de 2007, a pesquisa indicava providências necessárias para a implantação do sistema multiportas no país, tais como: divulgar os métodos como a Mediação, adequar a legislação, incluir o tema no currículo de Direito, capacitar operadores do Direito, incentivar a formação multidisciplinar dos profissionais, construir espaços apropriados e acompanhar de forma permanente o desenvolvimento dos ADR. A pesquisa também indicou possíveis resistências e argumentos para a melhor divulgação do conceito multiportas. Passado o tempo, impressionante notar que, de uma forma ou outra, as prescrições da pesquisa foram seguidas no país e atualmente, além da prestação jurisdicional tradicional, o método da Mediação se faz presente dentro e fora dos tribunais brasileiros, consoante a ideia do sistema multiportas.

Terminada a investigação foi publicado pela Editora FGV em 2012 o livro contando o desenvolvimento, as conclusões positivas sobre a receptividade do conceito multiportas no país e a possibilidade de aprimoramento e complementariedade ao sistema vigente, além de traçar recomendações para a implementação (ALMEIDA, Rafael Alves de; ALMEIDA, Tania; CRESPO, Mariana Hernandez (org.). *Tribunal Multiportas: investindo no capital social para maximizar o sistema de solução de conflitos no Brasil.* Rio de Janeiro: Editora FGV, 2012).

Conclusão

O engajamento e as reflexões geradas pela pesquisa serviram de subsídio, uma espécie de fermento para o debate que se seguiu e as inovações legislativas que vieram a ocorrer no Brasil na década de 2010, como a resolução nº 125 do CNJ e em 2015 com a LM e o NCPC. Foi assim que um recém-formado estudante de Direito deu um empurrãozinho para a realização de uma pesquisa no país a contribuir com a assimilação da Mediação pelo ordenamento jurídico brasileiro em linha com o sistema multiportas. Neste sentido, nunca é demais lembrar Goethe:

> No momento em que nos comprometemos, a providência divina também se põe em movimento. Todo um fluir de acontecimentos surge ao nosso favor. Como resultado da atitude, seguem todas as formas imprevistas de coincidências, encontros e ajuda que nenhum ser humano jamais poderia ter sonhado encontrar. Qualquer coisa que você possa fazer ou sonhar, você pode começar. A coragem contém em si mesma, o poder, o gênio e a magia.

O sistema triangular de composição de conflitos do Tribunal de Justiça de Pernambuco – Centrais de Conciliação, Mediação e Arbitragem

Ruy Trezena Patu Júnior[85]

1. A origem

No Tribunal de Justiça de Pernambuco, o movimento pela conciliação institucionalizado, com uma visão de sistema para todo o Poder Judiciário estadual, começou com a Resolução nº 222/2007, de 04 de julho de 2007, que instituiu o sistema das Centrais de Conciliação, Mediação e Ar-

85. Desembargador do Tribunal de Justiça de Pernambuco, presidente da Câmara Técnica de Gestão de Métodos de Otimização de Processos do Cijuspe – Centro de Inteligência do TJPE, membro titular da Comissão de Acesso à Justiça do TJPE. Mestre em Direito pela Universidade Federal de Pernambuco, professor de Direito Civil (Coisas e Contratos) da UNIAESO e da Esmape – Escola Judicial de Pernambuco.

bitragem. À época, sob a Presidência do desembargador Fausto Valença de Freitas, na condição de assessor especial da Presidência, fui encarregado de elaborar um projeto de resolução em face da Recomendação nº 08, de 27 de fevereiro de 2007, do Conselho Nacional de Justiça, que implantava, nacionalmente, o Movimento pela Conciliação.

Eu já tinha praticamente pronto um anteprojeto idealizado no final da década de noventa (1999), que serviu de modelo para minha dissertação, apresentada para a conclusão do Curso de Mestrado perante a Universidade Federal de Pernambuco, que tinha como título: "Conciliação e arbitragem: soluções para o problema da morosidade da justiça no Brasil". Sua ideia basilar era o Judiciário passar a ser protagonista e parte de um sistema triangular de composição de conflitos, interagindo, a um só tempo, com um subsistema de composição consensual (Mediação/conciliação) - prévio e comum, como porta de entrada, para os dois outros subsistemas, e um subsistema de composição arbitral - alternativo ao subsistema judicial.

Nesse trabalho dissertativo, havia uma minuta de resolução e de fluxograma, demonstrando como o sistema funcionaria integrado às unidades jurisdicionais do Estado (varas e juizados especiais), à vista da Lei Federal nº 9.245, de 26 de dezembro de 1995, que previa, no então denominado procedimento sumário, o princípio da audiência prévia de conciliação, dispondo que as unidades jurisdicionais poderiam ser dotadas e auxiliadas por conciliadores para esse fim, e também do art. 57, da Lei Federal nº 9.099, de 26.09.95, que admitia a homologação judicial de acordos extrajudiciais de qualquer natureza.

Por coincidência, naquele mesmo ano participei, como relator, da Comissão de Elaboração do Novo Código de Organização Judiciária do Estado de Pernambuco - Lei Complementar Estadual nº 100, de 21 de novembro de 2007.

A referida lei recepcionou os termos da Resolução nº 222/2007, do Tribunal de Justiça, autorizando, nos artigos 73 e 74, a criação de centrais jurisdicionais, que, diferentemente das varas e juizados especiais, seriam órgãos auxiliares e vinculados a todas as unidades jurisdicionais de uma mesma jurisdição, compostas de um ou mais juízes, com mandato definido, e com competência residual para a prática de determinados atos, a exemplo das Centrais de Conciliação, Mediação e Arbitragem e de Combate ao Crime Organizado.

Foi um marco legislativo dessas e de outras inovações estruturantes do Poder Judiciário estadual, como a redefinição do quantitativo de comarcas, varas, centrais e juizados, inclusive com a respectiva estrutura funcional. Tudo isso permitiu que as centrais, como as varas e juizados, tivessem uma estrutura própria de pessoal. Também previa a possibilidade de recrutamento de voluntários para servir nesses órgãos, como conciliadores ou mediadores, e da celebração de convênios de cooperação para a participação e integração de outras entidades da sociedade civil no sistema de consensual de composição de litígios.

Era inaugurado, naquele momento, algo inovador na Justiça brasileira, com o protagonismo do Estado de Pernambuco na implantação de centrais ou centros multiportas, voltados para o tratamento adequado de todos os conflitos, antes mesmo da edição da Resolução nº 125/2010, do CNJ, inclusive para as causas mais complexas e de ordem técnica, a exigir juízes com conhecimento mais técnico do que jurídico, como os árbitros. Nesse ponto em específico, foi recrutado, com homologação da Corte Especial do TJPE, por indicação de órgãos da sociedade civil, um corpo de árbitros do mais alto gabarito, com várias especializações técnicas (engenheiros, médicos etc.).

2. A gestão administrativa do sistema

A gestão administrativa das Centrais de Conciliação, Mediação e Arbitragem, na forma prevista na Seção II do Capítulo I da Resolução no 222/2007, competia a uma Coordenadoria-Geral, vinculada à estrutura organizacional da Presidência do Tribunal de Justiça, sendo dirigida por um coordenador geral e por um coordenador geral adjunto, ambos magistrados, sem prejuízo de suas funções jurisdicionais, para um mandato coincidente com o da Mesa Diretora do Tribunal.

Além da Coordenadoria Geral, que era o órgão do Tribunal de Justiça encarregado da administração do sistema das Centrais de Conciliação, Mediação e Arbitragem, estas, enquanto unidades judiciárias autônomas, podiam ser auxiliadas por pessoas jurídicas e pessoas físicas, públicas ou particulares, através de convênios ou de termo de adesão ao Serviço Voluntário do Poder Judiciário de Pernambuco (Resolução TJPE nº 191/2006, de 24 de abril de 2006). Dessa forma, também se dispôs que as Centrais de Conciliação poderiam ser auxiliadas externamente por câmaras de conciliação, Mediação e arbitragem; postos de atendimento comunitário; e agentes comunitários de justiça e cidadania. Essa ideia permitia maior capilaridade e a cooperação de outras entidades externas da sociedade civil ao sistema judiciário de composição de conflitos. Também foi implantado, em 2011, inspirado em experiência do Tribunal de Justiça do Rio Grande do Sul, o Programa Proendividados, com o objetivo de desenvolver e executar ações que promovessem o tratamento, o acompanhamento e a resolução amigável de conflitos entre consumidores superendividados e instituições credoras, buscando a sua reinserção no mercado de consumo sem restrições creditícias.

O novo Código de Processo Civil, editado posteriormente, em 2015, veio a permitir também a cooperação de unidades similares, denominadas de Câmaras Privadas de Conciliação e Mediação (arts. 167 e 169, § 2º).

3. O procedimento

a. Do subsistema consensual

No que tange ao procedimento adotado nas Centrais e Câmaras de Conciliação e Arbitragem, existiam três formas de registro de conflitos ou de acessos ao sistema de composição.

A primeira forma consistia em abertura de procedimento pré-processual, diretamente pela parte interessada, que se dirigia a uma das centrais de conciliação ou câmaras conveniadas, expondo oral e informalmente a sua demanda, sem a obrigatoriedade de acompanhamento de advogados, efetuando-se, dependendo do caso, a autuação para futura conciliação ou Mediação, ou fornecendo simples orientação. Nessa forma de ingresso, em sendo celebrado o acordo, cabia ao juiz coordenador da central ou câmara a homologação judicial.

Outra forma baseava-se na seleção de processos judiciais em tramitação nas demais unidades judiciárias, promovendo-se uma triagem para identificar casos viáveis à resolução consensual. Essa forma de atuação viabilizava a redução do acervo das varas e juizados, além de melhorar a produtividade dos respectivos magistrados, uma vez que estes homologavam os acordos obtidos em processos de sua unidade. Mas essa forma de captação de casos só vigorou enquanto as centrais eram pouco procuradas. Depois, o movimento superou todas as expectativas e daí não havia mais necessidade de ir atrás do conflito; o conflito vinha até nós.

Por fim, foi disponibilizado através de *link* no portal do Tribunal de Justiça, um sistema de registro eletrônico de demandas, no qual a parte interessada expunha em formulário próprio as informações sobre o litígio, existindo ou não um processo em tramitação, sendo feito o respectivo registro para fins de conciliação ou Mediação.

b. Do subsistema arbitral

Por fim, não havendo acordo entre as partes, mas tendo estas optado, livremente, pelo juízo arbitral, lavrar-se-ia o Termo de Compromisso Arbitral, constante de formulário do próprio sistema. O sistema informatizado, ato contínuo, designava sessão de instrução e julgamento arbitral, que não se realizava antes do 15º dia da sessão de Mediação/conciliação em que fora celebrado o compromisso arbitral, abrindo-se prazo às partes para apresentação das alegações iniciais, que podiam ser deduzidas oralmente ou por escrito na referida sessão inaugural perante o juízo arbitral escolhido, juntamente com as provas que pretendiam produzir. Na última sessão de instrução que antecedia ao julgamento, após a produção de eventuais provas, as partes podiam apresentar alegações finais, independentemente de qualquer notificação. Todo o procedimento arbitral desenvolver-se-ia sob a égide do princípio da oralidade. Percebia-se, por outro lado, que não havia, a rigor, autor ou réu e nem espaço para defesas formais, como contestação e reconvenção. O momento para exposição da pretensão e da defesa, sob qualquer aspecto, fazia-se, sempre que possível, em um só instante por ambas as partes, qual seja, nas alegações iniciais.

c. Do subsistema judicial

O juiz coordenador da Central ou Câmara de Conciliação, Mediação e Arbitragem compunha o terceiro ângulo desse sistema, cuja competência consistia, primeiramente, em homologar os acordos em sede ou transações extrajudiciais, ou seja, aqueles cujo conflito não fosse objeto de processo judicial em andamento, dando às autocomposições o *status* de título executivo judicial e, consequentemente, a possibilidade de o credor pedir, respectivamente, cumprimento de sentença ou execução extrajudicial da sentença arbitral, quando assim se fizesse necessário, segundo as normas processuais vigentes.

Além do mais, cabia ao juiz coordenador desempenhar importante papel de apoio institucional à arbitragem, processando e julgando as ações especiais de constituição do compromisso arbitral, ante a existência, por exemplo, de uma cláusula compromissória em um contrato, bem como todas as outras ações de nulidade de compromisso ou sentença arbitral, de nomeação de árbitro e de cobrança de honorários arbitrais.

Mas era na execução das decisões arbitrais que o papel do Judiciário ganhava relevo no sistema das Centrais de Conciliação, Mediação e Arbitragem, pois competia ao juiz coordenador executar as sentenças arbitrais e outras medidas cautelares e coercitivas necessárias ao cumprimento das decisões arbitrais, inclusive a condução forçada de testemunhas renitentes, a pedido de árbitros (art. 22, § 2º, e 4º da Lei nº 9.307/96).

Dessa forma, a própria central ou câmara concretizava as decisões proferidas por seus árbitros, na medida em que possuía um juiz permanente e dedicado para esse fim e com essa especialidade, o que se constituía em uma grande vantagem em relação às outras instituições arbitrais. Aliás, existe recomendação do Conselho Nacional de Justiça no sentido de os tribunais proverem varas especializadas em questões submetidas à arbitragem.

4. A chegada dos NUPEMECs e CEJUSCs

Com a criação dos Núcleos Permanentes de Métodos Consensuais de Solução de Conflitos - NUPEMECs e dos Centros Judiciários de Solução de Conflitos - CEJUSCs, pelo CNJ, através da Resolução nº 125, de 29/11/2010, o Tribunal de Justiça, através da Lei Complementar Estadual nº 353, de 23 de março de 2017, entendeu por alterar a ideia de um sistema mais amplo de composição de conflitos e concentrar-se, unicamente, em um sistema consensual sem arbitragem, limitando a competência dos juízes coordenadores a uma atividade meramente homologatória e administrativa, e a dos Centros, à promoção, mediante a adoção de técnica apropriada, da solução consensual de conflitos de natureza cível, fazendária, previdenciária, familiar e outras em que a lei admita acordo ou transação (art. 75-A, § 3º, inciso II).

Um caminho para um sentimento de justiça: satisfação

Silvia de Souza Canela[86]

Com muita gratidão e uma alegria que invade o meu ser, compartilho hoje um pouco da minha experiência vivenciada com a Mediação, uma técnica que, na minha visão, surgiu para que todos nós pudéssemos compreender o ser humano na sua verdadeira essência, conseguindo alcançar as necessidades de cada um e cuidando para encontrar uma forma de atender as necessidades de todos os envolvidos em uma relação conflituosa.

Pertenço ao quadro do Ministério Público do Estado do Amapá desde março de 2002. Ao ingressar no Ministério Público, minha primeira atuação foi em uma Promotoria de família, na Comarca de Macapá, Capital do Estado do Amapá.

Após 15 dias de trabalho na referida Promotoria, deparei-me com uma ação de alimentos ajuizada pela Defensoria Pública. Na inicial, relatou-se que o requerido (alimentante) era muito agressivo e não contribuía para o sustento dos filhos. Na petição inicial constava, ainda, que se tratava de pessoa agressiva e que havia ameaçado a ex-companheira de morte caso ela ingressasse com pedido de alimentos.

Lembro-me de que no final desse processo juntaram uma certidão de óbito. Aquele homem matou a ex-mulher. Esse fato foi muito marcante, de difícil assimilação. Confesso que me senti impotente e frustrada. Fiquei por

86. Promotora de Justiça. Membro do Ministério Público do Estado do Amapá, titular da 2ª Promotoria de Justiça Cível e de Fazenda Pública e coordenadora do Núcleo de Mediação, Conciliação e Práticas Restaurativas da Promotoria de Justiça de Santana. Mediadora e facilitadora de práticas restaurativas. Pós-graduada em Direito Sistêmico - Faculdade Innovare.

dias pensando como poderia ter o relato da violência no processo, as ameaças de morte e nada ter sido feito para que aquele crime fosse impedido. Qual o papel da Justiça? Como poderíamos realmente contribuir para ter um mundo com menos violência e mais paz?

A partir daí, passei a refletir com mais frequência sobre o papel do Ministério Público e o Sistema de Justiça de modo geral.

Comecei a observar como nosso modelo tradicional (inicial, busca do contraditório através da produção das provas e sentença para deferir ou indeferir o pedido) poderia contribuir para mais conflitos na vida das pessoas e senti a necessidade de encontrar caminhos para mudanças que pudessem contribuir para relacionamentos mais saudáveis e mais harmoniosos.

Como promotora substituta, atuei nos municípios do interior do Estado e percebi que, mesmo trabalhando demais, ajuizando ações e atendendo, não conseguia contribuir para que as pessoas pudessem efetivamente sair satisfeitas. Às vezes, percebia que uma sentença, ao atender a necessidade de um, não valorizava as necessidades do outro, gerando sentimentos de raiva, revolta, mágoa e sentimento de vingança.

No ano de 2010/2011, participei em um evento do Instituto Brasileiro de Direito de Família-IBDFAM em Belo Horizonte e lá, pela primeira vez, ouvi falar de Mediação. Era algo novo, com informações de como funcionava a Mediação, do olhar que a Mediação tinha para as pessoas envolvidas em um conflito, para atender as necessidades de ambos, ouvi-los e contribuir para que pudessem encontrar os caminhos para uma relação mais saudável e harmoniosa. Apresentava um novo caminho para a transformação dos conflitos.

Outra percepção interessante foi referente aos crimes envolvendo violência doméstica, pois um homem que praticava a violência contra a mulher, após cumprir a medida protetiva ou a pena, ainda que se afastasse da vítima anterior, acabava se envolvendo em outro relacionamento e voltava a praticar violência contra outra mulher, fazendo nova vítima.

Eu me questionava: O que podemos fazer para buscar uma transformação desse homem que não consegue se relacionar sem violência?

Esse homem também precisa de algo que possa ajudá-lo a mudar de comportamento. Assim, quando conheci a Mediação, percebi que ela seria uma ferramenta para possibilitar a transformação do ser humano e de suas relações e já começamos a utilizar a Mediação para os casos de violência doméstica, o que na época ainda não era indicado ou permitido.

Fiz o primeiro curso de Mediação em 2012, em São Paulo, pelo IBDFAM. Ao aprofundar o conhecimento sobre essa técnica, decidi construir um pequeno projeto, com o objetivo de capacitar as pessoas e com essa nova forma para administrar o conflito. Neste primeiro projeto, com ajuda da psicóloga Elizabeth Guedes e da assistente social Michela Brito, que à época eram servidoras do MPAP, ministramos um minicurso para voluntários com o objetivo de começar os atendimentos de famílias em situação de conflitos, com a Mediação. Esse foi o início do trabalho que hoje é referência no nosso Estado.

Como foi dito, existia uma proibição de levar para a Mediação os conflitos que configuravam crimes de violência doméstica. Porém, entendi que em alguns casos, mesmo tendo ocorrido a violência doméstica, a Mediação era imprescindível para contribuir para a transformação da relação. Começamos a atender em Santana casais que vivenciavam esse tipo de conflito. Esse foi o diferencial, pois o trabalho foi extremamente exitoso. Em uma família cujos relacionamentos perpassam pela violência, ainda que o relacionamento de casal termine, o casal precisa dialogar e construir uma relação saudável, especialmente quando têm filhos, que geram um vínculo que não há como romper.

A Mediação nos traz essa percepção, de que existem caminhos para que uma relação conflituosa e violenta seja transformada. É uma mudança de olhar, uma troca de lentes por parte das pessoas. Isso é o mais importante, porque sempre acreditei que o ser humano pode mudar. Contudo, percebi que essa mudança tinha que começar por mim. Meu olhar deveria mudar.

Essa foi a parte mais difícil, porque eu precisava sair do paradigma punitivo e combatente. Aprendi que, para nos tornarmos mediadores, também precisamos mudar o nosso olhar, quebrar os nossos paradigmas e exercitar uma transformação interna.

Um dos desafios mais difíceis dessa trajetória foi o de convencer as pessoas a acreditarem no poder dos métodos alternativos de resolução de conflitos. Elas falavam "ah eu quero viver em paz, viver bem, eu quero viver um relacionamento saudável", mas não estavam dispostas a parar, sentar e se encontrar para dialogar com honestidade com o outro, não estavam dispostas a escutar o outro. Dispor de tempo para conversar, falar de seus sentimentos e de suas necessidades com o outro e também ouvir.

É desafiador mover as pessoas a se abrirem para mudanças de suas relações, seja com o pai do seu filho, com seu ex-companheiro, com seu pai, sua mãe, seu irmão, pois para isso elas necessitam investir e acreditar que a mudança valerá a pena, mas que não começa pelo outro.

Assim, no ano de 2012, demos início à utilização de Mediação na 2ª Promotoria Cível de Santana, culminando com a criação do Núcleo de Mediação, Conciliação e Práticas Restaurativas - NMCPR, em novembro de 2014, pelo Ato nº 007/2014 - Procuradoria Geral de Justiça.

Para capacitar membros, servidores e colaboradores, em 2012 o MPAP realizou o curso "Mediação: uma ferramenta de trabalho", ministrado pela professora Helena Mandelbaum, que conduziu os participantes a inserir a Mediação como ferramenta de trabalho, com incentivo à comunicação. O curso apresentou temas como mudança de mentalidade, cultura de paz, métodos de resolução de conflitos, técnicas narrativas, dentre outros.

Entre 2012 e 2013, uma equipe do Conselho Nacional de Justiça ministrou curso de Capacitação em Mediação de Conflitos, com base nas diretrizes da Resolução nº 125/2010-CNJ. Nesse curso formaram-se os voluntários que atuaram nos atendimentos às famílias do município de Santana.

Em continuidade, ainda no ano de 2013, as psicólogas Violeta Daou e Marta dos Reis Marioni ministraram o curso "Transformação Humana em Educação e Mediação" para os mediadores. O momento voltou-se ao aprimoramento da prática e à importância da postura ética. As instrutoras retornaram em 2014 para ministrar novo Curso de Mediação.

No ano de 2016, realizou-se o curso de "Mediação Transformativa", em parceria com o Instituto Open de Mediação, Negociação e Treinamento Especializado, que contou, novamente, com as lições da professora Helena Mandelbaum, em atuação com a professora Juliana Polloni. O objetivo do curso era o aprimoramento teórico/prático e fortalecimento da cultura de paz.

O último curso aconteceu no período de dezembro de 2018 a dezembro de 2019, pelo Instituto de Mediação e Arbitragem do Brasil – IMAB, com o Curso de Mediação de Conflitos, ministrado pelo Dr. Adolfo Braga Neto. O curso aconteceu em duas etapas, uma teórica, com os temas epistemologia, ética, conhecimento mínimo em direito e Mediação de conflitos, e uma prática, com o estágio supervisionado.

É importante ressaltar que, em todos os cursos que são ofertados pelo Ministério Público na área de Mediação de conflitos, nós ofertamos vagas para servidores de outras instituições que também trabalham com famílias. Entendemos que o fortalecimento da rede de atendimento à família é fundamental para a disseminação dessa nova ferramenta. Acredito que, quanto mais pessoas e instituições conhecerem a Mediação, mais ela será utilizada e poderá fortalecer a cada dia.

Outro ponto extremamente importante é a necessidade de qualificação continuada. Entendo que a Mediação precisa dessa qualificação continuada. Sempre temos que ter novos e bons cursos, pois o mediador precisa lidar com as pessoas e seus conflitos e precisa estudar para entender de pessoas e conflitos. O mediador utiliza as técnicas para facilitar o diálogo e contribuir para transformar o conflito em entendimento. O mediador trabalha com o ser humano que está em constante desenvolvimento. Por essa razão sua formação deve ser contínua: só assim conseguirá contribuir para essa transformação que a Mediação se propõe.

Para fortalecimento da atuação trabalhamos sempre em parceria com instituições do Município e do Estado que atuam na rede de atendimento à família ou seus membros e Tribunal de Justiça, além de contar com um bom número de voluntários

Atualmente, o NMCPR conta com o apoio de 5 mediadores voluntários, 2 funcionários cedidos da Secretaria de Estado da Educação – AP, 2 servidores do MPAP, 2 funcionários terceirizados e 1 menor aprendiz de nível médio. Com relação à estrutura material, em 18 de novembro de 2016 o NMCPR recebeu seu próprio espaço físico na Promotoria de Santana, que conta com recepção e secretaria, 4 salas de Mediação/círculo e sala de mediadores/facilitadores.

Por derradeiro, destaca-se que, em todos os anos, vários atendimentos marcaram os voluntários e funcionários do NMCPR. Dentre eles, um caso oriundo da Delegacia das Mulheres de Santana chamou a atenção. As envolvidas "Maria e Marta" (nomes fictícios), amigas de longa data, que possuíam um vínculo baseado em uma relação construtiva, após o envolvimento de ambas com o mesmo parceiro, mudaram de visão e de expectativas em relação uma à outra.

No caso, facilitado pelas voluntárias Elizabeth Guedes e Diana Macedo, "Maria" afirmou que mantinha relacionamento com "João" há cerca de 15 anos, sendo que ele também mantinha união estável com outra pessoa. "Maria" e a esposa de "João" construíram uma relação amistosa e residiam em moradias distintas frequentadas pelo parceiro. Ela não tinha filhos com ele.

Ocorre que "Marta", também passou a se relacionar com "João", tornando-se sua terceira mulher. As constantes saídas com a amiga "Maria" e o companheiro dela, "João", para bares localizados na Área Portuária, aproximou-os e trouxe certa intimidade entre o trio. Quando "Maria" descobriu, sentiu-se traída e preterida pelo companheiro, que passou a dar mais atenção à senhora "Marta".

Após o rompimento da amizade, as interessadas decidiram viver suas vidas sem a presença uma da outra. Contudo, em razão do relacionamento com "João", moradia no mesmo bairro e frequência a espaços comuns, ao se encontrar, agrediam-se verbal e fisicamente. Desta feita, desejavam interromper as situações constrangedoras que vinham ocorrendo em público e causando desgaste emocional para ambas.

As questões identificadas inicialmente foram: amizade, fidelidade, confiança, comunicação e respeito mútuo. Houve também falha de comunicação entre ambas, o que gerou desencontro de informações, aborrecimentos, ofensas mútuas e audiências junto à Delegacia de Mulheres de Santana. As interessadas desejavam pôr fim à amizade e tinham também interesse em interromper algumas situações constrangedoras, como trocas de ofensas e agressões físicas que ocorriam em público.

Na primeira sessão, observou-se dificuldade elevada no processo de comunicação entre elas, o que causava incompreensão das informações trazidas por ambas. Os sentimentos revelados eram: raiva, revolta, desvalorização pessoal, ciúme, tristeza e medo.

O procedimento se restringiu às relações, uma vez que a questão jurídica que ensejou o procedimento foi irrelevante diante das questões que foram surgindo no decorrer das primeiras sessões. O acolhimento, o não pré-julgamento e a escuta ativa facilitaram o manejo do caso. As mediandas mostraram-se receptivas e desejosas em participar do processo e não demonstraram resistência em cumprir as regras. O papel do mediador como facilitador do encontro foi fundamental, pois, de início, as partes não reconheciam a importância do diálogo e da necessidade de cultivar as relações.

Foram realizadas sessões conjuntas e privadas. As técnicas utilizadas foram: observação, escuta ativa, perguntas abertas e fechadas, empatia, inversão de papéis, parafraseamento e validação de sentimentos.

Nas sessões privadas, "Maria" percebeu que, de certa forma, desejava que "Marta" se relacionasse com o companheiro, pois lembrou de várias situações em que permitia que ambos ficassem juntos dentro de sua casa. Chegaram a dormir os três, na mesma cama. Situação declarada também pela outra interessada.

Conforme o andamento das sessões, "Maria" foi revelando questões sobre o feminino e a feminilidade construídas a partir de crenças advindas de sua mãe. A interessada dizia que "não dava mais conta" de manter relações sexuais com o parceiro por problemas de saúde, não tinha tido filhos e temia ser abandonada por ele. Cogitou a possibilidade de ter "Marta" como suporte, mas, quando a fantasia se concretizou, não esperava que fosse sentir mágoa e raiva de vê-los juntos.

O diálogo entre as mediandas tornou-se mais generoso e o que estava no fundo emergiu. Ambas estavam magoadas e machucadas por permitirem que a relação com "João" interferisse na amizade, que consideravam uma espécie de apoio mútuo. Sentiam-se como irmãs. As interessadas perdoaram-se e compreenderam que precisavam retomar a amizade e rever a relação com "João". Ainda durante a Mediação, "Maria" descobriu múltiplos miomas e a necessidade urgente de submeter-se a procedimento cirúrgico, sendo o apoio de "Marta" imprescindível para a recuperação.

Finalizo com esse relato transformador e desejo que este trabalho seja muito próspero, pois tenho certeza de que estamos no caminho certo.

Experiências na Mediação

Sônia Andreotti Carneiro Frúgoli[87]

Inicialmente, em 2013, busquei a Mediação a título de conhecimento, porque entendia ser esse instituto apenas um caminho para chegar à conciliação.

À medida do aprendizado dos cursos de capacitação, o interesse foi sendo ampliado sob a ótica do esclarecimento que as técnicas e ferramentas da Mediação alcançam à solução da controvérsia, e não apenas o encerramento do processo. Entretanto, o conhecimento e o aprendizado técnicos foram desenvolvidos através da aplicação prática em estágios e, na sequência, nas mediações judiciais e privadas.

A solução do conflito através da Mediação, sendo bem realizada, revela a satisfação dos envolvidos e nos gratifica quando, mediante a sensibilidade de cada um, pode ser entendida e alcançada a pacificação social.

O grande valor percebido da Mediação que me mobilizou é que as próprias partes podem perceber as suas necessidades, peculiaridades e possibilidades, criando o empoderamento na solução do conflito. Outro valor é a celeridade na solução do conflito, comparando-se com a demora do processo judicial. E, ainda, podemos mencionar a previsibilidade, com as partes tendo a liberdade de assumir aquilo que realmente podem cumprir, o que não pode ocorrer através de uma determinação em sentença judicial.

87. Advogada, administradora de empresas, mediadora judicial e privada. Certificada pelo ICFML, pós-graduada em Direito Empresarial (EPD) e Métodos Alternativos de Solução de Conflitos (EPM), com Especialização em Direito Internacional Público e Privado na Handong Global University. Presidente do Conselho Consultivo da CAMANA – Câmara de Mediação e Arbitragem da Associação Nacional de Administração; diretora de Desenvolvimento e coordenadora do Comitê de Administração Pública do CONIMA.

Não podemos nos esquecer da vantagem proporcionada pela Mediação no tocante à preservação do relacionamento, seja ele familiar, comercial, societário, alcançado mediante o restabelecimento do diálogo.

Outro benefício da Mediação é o custo menos oneroso que o processo judicial, pela agilidade na solução da disputa

Como membro do Grupo de Excelência de Mediação e Arbitragem do Conselho Regional de Administração de São Paulo, o grande desafio é apresentar o instituto da Mediação aos administradores no âmbito empresarial.

A Mediação empresarial pode ser abarcada no sentido inter e intraorganizacional, podendo resolver disputas internas departamentais, bem como no âmbito de clientes, fornecedores e terceiros.

Onde há relações humanas, é inevitável que haja discordâncias e problemas. No quesito trabalho, não pode ser diferente. Entretanto, o que faz a diferença é a forma como lidamos com essas intercorrências.

Não obstante a oportunidade de trabalho, o administrador pode colaborar no sentido da resolução do conflito empresarial, evitando as demandas judiciais, uma vez que a Mediação retrata a agilidade da solução de disputas, bem como onerosidade reduzida, frente aos processos judicializados.

Com objetivo de fomentar a Mediação empresarial, encontra-se em fase de implantação o projeto de *workshops* para apresentar aos acadêmicos dos cursos de graduação e pós-graduação de Administração de Empresas em universidades, podendo abranger as áreas de Ciências Contábeis e Economia.

Entendemos, também, um desafio divulgar a Mediação no Departamento Jurídico da empresa, para que os profissionais causídicos permaneçam esclarecidos sobre o instituto.

No segmento empresarial, a Mediação também pode ser aplicada em caráter preventivo, o que caracteriza outro benefício, com objetivo de evitar que o relacionamento entre os colaboradores possa prejudicar o bom andamento das atividades comerciais.

Quando se utiliza a Mediação, há um acordo, ainda que parcial, entre as partes. Chega-se ou não a um consenso. É como se cada parte desse um passo para trás, para poder dar dois à frente depois. Assim, a solução final chega muito mais rápido e todos ficam satisfeitos.

Muitos conflitos fogem ao controle. Às vezes, a situação já aconteceu há tanto tempo que fica praticamente impossível acompanhar as ações tomadas pela outra parte ou mesmo o andamento de tudo na Justiça. É nesse momento que a Mediação se torna uma alternativa interessante, muitas vezes até necessária.

Quando há possibilidade de pequenos acordos ao longo do processo, as partes detêm maior controle de tudo o que está acontecendo.

Episódios:

Algumas mediações registram memorização:

a) Uma delas, no âmbito familiar, versando sobre exoneração de pensão alimentícia, ocasião em que o genitor ingressou com ação para retomada de convivência com a filha. Na oportunidade da Mediação, ambos retomaram o relacionamento, além da celebração de acordo para continuidade ao pagamento da pensão alimentícia até o término do curso universitário da filha.

b) Em outra oportunidade, destacam-se os trabalhos da Mediação em processo com decisão de primeira instância no âmbito da administração pública. Acordo celebrado após várias reuniões, com a anuência do representante do Ministério Público, ocasião em que a Procuradoria de uma municipalidade do interior do Estado de São Paulo e uma empresa prestadora de serviços finalizaram a demanda de forma exitosa.

c) Mediação infrutífera, porém exitosa, pelo diálogo mantido nas reuniões, entre o sócio da empresa de prestação de serviços e o representante da Secretaria do município que compareceu na segunda sessão. Tratou-se de ação de anulação de multa e reversão do impedimento de licitar nas três esferas federal, estadual e municipal aplicados a uma empresa prestadora de serviços em face da municipalidade, julgada improcedente em primeira instância. Após a concordância do procurador municipal para convidar o representante da secretaria municipal beneficiária das atividades da empresa prestadora de serviços, o respectivo sócio e o representante da secretaria tiveram oportunidade de esclarecer os fatos ensejadores da rescisão unilateral do contrato administrativo, cerceamento de defesa etc., ajustando entre si o prosseguimento do processo na esfera administrativa, que se encontrava suspenso por ocasião do ajuizamento da ação judicial.

Esse fato, especialmente, retrata a sensibilidade dos advogados, procuradores e do Poder Público no tocante à aplicação do mecanismo da Mediação, visando menor onerosidade, agilidade e pacificação social na administração pública.

Considera-se também um avanço ao instituto da Mediação o convênio celebrado em 13 de maio de 2022, entre a Federação Paulista de Futebol e o Tribunal Regional do Trabalho da Segunda Região, visando incentivar a prática da Mediação e da conciliação como solução de disputas e instrumento de pacificação social, quando envolvidos clubes de futebol filiados à entidade desportiva.

Entendo necessária a superação do modelo retrógrado e ineficiente da arraigada cultura da judicialização, da sentença e da dependência do paternalismo estatal que avassalam o sistema judiciário brasileiro. O acesso à justiça é o acesso à ordem jurídica justa, portanto, maior do que o simples acesso ao Judiciário.

Os desafios da Mediação

Vanderlei Teresinha Tremeia Kubiak[88]

Meu contato com a Mediação deu-se através da desembargadora Genacéia da Silva Alberton, quando fui promovida ao Tribunal de Justiça, em dezembro de 2008, e passei a atuar na 13ª Câmara Cível, competente para julgar recursos de ações referentes a contratos bancários de alienação fiduciária de bens móveis e arrendamento mercantil.

Na oportunidade, havia um excesso de demandas repetitivas, o que mo-

88. Desembargadora do TJRS. Corregedora-Geral da Justiça (Gestão 2020/2021) e coordenadora do NUPEMEC. Conselheira da Escola Nacional de Mediação de 2012 a 2014. Mestre em Mediação e Negociação pela Maestria Latino-americana Europeia – APEP em convênio com o Institut Universitaire Kurt Bosch – Suíça. Integrante da Comissão de Especialistas do Ministério da Justiça para a elaboração da Lei de Mediação. Possui capacitação em Negociação e Mediação de Conflitos pela Columbia University – Nova York.

tivou meu interesse em propor à administração do TJRS a criação de um núcleo de conciliação no âmbito do segundo grau de jurisdição para tratar desses casos.

A proposta foi aceita e formada uma comissão para a instalação do Núcleo de Conciliação de Segundo Grau do TJRS. Na época, fui procurada pela desembargadora Genacéia para que também instituíssemos a Mediação.

Inicialmente, por desconhecimento, o grupo encarregado da implantação da conciliação não se interessou pela Mediação. Entretanto, com sua sabedoria, a Desa. Genacéia convidou-nos para um evento que ocorreria na Escola Superior da Magistratura, onde estavam sendo apresentados os resultados de um projeto de Mediação comunitária realizado na Lomba do Pinheiro, em Porto Alegre.

Tive a grata satisfação de participar em representação ao TJRS e pude ver a felicidade dos mediadores e daqueles que tiveram seus conflitos atendidos através da Mediação, o que me motivou a estudar e compreender melhor em que consistem essa metodologia e seu poder transformador. A Mediação transforma os conflitos em entendimento, transforma pessoas conflituadas em pacificadores, transformando também as comunidades.

Em especial, devolve ao cidadão a autonomia de decisão acerca dos fatos da vida, responsabilizando-o pelas soluções encontradas, além de que permite a compreensão da dimensão do outro, ou seja, daquele que está na outra ponta ou no outro lado do problema. Enfim, é uma proposta de entendimento, de construção de paz, de crescimento e amadurecimento, na medida em que o conflito passa a ter outra conotação, outra perspectiva, deixando de ser percebido como um evento negativo, mas como algo que faz parte da vida humana e que merece ser devidamente tratado, com técnica e responsabilidade.

A partir desta compreensão, intensificando os estudos e, com a inestimável colaboração da Desa. Genacéia, começamos a introduzir no âmbito do Poder Judiciário gaúcho a ideia de tratarmos os conflitos, judicializados ou não, através da Mediação.

Nesse ínterim, sobreveio a Resolução nº 125 do Conselho Nacional de Justiça, editada em 29 de novembro de 2010, que dispôs sobre a Política

Judiciária Nacional de tratamento adequado dos conflitos de interesses no âmbito do Poder Judiciário, obrigando os tribunais à implantação dos métodos autocompositivos, em especial, a Mediação.

Saudamos a edição da Resolução nº 125 do CNJ, pois reforçou a necessidade de se consolidar uma política pública permanente de incentivo e aperfeiçoamento dos mecanismos consensuais de solução de litígios, colocando a Mediação como instrumento efetivo de pacificação social, solução e prevenção de litígios, determinando a implantação dos Núcleos Permanentes de Métodos Consensuais de Solução de Conflitos – NUPEMECs.

No TJRS, o NUPEMEC, o qual tive a honra de coordenar durante cinco anos, foi instituído pela Resolução nº 04-2012 do Órgão Especial.

Conseguimos inserir no Planejamento Estratégico do Tribunal o "Programa de Incentivo aos Métodos Autocompositivos e de Amplo acesso à Justiça", no sentido de implantar novas formas judiciais, pré-judiciais e administrativas que favorecessem a solução da demanda pela justiça.

No desenvolvimento desse programa e, em conformidade com as diretrizes da política institucional orientada pelo NUPEMEC, foram estabelecidos vários projetos e elaboradas normas administrativas internas, a fim de que ocorresse a implantação dos métodos autocompositivos no maior número de comarcas, com uma previsão de estruturação mínima, dentre eles:

1. Interiorização da Mediação: realização de palestras nos Cursos de Aperfeiçoamento para Magistrados (CAMs); encontros com magistrados e servidores em diversas comarcas, estimulando a adoção da prática da Mediação (desembargadora Genacéia e eu participamos de todos os cursos, durante dois anos, em várias cidades do Estado, motivando os magistrados para a Mediação).
2. Criação do CEJUSC modelo: organização de estrutura ideal de atendimento às práticas autocompositivas desde a fase pré-processual, com o desenvolvimento de sistema de informática adequado, mobiliário, disposição de *layout* etc.
3. Mediação itinerante: atendimento a casos complexos e diferenciados com a formação de equipe de mediadores especializada em conflitos

coletivos, atuando em demandas de múltiplas partes, em desocupações de áreas púbicas e particulares. Com esse projeto, logramos resultados bastante satisfatórios em questões complexas, algumas envolvendo centenas de processos.

4. Estabelecimento de grade curricular e estruturação dos cursos de Mediação: básico; Mediação familiar; instrutores de Mediação e supervisores de estágio.
5. Criação e desenvolvimento de plataforma virtual para a supervisão e acompanhamento de estágio com o objetivo de alcançar a todos os mediadores em formação no Estado do Rio Grande do Sul, haja vista que, em razão da necessidade de deslocamento por grandes distâncias, esse processo se tornou difícil e dispendioso.
6. Encontros periódicos de formação continuada a fim de manter os mediadores veteranos e em formação constantemente atualizados, recebendo qualificação em várias áreas do conhecimento, além de acompanhamento psicopedagógico.
7. Inserção da disciplina "Métodos Autocompositivos" no curso para novos juízes.
8. Realização de convênios e parcerias com universidades, Ordem dos Advogados do Brasil (OAB) etc.

A política de incentivo à autocomposição instituída pelo CNJ passou a ser executada nos Centros Judiciários de Solução de Conflitos e Cidadania, local onde são realizadas as sessões de Mediação no âmbito processual e pré-processual, por mediadores cadastrados pelo tribunal, sob a supervisão de um juiz coordenador devidamente capacitado em curso de políticas públicas, segundo modelo estabelecido pelo CNJ.

No Tribunal de Justiça do Rio Grande do Sul, optamos pela formulação de proposta de estrutura física ideal para os CEJUSCs com vistas a melhor atender a política institucional voltada à autocomposição, buscando um ambiente adequado ao diálogo e à aproximação das pessoas.

Insistimos em acomodações informais que não reproduzissem o modelo adversarial utilizado nas demais unidades do Poder Judiciário, enfatizando os seguintes aspectos: a) substituição de balcões ou guichês por mesas de atendimento; b) salas de espera e de convivência com material de divulgação e equipamentos para exibição de imagens e vídeos institucionais sobre as vantagens dos métodos autocompositivos; c) múltiplas salas para sessões com mobiliário adequado (mesas redondas ou ovais); d) conforto ambiental e ambiente acolhedor, com oferta de água, chá, café, balas etc.; e) sala para reuniões e para mediações com múltiplas partes; f) auditório para palestras, oficinas e capacitações.

Incentivamos os juízes coordenadores a serem criativos na organização dos CEJUSCs. Alguns fizeram convênios com artistas locais e promoveram exposições nos corredores e salas de espera. Outros criaram murais onde podiam ser escritas mensagens de paz; pintaram as paredes com tintas coloridas; dotaram as salas de elementos que propiciassem a reflexão sobre os benefícios do entendimento, dentre outras iniciativas.

Em nossos contatos, ressaltávamos que um caso bem mediado evita inúmeros processos judiciais, especialmente nos conflitos oriundos de relações continuadas, tais como as questões de família e vizinhança.

O particular ganha por participar da solução do conflito, evita dissabores, constrangimentos e gastos desnecessários de tempo e dinheiro, sentindo-se responsável e satisfeito com as próprias escolhas.

Ganha o Estado porque, além de estar sendo realizada a verdadeira pacificação social, a solução autocompositiva produz economia, não só em termos financeiros – cada processo custa em torno de R$ 1.500,00 para os cofres públicos no Rio Grande do Sul –, mas também em gestão de recursos humanos, pois, dependendo do tipo de litígio, o número de profissionais envolvidos é bastante significativo.

Nos processos de família, por exemplo, principalmente quando os litigantes são hipossuficientes, atuam na causa, além do juiz, membros da Defensoria Pública, do Ministério Público, assistentes sociais, peritos do Juízo etc. Um conflito solucionado no âmbito pré-processual retira destes profissionais horas de trabalho que poderão ser dedicadas aos casos em que realmente se faz necessária uma atuação efetiva do Estado.

Para a implantação dessa política, pude contar com o auxílio de servidores e magistrados de alta capacitação. Foi um trabalho de equipe. Na época em que iniciamos, o NUPEMEC contava com excelente equipe pedagógica formada por Gisela Wurlitzer Diniz, Izabel Cristina Peres Fagundes e Liara Lopes Kruger, mediadoras e instrutoras experientes, cujo trabalho pautado pela seriedade e competência foi fundamental e rendeu ao Tribunal de Justiça do Rio Grande do Sul, no ano de 2012, o prêmio de qualidade de instrutores instituído pelo CNJ.

A implantação do serviço de Mediação no sistema judicial implica enfrentamento de vários desafios. O primeiro deles é a mudança de mentalidade dos operadores do Direito: magistrados, advogados, procuradorias públicas, membros do Ministério Público e da Defensoria Pública, bem como dos próprios servidores habituados com o modelo adversarial de trabalho.

Procuramos motivar os magistrados de primeiro grau, inserindo nos Cursos de Aperfeiçoamento promovidos pela Corregedoria da Justiça módulos sobre o tema Mediação, dando-lhes a conhecer seus princípios, finalidades e vantagens, sempre reforçando a importância do papel do magistrado neste processo.

Optamos por seguir os princípios da Mediação, sem imposições, privilegiando o critério da voluntariedade. Obtivemos, inicialmente, poucas adesões, porém bastante significativas, pois esses magistrados desempenharam importante papel na construção de um sistema de Mediação sólido e com qualidade.

Assim, gradativamente, por solicitação dos juízes interessados no tema e na ampliação das possibilidades de solucionar os conflitos, foram instalados Centros Judiciários de Solução de Conflitos e Cidadania e Serviços de Mediação. Seguindo-se a esse esforço de motivação, ocorreram as alterações legislativas. A Mediação passou a ser, então, parte do processo civil, forçando a "mudança".

Outro desafio é a capacitação e supervisão dos mediadores, fator que reflete na qualidade do serviço. Consideramos de fundamental importância a boa qualidade dos serviços de Mediação. Os mediadores judiciais precisam estar bem formados e qualificados para o atendimento da demanda. Devem ser fiéis aos princípios da Mediação, ter postura acolhedora e assistencial, constante supervisão e formação continuada. Um atendimento mal feito desmerece todo o esforço empreendido para implantação da autocomposição.

Importante também é o investimento institucional no sentido de alocar recursos para que os CEJUSCs e serviços de Mediação recebam a estrutura mínima adequada para atendimento satisfatório, com destinação de espaço próprio, acessível ao público; aquisição de mobiliário específico; sistema de informática próprio; verbas para pequenas despesas; veículos para deslocamento nas mediações itinerantes e nos projetos de cidadania (visitas a escolas e instituições, palestras, feiras etc.).

Ainda, na questão do investimento institucional, importantíssima é a capacitação dos magistrados e servidores nas técnicas autocompositivas, garantindo que a filosofia da autocomposição permeie todas as unidades, instâncias e serviços do Poder Judiciário, desde o ingresso do cidadão nas dependências dos foros, seguindo no bom atendimento nos balcões das serventias, nos contatos com os magistrados e nas sessões de julgamento.

O estabelecimento de vínculo de confiança é outro desafio. O usuário do Poder Judiciário precisa confiar na Mediação. Para tanto, fundamental que o trabalho dos mediadores seja sério e comprometido e que os resultados sejam positivos. Esse vínculo fará com que gradativamente os métodos autocompositivos sejam preferidos, com o que haverá um decréscimo contínuo da judicialização. Para construir essa credibilidade, são imprescindíveis as pesquisas de satisfação, oportunidade de avaliação e correção de rumos.

Outro desafio é a manutenção do quadro de mediadores, mediante remuneração digna. Por mais idealista que seja o mediador, necessita receber dignamente pelo serviço prestado. Não havendo justa e digna remuneração, a tendência é que abandonem o serviço nos tribunais e se dediquem à iniciativa privada. A baixa remuneração faz com que a Mediação judicial seja vista apenas como uma forma de adquirir capacitação e experiência e, quando seguros de suas habilidades, os mediadores migram para outros locais. Com isso, os tribunais terão em seus quadros, em maioria, mediadores inexperientes ou inaptos para a concorrência no mundo privado, comprometendo, por consequência, a qualidade do serviço.

Evitar que a Mediação se torne mais uma etapa burocrática do processo é também um grande desafio. Nosso paradigma ainda é o contencioso. Não estamos habituados ao diálogo e à intercompreensão. Queremos a justiça baseada na culpa e na punição; provar que temos razão. Se mantida essa postura, preferencialmente, a sessão de Mediação, mesmo que obrigatória sua designação, passará a ser vista e tratada como mera etapa burocrática do processo, mantendo-se o foco na futura decisão judicial, mesmo que não atenda aos interesses de todos os litigantes.

Com a pandemia causada pelo Covid-19, mais um desafio se somou, qual seja, o da virtualização das sessões de Mediação. Em razão da necessidade de distanciamento social, os encontros passaram a ser virtuais, obrigando mediadores e mediandos a fazerem uso da internet e de plataformas muitas vezes não acessíveis a todos, além de exigir maior criatividade e esforço na condução das práticas.

Vencidos esses desafios, no âmbito do Judiciário gaúcho, a perspectiva é o estabelecimento de um novo paradigma para o tratamento dos conflitos de interesse, vislumbrando-se com isso uma política que visa à construção de uma justiça mais efetiva; maior proximidade com o cidadão; a restauração da intercomunicação; a dirimição de mal-entendidos; a promoção de consensos; a conciliação de interesses e o incentivo à intercompreensão, dentro da perspectiva de que a heterocomposição não é mais a prioridade do Poder Judiciário.

A Mediação e a Justiça

Vanja Fontenele Pontes[89]

A diversidade de expectativas e sentimentos que alimentam as relações

89. Desembargadora do Tribunal de Justiça do Ceará (TJCE). Ex-procuradora de Justiça do Estado do Ceará, graduada em Direito e especialista em Direito Ambiental pela Universidade Federal do Ceará e pela Escola Superior do Ministério Público. Colaborou, ativamente, na coordenação da Ouvidoria-Geral do Estado do Ceará; com Dra. Maria do Perpétuo Socorro França Pinto, implantou a 1ª Casa de Mediação Comunitária do Brasil, no bairro do Pirambu, em Fortaleza. Docente de cursos de especialização em Direito da Universidade de Fortaleza (UNIFOR), da Faculdade Estácio do Ceará (FIC) e da Faculdade da Grande Fortaleza (FGF). Vice-presidente da Academia Cearense de Direito (ACED).

sociais não poucas vezes se confronta. Lidar com as divergências surgidas no dia a dia se reflete em experiências positivas ou negativas que podem fortificar ou romper relacionamentos e amizades. Na Justiça aportam diariamente demandas para serem julgadas, cuja motivação advém de crises entre pessoas.

Os processos judiciais obedecem às normas rígidas ditadas pelos códigos de processos. Essas são condições impositivas, a imprimir marcha de tramitação dos processos que sabemos em ritmo lento. Na Justiça as partes assumem papéis de contendoras, donde sairá um vencedor e um vencido. Essa circunstância em nada colabora para solução do problema, ao contrário, a disputa, o ressentimento ficam, com tendência potencializada. Certo é que a instituição não consegue promover, como se espera, a justiça entre quem diverge. Nem mesmo o velho e conhecido acordo entre as partes agrada como forma de resolução definitiva, pois a tradição, nesse caso, exige que os contendores cedam algo. Há um ditado popular que reproduz bem o sentimento de frustração que marca quem firma o acordo, segundo o qual se diz: "melhor um mau acordo que um bom processo". Os adjetivos mau e bom utilizados para qualificar os substantivos acordo e processo exprimem muito bem o sentimento que embala os envolvidos em uma pendenga.

Em suma, o modelo judiciário não contribuiu até agora para apaziguar, sequer, as disputas entre pessoas, sejam elas contratuais, de vizinhança, familiares, dentre tantas. Remanescem o antagonismo e o problema inicial perdura, sem falar na carga excessiva de tempo e nos custos financeiros, de modo a tornar o acesso à Justiça quase uma ficção.

Aquilo que não se resolve aprisiona. Por isso o melhor é dispor de algo que possibilite a construção de solução libertadora que envolva as partes em paz e equilíbrio libertando-as das amarras da amargura e dos ressentimentos gerados pelos miasmas da contenda.

A Mediação veio alterar completamente esse cenário. Surgiu no Brasil, há mais de duas décadas, como paradigma alternativo ao método tradicional, codificado, conhecido de solução de conflitos. Dela não se extrai o vencedor e nem o vencido; ao contrário, o objetivo transcende as expectativas individuais para valorizar o todo, o integral. Cada parte é convidada a enxergar o problema sob o prisma do outro. A Mediação não comprime, cuida de retirar a pressão que enevoa as ideias. Preocupa-se em abrir espaço para reflexão dos sentidos do opositor e valoriza a paz em detrimento dos sentimentos egoístas da individualidade.

A Mediação não possui regras estabelecidas, é informal. O apreço à cultura de paz é evidente e o mediador, terceiro isolado, precisa aprender a lidar com o inesperado e a usar o inusitado. O mediador pode surpreender-se com os caminhos que surgem de repente, por isso precisa estar preparado emocionalmente para ouvir e ver de tudo, mas acolher, em todas as circunstâncias, sem perder a firmeza e o encantamento.

O mediador necessita ter credibilidade na comunidade onde atua, por isso sua conduta deve ser ilibada. Deve ser cordato, generoso, companheiro e empático. Os títulos são dispensáveis. O conhecimento formal não é um requisito protocolar.

A proposta da Mediação é extinguir a demanda. Os indivíduos situados nos polos opostos do fato deverão construir coletivamente a composição de modo a selar a paz entre eles. O resultado do processo de apaziguamento entre pessoas repercute positiva e diretamente na vida da comunidade em geral. No processo de construção dessa paz social, o mediador deverá fazer com que os envolvidos invoquem não somente a razão, mas também sentimentos como tolerância, solidariedade e a importância de perdoar. Isso leva ao enfraquecimento de sentimentos negativos contra o outro e eleva os positivos. Esse movimento deve ser contínuo, gradual, paciente e lento até alcançar o ponto de encontro, o equilíbrio entre as partes, para assim transformar pessoas e alcançar a paz social.

Essas características não são fáceis de serem adquiridas, mas são indispensáveis As técnicas são obtidas por meio da experiência e com o preparo que o tempo forja. Cabe a cada mediador imbuir-se de sentimentos de empatia, de vontade e paciência.

A Mediação, nestas mais de duas décadas, consolidou-se e casos há que comprovam sua eficiência. E aqui parece o espaço propício para reproduzir a efetividade da técnica.

Em setembro de 1998, a Casa de Mediação do Pirambu, localizada no bairro do mesmo nome, foi inaugurada e na ocasião despertou desconfiança, principalmente nos juristas, acostumados a litigar nos fóruns. Quase ninguém acreditou que a experiência pudesse dar certo. Havia, inclusive, quem predissesse o futuro da Mediação como falido, em breve tempo. Não criam os tais que outra forma pudesse ser levada a sério, fora do espectro das linhas traçadas nas normas jurídicas e muito menos que uma "decisão" pudesse ser cumprida sem a tutela do Poder Judiciário ou mesmo sem a sua chancela.

Contudo, outro não foi o destino da Mediação no Ceará, senão o sucesso. Primeiro foi o Pirambu, depois espalhou-se por outros bairros, como Parangaba, Dias Macedo, Lagamar, Jangurussu, para mencionar alguns, e hoje a Mediação existe inclusive no interior do Estado do Ceará.

Pois bem, como testemunha ocular dessa história, quero relatar casos de conflitos entre indivíduos solucionados através da Mediação por meio da condução habilidosa de mediadores, que, para espanto dos incrédulos, são, em sua maioria, pessoas sem instrução básica formal, alguns até de formação escolar de nível fundamental incompleto.

O primeiro de que me lembro, e para mim o mais emblemático, foi o de duas senhoras vizinhas, antes amigas, que passaram brigar com frequência no meio da rua, proferindo impropérios uma contra a outra, a ponto de os filhos travarem luta corporal e ameaçarem-se de morte. O caso chegou ao conhecimento da então Casa de Mediação do Pirambu. Um dos mediadores, pessoa de pouquíssimas letras, conhecido de ambas, resolveu ir até o local do entrevero entre as vizinhas. Ouviu cada uma delas em suas casas, separadamente. Na conversa puramente informal, ouviu todas as queixas e injúrias que uma disse contra a outra. No meio da conversa, uma delas relatou que tudo começara quando o filho da outra comprou um aparelho de som novo e que, quando ligava o equipamento, fazia-o para ser ouvido a uma altura que incomodava bastante. A vizinha, confiando que seria bem compreendida e atendida, falou do que lhe estava trazendo incômodo. Mas, ao contrário da sua expectativa, a amiga e o filho dela não gostaram do que ouviram e passaram a ouvir música pelo aparelho ainda mais alto. Depois disso, claro, deu-se toda a confusão que era presenciada pela vizinhança quase diariamente até o dia em que também se envolveram os filhos das duas em um confronto quase corporal e preocupante, porque ameaçador.

O mediador, de posse de todos os detalhes das causas do conflito, passou a fazer visitas diárias, separadamente, às ex-amigas, no período da tarde, e quis saber como era o relacionamento entre elas antes da desavença. Foi aí que soube que todas as tardes as duas se reuniam para desfrutarem de um gostoso café com tapioca e desde que se iniciaram as disputas o hábito havia sido interrompido.

O mediador, com essa informação, começou a conversar com elas, cada uma por vez, e indagou se aquele costume vespertino rendia boas conversas e se aquilo as divertia. A resposta foi comum: "sim, nós nos divertíamos muito, dávamos boas risadas e o melhor era a companhia". O mediador quis saber o quanto elas sentiam falta do convívio e a resposta foi imediata, de que gostariam que nada daquilo tivesse acontecido para poder manter o costume do café da tarde. Novamente o mediador voltou uma pergunta para elas sobre o valor da amizade. Ambas choraram. E depois de outras indagações importantes arrematou sobre o que seria mais importante, o som ou a amizade. As duas depois disso sentaram com o mediador e puseram fim ao conflito, que poderia ter findado em uma disputa corporal entre os filhos das duas com resultados ainda mais trágicos.

Oportuno registrar que esse exemplo foi reproduzido para o então ministro da Justiça, Miguel Reale Júnior, em uma visita que fez à Casa de Mediação do Pirambu, em 27 em janeiro de 2000, pelo próprio mediador. E ocorre reproduzir, porque interessante, o diálogo entre o grande mestre de letras jurídicas e o mediador, como dito, homem de pouquíssimas letras. Pois bem, o ministro indagou aos mediadores:

"Como vocês sabem que as coisas que são decididas aqui ficam resolvidas?"

Esse mediador, tomando a palavra, imediatamente, com o dedo levantado em riste, respondeu de bate-pronto:

"Alto lá, dotô! Aqui nois num resolve nada! Quem resolve é as parte"

O ministro deu uma grande gargalhada e, feliz, continuou:

"Pois bem, mas como vocês sabem que as coisas se ajeitaram?"

O mesmo mediador respondeu:

"Ora dotô, eu sempre passo lá e digo: D. Maria como vai o seu filho? E a

Dona fulana? E aí ela me responde: oh, seu cicrano, tá tudo bem. E me conta as novidade."

Nova gargalhada de satisfação do ilustre professor das mais renomadas cátedras de Direito. Nesse momento, ele voltou o seu olhar para mim, que estava posicionada logo atrás e, com o dedo em riste, disse-me:

"Olhe, essa é a verdadeira forma de controle social!"

Sempre que se fala de Mediação me lembro desse e de outro exemplo igualmente significativo. Foi um casal de idosos que ligou para a Casa de Mediação da Parangaba, outro bairro periférico de Fortaleza, para pedir ajuda acerca de um problema também com um vizinho. Disseram que tinham dificuldade de locomoção, tanto porque o corpo combalido não os permitiria percorrer sozinhos a distância da casa deles até a Casa de Mediação e porque, muito menos, tinham dinheiro para o transporte de táxi. O mediador dirigiu-se ao endereço indicado. Lá foi informado de que uma janela aberta pelo vizinho em obra recente na casa dele era o motivo do descontentamento de ambos e que os motivou a telefonar pedindo o auxílio da Casa de Mediação. O mediador pediu para ver a janela e foi conduzido ao quarto do casal. Ali viu que o vizinho tinha aberto na parede da casa dele uma janela que dava visão direta para o quarto do casal reclamante, onde havia, desde sempre, outra janela e aquela nova estava devassando a intimidade dos dois. Bom que se relembre que na periferia de Fortaleza, e de resto na periferia do país, as construções se consolidam em espaços muito reduzidos, em total desrespeito às normas e diretrizes do plano diretor e dos códigos de obras e posturas.

Pois bem, assim que o mediador se deparou com a situação, decidiu ir até o vizinho. Em lá chegando, apresentou-se e pediu para que ele o acompanhasse até a residência dos idosos. O convite foi aceito. O mediador o conduziu até o quarto devassado e pediu para ele se deitar na cama do casal e olhar para a janela. O vizinho atendeu e deitou-se. O mediador aproveitou e indagou qual a sensação que ele sentia. Foi além e perguntou como ele se sentiria se estivesse ali com a sua mulher. A resposta veio imediata e vale a pena a sua transcrição.

"Já entendi tudo. Pode deixar! Amanhã mesmo eu vou fechar a janela".

Uma senhora e sua jovem filha dirigiram-se à Casa de Mediação pretendendo obter um reconhecimento de paternidade. Havia 17 anos o pai da adolescente partira para servir na Marinha deixando grávida a namorada. As duas souberam que o pai havia retornado para morar no bairro depois de ter entrado para a reserva remunerada da Marinha.

O mediador confirmou a informação e tentou convencer o homem indicado pela mãe como suposto pai que o namoro de outrora teria gerado uma criança que àquela época contava com 17 anos. Claro que o homem não acreditou na história e ainda desdenhou da fidelidade da ex-namorada. O mediador começou a conversar com a esposa do marinheiro reformado e lembrou-lhe que daquele namoro nascera uma criança que cresceu sem pai e seu desejo era apenas conseguir incluir na certidão de nascimento o nome paterno. A mulher aliou-se à resistência do marido e ainda cogitou que a intenção da jovem seria apenas obter o pagamento de pensão alimentícia. O mediador deu seguimento ao diálogo perguntando se aquela não seria uma pretensão justa se ele fosse realmente o pai da garota. A conversa prosseguiu com comentários sobre situações conhecidas de filhos de mães solo e os prejuízos decorrentes dessa situação. E depois de horas de conversas sobre o assunto, principalmente com a mulher, porque o homem de vez em quando se afastava, dando a entender que não queria saber do assunto, o casal aceitou ir até a Casa de Mediação para conhecer a menina.

No dia marcado todos se encontraram e surpreenderam-se com a semelhança havida entre a adolescente e o marinheiro reformado. Tão grande foi espanto e o impacto que não mais restou dúvida da paternidade e a própria esposa adiantou-se para impedir o marido de prosseguir resistindo, ao afirmar que não sabia se a filha seria dele e que exigia um exame de DNA, e disse:

"Essa garota não tem culpa de nada. Ela é vítima! Pra que DNA melhor do que essa sua cara?!"

Depois disso ficou acertado que o reconhecimento da paternidade seria resolvido e o mediador acompanhou satisfeito o acolhimento da moça na nova família sem mais nenhuma preocupação com a pensão alimentícia.

Esse espaço é pequeno para transcrever mais exemplos. Entretanto esses parecem representar bem o espírito e o valor da Mediação para a pacificação social. São três exemplos que, se tratados juridicamente, teriam seguido caminhos bem diferentes.

A Mediação possui envergadura suficiente para servir como indutora da paz social, na medida em que se constitui como método que facilita o diálogo entre contendores e leva à percepção de circunstâncias e nuances que ultrapassam as suas. Nesse sentido, consegue mitigar as discordâncias para oferecer oportunidade de produzir reconciliação e novos encontros e apazigua tensões.

Todo incêndio começa em uma fagulha ou uma pequena chama que crescerá se não houver quem a contenha. Fora de controle, propagar-se-á com estragos imprevisíveis. No confronto entre pessoas não é diferente. Tudo pode iniciar-se em troca de palavras duras que, se não contidas, podem evoluir para ofensas desrespeitosas e danos irreparáveis.

Entrevista com Prof. Kazuo Watanabe[90]

Por Fernanda Levy e Adolfo Braga Neto

Conversar com o professor Kazuo é sempre muito prazeroso. Com suavidade, sabedoria profunda e extrema generosidade, em uma tarde de um sábado ensolarado, durante a primavera de 2021, em meio à pandemia, um encontro gravado por meio de uma plataforma digital proporcionou o resgate de memórias relevantes para a Mediação.

Fernanda e Adolfo: Professor, uma honra conversar com o senhor. Obrigada por ter aceitado nosso convite.

Prof. Watanabe: [*Inicia nossa conversa, compartilhando uma foto de um evento de 2001 que havia enviado a Adolfo. E explica que naquela época existia o Setor de Conciliação no Fórum João Mendes, mas não o setor que almejava criar. Na verdade, foi uma experiência inicial com quatro ou cinco Varas Cíveis, ampliado posteriormente para todas as Varas Cíveis daquele Fórum. E conclui:*] A fotografia... Eu mandei para você por estar conectada com a criação do Setor de Conciliação do Primeiro Grau do Tribunal de Justiça do Estado de São Paulo, em cuja implantação solicitei a sua ajuda para recrutar conciliadores capacitados. Lembra disso, Adolfo?

Adolfo: Claro que me lembro. Estranho não estar a Profa. Ada Pellegrini Grinover. Pela foto, imagino que tenha sido na época que ambos começaram a estudar a experiência americana e a experiência argentina. E me recordo de relatos vossos sobre as ideias de um Projeto Piloto de Conciliação para o TJSP. E lembro também que participava um advogado.

Prof. Watanabe: Você tem razão. Foi um pouco antes, por ocasião da criação do Setor de Conciliação do Segundo Grau, que ocorreu antes do setor reformulado do Setor de Conciliação do Primeiro Grau, como explicarei

90. Transcrição feita por Mayra Jacchieri.

em seguida. O advogado na foto é o Dr. José Carlos de Melo Dias. Aquela fotografia foi tirada depois da viagem que nós fizemos, eu e ele, para Argentina. O então desembargador Cezar Peluso iria conosco, mas ele foi para o Aeroporto de Guarulhos levando apenas a carteira de desembargador. E aí ele não conseguiu embarcar. Essa carteira pode ser usada em todo o nosso país, já na Argentina, não! E para viajar, ele teria que estar de posse da sua carteira de identidade ou o passaporte.

Fernanda: Entendi.

Prof. Watanabe: O desembargador então solicitou a um assistente que trouxesse seu passaporte até o aeroporto, mas não deu tempo e aí fomos só o Dr. José Carlos de Melo Dias e eu. Nosso objetivo foi conhecer o sistema de Mediação da Argentina e conferir de perto o seu funcionamento.

Fernanda: Que ano era, professor? O senhor se recorda? Já existia a lei na Província de Buenos Aires?

Prof. Watanabe: Sim, tanto que fomos lá para ver o sistema em operação.

Fernanda: A lei é de 1994.

Prof. Watanabe: A lei de 1994 previa o prazo de cinco anos para a avaliação do sistema de conciliação. Esse prazo, após 5 anos, foi renovado em razão do grande êxito, e estava no início da renovação quando fomos conhecer o sistema. Assim, a nossa viagem foi no segundo semestre de 2000 ou início de 2001. Dr. José Carlos de Melo Dias era um advogado que atuava para uma empresa de transportes, que teve um veículo envolvido em um acidente lá na Argentina, e aí ele ficou conhecendo a Mediação. Ele ficou encantado com o sistema e seu funcionamento. E na Comissão de Reforma do Código de Processo Civil, presidida pelo ministro Sálvio de Figueiredo Teixeira, da qual faziam parte Min. Athos Gusmão Carneiro, Ada Pellegrini Grinover, vários outros processualistas e eu, o Dr. José Carlos de Melo Dias defendeu com entusiasmo a ideia de criação no Brasil de um sistema semelhante ao da Argentina.

Na referida Comissão foi formado um Grupo de Trabalho, presidido pela profa. Ada Pellegrini Grinover para estudar o tema. Nas discussões do Grupo, pairava uma dúvida relevante sobre a obrigatoriedade ou não da Mediação Prévia ao processo judicial, isto é da realização da Mediação antes do ajuizamento de uma demanda, como no sistema argentino da Província de Buenos Aires. Surgiu essa dúvida porque o Supremo Tribunal Federal entendeu inconstitucional a Mediação Prévia na área trabalhista. E chegamos à conclusão de que, se criássemos um modelo semelhante ao da Argentina, corria-se o risco de o Supremo declarar inconstitucional a lei que viesse a instituir a Mediação antes do ajuizamento de qualquer ação.

Mas, de qualquer forma, fomos verificar *in loco* como funcionava o sistema na Província de Buenos Aires. E, por incrível que pareça, na volta, quando fomos embarcar para o retorno ao Brasil, o Aeroporto de Ezeiza fechou, por força do mau tempo. Ficamos, eu e Dr. José Carlos de Melo Dias, esperando umas 6 horas. E nos perguntávamos o que iríamos fazer, já que o aeroporto é longe de Buenos Aires, o que não permitia voltar. Então passamos a conversar sobre o problema que o Tribunal de Justiça do Estado de São Paulo vivenciava. À época, enfrentava o sério problema de represamentos dos recursos, com mais de 500 mil recursos aguardando distribuição...

Dr. José Carlos de Melo Dias sugeriu: vamos pensar em alguma solução para o problema? Após troca de ideias, sentados em um canto do aeroporto, concluímos que a solução seria oferecer a oportunidade de Conciliação para as partes. Passamos então a redigir uma minuta de provimento criando o Setor de Conciliação do Segundo Grau. Assim aquelas seis horas acabaram passando rapidamente, pois foram inúmeras as ideias.

Ao chegarmos a São Paulo, nos reunimos com os membros da Comissão que está na fotografia e aí saiu o projeto de provimento, que em seguida foi submetido à avaliação do presidente do Tribunal, desembargador Sérgio Nigro Conceição, que gostou da ideia e cuidou de transformá-lo em provimento após a aprovação pelo Conselho Superior da Magistratura. O Setor de Conciliação do 2º Grau surgiu antes do primeiro grau exatamente porque havia esse problema de represamento de recursos. Na inauguração do Setor, o TJSP realizou uma solenidade no Salão Nobre, com a presença da ministra Fátima Nancy, que fez um lindo discurso, que deve estar registrado nos anais do Tribunal. Isso foi antes da reforma constitucional de 2004, que criou o Conselho Nacional de Justiça e instituiu a obrigatoriedade de distribuição imediata de todos os recursos, acabando com o problema do estoque de recursos aguardando distribuição, sobretudo no TJSP.

Fernanda: Acabou o congestionamento, professor?

Prof. Watanabe: O congestionamento que estava no TJSP passou para os gabinetes dos juízes... Como é que os juízes poderiam julgar 500 mil recursos em pouco tempo? Esses 500 mil recursos passaram a aguardar em filas nos gabinetes dos desembargadores. Assim, a ideia de estimular a Conciliação em segundo grau continuou válida mesmo depois da reforma constitucional mencionada. Começamos pelo segundo grau antes do primeiro grau, por essa razão.

Fernanda: Isso tudo porque o avião atrasou? *(risos)*

Prof. Watanabe: Pois é! Tudo porque o avião atrasou. *(risos)*. Trouxemos para São Paulo e discutimos o esboço com a aquele grupo de pessoas que aparecem na foto, o ministro Cezar Peluso, ministra Fátima Nancy, desembargador Caetano Lagrasta, Dr. José Carlos de Melo Dias e desembargador João Carlos Saletti.

Fernanda: Que bela história, professor Watanabe.

Prof. Watanabe: Esta é a história da foto que enviei para vocês esta manhã.

Fernanda: Professor, muito obrigado, mais uma vez, pela sua disponibilidade em estar nessa conversa entre nós para esse lindo projeto de buscar retratar, por meio desses depoimentos, a história da Mediação e o seu percurso no Brasil. E essa história não poderia ser contada sem o seu relato, sem o seu depoimento. Professor, quando a palavra Mediação foi ouvida pela primeira vez pelo senhor?

Prof. Watanabe: Eu não vou lhe perguntar a data de seu nascimento, pois imagino que foi um pouquinho antes do seu nascimento *(risos)*. É brincadeira, mas a primeira vez que vi funcionando na prática a Conciliação Judicial foi no Japão em 1965, quando fui convidado pelo governo japonês para visitar a terra dos meus pais. Nessa viagem ao Japão, depois de todas as atividades programadas, tive alguns dias livres e optei por conhecer o sistema judicial japonês. E lá conheci a Conciliação. No Japão, não usavam a palavra Mediação, e sim Conciliação no sentido amplo, que funcionava desde o início do século passado, desde a década de 1920, ou talvez até um pouco antes.

Fernanda: O senhor já era juiz nessa época? O senhor era bolsista, já magistrado ou não?

Prof. Watanabe: Eu ingressei na magistratura em maio de1962 e fui ao Japão em setembro de 1965, portanto com três anos e alguns meses de exercício da judicatura. Naquela época, eu não percebia ainda a importância da Conciliação e considerava que seria atribuição eventual do juiz promover o acordo entre as partes. Não via a Conciliação como um instituto de aplicação importante no Judiciário brasileiro.

Interessante notar que, antes de começar a participação na elaboração do projeto dos Juizados Especiais de Pequenas Causas, no início da década de 1980, a Lei é de 1984, eu ainda não botava muita fé nesse modelo de pequenas causas, pois entendia que o problema do Judiciário era estrutural, portanto bastaria ter mais recursos para melhorar o sistema de Justiça. Mas aí, analisando melhor a proposta dos Juizados, fui me convencendo de que não se tratava apenas de melhoria da estrutura do Judiciário, e sim de mudança de mentalidade, já que havia um pensamento burocratizado e o funcionamento do sistema de justiça pouco preocupado com o acesso dos cidadãos mais humildes. Enfim, uma mentalidade formalista, e minha participação, ao lado do prof. Cândido Rangel Dinamarco, do Des. Caetano Lagrasta Neto, do Dr. Piquet Carneiro e demais membros da Comissão, no projeto de implementação dos Juizados de Pequenas Causas, me transformou completamente, não somente como professor de Direito Processual Civil, mas também como cidadão preocupado com o acesso à justiça para todos.

Fiz parte da Comissão constituída pelo Ministério da Desburocratização, composta pelo próprio ministro Hélio Beltrão e pelo Dr. Piquet Carneiro, que era secretário do Ministério. Trabalhamos aqui em São Paulo basicamente com três pessoas: prof. Cândido Rangel Dinamarco, desembargador

Caetano Lagrasta, juiz de primeira instância naquela época, e eu, então desembargador da ativa. Trabalhamos com base na minuta preparada pelo Dr. Piquet Carneiro e seu grupo de trabalho e elaboramos um anteprojeto. Na medida em que avançávamos no trabalho sentíamos cada vez mais a importância da Conciliação na concepção do Juizado Especial. A pedra de toque do projeto das pequenas causas era a solução consensual dos conflitos. A Ordem dos Advogados Brasil, principalmente a Seção de São Paulo, fez uma forte campanha contra o projeto, porque uma de suas preocupações era possibilitar o acesso direto do cidadão à Justiça, sem a presença do advogado. Este era o ponto principal da discórdia, pois existia e ainda existe norma processual que estabelece que ninguém poderá ter acesso à Justiça a não ser por meio de advogado, e esse princípio estaria sendo relativizado no projeto. A OAB-SP entendia que isso afetaria em muito o mercado de trabalho dos advogados e resolveu combater duramente a proposta.

A ideia era de que o próprio Juizado oferecesse um advogado plantonista, se houvesse a necessidade das partes de assistência jurídica. A campanha foi tremendamente contra a aprovação do projeto, cujo texto a nosso ver era completo, no sentido de abranger tanto o processo de conhecimento como o de execução. Após muita discussão, com a participação do Conselho Federal da OAB, houve, finalmente, uma solução de consenso, que consistiu em eliminar a parte de execução, ficando apenas o processo de conhecimento. Achamos que, mesmo assim, o projeto tinha grandes méritos. Acabamos, afinal, apostando na Conciliação. Acreditávamos que o modelo realmente funcionaria bem com a Conciliação como sua pedra de toque, que realmente seria socialmente muito útil à população com baixo poder aquisitivo, resolvendo os conflitos mais simples, de valor menor, mas de grande relevância para os cidadãos menos favorecidos. Quanto ao ponto principal de conflito com a OAB, houve solução consensual, adotando-se uma solução mista, ou seja, até 10 salários mínimos possibilidade de acesso sem advogado e acima desse valor, até 20 salários mínimos, com advogado. Assim, o projeto dos Juizados Especiais de Pequenas Causas foi encaminhado para o Congresso Nacional sem a parte de execução, sendo aprovado com essa limitação. Mas há um outro ponto importante a ser anotado: a lei aprovada dizia que a implementação dos Juizados era facultativa para os Estados. Assim, não havia a obrigatoriedade de adoção desses Juizados pelos Estados da Federação. O Tribunal de São Paulo ficou em dúvida se o modelo funcionaria bem ou não, muito embora tivesse sido elaborado com a participação de juízes paulistas.

Em 1984 o Tribunal de Justiça de São Paulo, ainda resistente, constituiu uma Comissão integrada pelo Des. Waldemar Mariz de Oliveira Júnior, pai do advogado Dr. Antonio Cláudio Mariz de Oliveira, que foi presidente da OAB/SP, pelo Des. Cândido Rangel Dinamarco e por mim, ainda na ativa, que foi autorizada a utilizar apenas a Conciliação, sem dar continuidade ao caso na eventualidade de não ser solucionado o conflito por acordo das partes, pois o TJSP preferiu aguardar as experiências dos outros Estados.

Aí optamos por usar o modelo japonês, que conheci em 1965, e criamos o Juizado Informal de Conciliação, que passou a ser conhecido por JIC, isto em 1985, isto é, no ano seguinte ao da aprovação da lei dos juizados especiais de pequenas causas. Nasceu, assim, o JIC no foro regional da Lapa, em São Paulo. Recrutamos como conciliadores mais de 60 advogados, que se candidataram para trabalhar sem qualquer remuneração, além de juízes e promotores aposentados e mesmo os da ativa podiam participar, pois as sessões de Conciliação eram realizadas após o expediente do Fórum. Começavam às 17:00/18:00 e iam até 22:00.

Na inauguração, esteve presente o presidente do Supremo Tribunal Federal, ministro Moreira Alves, que em seu discurso enfaticamente afirmou que estava testemunhando, em sua judicatura de cerca de 14 anos, uma das mais importantes iniciativas da Magistratura brasileira, qual seja a institucionalização do Juizado Informal de Conciliação. Seu funcionamento foi fantástico, tudo correu muito bem e os resultados foram realmente espantosos, tanto em número de acordos como também em satisfação da população, que saía da sessão contente só pelo fato de ter sido ouvida, mesmo quando o acordo não era alcançado.

Vou contar um fato que tenho contado várias vezes. Prof. Adolfo deve estar cansado de ouvir essa história. Certamente já está com calo nos ouvidos de tanto ouvir o relato do caso *(risos)*. Dois vizinhos brigavam por causa de bananeiras que estavam no terreno de um deles, mas muito perto da parede da casa do outro. Toda vez que chovia, as folhas das bananeiras jogavam muita água na parede do vizinho e a umedecia demais, a ponto de comprometer a casa do vizinho. O mal-estar entre eles era antigo. Quando li as informações constantes da ficha de reclamação, pensei logo: deixa comigo que vou conseguir resolver o caso em 5 minutos. Depois de ouvir as partes, logo surgiu a possibilidade de solução, com o proprietário das bananeiras cortando algumas delas e replantando-as a uma distância de cerca de 1 metro da parede. A proposta foi aceita por ambas as partes e o conflito estava praticamente solucionado consensualmente. No entanto, por uma observação feita pelo dono das bananeiras, a coisa desandou. Ele disse: eu concordo, mas quero um mês de prazo para cortar as bananeiras, pois os cachos estão pendentes e gostaria de esperar o fruto amadurecer no pé, e o outro então respondeu enfaticamente: eu esperei mais de cinco anos para a solução da pendência e não espero nem um minuto mais! Aí começaram a discutir. Achei que em cinco minutos eu tinha resolvido o caso, mas grande engano. A certa altura, um deles disse: eu aceito a solução proposta, mas aquele outro caso vou levar para frente. E continuaram a discutir. 50 minutos depois ainda eles continuavam discutindo. Mas, após algumas ponderações minhas em face das várias manifestações de ambos, eles se acalmaram e concluíram o acordo nos termos propostos, com alguma pequena alteração da qual não me lembro mais com precisão, mas acho que foi a concessão de um pequeno prazo para o corte das bananeiras. E saíram da sala conversando e certamente foram beber cerveja no bar da vizinhança... Posteriormente, analisamos o caso com os demais conciliadores e chegamos à conclusão de que aquela briga não era dos dois, mas sim das respectivas esposas, pois ambos demonstravam preocupação quanto ao resultado favorável a um ou ao outro. Assim teriam outro conflito familiar pior do que aquele que debatiam se voltassem completamente vencidos. Aí eu vi pela primeira vez a diferença entre a solução do conflito e a pacificação dos conflitantes. Essa história que estou contando, para mim foi uma lição muito importante, uma grande aprendizagem.

Na verdade, essa atuação eu considero a minha primeira experiência prática com a Mediação.

Adolfo: Foi essa experiência que inspirou os Juizados Especiais, confere?

Prof. Watanabe: Foi em razão dos Juizados Especiais que nasceu essa experiência. Como comentei, os Juizados Especiais de Pequenas Causas nasceu em 1984, quatro anos antes da Constituição de 1988. Os constituintes, vendo a experiência exitosa desses juizados, tornaram obrigatória a sua instituição por todos os Estados da Federação e por lei ordinária de 1995 foi ampliada sua competência e sua esfera de atuação, com a inclusão da competência em matéria criminal. Passou então a ser Juizado Cível para causas de menor complexidade e Juizado Criminal para crimes de menor potencial ofensivo.

Cabe notar que a Lei de 1995, na parte cível, reproduziu integralmente o texto de lei dos Juizados Especiais de Pequenas Causas, inclusive a proibição de acesso por pessoas jurídicas. Essa proibição foi paulatinamente relativizada por leis especiais, o que acabou descaracterizando em muito esses juizados, transformando-os em juizados contra o cidadão comum, quando em sua concepção inicial eram juizados de acesso exclusivo para pessoas físicas, para cidadãos mais humildes. Além do mais, o Judiciário, na ampliação desses juizados, passou a celebrar convênios com universidades e faculdades de Direito, o que é solução bastante interessante, mas com isso permitiu que, em algumas unidades, as conciliações passassem a ser feitas por estudantes que, embora com a monitoria do professor responsável, não eram treinados para atuar como conciliadores, o que afetou negativamente um dos pontos importantes do sistema de juizados especiais, a sua pedra de toque, que é a Conciliação, como mencionei acima. Os Juizados foram concebidos para proporcionar o acesso facilitado do cidadão comum à justiça e agora, em razão das transformações mencionadas, estão se transformando em juízo comum especializado em procedimento especial, de acesso facilitado contra o cidadão comum por parte de algumas empresas, e com isso praticamente está matando os juizados com as características básicas iniciais.

Fernanda: Ao falar em acesso a justiça, é um tema percorrido em toda a sua trajetória, não é? Além disso, se nota também a evolução de seu pensamento no sentido do acesso à ordem jurídica justa, em que os métodos consensuais, em especial a Mediação, em que o professor identifica um valor. Confere?

Prof. Watanabe: A história é um pouco longa e passa pela correta inteligência do princípio do acesso à justiça previsto na Constituição, que vinha sendo interpretado, com base no inciso XXXV do art 5°, que trata da inafastabilidade do controle jurisdicional. Prevalecia e ainda prevalece uma concepção muito limitada, uma vez que a interpretação literal dessa norma constitucional leva a essa conclusão. Analisando melhor esse importante dispositivo, chegamos a perceber que a Constituição não diz que o acesso à justiça é limitado ao mero acesso aos órgãos do Poder Judiciário, e sim que o Estado deve dar ampla proteção contra qualquer espécie de injustiça e que essa proteção deve ser tempestiva, efetiva e adequada.

O requisito da adequação significa que todos os meios adequados de solução de conflitos devem ser oferecidos pelo sistema de Justiça. A sentença judicial é importante, mas não é a única adequada para todos os tipos de conflito de interesses. Os meios consensuais (Mediação, conciliação e negociação) são mais adequados para as relações de natureza subjetiva, com duração no tempo e contato constante das partes, e por isso o Sistema de Justiça deve oferecer também esses mecanismos de pacificação e solução de conflitos.

A Resolução n° 125 expressa a ideia de que o acesso à justiça é acesso à ordem jurídica justa, no sentido de propiciar aos cidadãos todos os meios adequados de solução de conflitos, em especial os consensuais. O cidadão tem direito a todos esses meios adequados e o Estado tem o dever de oferecê-los. Essa importante Resolução, embora alguns entendam que tenha apenas institucionalizado a Mediação e a Conciliação, na verdade foi mais além, pois instituiu a política judiciária nacional de tratamento adequado de conflitos.

Nesse sentido, o Estado tem o dever de utilizar todos os meios adequados de solução de conflitos, inclusive a Conciliação e a Mediação, que são instrumentos extremamente importantes para promover a justiça, propiciando o acesso à ordem jurídica justa. Essa é a leitura correta do dispositivo constitucional em análise, como claramente decorre do preâmbulo da Constituição, que declara que o Estado democrático brasileiro está baseado no comprometimento com a solução pacifica dos conflitos, tanto no âmbito internacional como no nacional. Nesse sentido, assegura o acesso à justiça com a utilização de todos os mecanismos, inclusive os consensuais, que promovam soluções tempestivas, efetivas e adequadas dos conflitos. Por isso tudo, a Mediação e a Conciliação constituem instrumentos extremamente importantes para o acesso à ordem jurídica justa.

Não sei se ficou um pouco confuso.

Fernanda: Está ótimo, professor! Nada confuso! Muito pelo contrário, sempre é uma aula. Como é que chegamos a esse momento da Resolução, o que aconteceu depois de 1995?

Prof. Watanabe: A Resolução CNJ nº 125 tem uma história interessante. Como surgiu a ideia da Resolução? A Comissão de Reforma do Código de Processo Civil de 1973, como já mencionei, constituída no início da década de 1990 e comandada pelo ministro Sálvio de Figueiredo Teixeira e pelo ministro Athos Gusmão Carneiro, criou um grupo de trabalho comandado pela profa. Ada Pellegrini Grinover para pensar uma Lei de Mediação semelhante à da Argentina, para disciplinar o instituto em nosso sistema processual. No grupo, uma das questões controvertidas era a adoção ou não da Mediação Prévia Obrigatória, conforme o modelo argentino da Província de Buenos Aires, como mencionei anteriormente.

Para pensar melhor essa importante questão, resolvemos realizar viagem à Argentina, que já descrevi, para conhecer melhor o sistema argentino. Após o retorno, debatendo a questão, chegamos à conclusão de que não valeria a pena enfrentar o Supremo e instituir a obrigatoriedade da Mediação Prévia, correndo o risco de declaração de inconstitucionalidade da lei que viesse a ser aprovada, pois isso significaria um retrocesso de 50 anos ou mais. No entanto, contamos com a criatividade da profa. Ada, que sugeriu a Mediação Prévia Facultativa, que consistia na opção de instauração da Mediação antes de iniciar o processo judicial, se assim quisesse o autor. E, na hipótese de ele preferir iniciar logo a demanda judicial, não realizando a Mediação Prévia, haveria a Mediação Incidental obrigatória no decorrer do processo.

Com base nessas ideias, foi concebido um anteprojeto de lei que foi encaminhado ao Senado, onde já tramitava um projeto de lei aprovado na Câmara dos Deputados, de autoria da deputada Zulaiê Cobra Ribeiro, redigido pelo ministro Cezar Peluso. Em nosso Grupo, debatemos muito esse projeto de lei e chegamos à conclusão de que deveríamos ampliá-lo. Por isso, fizemos contato com o senador Pedro Simon, relator do referido projeto de lei no Senado e buscamos entendimento com a referida deputada Zulaiê Cobra, bem como com o ministro Cezar Peluso. Então nasceu a versão consensual do Projeto de Lei de Mediação, que foi apresentado pelo senador Simon, com algumas alterações, como substitutivo, que foi aprovado no Senado. Como o projeto de lei era originário da Câmara dos Deputados, precisou voltar para a Câmara. E ali, seu relator, o deputado José Eduardo Cardozo recebeu uma nota técnica da Presidência do Conselho Nacional de Justiça apontando a inconstitucionalidade de alguns dispositivos do projeto, o que determinou sua paralisação completa, embora não tivesse sido apreciado seu mérito pela Câmara.

Nessa época, juntamente com a profa. Maria Tereza Sadek, participei, como membro, do Conselho Consultivo do Departamento de Pesquisas Judiciárias do CNJ, indicado pelo ministro Gilmar Mendes, então presidente do Supremo Tribunal Federal. Apresentamos, profa. Sadek e eu, um projeto que já vínhamos discutindo há algum tempo, de o Conselho Nacional de Justiça editar uma resolução disciplinando o tratamento adequado dos conflitos, com a utilização de todos mecanismos adequados de resolução de controvérsias, em especial dos meios consensuais, pois entendíamos que a única forma de tornar a Mediação e a Conciliação uma realidade em nível nacional, com qualidade e com um mínimo de uniformidade (sem prejuízo de sua adaptação às peculiaridades locais ou regionais), seria com o prestígio e a força do CNJ. Assim, profa. Sadek e eu propusemos o projeto mencionado ao Conselho Consultivo, que mereceu a aprovação unânime do Colegiado. Como foi no final do mandato do ministro Gilmar Mendes, não foi possível transformá-lo em Resolução, que veio a ocorrer na gestão do ministro Cezar Peluso, como relato logo a seguir.

Profa. Ada, muito preocupada com o projeto de Lei de Mediação Paraprocessual (como ela o denominava), que estava arquivado na Câmara dos Deputados, em uma reunião do FONAME – Fórum Nacional de Mediação, convocada para uma manhã de domingo para discutir o assunto, sugeriu tentarmos entrar em contato com o deputado Cardozo para desarquivar o projeto e tentar obter a sua aprovação. Em razão da nota técnica do CNJ, era muito difícil a aprovação desse projeto na íntegra. Em razão disso, propusemos apostar na edição da Resolução pelo CNJ, com base no projeto aprovado por unanimidade pelo Conselho Consultivo, sugestão que foi aprovada pelo Colegiado do FONAME. Ficamos então de entrar em contato com o novo presidente do Supremo Tribunal Federal, o ministro Cezar Peluso, cuja posse iria ocorrer dentro em breve. Em conversa com ele, expusermos verbalmente e entregamos um texto escrito contendo todas as ideias contidas no projeto, e ele de imediato respondeu que aprovava com entusiasmo o projeto e que iria fazer dele uma das prioridades de sua gestão à frente do Supremo e do CNJ. E, efetivamente, em seu discurso de posse, fez expressa menção ao projeto e, após a posse, em pouco tempo nomeou uma Comissão, presidida pela juíza do trabalho Morgana de Almeida Richa e integrada por vários especialistas, dentre eles a juíza Valéria Lagrasta, sendo editada a Resolução nº 125.

A Resolução nº 125 é resultado da incessante luta de muitas pessoas, de um movimento que foi ganhando corpo desde o início da década de 1980. Aqui em São Paulo, já existiam os Provimentos do TJSP criando os Setores de Conciliação do 1º grau e do 2º grau. Também existiam as iniciativas dos tribunais de outros Estados.

Além disso, o CNJ, em 2006, havia criado o Movimento pela Conciliação, realizando todos os anos o evento Conciliar é Legal. Isto na gestão da ministra Ellen Grace, em cuja concepção participaram muitos juízes, dentre eles o ministro Marcos Buzzi. O Conciliar é Legal, com um ou dois eventos por ano, e com ampla campanha, objetiva fundamentalmente criar a cultura da solução pacífica das controvérsias.

A Resolução nº 125, com base nesse movimento inicial, ampliou essa política pública e tornou obrigatória a oferta de todos os mecanismos adequados de solução de conflitos, em especial dos consensuais (Conciliação e Mediação), e oferta desses serviços todos os dias do ano, e não apenas periodicamente. E adotou várias providências, como a obrigatoriedade de qualificação, treinamento e constante atualização dos conciliadores e mediadores, criação de CEJUSCs, NUPEMECs e banco de dados. Ampliou assim os serviços judiciários e o próprio conceito de sistema de justiça, acolhendo a concepção atualizada de acesso à justiça como acesso à ordem jurídica justa.

Fernanda: Esse domingo foi inesquecível, lembramos muito bem. Estavam muitos amigos integrantes do FONAME, a profa. Ada e o senhor trouxeram a proposta de construção dessa política pública, dizendo que iria impactar a própria mentalidade na estrutura do Judiciário. A profa. Ada sempre foi uma grande companheira de jornada do senhor, não é?

Prof. Watanabe: Eu é que era companheiro dela. Ela tinha grande capacidade de dialogar. Mesmo se pensasse de forma diferente, ela escutava e tinha abertura para compreender. E uma vez convencida, aderia prontamente à ideia e se tornava uma verdadeira guerreira da causa. Exemplo disso foi o dos Juizados Especiais de Pequenas Causas. Ela não participou no início, mas logo em seguida se juntou a nós e entrou na briga para valer, inclusive na Faculdade Direito da USP, onde debatemos muito o tema em função de ali existirem pessoas contra e a favor desses juizados.

Adolfo: Isso no Departamento de Processo?

Prof. Watanabe: Em toda a Faculdade. Principalmente no Departamento de Direito Processual. Um professor chegou a escrever um livro contra os Juizados Especiais e, por incrível que pareça, ele me convidou para prefaciar a obra. Recusei o amável convite, pois não fazia sentido prefaciar um livro em que eram defendidas ideias contrárias às minhas.

Fernanda: O senhor está relatando os desafios que vocês encontraram nesse percurso. Imagino que foram muitos. Poderia citar alguns?

Prof. Watanabe: Desafios? Sim, muitos, pois sempre existem pensamentos diferentes. Em alguns locais onde fui explicar a política pública de tratamento adequado dos conflitos contida na Resolução n° 125, recebi a ponderação de que já existia o Conciliar é Legal e por isso não fazia sentido uma nova Resolução. Não compreenderam de pronto o alcance diferente da Resolução nº 125, que consistia em dar um passo a mais, com base nas conquistas anteriores.

E cabe aqui ressaltar um aspecto importante, que ainda considero que muitos juízes não perceberam, pois os CEJUSCs, em sua maioria, se organizaram sem refletir sobre o conceito do acesso à justiça, que deve ser bastante abrangente, compreendendo a sociedade brasileira como um todo, que é formada por pessoas com baixo nível de escolaridade, alto índice de analfabetismo absoluto e funcional. Para essa população, é de fundamental importância o oferecimento do serviço de informação e orientação jurídica, e não apenas serviço de solução de conflitos. Muitas pessoas sequer sabem que têm seus direitos violados.

Não é por acaso que o CEJUSC tem a letra C ao final. Centro de Resolução de Conflitos e Cidadania, esse "C" significa não apenas conflito como também "cidadania", como é expressamente mencionado no texto da Resolução. Um cidadão sem documento, sem registro de nascimento, por exemplo, pode ter dificuldades em várias situações para pleitear seus direitos, como, por exemplo, para pleitear o auxílio emergencial instituído por conta da pandemia, pois o cidadão tem que provar que é ele mesmo para receber esse benefício. E há ainda uma agravante, o documento precisa ser atualizado. Daí a importância dos serviços de informação e orientação jurídica, e não apenas dos serviços de solução de conflitos. O Judiciário e outras instituições que integram o Sistema de Justiça devem oferecer esses serviços à população, pois a própria Constituição expressamente garante (art. 5°, n. LXXIV) a prestação de assistência jurídica integral gratuita (e não apenas judiciária) aos que comprovarem insuficiência de recursos.

Adolfo: Acho que podemos avançar para 2015. O senhor participou da elaboração do texto da Lei de Mediação em 2015, confere?

Prof. Watanabe: Na verdade, eu participei apenas no início, mas cheguei à conclusão de que eu não iria contribuir muito. Então pedi meu afastamento da Comissão. Não participei muito. Quem trabalhou bastante foi a professora Ada Pellegrini Grinover. O trabalho que ela desenvolveu, de forma brilhante, foi compatibilizar a Lei de Mediação e o Código Processo Civil com a Resolução n°125, que é a matriz. A Lei de Mediação levou em conta a Resolução n°125.

O ministro Luís Felipe Salomão, que coordenou a Comissão, foi de fundamental importância. Na verdade, no início eram duas comissões, que foram juntadas em uma só. Ele ouvia muito a professora Ada e aceitou fazer a compatibilização da Lei de Mediação e do Código de Processo Civil com a

Resolução nº 125. Praticamente referendou tudo que estava na Resolução. Mérito realmente muito grande da professora Ada Pelegrini, que contou com a ajuda da juíza Valéria Lagrasta. Eu, na verdade, ajudei muito pouco.

Fernanda: Professor, a sua jornada lhe trouxe algum fato pitoresco? Teria algum ou alguns que poderia contar?

Profa. Watanabe: Pitoresco não diria, mas fatos de grande aprendizagem, sim. Por exemplo, a distinção entre solução do conflito e pacificação dos conflitantes. Ensinava-se, com frequência, que com a solução do conflito se alcança a pacificação dos conflitantes. Mas aprendi que nem sempre isso é verdadeiro. A simples solução do conflito, como a que ocorre com a sentença do juiz, não pacifica os conflitantes. O importante é a pacificação dos conflitantes e por decorrência dela alcançar a solução do conflito, o que acontece com a utilização dos meios consensuais (Conciliação/Mediação). Essa é uma grande aprendizagem e muito importante, não é mesmo?

Eu não me lembro em que ano foi, possivelmente no final da década de 1990, mas fomos aos Estados Unidos, a convite de uma instituição americana com apoio do governo americano. Fomos conhecer o sistema de Mediação no Estado da Califórnia. Estivemos em São Francisco e São Diego, tanto no Judiciário Estadual quanto no Federal. Integraram a comitiva brasileira a ministra Fátima Nancy, o ministro Sidnei Beneti (ambos ainda não integravam o STJ) e mais algumas pessoas.

Aprendi nessa viagem que o sistema americano é bem diferente do nosso. Lá se utiliza muito a Mediação. Menos de 5% das causas ajuizadas vão para a solução final pelo júri. Muitas são solucionadas pelos meios alternativos de solução de controvérsias (ADR – *Alternative Dispute Resolution*), com destaque para os meios consensuais. Eles possuem um enorme elenco de "meios alternativos", como Arbitragem Vinculante, Arbitragem não Vinculante, Mediação, Conciliação, Avaliação Neutra de Terceiro etc. Isso me impressionou muito, mas o que mais me chamou a atenção foi o instituto do Gerenciamento de Processos (*Case Management*), em que o juiz é muito ativo na condução do processo. Ele entra em contato constante com as partes, com seus advogados e acaba criando um ambiente propício ao diálogo entre as partes, com condições para o acordo entre elas. Imaginava que os magistrados brasileiros eram muito ativos e quando vi de perto o gerenciamento de processos. percebi nitidamente que os juízes americanos são muito mais ativos. Isso mudou totalmente a imagem que eu tinha deles. Para ser mais preciso, a maioria dos juízes brasileiros só têm contato com as partes no momento da audiência de conciliação ou de instrução e julgamento. Poucos realizam a audiência de saneamento do processo. Recebem a petição inicial do cartório, muitas vezes com o despacho "cite-se" já escrito ou carimbado. O juiz americano, desde o recebimento da petição inicial, já tem contato com o advogado. Na sequência, feita a citação do réu e apresentada a defesa, faz contato com os advogados das partes e com eles planeja o calendário, acompanha a colheita das provas pelas próprias partes e cobra o cumprimento do calendário estabelecido. Possivelmente, há diferenças de atuação entre os juízes, uns mais e outros menos ativos, mas certamente são muito mais ativos do que os juízes brasileiros, em virtude do instituto do *case management*.

Ver esse sistema foi muito marcante para mim, pois confirmou a importância da ideia que sempre tive da necessidade de papel mais ativo do juiz, tanto que, por ocasião da mini-reforma do Código de Processo Civil de 1973 na década de 1990, na Comissão comandada pelo ministro Sálvio Figueiredo Teixeira e pelo ministro Athos Gusmão Carneiro, sugeri a instituição da audiência preliminar à semelhança do modelo de Stuttgart, em que o juiz tem contato com as partes e seus advogados, o que propicia muito a solução amigável da controvérsia. Foi criada então a audiência preliminar prevista no art. 331, em que se promove a tentativa da Conciliação/Mediação e, não se alcançando a solução amigável, o juiz procede em audiência, com a participação das partes, ao saneamento do processo, fixando os pontos controvertidos e designando, se necessário, a audiência de instrução. Mas o que aconteceu? Poucos juízes entenderam o alcance da reforma e a audiência preliminar não era designada e o dispositivo foi alterado tornando praticamente facultativa a sua realização. É exatamente o que está acontecendo hoje com o art. 334 do novo Código de Processo Civil...

Fernanda: O professor é jogador de Go, não é? Então qual a próxima jogada?

Prof. Watanabe: Não sei! Conhece o jogo Go?

Adolfo: Não.

Prof. Watanabe: É um jogo de habilidade mental muito interessante. Conhece o xadrez? O objetivo no xadrez é matar o rei adversário, mas no Go o objetivo é a conquista de território. Então, tem várias estratégias para você pensar e utilizar durante a partida para conquistar o seu território no tabuleiro. Há jogadores que se preocupam em conquistar pequenos territórios logo no início da partida, enquanto outros jogadores, mais habilidosos, aproveitando-se da estratégia limitada do adversário, vão formando uma cadeia de força, uma parede de pedras, para conquistar um território bem maior, e acabam ganhando a partida. Enfim, é um jogo de muitas estratégias, que exige pensar grande, no futuro, para alcançar a vitória final.

Na área jurídica não sei como que se joga a partida *(risos)*. Talvez o Gerenciamento do Processo seja uma das estratégias importantes. Também a Conciliação e a Mediação, para reduzir os conflitos judicializados, mediante o enfrentamento de suas causas, não se limitando apenas a enfrentar os seus efeitos, que são os conflitos judicializados.

Sua pergunta me fez lembrar aquela viagem aos Estados Unidos, que lhes relatei. Após o retorno, com o estudo feito no CEBEPEJ, em 2003 ou 2004, por um grupo de juízes, promotores e advogados, conseguimos montar um projeto tropicalizado, brasileiro, de gerenciamento de casos, de conflitos (e não apenas de processos), que foi implantado nas comarcas de Serra Negra, conduzida na época pela juíza Valéria Lagrasta, e de Patrocínio Paulista, conduzida pelo juiz Fernando da Fonseca Gajardoni. A iniciativa contava com o apoio do Ministério Público e um promotor que participou ativamente foi Dr. Michel Betenjane Romano. Ambos os projetos incorporaram a Mediação e a Conciliação, com fase prévia pré-processual e fase processual de tentativa de solução amigável.

A experiência deu excelentes resultados, a ponto de o TJSP elaborar provimento estendendo essa prática para todo o Estado de São Paulo.

Fernanda: É muita história, professor!

Prof. Watanabe: Muita história... Outro fato que eu tenho que contar é a nossa experiência com prof. Adolfo.

Adolfo: Qual?

Prof. Watanabe: Na FIESP, ou melhor na CAMFIESP. Profa. Ada defendia a ideia de que todos os membros da Câmara da FIESP que compunham a lista de conciliadores ou mediadores, muitos deles profissionais de larga experiência, professores de Direito, advogados renomados, ministros, desembargadores e procuradores aposentados, deveriam também fazer, como outros conciliadores e mediadores, um Curso de Conciliação e Mediação. Eu defendia um ponto de vista um pouco mais flexível. Mas ela insistiu e foi então organizado, para esse fim, sob a coordenação do prof. Adolfo, um curso rápido de Conciliação e Mediação, de um fim de semana, em um Hotel em Mairiporã.

Adolfo: Verdade. Puxa, eu tive a honra de ministrar aula para o professor Kazuo e a professora Ada, em um fim de semana.

Prof. Watanabe: Exatamente, tivemos aulas sobre Mediação e Conciliação com o professor Adolfo em Mairiporã. Foi em 2007. Foi uma experiência extraordinária. Nós fomos lá e ficamos o fim de semana todo no hotel.

Adolfo: Foi um final de semana: sexta, sábado e domingo. Trabalhamos: sexta à noite, sábado o dia todo e depois domingo pela manhã. Uma imersão. Lembra?

Fernanda: Eu fico imaginando a professora Ada como aluna.

Adolfo: Realizamos simulações, lembra?

Prof. Watanabe: Sim... Foi fantástico!

Adolfo: A professora Ada. sempre pedia mais simulações e o professor Kazuo concordava.

Prof. Watanabe: Ela tinha uma mente muito aberta. Muito receptiva. Aceitava as inovações.

Fernanda: Ela era muito inteligente. Muito brilhante.

Prof. Watanabe: É sim! Essa mente aberta dela que fazia ela assumir posição de liderança. Mas é isso, não tenho mais histórias para contar. Vocês vão contar suas histórias também, não vão?

Fernanda: Sim, vamos contar, sim.

Prof. Watanabe: Cada um de vocês têm histórias muito mais ricas do que as minhas.

Fernanda: Jamais, professor, nós estamos trilhando o caminho que o senhor abriu para nós.

Prof. Watanabe: Eu fui aluno de vocês. Tudo que sei a respeito da Mediação aprendi e continuo a aprender com vocês.

Fernanda: Foi com o Adolfo, professor.

(Todos riram)

Fernanda: Mas ele ainda não sabe qual a diferença entre Mediação e Conciliação.

Prof. Watanabe: A minha diferença com o prof. Adolfo é que eu acho que o mediador se transforma em conciliador, conciliador em mediador, no curso de uma sessão, segundo o caso e a evolução do diálogo entre as partes. Está difícil de a gente encontrar um ponto em comum nesse assunto. Na verdade, segundo avalio, estamos falando com palavras diferentes a mesma coisa...

Fernanda: Não, professor.

Prof. Watanabe: Só se for no sistema japonês que eu contei para vocês. Mas se eu não tiver essa diferença com o prof. Adolfo, não tem graça né?

(Todos riram)

Fernanda: Vocês têm que manter isso, senão, não tem graça.

Adolfo: Professor, vou lhe confessar uma coisa, depois daquele fim de semana com o senhor e a profa. Ada, me senti frustrado, pois não consegui convencê-los da diferença entre a Mediação e Conciliação. Pensei: sou um fracasso como professor.

Prof. Watanabe: Do nosso lado, chegamos à mesma conclusão, porque não conseguimos convencer o prof. Adolfo, pois, no fundo, no fundo, como já disse, estamos falando a mesma coisa.

Fernanda: Exatamente, no fundo é a mesma coisa. É isso aí, professor, todos em prol dos meios consensuais de solução de controvérsias. Muito obrigada, professor.

Prof. Watanabe: Sou eu quem agradece essa honra, para mim é sempre um grande privilégio conversar com vocês. Eu sempre aprendo muito com vocês.